GÜNTER EDERER

Die Sehnsucht
nach einer verlogenen Welt

W0056253

Buch

Günter Ederer diagnostiziert eine tief sitzende Angst vor einer freien Wirtschaft und ein nahezu blindes Vertrauen in staatliche Sicherungssysteme, Berufsverbände, Wettbewerbsregelungen, obwohl der Sozialstaat praktisch am Ende ist. Die Rentenkassen sind leer, die Altersversorgung ist gefährdet, der Bürokratenfilz wird immer undurchdringlicher, die Effizienz der Wirtschaft leidet. Keiner will mehr für sich Verantwortung übernehmen – der Staat wird sich schon kümmern, heißt es immer wieder. Simple Rechenexperimente beweisen jedoch, dass unser hoch verschuldeter Staat schon bald seinen elementaren Sozialversicherungsaufgaben nicht mehr nachkommen kann. Günter Ederer zeigt mit bestechender Deutlichkeit, wie dringend unsere Gesellschaft einen radikalen Rückzug des Staates, mehr Wettbewerb und größere Freiheit, Eigeninitiative und Veantwortung des Einzelnen braucht. Wie sehr uns die praktizierte wohlfahrtsstaatliche Umverteilung in die finanzielle und politische Ausweglosigkeit treiben, belegt er mit sorgfältig recherchierten Fakten und erschreckenden Beispielen aus dem bundesdeutschen Alltag. Andere Staaten liefern bereits erprobte Lösungsmodelle, die es offen zu diskutieren gilt.

Autor

Günter Ederer, Jahrgang 1941, war ab 1966 Fernsehredakteur beim Südwestfunk, ab 1969 beim ZDF, dort bis 1983 Redakteur des Wirtschaftsmagazins »Bilanz«, anschließend Fernostkorrespondent in Tokyo. Seit 1990 ist er selbständiger Wirtschaftspublizist und Filmproduzent. Günter Ederer hat in über sechzig Ländern Filme zu wirtschaftlichen und politischen Themen gedreht und sechzehn Filmpreise und Auszeichnungen erhalten – darunter viermal den TV-Preis der Deutschen Industrie und Handelskammern. Veröffentlichungen u.a. »Das leise Lächeln des Siegers – was wir von Japan lernen können« (1994); »Das Erbe der Egoisten« (1995).

Günter Ederer

Die Sehnsucht nach einer verlogenen Welt

Unsere Angst vor Freiheit, Markt und Eigenverantwortung

Über Gutmenschen und andere Scheinheilige

GOLDMANN

Umwelthinweis:
Alle bedruckten Materialien dieses Taschenbuches
sind chlorfrei und umweltschonend.

Der Goldmann Verlag ist ein Unternehmen
der Verlagsgruppe Random House GmbH.

Vollständige Taschenbuchausgabe Juni 2002
Wilhelm Goldmann Verlag, München,
in der Verlagsgruppe Random House GmbH.
© 2000 der Originalausgabe C. Bertelsmann Verlag, München,
in der Verlagsgruppe Random House GmbH
Umschlaggestaltung: Design Team München
Umschlagillustration:
ARTWARE Albrecht-Matthias Wendlandt, Sauerthal
Autorenfoto: Günter Klein
Druck: Elsnerdruck, Berlin
Verlagsnummer: 15184
KF · Herstellung: Sebastian Strohmaier
Made in Germany
ISBN 3-442-15184-8
www.goldmann-verlag.de

1 3 5 7 9 10 8 6 4 2

Inhalt

Vorwort 9

Erster Teil
Unsere verlogene Welt

1. Ein Südseetraum 15
2. Alltagslügen 19
3. Eine Gesellschaft der gebrochenen Biografien 38
4. Die Angst vor dem Markt 51
5. Die Erziehung zum Untertan 62
6. Unfreiheit als Tradition 80

Zweiter Teil
Land ohne Volk

7. Volk ohne Kinder 91
8. Ein deutscher Garten Eden? 107
9. Ein Tummelplatz für Scheinheilige 117
10. Vom Nutzwert des Menschen 125
11. Ausgrenzung oder Integration? 136
12. Mitmenschen statt Arbeitskräfte 151

Dritter Teil
Im Krieg mit dem 1 × 1

13. Renten – die Angst vor den Zahlen 163
14. Der Generationenkonflikt 175
15. Eigenverantwortung statt Staatsfürsorge 185
16. Ewige Jugend auf Krankenschein 196
17. Kollektives Schmarotzertum 207

Vierter Teil
Vom Kampf um Privilegien

18. Angst vor Wettbewerb 225
19. Kammerjagd auf Unternehmertyp 236
20. Universitäten – wie die Armen ihre
    Elite finanzieren 248

Fünfter Teil
Das globale Missverständnis

21. Vom selektiven Wahrnehmungsvermögen 271
22. Die Konjunktur der Angstmacher 284
23. Die weltweite Dienstleistungskatastrophe 299
24. Das erste Gebot: Totale Transparenz 318
25. CO_2 – Weltuntergang als Steuerquelle 337

Sechster Teil
Unternehmen Stillstand –
Verkehrspolitik in Deutschland

26. Zwischen Ideologie und Korruption 361
27. Der Transrapid – die Geisterbahn 377
28. Töff, töff, töff, die Eisenbahn 386
29. Parolen statt Straßenbau 402
30. Markt statt Bürokratie 411

Siebter Teil
Vom Umgang mit deinem und meinem Geld

31. Subventionen: Das Märchen von der guten Fee 429
32. Bestechungsgeld fürs Wahlvolk 440
33. Freiheit oder Gleichheit 452

Literaturverzeichnis 469
Personenregister 473

Für meine Frau Anke

Vom ersten Moment an, als die Idee entstand, ein Freiheitsbuch zu schreiben, bis zu seiner Abgabe im Verlag unternahm sie alles, um eine Atmosphäre zu schaffen, die das Projekt ermöglichte. In den Jahren der Vorbereitung ermunterte sie mich, das Ziel nicht aus den Augen zu lassen. In den Monaten des Schreibens hielt sie alles fern, was mich hätte stören können. Eine bessere Fürsorge kann ich mir nicht vorstellen. So ist es nicht übertrieben, wenn ich feststelle, ohne meine Frau hätte es dieses Buch so nicht gegeben. Danke.

Vorwort

Als das Rohmanuskript fertig geschrieben war, stellte ich mit Erschrecken fest, dass es gut ein Drittel länger geworden war, als wir verabredet hatten. Und trotzdem hatte ich das Gefühl, bei weitem nicht alle Beispiele beschrieben zu haben, in denen das, was uns vorgegaukelt wird, und die Wirklichkeit weit auseinander klaffen. Ich hätte weiterschreiben mögen, immer weiter. Die Flut von Bildern aus der Vergangenheit und Gegenwart, die den ewigen Kampf zwischen Freiheit und Knechtschaft zeigen, will, einmal ins Bewusstsein gerückt, einfach nicht mehr abebben.

Während ich diese Zeilen schreibe, entdecken unsere Politiker, dass wir ein ernstes Problem mit gewaltbereiten Neonazis haben, und überschlagen sich geradezu in Aktionismus und Aufrufen an die Bevölkerung, nicht mehr wegzuschauen. So als ob sie nicht die letzten zehn Jahre den Kopf in den Sand gesteckt hätten. Es war im September 1990, als ich zum ersten Mal in meinem Leben sah, wie deutsche Jugendliche vor dem Dresdner Hauptbahnhof Vietnamesen und Polen jagten und die Polizei ihnen schmunzelnd zusah. »Das ist eure Freiheit«, erklärte mir spöttisch ein Polizist. In seiner DDR hätte es das nicht gegeben. Das Fernsehen bringt eine aktuelle Betroffenheitssendung nach der anderen, bis auch gutmütigen Bürgern die immer gleichen Politikerstatements zum Halse heraushängen. Wenn der Gewöhnungseffekt an die rechten Horden dann gegriffen hat, werden wir eine neue Thematik zu Tode reiten.

Was denken sich Mitglieder der rot-grünen Regierungskoalition, wenn sie die Aufrechterhaltung der EU-Sanktionen gegen Österreich fordern, aber gleichzeitig zu bedenken geben, ob die Isolierung Russlands wegen des Tschetschenienkriegs noch gerechtfertigt sei? Als ob wir nicht ein mörderisches Jahrhundert gerade überstanden hätten, übersehen wir geflissentlich den Völkermord in Tschetschenien und attestieren dem russischen Präsidenten, dass er beim Gipfel der tonangebenden Nationen in Okinawa einen hervorragenden Eindruck hinterlassen habe. Aus den G7, den Großen Sieben, wurden jetzt die G8. Wer Tschetschene am Anfang dieses Jahrhunderts ist, hat halt Pech, für ihn gilt die Charta der Menschenrechte und der UN noch nicht. So wie sie Anfang des 20. Jahrhunderts nicht für Armenier, Mitte des Jahrhunderts nicht für Juden und im Jahre 1995 nicht für die Moslems von Srebrenica gegolten hat – um nur einige Völker zu nennen, die abgeschlachtet wurden, weil die Welt gerade andere Prioritäten setzte, als sich um sie zu kümmern. Realpolitik heißt diese heuchlerische Variante des weltübergreifenden Konferenzzirkus.

Statt Denkmäler zu bauen und zu finanzieren, sollten wir die Mittel einsetzen, den heute bedrohten Völkern zu helfen, und hier und jetzt ihre Unterdrücker und Schlächter benennen, und nicht erst wieder, wenn die Geschichte so weit fortgeschritten ist, dass man gefahrlos der Toten gedenken kann. Ich bin davon überzeugt, dass nichts so sehr gegen die gewaltbereiten Wirrköpfe von rechts und links hilft wie das unerschütterliche Bekenntnis zur Freiheit, und dazu will dieses Buch einen Beitrag leisten. Sein Arbeitstitel von der ersten Idee bis zum endgültigen Titelentwurf lautete deshalb auch »Das Freiheitsbuch«.

Die Substanz und Brisanz einiger Kapitel wäre nicht denkbar ohne jene fachlich und wissenschaftlich hervorragenden Gesprächspartner, deren Klarheit der Gedanken bei mir den Mut verstärkte, Tabuthemen anzupacken. Ihnen gilt mein besonderer Dank.

Professor Hans-Jürgen Ewers, Präsident der Technischen Universität in Berlin, entwickelte mit seinem Modell einer Universität, die sich auch aus Studiengebühren finanziert, eine reale Diskussionsgrundlage, die die ideologische Debatte um die Chancengleichheit im Bildungswesen als höchst ineffizient und unsozial entlarvt. Ihm verdanke ich einen tiefen Einblick in das tägliche Elend der staatsabhängigen Universitätsfinanzierung. Bei dieser Gelegenheit möchte ich Professor Ewers aber auch für die vielen Denkanstöße in den letzten zehn Jahren danken, die, geprägt von einem tiefen Glauben an die Kraft von Freiheit, Wettbewerb und Eigenverantwortung, mich zu manchem Fernsehbeitrag ermunterten.

Professor Bernd Raffelhüschens Veröffentlichungen und wissenschaftliche Forschungen ziehen sich wie ein roter Faden durch alle Kapitel, die mit der Bevölkerungsentwicklung und der daraus resultierenden Rentenproblematik zu tun haben. Seit unserer ersten Begegnung hat sich daraus eine einseitige Beziehung entwickelt. Ich profitiere unentwegt von seinen Formeln und Berechnungen. Die Konsequenz, mit der die Tagespolitik seine Zahlen ignoriert, hat zu meiner Abschnittsüberschrift »Im Krieg mit dem 1 × 1« geführt. Vieles was Sie da lesen, konnte ich nur deshalb so schonungslos anklagend schreiben, weil sich Professor Raffelhüschen die Zeit nahm, mir die verschlungenen Wege der Rentenformeln und die Rechenwerke der Generationenbilanzen zu erschließen.

Es ist unmöglich, sich nicht von Gerd Habermann und seiner Idee eines freiheitlichen Staates anstecken zu lassen. Ich gestehe gern ein, dass ich oft ob seiner kühnen Vorstellungen eines Gemeinwesens tagelang ins Grübeln kam, in dem sich Bürger ohne staatliche Bevormundung selbst organisieren. Doch es sind solche Visionen, die helfen, die mächtige Krake zu erkennen, die uns in der scheinbar harmlosen Form des »Wohlfahrtsstaates« gefangen hält. Gerd Habermann hat mir geholfen, Gedankentabus zu brechen, um danach die weiten Horizonte der Freiheit neu erkunden zu können.

Es ist sicher ein besonderes Gefühl, wenn ich feststelle, dass ich beim Schreiben dieses Buches auch stark beeinflusst wurde von der Arbeit meines Sohnes Peer und seines Freundes Philipp Schuller, die über ein Jahr ihre ganze Freizeit opferten, um die Bilanz der Deutschland AG zu erstellen. Ihr Zahlenmaterial hat mir manche Recherche erspart. Die mathematische Klarheit ihrer Gedanken aber hat mich bestärkt, so manches »vielleicht« wegzulassen und zu eindeutigen Aussagen zu kommen. Wirtschaftler und Politiker, die sich vor der Wahrheit ihres Buches drücken, haben später nicht die Ausrede, sie hätten nicht wissen können, welchen finanziellen Unfug sie anrichteten und was sie diesem Land und seiner Bevölkerung antaten.

Einige Bücher im Literaturverzeichnis habe ich *kursiv* hervorgehoben, weil sie entweder dieses Buch ergänzen oder ich diese Werke für einen engagierten Bürger in unserem Lande für unverzichtbar halte.

Nicht zuletzt gilt mein Dank auch Georg Hafner und Joachim Faulstich vom Hessischen Rundfunk und Wolfgang Fandrich vom Mitteldeutschen Rundfunk, die mir die Sendezeit und die Mittel zur Verfügung stellten, die es mir ermöglichten, eigene umfangreiche Recherchen und Untersuchungen zu finanzieren.

Erster Teil

Unsere verlogene Welt

1. Ein Südseetraum

Kennen Sie Capsalay? Wahrscheinlich nicht. Dieses traumhafte Eiland im Südchinesischen Meer ist selbst auf detaillierten Touristenkarten nicht verzeichnet. Zusammen mit meiner Frau verbrachte ich dort vier Wochen, und wir erzählen gern von diesem Urlaub im Paradies. In Manila lernten wir den Besitzer kennen: einen erfolgreichen deutschen Geschäftsmann, der mit einer Filipina verheiratet ist. Von ihm mieteten wir uns für 50 Dollar pro Tag in eine Ferienhausanlage ein, die lediglich aus drei Bungalows besteht, die mit Materialien aus dem Urwald gebaut wurden. Schon die Reise nach Capsalay war ein Abenteuer.

Die erste Etappe legten wir mit der Privatmaschine des japanischen Ferienclubs El Nino von Manila aus zum Nordzipfel der lang gestreckten Insel Palawan zurück. Dort wartete eine viersitzige Cessna, die uns in das Zentrum von Palawan nach Roxas brachte. Erst verjagte der Pilot im Tiefflug Kühe von der Piste, dann ließ er nach der Landung die Motoren weiterlaufen, während wir ausstiegen und unser Gepäck entluden. Andernfalls wären die Räder der Maschine in den morastigen Boden eingesunken.

Von der Piste in Roxas ging es in einem Jeepney weiter, einem jener bunten, offenen Vehikel, die das Haupttransportmittel der Philippinen darstellen. Nach 40 Kilometer Fahrt über das gebirgige Rückgrat von Palawan hielten wir in der weitgeschwungenen Bucht von Barton. Noch einmal mussten wir umsteigen, in eine Banka, eines der in der Südsee üblichen Auslegerboote. Nach einer weiteren Stunde hatten wir endlich Capsalay erreicht. Kein Plakat, keine noch so kitschige Beschreibung kann wiedergeben, wie herrlich uns dieses Südseeparadies vorkam. Weißrosa der Korallensand, der in ein ruhiges lauwarmes Meer übergeht, das in allen Farben von Türkisgrün bis Azurblau reflektiert. Die Kokospalmen neigen sich schräg über den Sand zum Meer, spenden zusammen mit Kasuarinen Schatten.

Wir waren die einzigen Feriengäste, umsorgt von Rosita, einer resoluten, aber herzlichen Enddreißigerin, die das Dutzend Personal befehligte, das für unser Wohlergehen zuständig war. Die Wünsche wurden uns von den Lippen abgelesen: Zum Frühstück stand der Tisch direkt am Meer, abends in der Nähe des Haupthauses. Gekocht wurde, was wir uns wünschten oder was das Meer gerade hergab. Nach Sonnenuntergang brannten noch eine Weile die Petroleumlampen, bevor uns der Sternenhimmel des Südens und die Geräusche einer unendlich weiten Natur umgaben.

So erzählen wir sie gern, die Geschichte von unserem Urlaub, den wir allein im Paradies verbrachten. Die Geschichte ist sogar wahr – jedenfalls glauben wir auch schon selbst daran, so oft haben wir sie wiederholt und andere damit neidisch gemacht. Und wenn wir sie vor unseren Zuhörern ausbreiten, dann besteht eine stillschweigende Übereinkunft zwischen meiner Frau und mir, uns diese Erinnerung so zu erhalten, wie wir sie gern hätten, und ohne dass wir je darüber gesprochen hätten, wissen wir, dass wir nicht die ganze Wahrheit erzählen. Aber unsere Wunschvorstellung nach diesem Stück Paradies ist so groß, dass wir die Realität ausblenden, und unsere Erinnerung an Capsalay ist immer noch so positiv, dass wir regelrecht Sehnsucht haben nach Capsalay, nach jener verlogenen Welt.

Die Realität: Nachdem wir ausgeschlafen hatten, machten wir entlang der etwa zwei Kilometer langen Bucht einen ersten Spaziergang. Wir waren noch nicht weit gekommen, als ein halb umgestürzter Stacheldrahtzaun unseren Weg behinderte. Davor stand sogar ein Wachmann mit einer Flinte. Er gehörte zum Personal unserer Ferienanlage. Auf unsere Frage, was hier los sei, antwortete er, wir könnten ruhig weitergehen, er müsse nur aufpassen, dass niemand das Grundstück betrete. Die Menschen hinter dem Stacheldrahtzaun seien Landdiebe und würden bald verjagt. Ungefähr 200 Meter weiter lichtete sich die Bepflanzung, und eine zweite Ferienanlage mit fünf einfachen, reisstrohgedeckten Hütten und einem offenen, geschmackvoll eingerichteten Restaurant kam zum Vorschein. Eine Italienerin, Mitte vierzig begrüßte uns, froh, Europäer zu treffen. Sie erzählte uns ihre Version vom Paradies.

Sie hatte zusammen mit ihren beiden Schwestern einen gut gehenden Textilbetrieb in Norditalien geerbt. Da die drei aber weder etwas vom Geschäft verstanden, ihnen auch sonst der Sinn für ein bürgerliches Leben abging, entschlossen sie sich, in der Südsee eine Insel zu kaufen. Ihr Globetrotterleben endete auf Capsalay, wo sie sich spontan in die Insel und die Vorstellung verliebten, hier eine kleine Ferienanlage zu bauen und so die nächsten Jahre das Leben zu genießen. Zudem hatte die jüngste Schwester mittlerweile auch ein Kind geboren, das sie alle gemeinsam großziehen wollten. Als Eigentümer von Capsalay wurde ihnen vom Distriktgouverneur ein Großgrundbesitzer genannt, der viele Millionen damit verdient, dass er systematisch den Urwald von Palawan illegal abholzt und nach Japan verkauft. Schnell wurden sie sich handelseinig. Für 100 000 US-Dollar wurden sie ins Grundbuch als Eigentümer der Westseite von Capsalay eingetragen.

Das Problem: Derselbe Großgrundbesitzer hatte die Westküste auch schon dem deutschen Geschäftsmann verkauft. Die Grundbucheintragungen wiederum waren so schlampig erfolgt, dass die Eigentümerfrage offen blieb. Der Deutsche war jedoch im Vorteil: Er hatte eine Filipina zur Frau, und die darf Land in den Philippinen besitzen, während Ausländern wie den Italienerinnen höchstens Pachtrechte zugestanden werden.

Im Grunde genommen war für beide Platz. Die Feriensiedlungen lagen so weit auseinander, dass selbst musikalische Klänge beider Parteien von den Palmen dazwischen geschluckt wurden. Doch anstatt sich zu arrangieren, begann ein erbitterter Kleinkrieg, in dem der Deutsche der Angreifer, die Italienerinnen die Verteidiger waren. Da wurde schon mal eine Hütte abgebrannt, mit Stöcken aufeinander losgeschlagen, der Stacheldrahtzaun gebaut und Wachen aufgestellt. Unser Vermieter hatte sogar an jedem Baum ein Warnschild angebracht, auf dem er androhte, auf jeden zu schießen, der sich seiner Anlage unberechtigt nähert.

Natürlich wollten wir auch wissen, wie es auf der anderen

Seite der Insel aussah. Also sind wir den ungefähr 50 Meter hohen Hügel hinaufgeklettert und stießen oben auf dem Kamm ebenfalls auf Stacheldraht und einen Zaun mit einer Tür. Während »unsere« Seite dicht bewachsen und grün war, blickten wir auf der anderen Seite auf ein Dorf und eine Bucht hinunter, in der es keinen Baum und keinen Strauch mehr gab. Schätzungsweise 200 Filipinos lebten da zusammen mit ihren Schweinen und Ziegen. Diese etwa zwei Kilometer lange und höchstens 300 Meter breite Insel war also dreigeteilt: in je eine deutsche und italienische grüne Westhälfte und in eine braune, mit Exkrementen besudelte Bucht im Osten.

Die Verwalterin unserer Anlage verteidigte die strenge Abgrenzung von den Einheimischen. Früher war Capsalay unbesiedelt. Vor etwa zehn Jahren siedelten sich dann die heutigen Bewohner aus den Zentralphilippinen an. Der Großgrundbesitzer beschäftigte sie als Holzfäller, bezahlte so gut wie nichts. Dafür durften sie auf der Insel wohnen, wo sie gleich mit der Produktion von Kindern anfingen. In nur zehn Jahren haben sich die Einwohner des Dorfes von 20 auf 200 vermehrt – eine alltägliche Geschichte auf den Philippinen. Je ärmer die Leute sind, desto mehr Kinder haben sie, und desto tiefer dringen sie mittlerweile auch in jeden noch so abgelegenen Landstrich vor.

Kaum hatten die Siedler auf Capsalay die ersten Hütten errichtet, so begannen sie damit, die Bäume zu fällen und daraus Holzkohle zu machen. Nach den Bäumen hackten sie die Sträucher und Mangroven ab. Danach versiegte das Grundwasser. Die Siedler kamen über den Hügel und holten auf der grünen Seite Wasser. Doch als sie auch noch anfingen, heimlich Büsche und Bäume zu fällen, ließ der deutsche Besitzer den Stacheldrahtzaun errichten, und der Hügelkamm wird nun wie eine Grenze streng bewacht. Die Dorfbewohner müssen jetzt ihr Frischwasser mit dem Boot von der Hauptinsel Palawan holen. Da die Zahl der Kinder immer weiter steigt, das Einkommen aber eher sinkt, weil der Urwald in der Region bald abgeholzt ist, fingen die Siedler an, mit Dynamit das Meer leer zu fischen.

Unser kleines Paradies, die Insel Capsalay – ein Spiegelbild fast aller Konflikte, die heute unsere Welt beherrschen: Da sind die finanziell gut versorgten Europäer, die trotzdem aufeinander losgehen, weil einer dem anderen die Butter auf dem Brot nicht gönnt; da sind der Bevölkerungsdruck und die Dummheit in der Dritten Welt, die die natürlichen Ressourcen unseres Globus überstrapazieren; und da sind die korrupten Verwaltungen und Großkapitalisten, die sich einen Dreck um Gesetze und die Zukunft der Menschheit kümmern, sondern Konflikte noch schüren, weil sie sich dann umso ungenierter bereichern können.

Wann immer wir von Capsalay und unserem Urlaub in der tropischen Südseeidylle erzählen, blenden wir die Wirklichkeit einfach aus. Es ist, als ob wir uns irgendwo ein Stück Paradies malen wollen, das jenseits der Realität dieser Welt existiert. Die unberührte, intakte Wildnis mit den edlen, von der Zivilisation noch nicht verdorbenen Wilden – sie ist ein Zerrbild, und sie ist es schon immer gewesen. Jean-Jacques Rousseau hat sie uns vorfantasiert, und vielleicht war er damit deshalb so erfolgreich, weil wir alle irgendwie so ein Stück heile Welt brauchen, um nicht an der Realität zu verzweifeln.

2. Alltagslügen

An nasskalten Novembertagen, wenn die Recherchen zu den nächsten Filmen wieder einmal die Lügengebäude der Tagespolitik aufdecken, wenn Ehrenworte und Ehrenerklärungen entlarvend zeigen, wie unehrenhaft unsere Elite ist, wenn die Gutmenschen auf ihrem verlogenen Moralschleim ausrutschen, dann sehne ich mich nach meiner verlogenen Welt, jenem Trugbild in der Südsee namens Capsalay. Allein die Vorstellung, es gebe so eine heile Welt, macht dann die Realität erträglicher.

Wenn sich aber eine ganze Nation auf die Flucht begibt, sich eine Welt vorgaukelt, die es so nicht gibt, sich vor Realitäten und Wahrheiten drückt, weil sie zum Umdenken zu bequem ist, wenn eine ganze Nation sich in einer Wunschwelt verliert, sich nach einer verlogenen Welt sehnt, dann steuert sie auf einen Crash zu. Kapitalvernichtung und Kriege sind die Folge unvernünftigen Handelns, das Ergebnis von Wunschdenken und

Wahnvorstellungen. Der Zusammenbruch eines Staates erfolgt, wenn die Sehnsüchte nach der verlogenen Welt an der Realität zerschellen.

Wunschvorstellungen und Wirklichkeit klaffen in unserem Land gefährlich auseinander. Unser Volk der Dichter und Denker – ein Volk der Schlächter und Henker. Die Deutschen, sauber, fleißig und ehrlich – Deutschland: graffitiverschmiert, voller Schwarzarbeiter und Politikskandale. Die Bundesrepublik Deutschland – ein weltweit gelobtes Modell der sozialen Marktwirtschaft. Die Bundesrepublik Deutschland – hoch verschuldet, vom Fiskalsozialismus und von einer übermächtigen Bürokratie erdrückt. Deutschland – noch immer ein Staat, der eher auf die Obrigkeit setzt als auf die Eigenverantwortung.

Doch stimmt es nicht, dass Deutschland immer noch zu den führenden Wirtschaftsnationen der Welt gehört – und wir vor allem Weltmeister im Nestbeschmutzen und Jammern sind? Ja, auch das stimmt. Doch Deutschlands Anteil an der Weltwirtschaft sinkt drastisch. Der Trost, dass es Albanien schlechter geht, hilft uns nicht: Die Albaner erwarten auch nicht von ihrem Staat unsere Sozialleistungen.

Zugegeben: Es ist für den Einzelnen nicht leicht herauszufinden, ob er gerade von einer Stimmungsmache missbraucht wird oder ob er nicht doch das Richtige tut. Die große Bereitschaft der Deutschen, Gutes zu tun, wird bei jeder Katastrophe auf der Welt deutlich, für die in den Fernsehsendern zu Spenden aufgerufen wird. Jedes Mal kommen da enorme Summen zusammen, und kaum jemand will wissen, wie effizient sie eingesetzt werden. Von Berichten über Schlampereien, Veruntreuung und Inkompetenz der Hilfsorganisationen wollen die Spender gar nichts wissen. Die Menschen wollen helfen – basta.

So fließen die Gelder dorthin, wo die Fernsehkameras stationiert sind, das Unglück zu Hause im Wohnzimmer erlebbar wird. Wir alle haben tagelang mitgelitten, als die Fluten in Mosambik stiegen, und mitgezittert, wenn die Hubschrauberpiloten die verängstigten Menschen von den Bäumen retteten. Bundesgrenzschutz und Bundeswehr wurden mobilisiert, öffentliche und private Gelder zur Verfügung gestellt. Nur tausend Kilometer entfernt litten die Menschen in Madagaskar unter den gleichen tropischen Stürmen, hatten ähnliche Verwüstungen zu beklagen, und nur die Franzosen halfen ihnen, der Rest der Welt hat das überhaupt nicht mitbekommen.

Wir alle haben auch schon von der Aids-Katastrophe gehört, die in Afrika wütet. Sie beunruhigt auch die Menschen in Europa. Aids-Benefiz-Veranstaltungen finden ein großes Echo, die Prominenz kommt zusammen, wird gesehen und spendet Milliardensummen vor allem für die Forschung. Die kleine rote Schleife am Revers drückt die eigene Verbundenheit mit den Opfern aus. Aids wird als eine die Welt bedrohende Seuche wahrgenommen.

Aids, das ist die Krankheit, die auch vor den Reichen und Schönen nicht Halt macht. Aber sie fordert längst nicht so viele Opfer und richtet längst nicht so verheerende wirtschaftliche Schäden an wie Malaria – die Krankheit der Armen in der Dritten Welt.

Die Weltgesundheits-Organisation schätzt, dass 500 Millionen Menschen von Malaria befallen sind, also etwa zwanzigmal so viele wie von Aids. 90 Prozent davon leben südlich der Sahara in Afrika. In einer Studie wird der wirtschaftliche Schaden, den die Malaria in 15 Jahren in den 31 am meisten betroffenen afrikanischen Staaten angerichtet hat, auf 74 Milliarden Dollar geschätzt. Gabun allein hat 17 Prozent seines Bruttoinlandsprodukts verloren. Aber in die Malaria-Forschung werden knapp fünf Prozent der Mittel gesteckt, die der Aids-Forschung zur Verfügung stehen. So orientiert sich auch der medizinische Fortschritt nicht an der Zahl der Opfer, denen geholfen werden könnte, sondern an dem Berühmtheitsgrad der potenziellen Opfer. Wie wäre es einmal mit einer Malaria-Gala, an der alle Hollywood-Größen umsonst teilnehmen? Ich fürchte, das würde genauso ein Reinfall wie eine solche Veranstaltung in Berlin mit deutscher Prominenz. Aids ist nah, Malaria weit weg.

Wir sehnen uns regelrecht nach Nachrichten, die beruhigend wirken – und seien sie noch so verlogen. Jeden Monat zum Beispiel wird in Nürnberg die neueste Arbeitslosenstatistik verkündet. Eine Zeremonie, zelebriert durch die Herren der Zahlen. Je mehr Arbeitslose es gab, desto bedeutender wurde das Nürnberger Hochamt: zuerst dargeboten durch Josef Stingl, dann durch Heinrich Franke und jetzt durch Bernhard Jagoda. Und alle drei machen den Eindruck, als beglückten sie ihre Arbeitslosen, damit ihnen nur keiner verloren gehe. Und was teilen sie uns da mit? Alles, nur nicht die Zahl der Menschen, die in Deutschland einen Arbeitsplatz suchen. Trotzdem überschlägt sich Monat für Monat das politische Deutschland, wenn es darum geht, diese Zahlen zu kommentieren. Die jeweilige Regierung des Bundes und der Länder redet die Zahlen dann schön, und die jeweilige Opposition wirft der Regierung schlimmes Versagen vor. So geht das jetzt schon Jahrzehnte.

Die Industrie- und Handelskammer Hamburg hat für ihr Gebiet die Situation der rund 75 000 gemeldeten Arbeitslosen genauer untersucht. Sie kam zu dem Ergebnis, dass ein Drittel der Registrierten überhaupt nicht mehr dem Arbeitsmarkt zur Verfügung steht, weil sie hier nur im Vorruhestand geparkt sind, oder es handelt sich um Personen, die gerade ihren Job verloren haben und kurzfristig bis zum Antritt der neuen Stelle eine Auszeit nehmen. Dieses Drittel kann und will also nicht vermittelt werden. Ein weiteres Drittel denkt gar nicht daran, eine der angebotenen Stellen anzunehmen, weil die Betreffenden schon einen festen Arbeitsplatz in der Schwarzarbeit AG haben und es sich für diese Personengruppe nun wirklich nicht lohnt, eine reguläre Beschäftigung mit Sozialabgaben anzutreten, bei der im Endeffekt weniger Geld auf der Hand bleibt, als sie jetzt verdienen.

Diese Beobachtung ist ziemlich genau auf das ganze Bundesgebiet hoch zu rechnen. Der Wert der Schwarzarbeit in Höhe von zirka 650 Milliarden Mark ergibt, auf Beschäftigungsverhältnisse umgerechnet, rund 800 000 Vollzeit-Arbeitsplätze. Die werden aber bei der Nürnberger Trauerveranstaltung immer noch als arme Arbeitslose mit vermeldet.

Nur ein Drittel, so die Hamburger Ergebnisse, ist wirklich arbeitslos und sucht dringend einen Job. Um dieses Drittel müsste sich die Bundesanstalt für Arbeit mittels gezielter Maßnahmen kümmern. Aber durch die Massen, die verwaltet werden müssen, versickern viele der Milliarden Mark, die Nürnberg unters Volk verteilt, ohne den Arbeitsmarkt zu entlasten. Während uns also auf der einen Seite Arbeitslose gemeldet werden, die es gar nicht gibt, wissen wir nicht, wie viele Menschen bereit wären, einen Job anzunehmen, aber den Weg zum Arbeitsamt scheuen, weil sie entweder nicht berechtigt sind, Leistungen zu erhalten, oder die Behörde als ineffizient ansehen und sich deshalb selbst um eine neue Arbeitsstelle kümmern.

Zur Beurteilung der Situation auf dem Arbeitsmarkt ist aber die Zahl der Beschäftigten zumindest ebenso wichtig wie die Zahl der Arbeitslosen. So nahm die Zahl der Beschäftigten von 1991 bis 1998 um 1,5 Millionen ab und ist seitdem langsam wieder angestiegen. Aus den Statistiken lässt sich weiterhin erkennen, dass die Beschäftigtenquote in Ostdeutschland durchaus dem europäischen Durchschnitt entspricht. Im Bereich der Industrie- und Handelskammer Suhl in Südthüringen haben von je 100 Menschen im beschäftigungsfähigen Alter genauso viele einen Job wie im Bereich der IHK München. Doch während München mit 5,1 Prozent Arbeitslosigkeit fast Vollbeschäftigung meldet, sind es in Suhl immer noch 15 Prozent.

Monat für Monat wird verschwiegen, dass die hohe Arbeitslosigkeit im Osten unter anderem daraus resultiert, dass im Kommunismus die Beschäftigungsquote auf Teufel komm raus hochgetrieben wurde. Arbeitslosigkeit wurde staatlich beseitigt. Die Folge: Nach der Wiedervereinigung haben wir jetzt hunderttausende schlecht qualifizierte und mittlerweile ältere Mitbürger, die in unserem Lohnniveau keine regulär bezahlte Arbeit mehr finden können. Sie sind nicht Opfer der Marktwirtschaft, wie es gern von PDS, Arbeitsloseninitiativen und Gewerkschaftern hingestellt wird. Sie sind Opfer eines Systems, das seine Menschen in Grund und Boden gelogen hat. Und es wird weitergelogen: Im IHK-Bezirk Suhl fehlen 3000 Arbeitskräfte in der Metallindustrie. Aber das Arbeitsamt Suhl war nicht bereit, sich zu dem Missverhältnis zwischen hoher Arbeitslosenzahl und gleichzeitigem Arbeitskräftemangel zu äußern. Die 700 Mitarbeiter im neuesten Gebäude von Suhl verwalten ihre Zahlen, und ihre persönliche Bedeutung ist umso größer, je höher die Quote ausfällt. Das »A« für Arbeitsamt steht dort für »A« wie Armutszeugnis.

Die hohe Zahl der nichtqualifizierten Arbeitslosen im Osten, darunter überproportional viele Frauen, könnte ohne Probleme beseitigt werden: Wir führen wie zu DDR-Zeiten wieder Arbeitszwang ein, bieten einfache Montagejobs an, etwa auf dem Lohnniveau, wie es in Polen oder Tschechien üblich ist, und schon werden die Arbeitslosenstatistiken auf Null absinken. Aber so etwas tun wir nicht – also bezahlen wir an Arbeitslosen- und Sozialhilfe etwa das Vierfache dessen, was ein Arbeiter in Polen und Tschechien verdient, dafür, dass der Ostdeutsche nichts tut. Das ist nun wirklich nicht unsozial.

Die ständige Forderung der sozialistischen Unbelehrbaren, der Staat müsse für Arbeitsplätze sorgen, würde nur noch mehr Menschen in jene Arbeits- und Lebensverhältnisse stürzen, mit denen sich die im kommunistischen Wirtschaftsblock fast alle abfinden mussten. Deren Errungenschaften: eine Dreiraumwohnung in der Platte, ein Trabi vor der Tür und Urlaub in einem vergammelten FDGB-Heim – so etwas können sich heute sogar noch Arbeitslose leisten.

Wenn die Nürnberger Zahlen, anders aufbereitet, nicht zum politischen Missbrauch verführen würden, könnte auch jene Transparenz entstehen, die notwendig wäre, um das Problem »Arbeitsmarkt« zu lösen. An Geld mangelt es schon heute nicht. Der Etat der Nürnberger Behörde beläuft sich auf 104,14 Milliarden DM. Doch dieses Budget wird längst nicht mehr allein von den Versicherten aufgebracht. 7,73 Milliarden DM an Bundesmitteln stecken in dieser Summe, und dafür soll diese Behörde arbeitsmarktpolitische Initiativen ergreifen. Allein 43,4 Milliarden DM gibt sie für Arbeitsbeschaffungsmaßnahmen aus. Damit wird mal mehr und mal weniger nutzlose Beschäftigung finanziert.

Nördlich von Magdeburg, so war im *Stern* zu lesen, halten dafür ausgewachsene Männer nach Großtrappen Ausschau, jenen Steppenvögeln, die 60 Kilometer entfernt ein Schutzgebiet haben, oder sie bauen und pflegen Fahrradwege, die niemand benutzt. Diese ABM-Maßnahmen verringern aber die Arbeitslosenstatistik um 218 000 Personen. So wird die Regierung tatsächlich in die Lage versetzt, die Nürnberger Zahlen entsprechend zu manipulieren. CDU und SPD sind beide schon dieser Versuchung erlegen und betreiben damit PDS-Politik. Die behauptet nämlich, der Staat muss die Arbeitsplätze schaffen – und das führt immer zum gleichen Ergebnis: Der Arbeitsmarkt wird außer Kraft gesetzt und kollabiert.

Jene gebetsmühlenartig wiederholte Floskel, die Arbeitslosigkeit sei eine Folge der Rationalisierung und in einem hochentwickelten Industrieland unvermeidbar, wird gerade in den USA und vielen unserer Nachbarstaaten Lügen gestraft. Unsere Arbeitslosigkeit beruht darauf, dass wir den Arbeitsmarkt zerstört haben. Angebot und Nachfrage finden nicht mehr zueinander. Das beweist die Diskussion um den Mangel an Computerfachleuten. Doch ich kenne genauso viele Unternehmer, die einfache, ungelernte Lagerarbeiter und gut ausgebildete Fachkräfte suchen wie IT-Spezialisten. Die verlogene Diskussion über unseren Arbeitsmarkt wird in diesem Buch immer wieder zur Sprache kommen, denn die Arbeitslosigkeit ist ein Ergebnis unserer Furcht vor Freiheit, Markt und Eigenverantwortung.

Die Dänen, die sicher nicht autoritärer oder kapitalistischer Tendenzen verdächtigt werden können, haben mit einer schlichten Bestimmung die Schmarotzer aus ihrer Statistik vertrieben: Erwachsene, die innerhalb eines Jahres keinen Job finden, bekommen einen Arbeitsplatz zugeteilt, Jugendliche müssen schon nach einem halben Jahr antreten. Die Dänen sagen: Solidarität ist keine Einbahnstraße. Doch für Bernhard Jagoda, den Herrn der Nürnberger Zahlen, ist das ein Eingriff in die Persönlichkeitsrechte, der niemandem zugemutet werden kann. Genau so wurde die »soziale Marktwirtschaft«, so wie Ludwig Erhard sie verstand, in Deutschland ruiniert.

Nicht minder verlogen ist die allgemein gültige Aussage, wir hätten auf deutschem Boden noch nie soviel Freiheit wie jetzt. Zugegeben, freier ging es nur ganz kurz zu, und auch dann nur in Westdeutschland. Das zeigt aber lediglich, in welch erbärmlichem Zustand sich unser Vaterland durch die Geschichte quält. Zurzeit ist vor dem Bundesverfassungsgericht zum zweiten Mal eine Musterklage anhängig, ob es dem Staat erlaubt ist, seinem Bürger mehr als 50 Prozent seines Einkommens abzunehmen. Zwar hatte das Bundesverfassungsgericht dies schon einmal verneint, aber das hat den obersten Finanzgerichtshof keineswegs daran gehindert, diese Entscheidung nicht nur zu ignorieren, sondern ihr in einem eigenen Urteil auch einfach zu widersprechen. Juristen sehen in diesem Grundsatzstreit einen Anschlag auf die Grundfesten unserer Demokratie: Es muss geklärt werden, ob sich eine Verwaltung über die Verfassung stellen kann. Hier hat die Finanzverwaltung ihre hässliche Fratze gezeigt. Sie geht immer noch von einem Untertanen aus, der zum Wohle des Staates ausgeplündert werden darf.

Längst hat sich die Steuer- und Abgabenlast auch für einen Arbeitnehmer auf mehr als 50 Prozent seines Bruttoeinkommens ausgedehnt. Meisterhaft verstehen es die Politiker dabei, ihre Wähler zu belügen. Sie senken die direkten Steuern und erhöhen dafür die indirekten Steuern, sie erheben Ökosteuern, um damit Renten zu finanzieren, erhöhen die Gebühren für Dienstleistungen der Verwaltung, ohne dass diesen irgendwelche Kostenrechnungen zugrunde liegen. Sie zwingen alle Stromkunden, zum Beispiel extrem teuren Wind- und Sonnenstrom zu bezahlen. Sie greifen mit einer überbordenden Gesetzesflut in den Markt zu Lasten des Bürgers ein, sodass dieser eigentlich nicht mehr feststellen kann, was sein und was des Staates ist.

Es war schon einmal besser. Zu Ludwig Erhards Zeiten betrugen die Abzüge eines Facharbeiters für Steuern und Sozialabgaben rund zehn Prozent. Und zumindest für seine Renten- und Krankenversicherungsbeiträge konnte er noch eine entsprechende Leistung erwarten. Alles vorbei. Auf mehr als 60 Prozent haben wir die Steuern und Zwangsabgaben eines Facharbeiters errechnet. Um diese Form des Unwohlfahrtsstaates zu verschleiern, hat Deutschland einen einzigartigen Eintrag ins »Guinness-Buch der Rekorde« verdient. Zwei Drittel aller in der Welt veröffentlichten Lektüre zum Thema Steuern sind nötig, um unser Steuerrecht zu erklären. Da finden sich nur noch hochbezahlte Spezialisten durch, die sich lediglich die Besserverdienenden leisten können. So spiegeln die beiden großen Volksparteien dem Bürger vor, dass sie im Namen der sozialen Gerechtigkeit Steuern und Sozialabgaben einnehmen, und betreiben in Wirklichkeit eine kontinuierliche Enteignung der unteren und mittleren Einkommensschichten zugunsten der Subventionsempfänger.

In einem freien Staat sollte es möglich sein, dass ein durch-

26

schnittlich begabter Bürger mit einem durchschnittlichen Aufwand seine Steuererklärung selbst erstellen und hinterher den Steuerbescheid auch lesen kann. Doch das total verregelte Steuerrecht, das sich im Jahresrhythmus ändert, macht aus jedem Bürger einen potenziellen Steuerkriminellen, ohne dass er dafür etwas kann. Um mit seinem Staat zu verkehren, ist er auf Dolmetscher angewiesen, jene Steuerberater und Wirtschaftsprüfer, denen, wie im chinesischen Kaiserreich den Mandarinen, eine Schlüsselstellung eingeräumt wurde. Die üben sie mehr schlecht als recht aus und dürfen dafür ihre Klienten nach üppigen Gebührenordnungen abkassieren. Eine freiheitliche Demokratie ist das, was wir haben, nicht – es ist ein obrigkeitsorientierter Steuerstaat mit Meinungsfreiheit und Wahlrecht. So bescheiden sind wir Deutsche, dass wir ein solches Gebilde als den freiesten Staat bezeichnen, den es je in Deutschland gegeben hat.

An unserer Verfassung liegt es nicht, wenn es selbst mit den Grundfreiheiten nicht so gut bestellt ist, wie sie eigentlich im Grundgesetz verankert sind. Wie schon gesagt: Das Verfassungsgericht ist gefragt, um wenigstens die »Hälftigkeit« des Besitzes vor der gierigen Verwaltung zu schützen, und bezüglich des Wettbewerbsrechts und der freien Berufswahl sind ebenfalls Grundsatzentscheidungen der Karlsruher Richter fällig, wie ich noch ausführlich in den Kapiteln 18 und 19 begründen werde.

Die Herren in den roten Roben haben dabei oft das Problem, dass sie in Deutschland einer juristischen Tradition angehören, die erst nach dem Zweiten Weltkrieg den selbstbestimmten Bürger entdeckt hat, aber noch Hunderte von Gesetzen und Verordnungen in Kraft sind, die aus autoritären Zeiten stammen, von denen sich gerade Juristen immer wieder angezogen fühlen. Es gibt kaum einen Berufsstand in Deutschland, der sich so wenig mit seiner furchtbaren Vergangenheit auseinander gesetzt hat wie die Juristen. Das trifft auch wieder auf DDR-Juristen zu, von denen einige schon wieder recht gut mit unserer gelebten Verfassungswirklichkeit auskommen.

Es liegt auch nicht an unserer Verfassung, wenn wir, vorsichtig formuliert, mit sehr schrägen Argumenten Grundsatzdebatten führen wie zum Beispiel über die Reform der Bundeswehr. Die meisten Leser werden sich noch erinnern, mit welch abschätzigen Beschimpfungen die Wehrdienstverweigerer an den öffentlichen Pranger gestellt wurden. Unwürdige Gewissenserforschung, undurchsichtige Entscheidungsspielräume und öffentliche Missachtung sollten die jungen Männer zum Wehrdienst bekehren. Davon möchte heute natürlich niemand mehr etwas wissen. Der GAU, also die größte anzunehmende Katastrophe für die Debatte um ein Berufsheer oder die Notwendigkeit der Wehrpflicht, bestünde darin, wenn alle Wehrpflichtigen ihren Dienst bei der Bundeswehr tatsächlich antreten wollten. Es wäre das Ende der Wehrpflicht, was immer Politiker aller Schattierungen heute noch verkünden. Das wissen sie ganz genau, und deshalb werden die Zahlen verschleiert und so durcheinander gerechnet, dass die einfache Relation zwischen den männlichen Jugendlichen pro Jahrgang und den im Endeffekt Wehrdienstleistenden nicht mehr nachvollziehbar ist.

Nach vergeblichen Versuchen, vom Verteidigungsministerium die entsprechenden Auskünfte zu erhalten, habe ich die Zahlen der Zentralstelle im Schnitt der letzten Jahre der Kriegsdienstverweigerer übernommen. Demnach gibt es pro Jahrgang 430 000 junge Männer, von denen allerdings 60 200 nicht wehrdienstpflichtig sind. Für weitere rund 40 000 gelten gesetzliche Ausnahmen. Von den dann noch 328 800 verweigern 140 500 den Wehrdienst, verbleiben also 188 300 für den Dienst in der Bundeswehr. Selbst die können nicht mehr alle eingezogen werden. Spätestens nach der Bundeswehrreform haben dann nur noch 103 000 einen Platz in der Kaserne. Ohne die Wehrdienstverweigerer wäre das ein so grober Verstoß gegen das Gleichheitsprinzip, dass selbst die heftigsten Befürworter der allgemeinen Wehrpflicht aufgeben müssten.

Die massenhafte Wehrdienstverweigerung wird also vorausgesetzt, um den Wehrdienst rechtfertigen und aufrechterhalten zu können: Eigentlich ist das keine schräge Diskussion mehr – wohl eher schon eine heftig verlogene Debatte. Die Berechnungen, ob ein Berufsheer billiger sei als eine gemischte Armee, dienen da doch wohl eher als Nebelkerzen. Für jeden Standpunkt müssen Zahlen herhalten. Bei den Recherchen zu diesem Thema habe ich alles gelesen: Die einen behaupten, eine Berufsarmee verursache Mehrkosten, die anderen errechnen bis zu 13 Milliarden Mark Einsparungen – und immer waren es angeblich Fachleute, die da gerechnet haben.

Bleiben wir aber bei den Wehrdienstverweigerern. Was haben wir für ein Sozialsystem, das darauf aufgebaut ist, dass sich genügend männliche Jugendliche finden, die den Dienst an der Waffe verweigern! Allein schon diese Schräglage sollte ausreichen, den Wehrdienst sofort abzuschaffen. Forderungen, wie sie der Malteser-Hilfsdienst erhebt, die Zwangsrekrutierung durch eine Dienstverpflichtung aller Jungen und Mädchen zu ersetzen, erinnern fatal an einstige deutsche Pflichteinsätze zum Wohl des Vaterlandes. Schon die jetzt gültigen Gesetze verzerren den Wettbewerb in der Pflegeindustrie und drücken die Gehälter der dort Vollzeitbeschäftigten. Das soziale Pflichtjahr würde endgültig den mitmenschlichen Umgang in einer zivilen Gesellschaft verstaatlichen – Hitler lässt grüßen. »Der Zivildienst ist längst zum Ausfallbürgen im Gesundheitswesen geworden«, spöttelt Rezzo Schlauch, der Fraktionsvorsitzende der Grünen.

Es ist nicht wahr, dass für alte Leute kein Essen mehr ausgefahren würde, dass an den Rollstuhl gefesselte Menschen nicht mehr betreut würden, weil das alles unbezahlbar würde. Solche Aussagen implizieren, dass ein freiheitlicher Staat nicht in der Lage wäre, die Grundwerte einer sozialen Gesellschaft zu sichern, auch Deutschland nicht, mit seinem Bruttosozialprodukt von 3,6 Billionen Mark. Das ist natürlich Humbug. Eher stimmt das Gegenteil. Unser jetziges Grundwerteverhalten ist ein Skandal.

Wir geben 1,2 Billionen DM, also ein Drittel unseres Bruttosozialprodukts, für »Soziales« aus, und nur mit Wehrdienstverweigerern gelingt es, die Mindestansprüche an ein menschliches Zusammenleben auch der Alten und Kranken zu erfüllen. Abgesehen davon, dass jetzt schon fünfzehnmal mehr Angebote für freiwillige soziale Hilfe bei den entsprechenden Trägerorganisationen eingehen, als diese annehmen können. Diese Zahl errechnete Dietmar von Boetticher von der Universität Bonn und kommt zu dem Schluss, dass sich die Umwandlung der Zivi-Plätze in 90 000 reguläre Arbeitsplätze volkswirtschaftlich positiv in den Bilanzen niederschlagen würde.

Auch Lothar Späth hat mit seinem Vorschlag den Kern des

Problems getroffen: Zehntausender junger Männer müssen in ihren produktivsten Jahren zehn Monate durchs Gelände robben oder als angelernter Hilfsleistender Öko- und Altendienste verrichten, wo sie doch aufnahmefähig genug sind, sich der schnelllebigen Arbeitswelt anzupassen. Gleichzeitig haben wir, vor allem im Osten, Zehntausende älterer Langzeitarbeitsloser, darunter viele Frauen, die durchaus in der Lage wären, alte und kranke Menschen zu betreuen. Auch für diese soziale Grundausstattung eines Staates gilt: Durch einen offenen Arbeitsmarkt, durch Wettbewerb unter den Trägern und durch eine Kultur der Eigenverantwortung auf allen Ebenen wird eine bessere Versorgung der Hilfsbedürftigen sichergestellt als durch zwangsrekrutierte Unfreiwillige, die von Quasi-Monopolen mit Heiligenschein billig eingesetzt werden. Dafür kassieren sie auch noch hohe Gebühren vom Staat. Die Kosten allerdings, die weder durch private noch öffentliche Versicherungen trotz eines funktionierenden Wettbewerbs nicht abgedeckt sind, müssen aus einem transparenten, steuerfinanzierten Sozialetat finanziert werden. Diese Milliarden hat eine so große, ökonomisch richtig gelenkte Volkswirtschaft wie die unsrige immer übrig: wenn sie den Bedürftigen helfen will.

Eine Gruppe, die sich ansonsten in alles einmischt, was irgendwie auch nur annähernd menschliche Wesen betrifft, bleibt in der ganzen Wehrpflicht- und Zivildienstdebatte erstaunlich ruhig: die Berufsemanzen. Nun hat sich ja eine mutige junge Frau namens Tanja Kreil erfolgreich durch alle Instanzen geklagt und erreicht, dass Frauen zu jeder Waffengattung zugelassen werden müssen – eine logische Entscheidung nach all den Kampfjahren um absolute Gleichberechtigung. Doch selbst Alice Schwarzer hat nach diesem Urteil nicht gefordert, jetzt endlich auch die Wehrpflicht auf die Frauen auszudehnen. Irgendwie verstehe ich die Logik nicht mehr: Frauen müssen zwar für alle Waffengattungen angenommen werden, sind aber zum Wehrdienst nicht verpflichtet. Die Männer müssen sich für alle Waffengattungen bereithalten, können aber auch zu sozialen Diensten herangezogen werden. Die Wehrpflicht – ein weites Feld für die Scheinheiligen vieler Glaubensgemeinschaften.

Eine im Kampf um die Emanzipation schon fast ergraute Mittvierzigerin schleuderte mir auf die Frage nach dem Wehrdienst für Frauen entgegen, dass die Frauen durch das Kinderkriegen schon genug Zeitverluste in Kauf nehmen müssten. Die Wehrpflicht sei dafür ein Ausgleich. Sie selbst jedoch hatte keine Kinder und war damit ein lebendes Beispiel für die Scheinheiligkeit ihres Arguments. Aus der Geburtenstatistik lernen wir, dass heute zirka ein Drittel der Frauen kein Kind mehr bekommen wird. Wie soll das später ausgeglichen werden? In vielen Berufen, insbesondere bei den Medien, ist mittlerweile ein heftiger Verdrängungskampf ausgebrochen, mit der Folge, dass die Männer allmählich um Quotenschutz bitten müssen.

Nun ist aus allen Einkommensstatistiken zu ersehen, dass die Frauen noch lange nicht das Durchschnittseinkommen der Männer erreicht haben. Aber was hat dies mit Diskriminierung zu tun? Diese ist doch erst dann gegeben, wenn eine Frau auf der gleichen Position wie ein Mann weniger Geld verdient. Das dürfte in den wenigsten OECD-Staaten noch strukturell der Fall sein. Das niedrigere Durchschnittseinkommen aber bedeutet, dass Frauen, wenn sie Kinder bekommen und großziehen, beruflich nicht so schnell die Karriereleiter erklimmen und dass sie deshalb in der Quersumme weniger verdienen.

Jagen wir hier nicht einer Schimäre nach, einer Abart der Gleichberechtigung, wenn wir jemals eine Kongruenz männlicher und weiblicher Lebensläufe und Einkommensverhältnisse herstellen wollen – auch für Frauen, die Kinder gebären? Vielleicht gelingt es ja der Medizin, nachdem sie bereits Kinder im Reagenzglas zeugt und in der Retorte wachsen lässt, dass auch irgendwann Männer in einer eingepflanzten Gebärmutter ein Kind unter ihrem Herzen austragen können. Aber solange das nicht der Fall ist, werden nur Frauen Kinder gebären. Niemand zwingt sie heute noch dazu. Doch wenn sie zusammen mit ihrem Partner oder allein den Entschluss fassen, ein Kind zu bekommen, kann diese Entscheidung nicht sofort zu einer Übertragung der Konsequenzen auf die Gesellschaft führen.

Die Forderung an den Staat, möglichst ohne Begrenzung der Einkommen kostenlose Kindergarten- und Hortplätze und auch noch kostenlose Ganztagsschulen zur Verfügung zu stellen, geht von einer Vorstellung aus, dass Frauen, wenn sie sich schon opfern, ein Kind zu bekommen, dafür lebenslang vom Staat entsprechend Unterstützung erwarten können. In der DDR wie in allen sozialistischen Staaten war das vorbildlich geregelt. Um fünf Uhr früh wurden die Kleinen geweckt und im Hort abgegeben, damit die Mutti ihre Frühschicht antreten konnte. Um die Kinder kümmerte sich der Staat, und der sorgte dafür, dass aus dem Nachwuchs wertvolle Genossen einer sozialistischen Einheitswelt wurden.

Seit der Wiedervereinigung dürfen wir die Ergebnisse dieser Erziehungskultur miterleben. Als der angesehene Psychologe Professor Christian Pfeiffer die Gewaltbereitschaft und Intoleranz der Ostdeutschen gegenüber aller Andersartigkeit auf diese elternlose Erziehung zurückführte, wurde er in Ost und West verbal gesteinigt. Ähnlich wie der geachtete amerikanische Gesellschaftsforscher Neil Postman plädiert er wider den Zeitgeist für eine Stärkung der Familie und gegen einen Feminismus, der für die Mutterrolle keinen Platz lässt. Wer heute solche Thesen vertritt, muss sich dies finanziell leisten können, sehr mutig sein oder in Kauf nehmen, als Aussätziger zu leben.

Trotz der formalen Gleichberechtigung im Osten war die Scheidungsrate dort sogar größer als im Westen, weil die hohe Beschäftigungsquote vor allem zur Doppelbelastung der Frauen führte. Weder die staatliche Gleichberechtigungsgarantie noch die staatliche Kinderbetreuung vermochten zu bewirken, dass die Paare lernten, partnerschaftlich miteinander umzugehen. Jegliche berufliche Diskriminierung der Frau und jede Einschränkung ihrer sexuellen Selbstbestimmung, wie sie ihr heute immer noch in vielen Staaten verweigert wird, haben in einem Land, das Freiheit und Eigenverantwortung seiner Bürger garantiert, noch nicht im Ansatz Platz. Jede Ausübung geistiger und körperlicher Gewalt gegenüber jedermann, insbesondere gegenüber schwächeren Mitbürgern, ist kein Kavaliersdelikt, sondern muss als Verbrechen geahndet werden. Gibt es darüber hinaus Sonderrechte für Frauen, so laufen sie Gefahr, dass sie im positiven Sinne diskriminiert werden.

Nach Jahrhunderten der Diskriminierung und Jahrzehnten schriller Emanzipation wird es uns in diesem Jahrhundert vielleicht gelingen, zu einer Gleichwertigkeit aller Menschen zu kommen, die ihre sexuellen und physischen Unterschiede akzeptieren, ohne Schwächere zu diskriminieren. Die Menschheit pflanzt sich nun einmal aus dem Spannungsverhältnis zwischen den Geschlechtern fort, und das zu ändern haben weder die verbohrtesten Puritaner noch die männerverachtenden Emanzen geschafft. Aber wir stehen wieder in einer Revolution der Arbeitswelt, die Familien neue Spielräume eröffnet: Teilzeitarbeit für ihn oder sie, Vaterschaftsurlaub, Betriebskindergärten, Sabbatjahre, und welche Möglichkeiten sich da sonst noch bieten. Doch das muss die Entscheidung eines jeden Paares bleiben. Wer von beiden arbeitet oder ob sie auf Kosten des Kindes beide außer Haus einer Berufstätigkeit nachgehen – dies alles lässt sich nicht vergesellschaften.

Die Ökonomisierung des Kindes ist eine der übelsten Zeiterscheinungen unserer Gesellschaft. Ja, Kinder kosten Geld. Aber Kinder bereiten auch Freude. Wie wollen wir jetzt Maßeinheiten aufstellen, damit die Freuden, die Kinder Ehepaaren schenken, von den staatlichen Zusatzleistungen abgezogen werden können? Schließlich gibt es ja auch Ehepaare, die unfruchtbar sind, aber gern Kinder hätten. Wollen wir diese dann für entgangene Kinderfreuden finanziell entschädigen? Vielleicht gelingt es, die Arbeit wieder neu zu bewerten, dass nicht nur die Tätigkeit beachtet und angesehen wird, die gegen Geld für fremde oder eigene Rechnung ausgeführt wird, sondern dass auch die Arbeit in der Familie und für die Gesellschaft ebenso hoch geschätzt wird. Doch dann muss der Staat aufhören, einseitig das »Außer-Haus-Arbeiten« zu begünstigen, wie dies in der Rentenversicherung bisher der Fall ist.

Es ist bezeichnend, dass der staatliche Mechanismus der Betreuung von Kindern kaum die Geburtenrate beeinflusst – eine Aussage, die für alle Kulturen und Rassen dieser Welt gültig ist. Je mehr sich aber der Staat dazu verführen lässt, sich auch für das persönliche Glück jedes Einzelnen in die Verantwortung nehmen zu lassen, desto niedriger ist die Geburtenrate.

Eine menschliche, nicht nur auf materielle Werte fixierte Gesellschaft wird nicht durch die Übernahme aller finanziellen und emotionellen Risiken durch den Staat erzeugt. Wir beobachten eher das Gegenteil. In den sozialistischen Staaten war der Materialismus Ersatzreligion. Herausgekommen ist eine orientierungslose Menschenmasse von Eisenach bis Chabarowsk im Osten Sibiriens, die trotzdem voller Konflikte, voller Gewaltbereitschaft steckt. Herausgekommen sind Mafiakreise, die den Sklavenhandel mit Frauen weltweit neu organisiert haben, sind große und kleine Kriege, sind Orientierungslosigkeit und Fremdenhass.

»Jeder hat das Recht auf jenes Maß von Heuchelei, das wir Höflichkeit nennen.« Ich weiß nicht mehr, wo ich diesen Satz gelesen habe. Aber er steckt nicht nur voller Zynismus, sondern beinhaltet auch ein Stück Lebenserfahrung. Nicht auszudenken, in einer Welt zu leben, in der jeder jedem gleich auf den Kopf zusagt, was er von ihm hält. Wahrscheinlich würde sie in einem permanenten Kriegszustand enden, weil ununterbrochen Personen, Sippen und Staaten sich für Beleidigungen rächen wollten. So haben wir über Jahrhunderte die Heuchelei zu einer von allen Staaten anerkannten Kunst entwickelt und sie Diplomatie genannt. Sie verhindert, dass jede Mordtat gleich in einen Krieg ausartet, jedes Verbrechen gegen die Menschlichkeit eine globale Katastrophe heraufbeschwört, jeder miese Wortbruch zur tödlichen Lüge wird.

Es ist schwer für einen Bürger, der in den einfachen Mustern von »gut« und »böse« erzogen wurde, die Abendnachrichten zu verfolgen und nicht an der Menschheit zu verzweifeln. Jahrelang verhandeln Amerikaner und Europäer mit dem serbischen Präsidenten Slobodan Milošević, während der einen Krieg nach dem anderen im ehemaligen Jugoslawien vom Zaun bricht. Seine blutrünstigen Handlanger in Bosnien, Radovan Karadzić und Ratko Mladić, sitzen mit an den Verhandlungstischen, während ihre Hände schon von Blut triefen. Jetzt werden alle drei der Verbrechen gegen die Menschlichkeit am Internationalen Gerichtshof in Den Haag angeklagt. Wie viele Menschen darf ein Politiker im Amt umbringen lassen, bis er auch international als Verbrecher gilt? Die UNO kann diese Frage nicht beantworten, die Europäische Union hat da keine klare Antwort, unser Bundeskanzler kommt dabei ins Stottern, und wie soll dann Otto Normalverbraucher noch wissen, was gut und was böse ist?

Wahrscheinlich hat kein Politiker in der Nachkriegszeit soviel blutbeschmierte Hände schütteln müssen wie unser langjähriger Außenminister Hans-Dietrich Genscher. In einer Welt, in der zwei Drittel aller Staaten systematisch die Menschenrechte verletzen, ist das gar nicht zu vermeiden. Heute Terrorist, morgen siegreicher und gefeierter Revolutionär – eine gängige Karriere in unserer Zeit. Spitzendiplomaten zeichnen sich dadurch aus, dass sie genau den Moment treffen, an dem sie die Anrede einer Persönlichkeit ändern müssen. Im Nahen Osten wurden zum Beispiel aus den Terroristen Menachem Begin aus Israel und Yasir Arafat aus Palästina geachtete Staatsmänner.

In meiner journalistischen Laufbahn habe ich diesen Etikettenwechsel mehrfach erlebt und gebe zu, dass mir dabei meistens speiübel wurde. Jahrelang zum Beispiel machte die deutsche Wirtschaft um Kim Dae Jung in Südkorea einen Bogen. Für die herrschenden Militärs und die mit ihnen verbundene Industrie war er Staatsfeind Nummer eins. Als Fernostkorrespondent des ZDF berichtete ich natürlich über die Demokratisierungsbemühungen Kim Dae Jungs, was mir mehrere Standpauken von Wirtschaftsvertretern einbrachte. Ein Verrückter sei das, der den Aufschwung Südkoreas gefährde. Meine kontinuierliche Berichterstattung im deutschen Fernsehen über diesen Mann könne die guten Beziehungen mit Südkorea stören – und dabei meinten sie ihre Geschäfte mit den korrupten Generälen. Das Massaker der Militärs von Kwang ju und die brutalen Übergriffe auf Studenten wurden als notwendig bezeichnet, um die Ordnung im Land aufrechtzuerhalten. Heute ist Kim Dae Jung Präsident, die deutsche Wirtschaft drängt sich in seine Nähe, und das Militärregime von früher ist jetzt auch in ihrem Sprachgebrauch eine Diktatur. Das ist halt Diplomatie.

Doch diese Kunst der Heuchelei ist nicht nur auf die Berufsdiplomaten und Wirtschaftsvertreter beschränkt. Jahrelang strich mir ein verantwortlicher Redakteur im ZDF das Wort Diktator aus meinem Manuskript, wenn ich damit den philippinischen Präsidenten Ferdinand Marcos beschrieb. Er war mit einer philippinischen Diplomatin verheiratet. Das änderte sich schlagartig, als Marcos gestürzt wurde und seine Frau für die neue Präsidentin Corazón Aquino arbeitete.

Uns Journalisten fällt die schwere, aber auch wichtige Aufgabe zu, die hauchdünne Grenze zwischen notwendiger Diplomatie und anbiedernder Heuchelei zu ziehen, sie für den Zeitungsleser, Radiohörer und Fernsehzuschauer sichtbar zu machen. Wenn wir, die Journalisten, dabei versagen, können wir von den Bürgern unseres Landes nicht erwarten, dass sie noch verstehen, was in dieser komplizierten und verlogenen Welt vor sich geht und wie sie sich verhalten sollen.

Politiker dürfen heucheln, das gehört zu ihrem Beruf. Journalisten dürfen das nicht, dafür genießen sie Privilegien. Öffentlich-rechtliche Journalisten dürfen das schon gar nicht, dafür leben sie von den Gebühren und müssen ihr Produkt nicht durch Werbung refinanzieren. Also sind wir verpflichtet, Pinochet einen Diktator zu nennen, einen, der Morde, wenn nicht angeordnet, so doch geduldet hat. Ich kann mich noch erinnern, als sich da nicht alle Kollegen in Deutschland einig waren. Als Bruno Heck, damals Generalsekretär der CDU, nach der Ermordung des chilenischen Präsidenten Salvador Allende erklärte, Chile sei noch nicht reif für die Demokratie, entschuldigten viele CDU-nahe Journalisten den Putsch Pinochets. Der Diktator genoss die persönliche Wertschätzung von Franz Josef Strauß und Margaret Thatcher.

Als er letztes Jahr in Großbritannien unter Hausarrest gestellt wurde, weil ein spanisches Gericht seine Auslieferung verlangte, um ihn schwerer Menschenrechtsverletzungen anzuklagen, da jubelten Demokraten auf vielen Kontinenten, und kaum eine Zeitung kommentierte nicht mit Genugtuung, dass Diktatoren in dieser Welt sich nicht mehr verstecken können. So verständlich der Jubel war, so blieb doch ein schaler Geschmack in meinem Mund zurück. Jetzt, wo Pinochet ohne Amt, alt und gebrechlich war, traute sich die Justiz an ihn heran. Es würde sicher besser um unsere Weltmoral bestellt sein, wenn sie Diktatoren ausgrenzen würde, solange sie ihre Untertanen unterdrücken und ermorden. Doch dann würden sich die Staatsbesuche auf unserer Welt mindestens halbieren.

Aber dürfen wir Orden von ihnen annehmen und darauf auch noch stolz sein? Der ehemalige Regierungspräsident von Köln, Josef Antwerpes, besteht darauf, seinen Orden, den ihm der Diktator Fidel Castro verabreicht hat, auch öffentlich zu tragen.

Überhaupt zeigen vor allem die Linken in Deutschland eine erstaunliche Langmut, wenn es um den karibischen Revolutionär geht. So groß ihre Abscheu auch gegen Pinochet ist, so viel Verständnis haben sie für Castro. Und das ist keine Diplomatie mehr, das ist pure Verachtung der Opfer des Castro-Regimes. Kuba ist für Deutschland weder ein wichtiger Staat, noch haben wir sonst irgendwelche besonderen Gründe, uns dort zu engagieren. Es ist aber verblüffend, wie viele deutsche Politiker es nach Kuba zieht, die dort ihre Aufwartung machen. Und während die Linke sonst aufruft, totalitäre Staaten wirtschaftlich zu boykottieren und dort nur ja keinen Urlaub zu verbringen, fordert unsere Entwicklungshilfeministerin Heidemarie Wieczorek-Zeul die USA auf, endlich den Boykott gegenüber Kuba zu beenden.

Im Dschungel zwischen Diplomatie und Weltmoral haben alle Staaten schon einmal ihre Glaubwürdigkeit verloren. Kein Diktator war Ost oder West zu schäbig, als dass er nicht in den jeweiligen Freundeskreis aufgenommen worden wäre, solange er nur die weltpolitischen Interessen der jeweiligen Großmacht unterstützte. Sehr viel hat sich daran auch bis heute nicht geändert. Die Zahl der blutrünstigen Tyrannen ist zwar zurückgegangen, aber in der UNO sitzen immer noch genug Staaten, die die Menschenrechte mit Füßen treten. Die Forderung, Deutschland dürfe erst zusammen mit seinen NATO-Alliierten im Auftrag der UNO aktiv werden, bedeutet, sich dem Votum dieser Diktaturen zu unterwerfen.

Bei allem Respekt vor den Vereinten Nationen und bei aller Unterstützung, dieses Gremium zu stärken und weiterzuentwickeln – die Wertegemeinschaft der NATO und die der Europäischen Union haben einen anderen Stellenwert, eine andere Qualität. Gerade die, und da nenne ich stellvertretend die PDS und die »friedensbewegten« Grünen und »SPD-Oskardisten«, die Menschenrechte und Frieden als Maßstab ihrer politischen Moral vorgeben, sollten ihre Position überdenken, wenn sie ihr Handeln von all den Unrechtsstaaten in der UNO abhängig machen. Bestenfalls kann man ihnen Naivität unterstellen, für die meisten aber trifft die Bezeichnung »verlogen« eher zu.

3. Eine Gesellschaft der gebrochenen Biografien

Lisa, 56 Jahre alt, wurstelt sich so durch das Leben. Mit 22 Jahren heiratete die Verkäuferin den gleichaltrigen, im öffentlichen Dienst beschäftigten Handwerker Ludwig. Kurz hintereinander kamen zwei Kinder zur Welt, um die sich Lisa kümmerte. Das Geld reichte für eine 55 Quadratmeter große städtische Wohnung, einen Kleinwagen und für ein bescheidenes Leben. Das ging jahrelang gut. Um das Einkommen aufzubessern, arbeitete Ludwig fast jeden Abend und samstags schwarz, das brachte netto fast noch einmal soviel wie aus seiner regulären Arbeit. Aus dem Kleinwagen wurde ein flotter Audi A4. Das Geld wurde bis auf den letzten Pfennig ausgegeben. Lisa sah nichts davon.

Nach 20 Jahren wurde Ludwig noch einmal vom Brunsttrieb erfasst und verbrachte einen Teil seiner Freizeit bei einer gut gestellten Witwe. Als Lisa daraufhin in Depressionen verfiel, setzte er sich vollends ab. Jetzt muss sie mit seinen Alimenten, rund 1000 DM im Monat, auskommen. Einen Arbeitsplatz kann sie nicht mehr finden, also geht sie für 630 DM putzen. Wenn Ludwig in drei Jahren in Rente geht, wird es noch mal dünner für sie. Dann erhält sie vom Staat Wohngeld und wahrscheinlich auch noch etwas Sozialhilfe, für die die beiden Kinder geradestehen müssen. Ludwig lebt vom Geld seiner reichen Witwe, solange die ihn nicht rausschmeißt. Erben wird er nichts, da es leibliche Kinder gibt, die ihn nicht ausstehen können. Wenn die Witwe vor ihm stirbt, gerät auch er an den Rand der Sozialhilfe.

Oskar Lafontaine ist ein ehrgeiziger Politiker. Mit seiner Frau Margret Müller und dem gemeinsamen Sohn Frederic hat er sich auseinander gelebt. Da passte es gut, dass er noch auf dem Weg zur Trauung im Dienstzimmer des Saarbrücker Oberbürgermeisters seine Frau mit einem Ehevertrag überrascht hatte, in dem sie im Falle der Scheidung auf Rentenansprüche und die Zugewinngemeinschaft verzichtete und ihr lediglich ein Unterhalt von 800 DM monatlich zustand. Der Coup von damals zahlte sich bei der Trennung aus. Er konnte seine Frau ohne große finanzielle Einbußen verlassen, was ihm sehr entgegenkam, denn dies war schon seine zweite Scheidung, bevor er – mit seiner dritten Frau Christa Müller – den Sohn Carl Maurice zeugte.

Lafontaine hat ausgesorgt. Jedes Mal, ob bei seinen Rentenansprüchen aus der Zeit als Landtagsabgeordneter im Saarland, bei der Berechnung seiner Altersversorgung als Oberbürgermeister von Saarbrücken und schließlich bei seinen Pensionsansprüchen als Bundestagsabgeordneter und als Bundesfinanzminister – jedes Mal hat er für sich günstige Konditionen ausgehandelt oder schon vorgefunden, die zwar kurzfristig in der Öffentlichkeit für Ärger sorgten, der jedoch auch schnell wieder vorflog. Seiner hervorragenden Absicherung von 15 724 DM im Alter wird es auch nichts ausmachen, wenn Christa noch nicht die letzte Lebensabschnittsbegleiterin sein sollte.

Elisabeth war 40 Jahre alt, als ihr die Decke auf den Kopf fiel. Drei Kinder hat sie zusammen mit Carlo, einem Beamten bei der niedersächsischen Landesregierung in Hannover. Das Leben verlief in geordneten Bahnen. Mit kleinen Erbschaften und viel Eigenleistung hatten die beiden es zu einem Einfamilienhaus in einem Vorort gebracht. Elisabeth entschloss sich, das Abitur nachzuholen – eine Kraftanstrengung, die sie meisterte. In dem Jahr, in dem sie ihre Reifeprüfung ablegte, schmiss ihr Ältester die Schule. Dies war ihr schon ziemlich egal, denn sie hatte genug mit sich selbst zu tun.

Carlos Einkommen ging ganz für die Abzahlung des Hauses und den Lebensunterhalt drauf. Sein einziges Hobby: Haus verschönern. Für die zunehmenden Lernprobleme seiner Kinder machte er seine Frau verantwortlich, die ja schließlich viel Zeit hatte. Nach dem Abitur entschied sich Elisabeth für ein Philosophiestudium. Nach sechs Semestern, mittlerweile war sie 46 Jahre alt, stieg sie mit ihrem Professor ins Bett. Zwei Jahre später, keines der Kinder hatte das Abitur geschafft, verließ sie Carlo. Dieser musste nicht nur Unterhalt an sie zahlen, sondern jetzt wollte sie auch die Hälfte des Hauses als den ihr zustehenden Anteil an der Zugewinngemeinschaft.

Ein hässlicher Rechtsstreit begann. Die Rechtsanwaltskosten überstiegen ihre Einkünfte. Die öffentliche Hand ging in Vorleistung. Der Professor hatte bald die Nase voll, so taufrisch war Elisabeth nun auch nicht mehr. Carlo konnte ihre Forderungen zum Teil abwehren, weil alle drei Kinder, obwohl mittlerweile selbst erwachsen, noch bei ihm wohnten. Trotzdem ist er pleite – Elisabeth auch. Als Philosophin ist sie natürlich nicht vermittelbar. Sie hat jetzt einen Aushilfsjob als Sekretärin. Das war sie auch, bevor sie heiratete und den Staat mit ihrer Fortbildung belastete.

Bernd Schmidhuber, Staatsminister a.D., war für die Koordination der Geheimdienste zuständig – eine ganz delikate Aufgabe. Trotzdem, auch er ist nur ein Mensch. Selbst als Minister beim geistigen Moralwender Kohl und als Geheimdienstchef wusste er nicht mehr, wann er besser die Hose zulassen sollte – und so geschah es. Elke Zickler gebar eine uneheliche Tochter namens Sarah. Der Geheimdienstchef blieb in Diensten.

Anneliese ist von allen verlassen. 28 Jahre war sie alt – eine Schönheit. Ihr Mann: ein erfolgreicher Jungmanager und zehn Jahre älter. Die beiden Kinder gerade mal drei und fünf Jahre alt, als sie, von einem Lastwagen abgedrängt, gegen einen Baum kracht. Sie erleidet schwere Beinbrüche, bleibt leicht verkrüppelt. Dann die Katastrophe: Es stellt sich heraus, dass sie im Krankenhaus bei einer Bluttransfusion mit Aids infiziert wurde. Ihr Mann verlässt sie sofort und setzt sich ins Ausland ab. Auch ihre Eltern kommen mit einer HIV-infizierten Tochter nicht zurecht und verleugnen sie. Anneliese denkt an Selbstmord. Doch dann lebt sie für ihre Kinder weiter, kämpft sich mit Unterstützung von Aids-Hilfsorganisationen und einer erbärmlichen Sozialhilfe durch ein Leben voller Erniedrigung.

Michael Schumacher, 33, ist Rennfahrer. Sein Jahresgehalt wird auf 80 Millionen DM geschätzt. Er ist ein deutscher Held. Nach seinem Unfall im britischen Silverstone im September 1999 leidet die ganze Nation mit ihm. Schumacher gelangte zu der Überzeugung, dass die deutschen Steuern zu hoch sind, und hat sich deshalb einen Wohnsitz in Monte Carlo und später in der Schweiz erkauft, sich damit also legal aus der deutschen Solidargemeinschaft verabschiedet. Niemand verachtet ihn deswegen. Jeder Politiker, der die deutschen Steuern mit zu verantworten hat, ist stolz, wenn er sich mit Schumacher zusammen ablichten lassen kann.

Martin Bauer ist 67 Jahre alt, seit zwei Jahren Rentner. 48 Jahre hat er gearbeitet. Sein Vater war im Krieg gefallen. Für zwei kleinere Geschwister musste er die Verantwortung mit übernehmen. Das Abitur holte er in Abendkursen und auf eigene Kosten nach – ebenso ein Ingenieurstudium. Es folgt eine bescheidene Karriere in einem Metallbetrieb im Sauerland. Drei Kinder hat er zusammen mit seiner Frau Maria. Alle drei haben das Abitur geschafft und studiert. BAföG konnten sie nie in Anspruch nehmen, weil das Einkommen von Martin Bauer immer knapp über der Bemessungsgrenze lag. Alle drei haben jetzt geheiratet und zwei schon selbst Kinder. Martin Bauer bekommt 3500 DM Rente. Wenn er, was statistisch der Fall sein wird, vor seiner Frau stirbt, erhält diese dann 60 Prozent, das wären also 2000 DM Mark. Noch nie hat sich einer unserer Politiker bei den Bauers bedankt, dass sie so redlich waren und das Geld erwirtschaftet haben, das von ihnen mit vollen Händen für andere ausgegeben wird.

Josef Fischer, 52 Jahre alt, ist zum vierten Mal verheiratet. Das hängt mit seiner Spontaneität zusammen. Nach seinen beruflichen Lehrjahren als Rebell erblickte er, mittlerweile im Bundestag, auf der Tribüne die Frau seines Lebens. Er hatte zwar schon zum zweiten Mal den Bund fürs Leben geschlossen, aber was da oben strahlte, passte besser zu seinem neuen Lebensinhalt als angehender Politstar. Er stellte der Dame so lange nach, bis er sie hatte. Dafür wurde die bisherige Gattin abgelegt. Sie hat halt Pech gehabt. 1998 trifft es dann ihn. Seine einst so Angebetete sieht einen flotten Mann, wesentlich sportlicher als ihr fettleibiger Politpromi, und vereinigt sich mit dem Neuen so intensiv, dass sie schwanger wird. Jetzt muss Josef das Leiden des Verlassenen durchleben. Er läutert sich, er häutet sich, wird schlank und fängt mit einer 20 Jahre Jüngeren wieder von vorne an. Seine Pensionszahlungen aus dem Ministerleben sind so glänzend, dass er sich unbeschadet der vier vorherigen Ehen weitere Hochzeiten und Scheidungen leisten könnte.

Anna ist 30 Jahre alt und lebt noch bei ihren Eltern. Ihr Gehalt in der Werbeagentur beträgt 2300 DM netto. Die hat sie ganz für sich, weil sie weder Miete zahlen noch sich sonst an den Lebenshaltungskosten beteiligen muss. Das Verhältnis zu den Eltern, die beide in Rente leben, ist hervorragend. Es besteht eine stille Übereinkunft, an die sich auch alle halten werden:

nämlich dass Anna ihre Eltern versorgt, sollten sie einmal der Pflege bedürfen. Dafür wird sie auch das Haus erben. Zweimal im Jahr fliegt Anna in den Urlaub. Mit 30 Jahren hat sie fast schon alle gängigen Reiseziele besucht. Für sie steht fest: Sie wird weder heiraten noch Kinder bekommen, das würde ihre jetzige bequeme Lebensweise zu sehr einschränken. Zusätzlich zu den Zwangsabgaben für die Sozialsysteme bildet sie keine weiteren Rücklagen. Was in ihrem Alter sein wird, kümmert sie nicht. »Wer weiß, ob ich so lange lebe«, ist ihre lapidare Antwort auf entsprechende Mahnungen.

Irmtraut Thierse, 54, ist arbeitslos. Ihr zeitlich befristeter Arbeitsvertrag an der Humboldt-Universität in Berlin war abgelaufen. Dort erhielt sie rund 7500 DM für Prüfungssprechstunden und Seminare im Fachbereich Kunstgeschichte. 1626 DM Arbeitslosengeld werden ihr jetzt im Monat überwiesen, und sie will so bald wie möglich einen neuen Job. Ihr Mann ist Bundestagspräsident Wolfgang Thierse. Der bekommt 353 496 Mark im Jahr. Er ist eine moralische Institution, seine Reden klingen immer sehr gut. Die Thierses sind auch bescheiden geblieben, wohnen weiterhin in einer Berliner Etagenwohnung im Kiez. Aber was ihr zusteht, gedenkt Frau Thierse auch zu nehmen. Sie tut nichts Unrechtes.

Christoph von Ebenhausen ist ein sehr erfolgreicher Manager. Mit Ende dreißig hat er ein ebenso erfolgreiches Model geheiratet. Mit einem Millionengehalt übernimmt er die Niederlassung seines Unternehmens in den USA. Als das erste Kind auf die Welt kommt, steht er im Zenit seiner Karriere. Er soll in den Vorstand des Mutterhauses in Deutschland aufrücken. Doch das Kind ist schwer behindert. Die Fürsorge seiner Frau gilt jetzt diesem kleinen, hilflosen Lebewesen.

Er verlangt, dass das Kind sofort in ein Heim kommt, damit sie wieder Zeit habe, um an seiner Seite zu repräsentieren. Sie lehnt ab. Daraufhin zieht er umgehend aus der gemeinsamen Wohnung in Pasadena aus, sperrt alle Konten und meldet den amerikanischen Einwanderungsbehörden, dass er sich von seiner Frau scheiden lassen werde und deshalb deren Aufenthaltsberechtigung nicht mehr gegeben sei. Völlig mittellos muss sie mit ihrem behinderten Kind nach Deutschland zurück. Der Konzern zahlt ihr eine ausreichende Abfindung, um ihr Schweigen zu erkaufen, und befördert Christoph von Ebenhausen zum Vorgesetzten von rund 10 000 Mitarbeitern.

Manfred war bekennender Linker im öffentlich-rechtlichen Fernsehen. Mit eigener Leistung und SPD-Hilfe hat er es zum Redaktionsleiter gebracht. Mit 58 Jahren wird er in den vorzeitigen Ruhestand versetzt. Das intensive Leben als Kettenraucher und Weinverkoster hat Spuren hinterlassen. Zum gleichen Zeitpunkt verabschiedet sich auch seine Frau, eine beamtete Lehrerin, mit 57 Jahren als Frühpensionärin aus dem Schuldienst. Die fliegende Hitze, wie sie ihre Unpässlichkeit nannte, meldete sich immer zum Schulbeginn und kurz vor den Ferien. Insgesamt war sie in den letzten Jahren jeweils drei Monate krankgeschrieben worden. Nur in den Ferien konnte sie sich zusammen mit ihrem Mann in der Toskana so richtig entspannen. Das sah schließlich auch der Amtsarzt ein. Zusammen beziehen sie jetzt 12 000 DM Rente oder Pension im Monat. Sie sind fest davon überzeugt, dass es kein besseres Sozialsystem gibt als das deutsche, das auf der Solidarität der Gesellschaft aufgebaut ist. Sind sie doch selbst ein lebendes Beispiel dafür.

Sibylle feiert ihren achten Geburtstag – ein nettes Einzelkind. Für die Eltern Klaus-Dieter und Marlene Holzer, beide 42 Jahre alt, ist es jeweils die zweite Ehe. Er ist Unternehmensberater, sie medizinisch-technische Assistentin. Auch die Eltern wurden in erster Ehe geschieden, haben aber alle vier wieder geheiratet. Sie kommen einigermaßen gut miteinander zurecht. Als endlich mit Sibylle ein Enkelkind auf die Welt kam, freute sich die ganze große Familie. So kommt es, dass Sibylle jeweils vier Omas und Opas hat. Klaus-Dieter meinte dazu zwar sarkastisch, früher habe eine Großmutter acht Enkel gehabt, heute hat ein Kind acht Großeltern. Ein zweites Kind kam für ihn trotzdem nicht in Frage, da war er sich mit Marlene einig.

Nun hat die Familie ein Problem mit all den Geschenken an den Geburtstagen und an Weihnachten. Das Kinderzimmer quillt über. Selbst die Asylantenheime sind eher an Geld als an Kleidung und Spielsachen interessiert. Letzte Ostern reichten die Schokoladeneier bis in den August. Wenn Sibylle – die Holzers erhalten für ihre Tochter Kindergeld – es irgendwann schafft, nach dem Abitur zu studieren, ist auch das für die Holzers kostenlos. Aus sozialen Gründen natürlich: Chancengleichheit heißt das in Deutschland.

Eine Ansammlung extremer Beispiele? Mitnichten! Wer sich ohne rosarote Brille in seiner Verwandtschaft, unter seinen Bekannten, der Nachbarschaft und am Arbeitsplatz umschaut, wird sie überall finden: die gebrochenen Biografien. Die intakte Kleinfamilie aus Vater, Mutter und zwei bis drei Kindern, die in der ersten Nachkriegsgeneration noch die Regel war, ist heute die Ausnahme. Gehen Sie in einen x-beliebigen Kindergarten, und Sie werden feststellen, wie kunterbunt es zugeht. Statistisch ist diese Entwicklung erfasst: Im April 1998 waren es 3,966 Millionen Kinder, die in einem Single-Haushalt aufwachsen. 17,540 Millionen Kinder leben mit ihren Eltern zusammen, wobei nicht unterschieden wird, ob dies auch die leiblichen Väter und Mütter sind.

In diesem Irrgarten gebrochener Lebenslinien unserer Gesellschaft begegnen sich Täter und Opfer, wobei eine der Grundregeln unseres heutigen Verhaltenskodex darin besteht, Täter und Opfer nicht zu benennen, sie gleich zu behandeln. Das ist unsere Vorstellung von liberalem Verhalten. So wurde dieser Begriff neu definiert. Damit haben wir in Deutschland einen ordnungspolitischen Transvestiten geboren. »In«, und damit politisch korrekt ist, wer gesellschaftspolitisch alles laufen lässt und für jeden und jedes Verständnis hat, aber verlangt, dass der Staat für all den Kuddelmuddel aufkommen muss. »Out« ist, wer Eigenverantwortung und Wettbewerb fordert, für den aber Moral, Treue und Verantwortung unerlässliche Werte einer funktionierenden Gesellschaft sind. So gesehen ist Friedrich Merz, der CDU-Fraktionsvorsitzende, »out«. Er kämpft für eine staatsferne Wirtschaftspolitik und ist immer noch ein in erster Ehe verheirateter Vater von drei Kindern

Das, was noch vor 50 Jahren als öffentliche Moral gültig war, ist tabuisiert. Ehebruch ist noch nicht einmal mehr ein Kavaliersdelikt. Die Promiskuität prominenter Schauspieler und Politiker wird wohlwollend hingenommen, um sie gleichzeitig auflagensteigernd und quotentreibend auszuschlachten. Am Beispiel des »Superweibs« Hera Lind lässt sich unsere gerade etablierte »öffentliche Moral« dokumentieren. Da wird von den Marketing-profis eine Frau kreiert, der es endlich gelingt, die Quadratur des weiblichen Zyklus zu schaffen: trotz einer extrem erfolgreichen Karriere eine glückliche Partnerschaft, natürlich ohne Trau-schein, zu führen und vier wohl behütete Kinder in die Welt zu setzen. Als sich die Fiktion als Werbegag entpuppte, die Kinder plötzlich dem eigenen Glück im Wege standen, durfte das Su-perweib im Fernsehen mit einer neuen Karriere beginnen: als die Sängerin Hera Lind, die ihre große Liebe über alles stellt.

In Deutschlands größter Zeitung *Bild* äußerten sich die Leser: Einige empfanden Mitleid mit den Kindern, doch mindestens ge-nauso viele zeigten Verständnis für diese Frau, die ihr Ego so perfekt unter großer öffentlicher Teilnahme auslebt. Nur wenig war zu lesen über den Mann, den sie mit ihren vier Kindern sit-zen lässt. Fast gar nichts wird über die Frau des neuen Lind-Ge-spielen publik, die dieser mittellos mit zwei Kindern in den USA zurückgelassen hat. Wie gesagt: Es gibt keine Opfer und keine Täter, und vor allem darf man sie nicht benennen.

Ein deutsches Phänomen? Nun wirklich nicht. Das vermas-selte Liebesleben einer englischen Prinzessin namens Diana ließ Millionen Menschen in aller Welt mitleiden. Dabei zahlten sich die paar Nächte mit dem britischen Thronfolger Charles zumin-dest finanziell aus. Über 20 Millionen Pfund betrug nach der Trennung ihr Privatvermögen, als ihr kurzes, schnelles Leben an einem Brückenpfeiler in Paris endete. Die Vereinigten Staaten lieferten ihren Beitrag zur Befreiung von den traditionellen Mo-ralvorstellungen, als sie die weltweite Debatte über die Beschaf-fenheit des Penis ihres Präsidenten und dessen juristische Defi-nition von Sexualverkehr ins Internet stellten.

Da wir schon nicht mehr zwischen Täter und Opfer unter-scheiden wollen, weil dies »out« ist, beschäftigen wir uns umso intensiver mit den Begriffen »Gewinner« und »Verlierer«, und Gewinner sind »in«, wobei wir emotionale Verlierer gern über-sehen. Da wird unsere Gesellschaft erstaunlich materialistisch. Nehmen wir den Fall von Elisabeth, die mit 40 anfing, sich aus ihrer Familie herauszubilden, und schließlich als diplomierte Phi-losophin mit spärlichem Gehalt wieder einsam als Sekretärin endete – sie ist eindeutig auf der Verliererseite, ebenso wie ihre

Kinder und ihr Ex-Mann. Sie hat alles aus freien Stücken getan und ist auch nicht in irgendeiner Form geistig behindert, sodass mildernde Umstände gelten könnten. Es war ihr Ego, ihre Art, sich selbst zu verwirklichen. Die Gesellschaft hat ihr dabei geholfen, indem sie ihr den kostenlosen Abendkurs für das Abitur zur Verfügung stellte und ihr dann auch umsonst fünf Jahre einen Studienplatz gewährte.

Elisabeth hat aktiv die Vernichtung von Sozialkapital betrieben, jenem neusoziologisch-ökonomischen Begriff, der die bestehenden Bindungen von Menschen bezeichnet, die sich durch ihr Zusammengehörigkeitsgefühl menschliche und wirtschaftliche Sicherheit garantieren. Wo immer Sozialkapital zerstört wird, springt in der deutsch verfassten Gesellschaftsordnung der Staat ein, also die Allgemeinheit. Die Folgen werden für den Einzelnen abgemildert, wenn nicht sogar ganz ausgeglichen.

Der Hauptunterschied zwischen wohlhabenden und weniger bemittelten Gruppenteilnehmern besteht darin, dass sich gut betuchte Sozialkapitalzerstörer keine finanziellen Sorgen machen müssen. Sie müssen nur mit den psychischen Folgen zurechtkommen, die durch das Vernichten von Vertrauen entstehen, und die sind auch mit Geld nicht aus der Welt zu schaffen. Es ist daher kein Zufall, dass in den westlichen Industriestaaten gerade die finanzielle Oberschicht, moralisch regelrecht verkrüppelt, keinerlei Vorbildfunktion mehr ausüben kann. Jahrelang überdeckt sie den Verlust an Sozial- und Humankapital, den sie verursacht, mit dem taumelnden Rausch einer endlosen Party, deren einzelne Events in so überflüssigen Zeitschriften wie *Bunte* und *Gala* nachzulesen sind.

Die Elite Preußens diente nicht nur dem Staat, sondern sie verkörperte auch den Staat. Die Elite des kolonialen Großbritannien hielt sowohl die moralischen Prinzipien aufrecht, die das Empire ausmachten, wie sie auch das persönliche Glück selbstverständlich hinter die Interessen des Königreiches stellte. Und die Eliten der Vereinigten Staaten wetteifern bis zum heutigen Tage darum, mit Stiftungen und Spenden Bildung, Kunst und Sozialeinrichtungen zu fördern – während man in der deutschen Bundesrepublik am liebsten auf den Begriff »Elite« verzichten möchte.

Da benehmen sich Politiker und Wirtschaftsbosse wie Luden – die Frau wird ausgetauscht, wenn sie ausgedient hat. Da werden schwarze Kassen in Liechtenstein gepflegt, wie dies die Geldwäscher der Drogenhändler praktizieren. Da wird das Ehrenwort über das Gesetz gestellt, wie bei der Mafia. Da werden Stasi-Spitzel noch Ministerpräsident. Alle bleiben trotzdem Mitglieder der ehrenwerten Gesellschaft. Da kann es kein Trost sein, dass es in manch einem unserer europäischen Nachbarstaaten nicht anders aussieht.

Wie haben wir die Nasen gerümpft, wenn wir über die Verhältnisse in Italien lästerten, wo ein Ministerpräsident Bettino Craxi rechtskräftig wegen Bestechung verurteilt wird, der andere, Giulio Andreotti, der Mafia-Mitgliedschaft beschuldigt wurde und jetzt der rechtslastige Emporkömmling, Silvio Berlusconi, so viele Verfahren wegen Steuervergehen und Bestechung am Hals hat, dass er für einen zivilisierten Bürger ein für alle Mal unwählbar sein müsste.

Dabei haben wir nur noch nicht wahrgenommen, dass Sizilien durchaus eine Provinz der Bundesrepublik sein könnte. An Korruption, an staatlicher Vertuschung und kriminellen Machenschaften gibt es kaum einen Unterschied mehr. Das ist keine Übertreibung: Wie konnten sonst die brisanten Leuna-Akten aus dem Kanzleramt verschwinden, und keiner trägt dafür die Verantwortung? Wo ist eine unbekannte Summe in Milliardenhöhe von Elf Aquitaine und Thyssen bei Mitgliedern des Regierungsapparates versickert? Ist es nicht Deutschland, wo der ehemalige Bundesverfassungsschutzpräsident Holger Pfahls untertauchte, der weltweit zur Fahndung ausgeschrieben ist? Und liegt Augsburg nicht etwa in Bayern, wo die Festplatten des Strauß-Sohnes Max bei der Staatsanwaltschaft verloren gingen?

Oskar Lafontaine hat einmal über Helmut Schmidt gesagt, als dieser die so genannten Sekundärtugenden Pflicht und Ordnung anmahnte: »Mit Helmut Schmidts Tugenden kann man auch ein KZ führen.« Mit den Tugenden, die Oskar Lafontaine pflegte, so möchte ich ihm erwidern, kann man auch ein Bordell betreiben: Egomanie, Illoyalität, Winkelzüge, überfallartige Niedermache und sich dabei die Hände in Unschuld waschen.

Der Verfall des Sozial- und Humankapitals hält unvermindert

an. Die Zahl der gebrochenen Lebensläufe nimmt weiterhin zu – und damit auch die Wahrscheinlichkeit, dass der nächsten Generation die Vertrauenssubstanz fehlt, um einen weiteren Niedergang dieser »menschlichen Substanz« zu verhindern. Zwar bestätigen alle Umfragen unter Jugendlichen, dass für sie Werte wie Geborgenheit, Vertrauen, Treue ganz oben rangieren, aber weder subjektiv noch in irgendwelchen ökonomischen oder soziologischen Statistiken kann ich erkennen, dass die Elterngeneration sich entsprechend den Hoffnungen ihrer Nachkommen verhält.

Die Konservativen fordern juristische Härte und eine moralische Erneuerung. Typische Repräsentanten solcher Verbalheiligen waren in Deutschland Kanzler Kohl und seine geistig-moralische Wende und Manfred Kanther mit seinen schneidigen Attacken gegen die Kriminalität. Na ja: Beide gelten heute eher als Karikaturen ihrer eigenen Wertvorstellungen, haben sich als würdige Vertreter einer korrupten, selbstgefälligen Unelite entpuppt.

Auf der anderen Seite wollen uns die Linken einreden, dass die marktorientierte Gesellschaft schuld am Verfall der Familien und tradierten Moralwerte sei und die Allgemeinheit deshalb auch für die finanziellen und menschlichen Folgen des Auseinanderfallens des überlieferten Zusammenlebens aufkommen müsse. Ihre These: Der tiefgreifende Wandel der ökonomischen Verhältnisse seit Beginn der Industrialisierung habe den Menschen von sich selbst entfremdet. Eine entsprechende Gesetzgebung, die auch die Umverteilung des Kapitals betreibt, könne deshalb die Glückseligkeit des Einzelnen wiederherstellen.

Die Lösung der Linken: Die Gesellschaft bezahlt »unserer« Elisabeth einen auskömmlichen Lebensunterhalt, dessen Höhe sie nach Möglichkeit freiwillig, aber nicht zwingend durch Eigenleistung mindert. Ebenso fühlt sich die Gesellschaft für ihre Kinder verantwortlich, sollten diese irgendwann in psychische oder finanzielle Probleme geraten, weil sie die Auflösung der Familie nicht verkraften konnten.

Die jahrzehntelang vorherrschende Neigung der Sozialwissenschaftler, sich auf Freud, Marx und all deren Jünger zu stützen, hat dazu geführt, dass die Politik mit unserer Zustimmung –

und sogar auf unser Drängen – das Privatleben verstaatlicht hat. Wir haben uns immer mehr aus der Verantwortung für unsere eigenen Entscheidungen und die sich daraus ergebenden Konsequenzen verabschiedet. Die finanziellen Folgen jedes selbstverschuldeten Bruchs in der Biografie wurden der Gesellschaft aufgebürdet. Wir haben uns selbst eine Generalabsolution für unser Verhalten erteilt, denn schließlich sind es, analog der Entschuldigungstheorie, die Umstände, die uns prägten, wie Ausbeutung, Entfremdung, Leistungsdruck, Herzlosigkeit, Kapitalismus.

Deshalb wurden immer neue Sozialprogramme aufgelegt, immer mehr unglücklichen Verlierern aus ihrer selbstverschuldeten Patsche geholfen. Gewalttätige jugendliche Straftäter, die Kinder und Rentner ausgeraubt und zusammengeschlagen haben, schicken wir zum sozialtherapeutischen Segeln nach Argentinien. Wir schützen Erzeuger, die ihren Unterhaltszahlungen nicht nachkommen, zu Hunderttausenden vor Verfolgung. Wir belohnen Frauen, die sich zu ihrem selbstbestimmten Glück auch noch ein außereheliches Kind leisten, allein schon dafür, dass sie sich zu einem Geburtsvorgang entschlossen haben.

Wo es keine Täter gibt, gibt es nur Opfer. Die Gesellschaft, in der wir leben, haben wir selbst organisiert. Sie ist aber alles andere als eine freie Gesellschaft. Das Ausleben des eigenen Egos zu Lasten der Allgemeinheit hat mit Liberalität nichts zu tun. Für eine freie Gesellschaft ist Immanuel Kants kategorischer Imperativ immer noch eine unverzichtbare Grundlage: »Handle so, dass die Maxime deines Willens jederzeit zugleich als Prinzip einer allgemeinen Gesetzgebung gelten kann.«

Von allen Menschen, deren gebrochene Lebensläufe ich hier geschildert habe, trifft dies nur auf den Rentner Martin Bauer zu. Den aber würden die meisten als langweiligen Spießer bezeichnen, als einen, der die Zeichen der Zeit nicht erkannt hat. Als Vorbild taugt er höchstens für die Sonntagsreden der Scheinheiligen. Kant hatte aber außerdem in unserem Herzen ein Interesse entdeckt, das sich nicht an der Pflicht, sondern an unserer Glückseligkeit orientiert – zum Beispiel am Reichwerden. Kant verwirft dieses Verlangen, weil es nicht auf Vernunft beruht, sondern aus einer »Neigung« entsteht, die nur auf den eigenen (scheinbaren) Vorteil bedacht ist.

Unsere gesetzlich verfasste Gesellschaftsform hat für jeden Einzelnen von uns eine verwirrende Moralsituation geschaffen.

Einerseits haben wir die eigene Verantwortlichkeit für unsere Lebensumstände an den Staat abgetreten. Damit haben wir uns auch gleichzeitig von der moralischen Verpflichtung für unser eigenes Tun entbunden. Für Glück und Unglück ist der anonyme Staat da. Er muss uns Arbeit geben. Er muss die Sozialstandards liefern, die wir immer höher ansetzen. Er soll uns vor Umweltschäden schützen. Er soll für Naturkatastrophen aufkommen. Er soll für unsere Kinder sorgen und natürlich auch für die Alten. Selbst unser eigenes Tun müssen wir nicht mehr dem kategorischen Imperativ Kants unterwerfen. Mit unserem Urnengang bei den Wahlen delegieren wir gleichzeitig die Verantwortung für unsere Lebensumstände.

Andererseits: Wenn es um unsere eigene Glückseligkeit geht, wollen wir unabhängig bleiben. Undenkbar, dass der Staat uns unsere Urlaubsziele vorschreiben oder auch nur auf die Idee kommen dürfte, dass Auslandsurlaube eingeschränkt werden müssten, um unsere Zahlungsbilanz zu schonen. Wir haben den Staat aus dem Schlafzimmer vertrieben. Sex in allen Variationen und mit allen Partnern haben wir zur absoluten Privatangelegenheit erklärt. Für die Folgen gewisser Sexübungen, etwa Schwangerschaften oder Geschlechtskrankheiten, wollen wir aber schon wieder den Staat in Anspruch nehmen. Eigenvorsorge fürs Alter? Ist schon delegiert! Eigenverantwortung für die Gesundheit? Ist schon abgegolten! Selbstversorgung durch Arbeit? Nur wenn die Gesellschaft einen Job anbietet, der angenehm ist! Dafür sind aber der Anspruch auf ein glückseliges Hiphop-Leben und die 35-Stunden-Woche legitime Forderungen, für die es sich zu streiken lohnt.

Übersetzt in die vereinfachte Sprache der Parteipolitiker heißt das: Das bestehende Sozialsystem ist ein Solidarsystem, das die Schwachen schützt, und deshalb ist es um jeden Preis aufrechtzuerhalten. Wer mehr Eigenverantwortung fordert, ist ein Neoliberaler, der sich auf Kosten der Allgemeinheit aus der Solidarität stehlen will. Diese Parolen sind so tief in das Bewusstsein unserer Bevölkerung eingegraben, dass sich keine Partei traut, mit dem bestehenden System radikal zu brechen.

---

4. Die Angst vor dem Markt

Von Helmut Kohl bis Edmund Stoiber – sie alle bestehen darauf, dass wir keine Marktwirtschaft haben und auch keine wollen. Aber sie alle legen Wert darauf, dass wir eine soziale Marktwirtschaft haben und die auch behalten wollen. Damit wird gleichzeitig verhindert, die unsozialen Auswirkungen unseres verstaatlichten Privatlebens zu thematisieren. Und obwohl die CDU das System nie infrage stellte, ist es der Linken um Oskar Lafontaine gelungen, die wenigen Korrekturen, die die Regierung Kohl vornehmen wollte, erfolgreich als herzlosen Neoliberalismus zu verteufeln.

Viele CDU-Mitglieder waren nach ihrer Wahlniederlage 1998 fest davon überzeugt, dass ihre Reförmchen, wie eingeschränkte Lohnfortzahlung im Krankheitsfall, kleine Erhöhung der Zuzahlung bei Arzneimitteln und vor allem eine Anpassung der Renten an die demografische Entwicklung die Wahlschlappe verursacht hatten. Parteiintern brachte das zwei Vorteile: Zum einen musste sich die Partei nicht damit auseinander setzen, dass sie fast geschlossen ihrem Hierarchen Kohl ins Verderben nachgelaufen war, zum anderen ließen sich alle zukünftigen Reformansätze mit dem Hinweis auf die Nichtdurchsetzbarkeit beim Wähler abwürgen.

Während die einen, die Linken, die Verwerfungen unserer Gesellschaft mit immer mehr staatlichen Programmen und Wohltaten glätten möchten, belassen es die Konservativen bei moralischen Aufrufen. Beide tragen aber so dazu bei, dass die gesellschaftliche Ordnungslosigkeit und Fragmentierung sich immer mehr ausbreitet, das Human- und Sozialkapital des Staates weiter abnimmt. Auch wenn das für unseren Staat noch nicht ausgerechnet wurde – die Kosten der Egoismusgesellschaft mit verstaatlichtem Privatleben zehren auch am Bruttoinlandsprodukt, fressen einen Teil des Lebensstandards auf, der im ökonomischen Bereich erarbeitet wird. Das lässt sich aus den einzelnen Schicksalen der am Kapitelanfang aufgelisteten Kurzbiografien ablesen. Mitglieder einer Familie, deren Zusammenhalt intakt ist, besitzen mehr Sozial- und Wirtschaftskapital als Personen, die ihr Dasein als Single fristen. Keine Gruppe ist so von Armut bedroht wie allein erziehende Mütter oder Väter. Die erschreckende Zahl, dass 1998 gut eine Million Kinder unter 18 Jahren auf Sozialhilfe angewiesen waren, zeigt, wie die Zersplitterung zur Verarmung beiträgt, denn die Hälfte dieser Kinder leben in einem Haushalt einer allein erziehenden Mutter.

Mehr soziale Leistungen aber wären nur eine höhere Dosierung ebenjener Medizin, die die Krankheit erst ausgelöst hat. Mit anderen Worten: Wir würden noch mehr Mittel aus Familien, die die für die Gesellschaft lebensnotwendige menschliche und moralische Substanz, das Human- und Sozialkapital, ansparen, auf Lebensformen verteilen, die es vernichten. Erst wenn wir den Menschen wieder mehr Eigenverantwortung für sich selbst übertragen, die Verstaatlichung des Privatlebens rückgängig machen, werden sich Verhaltensregeln entwickeln, die das Wachstum der geistigen Werte der Gesellschaft wieder ermöglichen. Ich glaube nicht daran, dass wir dazu verdammt sind, in sozialer und moralischer Anarchie zu versinken, weil Industrie- und Informationsgesellschaft die Familienbande zerstören. Diesem kulturpessimistischen Ansatz der Moralisten haftet ein fataler Beigeschmack von Untergang an. Vor allem ändert er an den bestehenden Krisen überhaupt nichts.

Mehr Eigenverantwortung, weniger Kollektivismus und wieder eine deutliche Unterscheidung in Täter und Opfer: Die Täter müssen dann nämlich für ihr Handeln wieder die Verantwortung übernehmen, den Opfern gehört die Solidarität der Gesellschaft. Es hat sich bisher immer gezeigt, dass eigenverantwortliche Menschen in der Lage sind, sich in einer friedlichen Gemeinschaft zu organisieren. Wert- und Moralvorstellungen entwickeln sich dann ohne drakonische Strafandrohungen. Und je mehr Eigenverantwortung in einer Gesellschaft jeder für sich übernimmt, desto solidarischer wird sie aus sich heraus, und desto sozialer verhält sie sich gegenüber Schwachen.

Wir haben doch in der Bundesrepublik die schier aberwitzige Situation, dass wir zwar 1,2 Billionen DM in unserem sozialen Umverteilungshaushalt bewegen, dass aber geistig und körperlich Behinderte trotzdem auf Spendenaktionen angewiesen sind wie die ZDF-Fernsehlotterie »Aktion Mensch«. Noch immer bedeutet für jede Familie mit mittlerem und geringerem Einkommen ein behindertes Kind den sicheren Weg in die Armut. Nein, das ist keine soziale Marktwirtschaft. Das ist die Gesellschaft der Egoisten, die sich auch noch der Terminologie bemächtigt hat und jeden Entzug ihrer Privilegien schon im Ansatz als »Neoliberalismus« zunichte macht.

Zwar verzeichnen sämtliche Industriestaaten fast den gleichen Rückgang der Geburtenraten, aber nicht in allen wird das Human- und Sozialkapital so vernichtet wie bei uns. In Italien, das mit 1,2 Kindern je gebärfähiger Frau eine noch niedrigere Geburtenrate hat als Deutschland mit 1,4 Kindern, ist die Scheidungsrate viel niedriger. Sie beträgt 0,5 Scheidungen pro 1000 Einwohner, während sie bei uns fast sieben mal höher, nämlich bei 3,4 Prozent liegt. Und während in Italien sieben Prozent der Kinder unehelich geboren werden, sind es bei uns 14 Prozent. Die Japaner hatten bis vor zehn Jahren sogar die niedrigste Scheidungsrate aller Industriestaaten. Jetzt holen sie auf.

Um gleich mit einem weiteren Vorurteil aufzuräumen: Das hat überhaupt nichts mit der Kultur zu tun. Als die ersten Europäer um 1860 ausführlicher über Japan berichten konnten, waren sie über das Familienleben im Reich der aufgehenden Sonne hellauf entsetzt. Selbst einfache Leute würden nacheinander bis zu zehn Frauen heiraten. Doch die europäischen Klugscheißer waren zuversichtlich: »Mit zunehmendem Einfluss der westlichen Welt auf die japanische Gesellschaft hoffen wir, dass sie auch von diesen barbarischen Gebräuchen ablassen.« Heute verzapfen unsere Japan-Korrespondenten ähnlichen Schwachsinn und sagen voraus: »Wenn die Japaner erst einmal unseren Lebensstandard und unsere Gewohnheiten angenommen haben, werden auch deren Scheidungsraten steigen.«

Stets sehen wir uns als die weiter entwickelte Kultur an, machen uns zum Maßstab aller Dinge. Dass zunehmender Wohlstand und Industrialisierung nichts mit Scheidungen und der

Auflösung von Familien zu tun haben, kann auch in Malaysia, Indonesien und Thailand beobachtet werden. Dort geht seit dem Beginn des Asienbooms die Scheidungsrate ständig zurück.

Natürlich ist die Abwertung der Ehe auch Ausdruck der ökonomischen und gesetzlichen Rahmenbedingungen. Nachdem die Schuldfrage aus dem deutschen Gesetz gestrichen wurde, stieg die Quote an. Ob da ein ursächlicher Zusammenhang besteht, ist noch nicht erforscht. Edda Frerker, Familienrichterin am Amtsgericht Syke, eine liberale Juristin mit Mut zu ungewöhnlichen Entscheidungen, muss nach der heutigen Gesetzeslage Urteile fällen, die ihr Gerechtigkeitsgefühl arg strapazieren. Dies ist immer dann der Fall, wenn ein Ehepartner die Familie verlässt, weil ihm danach ist oder weil er gerade eine neue »Liebe« gefunden hat, aber von dem Betrogenen auch noch finanziell unterstützt werden will. Das ist wie eine Kündigung bei vollen Bezügen. Edda Frerker will die Schuldfrage nicht reaktivieren, aber wer seine Familie verlässt, sollte dafür nicht noch belohnt werden. Wenn der Staat sich schon aus dem Schlafzimmer heraushält – woran er übrigens sehr gut tut –, dann darf er Ehebruch auch nicht finanziell zu einem lohnenswerten Geschäft machen.

Auch die Kriminalität, die massiv für die Vernichtung von Sozial- und Wirtschaftskapital verantwortlich ist, wirkt sich in den Industriestaaten völlig anders aus. Allein in New York werden mehr Morde registriert als in ganz Japan. Dabei gibt es dort pro Kopf der Bevölkerung nur halb so viele Polizisten wie in den USA. Während die Zahl der Diebstähle und Wohnungseinbrüche in den letzten Jahren in Japan geringfügig gestiegen ist, gehen die Gewaltverbrechen noch weiter zurück. Die Gesellschaft mit ihrem dichten Netz aus lokal wirksamen Normen und Pflichten hat die Eigenverantwortung für soziales Verhalten nie an den Staat delegiert. Jugendliche wachsen in einem Umfeld auf, in dem sich Elternhaus, Nachbarschaft, Schule und erst dann die Polizei für die Erziehung des Einzelnen verantwortlich fühlen.

Ein junger Ladendieb wird sich in einer Polizeistation wieder finden, in der Eltern und Lehrer zusammen mit den Beamten über die Ursachen des Fehlverhaltens mit ihm sprechen. Beim zweiten Mal wird er sozialen Dienst ableisten müssen, zum Beispiel für alte Menschen einkaufen, beim dritten Mal wartet dann allerdings schon eine speziell für jugendliche Täter eingerichtete Erziehungsanstalt auf ihn. Wenn eine Gesellschaft erst einmal von einem moralischen Abwärtstrend befallen ist, rutscht sie wie auf einer Spirale immer weiter nach unten. In einem Land, das die Eigenverantwortung an den Staat delegiert hat, geschieht dies zwangsläufig. Unser System der eigenen Verantwortungslosigkeit zerstört die Grundlage eines sozialen Zusammenlebens. In unserem Staat haben sich schon zu viele dazu entschlossen, nicht die letzten Ehrlichen, die letzten Dummen zu sein. Also ran an die öffentlichen anonymen Mittel, ran an die sozialen Kassen. Die Oskardisten predigen das nicht nur, sie machen es auch noch vor.

Die *Washington Post* beschreibt, wie im Vorort Springfield die Bürger ohne jegliche übergeordnete Organisation gemeinsam eine Lösung ihres Pendlerproblems gefunden haben. Dort wurde die Autobahn I 95 von den Behörden zu einer HOV 3 erklärt. Das steht für »High Occupancy by Vehicles«, womit eine sehr stark frequentierte Straße der dritten Kategorie gemeint ist. Das bedeutet, diese extrem überlastete Hauptader in der Region Washington darf in den Hauptverkehrszeiten nur von Fahrzeugen mit mindestens drei Insassen benutzt werden – ein klarer Eingriff des Staates in den Markt. Doch statt sich in die chronisch verspäteten und unbequemen öffentlichen Verkehrsmittel zu zwängen, entwickelte sich ein quasi privates Transportsystem. An einer Straßenecke kurz vor der Einfahrt auf die I 95 bildet sich jeden Morgen eine kleine Schlange von Pendlern. Ein Privatwagen fährt vor, drei Pendler steigen ein und fahren dann zusammen in die Stadt. Das geht morgens so lange, bis der Letzte mitgenommen wurde. Abends funktioniert das Ganze dann genauso in umgekehrter Richtung.

Auf Zuruf stimmen die Passagiere darüber ab, wer eine Woche lang sein Fahrzeug zur Verfügung stellt. Es gibt aber keinen festen Plan und keine Listen. Und trotzdem klappt das Abwechseln hervorragend. Geld fließt nicht. Wer Fahrdienst hat, bekommt nichts, wer mitgenommen wird, muss entsprechend auch nichts zahlen. In Springfield lebt eine relativ homogene

Einwohnerschaft, sie ist weiß und fast ausschließlich im Regierungsviertel beschäftigt. Die Menschen, die dann zu viert im Auto sitzen, kennen sich kaum, denn ihre Zusammensetzung unterliegt dem Zufallsprinzip. Ohne dass es je zu einer Versammlung gekommen ist, die Richtlinien erstellte, haben sich die Teilnehmer der Pendlergruppe auf zwei Regeln geeinigt: Im Auto und in der Warteschlange werden weder Gespräche über Sex und Religion noch über Politik geführt. Rauchen ist selbstverständlich im Auto verboten. Mittlerweile funktioniert diese Pendlereinrichtung schon seit mehr als zehn Jahren, und nur am Anfang gab es in den dunklen Wintermonaten zwei kriminelle Übergriffe gegen Frauen. Seither ist es auch selbstverständlich, dass niemand mehr eine Frau alleine in der Dämmerung warten lässt.

Die Menschen von Springfield konnten also aus sich selbst heraus erkennen, was für sie gut ist, und sie waren in der Lage, diese Erkenntnis in ein für sie sehr preisgünstiges und vernünftiges System umzusetzen. Der Staat hat nur die Rahmenbedingung gesetzt, als er die Straße I 95 zu einer HOV 3 erklärte. Herausgekommen ist eine für jeden Einzelnen und für die Gesellschaft vernünftige Lösung. Seit die Autobahn umgestuft wurde, hat der Verkehr so abgenommen, dass die Pendler jetzt 40 Minuten schneller in der Innenstadt sind und gleichzeitig die Umwelt von 75 Prozent weniger Autoabgasen belastet wird.

Es gibt Tausende solcher Geschichten in der ganzen Welt, die zeigen, dass sich die Menschen den staatlichen Rahmenbedingungen so anpassen, dass sie für sich selbst daraus den größtmöglichen Nutzen ziehen. Und wenn Ehrlichkeit und Sparsamkeit, Fleiß und Gemeinsinn für den Einzelnen nützlich sind, wird sich auch die Mehrheit entsprechend verhalten. Es entsteht eine angenehme Gesellschaft, die unweigerlich auch erfolgreich sein wird. Ihr Human- und Sozialkapital wächst, und dies hat konsequenterweise auch ein Wachstum der Ökonomie zur Folge.

Der Weg aus dem Irrgarten unserer gebrochenen Biografien führt nicht über noch mehr soziale Fürsorge, über noch mehr staatliche Absicherung des privaten Risikos, über noch so umfangreiche Versprechungen zu einer geistigen und moralischen Wende. Der Irrgarten ist nur zu überwinden, wenn wir die Hecken der Bevormundung und Überregelung so kurz schneiden, dass wir wieder einen freien Blick bekommen, um selbst zu entscheiden, wohin wir gehen, und damit auch wieder einen Teil der Verantwortung für unser Tun übernehmen.

Zwei große Seuchen haben unser Land befallen: die Steuerhinterziehung und die Schwarzarbeit. Beide sind nichts anderes als der Versuch, dem übermächtigen Zugriff des Staates zu entkommen. Beide stoßen auf ein weitgehendes Verständnis in der Bevölkerung. Das hängt auch sicherlich damit zusammen – und das ist noch nicht einmal eine gewagte Behauptung –, dass jeder aktiv am Wirtschaftsleben Beteiligte in der einen oder anderen Form seine Steuern verkürzt und Schwarzarbeit selbst ausübt oder wenigstens von ihr profitiert. Die Einkommensschichten in Deutschland sind dabei unterschiedlich repräsentiert: Während die Bessergestellten und die Selbstständigen mehr vom Virus der Steuerhinterziehung befallen sind, bleibt den Lohnabhängigen kaum etwas anderes übrig, als sich mit der Schwarzarbeit zu infizieren. Die Einnahmen aus dieser Tätigkeit senken dann ihre Bruttosteuerlast.

Es ist wie bei den Bürgern in Springfield bei Washington. Der Staat gibt einen Rahmen vor, bestimmt die Spielregeln, und die Betroffenen füllen diese Regeln dann aus. Die Staatskunst besteht darin, nur Regeln aufzustellen, die von den Bürgern als vernünftig akzeptiert und mitgetragen werden. Dann stimmen Gesetzestreue und Vernunft überein. Wenn aber fast die gesamte Bevölkerung sich zu Gesetzesbrechern entwickelt und diese illegalen Aktivitäten auch noch gegenseitig toleriert, dann ist ein Staat auf dem Weg in die Unmoral. »Omertà« heißt in Sizilien das Gesetz des Schweigens. Ganz Deutschland hat sich auf die »Omertà« geeinigt, wenn Steuerhinterziehung und Schwarzarbeit unter Freunden und Bekannten bekannt werden. Diese Delikte werden nicht angezeigt – im Gegenteil: Man tauscht untereinander Tipps aus, wie sich der Staat am besten übers Ohr hauen lässt.

Für mich ist die Schwarzarbeit sogar ein Stück geistiger Reifeentwicklung unseres Volkes. Und ich kann diese These auch begründen. Zurzeit muss ein Elektriker für den Bruttolohn von fünf Stunden arbeiten, damit er netto genug Geld hat, um den

Installateur eine Stunde dafür zu bezahlen, dass dieser ihm einen Wasserhahn repariert. Der Installateur wiederum muss ebenfalls für den Bruttolohn von fünf Stunden arbeiten, damit er das Geld hat, um sich den Elektriker für eine Stunde leisten zu können, in der er ihm einen Stromzähler setzt. Irgendwann schauen sich die beiden tief in die Augen und gelangen zu der Überzeugung, dass dies doch Unsinn ist, und sie erledigen sich gegenseitig die Arbeit, verrechnen sie mit dem Zeitaufwand. Jeder logisch denkende Mensch wird sagen: Das ist vernünftig – aber es ist gesetzeswidrig. Fazit: Vernünftiges wirtschaftliches Handeln ist in Deutschland gesetzeswidrig.

Nun gibt es wieder zwei Möglichkeiten, das Problem zu lösen: Wir zwingen alle Marktteilnehmer zu unvernünftigem Handeln. Dies haben die Deutschen in diesem Jahrhundert mehrfach über sich ergehen lassen und sind dem Staat gefolgt: Zu Kaisers Zeiten zogen die Soldaten auf Befehl in den sicheren Tod. Das Hinschlachten der Studenten in Langemark ist das Symbol für den blinden Gehorsam im Namen des Staates. Danach ertrugen die Deutschen die nichtswürdige Diktatur Hitlers, mehr oder weniger aktiv, mehr oder weniger ergeben. Jedenfalls berief sich hinterher mit verschwindend wenigen Ausnahmen ein ganzes Volk auf den Befehlsnotstand.

Im Osten unseres Landes flüchtete die Masse unter die muffige Wolldecke eines engstirnigen Sozialismus, der vorgab, sie vor der Kälte des Nachdenkens zu schützen. Immer machte die Masse mit, gehorchte. Im Westen aber begann die stille Revolution der Schwarzarbeit: ein gewaltiges Verweigerungsprogramm gegen die Sonntagsreden aller Abgabenerpresser. Und so sehr sie auch drohen, flehen und bitten – die Schwarzarbeit wächst jährlich um zirka sechs Prozent. Einen richtigen Schub erhielt sie noch einmal mit dem Scheinselbstständigengesetz und der Veränderung des 630-Mark-Gesetzes.

Gäbe es Aktien einer Schwarzmarkt AG, so wäre sie eine lohnende Investition. Aber wie gesagt: Diese Untergrundfirma ist trotz ihrer blühenden Geschäfte verboten. Weil die Produkte dieses Unternehmens aber sehr beliebt sind, kann das Verbot nur durchgesetzt werden, wenn wir ein landesweites System von Spitzeln aufbauen, Blockwarte hießen sie bei den Nazis, Stasi-

Zuflüsterer waren es in der DDR. Deutschland hat auf diesem Gebiet eine große Tradition und Erfahrung. Zumindest im Osten könnte eine solche Branche auch als Beschäftigungsprogramm dienen, denn da gibt es noch massenweise unbeschäftigte Stasi-Figuren.

Es gibt aber auch die Möglichkeit, das Gesetz der Vernunft anzupassen. Das wäre ein Beweis dafür, dass Deutschland im 21. Jahrhundert angekommen ist und endlich von seiner Überwachungstradition Abschied nimmt. Wir müssen dabei nichts Neues erfinden, sondern nur die Gesetze von Staaten übernehmen, in denen es keine Schwarzarbeit gibt – in Japan zum Beispiel: Dort beträgt die Lohnsteuer bei einem Einkommen bis 10 000 DM im Monat nur 5,5 Prozent. Da lohnt sich keine Schwarzarbeit.

Bei uns aber hat dieser Betriebszweig, der auf einen Umsatz von knapp 700 Milliarden Mark geschätzt wird, den zerstörerischen Nebeneffekt, dass nicht nur Steuern entzogen werden, sondern dass er auch sozialabgabenfrei ist. Für einen Staat aber, der auf der Fiktion aufgebaut ist, dass er die soziale Gerechtigkeit durch das Einsammeln und dann wieder zentrale Zuteilen dieser Sozialabgaben herstellt, ist die Schwarzarbeit ruinöser Wettbewerb. Aber noch einmal: Die Ursachen für diese Wettbewerbsverzerrung sind die Regeln, sie sollten so verändert werden, dass die Masse der Menschen sich wieder gerecht behandelt fühlt und bereit ist, sich an die Richtlinien zu halten.

Nicht viel anders verhält es sich mit der extrem hohen Steuerlast, zumindest wie sie in den Tabellen steht. Da sämtliche Parteien und innerhalb dieser alle nur denkbaren Flügel akzeptiert haben, dass diese Steuern jede Wirtschaft hinrichten, haben sie sich zu einem mittlerweile unübersichtlichen System von Ausnahmeregelungen entschlossen. Jede Partei durfte sich dabei zu Gunsten ihrer Klientel bedienen: kuriose Abschreibungsmodelle für die Besserverdienenden seitens der CDU und der FDP, Arbeitnehmerfreipauschalen und Steuerbefreiung für Schichtarbeiter seitens der SPD, Ökostrombefreiung für die Geschädigten der Grünen bei gleichzeitiger Steuerbefreiung für die Produzenten so genannter erneuerbarer Energien. Herausgekommen ist dabei ein System, in dem jeder, der nicht irgendeine Vergünstigung wahrnimmt, regelrecht ausgeplündert wird. Da alle, auch die Finanzbeamten selbst, von der Ungerechtigkeit des Steuersystems überzeugt sind, bleibt das Unrechtsbewusstsein bezüglich der Steuerhinterziehung unterentwickelt. Nur sehr missgünstige Menschen verpfeifen Steuerverkürzungen: Dabei wird die Statistik von gehörnten Ehepartnern angeführt.

Für die Steuer gilt das Gleiche wie für die Schwarzarbeit. Die Gesetzgebung muss einer für jeden ersichtlichen Steuergleichheit und damit Steuergerechtigkeit angepasst sein, die von den Bürgern akzeptiert wird. Dies lässt sich auf keinen Fall von den heutigen Spitzensteuersätzen behaupten. Was ist das für ein Staat, in dem Bürger vor dem Bundesverfassungsgericht klagen müssen, damit ihnen wenigstens das Recht zugestanden wird, zumindest die Hälfte ihres Besitzes behalten zu dürfen? Und nachdem dies das Bundesverfassungsgericht getan hat, sagt der untergeordnete Bundesfinanzgerichtshof: Dieses Urteil kümmert uns nicht. Wir sind der Auffassung, dass wir den Bürger bis hin zum Existenzminimum abkassieren können. Jetzt ist wieder das Bundesverfassungsgericht gefragt.

In den Vereinigten Staaten, wo die Spitzensteuersätze wesentlich niedriger sind als bei uns, gilt Steuerhinterziehung nicht als Kavaliersdelikt, sondern als kriminelle Tat. Ertappte Steuersünder werden der Höhe ihres Betruges entsprechend in der Zeitung in Form einer Rangliste veröffentlicht. Kein Unternehmer steigt im Ansehen seiner Kollegen, wenn er mit Tricks bei der Steuerhinterziehung prahlt. Sie werden ihn als »outcast«, als Aussätzigen, behandeln. Dabei herrscht in den USA noch ein weiterer Grundsatz: Alle amerikanischen Bürger sind vor dem Gesetz gleich – egal wo sie wohnen. Also sind sämtliche Amerikaner den US-Steuergesetzen unterworfen, auch wenn sie sich in ein Steuerparadies absetzen wollten. Wer sich mit Pass als US-Bürger ausweist, muss auch seinen Beitrag für die Gesellschaft seiner Nation leisten. Ein Michael Schumacher, der tönt, er werde aus steuerlichen Gründen nie mehr nach Deutschland zurückkehren, würde in den USA kein Rennen mehr fahren können und schon an der Grenze wegen Steuerhinterziehung verhaftet. Ich habe nie begriffen, warum diese Regel nicht auch in Deutschland für alle Staatsbürger gelten kann. Sollten ihr irgendwelche Verordnungen oder Erlasse entgegenstehen, so können diese verändert werden. Gegen die UN-Charta und Menschenrechtsbestimmungen verstoßen sie jedenfalls nicht.

Diese übermäßige Bevormundung bei gleichzeitiger Schonung der Schlitzohren zerstört die Staatsmoral. Warum soll ausgerechnet ich zahlen, wenn der andere sich davonstehlen kann – mit Recht fühlen sich dadurch die Millionen Lohnsteuerpflichtigen verhöhnt. Und wenn wir die moralische Berechtigung empfinden, mit Schwarzarbeit und Steuerhinterziehung die Gesetze brechen zu dürfen, dann werden auch andere Gesetze zur Disposition und die ganze Autorität infrage gestellt. Bis zur Korruption auf allen Ebenen, zum Verfall von Moral und Anstand ist es dann nicht mehr weit. Wir sind mitten drin in diesem Prozess: nicht weil wir zu wenig, sondern weil wir zu viele Regeln haben. Übrigens: In Sizilien entstand die Mafia unter anderem deshalb, weil sich die Bürger gegen eine ungerechte, korrupte Obrigkeit auflehnen mussten. Aus der »ehrenwerten Gesellschaft« wurde die Mafia, eine kriminelle Vereinigung.

Dieses Muster lässt sich auf unser ganzes Sozialsystem anwenden. Die Schweden, jahrelang unser Vorbild, haben in den Neunzigerjahren mit einer gewaltigen Kraftanstrengung ihren Wohlfahrtsstaat durchforstet und auf ein transparentes und finanzierbares System umgestellt. Dabei wurde auch die Lohnfortzahlung im Krankheitsfall gekippt. Zu diesem Zeitpunkt litt diese nordische Nation an der kränksten Bevölkerung Europas. Nachdem ein Karenztag eingeführt wurde und es danach auch nur 80 Prozent des Lohnes gibt, leben in Schweden wieder kernige Wikinger: Der Krankenstand hat sich um mehr als 50 Prozent verringert.

Diese Stärkung der Eigenverantwortung hat mit Neoliberalismus nichts zu tun. Niemand wird im Stich gelassen, niemand schutzlos einem allmächtigen Unternehmertum ausgeliefert. Im Gegenteil: Soziale Verantwortung wird gestärkt, der Teufelskreis des moralischen Niedergangs unterbrochen.

Geschwächt wird die Macht der Verbände und Organisationen, die sich die Rolle des Vormunds angeeignet haben. Ihre Wurzeln stammen aus dem 19. Jahrhundert, als Ausbeutung noch die Regel war, als einfache Arbeiter noch nicht lesen und schreiben konnten, als die Befreiung der Menschen aus der Leibeigenschaft und der Fronarbeit sie vorübergehend zu hilflosen Subjekten des heraufziehenden Industriezeitalters machten. Nach den Revolutionen in Amerika und Frankreich entstanden Verfassungen, in denen das Individuum als Träger des Staates abgesichert wurde.

Es gibt auch heute noch ganze Regionen auf der Welt, in denen die Grundwerte der Menschenrechte noch nicht im Ansatz verwirklicht sind. Glücklicherweise gehört Deutschland nicht mehr dazu. Freiheitsbegriffe, die zu Anfang des Jahrhunderts noch die reaktionäre Staatsmacht herausforderten, wie Versammlungsfreiheit, das Koalitionsrecht, Frauenwahlrecht, sind heute gelebte Wirklichkeit. Sie haben bei uns länger gebraucht, um sich durchzusetzen, als in anderen europäischen Nationen. Sie beherrschten schon die Gedanken der Freiheitskämpfer von 1848, die sie in der Verfassung der Frankfurter Paulskirche verankerten. Jetzt gelten sie endlich – zwar erst seit 1990 – für Gesamtdeutschland. Doch nun brauchen wir wieder einen Befreiungsschub, Genies sind gefragt, wie die Herren von Stein und von Hardenberg, die im Geist der Französischen Revolution vor fast 200 Jahren Deutschland reformierten und deren Staatsidee von der Restauration wieder zerschlagen wurde. Wir können es uns nicht leisten, wieder 200 Jahre zu warten, bis wir die freiheitlichen Entwicklungen in anderen Staaten begreifen. Es gibt Traditionen, auf die wir nicht stolz sein müssen – unser Untertanen-Bewusstsein gehört dazu.

5. Die Erziehung zum Untertan

Es gibt Plätze, die die ganze geistige Orientierungslosigkeit, die unsere Nation befallen hat, mit eindringlicher Symbolik deutlich machen. Mir jedenfalls wird dies immer bewusst, wenn ich in Berlin auf der Straße des 17. Juni in Richtung Brandenburger Tor fahre. Jahrzehnte endete diese breite Achse an der Mauer, und die trennte Freiheit von Unfreiheit. Der 17. Juni, an den ich mich noch schwach erinnere, war und ist für mich einer der wenigen

Tage, an denen Deutsche ohne Rücksicht auf ihr eigenes Leben gegen Unterdrückung und Diktatur aufbegehrten. Einer der wenigen Tage in unserer Geschichte, an denen sich Arbeiter und Intellektuelle gemeinsam erhoben. Ich gebe gern zu, dass in jedem Jahr die Feierstunden in unserem Gymnasium am 17. Juni für mich eine besondere Bedeutung hatten. Das hängt vielleicht auch damit zusammen, dass es von meiner Heimatstadt Fulda nicht weit zum Stacheldraht in der Rhön war, wo wir bei jedem Wander- und Skiausflug sehen konnten, wie das DDR-Regime seine Menschen einsperrte.

Kurz vor dem Brandenburger Tor, noch auf westdeutscher Seite, steht innerhalb einer Gedenkstätte ein Panzer, der an die Eroberung Berlins durch die sowjetische Rote Armee erinnert. Ich empfand es immer als Schandmal. Mit den gleichen Panzern hatten die Sowjets am 17. Juni den Volksaufstand im Osten niedergewalzt, nach Freiheit und Selbstbestimmung verlangende Menschen ermordet. Doch Berlin gehörte völkerrechtlich nicht zur Bundesrepublik, und so tröstete ich mich, dass wir diesen Panzer in der Straße des 17. Juni ertragen müssen.

Die deutsche Einheit ist vollzogen, ganz Berlin gehört zur Bundesrepublik, ist sogar wieder Hauptstadt und Regierungssitz, und das Denkmal rund um den Panzer wird zehn Jahre nach der Wiedervereinigung sogar noch restauriert. Mittlerweile hatte ich auch die Gelegenheit, das gigantische stalinistische Mahnmal in Berlin-Treptow zu besichtigen, das die Opfer der Roten Armee bei der Befreiung Deutschlands würdigt. Die beiden Orte gehören zu einer Reihe von Plätzen, an denen die Erinnerung an die sowjetische Eroberung Ostdeutschlands und an die Besatzungszeit in der DDR gepflegt werden müssen – dies verlangte die sowjetische Regierung im Gegenzug für ihr Einverständnis mit der Wiedervereinigung. Es blieb 1989 wohl nichts anderes übrig, als damals diesem Verlangen zuzustimmen.

Doch niemand hindert uns daran, diese Überbleibsel aus Jahren der Erniedrigung und des alltäglichen Terrors entsprechend einzustufen. Die sowjetischen Truppen auf deutschem Boden waren das Ergebnis eines verbrecherischen deutschen Regimes, das unsere Vorfahren selbst herbeigewählt haben. Was immer wir auch von uns halten, wie immer wir uns auch gern als das

Volk der Dichter und Denker sehen – spätestens mit dem totalen Zusammenbruch 1945 müssen wir zugeben, dass wir mit unserer Selbsteinschätzung und mit unserem Gedankengut uns aus dem Kreis der zivilisierten Völker herausmanövriert hatten. Der Begriff »Deutschland« wurde assoziiert mit Verbrechen, Völkermord, Wahn und Brutalität – und das alles zu Recht. Den Philosophen dieses Volkes der Dichter und Denker war es nicht gelungen, die Begriffe »Freiheit« und »individuelle Menschenwürde« als allen anderen übergeordnete Werte ins Bewusstsein zu pflanzen. Der Zusammenbruch von 1945 ist da nur eine logische Konsequenz.

Und genau das verunsichert mich heute so, macht mich wütend und ängstlich zugleich, wenn ich vor dem sowjetischen Panzer in der Straße des 17. Juni stehe. Ich habe dann das ungute Gefühl, dass wir Deutsche zu Beginn des 21. Jahrhunderts immer noch nicht wissen, was Freiheit ist und was Freiheit bedeutet. Wieder höre ich philosophische und rhetorisch geschliffene Dispute über unsere jüngste Geschichte, die sich wie Rechtfertigungsgespinste anhören, warum Unfreiheit gleich Freiheit und Unterdrückung gleich Befreiung zu sein hätten, nur weil nicht Nazis, sondern Kommunisten die Täter waren.

Noch vor der Wiedervereinigung fing die öffentliche Diskussion in Westdeutschland über den 17. Juni 1953 an. All jenen, die die DDR mittlerweile als gleichberechtigtes Mitglied in die Völkergemeinschaft hieven wollten, passte die Erinnerung an den Volksaufstand nicht ins sozialistische Weltbild. Sie redeten zunehmend von einer spontanen Arbeitsniederlegung, die dann von Hitzköpfen und Aufwieglern ausgenutzt wurde. Einige wollten sogar beweisen, dass durch den Aufstand eine gerade geplante Liberalisierung im Osten verhindert wurde. Und außerdem müsse man aus geopolitischer Sicht auch Verständnis für das brutale Vorgehen der Sowjets haben, die ja Gefahr liefen, dass ihnen ganz Osteuropa hätte abhanden kommen können. All diese Argumentationsketten weichten langsam die Bedeutung des 17. Juni für das Aufbegehren von Arbeitern für ein freies Gesamtdeutschland auf. Es war nur noch eine Frage der Zeit, bis der Feiertag abgeschafft worden wäre. Er störte.

Doch jetzt, nach der Wiedervereinigung, erleben wir eine

noch viel gespenstischere Debatte. Dieser Panzer vor dem Brandenburger Tor und der turmhohe Krieger in Treptow werden jetzt auch noch zu Mahnmalen der Befreiung durch die sowjetische Rote Armee hochstilisiert. Welche Freiheit haben die Sowjets denn gebracht? Die Konzentrationslager in Sachsenhausen und Buchenwald blieben als Gulag-Lager im Dienst. Und es waren nicht nur Nazis, die dort unter unmenschlichen Bedingungen erniedrigt und ermordet wurden. In Bautzen und Brandenburg saßen ununterbrochen sogar bis 1989 politische Gefangene.

Die Rote Armee, die 1945 in Ostdeutschland einmarschierte, war die Armee Josef Stalins, der zusammen mit Adolf Hitler, Mao Zedong und Chiang Kaishek darum wetteifern kann, wer wohl die meisten Menschen im letzten Jahrhundert auf dem Gewissen hat. Es ist verblüffend, wie schnell sich alle halbwegs intelligenten Menschen darauf verständigen, dass Hitler ein Verbrecher und sein System durch und durch von Menschenverachtung geprägt war. Aber wenn es um die Sowjetunion, Lenin, Stalin und deren Nachfolger geht, fängt eine Eierei an, die intellektuell verbrämt daherkommt und doch nichts anderes ist als die Entschuldigung für Massen- und Völkermord.

Die Rote Armee war eine Eroberungsarmee – aller Geschichtsklitterung zum Trotz, mit der die sozialistische Linke die imperialen Machtgelüste Stalins zu übertünchen sucht. Es war die Dummheit der Alliierten, die es Stalin erlaubte, so weit nach Mitteleuropa vorzudringen. Militärisch wäre es überhaupt kein Problem gewesen, dass die Truppen der Westalliierten nicht nur Leipzig und Schwerin, sondern auch Breslau, Warschau und Königsberg befreit hätten.

Die Mahnmale der sowjetischen Besatzungszeit im Osten sind nur dann zu ertragen, wenn wir sie als Monumente der Schande betrachten: der Schande, dass unser Volk den Rattenfängern in der Weimarer Zeit hinterhergelaufen ist, Rattenfängern wie Hitler und Thälmann, diesen Antidemokraten, Predigern der Unfreiheit und des Hasses. Hitler hat die Straßenschlachten gewonnen, die deutsche Bourgeoisie hat ihn als das kleinere Übel umarmt, und er hat das Land verdorben. Die Alternative, die Thälmann bot, mussten die Völker der Sowjetunion erleiden.

Noch bevor Hitler seine Massenvernichtung bürokratisch penibel in Gang setzte, hatte Stalin den Massenmord als Regierungsprogramm schon institutionalisiert.

Warum, so frage ich mich immer wieder, lassen wir uns auf eine Diskussion ein, die einen Unterschied macht zwischen Vernichtungslager und Vernichtungslager, zwischen Mord und Mord, zwischen Unterdrückung und Unterdrückung? Alexander Solschenizyn hat den Archipel Gulag beschrieben. Ich habe dieses Mordimperium auf der Insel Sachalin betreten – ein 360 Kilometer langes KZ, das heute noch so gut erhalten ist, dass es morgen wieder gefüllt werden kann. Ich bin auf Straßen gefahren, unter denen alle zwei Kilometer Tausende von Toten liegen. Die Kommunisten schickten schneller Menschen in die Lager, als sie auf der sibirischen Insel zu Tode gequält werden konnten.

Warum gehört Solschenizyn nicht zur Pflichtlektüre deutscher Schulen, damit dieser Wahnwitz aufhört und wir die Rote Armee auch noch als Befreier feiern? Als Stéphane Courtois sein »Schwarzbuch des Kommunismus« veröffentlichte, schnatterte die so genannte intellektuelle Linke gleich los, stellte die wissenschaftliche Bewertung und Aussage des Buches infrage. Die Spinner anderer Völker können sich solche Dispute vielleicht leisten, doch für uns Deutsche, die selbst so ein Monster hervorgebracht haben, sollte »Freiheit« ein unteilbarer Begriff sein. Nur die innere und äußere Freiheit der Menschen verhindert die Wiederholung solcher Katastrophen. Und da versagen wir schon wieder – machen einen feinen Unterschied zwischen den Opfern der Nazis und den Opfern der Kommunisten – und deshalb meine Angst.

Unsere ganze verkorkste Geschichte und unser genauso verklemmter Umgang mit der Vergangenheit ist im Zentrum von Berlin auf weniger als einem Kilometer in Stein gehauen. Da stehen die großen liberalen Reformer Wilhelm und Alexander von Humboldt vor dem Eingang der nach ihnen benannten Universität. Ein paar Schritte weiter mitten auf der Straße dann der Kriegsheld, der in deutschen Augen »gerechte« absolute Herrscher, Friedrich II., der nach der Jahrtausendwende frisch aufpoliert wird.

Fast auf Rufweite, etwas zurückversetzt, das über und über

mit Vogeldreck verunreinigte Denkmal für den großen Reformer Freiherr vom Stein. Ihm gegenüber die »Alte Wache«, die zentrale deutsche Gedenkstätte für alle im Krieg Gefallenen, in Lagern Ermordeten, Vertriebenen, Deportierten, für die, die wegen ihrer Religion, ihrer Weltanschauung oder sexuellen Veranlagung Verfolgten, also für all die vielen Millionen, die deutsche Regierungen im letzten Jahrhundert durch den Fleischwolf drehten – und doch ist die Inschrift an der »Alten Wache« ein Meisterwerk der politischen Korrektheit. Sorgfältig werden die Namen der Verbrecherstaaten vermieden. Weder kommt das Wort Nationalsozialismus vor, noch steht da etwas vom SED-Regime.

Nur wenige hundert Meter weiter, noch vor dem Dom, thront direkt vor dem Lustgarten auf dem Gehweg ein Steinklotz: »Für immer in Freundschaft mit der Sowjetunion. Unvergessen die mutigen Taten und die Standhaftigkeit der von dem Jungkommunisten Herbert Baum geleiteten antifaschistischen Widerstandsgruppe.«

Auf der anderen Straßenseite saniert gerade der Bundesminister für Verkehr und Wohnungswesen den »Palast der Volksverdummung«. Was hindert uns daran, dieses asbestverseuchte Gebäude gleich »platt« zu machen? Natürlich könnte es auch in eine zentrale Gedenkstätte umfunktioniert werden, mit lebensgroßen Wachsfiguren der DDR-Größen. Selbst für PDS-Altkader könnten so nostalgische Wärmestuben geschaffen werden: ein typischer Kindergarten, in dem die Kleinen schon im Spielzeugpanzer für den Frieden schießen lernten. Die bewaffneten Kampftruppen, die auf Völkerfreundschaft dressiert wurden – wandgroße Fotos über die bauliche Substanz der Innenstädte, geschlossene Räume mit Schwefel-Braunkohle-Geruch, der auch Blinden verriet, wo sie sich befanden. Und nicht zu vergessen Tonbänder mit den Stimmen Ulbrichts, Honeckers, Mielkes und Stophs und ihren wunderbaren Satiren, die sie Ansprachen nannten.

Es wäre wirklich schade, wenn dieser ganze kleinbürgerliche Mief, den die DDR ausstrahlte, verloren ginge. Wie sollten dann spätere Generationen noch verstehen, was der westdeutsche Schwarmgeist Günter Gaus meinte, wenn er von der »Nischengesellschaft der DDR« sprach, in der er soviel mehr Zwischenmenschlichkeit entdeckte als im Westen. Schließlich hält Gaus etwas auf seine Intellektualität.

Diese Berliner Geschichtsmeile endet in der Karl-Liebknecht-Straße, wieder so ein Säulenheiliger, der mit der Demokratie nichts am Hut hatte. Der ganze Osten ist immer noch voll von Ehrungen dieser Gestalten, die statt der Diktatur der braunen Hemden die Diktatur des Proletariats errichten wollten. Ja sie waren Antifaschisten, die Clara Zetkin und Rosa Luxemburg, der Ernst Thälmann, Werner Seelenbinder und Wilhelm Pieck, der in Lauchhammer noch neben Lenin auf einem Straßenschild zu finden ist, doch Demokraten waren sie alle nicht. Freiheit und Toleranz, das Recht auf individuelle Menschenwürde und wirtschaftliche Unabhängigkeit – solche Ziele strebten sie nicht an. Sie waren bereit, für ihre Ideologie Menschen zu opfern. Sie dürfen deshalb kein Vorbild sein für unsere Gesellschaft im neuen Jahrtausend. Und deshalb taugen sie auch nicht dazu, auf Straßenschildern geehrt zu werden.

In Leipzig kam ich 1998 mit einem Taxifahrer über die Situation im Osten ins Gespräch. Er war mit allem unzufrieden, mit seinem Einkommen, mit der Kriminalität, den Drogen, den Ausländern und mit der Regierung. Aber er könne jetzt doch sagen, was er denke, ohne sich gleich Ärger einzuhandeln, er lebe doch in einem freien Staat, wollte ich ihn wenigstens von einem Vorteil überzeugen. »Früher, wenn ich gesagt habe, der Erich ist ein Idiot, dann haben sie mich verhört und auf die Liste gesetzt, sonst ist mir auch nicht mehr passiert. Heute sage ich, der Kohl ist ein Idiot, und dann passiert gar nichts. Was habe ich also von der Freiheit?«. Dieser Taxifahrer ist kein Einzelfall. Freiheit ist im Osten für die wenigsten Menschen ein Wert an sich. Die Freiheit zu reisen ist okay. Die Freiheit, Verantwortung zu übernehmen, ist gefährlich. Freiheit ohne Risiko ist schon in Ordnung. Wenn die Freiheit mit Risiko verbunden ist, dann lieber nicht. Dann soll der Staat sagen, wo es langgeht. Dann hat der das Risiko.

Bei der Wiedervereinigung ist ein ganz großer Fehler passiert. Westdeutschland hat dem Osten die D-Mark gebracht und vergessen, das Erlebnis »Freiheit« zu vermitteln. Aber damit ist der Westen vielleicht überfordert, hat er doch selbst noch nicht gelernt oder schon wieder verlernt, den Begriff »Freiheit« zu leben. Der Siegeszug der D-Mark war nur möglich, weil sie in wirtschaftlicher Freiheit gedeihen konnte, die es so heute nicht mehr gibt.

Die Alliierten im Westen unter der Führung der Amerikaner haben nach 1945 für die freiheitsungewohnten Deutschen eine Zeit lang die Vormundschaft übernommen. Mein Glück war, in dieser Zeit in Hessen zur Schule zu gehen. Dort erlernten wir das Recht auf individuelle Selbstbestimmung, erlernten die Bedeutung von freien Wahlen, die wir sehr genau bei Klassen- und Schulsprecherwahlen übten, und ich erlernte die Bedeutung der freien Meinungsäußerung. denn die hessische Regierung legte großen Wert auf die Unabhängigkeit der Schülerzeitungen. Da es Deutschland aus eigener Kraft nicht gelungen war, eine dauerhafte, funktionsfähige Demokratie aufzubauen, haben uns die Amerikaner zwangsbekehrt – und es hat sogar einigermaßen geklappt. Im Westen Deutschlands entstand eine Gesellschaft angelernter Demokraten.

Unseren neuen Mitbürgern im Osten blieb dieses Erlebnis versagt. Nach einer ersten Euphorie verbinden sie heute Marktwirtschaft mit Arbeitslosigkeit, Eigenverantwortung mit Ellbogengesellschaft und Freiheit mit Zügellosigkeit. Ihre kleinkarierten Spießbürgerfunktionäre wechselten zwar die Posten, aber sie sitzen auch heute noch in den Arbeitsämtern, den Stadtverwaltungen und selbst den Personalabteilungen privater Betriebe. Alte Abhängigkeiten sind zwar zerbrochen, dafür jedoch entstanden neue.

In einem Land der Massenarbeitslosigkeit ist das jahrelang geübte Duckmäusertum eher von Vorteil. Die Wahlergebnisse spiegeln das wider. FDP und Bündnis 90/Die Grünen, Parteien, die eher auf Veränderungen drängen, bleiben tief im Fünf-Prozent-Ghetto hängen, und die staatsorientierte PDS schafft locker über zwanzig Prozent. Wie tief die Abneigung gegen freiheitliche Ideen im Osten ist, wurde an der Person Regine Hildebrandts deutlich, die zum sozialen Gewissen des Ostens hochstilisiert wurde. Wenn die SPD mit der FDP eine Koalition einginge, trete sie sofort aus der SPD aus, verkündete sie und forderte gleichzeitig eine Koalition mit der PDS. Solche Gutmenschen bereiten unsere nächsten geschichtlichen Katastrophen vor.

Zur Entlastung der ostdeutschen Landsleute tragen ihre Erziehung und ihre persönlichen Erfahrungswerte bei. Im Osten gibt es keine Zwischengeneration, die nach 1945 von den Westalliierten an demokratische Strukturen gewöhnt wurde. Doch woran sollen sich die Menschen in den neuen Bundesländern orientieren? Unsere Geschichtsbücher bieten da wenig bis nichts. Es mangelt uns nun mal an Freiheitshelden, Freiheitskriegen, Siegern über die Tyrannei. Und die wenigen, die es gab, werden übersehen – mit Ausnahme der Widerständler des 20. Juli 1944 und einiger anderer, wie der Geschwister Scholl.

Die Amerikaner haben ihren Staat gegründet, indem sie sich von der englischen Krone befreit haben. Noch heute führt der »Freedom Trail« durch Boston, der die Stationen des Aufstands erklärt – eine Nation, geboren aus einer Revolution. Im großen Bürgerkrieg von 1861 bis 1865 ging es um die Befreiung der Sklaven im Süden – also um Freiheit und Menschenrechte, davon jedenfalls ist jeder US-Bürger überzeugt. Bis zum heutigen Tag ist es der Nation gelungen, ihre militärischen Konflikte immer mit dem Kampf für Freiheit gleichzusetzen. Dass da auch ein paar andere Kriege dazwischen waren, die Mexiko und Spanien Land und Kolonien kosteten, wird übergangen, denn schlussendlich erfreuen sich auch diese Gebiete heute einer größeren Freiheit und eines höheren Lebensstandards als die nichtamerikanisierten Regionen. Die moralische Rechtfertigung gelingt den Amerikanern mit Leichtigkeit.

Zumindest wir müssen ihnen für ihre Einmischung und den Sieg im Zweiten Weltkrieg danken, denn sie haben uns wirklich befreit. Und was die Amerikaner auch tun: Mit einer uns immer noch völlig unbekannten Selbstsicherheit wissen sie, dass ihnen Freiheit über alles geht und dass sie dafür bereit sind zu kämpfen. Auch wenn uns ein solches Sendungsbewusstsein oft lächerlich vorkommt, ja sogar abstößt – es macht diese Nation erfolgreich und mächtig. Dieses eingepflanzte Bewusstsein von Freiheit hat dazu geführt, dass sämtliche Verirrungen im Staat, Auswüchse weg vom Mittelpunkt des demokratischen Bürgerverständnisses hin zu staatlichen Kontrollen, wie zum Beispiel in der McCarthy-Zeit, sich immer wieder korrigiert haben. Die verfassungsmäßigen Ausgleichsmechanismen haben über 200 Jahre gehalten.

Ungefähr zur gleichen Zeit, in der in Amerika Männer wie Benjamin Franklin, Thomas Jefferson, James Madison und Alexander Hamilton dabei waren, eine Verfassung zu erarbeiten, in der die Grundrechte für freie Menschen in einer freien Gesellschaft festgelegt wurden – eine Verfassung, deren Kraft und Ausstrahlung bis zum heutigen Tag ungebrochen wirken –, etwa zu der Zeit formierte sich in Preußen der Wohlfahrtsstaat der Könige.

Nach den zerstörerischen Feldzügen des Siebenjährigen Krieges schuf Friedrich II., König von Preußen, dem die deutsche Geschichte den Beinamen »der Große« verliehen hat, einen autoritären Staat, in dem bis ins Kleinste alles geregelt war. In ihm konnte zwar »jeder nach seiner Façon glücklich werden«, aber im Übrigen hatte er zu parieren. Anders als die Blutsauger und üblen Drangsalierer auf den Thronen, die als Fürsten und Könige ihre Untertanen ausbeuteten und, wie der Kurfürst von Hessen, sogar ans Ausland verkauften, sah Friedrich II. es als seine größte Sorge an, »das Wohl unseres Landes zu befördern und einen jeden unserer Untertanen vergnügt und glücklich zu machen«. Dafür verlangte der Herrscher als »Gipfel der Tugend die vollkommenste Selbstlosigkeit … und das Wohl des Vaterlandes seinem eigenen Leben vorzuziehen«.

Im Preußen Friedrichs II. war alles geregelt. Bis ins Detail wurde vorgeschrieben, wo und wie viel Luzerne, Lupinen, Futterrüben oder Getreide angebaut werden mussten. Die Beamten kümmerten sich um die dörfliche Bienenzucht und schritten bei zu hohen Zuckerpreisen ein. »Wegen unbesät gebliebenen Sandschollen muss sich der zuständige Beamte sofort verantworten.« Damit sich die Untertanen nicht ruinierten, wurden die Aufwendungen für Hochzeiten und Trauerfeierlichkeiten reguliert. Im unterbevölkerten Preußen erleichterten günstige Darlehen, freie Zuschüsse und staatliche Mitgiften die Eheschließungen, Junggesellen waren benachteiligt. Der staatliche Anspruch auf Beeinflussung des geistigen Lebens war die Grundlage für das Recht, Vorschriften bis in den privatesten Bereich der persönlichen Lebensführung zu erlassen. So wurde vor Geiz, Alkohol, übertriebener Großzügigkeit im Schenken und körperlicher und geistiger Überanstrengung gewarnt. Der König selbst empfahl das Trinken von Warmbier und verbot den Kaffeegenuss.

Wer sich an die Regeln hielt, hatte nichts zu befürchten, für ihn wurde gesorgt, und zwar für jeden auf seinem ihm zugewiesenen Platz. Der Bauer erhielt einen Rechtsanspruch auf seinen Acker, der Gewerbetreibende hatte als Handwerker oder Kaufmann eine exklusive Berechtigung zu seiner Tätigkeit im Rahmen obrigkeitsstaatlich regulierter Zünfte. Dem Junker war der Besitz eines Rittergutes oder eine Offiziersstelle garantiert. Der soziale Abstieg wurde somit verhindert. So hatte jeder seine wirtschaftliche und soziale Aufgabe zu erfüllen, jedermann, der König eingeschlossen.

Dieses Preußen hat das deutsche Staatsgefühl tief geprägt. Da existierte ein gerechter Wohlfahrtsstaat, der im Namen des Glücks eine Rundumversorgung gewährleistete. Das war mehr als in den meisten europäischen Feudalstaaten damals üblich und deshalb sehr erfolgreich – so erfolgreich, dass die preußischen Werte immer noch in deutschen Köpfen herumspuken. Die Österreicher bezeichneten die DDR auch als »Volksrepublik Preußen«.

Viele der wirtschaftlichen und kulturellen Richtlinien Friedrichs II. finden sich in den Vorschriften der Ex-DDR wieder – bis hin zu der Vorstellung, der Staat könne das Glück seiner Bürger organisieren. »Glauben Sie ja nicht, wir wären nur mit heruntergezogenen Mundwinkeln herumgelaufen und hätten nicht auch gelacht«, giftete mich eine SED-Funktionärin nach der Wende an. Sie hatte die Freiheit nicht vermisst, der Staat hatte ja für ihr bescheidenes Glück gesorgt, solange sie dort, wo sie hinbeordert worden war, auch ihre Pflicht erfüllte. Viele Vorstellungen des PDS-Parteiprogramms erinnern an die Staatsidee Friedrichs des Großen. Und damit wollen die Genossen die Fragen des 21. Jahrhunderts lösen.

Das Überschwappen der amerikanischen freiheitlichen Ideale auf den alten Kontinent endete im Blutrausch der Französischen Revolution. Robespierres Vorstellung von Freiheit, Gleichheit, Brüderlichkeit verlor schnell ihre Anziehungskraft auf die

Untertanen deutscher Fürsten. Napoleons Eroberungsfeldzüge wurden weniger als Befreiung denn als Fremdherrschaft empfunden. Die zeitweilige Begeisterung der großen Geister dieser Epoche für Napoleon, wie sie etwa Ludwig van Beethoven und Johann Wolfgang von Goethe hegten, schlug um in Misstrauen und Ablehnung. Die hehren Gedanken der Befreiung des Menschen vom Joch des Feudalismus gehörten zwar fortan zum politischen Bewusstsein Westeuropas, aber in Deutschland und weiter östlich waren sie stecken geblieben. Die deutschen Fürsten und Könige bewiesen während der napoleonischen Kriege überdies, was sie auch vorher schon am besten beherrschten: Sie waren nichts als eine Bande egoistischer Schmarotzer, die es mit jedem trieben, der ihnen nur Macht und Untertanen zum Ausbeuten versprach.

Doch diese Zeit der Wirren brachte auch einen Reformer hervor, dessen Maximen »Selbstverwaltung« und »Bürgerbeteiligung« noch heute modern sind. Freiherr Karl vom und zum Stein hat in seiner kurzen Amtszeit vom Oktober 1807 bis November 1808 als »Erster preußischer Minister« mehr freiheitliche Gesetze erlassen als alle deutschen Minister bis 1948 nach ihm. Er befreite die Bauern von der Erbuntertänigkeit und machte sie zu freien Bürgern auf eigenem Grund und Boden. Mit seiner Städteordnung wurde Stein der Vater der modernen kommunalen Selbstverwaltung in Deutschland, die bis heute ein lebenswichtiger Bestandteil unserer demokratischen Ordnung ist.

Steins Grundgedanken hatten alle dasselbe Ziel: persönliche Freiheit, Selbstverwaltung und Vermögensbildung aller Bürger. Auf Druck des Adels und der französischen Besatzungsmacht, gegen die Stein heftig intrigierte, setzte ihn der preußische König Friedrich Wilhelm III. ab, woraufhin er zunächst nach Österreich und dann nach Russland ins Exil ging. Sein Nachfolger Karl August Reichsfreiherr von Hardenberg vollendete dann die Reformen. Sie brachten die Säkularisierung des Kirchenbesitzes, die Emanzipation der Juden und die Gewerbefreiheit. Das bedeutete, die Zünfte wurden abgeschafft, es gab keinen Meisterzwang mehr, keine beruflichen Zwangskammern, keine Gewerbemonopole und keine religiöse Diskriminierung.

Die Steinschen Befreiungen bildeten den Grundstock für die

Industrialisierung in Deutschland. »Man gestatte einem jeden, sein eigenes Interesse auf seinem eigenen Wege zu verfolgen und sowohl seinen Fleiß als sein Kapital in die freieste Konkurrenz mit dem Fleiß und Kapital seiner Mitbürger zu bringen.« Das ist selbst heute in der deutschen Bundesrepublik im Jahre 2000 noch nicht wieder möglich. Der Qualitätsbegriff »Made in Germany« entstand in dieser Phase der Gewerbefreiheit, und er verkrüppelt in unserer Zeit der staatlich gelenkten Subventionswirtschaft.

Kein anderes Regime hat die Freiheiten der Reformen des Freiherrn vom und zum Stein so brutal beschnitten wie Hitlers »Tausendjähriges Reich«. Zusammen mit der Entrechtung der Juden wurde auch die Gewerbefreiheit wieder aufgehoben. Zugleich erfolgte die Wiedereinführung des undemokratischen wettbewerbsfeindlichen Zunftrechts mit dem großen Befähigungsnachweis, einer Einschränkung, dass nur ein Meister auch einen Betrieb selbstständig führen darf. Die Trennung von Kirche und Staat blieb zwar offiziell erhalten, doch mit der Ergänzung und Zementierung der Kirchensteuer gingen die Nazis auch hier einen Schritt hinter die Steinsche Säkularisierung zurück.

Auch die Ideen eines anderen großen Reformers aus dieser Zeit überlebten die reaktionären Regierungen des 19. und 20. Jahrhunderts nicht. In den Bildungsdebatten ist zwar viel von der Humboldtschen Universität die Rede, die es zu erhalten gilt, aber von den Idealen Wilhelm von Humboldts haben sich die Inhalte, die in Deutschland gelehrt wurden und werden, schnell verabschiedet. Humboldt verlangt das Recht des Individuums auf die volle Entfaltung seiner Kräfte. Und zu dieser Bildung ist Freiheit die erste unerlässliche Bedingung. »Freie Menschen schaffen von selbst einen fröhlichen Fortgang der Gewerbe, eine schöne Blüte der Kunst, einen höheren Wohlstand. Besonderer staatlicher Wohlfahrtsinstitute bedarf es nicht.« Allerdings verlangt Humboldt einen wehrhaften Staat: »Ohne Sicherheit vermag der Mensch weder seine Kräfte auszubilden noch die Freiheit derselben zu genießen; denn ohne Sicherheit ist keine Freiheit.«

Kaum war Napoleon nach Sankt Helena verbannt, feierte die

Reaktion fröhliche Urständ. Viele Freiwillige, die gegen die französische Fremdherrschaft gekämpft hatten, knüpften an eine europäische Neuordnung freiheitliche Erwartungen. Doch der Adel Preußens und die Geheimpolizei Metternichs in Österreich unterdrückten jede Liberalisierung. Die heimelige Biedermeierzeit begann, und die Biedermeier bildeten das Rückgrat der bürgerlichen Gesellschaft, die das Herrschen dem Adel überließ. Wer sittsam in seinen vier Wänden seinen Geschäften nachging, hatte nichts zu befürchten, aber ebenso wenig zu erwarten. Der apolitische Spießbürger, der sich von der großen Welt fern hält, ergänzt seither das Repertoire deutscher Untertanentypen: jener Mitläufer, der nichts hört, der nichts sieht, der nichts sagt, der sich nur um sich selbst kümmert, auf den sich alle autoritären Systeme in Deutschland verlassen konnten. Und er ist noch immer der Prototyp, dem in Deutschland eine Karriere sicher ist.

Der preußische reaktionäre Untertanenstaat erfährt auch noch die große Ehre, durch einen »Staatsphilosophen« in einer umfassenden Lehre legitimiert zu werden, wie sie kein anderer deutscher Teilstaat vorweisen kann. Der Schwabe Georg Wilhelm Hegel preist Preußen als die letzte Stufe der göttlichen Vernunft. Der Weltgeist habe in Preußen sein Ziel, die Entfaltung der absoluten Wahrheit, erreicht. Nachdem Metternich mit den Karlsbader Beschlüssen die korrupte Adelsbande im Deutschen Bund darauf eingeschworen hatte, jegliche Gedankenfreiheit zu verfolgen, beginnt die Jagd auf kritisch denkende Menschen. Hegel profitiert davon, er benutzt seine Beziehungen zur Regierung dazu, seinen wissenschaftlichen Gegner, den Dozenten Friedrich Eduard Beneke, zu vernichten. Dieser verliert seine Lehrbefugnis, weil er nichts von Hegels Lehre hält. Zeitgenossen schreiben, dass Hegel das Leben eines Biedermannes führt, der als ausgezeichneter Weinkenner gilt. Laut Hegel ist die Entwicklung des Geistes in der Geschichte vor allem Aufgabe der Deutschen – denn nur sie haben die universelle Bedeutung der Freiheit begriffen. Und die Freiheit des Bürgers ist, zu tun, was ihm gesagt wird.

Hegels Dialektik war das Vorbild für Karl Marx. Ohne Hegels idealistische deutsche Philosophie hätten die Nazi-Vordenker der Massenmorde an den Juden ihre Schlächtereien nicht durchgestanden, konstatiert der Historiker Jörg Friedrich den furchtbaren Einfluss dieses Philosophen auf seine Nachwelt. Der britische Philosoph Bertrand Russell urteilt über Hegels Werk: »Durch seine Methode kann man für jedes Vorurteil und jeden Gräuel falsche Entschuldigungen suchen.« Davon haben die Verteidiger der Unfreiheit, die die deutsche Geschichte bis 1989 beherrschten, ausgiebig Gebrauch gemacht. Es ist kein Zufall, dass es nur die deutsche Nation war, die die beiden großen geistigen Verwirrungen des 19. und 20. Jahrhunderts, den Kommunismus und den Faschismus, als staatliche Realität bis zur bitteren Neige auskosten musste. Die überwiegende Mehrheit Deutschlands hat an die Idee der Freiheit nie geglaubt, ihr nie eine Chance gegeben.

Es wäre ein eigenes Buch wert, nachzuvollziehen, wie sehr die Wertewelt der Restauration im Bewusstsein der Deutschen bis zum heutigen Tag überlebt hat. Die Freiheitshelden jener Zeit wurden eher als Störenfriede wahrgenommen, ihre Namen und Ideen über Jahrzehnte aus den deutschen Geschichtsbüchern verbannt. Philipp Jakob Siebenpfeiffer, Karl Rotteck und Friedrich Hecker sind auch heute im öffentlichen Bewusstsein nicht präsent. Friedrich Ludwig Jahn ist als Turnvater bekannt, nicht aber als Gegner der preußischen Herrschaft. Wer weiß schon, dass öffentliches Turnen verboten war und die Turnvereine bis zu Bismarcks Reichsgründung überwacht wurden? Die Brüder Grimm kennen wir als Märchenerzähler, nicht als Gegner der Zensur. Und aus dem Helden im Freiheitsepos »Michael Kohlhaas« von Heinrich von Kleist haben Generationen von Deutschlehrern einen »Rechthaber« gemacht.

Dafür hat sich die Romantik jener Zeit tief in unser Bewusstsein vergraben: die Zauberwelt Joseph Freiherr von Eichendorffs, die Bilder Caspar David Friedrichs, die Lieder Franz Schuberts. Und während die Deutschen gegen die freiheitlichen Ideen eines Montesquieu gefeit schienen, übernahmen sie die idealisierenden Vorstellungen eines Jean-Jacques Rousseau. Über seine Lehren schrieb Voltaire: »Ich habe Ihr neues Werk, welches sich gegen die Menschheit richtet, bekommen. Noch nie ist auf so gelungene Weise versucht worden, uns alle dumm zu machen.«

Rousseau gab Sparta den Vorzug vor Athen. Die Wissenschaft verdammte er, weil sie aus niedrigen Motiven hervorgegangen sei. Der kultivierte Mensch sei korrupt und nur der »edle Wilde« im Besitz der Tugend. Seitdem, so mein subjektiver Eindruck, haben sich die »Verklärer« in Deutschland mit ihrer verlogenen idealisierten Welt immer gegen die »Aufklärer« durchgesetzt. Eine Mischung aus romantischer »Verklärung« und »Hegelschem« Staatsgehorsam kennzeichnet zum Beispiel die Spätphase der Ökologie-Bewegung, wie ich sie in der CO_2-Debatte (Kapital 25) beschreibe.

Es war da nur eine logische Folge, dass die bürgerliche Revolution von 1848 scheitern musste, dass das Frankfurter Paulskirchen-Parlament keine Zukunft hatte. Das liberale Bürgertum zauderte und taktierte im Frankfurter Parlament. Auf der einen Seite war es die Missachtung durch den Adel leid, auf der anderen Seite sah es sich gefangen in einer ständischen, obrigkeitshörigen Denkweise. Sie stritten über ein für alle gleiches oder am Einkommen orientiertes Wahlrecht. Sie verhandelten über die kleindeutsche oder großdeutsche Lösung, aber sie sahen vor lauter Palavern nicht die drohende Entschlossenheit der Fürsten, sie zu verjagen. Das historische Versagen des Bürgertums Mitte des 19. Jahrhunderts hat auch die Grundlage geschaffen, nach der heute noch »links« mit »Freiheit« und »rechts« mit »Beharren und Unterdrückung« gleich gesetzt wird. Dabei hat die Geschichte diese Vorstellungen längst überrollt. Die rechten und linken Diktaturen sind sich an Menschenverachtung und Massenmorden durchaus ebenbürtig.

Die radikalen Demokraten verlangten eine Revolution gegen Unterdrückung und Fremdherrschaft. Die Bürgerlichen wollten den Boden der Legalität nicht verlassen. Doch unter der Führung Österreichs wurden alle Verhandlungserfolge der Bürgerlichen rückgängig gemacht. Durch ihre Ängstlichkeit endete ihre Reform mit einem Scherbenhaufen. Die radikalen Demokraten aber kämpften weiter – in Ungarn für die Befreiung von den Habsburgern, in Mittelitalien gegen den Kirchenstaat, in Oberitalien gegen den Österreicher Radetzky. Im Laufe des Jahres 1849 ging die Freiheitsinitiative in ganz Europa auf die demokratische Linke über, die trotz ihrer Niederlagen nicht mehr aufgab. Nachdem sie in Deutschland völlig besiegt worden war, kämpfte sie mit Garibaldi weiter gegen den Kirchenstaat und für die Einigung Italiens, floh in die USA und die Schweiz. Das bürgerliche Lager war damit abgekoppelt vom radikalen Liberalismus, der von der aufsteigenden Arbeiterklasse mit ihren emanzipatorischen und freiheitlichen Ideen aufgenommen und weiterentwickelt wurde.

Mit hurtigen Sätzen wird diese so wichtige Zeit in unserer Geschichte im Unterricht übergangen. Dabei hat fast jede Stadt, fast jede Siedlung in diesen Jahren Männer hervorgebracht, die gegen die feudale Autorität kämpften. In den Heimatblättern der Zeitungen finden sich oft Hinweise auf Schullehrer, Handwerker oder auch Beamte, die in jenen Jahren für die Freiheit gestritten haben und dafür starben oder auswandern mussten. Kein Straßenname erinnert an sie, kaum eine Gedenktafel. Alle diese Persönlichkeiten eignen sich besser als Vorbilder als die meisten Figuren der Herrschaftseliten, mit denen wir heute in Ost und West unsere Städte und Plätze verunzieren. Muss es auch 475 Jahre dauern, bis sich unsere Nation an diese Vordenker erinnert, die das Joch des Adels abstreifen wollten, so wie wir es mit den Bauernaufständen halten, denen wir im Jahre 2000, also 475 Jahre später, in Memmingen, wo sie begannen, endlich ein Denkmal setzen? Was sind wir nur für eine Nation, ein Volk, das so fahrlässig mit dem Geschichtsbewusstsein umgeht, wenn es gilt, Männer und Frauen zu ehren, denen Freiheit über alles ging.

Es war da auch nur eine geschichtlich konsequente Entwicklung, dass die nationalstaatliche Einigung nicht durch das Volk erzwungen, sondern von oben, durch Otto Graf Bismarck, für dessen preußisches Herrscherhaus vollzogen wurde. Die deutschen Bürger des Kaiserreichs können noch nicht einmal stolz darauf sein, dass sie die Einheit ihres Landes erkämpft haben. Es lohnt sich, in den Schulbüchern dieses deutschen Kaiserreichs zu lesen. Sie beschreiben eine endlose Folge von Kriegen, von deutscher Heroik und welschem Verrat. Freiheit und Selbstbestimmung kommen da in keiner Zeile vor.

»Der Kaiser ist ein guter Mann, er wohnt in Berlin, und wär das nicht so weit von hier, so zög ich heut noch hin.«

Kaisertreue und Hingabe für sein Vaterland werden anerzogen, Intoleranz gegenüber anderen Völkern und deutsche Überlegenheit in jedem Abschnitt der Geschichte eingebläut. Das deutsche Bürgertum – es ist verklumpt zu einer breiigen Masse, die der europäischen Untugend jener Zeit huldigt: sich im nationalen Größenwahn zu überschätzen.

Trotzdem findet sich in unseren Geschichtsbüchern viel Positives über das Kaiserreich und insbesondere über seinen Schöpfer. Hat doch Bismarck den Wohlfahrtsstaat in guter preußischer Tradition noch ausgebaut. Er verordnete die weltweit erste allgemeine Unfallversicherung und Rentenversicherung für Arbeiter und die erste allgemeine Krankenversicherung. Das illiberale Kaiserreich verklärt sich so für die Masse der Deutschen in ein Staatsgebilde, das für seine Glieder sorgt. Das Untertanentum wird durch die Sozialgesetzgebung erträglich.

Eine große republikanische Bewegung für eine Verfassung, die die Menschenrechte garantiert, gab es nicht. Die Sozialdemokratie kämpfte für bessere Bedingungen für die Arbeiterklasse, die Zentrumspartei für mehr Freiheit in der Religionsausübung. Ideen hinsichtlich eines freien Staatswesens und einer freien Wirtschaft, wie sie in den USA und Frankreich, in Großbritannien und Italien öffentlich diskutiert wurden, waren der Elite des deutschen Kaiserreichs keine Auseinandersetzung wert.

In diesem Klima wuchs kein marktwirtschaftlich orientiertes Bürgertum, sondern es bildeten sich Monopole, die vom Staat entsprechend ihrer Tauglichkeit für die Kriegswirtschaft gefördert wurden. So ist der erste deutsche Unternehmerzusammenschluss, der Centralverband Deutscher Industrieller, laut Bekunden seines ersten Generalsekretärs Axel Bueck vor allem zum Zweck der Einschränkung internationaler Handelsfreiheit gegründet worden.

Die Arbeitgeber tolerierten auch die Sozialversicherungssysteme. Die Arbeitgeberanteile waren Lohnbestandteile und konnten von der Steuer abgezogen werden. Die erzwungene Vorsorge für die Arbeitnehmer untermauerte dazu ihre »Herrenstellung«. In seiner Untersuchung über »Industrielle Interessen und die Entstehung der deutschen Sozialversicherung 1890–1899« schreibt Hans Peter Ullmann: »Hier konnten Elemente des patriarchalen Feudalismus auf industrieller Ebene weitergeführt werden oder wieder aufleben.«

Entsprechend dem Protektionismus nach außen agierte derselbe Verband nach innen: »Industriekartelle sind unter der Voraussetzung einer gesunden und verantwortlichen Kartelltätigkeit mit dem Ziel, für Ordnung in Erzeugung und Absatz zu sorgen und die Produktivität zu fördern, unentbehrlich.« Der Mangel an Freiheit, an demokratisch legitimierten Regierungen in Europa endete 1914 mit dem ersten großen Krieg.

Die Jahre zwischen den beiden Weltkriegen wurden in ganz Europa beherrscht vom überschwänglichen Siegestaumel der einen und vom Minderwertigkeitsgefühl der anderen. Es war eine Zeit, in der Glücksritter die Weltwährungskrise auslösten und überforderte Politiker den europäischen Kontinent neu ausrichten wollten, der sich selbst im Blutrausch seiner Werte entleert hatte. Alle Länder haben in diesen Jahren ihre Unschuld verloren, doch keines hat sich so gründlich einem verbrecherischen Regime ergeben wie Deutschland. Ausgerechnet eine Stadt wie Weimar, die sich rühmt, die Stadt der Klassiker zu sein, begeisterte sich sehr früh und mit hohen Wahlergebnissen für die Primitivlehre der Nationalsozialisten.

Keine einzige Klasse, weder die Arbeiterschaft noch das Bürgertum, weder die Beamten noch die adligen Großgrundbesitzer und Großkapitalisten, setzte sich bedingungslos für einen freien Staat ein, der auf Eigenverantwortung und Markt aufgebaut war. Sie alle hatten irgendeine Vorstellung einer Gesellschaft, die von einem starken Staat geführt und dem das Recht zugestanden wird, in sämtliche Lebensbereiche einzugreifen – solange es nur einigermaßen gerecht und sozial erschien. Mehr Freiheit war in Deutschland nicht erwünscht, ja einfach nicht vorstellbar. Wir kennen das Ergebnis.

6. Unfreiheit als Tradition

Was können wir von Menschen erwarten, die aus einer so historisch geprägten Welt ihre Grundwerte beziehen? Zwischen einem Amerikaner, dessen Sozialisierung und Geschichtsbewusstsein auf den radikalen Freiheitswerten einer 200 Jahren alten Verfassung beruhen, und einem deutschen Menschen, für den in diesen 200 Jahren »Freiheit« hinter Staatsgehorsam, Pflicht und Ordnung rangiert, muss es einen himmelweiten Unterschied geben. Darum will ich an dieser Stelle um Verständnis für Manfred Stolpe werben.

Der brandenburgische Ministerpräsident ist als ein typisches Produkt einer ungebrochenen deutschen Tradition noch nicht vom aufrührerischen Freiheitsgedanken amerikanischer Prägung angeseucht, wie ich das in meiner Jugend erfuhr. Der SED-Staat war für ihn eine Realität, eine Obrigkeit, der Respekt zu zollen ist, allein schon weil sie Obrigkeit ist. Da ist er Hegelianer. Jene unbotmäßigen Pfarrer wie Rainer Eppelmann waren da natürlich gefährliche Störenfriede, die die allgemeine Ordnung durcheinander brachten. Doch Manfred Stolpe ist Christ. Er vermittelt zwischen Obrigkeit und Störenfrieden. Er will beide vor Schaden bewahren. Also arbeitet er mit der Obrigkeit zusammen, informiert sie über die Aktivitäten der Unruhestifter. Das ist aus seiner subjektiven Sicht keine Spitzelei. Dass er dabei die Ideale seiner Pfarrer verrät, zählt nicht. Die wissen ja nicht, was sie der Obrigkeit schulden, sondern sie stören durch Ungehorsam die vorgegebene Ordnung. Für die Stolpes und ihre sozialdemokratischen Helfer im Westen mutierte der in Agonie liegende DDR-Staat allein schon deshalb zum gleichwertigen Mitglied der Völkergemeinschaft, weil er die Eppelmanns nur noch in Ausnahmefällen umbringen ließ, einen Mann wie Manfred Stolpe aber durchaus als Partner anerkannte.

Manfred Stolpe weiß sich in dieser Grundhaltung auch einig mit Helmut Schmidt. In dessen Buch »*Weggefährten*« verteidigt der Altkanzler Stolpe vehement. Er verweist unter anderem darauf, dass Stolpes Verhalten in der DDR-Zeit von jenen verstanden wurde, die in diesem Staat leben mussten, sonst hätten sie ihn nicht mit überwältigender Mehrheit jetzt gewählt. Daran besteht kein Zweifel – die Mehrheit der Ostdeutschen erkennt sich im Lebenslauf eines Manfred Stolpe eher wieder als im Lebenslauf eines Markus Meckel. Sie wissen nicht mehr, wer das ist? Der ist auch ein Pfarrer, Mitbegründer der SPD im Osten, erster Außenminister in der Regierung de Maizière und ist jetzt noch

Mitglied des Bundestags. Auch er war aktiv gegen das SED-Regime tätig und hat wie fast alle Bürgerrechtler, die Kopf und Kragen riskierten, ausgedient. Die Stolpes sind noch gefragt.

Bei aller Bewunderung für Helmut Schmidt – seine Lebensspanne reicht in eine Zeit, die für die meisten schon über eine Generation zurückliegt. Er steht für Pflichterfüllung und Ordnung. Freiheit ist insoweit akzeptabel und notwendig, solange sie nicht unbotmäßig ausartet. In seinem Buch »Auf der Suche nach einer öffentlichen Moral« schreibt Helmut Schmidt in seinem Kapitel »Das Recht auf Freiheit«: »Im Unterschied zu allen vorausgegangenen deutschen Verfassungen ist unser Grundgesetz dadurch charakterisiert, dass sein Schwergewicht auf der Freiheit des Einzelnen und der Garantie seiner Grundrechte liegt.« Und dann schränkt Helmut Schmidt diese Proklamation der Freiheit ein: »Man musste allerdings nicht so weit gehen, das Grundgesetz zur Zivilreligion zu erklären.«

Zusammen mit anderen Staatsmännern im Ruhestand hat Helmut Schmidt den Entwurf einer »Allgemeinen Erklärung der Menschenpflichten« formuliert, die den Vereinten Nationen übergeben wurde. Darin ist viel von Pflichten und Rechten die Rede. Das Wort Freiheit kommt immer nur einschränkend in Verbindung mit der Verantwortung vor, die sich aus Freiheit ergibt. Verständlich wird diese Zurückhaltung, wenn man die Liste der Unterzeichner durchgeht. Da sind Namen dabei wie jene des ehemaligen Premiers von Singapur, Lee Kuan Yew, die mit der Idee der »Freiheit« nun wirklich nichts zu tun haben. Statt »Freiheit« fordert Helmut Schmidt »Moral« – das ist zu wenig. Es gibt keine Moral ohne Freiheit, und es gibt keine Freiheit ohne Moral. Alles andere verdirbt die Moral.

Aus den Stasi-Protokollen über Manfred Stolpes Gespräche mit Helmut Schmidt ist zu entnehmen, dass der damalige deutsche Kanzler durchaus Verständnis dafür hatte, wenn die polnischen Kommunisten die Freiheitsbewegung der »Solidarność«-Gewerkschaft niederschlüge, damit in Polen wieder Ruhe herrsche. Schmidt signalisierte entsprechendes westdeutsches Wohlverhalten. Das ist so ein Beispiel, wie schnell ein Politiker auf Abwege gerät, wenn seine Moral nicht untrennbar mit dem wichtigsten aller Menschenrechte, der »Freiheit«, verbunden ist.

Wir sind wieder an einem Knotenpunkt unserer Geschichte angekommen. Wieder müssen Weichen gestellt, grundsätzliche Entscheidungen gefällt werden. Noch einmal können wir uns einen deutschen Sonderweg nicht leisten, der die Gesellschaft in eine Sackgasse führt. Und ganz sicher ist es eine Sackgasse, wenn wir uns nicht den Stürmen des internationalen Wettbewerbs aussetzen, sondern glauben, eine deutsche Nische finden zu können, in der wir den oft beschworenen dritten Weg finden zwischen Kapitalismus und Sozialismus, zwischen Globalisierung und Nationalismus. Wir sind nicht das einzige Land, das dieser Versuchung ausgesetzt ist. Aber die Geschichte hat gezeigt, dass wir oft das einzige Land waren, das dieser Versuchung erlegen ist, daraus auch noch eine Heilslehre entwickelt und diese dann zudem bis zum letzten Häuserkampf verteidigt hat.

In der Seemannssprache heißen die seltenen, aber alles zerstörenden, bis zu 50 Meter hohen Wellen »Kawenzmänner«. Ein solcher »Kawenzmann« stürzt zur Zeit über uns zusammen: Es ist die zweite industrielle Revolution des Elektronikzeitalters. Sie zerschlägt Strukturen, die über Jahrzehnte, ja über Jahrhunderte gewachsen sind. Um viele ist es nicht schade. Denn zahlreiche der üblen Maloche-Arbeitsplätze, etwa in Stahl- und Bergwerken, werden überflüssig, stumpfsinnige, tausendfach wiederholte Handbewegungen am Fließband durch Roboter ersetzt. Und mit den Fabrikhallen, in denen Zigtausende von Arbeitern Seite an Seite gegen Ausbeutung und um ihr Recht kämpften, verschwindet auch die traditionelle Arbeiterklasse. Nur Funktionäre, die aus solchen Verhältnissen ihre Existenzberechtigung ableiten, weinen diesen Zuständen nach.

Nach dem Zweiten Weltkrieg haben wir das »Rheinische Modell« geschaffen: sehr viel freier, demokratischer als alles, was Deutschland bis dahin erlebt hatte. Wir nennen es »soziale Marktwirtschaft« und sind ganz stolz darauf. Wir geben vor, dass es uns gelungen ist, eine Marktwirtschaft mit menschlichem Antlitz zu kreieren. Als Vater der Marktwirtschaft wird Ludwig Erhard gefeiert – doch eines ist ganz sicher: Von unserer verregelten Subventionswirtschaft würde sich Ludwig Erhard mit Grausen abwenden. Als sich die gesellschaftlichen Interessengruppen noch nicht wieder etabliert hatten, war Erhards große

Zeit: Er konnte weitgehend seine Vorstellungen von einer liberalen Marktwirtschaft umsetzen, sehr zum Entsetzen der an Ordnung und Staatsmacht gewöhnten deutschen Elite.

1948 schrieb Marion Gräfin Dönhoff, noch ganz der Welt des ostelbischen Adels verhaftet, über Erhards Absicht, in Deutschland Markt- statt Staatswirtschaft einzuführen: »Wenn Deutschland nicht schon eh ruiniert wäre, dieser Mann mit seinem absurden Plan, alle Bewirtschaftung aufzuheben, würde es gewiss fertig bringen. Gott schütze uns davor … Das wäre nach Hitler und der Zerstückelung Deutschlands die dritte Katastrophe.«

Und wie sie dachte damals die Mehrheit der Deutschen. Heute würde sie diesen Satz sicher nicht mehr schreiben. Doch Marktangst und Staatsgläubigkeit sind nie aus dem deutschen Bildungsbürgertum verschwunden. Im Mai 2000 titelte Gräfin Dönhoffs Nachfolger als Chefredakteur der *Zeit*, Theo Sommer, der mittlerweile auch schon seinen 70. Geburtstag feiern konnte: »Den Markt zügeln.« Die Geister, die den deutschen Hirnen die Angst vor dem Markt einjagen, sie sind auch durch noch so viele Fakten nicht zu vertreiben.

Dabei war unsere soziale Marktwirtschaft zu Erhards Zeiten viel liberaler, als sie sich jetzt präsentiert. So wie sein Einfluss schwand, wurde sie zugeregelt. Unter Helmut Kohls Kanzlerschaft ist der Anteil des Staates an der Wirtschaft auf über 50 Prozent gestiegen. Dabei hatte Kohl einmal gesagt: »Alles was über 50 Prozent Staatsanteil ist, ist Sozialismus.« Recht hat er. Aber es hat ihn nicht sonderlich gestört, dass er, entsprechend seiner eigenen Definition, dann Kanzler eines sozialistischen Staates war.

Auf dem Leipziger Parteitag der CDU 1997 hat Kohl nachdrücklich betont, dass die CDU nicht die Partei der Marktwirtschaft ist. Dies untermalte er mit einer Philippika auf Margaret Thatcher und deren Politik. »Nein«, rief er in den Saal, »die CDU ist die Partei der sozialen Marktwirtschaft.« Nun hat der Pfälzer sicher bei Konrad Adenauer, als dessen Enkel er sich ja auch bezeichnet, mehr gelernt, wie ein erfolgreicher Politiker über Jahrzehnte an der Macht bleibt, als sich mit den Lehren Ludwig Erhards zu beschäftigen. Dieser freiheitlich denkenden Ausnahmegestalt in der deutschen Geschichte schwebte alles andere vor als diese bedauernswerte Mischwirtschaft, an der wir heute herumreparieren.

Ein anderer bedeutender Wirtschaftswissenschaftler, der leider zu früh verstorbene Professor Wolfram Engels, stellte vor dem Wahlduell 1994 Kohl gegen Scharping resigniert fest, dass es völlig egal sei, wer die Wahl gewinne. Es komme doch immer das gleiche heraus, denn nach der Wahl, so Engels, »wird der gemäßigte Marktwirtschaftler Kohl sich mit dem gemäßigten Marxwirtschaftler Scharping auf die gemäßigte Murxwirtschaft einigen«.

Wir haben dieses Geflecht aus Kartellinteressen, aus Staatsmonopolkapitalismus, Subventionswirtschaft und staatlicher Almosenverteilung mit dem Begriff »Rheinisches Modell« verniedlicht. Es gibt einige typische Merkmale dieser deutschen Form der abartigen Marktdefinition. Dazu gehört, dass sich Manager sicher sein konnten, dass ein von ihnen an die Wand gefahrener Großkonzern niemals Gefahr lief, Pleite zu gehen. Zusammen mit den Gewerkschaften und ihren Freunden in den Aufsichtsräten schafften sie es, dass Staatskredite lockergemacht wurden, um ihre Misswirtschaft abzufedern.

Die Liste ist lang: Klöckner-Humboldt-Deutz, Howaldtswerft, AEG, Bremer Vulkan, Metallgesellschaft, Stahlwerke Salzgitter und schließlich die Holzmann AG. Mit von der Partie waren immer die Großbanken, die entsprechend dem deutschen Universalbankenrecht schon vorher wussten, was die Stunde geschlagen hatte. Als Miteigentümer saßen sie im Aufsichtsrat, bestimmten wesentlich die Personalpolitik, zogen Gelder ab oder retteten Unternehmen, je nachdem, wie sich auch der Staat beteiligte, für dessen Einmischung die Gewerkschaften sorgten. Die saßen ebenfalls im Aufsichtsrat, waren über alles im Bilde, doch das hinderte sie nicht daran, dann die großen Demonstrationen zu organisieren, die die Rettung der Arbeitsplätze einforderten, die sie selbst mit in den Sand gesetzt hatten.

Diese Demonstrationen ergaben eine prächtige Kulisse für die jeweils zuständigen Ministerpräsidenten. Übel konnte es einem dabei werden, wenn Oskar Lafontaine in der ersten Reihe der Stahlarbeiter von Völklingen mitmarschierte, um seine Solidarität mit einer untergehenden Branche zu zeigen, statt die Rahmenbedingungen für neue Arbeitsplätze zu stellen. Der Gipfel der Heuchelei waren sicher die Verbrüderungen mit den Bergleuten in Bonn. Kaum eine Arbeitnehmerschaft wurde so verdummt, missbraucht und hingehalten wie die Kumpel von Rhein, Ruhr und Saar.

Das »Rheinische Modell« entwickelte sich immer weiter weg von Markt und Eigenverantwortung, bis es schließlich den ungeteilten Beifall der »Oskardisten« fand, und selbst die PDS muss sich nicht verbiegen, um innerhalb dieses Systems Minister zu stellen. Einer, der sich damit nie abfinden wollte, ist Hans-Olaf Henkel, noch amtierender Vorsitzender des Bundes der Deutschen Industrie, BDI. Nachdem er wieder einmal gegen das Kartell der Flächentarifverträge gewettert hatte, beschimpfte ihn der Lautsprecher der konformistischen Linken in der ARD, Klaus Bednarz, als einen gefährlichen Systemveränderer. Bednarz erinnerte daran, dass die 68er seinerzeit vom Establishment als Systemüberwinder beschimpft worden waren, um sie aus der Sicht des Bürgertums als gefährliche Revoluzzer zu diffamieren. Aber genau das, so seine Schlussfolgerung, betreibe der Boss der Industriellen, der das »Rheinische Modell« zerstören wolle.

Ein bezeichnender Kommentar. In der Tat haben alle Kanzler außer Ludwig Erhard die marktwirtschaftlichen Elemente in dem Maße zurückgedrängt, dass wir die heutige Form der »Murx«-Wirtschaft erreichten, mit der selbst der linke Flügel der Sozialdemokraten gut leben kann. Und deshalb hat Bednarz sogar ausnahmsweise einmal Recht: Henkel ist ein Systemüberwinder.

Die schleichende Vernebelung der Verantwortungsstrukturen innerhalb des »Rheinischen Modells« ist nur möglich, weil Christ- und Sozialdemokraten zusammen mit Arbeitgebern und Gewerkschaften ein fein gestricktes Regelwerk, gestützt von mächtigen staatlichen Institutionen, aufgebaut haben:

das Betriebsratssystem, das keine Tarifverhandlungen führen darf,

den mitbestimmenden Aufsichtsrat,

die faktische Unkündbarkeit aus betrieblichen Gründen,

die mächtigen Landesbanken, die nie Pleite gehen können,

die Großbanken, deren weltweit einmalige Privilegien geschützt bleiben, solange sie bei Rettungsaktionen von bankrotten Unternehmen mitspielen.

Die FDP hat in all diesen Jahren mitregiert. Spuren hat sie keine hinterlassen. Das war das große Versagen der Partei, die sich stets damit zufrieden gab, mit Hansdampf Genscher einen sehr beliebten Außenminister zu stellen. Es hat ihr und den hehren Ideen, die sie im Parteiprogramm verkündet, nicht weitergeholfen.

Der Preis für dieses deutsche System: steigende offizielle Arbeitslosenzahlen und ein Anwachsen des öffentlichen Schuldenbergs auf über zwei Billionen DM. Wie hilflos und anachronistisch das »Rheinische Modell« ist, wurde bei der feindlichen Übernahme von Mannesmann durch Vodaphone ersichtlich. Jürgen Rüttgers, der unglücklich agierende Ex-Zukunftsminister der CDU, reagierte entsetzt: Vodaphones Übernahmeversuch stehe nicht im Einklang mit der deutschen sozialen Marktwirtschaft und der deutschen Industriekultur. Da hat er Recht, kommentierte die angesehene Londoner *Financial Times*. Was aber Herr Rüttgers übersieht, ist, dass Deutschland nicht der Nabel der Welt ist, dass es in Wirklichkeit die deutsche Industriekultur ist, die nicht mit dem Rest der Welt in Einklang zu bringen ist, konstatiert die *Financial Times* weiter.

Fast alle unsere Nachbarstaaten, selbst das industriell konservative Frankreich, haben sich längst den Regeln des Informationszeitalters und den globalisierten Finanzmärkten angeglichen. Der Mannesmann-Schock hatte jedoch einen Vorteil: Zumindest den deutschen Managern ist spätestens jetzt klar geworden, dass sie das »Rheinische Modell« nicht mehr schützt und dass im Falle einer feindlichen Übernahme ihnen die Politiker außer Blabla auch nichts bieten können.

In derselben Ausgabe der *Financial Times* war auch ein Kommentar zu dem Rettungsversuch durch Kanzler Schröder für den Holzmann-Konzern zu lesen und zu der unglücklichen Figur, die Jürgen Rüttgers bei der Mannesmann-Übernahme abgab. Ein Kommentar, der uns hellhörig machen sollte. Ob es uns nämlich passt oder nicht – die angelsächsische Wirtschaftspresse gibt in der Welt den Ton an. Und ihre schonungslosen Analysen setzen sich in den Köpfen der Entscheidungsträger dieser Welt fest. Das Unbehagen über ein Deutschland, das Klaus Bednarz konservieren will, drückt die *Financial Times* so aus:

»Angesichts der unglücklichen Geschichte Deutschlands ist es sehr bedenklich, dass für das Establishment ›wirtschaftliche Freiheit‹ immer noch ein Reizwort ist. Die Fälle Holzmann und Mannesmann zeigen, dass Deutschland das 20. Jahrhundert ähnlich beendet, wie es dieses angefangen hat: gerade größer geworden, noch wohlhabend, aber auf einem wirtschaftlich absteigenden Ast und zunehmend nur nach innen schauend.«

Noch ist nicht zu erkennen, wie sich Deutschland schlussendlich entscheidet. Ansätze hin zu mehr Freiheit, Markt und Eigenverantwortung sind in sämtlichen Parteien, außer der PDS, zu erkennen. Aber in allen Parteien sitzen auch noch die Bewahrer, die von einem eigenen deutschen Weg träumen oder die der eigenen Bürokratie mehr soziale Kompetenz zutrauen als einer fairen Wettbewerbswirtschaft. Die kleineren europäischen Staaten, wie die Niederlande, Dänemark, Schweden und Finnland, haben sich längst umorientiert. Sie wissen, dass es keinen Sinn macht, gegen die Weltwirtschaft einen ideologischen Krieg zu führen. Das Problem Deutschlands ist seine Größe: Wir sind zu groß, als dass wir sofort begreifen würden, dass die Welt auf unsere Vorstellungen keine Rücksicht nimmt, aber wir sind zu klein, um die Welt in unserem Sinne bekehren zu können.

Noch 1996 haben die Grünen gefordert, dass die Einführung von EDV-Systemen einer Sozialverträglichkeitsprüfung unterzogen werden müsse. Im selben Jahr hat der Ministerpräsident von Niedersachsen, Gerhard Schröder, in Hildesheim die Informatik-Fakultät aus Geldmangel schließen lassen. Beide wollen davon heute nichts mehr wissen. Es nützt jedoch nichts, wenn wir immer zu spät erkennen, was richtig gewesen wäre. Denn jetzt kommen Probleme auf Deutschland zu, die eine völlig neue Herausforderung darstellen und sofort richtig gelöst werden müssen, die so brisant sind, dass Fehlentscheidungen, populistische Lösungen und halbherzige Reformen das Fundament unserer demokratischen Ordnung gefährden. Es geht darum, wie wir den rasanten Bevölkerungsrückgang bei gleichzeitig gigantischen Staatsschulden bewältigen und ob und wie wir mit der Zuwanderung von Millionen Menschen aus fremden Kulturen fertig werden.

Zweiter Teil

Land ohne Volk

7. Volk ohne Kinder

»Lieber Kinder statt Inder.« Da hat es einer unserer Spitzenpolitiker auf den Punkt gebracht. Er hat ganz klar erkannt, dass es besser wäre, wenn wir mehr Kinder hätten – geboren in Deutschland natürlich und dann selbstverständlich auch noch von Müttern mit deutschem Stammbaum, also nicht von den zugewanderten Frauen der Turkstämme oder woher die sieben Millionen Ausländer, die hier leben, sonst noch kommen. Der Mann heißt Jürgen Rüttgers, war im Kabinett Kohl »Zukunftsminister«, was ihm sicher geholfen hat, weitblickend zu einer solch profunden Aussage zu gelangen, auch wenn er immer darauf hinweist, dass er sie so verkürzt gar nicht gemacht habe. Doch Rüttgers hat sich vor einer klaren Definition gedrückt, was wir ihm bei seinem überragenden Intellekt nicht als geistige Unschärfe anlasten, sondern mit seiner aktuellen politischen Aufgabe entschuldigen wollen. Rüttgers ist nämlich Spitzenmann der CDU in Nordrhein-Westfalen. Da verbietet es sich von selbst, klar zu definieren, wer die Kinder bekommen soll. Zählen all die Kowalskis, Szymanskis, Wischnewskis schon als Deutsche oder sind sie noch polnischen Blutes? Seit wie vielen Generationen müssen sie in Deutschland gelebt haben, bevor er sich auch herzlich über ihre Kinder freuen kann? Dazu eine klare Aussage wäre wahltaktisch verheerend. Will er nur die Babys von den Meiers, Lehmanns und Schulzes, dann brüskiert er die katholischen Einwanderer aus Polen. Und die sind doch die Stammwähler der CDU, ohne die eine Wahl kaum gewonnen werden kann. Also beschränkt er seine Abgrenzung auf Inder. Das ist sehr klug. Mit diesem Satz hat er bewiesen, dass er durchaus befähigt ist, die deutsche politische Kaste würdig zu repräsentieren.

Nichts, aber auch gar nichts wird die Zukunft Deutschlands so massiv in den nächsten 100 Jahren bestimmen wie die Einwanderungspolitik. Und dazu fällt einem Mann wie Rüttgers nichts Besseres ein als dieser Spruch aus dem Repertoire hirnloser Glatzköpfe. Rüttgers reagierte mit diesem Ausfall dummdreister Stimmungsmache auf eine spontane Entscheidung von Bundeskanzler Gerhard Schröder, 20 000 ausländischen Computerspezialisten eine »Green Card« zu bewilligen, damit sie einen befristeten Arbeitsvertrag in Deutschland annehmen können. Schröders Aktion war zwar nicht so primitiv, aber nicht weniger daneben. Auch wenn die Industrie Beifall klatschte, dass mal schnell für eine Branche Zeitverträge ausgestellt werden sollen, dieser Schnellschuss ist das falsche Signal für ein tief greifendes Problem.

Die Situation ist mit wenigen Sätzen beschrieben: Die deutsche Bevölkerung nimmt rapide ab. Alle Statistiken gehen von einem Rückgang der in Deutschland lebenden Menschen aus, bis 2015 werden wir sieben Millionen, bis 2025 dann 15 Millionen weniger Einwohner in den Grenzen der Bundesrepublik haben als heute. Wobei alle hier lebenden Ausländer und deren Nachkommen mitgezählt sind. Die Talfahrt geht so weiter, bis sie im Jahre 2075 schließlich bei 35 Millionen Einwohnern endet.

Zumindest für die nächsten 25 Jahre, und mit denen will ich mich hauptsächlich in diesem Buch beschäftigen, ist das keine Prognose mehr, sondern eine klare statistische Realität. Daran würde selbst eine steigende Geburtenrate nichts ändern. Denn die Frauen, die diese Kinder bekommen müssten, gibt es auch schon nicht mehr. Vielleicht entnehmen Sie der einen oder anderen Statistik, dass wir bis 2025 nur um zehn Millionen abnehmen. Es ist erstaunlich, wie viele Zahlen herumgeistern, die alle politisch schöngerechnet wurden.

Auch die Ursache dieses Bevölkerungsrückgangs ist einfach erklärt. Jahr für Jahr stieg die Zahl der Geburten in Deutschland, bis sie 1964 mit 1 357 304 den Höchststand erreichte und bis 1966 minimal sank. Dann kam die Pille auf den Markt, die Frauen wurden gleichzeitig dank eines massiven Arbeitskräftemangels in die Berufstätigkeit gelockt, und beides zusammen ließ die Geburtenrate systematisch schrumpfen, bis sie sich bei

1,4 Kindern pro geburtsfähiger Frau einpendelte. Seit Jahren ist diese Geburtenrate jetzt stabil. Um aber die Bevölkerungszahl zu halten, müssten es 2,1 Kinder pro Frau sein – eine Zahl, die es nur noch in Afrika, Südamerika, Südasien und arabischen Ländern gibt, für Deutschland also in den nächsten Generationen illusorisch ist. So ist das nun mal, Herr Rüttgers.

Bisher machte sich der Geburtenrückgang im täglichen Leben und hinsichtlich der Bevölkerungszahl noch nicht so richtig bemerkbar. Ein Grund: Die CDU-/FDP-Regierung öffnete die Grenzen für die Nachkommen der Deutschen, die vor über 200 Jahren nach Osten ausgewandert waren und jetzt wieder zurückkommen wollen. Das brachte rund vier Millionen Menschen ins Land, zwar mit deutschem Blut, aber mittlerweile fremder Kultur. Der zweite Grund: Die starken Jahrgänge bis 1966 befinden sich gerade im »reproduction age«, wie Bevölkerungsforscher das nennen. Obwohl die Frauen weniger Kinder gebären, als nötig ist, um den Bevölkerungsrückgang zu stoppen, waren die Hebammen gut beschäftigt, weil es dank der geburtenstarken Jahrgänge viele Frauen gab. Und so gab sich die deutschtümelnde Gesellschaft angesichts ausgelasteter Geburtenstationen der Illusion hin, das Problem werde sich schon irgendwie von selbst beheben. In den nächsten Jahren aber wachsen sie aus dem Alter heraus, in dem sich Menschen gewöhnlich vermehren.

Wenn in absehbarer Zeit die Pillenjahrgänge in das »reproduction age« kommen, bleiben viele Entbindungsstationen leer, weil die Frauen, die jetzt eigentlich gebären müssten, selbst schon nicht mehr geboren wurden. Und die wenigen Frauen, die es noch gibt, vermehren sich allen Erkenntnissen nach auch nur mit den jeweils 1,4 Kindern, auf die sich unsere Gesellschaft eingepegelt hat, sodass sich die Bevölkerungszahl entsprechend stetig verringert. Erschwerend kommt noch hinzu, dass die Lebenserwartung weiter steigt. Dies erweckt zwar auch zunächst einmal die Illusion, die Bevölkerungszahl werde gar nicht so schnell abstürzen, dabei wird dadurch nur die Gesamtlage erschwert, denn die so verbleibenden Bewohner Deutschlands überaltern.

Diese Zahlen bestreitet im Prinzip niemand. Aber keiner sagt, wie ein Deutschland 2025 mit 15 Millionen Einwohnern weniger aussehen soll. Was bedeutet das für den Wohnungsmarkt, für die Infrastruktur, für den Arbeitsmarkt, die Produktivität, die Schulen und Universitäten, die Landwirtschaft und den Umweltschutz und so weiter .... Das Einzige, was den amtierenden Politikern dämmert, ist, dass ihr heiß geliebtes Umlagesystem für die Renten zusammenbricht – eine bessere Beschreibung wäre wohl: implodiert. Darüber machen sie sich erste zaghafte Gedanken. Alle anderen Fragen werden noch nicht einmal im Ansatz diskutiert. Jede einzelne davon besitzt genügend Sprengkraft, um unser wohliges Lügengebilde zum Einsturz zu bringen, denn keine dieser Fragen lässt sich auch nur im Ansatz lösen, bevor die Deutschen entscheiden, was sie überhaupt wollen:

Sind wir bereit, die sinkende Bevölkerungszahl hinzunehmen mit allen Konsequenzen, oder erklären wir Deutschland zu einem Einwanderungsland und frischen das aussterbende deutsche Blut mit Menschen aus anderen Erdteilen auf? Dazwischen ist nichts. Ja, Herr Rüttgers: Was machen wir nun ohne Kinder und ohne Inder?

Aus Europa können wir keine große Entlastung erwarten, und aus der Europäischen Union schon überhaupt nicht. Zwar gibt es eine absolute Niederlassungsfreiheit innerhalb der 15 Mitgliedsstaaten, doch im Gegensatz zur ersten Einwanderungswelle in den Sechzigerjahren werden wir auf freundliche Italiener, geduldige Spanier und fleißige Portugiesen verzichten müssen. Die haben nämlich alle das gleiche Problem: In Italien, Spanien und Portugal ist die Geburtenrate noch niedriger als in Deutschland. In 25 Jahren wird das klassische Auswanderungsland Italien einen gewaltigen Arbeitskräftemangel verzeichnen, denn die Bevölkerung auf der Apenninenhalbinsel nimmt ebenfalls um 15 Millionen ab und sackt auf 43 Millionen. Im großen Spanien verlieren sich heute schon nur 36 Millionen, 2025 werden es nur noch 28 Millionen sein. Die Einwohnerzahl sinkt aber nicht entsprechend, da viele deutsche Rentner sich im warmen Süden niederlassen werden. So geht das in der EU Land für Land. Nur die Iren machen eine Ausnahme und nehmen um 30 000 Einwohner pro Jahr zu. Frankreich und Großbritannien verlieren je acht Millionen Menschen und sinken damit von je 58 Millionen auf 50 Millionen ab.

Als die Freizügigkeit innerhalb Europas beschlossen wurde, malten vor allem in Frankreich und Deutschland national gesinnte Kreise das Menetekel an die Wand, Millionen von Italienern würden die beiden Staaten mit ihren überschüssigen Arbeitskräften überschwemmen. Doch die Grenzöffnungen hatten einen ganz anderen Effekt: Die rückständigen Mittelbetriebe Italiens beschleunigten sich auf mitteleuropäisches Tempo und machen heute ihren nördlichen Partnern heftige Konkurrenz. Das Gleiche passierte in Spanien und Portugal. Statt eines massenhaften Umzugs von Menschen bewegte sich die Industrie. So stammen heute europaweit im Schnitt nur zwei Prozent der Arbeitskräfte aus anderen EU-Ländern. Deutschland liegt mit zweieinhalb Prozent leicht über der Marke. Aber das belastet und entlastet unseren Arbeitsmarkt kaum.

Die Befürchtung, mit dem Beitritt der osteuropäischen Staaten und einer Freizügigkeit für deren Arbeitskräfte würden wir von Polen, Tschechen, Ungarn, Esten und all den anderen Bürgern der möglichen Beitrittskandidaten überrannt, wird genauso wenig Realität wie im Falle der Südeuropäer vor 20 Jahren. Alle Staaten der ersten Welle der Beitrittskandidaten (Polen, Tschechien, Ungarn, Slowenien, Estland, Malta und Zypern) haben mit 25 Millionen möglichen Erwerbstätigen weniger Arbeitskräfte zu bieten, als die EU in den nächsten 25 Jahren verliert. Um es brutal auszudrücken: Wenn alle Arbeitskräfte dieser Länder auswandern würden, hätten sie noch nicht einmal die Lücken gefüllt, die bei uns entstehen. Wahrscheinlicher aber ist, dass sich die Beschäftigungsmöglichkeiten und der Lebensstandard in diesen Ländern erhöhen und deshalb der Arbeitskräfteaustausch sich von Jahr zu Jahr verringert. Verschärfend kommt hinzu, dass in diesen Staaten die Bevölkerung ebenfalls stark abnimmt. In dem Land mit den meisten Einwohnern, Polen, ist die Geburtenrate deutlich geringer als in Deutschland. Zypern ist sogar vom ersten Tag seines EU-Beitritts an Nettoeinzahler und Arbeitskräfteimporteur.

Vor lauter Warnungen vor der drohenden Überbevölkerung unserer Erde und den daraus abgeleiteten Weltuntergangsszenarien haben wir übersehen, dass einige Regionen mit Problemen zu kämpfen haben, die aus einem Bevölkerungsrückgang entstehen. Überdruck auf der einen Seite des Erdballs, ein Vakuum auf der anderen Seite werden unweigerlich zu einem Ausgleich streben. Alle Staaten mit Vakuum gehören zu den reichen Ländern, während sich das Bevölkerungswachstum dort explosionsartig fortsetzt, wo bittere Armut herrscht. Dies kann nicht ohne Konflikte abgehen. Das aber wird unvermeidbar zu Mord und Totschlag, zu Kriegen und Rassenhass führen, wenn Staaten sich ohne Konzept in diesen Strudel der Völker und Kulturen hineinziehen lassen.

Außer den europäischen Staaten in Ost und West sind in der nächsten Generation auch Japan, Südkorea, Taiwan, Singapur, Australien und Neuseeland von dieser Entwicklung betroffen. Kanada und die USA stellen durch Einwanderungsquoten ihr Wachstum sicher. Staaten wie China, Thailand und Indonesien haben zwar heute schon Geburtenraten, die unter der magischen Grenze von 2,1 Prozent liegen. Aber in diesen Staaten wächst die Bevölkerung weiter, weil sie unter dem Geburtenboom der letzten Generation leiden. Es gibt zu viele junge Frauen, die im gebärfähigen Alter sind. Aber in 25 Jahren, wenn sich bei uns der Bevölkerungsrückgang dramatisch auswirkt, kämpfen auch diese Staaten mit einer gefährlichen Alterspyramide, werden auch in diesen Staaten junge, agile Menschen alle Chancen haben und müssen nicht mehr auswandern.

Angesichts dieser Herausforderungen ist die Diskussion über die zeitweilige Zuwanderung von 20 000 Computerspezialisten lachhaft. Sie ist dazu noch geprägt von einer überschwenglichen Arroganz und einem hintergründigen Nationalismus. Dies schwingt indirekt mit, auch wenn das der Kanzler und die Industrie nicht laut sagen: »Seht her, wir bieten in unserem schönen und florierenden Staat 20 000 Menschen aus unterentwickelten Ländern vorübergehend die Chance, wenigstens fünf Jahre etwas zu verdienen, damit sie sich mal so richtig satt essen können. Aber danach haben wir unsere eigenen Leute so weit, dass wir die anderen wieder nach Hause schicken können.«

Alles ein fataler Irrtum. Rüttgers hat es da irgendwie ehrlicher ausgedrückt. Platt, brutal. Die Haltung aller Parteien und allzu vieler Politiker zur Bevökerungsentwicklung in Deutschland bewegt sich auf dem Niveau halbbesoffener Stammtischtrinker.

Mit der Realität auf dieser Welt hat das alles nichts zu tun. Um die Schonungslosigkeit der Realität noch einmal in Zahlen zu verdeutlichen – zur Erinnerung: Um die Bevölkerungszahl zu halten, ist eine Geburtenrate von 2,1 Kindern pro gebärfähiger Frau notwendig.

In Europa beträgt sie 1,42, davon in Deutschland und Russland zum Beispiel 1,40;

in Nordamerika 1,94;

in Japan 1,5;

in Asien 2,6, davon in Indien 3,2 und in China 1,8; über den Sonderfall China ist ein eigener Absatz nötig;

in Lateinamerika 2,70;

in Afrika 5,06, davon in Nigeria 5,1 und Ägypten 3,4.

Für Europa heißt das: Die Aufrechterhaltung der Bevölkerung ist nur möglich, wenn der alte Kontinent bereit ist, eine massive Zuwanderung aus anderen Erdteilen zu ertragen.

Wie zu Beginn dieses Kapitels formuliert: Bevor irgendwelche Entscheidungen getroffen werden, müsste unser Land sich dessen bewusst werden, wie wir mit der sinkenden Bevölkerungszahl umgehen. Vor allem müssen wir endlich zur Kenntnis nehmen, dass an dieser Tatsache kein Weg mehr vorbei führt.

15 Millionen weniger Menschen in Deutschland, das wäre die vollständige Entvölkerung Nordrhein-Westfalens – oder der Einwohner der neuen Bundesländer. Statt 230 Menschen pro Quadratkilometer hätten wir dann nur noch 188 Einwohner pro Quadratkilometer. Ungefähr so viele wie heute Italien und immer noch etwas mehr als Schleswig-Holstein um die Jahrtausendwende. Von Unterbevölkerung kann also noch lange keine Rede sein. Vor allem, wenn wir diese Zahlen mit den USA vergleichen, wo sich gerade 30 Personen auf einem Quadratkilometer verlaufen.

Wo immer ich auch recherchierte, wen immer ich auch fragte, ich habe kein Szenarium gefunden, das von einem konsequenten Einwanderungsstopp ausgeht – und entsprechend beschreibt, wie die deutsche Gesellschaft in 25 Jahren mit 67 Millionen Einwohnern aussehen könnte. Von diesen 67 Millionen ist dann auch noch ein Drittel über 65 Jahre alt – und das bei weiterhin sinkender Bevölkerungszahl. Im Jahre 2050 verlieren sich dann nur noch 51 Millionen und im Jahre 2100 gar nur 22 Millionen Menschen in deutschen Gauen. So viele etwa waren es auch im Jahre 1800. Das Durchschnittsalter der in Deutschland lebenden Menschen um 2050 ist dann auf 50 Jahre geklettert.

Ich habe auch noch keine Studie gesehen, die untersucht, wie sich der Bevölkerungsschwund innerhalb Deutschlands auswirken wird. Denn es werden weder einige Regionen völlig entleert, noch wird sich die Abnahme schön gleichmäßig auf die ganze Republik verteilen. Doch für Infrastrukturmaßnahmen, für die Planung und Bewirtschaftung unseres Staates ist es von entscheidender Bedeutung, dass wir wenigstens eine Idee entwickeln, was wir der nächsten Generation überlassen wollen.

Dabei haben wir Städte in Deutschland, die von diesem massiven Bevölkerungsrückgang schon heute heftig betroffen sind – als empirisches Anschauungsmaterial mitten im eigenen Land. Aber da schauen wir lieber nicht so genau hin. Denn was uns da mit schonungsloser Realität um die Ohren fliegt, reißt uns brutal aus unserem verlogenen Wolkenkuckucksheim. Da offenbaren sich die oberflächlichen Scheinlösungen, über die die politische und die journalistische Kaste heute so lautstark debattieren, lediglich als das ganz große »Blabla« von Selbstdarstellern, die vom Marketing, aber nicht vom Sachverstand gesteuert werden.

Stendal in der Altmark ist solch ein real existierendes Anschauungsmodell und mittlerweile sogar ganz leicht zu erreichen: als Bahnstation auf der neuen ICE-Strecke Hannover–Berlin. Also ist Stendal alles andere als aus der Welt. Und wäre statt der blödsinnigen Transrapid-Diskussion die Hochgeschwindigkeitsstrasse Berlin-Hamburg fertig, hätte Stendal sogar gute Chancen, sich als Knotenpunkt dieser beiden wichtigsten norddeutschen Strecken eine bescheidene Zukunft als Dienstleistungszentrum zu sichern. Die alte Hansestadt könnte wenigstens wieder zu ihrer traditionellen Rolle als Handels- und Verkehrsknoten zurückfinden. So wuchs Stendal im Mittelalter zu einer ansehnlichen Stadt und entwickelte sich im Industriezeitalter zu einem der wichtigsten Eisenbahnknoten im gesamten Deutschen Reich. Bevor Deutschland in Krieg und Teilung unterging, lebten in dieser schönen bürgerlichen Stadt 32 000 Einwohner.

Ein Spaziergang durch Stendal im Jahre 2000 macht das

ganze Elend großdeutscher Wahnvorstellungen und aktueller kleinkarierter Hilflosigkeit in unserer Republik sichtbar. Zum Jahresbeginn 1990 – das Ende der Sowjetherrschaft über Mitteldeutschland deutete sich mit dem Fall der Mauer an – lebten in Stendal 50 000 Deutsche und noch einmal 50 000 sowjetische Besatzungstruppen mit ihren Angehörigen. Letztere Zahl kennt niemand so genau, sie wurde der deutschen SED-Verwaltung nicht mitgeteilt. Auf ein paar Tausend mehr oder weniger kommt es aber auch nicht an. Zehn Jahre später, zum Jahreswechsel 2000, hat Stendal nur noch 38 000 Einwohner, Tendenz weiter sinkend. Pro Jahr werden es zirka 1000 weniger.

Die DDR-Machthaber hatten entschieden, die im Krieg unzerstörte Altstadt dem Verfall preiszugeben. Die bürgerliche Tradition sollte so ausgerottet werden. Sie waren damit auch schon weit gekommen. An ganzen Straßenzügen stehen nur noch verkrümmte Fachwerkhäuser mit herausgefallenen Fenstern und Türrahmen. Von Nord nach Süd und von Ost nach West sollten zwei vierspurige Achsen durch die kreisförmige Stadt geschlagen werden, an denen dann die neuen einheitssozialistischen Plattenbauten der Werktätigen das neue historische Bewusstsein prägen konnten. Für das heutige Stadtbild unwiderruflich verheerend, hatten die SED-Ganoven mit dem Freischlagen dieser Schneisen schon begonnen. Gott sei Dank war ihnen dann das Geld für die Verschandelung ausgegangen. So präsentiert sich dieser Kahlschlag jetzt nur als Brache.

In der Altstadt, in der vor dem Zweiten Weltkrieg 6000 Menschen wohnten, sind jetzt wieder 3000 beheimatet, fast doppelt so viele wie vor der Wende. Rund um die mächtigen mittelalterlichen Backsteinkirchen und das aus der gleichen Zeit stammende schöne Rathaus mit dem zweitgrößten Roland Deutschlands entsteht wieder eine bürgerliche Stadtkultur. Der Versuch der SED, dieses Stadtbewusstsein auszumerzen, ist gescheitert. Aber nach dem Aufschwung der ersten zehn Jahre und angesichts der immer noch großen Verwüstung hinterlässt ein Stadtrundgang die beklemmende Frage, wie es jetzt weitergehen soll. Denn viele Wohnungen in renovierten Häusern stehen leer. Es fehlen die Familien, die hier einziehen könnten, da die kostspielig sanierten Altbauwohnungen natürlich teurer sind als die

Behausungen in den Plattenbausiedlungen vor den Toren der Stadt.

In einer Straße, die alle Stadien vom Totalverfall bis zur attraktiven Renovierung aufwies, habe ich mir Haus für Haus erklären lassen, warum es nicht weitergeht. Das fing mit einem großen Gebäude an, von dem das Dach und eine Mauer eingestürzt waren: Ursache: Das Anwesen gehört der Stadt. Ein Investor aus dem Westen wollte es zu einem Geschäftshaus ausbauen. Doch die Auflagen des Denkmalschutzes trieben die Kosten derart in die Höhe, dass sich die Investition finanziell nicht rechnete. Der Interessent sprang ab. Nach drei Jahren stürzte das Dach ein, ein Jahr später die erste Wand. Der Rest ist immer noch denkmalgeschützt.

Daneben steht ein altes, bewohntes Haus im schlechten Zustand. Der Nachbar, der ein Geschäft für Innenausstattung betreibt, wollte es hinzukaufen. Dies war aber nicht möglich wegen ungeklärter Eigentumsverhältnisse. Ansprüche jüdischer Erben aus New York werden verhandelt. Der Besitzer des schön renovierten Fachwerkhauses mit dem Innenausstattungsgeschäft hat seine Immobilie ersteigert. Um den Aufbau der Innenstadt zu beschleunigen, hatte sich die Stadtverwaltung entschlossen, eigene Grundstücke zu veräußern. Leider gab es nur wenige Flächen mit geklärten Eigentumsverhältnissen. Beim nächsten Bauwerk handelt es sich um ein stattliches Haus mit bröckelnder Fassade und vernagelten Türen und Fenstern: Es gehört einem westdeutschen Erben, der es zurückbekommen hat und nichts von sich hören lässt. Es schließt sich ein instand gesetztes Fachwerkhaus eines Stendaler Arbeiters an, der sein Elternhaus trotz des Drucks seitens der Kommunisten nie aufgegeben hat. Nach der Wende hat er in sein Eigentum sofort wieder investiert. Daran angrenzend wieder eine verfallene Bude, die einer westdeutschen Erbengemeinschaft gehört, die sich nicht einigen kann, und schließlich die Restruine eines ehemals wohl sehr schönen Fachwerkhauses, das der Stadt gehört, aber noch nicht einmal verschenkt werden kann, weil es niemand haben will. Denkmalschutzauflagen würden den Wiederaufbau auf über eine Million Mark treiben, eine Summe, die sich selbst mit öffentlichen Zuschüssen nicht in einer Generation amortisiert.

Die ganze Gemengelage überregulierter Gesetze, die juristischen Konsequenzen zweier Unrechtsstaaten und die Konzeptionslosigkeit unserer Zeit lassen die verbliebenen SED-Bonzen in der Stadt doch noch einen späten Triumph feiern: Die alte hanseatische Innenstadt verfällt unter der sozialen Marktwirtschaft der Bundesrepublik zur Hälfte genauso wie unter ihrer kulturlosen Herrschaft. Bei den einen geschah es absichtlich, jetzt passiert es halt, weil unser Staat nicht in der Lage ist, ein Ziel zu definieren, das in diesem Falle lauten könnte: »Der Wiederaufbau und die Erhaltung der alten Innenstädte in der ehemaligen DDR haben Vorrang vor allen anderen Überlegungen. Die Gesetze sind entsprechend diesem Ziel zu verändern, die finanziellen Ressourcen entsprechend zu bündeln.«

Der Abzug der 50 000 Sowjets hat in Stendal zudem mehr Verwüstung hinterlassen, als in einer Generation beseitigt werden kann. In den bürgerlichen Villenvierteln hatte sich die militärische Nomenklatura eingenistet. Doch kaum waren die Sowjets weg, verwandelten Alteigentümer und Neuinvestoren die völlig heruntergekommenen Häuser wieder in eine gut situierte Wohngegend mit baumbestandenen Straßen. So als hätte es nie etwas anderes gegeben, haben Ärzte, Rechtsanwälte, Architekten und Ingenieurbüros hier ihre heile Welt geschaffen. Es sind diese Stadtteile, in denen in ganz Deutschland, wahrscheinlich sogar in ganz Europa, die Nomenklatura der »sozialen Marktwirtschaft« und die Privilegierten der bestehenden Ordnung leben, so wie früher die siegreichen Militärs.

Doch dort, wo die Zehntausende sowjetischer Soldaten hausten, in den vielen Kasernen und Truppenunterkünften, warten halb verfallene Gebäude auf irgendeine Zukunft. Stendal muss wie viele andere deutsche Städte die Hinterlassenschaft von 250 Jahren Aufrüstung bewältigen. Die Stadtverschandelungen mit den monströsen Militärbauten hatten in Deutschland 150 Jahre Hochkonjunktur: Rund um Stendal setzten sich Kaiser und andere Größenwahnsinnige so ihre unseligen Architekturdenkmäler. Nur was die Sowjets selbst gebaut haben, wird abgerissen, so weit es nicht schon von allein eingefallen ist. Doch die Gebäude aus der Kaiserzeit haben eine so gute Substanz, dass sie sogar die Sowjets nicht herunterwohnen konnten.

Der logischen Konsequenz, so viele Kasernen wie nur irgend möglich abzureißen, weil sie nun wirklich nutzlos sind, steht wieder einmal der Denkmalschutz im Wege. Der schützt nicht etwa eine dieser roten Klinkerburgen irgendwo in Deutschland, um so an den architektonischen Ausdruck einer vom Militär geprägten Gesellschaft zu erinnern. Nein, der Denkmalschutz schützt alle Kasernen, die nach kaiserlichem Glanz und imperialer Glorie riechen – und ich kann beim besten Willen nicht begreifen, was an dieser angeblich so großartigen Zeit schützenswert ist. Für Stendal hat das katastrophale Folgen: Die Stadt wird auf Jahre mit großen, ruinenartigen Gebäuden, mit von Stacheldraht abgegrenzten Arealen, mit unerfüllbaren Wunschträumen leben. In die eine Kaserne sollen weiterbildende Schulen, darunter eine Fachhochschule, die andere beziehen Behörden und öffentliche Dienstleister. Aber was auch immer unternommen wird, die Gebäude können beim besten Willen nicht gefüllt werden – es sind einfach keine Menschen mehr da.

Am deutlichsten wird der Menschenmangel jedoch in den Stadtteilen sichtbar, die schon von weitem verkünden: »Sie befinden sich auf dem Territorium der ehemaligen DDR« – den Plattenbausiedlungen. Stendal hat gleich zwei davon abbekommen, eine für 20 000 und eine für 6000 Einwohner. Dicht bei dicht stehen die Wohnblocks da nebeneinander. »Arbeiterschließfächer« heißen sie im Volksmund. Zur DDR-Zeit herrschte in Stendal große Wohnungsnot. Zwölf Kilometer außerhalb der Stadt an der Elbe war ein Atomkraftwerk mit vier Blöcken im Bau. 12 000 Arbeitskräfte wurden entsprechend der Planwirtschaft in Stendal zusammengezogen. Und die brauchten Wohnungen. Also wurden immer mehr Blocks von bis zu zwölf Etagen in die bestehende Plattenbausiedlung hineingezwängt. Für eine auf die Bedürfnisse der Arbeiter abgestimmte Gestaltung des Wohnumfeldes verblieb weder Zeit noch Geld. Entsprechend sahen die Plattenbausiedlungen zur Wende aus.

Die neuen Verwalter aus dem Westen haben dann zwei Sofortmaßnahmen ergriffen: Sie haben die halb fertige Baustelle des Atomkraftwerks umgehend stillgelegt und allen 12 000 Beschäftigten dies damit erklärt, dass sie an einem sehr verwerflichen Projekt arbeiten und ihre Arbeitslosigkeit einem höheren

Ziel dient: der Rettung unserer Umwelt. Um aber zu beweisen, mit welchen Vorteilen die neue Ordnung verbunden ist, wurden schnell noch 26 Millionen Mark lockergemacht und in die Gestaltung der Plattenbausiedlung Süd gesteckt: Außenanlagen mit Blumenrabatten und Parkplätzen anstelle von Schlammpfaden. Neue Einkaufszentren westdeutscher Ladenketten, Farbe und Straßenlampen machten aus verwahrlosten »Arbeiterschließfächern« eine der üblichen langweiligen Wohnblocksiedlungen.

Rechtlich wurden die Plattenbausiedlungen von der kommunalen Stendaler Wohnungsbaugesellschaft mbH übernommen. Die hat auch in die Bausubstanz investiert. Vor allem in den Plattenbauten neueren Datums pfeift der Wind durch die Ritzen, gibt es selbst bis in den sechsten Stock keinen Aufzug. Block um Block wurde aufwendig saniert – bis, ja bis der Wohnungsbaugesellschaft das Geld ausging. Denn trotz aller Anstrengungen begann eine Flucht aus den Platten, die ähnlich einem Wasserlauf erst als kleines Rinnsal begann und mittlerweile einer Flutwelle gleicht. Es war für mich ein gespenstisches, ein erschreckendes Bild, das hilflos macht angesichts seiner trostlosen Aussichtslosigkeit: Ich stand abends vor den Wohnblocks der Südstadt, und höchstens in der Hälfte der Wohnungen gingen noch die Lichter an. Der Rest blieb dunkel. Da wohnte schon niemand mehr. In der Plattenbausiedlung Stadtsee sieht es noch etwas besser aus: Da sind nur 20 Prozent der Wohnungen dunkel.

Helmut Swillims, Geschäftsführer der Stendaler Wohnungsbaugesellschaft mbH, bietet mir an, in einem halben Jahr wiederzukommen: Dann ist es noch dunkler. Nur wer diesen Niedergang miterlebt, die fast täglichen Um- und Wegzüge sieht, begreift, was sich da eigentlich abspielt und welche fatalen Auswirkungen die Konzeptionslosigkeit für Deutschland hat. Es hätte keiner Studien bedurft, um zu prognostizieren, dass die 10 000 Atomkraftwerksarbeiter, die nicht aus Stendal stammen, mit dem Verlust ihres Arbeitsplatzes die Stadt schnell verlassen würden. Und es ist auch kein Wunder, dass sie vor allem nach Westdeutschland gegangen sind, wo immer noch Arbeit findet, wer arbeiten will. Es ist auch kein Gutachten erforderlich, um damit vor allem einen Leerstand in den Plattenbausiedlungen vorherzusagen, wo diese Neubürger untergebracht worden waren. Aber erst jetzt, da mindestens 50 Millionen DM im wahrsten Sinne des Wortes in den Sand gesetzt wurden und die finanziellen Folgen dieser Abwanderung die Stadt zu ruinieren drohen – jetzt wird wieder um Hilfe geschrien. Aber diese Angstschreie der ertrinkenden Stadt Stendal verhallen in der Öffentlichkeit noch ungehört.

Helmut Swillims, übrigens ein erfahrener westdeutscher Manager aus dem Interressengeflecht der kommunalen Wohnungsbaugesellschaften, rechnet mir vor: Der Buchwert seiner Stendaler Wohnungsbaugesellschaft ist ungefähr 300 Millionen Mark groß. Die Schulden belaufen sich auf 165 Millionen DM und wachsen mit jedem Monat an. Den Marktwert seines Unternehmens aber schätzt er höchstens auf eine Mark. Und da müsste der Käufer noch bescheuert sein. Denn mit jedem Mieter, der wegzieht, erhöhen sich die Grundkosten für die restlichen Mieter im Umlageverfahren. Die steigenden Mietnebenkosten aber veranlassen weitere Mieter auszuziehen. Geld für die nötigsten Reparaturen ist auch nicht mehr da. So ist der Zustand aus der DDR-Zeit wieder zurückgekehrt: Die Wohnungen werden nur noch verwaltet und abgewohnt.

Ganz allmählich dämmert es den Verantwortlichen, dass ein Abriss der Plattenbauten unumgänglich ist. Doch irgendwie will das niemand in voller Konsequenz formulieren. Die PDS, jenes bewahrende Sammelbecken deutscher Untugenden, macht aus sehr eigennützigen Gründen Stimmung gegen die Plattmache der Plattenbauten. Ihre Wahlergebnisse sind nirgends höher als innerhalb der sozialistischen Wohnungszellen. Die Restbewohner sind gleichzeitig ein Bodensatz der Verlierer der Wende und der notorischen »Ostalgiker«, unflexible Arbeitnehmer, ungelernte verproletarisierte Jugendliche und Rentner.

Sie fühlen sich in ihrer Plattennische geborgen. Einen Abriss der Siedlungen empfinden sie wie einen Verrat an ihrer Geschichte, an ihrer Identität. Sie sehen darin einen Anschlag der Wessies auf ihre Errungenschaften – und in all dem werden sie von der PDS gestärkt. Selbst gestandene Ostbürger, die für die SPD oder CDU arbeiten, scheuen sich, die Notwendigkeit einer Radikalsanierung des ostdeutschen Wohnungsmarktes durch die

Abrissbirne umzusetzen. Auch bei ihnen wirkt die jahrzehntelange Propaganda nach, dass mit jeder neuen Wohnung, mit jedem neuen Wohnblock, mit jeder neuen Siedlung der Fortschritt einen Sieg errungen hat: Denn damit wurde die grassierende Wohnungsnot wieder ein wenig behoben. Es ist eine innerliche Schranke, die vor der Erkenntnis niedergeht, dass es keine Wohnungsnot mehr gibt, sondern allein im Osten eine Million Wohnungen leer stehen – und noch schlimmer: Es wird in Mitteldeutschland nie mehr die Menschen geben, die diese Wohnungen beziehen könnten.

Doch nicht nur Ostdeutsche tun sich schwer zu akzeptieren, dass in Ostdeutschland die Wohnungsnot der Vergangenheit angehört, ja, dass sogar aufgrund des riesigen Wohnungsüberhangs nicht mehr von einem funktionierenden Markt gesprochen werden kann. Deshalb ist es nur eine Frage der Zeit, bis die Milliardenpleiten der kommunalen und genossenschaftlichen Wohnungsbaugesellschaften dem Staat auf die Füße fallen. Oder kann sich jemand vorstellen, dass Stendal mit einer Arbeitslosenquote von 20 Prozent und ohne ausreichende Steuereinnahmen, um nur das Nötigste im eigenen Haushalt zu finanzieren, in der Lage ist, eine 300-Millionen-Pleite der eigenen Wohnungsbaugesellschaft zu überleben?

Vierzehn ostdeutsche Städte, in denen das Problem so akut ist, dass es keinen Aufschub mehr duldet, haben sich zusammengeschlossen und auf ihren bevorstehenden Crash aufmerksam gemacht – mit mäßigem Erfolg. Ein Besuch beim sachsen-anhaltinischen Wohnungsbauminister Jürgen Heyer, SPD, zeigte wieder einmal, wie die verantwortlichen Politiker die Realität wahrnehmen. Auf die Frage, ob es nicht nötig sei, massiv Plattenbausiedlungen abzureißen, um den kapitalverschlingenden Wohnungsüberhang zu beseitigen, meinte er, dass er schließlich ein Wohnungsbauminister und kein Wohnungsabrissminister sei. Auch auf den Hinweis, dass es doch schließlich auch in seinem Interesse liegen müsste, wieder einen funktionierenden Wohnungsmarkt herzustellen, antwortete er abweisend: Es sei nicht seine Aufgabe, durch den Abriss von Wohnungen einen Markt zu erzeugen. Und weiter: Natürlich wolle er, dass die schönen alten Städte wieder aufgebaut würden, und natürlich bestehe seine Aufgabe auch darin, für preiswerte Wohnungen zu sorgen. Nach längerem Vorgespräch lautete seine offizielle Stellungnahme zu der Notwendigkeit, Wohnungen abzureißen:

»Also, zunächst mal haben mich die Wohnungsunternehmen, die kommunalen Unternehmen und die Genossenschaften eigentlich lange gebeten, dass ich mich zu einer solchen Aussage bereit finde. Wir haben in Sachsen-Anhalt nicht so die ganz aktuellen Zahlen – aber wir gehen davon aus, dass wir mindestens 100 000 leer stehende Wohnungen haben.« So lautet also der Standpunkt eines Mannes, der in Deutschland als so qualifiziert gilt, dass er aus Nordrhein-Westfalen geholt wird, um in Sachsen-Anhalt Minister zu werden.

Was wird also aus einer Stadt wie Stendal – wie weit wird die Bevölkerungszahl noch absinken? Die kommunale Wohnungsbaugesellschaft hat zusammen mit der Stadt ein Planungsbüro beauftragt, die Plattenbausiedlungen städtebaulich neu zu ordnen, sprich: teilweise abzureißen. Als die Bevölkerung sich das Ergebnis im Rathaus anschauen durfte, gab es helle Aufregung und totales Unverständnis. Da konnten die älteren Bewohner sehen, dass ihre gerade sanierten Blöcke abgerissen werden sollten. Andere erfuhren, dass sie innerhalb der Siedlung umziehen müssen, weil ihre Platte verschwindet, dafür das Nachbarhaus aber stehen bleibt. Ungefähr 15 Millionen DM, kalkuliert die Wohnungsbaugesellschaft, kostet es, die Bürger innerhalb der Siedlung umzuquartieren, um den Wohnungsleerstand durch Abbruch reduzieren zu können.

Ende März 1999 meldete der Landesfunk Sachsen-Anhalt, dass sich die Einschulungszahl der Erstklässler innerhalb von zehn Jahren halbiert hat und deshalb das Kultusministerium überlege, alle Hauptschulen zu schließen und sie Mittelpunktschulen anzugliedern. Zwei Wochen später veröffentlichte die Zeitschrift *Wirtschaftswoche* einen Technologieatlas über die Leistungsfähigkeit der Regionen Deutschlands. Weit abgeschlagen an allerletzter Stelle, auf Rang 93, stand die Altmark mit deren Mittelpunkt Stendal. Beide Angaben signalisieren, dass die Bevölkerungszahl noch weit unter den Vorkriegsstand abrutschen wird. Wie oft sollen dann solche Umzugs- und Abrisssanierungen in den Plattenbauvierteln Stendals wiederholt werden? Und wer soll unter diesen Umständen und bei der jetzigen Rechtslage noch in der Innenstadt investieren? Für die meisten westdeutschen Städte stellen sich diese Fragen nicht, also denken sie auch noch nicht darüber nach. Zwar müssen auch jenseits der Elbe schon Kindergärten geschlossen und zusammengelegt werden, doch noch profitieren die alten Bundesländer von der Binnenwanderung aus dem Osten in den Westen.

---

8. Ein deutscher Garten Eden?

Die kollektive Weigerung, über ein Deutschland mit einigen Millionen weniger Menschen nachzudenken, beruht vor allem darauf, dass niemand, aber auch überhaupt niemand damit rechnet, dass es so weit kommt. Jeder geht stillschweigend von einer Einwanderung aus, auch wenn er in der aktuellen politischen Diskussion sich um eine klare Aussage windet. Die peinliche Diskussion um die schon erwähnte »Green-Card-Lügerei« im Frühjahr 2000 ist dafür ein deutlicher Beleg. Einem Teil unserer Politiker aber will ich wirklich zugute halten, dass sie einfach nicht wissen, wovon sie reden.

Unsere Familien- und Sozialpolitiker erwecken gern den Eindruck, dass die Enthaltsamkeit bei Geburten mit der spezifisch deutschen Kinderfeindlichkeit zu tun habe. Mit entsprechender Einwirkung auf die öffentliche Meinung, durch mehr Kinderspielplätze, ein familienfreundlicheres Wohnumfeld und mehr öffentliche Gelder für unsere Kleinen ließen sich Frauen dazu bewegen, auch wieder freudig gleich mehreren Schwangerschaften entgegenzusehen.

Dazu gehört auch die Diskussion um mehr Einrichtungen für berufstätige Mütter – also Kinderhorte ab dem Säuglingsalter, Ganztagskindergärten und Ganztagsschulen. Auf der Wunschliste der Bevölkerungsankurbler ganz oben: mehr Verständnis der Arbeitgeber für Mütter und Väter und mehr Familienurlaub für die Eltern. Gerade im Frühjahr 2000 wurde das Gesetz wieder geändert, sodass auch Väter mehr dazu animiert werden, sich um ihren Nachwuchs zu kümmern. All dies macht es in der Tat für Paare mit Kindern leichter. Und bei der niedrigen Geburtenrate ist es auch nur verständlich, dass die Gesellschaft denen entgegenkommt, die noch Kinder haben. Die Sozialpolitiker haben dazu einen langen Forderungskatalog aufgestellt, den sie mit erheblichem Erfolg abarbeiten.

Die Erhöhung des Kindergeldes ist im Prinzip für alle Parteien eine Selbstverständlichkeit – dies versprechen sie zumindest vor jeder Wahl. Lediglich aus Finanzierungsgründen bleibt es dann bei der grundsätzlichen Absichtserklärung. In den 16 Jahren der Kohl-Regierung wurde die Besserstellung der Familien so oft hintangestellt, bis schließlich das Bundesverfassungsgericht dem Gesetzgeber bescheinigen musste, dass er die kinderreichen Familien so benachteiligt, dass das Grundgesetz der steuerlichen Gleichbehandlung aller Bürger nicht mehr gegeben ist. Die rotgrüne Koalition in Berlin muss dieses Versäumnis jetzt finanziell ausbaden – und tut das auch. Doch auch sie hat schon wieder eine Klage vor dem Bundesverfassungsgericht am Hals, weil der Darmstädter Richter am Bundessozialgericht Jürgen Borchert ihnen vorrechnet, dass die Ökosteuer Familien erheblich höher belastet als Singles oder kinderlose Ehepaare.

Alles, was bei uns derzeit diskutiert wird, um die Geburtenrate zu erhöhen, wurde in dem einen oder anderen Land schon in der Praxis erprobt. Aber in keinem der Industriestaaten hat dies zu einem wesentlichen Anstieg der Kinderzahl geführt. Es gehört zu tiefverwurzelten, unausrottbaren Irrtümern, dass sich die Geburtenrate nachhaltig durch staatliche Fördermaßnahmen ankurbeln ließe. Das hat noch in keinem entwickelten Land funktioniert. Die direkten Zusammenhänge sind doch ganz einfach, sie sind auch unumstritten und bekannt. Nur in einer direkten Sprache mag sie niemand so deutlich nennen:

Je höher das Pro-Kopf-Einkommen eines Staates, je besser die Ausbildung der Frauen, je risikoloser die soziale Absicherung von Mann und Frau, desto eher sinkt die Geburtenrate. Ergänzt wird diese soziale und materielle Sicherheit durch die Verfügbarkeit aller nur denkbaren Verhütungsmittel. Die Entscheidung, ob sich ein Paar ein Kind wünscht, wird heutzutage in der Regel mit dem Verstand getroffen, nicht mehr dem Zufall überlassen. Und es müssen sich zwei Menschen gefunden haben, die bereit sind, ihr bequemes Singledasein oder ungebundenes Paarleben für ein Kind einzuschränken. Es gibt halt sehr wenige Wesen männlicher und weiblicher Natur, die das wollen, und noch weniger, die dann zufällig zusammentreffen. Läge es wirklich an der materiellen Ausgestaltung, so müssten gut verdienende Akademikerinnen, die sich in der Regel auch wieder mit gut verdienenden männlichen Wesen paaren, eine höhere Geburtenrate aufweisen als geringer verdienende Schichten. Doch es ist gerade umgekehrt: Je besser die Ausbildung und folglich umso höher das Einkommen und die Position im Berufsleben, desto niedriger ist die Geburtenrate. Und diese Feststellung trifft wieder für alle Staaten zu: Egal ob sie früher streng katholisch, locker protestantisch, buddhistisch, hinduistisch, shintoistisch oder heidnisch waren. Nur in islamischen Ländern stimmt die Formel nicht genau, was aber auch daran liegt, dass in islamischen Ländern der Zugang der Frauen zu einem unabhängigen, selbstbestimmten Leben noch weitgehend unmöglich ist.

Jeder Versuch, über finanzielle Anreize oder moralische Appelle die Frauen wieder zu mehr Kindern zu animieren, ist deshalb von vornherein zum Scheitern verurteilt. Eines der amüsantesten Beispiele lieferte Singapur. Der willensstarke Gründer des Stadtstaates, Lee Kuan Yew fürchtete, dass sein Ministaat wegen der Überbevölkerung an inneren Konflikten zerbrechen könnte. Singapur führte damals eine sehr erfolgreiche Geburtenkontrolle ein. Doch sehr schnell schon mussten Tausende von Arbeitskräften ins Land geholt werden, um das rapide Wirtschaftswachstum nicht zu gefährden. Bau- und Hafenarbeiter aus Thailand und Indonesien, Bürokräfte aus Indien, Kindermädchen von den Philippinen und Banker und Manager aus Europa machen nahezu noch einmal 15 Prozent zusätzlich zu der eigenen Bevölkerung aus.

Da kam der im konfuzianischen Elitedenken regierende Patriarch Lee Kuan Yew auf die geburtenfördernde Idee. Er verlangte von den gut ausgebildeten Singapurianerinnen, mindestens zwei Kinder zu gebären. Je mehr Kinder die Akademikerinnen zur Welt brächten, desto mehr staatliche Hilfe und Beförderungen im Staatsdienst wurden ihnen zugesagt. Kinderlose Frauen dagegen mussten mit Nachteilen rechnen. Das Ergebnis: Die Geburtenrate sank weiter. Kinderlose Singapurianerinnen, die sich zu Hause unter Druck gesetzt fühlten, zogen es vor, ihre gute Ausbildung zu nutzen und auszuwandern. So musste Lee Kuan Yew erfahren, dass es zwar auch schon einiger Anstrengungen bedarf, die Geburtenrate zu senken, aber dass es unmöglich ist, Frauen wieder in die Kreißsäle hinein zu befehlen. Und was der Autokrat Lee Kuan Yew nicht geschafft hat, schafft Jürgen Rüttgers nimmermehr.

Es wäre sicherlich für die Lösung der Probleme hilfreich, wenn wir das heuchlerische Argument beerdigen würden, demzufolge die Geburtenrate in Deutschland irgendetwas mit der finanziellen Ausstattung der Familien zu tun hat. Das heißt nicht, dass wir nicht weiterhin alles unternehmen müssen, um jene Paare oder auch allein erziehende Frauen zu unterstützen, die Kinder bekommen. Kindergärten und Ganztagsschulen sind allein schon eine Gemeinschaftsaufgabe der Gesellschaft zum Selbstschutz. Wie anders sollen die vielen Einzelkinder sonst Sozialverhalten erlernen? Eine zukünftige Generation aus lauter verwöhnten Egoisten produziert mit Gewissheit eine brutale Ellbogengesellschaft, die weder liebens- noch lebenswert ist.

Nehmen wir es als gegeben hin: Unsere Frauen werden in der nächsten Generation nicht mehr Kinder bekommen als ihre Mütter auch, egal welche Summen auch ausgeschüttet werden sollen. Also bleibt uns dann doch nur die Alternative: Mehr Inder? Versuchen wir uns doch stattdessen einmal ein Deutschland mit 67 Millionen Menschen in 25 Jahren vorzustellen:

Der Landverbrauch reduziert sich praktisch auf Null. Der bestehende Wohnraum reicht aus. Die städtebaulichen Sünden der Sozialbausiedlungen im Westen und der Plattenbauten im Osten können weitgehend abgerissen werden. Auf den frei werdenden Flächen entstehen moderne, ökologisch nach den neuesten Gesichtspunkten errichtete Energiesparhäuser. Die Diskussion um die Laufzeit der Atomkraftwerke, die im Jahre 2000 noch die Grünen fast zerriss, wird im Nachhinein als Gespensterdebatte belächelt. Da dank technischer Einsparmöglichkeiten und der niedrigeren Einwohnerzahl der Energieverbrauch um 30 Prozent gesunken ist, wird zwischen 2010 und 2025 ein Kernkraftwerk nach dem anderen abgeschaltet, weil der Strom nicht mehr absetzbar ist. Dazu drängt gleichzeitig Energie aus dem Ausland zu Preisen von zwei Pfennig pro Kilowatt in den deutschen Markt, sodass die deutsche Energieproduktion weitgehend aufgegeben wird. Trotzdem oder gerade deswegen sind die Strompreise in Deutschland so niedrig wie noch nie, was wieder das verfügbare Einkommen der Privathaushalte deutlich erhöht. Die hochtechnisierte und hochproduktive deutsche Wirtschaft profitiert von den niedrigen Energiepreisen, was die Exporte ankurbelt. Die Kraftwerke mussten auch deshalb abgeschaltet werden, weil sich kaum noch Arbeitskräfte für die Nuklearanlagen finden ließen. Auch im Jahre 2025 ist allerdings das Problem der atomaren Endlager immer noch nicht gelöst.

Nach der Privatisierung der Autobahnen und der endgültigen Privatisierung der Eisenbahnen wurde zwischen 2005 und 2015 das Straßen- und Bahnnetz in einer gewaltigen Anstrengung ergänzt und ausgebaut. Der Verkehr fließt jetzt ohne Staus. Trotz des gestiegenen Transitaufkommens sorgt die abnehmende Bevölkerungszahl dafür, dass die Verkehrswege absolut ausreichen. Der Ausbau der Infrastruktur geht trotzdem weiter. Jetzt sind Qualitätsverbesserungen gefragt. Die hohe Produktivität Deutschlands und der damit verbundene Wohlstand machen es möglich, die Lärmquellen von Straßen- und Eisenbahnen durch Tunnelbauten zu verringern. Die Wohn- und Lebensqualität der gewachsenen Siedlungsgebiete steigt, weil der Durchgangsverkehr aus ihnen verbannt wird. Die Nachfrage nach innerörtlichen Wohnungen ist trotz der sinkenden Bevölkerungszahl gut, weil ein völliges Bauverbot für den Außenbereich erteilt wurde. Die Naturschutzgebiete mit völligem Nutzungsverbot können verdoppelt werden, ohne dass es zum Konflikt zwischen Mensch und Natur kommt.

Die niedrigere Bevölkerungszahl hat das Anbauverhalten der Landwirtschaft grundlegend verändert. Die Intensivproduktion hatte zu immer größeren und damit nicht mehr finanzierbaren Überschüssen geführt. Das subventionierte Agrarsystem der EU war 2015 endgültig zusammengebrochen. Seither produzieren die Landwirte fast ausschließlich nach Methoden des ökologischen Anbaus. Die Qualität der Lebensmittel ist dadurch wesentlich gestiegen. Die Landwirtschaft als Umweltverschmutzer gehört der Vergangenheit an. Die Lebensmittelpreise sind dadurch allerdings etwa um 20 Prozent gestiegen. Das belastet die Verbraucher aber kaum, weil sie damit die 30 Milliarden DM, die sie noch im Jahre 2000 über Subventionen zahlen mussten, einsparen konnten. Darüber mehr im Kapitel 31 und 32.

Mit der Abnahme der Bevölkerung um 20 Prozent und des weiter gesunkenen Benzinverbrauchs der Fahrzeuge hat Deutschland alle seine Ziele zur CO_2-Verringerung erreicht, und das ohne weitere Krampfdiskussionen und idiotisch hohe Subventionen für erneuerbare Energieformen, wie Wind- und Solaranlagen. Die Verschandelung deutscher Landschaften mit Windrotoren wurde als peinlicher Irrweg aufgegeben. Die Naturschützer entschuldigten sich mittlerweile, dass sie die Stahlstangenspargelwälder in den Mittelgebirgen und den norddeutschen Küstenlandschaften befürwortet hatten.

Das Müllaufkommen reduziert sich um 20 Prozent, ebenso der Verbrauch an Trinkwasser. Die Zielvorgaben der Umweltschützer aus dem Jahre 1995 können alle problemlos erfüllt werden. Das sind nur einige Szenarien in einem Deutschland mit 67 Millionen Einwohnern, und in den meisten Nachbarstaaten sieht es ähnlich aus, weil es auch bei denen Platz gegeben hat. Schließlich durchlaufen sie alle die gleiche Entwicklung.

Politiker jeglicher Couleur sind sich darin einig, dass Deutschland eines der am dichtesten besiedelten Länder der Welt ist, dass das Boot voll ist. Ständig haben wir den Konflikt auszutragen zwischen den Bedürfnissen der Menschen und der Bewahrung der Natur. Bei einer wachsenden, ja sogar bei einer gleich bleibenden Bevölkerungszahl wird noch mehr Natur verbraucht werden müssen – ob das den Naturschützern passt oder nicht. Mit einer sinkenden Bevölkerungszahl sind diese Konfrontationen zu vermeiden. Und Hand aufs Herz: 67 Millionen ist auch noch eine ganze Menge. Unsere französischen Nachbarn haben im Jahre 2000 nur 58 Millionen Einwohner in einem Land, das mehr als anderthalbmal so groß ist wie die Bundesrepublik, und sie leiden deswegen auch nicht an Minderwertigkeitskomplexen.

Trotz all dieser durchaus positiven Aspekte will jedoch niemand über diese Perspektive diskutieren. Sie beinhaltet einige

Entscheidungen, die getroffen werden müssen, die mit den Lebenslügen einer ganzen Politikergeneration aufräumen, und enthält Wahrheiten, die in Deutschland hinter schweren Toren eingeschlossene Geister wecken, die nach Politikermeinung ein Garant dafür sind, dass sie, einmal ausgesprochen, jede Wahlniederlage besiegeln. Und trotzdem kommen wir an diesen Wahrheiten nicht vorbei. Für die herrschende Generation von Politikern mögen sie furchterregende Monster sein, doch für die Menschen, die 2025 in diesem Land leben, sind die heutigen Wahlkämpfe Gespensterdebatten, die mit der Realität nichts, aber auch gar nichts zu tun haben.

Über jede einzelne ließe sich ein Buch schreiben, so vielschichtig sind sie, und mit so viel Propaganda sind sie schon überlagert, dass der eigentliche Kern kaum mehr zu erkennen ist. Hier möchte ich sie nur aufzählen:

Da sind die sicheren Renten der Herren Blüm (CDU) und Dreßler (SPD) und all ihrer Jünger. Haben wir keine Einwanderung, und nur dieses Szenario beschreibe ich jetzt, dann nimmt die Zahl des »Erwerbspersonenpotenzials« von jetzt 41 Millionen auf 31 Millionen ab. Unter diesem Begriff werden alle Personen erfasst, die in irgendeiner Form dem Arbeitsmarkt zur Verfügung stehen könnten. Sind die alle beschäftigt, zeigt die Statistik null Prozent Arbeitslosigkeit. Das bedeutet, die heutige Zahl von vier Millionen Arbeitslosen wäre schon 2010 bei Null angekommen, und danach würde das Land unter einem gewaltigen Arbeitskräftemangel leiden. Und obwohl alle fleißig in sozialversicherungspflichtigen Arbeitsverhältnissen malochen, müssen sie trotzdem 60 Prozent ihres Einkommens für die sozialen Sicherungssysteme abgeben. Dies hat Professor Bernd Raffelhüschen von der Universität Freiburg ausgerechnet, ein Wissenschaftler, der von sich sagt: »Ich kann nur Zahlen vergleichen, ich bin Mathematiker und kein Ideologe.« Da die dann arbeitende Bevölkerung nicht bereit sein wird, 60 Prozent für die sozialen Sicherungssysteme auszugeben, sind entweder die Renten nicht sicher, oder wir brauchen Einwanderung.

Da gibt es die Illusion der Gewerkschaften und der PDS, wir könnten das Rentenalter tatsächlich generell auf 60 Jahre verkürzen und gleichzeitig die Wochenarbeitszeit auf 32 oder noch weniger Stunden absenken. Abgesehen davon, dass das auch die Rentenversicherung platzen ließe, kann Deutschland seinen Wohlstand nur halten, wenn es seinen Platz in der Weltwirtschaft sichert. Mit anderen Worten: Bei sinkender Bevölkerungszahl muss die Produktivität pro Arbeitskraft sich so steigern, dass wir unseren Weltmarktanteil nicht nur behaupten, sondern auch entsprechend der steigenden Bevölkerung in der heutigen Dritten Welt erhöhen. Wir müssen nämlich den geringeren Mengenabsatz im eigenen Land ausgleichen – schließlich fehlen 15 Millionen Konsumenten im besten Alter –, und auch die Zahl unserer Kunden innerhalb der EU sinkt. Das sind aber bisher unsere stärksten Exportmärkte. Fazit: Wir müssen mehr Wochenstunden und eine längere Lebensarbeitszeit in Kauf nehmen, um unsere hohen Standards zu halten, oder wir brauchen Einwanderung.

Dazu ist endlich eine vorbehaltlose Diskussion über unseren Arbeitsmarkt erforderlich, über die Zahlen, die von Nürnberg aus, jeden Monat unters Volk gestreut werden. Prompt beginnt das politische Hau-den Lukas-Spiel. Die gerade amtierende Regierung redet die Zahlen schön, und die jeweilige Opposition schiebt den Regierungsparteien die Schuld in die Schuhe. Kaum hatte die IT-Branche beim Kanzler erfolgreich die Einfuhr von 20 000 Softwarespezialisten durchgesetzt, verlangten die Handwerker ein Kontingent ausländischer Gesellen, zumindest aber einen Stop der Ausweisung bosnischer Kriegsflüchtlinge. Unternehmen, die in der Alten- und Behindertenpflege tätig sind, wollen endlich legal ihre osteuropäischen Hilfen einstellen dürfen, und die Gemüse- und Weinbauern wissen ja schon lange, dass ohne Polen der Spargel im Boden verfault und die Weinlese ausfällt.

Eine Bestandsaufnahme unseres Arbeitsmarktes, der üppigen Zahlungen an gesunde Vorruheständler und des verdeckten Schwarzarbeiter-Unwesens ist dann unumgänglich. Ganze Politikentwürfe aber würden Makulatur, die immer noch von Beschäftigungsprogrammen für vier Millionen Arbeitslose ausgehen. In einem Land ohne Einwanderung wird die Zumutbarkeit von Beschäftigung für Arbeitslose neu zu definieren sein – das Wort Solidarität einen neuen Klang bekommen. Wenn wir uns aber weiter den großzügigen Umgang mit echten und vermeintlichen Arbeitslosen leisten wollen, dann brauchen wir Einwanderung.

Da gibt es die Illusion, Deutschlands Wirtschaft und Gesellschaft seien in der Lage, während 25 Jahren die Produktivität so zu steigern, dass sie den Mangel an Arbeitskräften ausgleichen könnten. Das würde bedeuten, unser Land würde technische Entwicklungen nicht mehr bekämpfen, behindern und verschlafen, sondern von Anfang an zu den Staaten gehören, die Spitzentechnologie serienmäßig und mit höchster Qualität auf dem Weltmarkt anböten. Dazu gehört auch, dass wir uns vorurteilsfrei auf allen Märkten der Welt bewegen könnten, unsere Elite sich jenseits deutscher Gewohnheiten den Herausforderungen der Globalisierung stellt und uns damit auch auf den außereuropäischen Märkten jenen Marktanteil sichert, den wir benötigen, um den Lebensstandard in Deutschland zu finanzieren. Das bedeutet: Wir spielen in der traditionellen und in der neuen Technologie in der Championsleague. Die graue Wirklichkeit: Deutschland ist in der Statistik der wettbewerbsfähigsten Länder der Welt auf einen Mittelplatz zurückgefallen – laut Davoser Weltwirtschaftsforum auf Platz 25, und unser Anteil am Weltmarkt sinkt ständig weiter ab. Die Konsequenz: Wenn wir uns diese Spitzenleistung nicht zutrauen, brauchen wir zur Finanzierung unseres Lebensstandards Einwanderung.

Und es gibt noch eine unangenehme Nebenwirkung bei einer sinkenden Bevölkerungszahl, die vor allem die Banker in Frankfurt und Versicherungen in München fürchten wie Dracula die Knoblauchzehe. Die in Deutschland künstlich hoch gehaltenen Boden- und Immobilienpreise würden unweigerlich abstürzen. Was sich heute in Ostdeutschland abspielt, wäre in vielen Regionen unserer Republik der Normalfall. Sinken die Immobilienpreise, werden unsere Banken und deren Rückversicherer Milliardenausfälle verbuchen müssen. Ihre Liquidität schwände. Mehr noch als heute sind sie dann auf Auslandsgeschäfte angewiesen, und dort haben sie, trotz aller internationaler Verbindungen, bisher kaum nennenswerte Erfolge zu verzeichnen. Bei einem starken Bevölkerungsrückgang gehören die Banken zu den großen Verlierern. Darum werden wir sie auch immer in vorderster Front finden, wenn es darum geht, Einwanderung zu unterstützen.

Renten und Alterspyramide, Produktivität und Globalisierung, Arbeitszeit und Lebensstandard – alle unsere lieb gewonnenen Faulheiten und Lebenslügen –, sie alle lassen sich nicht aufrechterhalten, wenn wir die sinkende Bevölkerungszahl hinnehmen. Für die herrschende Klasse von Politik und Wirtschaft wären gewaltige Anstrengungen nötig: Die Politiker müssten sie dem Volk vermitteln, und die Wirtschaftsverantwortlichen müssten Abschied nehmen von ihrer heimeligen Deutschland AG, in der sie sich, subventionsverwöhnt und vor dem harten Wettbewerbswind geschützt, eingenistet hatten. Das sind beides keine verlockenden Aussichten. Vorsichtshalber wird diese Möglichkeit deshalb erst gar nicht diskutiert. Bleibt also nur die Alternative: Wir brauchen Einwanderung. Alle gehen davon aus, wissen, dass sie die Einwanderung im Geheimen sogar wollen: die CDU und die CSU, die SPD und die Grünen, die FDP sowieso. Aber keiner sagt es deutlich, alle reden verlogen darum herum. »Kinder statt Inder« – »Illusion oder Lüge« – »Feigheit oder Propaganda« – »Dumm oder gemein«: Auf das, was uns da geboten wird, passen viele Wortpaare, die mieses Verhalten beschreiben.

So schwappt eine neue Einwanderungswelle über uns herein, ohne dass wir die drei letzten Wellen bereits materiell, geistig, moralisch und menschlich verkraftet hätten: die erste Welle von 1964 bis 1973, als wir knapp drei Millionen Südeuropäer als Arbeitskräfte ins Land holten, die Asylantenwelle, die seit Beginn der Achtzigerjahre unkontrolliert ins Land strömt und uns weitere drei bis vier Millionen Mitbürger aus dem Nahen und Mittleren Orient und Afrika bescherte, und schließlich die vier Millionen deutschstämmigen Ostauswanderer, die wir wieder »nach Hause« holten. Letztere erhielten wenigstens sofort einen bundesdeutschen Pass, obwohl sie sich bei der Einbürgerung zum Teil resistenter verhalten als andere Neubürger, die kein deutsches Blut in den Adern haben – woran auch immer dieses deutsche Blut zu erkennen ist.

9. Ein Tummelplatz für Scheinheilige

Im Redeschwall der Gutmenschen und germanischen Ahnen-forscher ist die rationale Diskussion in Deutschland über eine sozial verträgliche Einwanderung unter dem Wust taktischer Überlegungen und moralischer Überhöhungen untergegangen. Ich will mit einem kurzen Satz versuchen, die Realität der Ein-wanderung einer moralischen Mindestanforderung zu unterwer-fen: Ein Staat, der sich einer humanen Gesellschaft verpflichtet fühlt, darf nie Arbeitskräfte einführen, sondern nur Menschen eine Bleibe anbieten, denen er auch ein in jeder Beziehung gleichberechtigtes Dasein garantiert.

Ich gebe zu, dass in mir kalte Wut aufsteigt, wenn ich höre, dass wir für fünf Jahre IT-Spezialisten holen wollen, die das Land wieder verlassen müssen, wenn sie ausgedient haben. Da wird gleich dem Stammtisch vorgebeugt, der Deutschland eh schon von Ausländern besetzt fühlt. Bleiben wir kurz bei diesem Beispiel: Was machen wir, wenn einer dieser Spezialisten sich in eine deutsche Frau verliebt, heiratet und hier bleiben will? Oder er lernt eine bosnische Flüchtlingsfrau kennen: Schieben wir dann beide wieder ab nach dem Motto: Menschliche Regungen sind bei einem Aufenthalt in Deutschland nicht vorgesehen und spielen deshalb für Ausländerbehörden keine Rolle?

Wenn die Amerikaner eine Green Card ausstellen, heißt das: Ihr Inhaber hat das Recht auf eine uneingeschränkte Arbeits-erlaubnis und auf eine uneingeschränkte Aufenthaltsdauer. Er wird als vollwertiger Mensch behandelt. Nach einiger Zeit kann er seine Green Card in die Staatsbürgerschaft umtauschen, dann ist er auch wahlberechtigt. Wir lügen ja schon, wenn wir dieses temporäre Aufenthaltsrecht als »Green Card« bezeichnen.

Genauso wütend macht es mich, wenn die moralischen Be-rufsentrüster der bayerischen Staatsregierung Fremdenfeind-lichkeit vorwerfen, weil sie von Ausländern, die einen deutschen Pass beantragen, verlangt, außer einem mündlichen auch einen einfachen schriftlichen Sprachtest zu absolvieren. Innenminister Günther Beckstein antwortet den Kritikern und erklärt die Bestimmungen: Der Test kann beliebig oft wiederholt werden. Die Kommunen können dafür Gebühren erheben oder erlassen. Ältere Menschen, die bereits lange in Deutschland leben und deren Kinder gar schon einen deutschen Pass haben, sind von dem Test befreit. In der Berichterstattung ist davon nichts zu hören. Stereotyp wird wiederholt: Typisch für diese Bayern, die damit unüberwindbare Hürden errichten, um die Ausländer draußen zu halten. Die armen Alten werden bejammert, die schon 30 Jahre hier sind und jetzt ausgegrenzt werden. Von unzumutbaren Kosten für die Einwanderungswilligen berichtete das Fernsehen. Es ist erstaunlich, wie die moralische Entrüstung einfache Recherchen ersetzen kann. Dabei hat Beckstein etwas ganz Entscheidendes gesagt: »Die Sprachkurse sollen sicherstellen, dass die Neubürger mitten in der deutschen Gesellschaft leben können und nicht in Ausländerghettos abgedrängt werden.«

»Wir holten Arbeitskräfte und stellten fest, dass Menschen kamen« lautet eine der gängigen Beschreibungen unseres Gastarbeiterexperiments. Drei Jahrzehnte Peinlichkeiten und Versagen, die Bilanz unseres Umgangs mit Ausländern. Symbol dieser Politik war und ist für mich der ehemalige Innenminister Manfred Kanther. Er benahm, kleidete und frisierte sich eh schon, als ob er für deutschen Offiziersnachwuchs Modell gestanden habe. Und so redete er auch. Die Blutsbande waren für ihn wichtiger als Menschen, die jahrelang in Deutschland ihrer Arbeit nachgingen, Steuern zahlten, ihre Kinder hier großzogen, aber den Makel hatten, in der Türkei geboren worden zu sein. Zusammen mit gleich gesinnten Blutsbrüdern hat seine sperrige Haltung gegen ein Einbürgerungsgesetz wesentlich dazu beigetragen, dass es zum rot-grünen Versuch der allgemeinen doppelten Staatsbürgerschaft kam.

Wenn es um die Einbürgerung von Ausländern geht, streite ich den Parteien die zur Schau gestellte Menschenfreundlichkeit ab – mit Ausnahme vielleicht der Grünen. Die Großzügigkeit, mit der die CDU die Russlanddeutschen willkommen hieß, wurde zwar offiziell damit begründet, dass es unsere Pflicht und Schuldigkeit sei, diesen seit Stalin verfolgten und benachteiligten Menschen wieder eine Heimat zu bieten. Doch ich selbst war Zeuge eines Gesprächs zweier CDU-Würdenträger, in dem diese ganz offen zugaben, dass da doch Deutsche kämen, wie es sie bei uns fast nicht mehr gebe: mit vielen Kindern und sehr konservativ. Mit einem Wort: konzentrierte CDU-Wähler halt. Die punktuelle Ansiedlung der Russlanddeutschen hat zu Ghettobildungen und damit sozialen Brennpunkten geführt. Der Pforzheimer Oberbürgermeister Joachim Becker berichtet von einem Stadtteil, in den sich selbst die Polizei nicht mehr hineinwagt. Die Stimmung an den Stammtischen kehrt sich gegen die Aussiedler. Wir erinnern uns: Im baden-württembergischen Landtagswahlkampf forderten Oskar Lafontaine und der SPD-Spitzenkandidat Dieter Spöri einen Stopp der Zuwanderung. Die CDU zeigte sich empört, sprach von menschenverachtender Stimmungsmache auf Kosten von Deutschen, die für ihre Volkszugehörigkeit gelitten hätten. Zu Gunsten dieser Volksdeutschen betete die CDU all die menschelnden Argumente herunter, die ihr für Ausländer ohne deutsches Blut nicht einfallen.

Meinungsumfragen unter den in Deutschland lebenden Ausländern ergeben, dass vor allem die große türkische Volksgruppe im Falle einer Wahlberechtigung mit mehr als 70 Prozent für die Sozialdemokraten stimmen würde. Ein Schelm, wer Böses dabei denkt, wenn die Regierung Schröder/Fischer, kaum im Amt, einen Gesetzesentwurf einbringt, der eine großzügige Regelung einer doppelten Staatsangehörigkeit vorsieht. Hauptnutznießer wären im Extremfall zirka zwei Millionen Türken. Angesichts von deren ghettoartigen Wohnvierteln in einigen Großstädten Deutschlands könnte die SPD mit sicheren Wahlkreisen rechnen.

Die CDU/CSU reagierte entsprechend wütend. Zuerst die Bayern, die in den Industriestädten München, Regensburg, Nürnberg und Fürth um mehrere Wahlkreise fürchten müssten, und dann die CDU in Hessen, wo in Frankfurt und dem ganzen Rhein-Main-Gebiet Zehntausende zusätzlicher potenzieller türkisch-stämmiger SPD-Wähler die Chancen der CDU, jemals wieder in Hessen zu regieren, für Jahrzehnte zunichte machen würden. Die Konservativen mobilisierten das Volk in einer Unterschriften-sammlung gegen die rot-grünen Pläne – mit großem Erfolg. In Hessen fügte es sich, dass die anstehende Landtagswahl regelrecht zu einer Volksabstimmung gegen Ausländereinbürgerung umfunktioniert werden konnte. Die SPD verlor eine schon sicher geglaubte Kommunalwahl.

Nein, ich bin fest davon überzeugt, dass sich unsere beiden großen Volksparteien in der für unser Land so entscheidend wichtigen Frage der Einwanderung und Ausländerpolitik von nüchternen Überlegungen leiten lassen, zu ihrem eigenen Wohl und nicht zum Wohle der Allgemeinheit.

So wie es menschlich schäbig war, hier lebenden Ausländern oft in zweiter und dritter Generation die einfache Einbürgerung zu verweigern, so anbiedernd und kontraproduktiv war das Angebot für zwei Staatsbürgerschaften. Dies muss zu fremdenfeindlichen Reaktionen führen. Die Ausländer sind dann plötzlich besser gestellt als die Deutschen – und das kann in dieser emotional besetzten Frage einfach nicht gut gehen. Lediglich in extremen Fällen sollten Ausnahmen möglich sein, wenn Menschen das Recht der Entlassung aus der Staatsbürgerschaft ihres Ursprungslandes verweigert wird, weil sie aus nationalistischen oder religiös fanatischen Staaten stammen.

Die Entrüstung über die Ausländerfeindlichkeit verhält sich proportional umgekehrt zur Verantwortlichkeit. Es ist natürlich viel einfacher, wieder einmal besorgt zu sein über die zunehmende Gewaltbereitschaft der Jugendlichen gegenüber den Fremden, als die Ursachen zu benennen und die Wurzeln dieser giftigen Pflanze auszurotten. Im April 2000 zeigten die Hauptnachrichten der Fernsehanstalten das sorgendurchfurchte Gesicht unseres Bundespräsidenten Johannes Rau, der eindringlich zu mehr Toleranz aufrief und seiner tiefen Sorge Ausdruck verlieh. Es ist derselbe Johannes Rau, der Ministerpräsident von Nordrhein-Westfalen war und dort genauso wenig Mittel im Landesetat bereitstellte wie seine Kollegen in anderen Bundesländern, um die sozialen Folgen der Einwanderung zu bezahlen. Die Hauptschulen in den Städten sind voll mit Kindern, die der deutschen Sprache nicht mächtig sind und so auch keine Chance haben, sich in die deutsche Gesellschaft zu integrieren. Ich kann mich auch nicht erinnern, dass Nordrhein-Westfalen unter Johannes Rau einen Vorstoß im Bundesrat unternommen hätte, um mit einem klaren Konzept Einwanderung und Einbürgerung zu regeln. Rau eierte genauso herum wie sein Nachfolger Clement und der Oppositionsführer Rüttgers. Mahnende Aufrufe aber sind preiswert, kosten nichts. Als Präsident, der keinen Haushalt mehr aufstellen muss, ist es daher einfach zu verlangen, Asylrecht und Einwanderung nebeneinander bestehen zu lassen. Andere müssen die Zeche zahlen. Auch unsere bibelfesten Brüder im Herrn und angehenden Heiligen sind halt alle Mal Scheinheilige.

Wie Ausländerfeindlichkeit gezüchtet wird, können selbst eilige Politiker im Schnellkurs erleben. Eine knappe halbe Stunde vom Flughafen Frankfurt entfernt, im »Spessartviertel« in der Gemeinde Dietzenbach, hat sich ein Ghetto entwickelt, in dem sie mit den Auswirkungen ihrer Gesetzesflut konfrontiert werden. Am Anfang stand der Wahn eines SPD-Gemeinderats, er könne soziale Verhältnisse planen. Auf gemeindeeigenen Grundstücken durfte eine Bauträgergesellschaft für steuerbegünstigte erstklassige Kapitalanlagen Hochhäuser errichten. Doch in die Mietwohnungen der Betonklötze wollte niemand einziehen. Erst als die Mieten gesenkt wurden, kamen sozialschwache Ausländer: Türken, Marokkaner, Sinti und Roma sowie Angehörige weiterer 80 Nationen. Untereinander verfeindet, hat das Völkergemisch das »Spessartviertel« zu einer Hochburg der Kriminalität und des Drogenhandels werden lassen. Die Polizei hat sich mit der Anarchie arrangiert. Sie fragt nicht nach, woher die Luxuslimousinen kommen, die zwischen den Schrottwagen einparken.

Die Eigentümer der Mietwohnungen haben längst begriffen, dass sie Opfer ihrer eigenen Steuerabschreibungsgier waren, lassen die Wohnungen vergammeln, denn reparieren lohnt sich nicht. Diese Behausungen sind ein Verlustgeschäft – falls sie überhaupt verkäuflich wären. Dabei leben in den Wohnblocks auf knapp acht Prozent der Wohnfläche Dietzenbachs 30 Prozent der Einwohner. So genau weiß das aber auch niemand. Denn obwohl nur 3200 Bewohner gemeldet sind, schätzt die Polizei die stark fluktuierende Zahl der hier hausenden Menschen auf zwischen 4500 und 8000.

Dietzenbach ist ein anschauliches Beispiel dafür, was es die Gesellschaft kostet, wenn sie Einwanderung so einfach hinnimmt. 60 Prozent der registrierten Bewohner Dietzenbachs sind Ausländer. 50 Prozent Sozialhilfeempfänger. Mittlerweile gibt es sogar eine Bürgerinitiative, die den Abriss des Viertels fordert. Vorsitzender ist Günter Niemann, Stadtverordneter der Grünen. Er ist nicht etwa ins ausländerfeindliche Lager gewechselt, sondern erlebt hautnah, was in einer Kommune passiert, in der solche Verhältnisse entstehen. 20 Prozent der Wahlberechtigten – und das sind die restlichen Deutschen – entschieden sich bei der letzten Kommunalwahl für die »Republikaner«.

Cem Özdemir, Bundestagsabgeordneter der Grünen, in Deutschland geborener Sohn türkischer Eltern, geht sogar so weit, dass er von einer falschen Gutmütigkeit der deutschen Gesellschaft spricht. Er befürwortet die Einführung gesellschaftskundlicher Grundlagenkurse für die Zuwanderer, die die deutsche Staatsbürgerschaft beantragen. »Es würde manchem fundamentalistischen Vater ganz gut tun, wenn er mal was über die Gleichberechtigung von Mann und Frau hört.« Es ist doch ein Hohn, wenn eine junge Türkin in Frankfurt bekennt, dass ihr Vater sie nach Deutschland geholt hat, weil sie hier in der Schule ein Kopftuch tragen darf, was ihr in der Türkei verboten ist. Nach der Pubertät wird sie dann von ihrem Vater wieder in die Türkei verfrachtet, um dort eine Zwangsehe einzugehen. Hier wird nicht nur unser Grundgesetz missachtet, wir unterstützen auch noch indirekt die Fundamentalisten in ihrem Kampf gegen den laizistischen türkischen Staat.

Özdemir tritt allerdings für die doppelte Staatsangehörigkeit ein, damit Türken ihre Erbberechtigung in der Türkei nicht verlieren – ein Argument, das ich nicht teile. Dies ist ein Problem der türkischen Gesetzgebung, nicht des deutschen Einbürgerungsrechts. Der Staat, der Menschen in seine Gemeinschaft aufnimmt, darf auch eine ungeteilte Solidarität erwarten. Niemand wird schließlich zwangseingebürgert. Umgekehrt können wir nicht auf alle nationalistischen und autokratischen Gesetze im Rest der Welt Rücksicht nehmen – selbst wenn wir das wollten, gelänge es uns nicht.

Die Türkei selbst ist dabei ganz rigoros. Abgesehen davon, dass viele Berufe für Ausländer gesperrt sind, wie jene des Arztes, Apothekers und der Krankenschwester, verweigert sie grundsätzlich eine doppelte Staatsangehörigkeit. Dies hat für zahlreiche Deutsche, meist Ehefrauen von Türken, erhebliche Nachteile. Es wäre sicher sinnvoller, wenn zwischen den beiden Staaten vernünftige, nicht diskriminierende Aufenthalts- und Rechtsabkommen für Menschen, die in gemischten Familien leben oder beruflich zwischen den zwei Welten existieren, getroffen würden. Doch solche Ideen scheitern noch an der nationalistischen Attitüde Ankaras. Die türkische Staatsauffassung setzt da enge Grenzen. Eine Abgeordnete, die für die islamische Partei in das Parlament gewählt wurde, bestand darauf, mit dem Kopftuch bekleidet an den Parlamentssitzungen teilzunehmen. Sie verlor nicht nur ihr Mandat, sondern ihr wurde auch gleich der türkische Pass abgenommen und sie mit dem Flugzeug in die USA abgeschoben. Dort hatte sie einmal studiert.

Im Bremer Stadtteil Gröpelingen traf ich auf Ömer Serin, 25 Jahre alt, und Deniz Serin, 24 Jahre alt. Die beiden hatten 1998 mithilfe des Bremer Seniorenservice, einer Gruppe älterer Unternehmer, die freiwillig und kostenlos Firmengründer unterstützten, einen Telefonladen eröffnet. Schon nach einem Jahr florierte er so gut, dass weitere Filialen folgten. Die beiden sprachen ein perfektes Bremer Deutsch. Der eine hatte die deutsche Staatsangehörigkeit angenommen, sobald er 18 war, und auch seinen Wehrdienst beim Bund abgeleistet. Der andere wollte warten, bis er 26 Jahre alt ist, weil er dann nicht mehr zur Bundeswehr eingezogen wird. Zudem hat das den Vorteil, dass er dann von der Zahlung von 10 000 DM für die Entlassung aus der türkischen Staatsangehörigkeit befreit wird. Wer die Summe nicht aufbringt, muss sonst vor der Entlassung seinen Wehrdienst in der Türkei ableisten. Und dazu hatte er schon mal gar keine Lust. Hunderttausende solcher Grenzgänger hat die deutsche Indifferenz geschaffen, weil wir uns nicht entscheiden wollen, ob wir Arbeitskräfte oder Menschen geholt haben, und weil wir auf der anderen Seite dann nicht den Mut aufbringen und sagen: »Wer in unser Land einwandert, muss dies mit allen Konsequenzen tun – mit allen Rechten und Pflichten.«

Die Diskussionen um doppelte Staatsangehörigkeit und um Arbeitskräfte auf Zeit gehen völlig an der real existierenden Ausländersituation in unserem Land vorbei. Die ständige Wiederholung der Floskel »Deutschland ist kein Einwanderungsland« hat nicht verhindert, dass sieben Millionen Ausländer eingewandert sind. Aber die Haltung der Regierung zu dieser Tatsache hat dazu geführt, dass der Zufluss an Menschen die Arbeitsmarktprobleme bei uns nicht entschärft, sondern nur noch vergrößert. Politik und Verwaltung leben in einer Art virtuellem Staat, den es nur in ihren Köpfen gibt.

Die Realität: Neun Prozent der Wohnbevölkerung sind Ausländer, aber sie stellen 12,5 Prozent der Arbeitslosen und 23 Prozent der Sozialhilfeempfänger. Nur 13 Prozent der Deutschen sind ungelernt, aber 50 Prozent der Türken. Und nur 3,5 Prozent der ausländischen Jugendlichen schaffen das Abitur, dafür haben extrem viele keinen qualifizierten Schulabschluss. Hier züchten wir die Arbeitslosen und sozial Schwachen von morgen. Deutschland braucht Einwanderer, alle wissen es, aber wir organisieren uns Ghettos und Kriminalität – den Nährboden, auf dem dann wieder an den Stammtischen die Ausländerfeindlichkeit gedeihen kann. Die beiden Bremer Jungunternehmer erzählten mir auch von einem Besuch bei Verwandten im Kreuzberger Türkenghetto. Ihr Onkel hat seine Kinder in der dortigen Schule abgemeldet und fährt sie jeden Tag nach Wilmersdorf. In Kreuzberg hätten sie nicht richtig Deutsch gelernt, da seien ja fast nur noch Türken in der Klasse…

Jene, die der Blutsbandentheorie angehören, fördern genauso ausländerfeindliche Reaktionen wie die Träumer von der Multikulti-Gesellschaft. Es gibt die erdumspannende Multikulti-Welt nicht. Wenn Menschen unterschiedlicher Bildung, unterschiedlicher Religionen und unterschiedlicher Gebräuche aufeinander treffen, drohen Spannungen. Wenn überhaupt, gedeiht sie nur in hochgebildeten Kreisen mit gutem Lebensstandard und überschaubarem geographischen Raum. Rund um die Universitäten Harvard und Massachusetts Institute for Technology (MIT) in Cambridge bei Boston habe ich eine solche Gesellschaft genossen. Fast spannungsfrei verkehren dort Menschen auf hohem intellektuellen Niveau. Die Studenten aus aller Welt zählen zu den besten ihrer Staaten und halten bis zu ihrem Lebensende untereinander Kontakt.

Aber nur fünf Meilen entfernt, in South Boston, zeigt das Schwarzenghetto, wo der angebliche Schmelztiegel Amerika schon wieder aufhört. Und in Boston, das sich so großartig mit seiner Liberalität brüstet, gab es regelrechte Aufstände der weißen Mittelschicht, als ihre Kinder in schwarze Ghettoschulen gefahren wurden und dafür Schwarze in ihren weißen Vororten auftauchten. Eigentlich sollte das »Busing« der Rassenintegration dienen – das Gegenteil war der Fall. Plötzlich hatten die Weißen mit ihrer höheren Ausbildung Angst, ihre Kinder müssten ein niedrigeres Bildungsniveau hinnehmen, weil sie jetzt mit den ungebildeten und sozial niedriger eingestuften Schwarzen in eine Klasse gehen sollten. Dieser Versuch der Zwangsintegration ist in den USA erbärmlich gescheitert.

10. Vom Nutzwert des Menschen

Jenseits aller Emotionen, aller Stammtischparolen, aller Illusionen und Ideologien: Deutschland wird auch in den nächsten Jahrzehnten ein Einwanderungsland bleiben. Ob dies zu verstärkten ausländerfeindlichen Aktivitäten führt, zu stabilen Wahlergebnissen deutschtümelnder Parteien, oder ob es uns gelingt, die Einwanderer zu integrieren, hängt von der Fähigkeit aller verantwortlichen Eliten unserer Landes ab, ein Einwanderungsgesetz zu formulieren, das sich nicht an den Bedürfnissen einzelner Wirtschaftszweige und nicht an den träumerischen Vorstellungen einer bunten Multikulti-Welt orientiert, sondern einzig und allein an der Aufnahmefähigkeit und Integrationskraft der Bevölkerung.

Es ist ein schwer verdaulicher Brocken, wenn wir zugeben müssen, dass auch in unserem Land ausländerfeindliche Pogrome möglich wären – und damit meine ich nicht die einzelnen Übergriffe, mit denen wir ja fast schon tagtäglich konfrontiert werden. Ich denke eher an die unterschwelligen Ängste der Mittelschicht vor der sich rasant verändernden Welt, die dann schnell bereit ist, Minderheiten für ihre Probleme verantwortlich zu machen. Dabei müssen wir auch akzeptieren, dass die Aufnahmefähigkeit nicht an eine absolute Zahl oder einen bestimmten Prozentsatz gebunden ist, wie die Erfahrungen aus Deutschland lehren. Es hängt von der Erfahrungswelt ab, die die Menschen mit Fremdartigkeit haben. Die schlimmsten und häufigsten Übergriffe ereignen sich in den neuen Bundesländern, in denen der Anteil der Ausländer zwei Prozent kaum übersteigt. Die kommunistischen Internationalisten hören es nicht gern, wenn ihnen bescheinigt werden muss, dass sie in ihrem intoleranten Großgefängnis DDR eine kleinkarierte, engstirnige Masse herangezogen haben, die sich selbst immer noch als Maß aller Dinge sieht, während beim Klassenfeind im Westen selbst Ausländerquoten von 20 Prozent nicht zu großen Konflikten geführt haben.

Doch machen wir uns nichts vor: Die Toleranzschwelle für Menschen aus anderen Kulturen ist auch im Westen noch niedrig. Und daran sind alle schuld, die die Entwicklung haben treiben lassen: die Gutmenschen und die Scheinheiligen. Sie alle haben eine Ghettobildung zugelassen. Und Ghettos sind Brutstätten des Hasses, der Kriminalität und der Abkapselung. 34 Prozent der Einwohner Berlin-Kreuzbergs sind Ausländer. Es gibt Schulen, in denen acht von zehn Kindern Deutsch nur mangelhaft oder gar nicht sprechen. Seit türkische Sender per Satellit empfangen werden können, nimmt die Bereitschaft der Türken, sich mit dem Gastland integrativ auseinander zu setzen, noch ab. In Frankfurt liegt der Anteil der Ausländer der Altersgruppe von 16 bis 22 Jahren schon bei 40 bis 50 Prozent. In Stuttgart hat sich die Sozialhilfe für Ausländer in den letzten Jahren vervierfacht. Schon 2010 werden in Köln 43 Prozent der Bewohner Ausländer sein und in Duisburg gar 46 Prozent. Können wir da noch von einer Demokratie reden, wenn fast der Hälfte der Bewohner in diesen Städten das Wahlrecht vorenthalten wird? Oder andersherum gefragt: Ab wann werden in vielen deutschen Kommunen Minderheiten über Mehrheiten regieren? Außer Köln und Duisburg werden auch bald Frankfurt am Main, Stuttgart und München dazu zählen:

Wir müssen der Welt nicht beweisen, dass in Deutschland etwas möglich ist, was noch nie geklappt hat: massenhafte Einwanderung ohne Integration einerseits und sozialer Friede andererseits. Das eine schließt das andere aus. Unser Hang zu romantischen Staatsvorstellungen und gleichzeitig der Zwang, an unserem Wesen die Welt genesen zu lassen, wird uns auch nicht helfen, wenn die Weltpresse über fremdenfeindliche Auswüchse bei uns intensiver berichtet als über gleichartige Vorfälle in anderen Ländern. Unsere besondere Vergangenheit hat uns in dieser Frage zu einem Paria unter den Völkern gemacht.

Es gibt Staaten, die konsequent ihre Entwicklung mit Fremdarbeitern aufbauen, Staaten, deren Wirtschaftsdaten sogar sehr erfolgreich sind. Singapur zählt dazu. Außer den 3,4 Millionen Staatsangehörigen leben noch einmal 465 000 Ausländer in dem Stadtstaat. Die haben jedoch nicht alle die gleichen Rechte. Die europäischen, amerikanischen und japanischen Banker genießen Privilegien, die ihnen das Leben auf der tropischen Insel sehr angenehm machen. Sie müssen allerdings absolute politische Abstinenz üben. Selbst die leiseste Kritik an der autoritären Staatsführung wird mit einem Rausschmiss geahndet.

Die hunderttausende Bauarbeiter aus Indonesien und Thailand ebenso wie die Hausmädchen aus Indien und von den Philippinen werden streng überwacht. Sie haben Aufenthalts- und Arbeitsvisen für einen ganz bestimmten Zeitraum und für einen ganz bestimmten Arbeitgeber. Werden sie arbeitslos oder läuft ihr Vertrag aus, so müssen sie sofort das Land verlassen. Pro Kopf hat Singapur eine der höchsten Hinrichtungsquoten der Welt. Fast alle zum Tode Verurteilten sind ausländische Arbeiter. Solange sie sich den Gesetzen Singapurs allerdings bedingungslos unterwerfen, genießen auch die Ausländer Schutz vor ungerechter Behandlung. Singapurs Autokraten legen Wert darauf, dass in ihrem Land Recht und Gesetz regieren und es nicht als Willkürstaat in Verruf gerät.

Davon kann in den Ölstaaten des Nahen Ostens keine Rede sein. Ob Saudi-Arabien oder Kuwait, Qatar, Bahrain oder die Vereinigten Arabischen Emirate, sie alle haben wesentlich mehr Gastarbeiter als Einwohner. In den Emiraten kommen sogar vier Ausländer auf einen Staatsangehörigen. Die Not in ihren Heimatländern treibt die Pakistanis, Bangladeschis, Inder, Jemeniten, Filipinos, Ägypter, Palästinenser und all die anderen in die Golfstaaten. Mit dem Grenzübertritt müssen sie ihre Pässe abgeben und sind fortan der Willkür ihrer Herren ausgeliefert.

In der Regel kümmert sich die Weltgesellschaft nicht um diese Halbsklaven. Dazu sind wir alle zu sehr auf deren Öllieferungen angewiesen. Und wenn es um diesen Lebenssaft der Industrienationen geht, verhalten sich diese Feudalstaaten immer sehr kooperativ, was dazu führt, dass sie im Gegensatz zu den revolutionären Republiken Iran, Irak und Libyen als prowestlich eingestuft werden und Menschenrechte verletzen dürfen, wie es ihnen gefällt.

Hin und wieder jault die öffentliche Meinung auf, wenn, wie Ende der Neunzigerjahre geschehen, ein junges philippinisches Mädchen in den Vereinigten Arabischen Emiraten hingerichtet werden soll, weil es seinen Vergewaltiger getötet hat. Dann öffnet sich ein Spalt des verlogenen kollektiven Schweigeabkommens über diesen Teil der Erde. Unsere Weltordnung erlaubt es, dass der unermessliche Reichtum einiger weniger Millionen armer Schlucker immer noch in rechtloser Abhängigkeit halten darf. Natürlich zwingt die Menschen nichts aus ihren pakistanischen Dörfern in die Ölstaaten, außer Hunger und Hoffnungslosigkeit – aber das sind auch die Gründe, warum sie sich bis nach Deutschland durchschlagen und hier um Asyl bitten.

Natürlich steigen die jungen Filipinas freiwillig in Manila in die Maschinen der Saudis und der Emirate und glauben da immer noch, dass sie wirklich nur als Hausmädchen, Krankenschwester oder Putzfrau arbeiten müssen. Aber davon träumen sie auch, wenn sie nach Deutschland vermittelt werden, als Bedienung oder angehende Ehefrau, um dann in Bordellen zu landen. Leider müssen wir feststellen, dass wir diesen Frauen auch nicht so richtig in ihrer Sklavenarbeit helfen können, weil unsere Ausländergesetze dem entgegenstehen. Sie machen die Frauen zu illegalen Einwanderern und schützen so die Täter. Und damit sind wir im Endergebnis für die Opfer des Menschenhandels auch nicht viel besser als die Golfstaaten, die sich erst gar nicht die Mühe machen, eine rechtsstaatliche Fassade vorzuspiegeln.

Die Vereinigten Arabischen Emirate haben offiziell 2,9 Millionen Einwohner, also etwa so viele wie das Land Brandenburg. Doch die Emirate unterhalten fünf interkontinentale Flughäfen, und keine Airline von Bedeutung kann es sich leisten, nicht in diesen Golfstaat zu fliegen. Allein von Frankfurt starten täglich ein halbes Dutzend Maschinen nach Dubai, Abu Dhabi und Sharjah. Noch vor 50 Jahren war dieses öde Stück Wüste Niemandsland, ein britisches Protektorat, auch als Sklavenküste in Atlanten eingetragen. Doch mit dem Öl- und Gasreichtum und schließlich der Unabhängigkeit von Großbritannien 1971 wandelte sich dieser Zipfel der Arabischen Halbinsel in eine der reichsten Regionen der Welt.

Hier gibt es einen Staat, der gleich für mehrere Fakten die Beweise liefert, Fakten, die in der politisch korrekten Welt geleugnet werden:

1. Freie Marktwirtschaft und rapides Wirtschaftswachstum sind auch ohne Rechtsstaatlichkeit und Demokratie möglich.

2. Die westliche Welt ist bereit, die Unterdrückung der Menschenrechte und mittelalterlichen Feudalismus kritiklos hinzunehmen, wenn die betreffenden Staaten sich international den wirtschaftlichen und strategischen Interessen der Europäer und vor allem der Amerikaner unterordnen.

3. Menschen aller Kontinente und aller Bildungsgrade sind bereit, freiwillig auf ihre Bürger- und Menschenrechte zu verzichten, wenn sie sich davon einen finanziellen Vorteil versprechen.

4. Die Unterdrückung der Meinungs- und Informationsfreiheit zahlt sich aus. Über die Zustände auf der Arabischen Halbinsel ist so gut wie nichts bekannt, und eigentlich will es auch niemand wissen.

Die Zuwanderung von Arbeitskräften in die Vereinigten Arabischen Emirate richtet sich ausschließlich nach den Bedürfnissen der Herrscherfamilien und der von ihnen abhängigen Wirtschaft. Die Unternehmen und Haushalte melden ihre Wünsche an, diese werden mehr oder weniger genau geprüft, und danach wird die Importerlaubnis für die entsprechende Menschenmenge erteilt. Der Importeur ist für seine Menschenware verantwortlich. Deshalb behält er auch die Pässe und Papiere seiner Arbeitskräfte und übt somit die totale Kontrolle über seine Importe aus. Und hunderttausende Menschen in allen Kontinenten haben nur ein Bedürfnis: Sie wollen in die Emirate, wollen sich freiwillig in diese rechtlose Abhängigkeit begeben, weil sie dort mehr Geld verdienen als in ihrer Heimat.

Fangen wir mit den Pakistanis und Indern an, die das Gros der Einwanderer stellen. Für sie sind die rechtlichen Unterschiede zu ihrer Heimat noch relativ gering. Die politischen Verhältnisse in ihren Herkunftsländern sind nur bedingt besser als in Arabien, vor allem wenn es sich um Tagelöhner handelt, die von pakistanischen oder indischen Großgrundbesitzern abhängig waren. In den Emiraten verdienen sie immerhin das Zehnfache dessen, was sie zu Hause bekommen könnten. Auch die Anpassung an die strengen islamischen Regeln fällt ihnen nicht schwer, weil sie fast alle auch Mohammedaner sind. Solange sie sich nur ums Geldverdienen kümmern, können sie es sogar in den Emiraten zu etwas bringen. Die Herrscherfamilien neiden es ihnen nicht, wenn auch sie zu erfolgreichen Unternehmern aufsteigen. Unter den Einwanderern aus arabischen Ländern und Pakistan sind viele Millionäre geworden und angesehene Händler oder Bau- oder sogar Fabrikunternehmer.

Wer so weit kommt, weiß, wie er die Einheimischen in seine Geschäfte einbinden muss und wann er nicht den Interessen der Feudalfamilien in die Quere geraten darf. Auch der erfolgreichste Ausländer kann innerhalb weniger Stunden seine Aufenthaltsgenehmigung verlieren und ist dann draußen. Eine Berufungsinstanz gibt es nicht. Die Einwanderer aus den armen Ländern, vor allem aus dem indischen Subkontinent, stellen mit rund zwei Millionen die größte Zahl. Sie sind dementsprechend überall zu finden: vor allem an den gewaltigen Baustellen, als Hausdiener und Fabrikarbeiter, als Taxifahrer und in der Landwirtschaft. Dies nur als Nebensatz: Die Emirate haben sich vorgenommen, in der Wüste eine eigene Landwirtschaft aufzuziehen, die sie bei Obst, Gemüse und Milchprodukten von Einfuhren unabhängig macht. Mit einem gewaltigen Energieeinsatz ist dies ihnen weitgehend gelungen. Und wie bereits erwähnt: Die Arbeit verrichten Gastarbeiter, ohne die es die neue Agrarkultur nicht gäbe.

Die zweite Gruppe setzt sich aus qualifizierten Arbeitnehmern zusammen, darunter auch viele Europäer und Amerikaner. Sie sind Ärzte und Krankenschwestern, Piloten und Stewardessen, Lehrer, Hotelangestellte und Ingenieure. Sie verdienen um das Vier- bis Fünffache mehr als zu Hause, müssen aber, wie die Analphabeten aus Pakistan auch, ihre Pässe abgeben und sind absolut rechtlos. Sie müssen sich den religiösen und kulturellen Gepflogenheiten ohne Wenn und Aber unterwerfen, sonst droht ihnen sofort der Rausschmiss. Auch sie werden ausschließlich entsprechend den wirtschaftlichen Bedürfnissen der Vereinigten Arabischen Emirate angeheuert – und ihre Existenzberechtigung in der Region wird ausschließlich an ihrem wirtschaftlichen Nutzen definiert.

Schließlich gibt es noch eine dritte Gruppe von Ausländern, die etwas privilegierter sind: die Topmanager von Fabriken und der Ölindustrie, von Hotels der blühenden Touristikindustrie, Fußballtrainer, Tennisturnier-Organisatoren und ähnliche prestigeträchtige und hoch qualifizierte Jobs. Auch sie haben sich strikt an die kulturellen und religiösen Regeln zu halten, auch ihr Pass liegt bei einem Sponsor, doch entsprechend ihrem Nutzwert gönnt ihnen der Feudalstaat ein finanziell großzügiges Leben. Dazu gehören eigene Yachten, wunderschöne Golfclubs, internationale Schulen und prächtige Villen mit dem dazugehörenden unterwürfigen und abhängigen Dienstpersonal aus den Armutsregionen Südasiens. In einem gewissen Sinne sind auch sie Feudalherren mit entsprechenden Machtbefugnissen in ihrem Bereich. Dafür sind sie dann bereit, auf eine rechtsstaatliche Umgebung zu verzichten, und liefern brav ihren Pass beim Sponsor ab.

Die Emirate nutzen dank hervorragender amerikanischer und europäischer Berater alle Vorteile, die die globale Welt bietet. Entlang ihrer ehemaligen sumpfigen Salzwüstenküste haben sie einen Hafen nach dem anderen mit Exportindustriezonen gebaut. Metall-, Textil- und Elektrokonzerne aus aller Welt produzieren hier Waren: mit billigster Energie und billigen Arbeitskräften. Die Emirate haben schon viermal mehr Arbeitsplätze als Staatsbürger. Entsprechend niedrige Steuern haben die Unternehmen zu entrichten – denn für die wenigen einheimischen Familien, die von den Beteiligungen an den Exportzonen profitieren, bleiben trotzdem Milliarden Dollar übrig.

Gleichzeitig haben sich die Emirate zu einem der bedeutendsten Warenumschlagplätze der Welt entwickelt. So unterhält auch die Lufthansa hier ihr drittwichtigstes Cargozentrum. Die

Handelsströme aus Fernost nach Europa treffen hier aufeinander, werden umgeladen vom Flugzeug aufs Schiff und umgekehrt. Und die Emirate organisieren alles so, dass sich die internationale Logistik hier wohl fühlt. Niedrige Steuern und Abgaben, preiswerte Energie und die Verfügbarkeit über billige rechtlose Arbeitskräfte sind die Grundlage für den wirtschaftlichen Erfolg. So strömen Waren und Menschen in der ehemals trostlosen Wüste zusammen, zum Nutzen der Scheichs, und verteilen sich dann wieder über den Globus.

Als weiteres Standbein haben die westlichen Berater den Scheichs und Emiren noch ein liberales Bankensystem und die Nutzung des touristischen Potenzials schmackhaft gemacht. Und auch damit stießen sie bei den Herrschern auf offene Ohren. Alle wichtigen Geldinstitute der Welt unterhalten heute in den Emiraten Filialen, über die sich, vor europäischen Wächtern verborgen, herrlich Gelder verteilen lassen. Das hat vor allem die junge russische Republik erkannt. Auf dem Flughafen Al-Fujayrah landen pro Tag gut ein Dutzend Maschinen aus Russland, voll mit Waren und Menschen – und wenn sie wieder abfliegen, sind sie abermals voll mit glücklichen Menschen und Frachträumen mit Luxusgütern.

Im Basar von Dubai, einem der größten Warenumschlagplätze unserer Welt, haben sich die Händler längst auf die Russen eingestellt. Die meisten der mehreren hundert Goldgeschäfte haben sich sogar russische Namen gegeben. Man kauft jetzt im Moskwa und Wolga, im Mir oder im Samowar. Die Preise sind auf Kyrillisch geschrieben, gehandelt wird in US-Dollar. Denn Geld kann in die Emirate unbegrenzt ein- und ausgeführt werden. Ärmlich gekleidete Russinnen mit schäbig blond gefärbten Haaren und ausgelatschten Sandalen erwerben dann für einige hunderttausend Dollar Goldschmuck, der nach Karat und dem aktuellen Goldpreis verkauft wird. Es gibt keine Mehrwertsteuer. So geht das tagein, tagaus. Und so hatte auch ich die Gelegenheit, dabei zuzuschauen, wie die russische Mafia ihr Geld wäscht und wo die Milliardensummen der internationalen Hilfe schließlich enden. Nein – für einen freien Markt ist keine Demokratie nötig, aber ohne Macht kann sich keine Demokratie entwickeln.

Wann immer das Argument fällt, dass wir ausländische Arbeitskräfte einführen müssen, weil dies der Arbeitsmarkt verlangt, fallen mir die Vereinigten Arabischen Emirate ein. Die Unterordnung der Bürger- und Menschenrechte unter die wirtschaftlichen Bedürfnisse ist ein Relikt aus feudaler, vorindustrieller Zeit, das für europäische Staaten eine Schande sein sollte. Das Gefälle zwischen den reichen und armen Ländern ist kein Grund, Menschen auszubeuten, nur weil sie aus ihrem Elend fliehen. Es ist tragisch genug, wenn die Grundsätze der Menschenrechte, die Errungenschaften der Revolutionen in den USA und Frankreich noch nicht für alle sechs Milliarden Bürger dieser Erde gelten. Dies gibt uns aber nicht das Recht, ihnen die Menschenwürde vorzuenthalten, nur weil wir sie gerade als Arbeitskräfte gebrauchen können.

Die Europäer und Amerikaner in ihren Villen in der Golfregion werden mich als Spinner abqualifizieren. In Dutzenden von Gesprächen habe ich versucht herauszufinden, was in ihnen vorgeht, wenn sie ihren Pass abgeben, auf ihre individuellen Rechte verzichten, nur weil sie für ein paar Jahre das Leben eines Feudalherrn genießen können. Sie haben jedes Mal ihr Umfeld verteidigt: So schlimm sei das alles nicht. In Dubai gebe es sogar während des Ramadan, des islamischen Fastenmonats, Alkohol zu trinken. In den Emiraten könnten ihre Frauen im Gegensatz zu Saudi-Arabien sogar Auto fahren. Wer sich nichts zuschulden komme lasse, werde auch nicht behelligt und so weiter. Diese Geschichten erzählen sie immer so lange, bis sie dann doch einmal Pech hatten: durch einen Verkehrsunfall mit Angehörigen einer der Herrscherfamilien, ein Geschäft, auf das ein Einheimischer scharf war … Dann entdecken sie plötzlich, dass sie Bürger eines Rechtsstaates sind, dann soll sie die deutsche Botschaft aus ihrer gefährlichen Lage befreien. Und unsere Botschaften werden auch prompt aktiv, schweigen aber darüber, damit die hervorragenden Beziehungen zu dem jeweiligen Staat nicht getrübt werden. Nur manchmal gibt es nichts mehr zu vertuschen, wie im Fall von Helmut Hofer, der im Iran zum Tode verurteilt wurde, weil er sich mit einer Muslimin eingelassen haben soll.

Der Mensch als Arbeitskraft, als Importartikel, als nützliches Werkzeug für die einheimische Industrie: Für die Wertegemeinschaft der Europäer muss das ein Tabu sein, wenn wir uns wesentlich von den feudalen Golfstaaten unterscheiden wollen. Dabei reicht es nicht, wenn wir auf dem Papier einen Rechtsanspruch auf Gleichbehandlung vergewaltigter Frauen nachweisen. In Wirklichkeit schauen auch wir Europäer weg, wenn Ausländer ausgebeutet werden. Es nutzt auch nichts, wenn wir darauf verweisen, dass die Menschen ja freiwillig kommen. Aber was ist das für eine Freiwilligkeit, wenn ich die Wahl habe zwischen Hunger und Hoffnungslosigkeit auf der einen und satt zu essen bei gleichzeitiger politischer Rechtlosigkeit auf der anderen Seite. Wir degradieren diese Menschen doch wieder auf ihren reinen Nutzwert als Arbeitsinstrument. Ja, Herr Bundeskanzler Schröder – Ihre »Green Card« ist nichts anderes als eine subtilere Form des Feudalismus und der Fremdenfeindlichkeit. Aber diese Debatte hat Ihnen ja Gott sei Dank der Mann mit dem Inderwahnsinn erspart.

Europa hat in der zweiten Hälfte des letzten Jahrtausends seine Entwicklung mit brutaler Ausbeutung schwächerer Menschen vorangetrieben. Fast alle europäischen Staaten, vorneweg allerdings das Königreich Großbritannien, haben durch einen den Menschen zum Vieh degradierenden Sklavenhandel ihre Macht und ihren Wohlstand vermehrt. Die Plantagenbesitzer in Nord-, Mittel- und Südamerika begründeten ihren Bedarf an Negern mit dem Argument, dass die einheimischen Indianer nicht zu der körperlichen Leistung fähig gewesen seien, die auf einer gewinnträchtigen Plantage erforderlich sei. Die Gewinne wiederum waren notwendig, sich den Einfluss im Mutterland zu erkaufen.

Mit dem Beginn der Industrialisierung regte sich auch das Gewissen der Christenmenschen. Es fügte sich ganz göttlich, dass Sklaven teurer wurden als Maschinen und dass die komplizierten Maschinen nicht von analphabetischen Afrikanern bedient werden konnten. Der Arbeitskräftebedarf verlagerte sich von den Plantagen in die schnell wachsenden Manufakturen Europas. Für die neuen Feudalherren, die Fabrikbesitzer, erschloss sich glücklicherweise zudem ein neuer Arbeitskräftemarkt, direkt vor der Haustür. Das Ende der Leibeigenschaft und der Lehensherrschaft der Bauern zwang hunderttausende Landarbeiter von den Gütern der Großgrundbesitzer in die Städte, wo sie zur Ausbeutung in den Fabriken zur Verfügung standen.

Sie haben freiwillig die furchtbaren Arbeitsbedingungen angenommen, sie hätten ja auch verhungern können. Und wo sich nicht genügend Arbeitskräfte fanden, hat man nachgeholfen. In Irland zum Beispiel. Dort durfte die Bevölkerung kein Getreide ernten, das war nur den englischen Besatzern erlaubt. Nach der Kartoffelpest 1845 bis 1849 verhungerten von acht Millionen Iren zwei Millionen, und zwei Millionen wanderten aus – in die Fabriken Englands und Amerikas. Bis zum heutigen Tag hat sich Irland von diesem Völkermord nicht erholt. Die irischen Kolonien in Liverpool, Manchester und Glasgow sind immer noch nicht voll integriert. Dies wird für alle Welt sichtbar, wenn sich die Anhänger der lokalen Fußballmannschaften Straßenschlachten liefern. In Liverpool zum Beispiel kämpfen die Protestanten des FC Liverpool gegen die Katholiken des FC Everton.

Dem brutalen Zwang zum Aus- und Einwandern folgte dann Anfang des 20. Jahrhunderts der sanfte Zwang. Die Fabriken boten Arbeit, die Landwirtschaft setzte Menschen frei. Die Städte wuchsen. Doch bis auf wenige Ausnahmen, etwa der Integration der polnischen Bergarbeiter im Ruhrgebiet, blieb es bei einer Ausbeutung von nationalen Minderheiten durch Mehrheiten. Europäische Nationen mit Kolonialgebieten wetteiferten mit ihrer Skrupellosigkeit. Frankreich zum Beispiel leistete in dieser Zeit dank seiner elenden Zustände in den Fabriken und der arroganten Haltung der Bourgeoisie gegenüber den farbigen Fremdarbeitern aus den Kolonien einen historischen Beitrag, der die Welt bis heute nachhaltig verändert. Sowohl die chinesische als auch die vietnamesische kommunistische Partei wurden in Frankreich gegründet. Es waren unter anderen die Chinesen Tschu En Lai und Deng Xiao Ping sowie der Vietnamese Ho Chi Minh, die in der europäischen Fremde zu Revolutionären wurden. Auch die gesamte Führungsschicht der kambodschanischen Roten Khmer lernte in Frankreich ihre menschenverachtenden Theorien, die dann in einem der größten Völkermorde der Nachkriegsgeschichte in die Praxis umgesetzt wurden.

Sklaven gab es zwar nicht mehr, aber die Rechtlosigkeit der Fremden unterschied sich nur unwesentlich von jener der Ausländer heute in den Golfstaaten oder in Singapur. Und schließlich erlebten ab den Sechzigerjahren Mittel- und Nordeuropa die

Gastarbeiterwelle. Wieder ging es nur darum, den Arbeitskräftemangel abzudecken, wieder war man damit zufrieden, dass diese Menschen formal Rechte hatten, nicht wie Sklaven behandelt wurden, doch waren wir immer noch nicht bereit, sie als gleichberechtigte Bürger anzuerkennen. Daraus erwuchsen uns all jene Probleme, mit denen wir uns heute herumschlagen.

Und jetzt, im neuen Jahrtausend – wollen wir da wirklich weitermachen, wo wir vorher aufgehört haben: wieder den Anforderungen der Wirtschaft gehorchend Menschen einführen? Pro forma auf Zeit, weil uns das nutzt? Der Feudalismus in uns ist offensichtlich nicht auszurotten.

Der Freiheitsbegriff muss endlich auch in Europa und damit endlich auch in unserem Land für jeden Menschen gelten, der hier lebt: Er hat volle Rechte und Pflichten, er ist ein Staatsbürger wie jeder andere. Und wenn wir das nicht garantieren wollen und können, dann wird er auch nicht als Arbeitskraft ins Land gelassen, nur weil ihn die soziale Not zwingt, sich bei uns als Mensch zweiter Klasse zu verdingen.

----

11. Ausgrenzung oder Integration?

Im April demonstrierten in Berlin 54 000 Lehrer und Schüler gegen die unhaltbaren Zustände in den Schulen der Hauptstadt. Im Fernsehen waren Hintergrundberichte zu sehen. Da wurde eine Hauptschule vorgestellt, in der Kinder mit 26 verschiedenen Muttersprachen unterrichtet werden müssen. Viele besitzen noch nicht einmal die Grundkenntnisse der deutschen Sprache. Trotzdem sitzen über 20 Kinder in einer Klasse. Dem Senat fehlt das Geld, um mehr Lehrkräfte einzustellen. Der Versuch, die Misere dadurch zu beheben, dass die Lehrer eine Stunde länger arbeiten sollen, ist ein Tropfen auf den heißen Stein. Eine Schülerin mit dunklem nahöstlichen Teint beklagte sich in akzentfreiem Deutsch, dass die Lehrer immer älter würden und ein Unterricht mit Computern an ihrer Schule unmöglich sei, weil die alten Knacker davon keine Ahnung hätten.

Die Berliner Finanznot hat ein Blitzlicht auf die Situation in vielen deutschen Städten und Gemeinden geworfen, bevor diese Zeitbombe wieder in der Phraseologie der »Green-Card«-Debatte unterging. Schulen, in denen kein geregelter Unterricht mehr möglich ist, weil es noch nicht einmal eine gemeinsame Sprachbasis gibt, gehören zum deutschen Alltag. Der Weg dieser Kids ist vorprogrammiert: kein oder nur ein magerer Hauptschulabschluss, keine oder nur eine aus staatlichen Fördergeldern bezahlte Lehrstelle, danach arbeitslos oder Hilfsarbeiter. Groß dagegen sind die Chancen für diese Ausländer, ins kriminelle Milieu abzudriften. Es stimmt natürlich, dass Ausländer nicht krimineller veranlagt sind als Deutsche, doch unsere Ausländerpolitik züchtet sozial Schwache, bereitet das Mistbeet für die Kriminalität. Und wer ist daran schuld?

Wenn wir der Verantwortung den Menschen gegenüber gerecht werden wollen, die wir zu uns holen oder ins Land lassen, dann müssen wir auch die Folgekosten tragen. Für Städte mit hohem Ausländeranteil kann das nur heißen, dass sehr kleine Klassen mit Sprachgruppen von höchstens zehn Schülern gebildet werden müssen, damit diese unterprivilegierten Kinder wenigstens den Anschluss an das durchschnittliche deutsche Bildungsniveau erhalten. Natürlich kostet das Geld, viel Geld sogar. Aber wenn wir das nicht ausgeben wollen, dann dürfen wir auch keine Ausländer ins Land holen, nur um deren Kinder für die internationale Kriminalität vorzubereiten.

Der kurzsichtigen Rechnung, dass ein Ausländer schließlich in die Sozialkassen Beiträge und Steuern entrichte, müssen die gesamtgesellschaftlichen Kosten der im Moment praktizierten ungeregelten Einwanderung gegengerechnet werden. Das sind wir diesen zugewanderten Gästen schuldig – und auch uns. Das Geld, das für die schulische Entwicklung gespart wird, muss dann spätestens für Sozialarbeiter, Streetworker, Drogenberatung, Ermittlungsverfahren, die Justiz und Gefängnisverwaltung ausgegeben werden. Und da es zur Binsenweisheit unserer Zeit gehört, dass schlecht ausgebildete Menschen schneller und häufiger arbeitslos sind als qualifizierte Mitbürger, ist auch der Umkehrschluss richtig: Wir schaffen uns mit diesem mangelhaften Schulsystem gerade die Arbeitskräfte, die wir nicht brauchen können oder die nur eine ganz geringe Wertschöpfung erbringen. Und genau dies sind die Kriterien, die die internationale Wettbewerbsfähigkeit eines Staates mindern. In anderen Worten: Nichts brauchen wir weniger als unqualifizierte Ausländer.

Es gibt weltweit Hunderte von Studien, die sich mit den Kosten einer Einwanderung beschäftigen. Und sie gelangen zu dem gleichen Resultat: Die Einwanderung von unqualifizierten und älteren Arbeitskräften kostet einen Staat mehr, als dass sie ihm Nutzen bringt. Über diese Berechnungen und Quantifizierungen ließe sich ein eigenes Buch schreiben, deshalb will ich mich hier auf allgemein verständliche Schlussfolgerungen beschränken.

Die Einwanderung einfacher Arbeiter und Dienstboten ist für die aufnehmende Gesellschaft ein Verlustgeschäft. Nutznießer ist lediglich die direkt von der Arbeitskraft profitierende Firma oder Einzelperson. Die Masseneinwanderung der ersten Gastarbeiterwelle strapaziert heute die öffentlichen Etats, die Firmen, die sie geholt haben, gibt es oft nicht mehr. Selbst Bauunternehmen und Textilfabriken bedienten sich damals auf dem türkischen Arbeitsmarkt. Die Folgekosten werden jetzt vom Steuerzahler getragen. Leider ist unser Staat auch noch so unsinnig organisiert, dass er diese finanzielle Belastung lieber aus den Sozialetats für Arbeitslosigkeit und Kriminalitätsfolgen abdeckt, statt das Geld massiv in die Bildung der Ausländerkinder zu stecken.

Anhand der Studien wird ersichtlich, dass das Steueraufkommen der ungelernten fremden Arbeitnehmer nicht ausreicht, um die sozialen Kosten, die sie verursachen, auszugleichen. Gleichzeitig hat das für die Industriestruktur dieser Aufnehmerstaaten zwei weitere gravierende negative Effekte: Zum einen bleiben damit Arbeitsplätze mit niedriger Wertschöpfung erhalten, was die Produktivität der ganzen Wirtschaft senkt, und zum anderen unterliegt damit der Niedriglohnsektor nicht einem fairen Wettbewerb auf dem Arbeitsmarkt. Wenn ich nämlich die Ware Arbeitskraft in unendlicher Zahl zur Verfügung stelle, hat sie keinen Wert, weil sie billig zu haben ist, ohne Aussicht darauf, dass sich dies je ändern wird. Steigen die Löhne für qualifizierte Mitarbeiter, weil sie rar werden, so fallen die niedrigen Einkommensschichten wegen ihrer massenhaften Verfügbarkeit immer weiter zurück. Es ist ein Teufelskreis.

Durch das Abkoppeln vom allgemein steigenden Wohlstand produziert dieser Mechanismus neue soziale Ghettos, die wiederum Brutherde von politischer und krimineller Radikalität sind. Diese im Zaum zu halten kostet erneut Geld, und dann fängt das mit schlecht ausgestatteten Hauptschulen wieder von vorne an. Jeder, der mit offenen Augen durch Deutschland geht, sieht, wie es immer weiter abwärts geht. Aber außer ein paar Sonntagsreden passiert nichts. Siehe die Demonstration in Berlin: Da war es den Lehrern schon zu viel, auch nur eine Stunde länger zu arbeiten.

Wir werden auch in Zukunft nicht Tausende von Lehrern einstellen, um den Ausländerkindern die schulische und berufliche Grundlage zu bieten, die sie später für uns wertvoll machen könnte. Ich befürchte sogar, dass es kein Politiker ernsthaft wagen würde, eine solche Milliardenausgabe zu fordern, so richtig und vernünftig sie auch wäre. Eine Welle ausländerfeindlicher Ausbrüche bis weit ins bürgerliche Lager würde sich erheben. Jetzt zahlen wir auch noch extra für die Dummheit der Ausländer – sollen die doch heimgehen, wenn sie hier zu blöd sind: Parolen, die mir entgegenhallen, wenn ich auf die Notwendigkeit einer Bildungsoffensive für unsere hier schon lebenden Mitbürger hinweise. Dabei ist das reiner Eigennutz: Ich finde es nämlich zunehmend unerträglich, wie die Fremdenfeindlichkeit in der deutschen Gesellschaft durch alle Ritzen schimmert. Und ich fürchte, dass wir bei unserer von Gefühlsduselei und von egoistischen Partikularinteressen bestimmten Einwanderungsdebatte erst am Anfang der Konflikte stehen.

Wir lassen munter unsere ungeregelte Einwanderung weiter zu und spielen den verwirrten Bürgern öffentliche Ausländerintegration vor. Ein paar Farbige mit fremden Namen machen Karriere als Fernsehmoderatoren, in den Fernsehkrimis besetzen Ausländer meist Rollen als durchaus gute Menschen. Zu einer »In-Party« gehören Dunkelhäutige, beweist der Gastgeber doch bei dieser Gelegenheit seine moralische Verantwortung und Liberalität gegenüber den Ausländern. Diese symbolischen Alibi-Aktionen reichen nicht aus, die bekehren nicht einen einzigen Glatzkopf. Ich denke, dass es jetzt eine gute Idee wäre, Aktien einer Kerzenfabrik zu kaufen. Denn ohne eine massive

Kehrtwendung in der Frage der Zuwanderung wird es bald viele Lichterdemonstrationen gegen Ausländerhass in Deutschland geben, werden die Gutmenschen noch viele weiße Lichtlein anstecken, ohne dass sich dadurch irgendetwas ändern wird.

Meldung der Bundesanstalt für Arbeit von Anfang April 2000: Die zirka 100 000 Aussiedler, die immer noch pro Jahr ins Land kommen, sprechen immer weniger Deutsch und sind immer schlechter ausgebildet. Die passen nicht mehr zur potenziellen, konservativen CDU-Wählerschaft: Die eignen sich als Nachwuchs für unsere Problemviertel. Die meisten vergrößern die Kostenstellen für unsere Sozialetats – sind Nährstoff für die Ausländerfeindlichkeit. Als Deutsche wird diese Bevölkerungsgruppe eh nur noch von den Politikern wahrgenommen. In der Bevölkerung sind es meist nur noch die Russen.

An dieser leidgeprüften Minderheit wird aber auch deutlich, was passiert, wenn Fremde immer Fremde bleiben müssen, wenn ihnen die Assimilierung untersagt wird. Auf der fernen sibirischen Insel Sachalin wurde mir einmal eine deutschstämmige Familie vorgestellt. Für mich unterschied sie sich in nichts von den anderen Russen – und da sie auch kein Wort Deutsch mehr sprach, wollte ich mit Hilfe meines Dolmetschers herausfinden, woran sich noch feststellen ließe, dass sie Deutsche sind. Der Mann holte seinen Pass, und da stand: Schmid, Boris, und »nemez« auf Kyrillisch. Seine Vorfahren waren vor 250 Jahren an die Wolga ausgewandert. Unter Stalin wurden sie nach Sibirien verschleppt, denn sie waren in Russland immer Deutsche geblieben – laut Vermerk im Pass. Da machte es auch nichts, wenn in der Zwischenzeit die Männer Russinnen und die Frauen Russen geheiratet hatten.

So wie die Deutschen wurden alle Volksgruppen im Reich der Zaren und später in der Diktatur der Kommunisten unter ihrer Nationalität geführt: Ukrainer und Tataren, Esten und Jakuten, Inguschen und Tschetschenen. Das Herrenvolk der Russen hielt sie sämtlich auf Distanz. Jetzt, da das Riesenreich in der Krise steckt, besinnen sich alle Volksgruppen darauf, dass in ihrem Pass etwas anderes steht, und ihre Loyalität gegenüber Moskau sinkt auf Null. Die einen haben sich selbstständig gemacht, wie die Balten und Ukrainer, andere kämpfen um mehr Autonomie oder gar Unabhängigkeit, wie Tschetschenen und Tataren. Die Deutschen nutzen die Chance und wandern aus. Warum sollen sie auch in einem verrotteten Staat bleiben, der sie in 250 Jahren nie richtig aufgenommen hat?

Das Gegenkonzept funktioniert in den Vereinigten Staaten von Amerika. Nur aus Spaß habe ich gegenüber einem unserer Heim-ins-Reich-Politiker einmal hingeworfen: »Wie gut, dass nicht alle deutschstämmigen Amerikaner nach 250 Jahren auch wieder zurück wollen, dann würde es wirklich eng bei uns.« Entgeistert antwortete er: »Aber das sind doch echte Amerikaner!« Und das sind sie auch. Mögen sie auch noch deutsche Namen haben und davon träumen, sich einmal in der Heimat ihrer ausgewanderten Vorfahren umzuschauen – sie haben einen Pass der USA, und der macht sie mit allen Rechten und Pflichten zu Amerikanern. Spätestens in der zweiten Generation sind sie eingetaucht in den großen Kessel dieser jungen Nation, in der alle Menschen bis auf die wenigen Indianer Einwanderer sind, also Ausländer waren.

Es ist jedes Mal faszinierend, wenn ich in San Francisco lande und sehe, dass nicht zwei Zoll- oder Passbeamte ursprünglich von der gleichen Nation abstammen: Lateinamerikaner, verschiedene Asiaten, Afrikaner und hin und wieder ein Weißer – sie alle haben eine amerikanische Uniform an und kennen nur eine Loyalität: die zu ihrer Heimat, den USA. Sie mögen untereinander auch so manches Vorurteil hegen, doch wehe, das Einreiseformular ist nicht genau ausgefüllt: Da ist der Kontrollbeamte nur noch Amerikaner und baut sich zur wichtigen Amtsperson auf, die ihre neue Heimat schützt vor diesem Europäer, der die Spalte nicht ausgefüllt hat, wo er wohnen wird. Schon verdächtig dieser Typ aus Übersee, wenn er noch nicht mal weiß, in welches Hotel er gebucht hat.

Vielleicht ist mein Wahrnehmungsvermögen etwas getrübt – aber ich habe das Gefühl, dass weiße ältere Männer immer noch die umgänglichsten Zoll- und Passbeamten in den USA sind; die helfen schon mal, wenn die Einreiseformulare falsch ausgefüllt sind. Die Neubürger nehmen es viel genauer, wenn es gilt, ihr geliebtes Amerika zu schützen.

Bisher üben wir in Deutschland die russische Einwanderungspraxis: ausgrenzen, Ghettos schaffen, Aufstiegschancen, wenn schon nicht aktiv behindern, so doch passiv klein halten. Wir lassen Angehörige aller möglichen Kulturen herein, je skrupelloser sie sind, desto einfacher machen wir es ihnen. Denen hilft das Zauberwort »Asyl«. Wir sammeln konsequent Hilfsarbeiter, Klein- und Großkriminelle, wir dulden die Einwanderung älterer Menschen ohne eigenes Einkommen, nur weil ihre Ahnen im Barockzeitalter gen Osten gezogen waren. Kurz und gut: Wir tun alles, damit sich ein Sprengsatz für Ausländerfeindlichkeit zu einer kritischen Masse entwickeln kann. Irgendein politischer Kleinkrimineller wird ihn dann eines Tages zünden. Schuld an der Detonation sind aber auch all jene, die heute die Notwendigkeit eines an eigenen Interessen orientierten Einwanderungsgesetzes verhindern. Und schuld sind dann auch die – und da wiederhole ich mich –, die jetzt das Asylrecht und alle anderen Einwanderungsregeln verteidigen, weil sie der Illusion anhängen, wir könnten das Elend der Welt hier in Deutschland ernsthaft beseitigen. Größenwahn ist das, ihr lieben Gutmenschen. Dazu sind wir einfach zu klein.

Wenn wir uns aller Menschen annähmen, die auf dieser Welt tatsächlich aus politischen Gründen verfolgt werden oder die um Asyl bitten, weil ihre Regierung ihnen kein menschenwürdiges Leben ermöglicht, dann hätten auch bei eng ausgelegter Rechtsprechung mindestens eine Milliarde in Deutschland einen Rechtsanspruch auf Asyl. Das, was wir da praktizieren, ist doch jetzt schon faktisch für die Betroffenen ein Roulettespiel – so groß ist der Ermessensspielraum in den Verfahren. Das Festhalten am spezifisch deutschen Weg des Asylrechts ist doch für die Verfechter dieses Paragraphen ein moralisches Feigenblatt, eine gutmenschliche Selbstbefriedigung. Ein klar definiertes Einwanderungsgesetz, das einen Rechtsanspruch auf volle soziale Eingliederung mit all der dazu notwendigen finanziellen Ausstattung garantiert, ist ganz bestimmt ebenso human – vor allem wenn dadurch Raum geschaffen wird für politisch Verfolgte und Kriegsflüchtlinge. In solchen Momenten der Not zeigt sich der wahre Rechts- und Sozialstaat, und nicht, wenn er sich scheut, gewalttätige Drogenhändler abzuschieben.

Deshalb bin ich stolz darauf, dass wir so schnell und unbürokratisch jeweils Hunderttausende von Kriegsflüchtlingen aus Bosnien-Herzegowina und dem Kosovo aufgenommen haben. Für diese Menschen ging es um Leben und Tod, um Folter und Vergewaltigung. Doch wieder schacherten die Europäer und Amerikaner darum, wer wohl wie vielen Menschen das Recht auf Unversehrtheit einräumen konnte, ohne dass es einer allzu großen eigenen Anstrengung bedürfe.

Die großen europäischen Nationen, diese Hüter der moralischen Reinlichkeit, sie blamierten sich reihenweise: die Schweden und Dänen, die Holländer und Briten. Deutschland, Italien und Österreich waren die Ausnahmen. Nur einige Monate später fällten dann diese Apostel der Scheinheiligkeit einen Ausgrenzungsbeschluss gegen Österreich: Nicht weil das Land Menschen in Not die Aufnahme verweigert hat, nein, weil die Partei eines politischen Rüpels nicht bereit war, eine Minderheitsregierung der Sozialdemokraten zu dulden, sondern mit den Konservativen eine Koalition einging. Seither hat Europa ein neues Totschlagargument: »Haiderismus«. Aber statt sich informativ damit auseinander zu setzen, wie es zum Aufstieg eines politischen Scharlatans wie Jörg Haider kommen kann, wälzt sich unsere linksmoralische Führungsschicht in einer verdorbenen Gemütssuppe, die sie mit viel Bauchschmerzen und geistigem Durchfall noch wird auslöffeln müssen. Spätestens, wenn die Faschisten in Italien und nationale Rechtsparteien in Ländern wie Italien, Spanien, Frankreich, Belgien und Dänemark auch an der Regierung beteiligt sind und sie in Haider ihre europäische Kultfigur entdecken.

Eine absurde Wahnvorstellung? Beileibe nicht!

Abgesehen davon, dass die Neofaschisten und die »Lega Nord« in Italien schon einmal an der Regierung beteiligt waren, was komischerweise in Europa stillschweigend hingenommen wurde, verbündeten sich auch einige konservative französische Politiker mit dem rechtsradikalen »Front National«, um die Regionalregierung bilden zu können, so in Rhône-Alpes, im Languedoc-Roussillon, in der Picardie und Burgund. Radikaler als Haider ist der belgische »Vlaamse Block« mit knapp 10 Prozent der Stimmen und die »Dänische Volkspartei« der smarten Frau Pia Kaersgaard, die 7,4 Prozent erreichte und nach neuesten

Umfragen schon bei 15 Prozent liegt. Dabei hat Dänemark heute schon ausländerabweisende Gesetze, gegen die Haiders Vorstellungen regelrecht liberal wirken.

Während diese Gruppierungen in den Staaten der EU ihre Ausländerfeindlichkeit immer auch noch mit einem Schuss Anti-Brüssel garnieren, verhinderten solche rechtsnationalen Tendenzen in der Schweiz und in Norwegen sogar den Beitritt zur Europäischen Gemeinschaft. Mit 15,3 Prozent hat die bornierte Hinterwäldlertruppe mit dem irreführenden Namen »Fortschrittspartei« in Norwegen jede Öffnung des Landes hin zur Europäisierung blockiert, und das bei einer Arbeitslosenquote von 2,5 Prozent und einem Ausländeranteil von nur 2,8 Prozent.

Ja, in dieser Hinsicht bin ich stolz auf Deutschland. Nach der Schweiz (17,5 Prozent) und Österreich (9,9 Prozent) haben wir mit 8,6 Prozent den höchsten Ausländeranteil am Arbeitsmarkt. Doch während es in der Schweiz gerade mal 2,5 Prozent und in Österreich 4,2 Prozent Arbeitslose gibt, beträgt die Quote bei uns 10,9 Prozent (März 2000). Während sich in der Schweiz 22,6 Prozent der Wähler bei einer rechtsnationalen Partei, der SVP, aufgehoben fühlen, es in Österreich für Haiders FPÖ 27,2 Prozent gab, kommt das gesamte rechte Spektrum von NPD, Republikanern und DVU in Deutschland nicht über drei Prozent. In keinem anderen Land Europas ist das Verhältnis zwischen Ausländerwohnbevölkerung und Arbeitsmarktproblematik auf der einen Seite und Ausländerfeindlichkeit auf der anderen Seite so relativ entspannt wie in Deutschland. Diese Feststellung klingt wie Hohn angesichts der Todeshatz eines Algeriers in Guben, dem mordlüsternen Überfall auf Vietnamesen in Eggesin, der fast täglichen Beleidigungen und Rempeleien, die sich farbige Menschen in unserem Land gefallen lassen müssen. Das alles zeigt, dass die europäischen Staaten sehr vorsichtig mit der Einwanderungspolitik umgehen müssen.

Da wir so intensiv mit uns selbst beschäftigt sind, nehmen wir kaum wahr, dass schon jetzt eine Völkerwanderung im Gange ist, die alle historischen Dimensionen in den Schatten stellt. Die UNO rechnet damit, dass innerhalb von zehn Jahren 120 Millionen Menschen eine Grenze überschreiten, weil sie ihr Land verlassen: 7,9 Millionen legal in die USA, 7,3 Millionen legal in die anderen Industriestaaten, dazu kommen noch einmal sechs bis sieben Millionen, die es illegal schaffen. Nach Saudi-Arabien haben sich sechs Millionen aufgemacht, und allein in Hongkong leben und arbeiten 300 000 philippinische Frauen als Dienstmädchen oder als Tänzerinnen. Die Kriege in Äthiopien und Afghanistan haben 20 Millionen vertrieben, und in Westafrika sind es noch mal 80 Millionen. Hier finden tagtäglich Abstimmungen mit den Füßen statt. Und was immer wir auch tun – diese Menschen werden sich auch in das aussterbende Europa auf den Weg machen. Wir haben nicht mehr viel Zeit zu überlegen, was wir tun wollen, wenn sie an unserer Grenze stehen. Wir werden wohl einen Teil hereinlassen müssen auf unsere Wohlstandsinsel – und da wäre es gut, wenn wir eine Idee hätten, wie wir das bewerkstelligen wollen, ohne die Integrationsfähigkeit der Menschen zu überfordern.

Es bleibt festzuhalten: Eine Abnahme der Einwohnerzahl in Mitteleuropa ist keine Katastrophe. Um 1800 lebten 25 Millionen Menschen in Deutschland. Ohne Einwanderung sind wir 2100 wieder ungefähr bei der gleichen Zahl angekommen. In den Schulbüchern des übernächsten Jahrhunderts können diese 300 Jahre dann als das Zeitalter der Übersiedlung beschrieben werden, in denen sich die Europäer mit steigendem Erfolg gegenseitig umbrachten und den Kontinent mit schier barbarischer Lust verwüsteten.

Vielleicht sind wir Menschen entsprechend der Darwinschen Lehre ja wirklich lernfähig, durchlaufen eine Phase der Anpassung, in der es der Gesellschaft vernünftig erscheint, sich nicht mehr wie die Karnickel zu vermehren, weil nur große Würfe das Überleben der Rasse bedeuten. Die Menschen aller wohlhabenden Staaten zeigen das gleiche Fortpflanzungsverhalten: Mit steigendem Bruttosozialprodukt nimmt die Geburtenzahl ab. Ist es wirklich so schlimm, dass wir mit staatlichen Prämien versuchen müssen, wieder das Kinderkriegen anzukurbeln? Irgendwie erinnert mich das an Steinzeitreflexe: Nur große Horden überlebten die feindliche Natur und die hungrigen Nachbarstämme.

Wir brauchen auch kein Mutterkreuz mehr, um einem »Führer« Soldaten zu schenken. Sollte es wirklich noch Vorstellun-

gen in unserem Staat geben, die sich nur in einer bevölkerungs-
reichen Nation sicher fühlen? Dies wäre ein Grund, selbst
schnell auszuwandern. Das hatten wir doch gerade ein Jahrhundert lang, und die materiellen und geistigen Folgeschäden sind
noch lange nicht behoben.

Bei fast allen Problemen, die wir zu bewältigen haben, verweisen wir auf das Beispiel der Vereinigten Staaten, einerseits
um vor den dortigen Umständen zu warnen, wie in der Sozialgesetzgebung, andererseits um sie als richtungweisendes Vorbild zu feiern, wie in der Wirtschaftspolitik. Auch ich werde dies
durchgängig in diesem Buch tun, nicht zuletzt, um das eine oder
andere Thema zu versachlichen. Denn trotz regelrechter Korres-
pondentenstäbe in Washington und New York wird dank des
ausgeprägten Häppchenjournalismus ein USA-Bild vermittelt,
das dem eigentlichen Staat noch nicht mal als Karikatur ähnlich
ist. Als Beispiel sei nur die schon mehrfach erwähnte Debatte
über die »Green Card« genannt, die wir angeblich von den USA
abgeschaut haben. Doch die Vereinigten Staaten vermögen uns
nur in Teilbereichen Ideen zu liefern, wie wir mit der jeweiligen
Thematik umgehen können, zu grundsätzlich verschieden sind
die Voraussetzungen.

Wenn ich US-Amerikanern Deutschland erkläre, beschreibe
ich einen Größenvergleich. Unser Land ist fast auf den Quadratkilometer so groß wie der US-Bundesstaat Montana. Dort leben
800 000 Menschen. Wir aber haben die Einwohnerzahl von Kalifornien, Texas und New York State zusammen, den drei bevölke-
rungsreichsten US-Bundesstaaten. Meistens kommen dann Mit-
leidsbezeugungen: Wie man es in so einer Enge aushalten könne
und dass es unmöglich sei, sich vorzustellen, so dicht aufeinander zu leben. Die Amerikaner reagieren genauso verwundert
und erschrocken, wie Deutsche reagieren, wenn ich uns mit Japan vergleiche. Auch das fernöstliche Inselreich hat ziemlich genau unsere Grundfläche, nur dass dort 126 Millionen Menschen
dicht gedrängt zusammenleben – und das wiederum löst bei uns
Beklemmungen aus.

Die Einwohnerzahl der USA könnte von jetzt 275 Millionen
auf 2,18 Milliarden ansteigen, bis sie unsere Dichte von Menschen pro Quadratkilometer erreicht hat. Ein solches Land kann

andere Maßstäbe setzen als wir. Und trotzdem gelten in den USA Einwanderungsregeln, die knallhart nur von ihren eigenen Interessen gesteuert werden. Ich habe nirgendwo auch nur eine Zeile entdeckt, die von einer Verantwortung des Landes für die Überbevölkerung der Welt ausgeht. Herein kommt, wen die USA gebrauchen können und der das Land weiterbringt. Erinnern wir uns noch an die beschämende Debatte während des Kosovo-Konflikts, als nach langem Hin und Her Washington zustimmte, 25 000 Albanern auf seinem Militärstützpunkt Guantanamo in Kuba eine zeitweilige Bleibe zu bieten. Amerika ist alles andere als ein offener Staat.

Es gibt verschiedene Wege ins gelobte Land, das immer noch für alle Emigranten der Welt ganz oben als Wunschziel rangiert. Denn wer einmal drin ist, hat wirklich immer noch alle Chancen, als gleichberechtigter Bürger auch nach ganz oben zu kommen. Am leichtesten ist es für Studenten. 350 000 Ausländer werden jedes Jahr aufgenommen – begrenzt für die Studiendauer. Doch die USA nutzen diese Zeit, um die Besten an sich zu binden. Die dürfen dann auch nach dem Studium da bleiben und offiziell einwandern.

Weitere 115 000 Menschen erhalten die Arbeitserlaubnis für einen befristeten Job. Offiziell müssen diese Menschen, der größte Teil mexikanische Landarbeiter, nach Ablauf der zeitlich begrenzten Aufenthaltsgenehmigung das Land wieder verlassen. Da es in den USA keine Meldepflicht gibt, rekrutiert sich aus diesen Zeitarbeitern das Heer der illegalen Einwanderer. Wenn sie es schaffen, mehrere Jahre hindurch im Land zu arbeiten, und nicht straffällig werden, können sie damit rechnen, auch eingebürgert zu werden. Vor allem dann, wenn sie einen Arbeitgeber haben, der für sie eintritt, erweisen sich die amerikanischen Einwanderungsbehörden als erstaunlich flexibel. Diese Menschen haben dann nämlich schon bewiesen, dass sie dem Land einen Nutzen bringen. Werden sie allerdings vorher erwischt, wenn sie sich noch illegal im Land aufhalten, oder werden sie gar in eine Straftat verwickelt, so wandern sie zuerst ins Gefängnis und werden dann abgeschoben – und zwar für immer. Sie dürfen nie wieder einreisen.

140 000 Ausländer erhalten eine Aufenthalts- und Arbeitser-

laubnis, wenn sie direkt rekrutiert werden und für das Unternehmen wichtig sind. Das geht in der Regel ohne große Probleme. Auch aus diesem Personenkreis entschließen sich viele, irgendwann die amerikanische Staatsangehörigkeit zu beantragen. Das geht relativ einfach, wenn sie mehrere Jahre lang in dem Land gelebt und gearbeitet haben. Sie brauchen nur ein Kind in den USA auf die Welt zu bringen. Jedes in Amerika geborene Kind ist automatisch US-Bürger. Und den Eltern wird damit ebenfalls automatisch das Recht zugestanden, bei ihrem Kind zu leben. Ein Daueraufenthaltsrecht und damit die Chance auf Einbürgerung erhält auch jeder, der ab 500 000 Dollar investiert und nachweisen kann, dass er aus Vermögen seinen Lebensunterhalt bestreiten kann.

Und schließlich die Green Card: 50 000 gibt es davon pro Jahr. Sie werden nach Länderkontingenten verlost. Doch an der Verlosung kann nur teilnehmen, wer vorher von der zuständigen Einwanderungsbehörde, meist einem Konsulat im Ausland, nach entsprechender Begutachtung zugelassen wird. Diese Green Card berechtigt, sich völlig frei in den USA niederzulassen und sich völlig frei auf dem Arbeitsmarkt zu bewegen.

Diese differenzierten Regeln könnten für unser Einwanderungsgesetz Modell stehen. Sie sind erprobt, praktikabel und kanalisieren den Menschenzufluss in die gewünschte Richtung. Wir müssten für uns nur die Zahlen wesentlich niedriger ansetzen. Aber dann kommt der ganz große Unterschied zu den USA: Dort schwört jeder Neubürger einen Eid auf die Verfassung – und die ist über 200 Jahre alt, hat alle Krisen überstanden und verkörpert wie die Freiheitsstatue im Hafen von New York das Ideal eines freiheitlichen Staates. Und alle Einwanderer übernehmen diese Freiheitsidee – sie werden damit Amerikaner, egal, welcher Religion und Rasse sie vorher angehörten. Die Freiheitsidee der USA, das ist das eigentliche Erfolgsrezept dieses Staates, das gemeinsame Band. Und genau das haben wir nicht.

Warum wird jemand Deutscher? Im Moment nur, weil wir ihm ein besseres Auskommen bieten, als er in seinem Heimatland erwarten kann. Das ist aber nicht genug, um eine einheitliche Staatsidee aufrechtzuerhalten, um Menschen zu integrieren.

Da wir der Frage nach systematischer Einwanderung nicht mehr ausweichen können, bleibt den Deutschen nichts anderes übrig, als ihre Staatsidee jenseits des Schlagworts von der »sozialen Marktwirtschaft« zu definieren. Wie schwer wir uns damit tun, zeigt die Kluft zwischen Ost- und Westdeutschland. Zehn Jahre danach haben wir noch keine gemeinsame Grundlage für unsere Staatsidee gefunden. Wir haben den Menschen im Osten die D-Mark gebracht. Die wollten sie auch, die haben sie auch am Straßenrand bejubelt und gerufen: »Die D-Mark kommt, die D-Mark kommt!« Aber wir haben vergessen, ihnen das Erlebnis einer freien Gesellschaft zu vermitteln, vielleicht, weil wir selbst immer noch nicht wissen, was das ist. Und wenn wir schon mit den uns kulturell verwandten Ostdeutschen nicht zu einer einheitlichen Staatsidee finden, wie soll uns dies jetzt mit Millionen Einwanderern aus Asien und Afrika gelingen? Es wird nicht funktionieren. Um dies vorauszusehen, muss man kein Prophet sein. Wenn wir uns trotzdem aus Bequemlichkeit und Faulheit darauf einlassen, stürzen wir uns in Dauerkonflikte mit gigantisch hohen Folgekosten.

Es ist erstaunlich, dass in den Ländern auf der anderen Seite des Erdballs, in Asien, die auch von der Überalterung und vom Geburtenrückgang betroffen sind, die Lösungsperspektive Einwanderung überhaupt nicht in Erwägung gezogen wird. Koreaner und Taiwanesen verweisen auf ihre geteilten Nationen und sehen darin eine mögliche Veränderung ihrer Bevölkerungspyramide. In Taiwan wird der langsam einsetzende Bevölkerungsschwund dankbar wahrgenommen. Auf der Insel, so groß und gebirgig wie die Schweiz, leben mit 21 Millionen Menschen mehr als auf dem australischen Kontinent.

Interessant aber ist, wie die Japaner das demografische Problem angehen. Diese zweitgrößte Wirtschaftsnation der Welt überaltert noch schneller als die europäischen Staaten. In keinem anderen Industrieland der Welt werden in 20 Jahren so wenige Junge so viele Alte versorgen müssen. Und trotzdem ist für die Japaner das Thema Einwanderung absolut tabu. Sie haben schon einmal der Versuchung widerstanden, ihre Arbeitsmarktprobleme durch Einfuhr von Arbeitskräften zu lösen. In den Sechzigerjahren, parallel zu uns, fegten auch in Japan die boomenden Exporte den Arbeitsmarkt leer. Aufträge konnten nicht mehr ausgeführt werden, Straßen- und Wohnungsbau hingen ausnahmslos von den verfügbaren Arbeitnehmern ab. Es drohte die Gefahr, dass das Wirtschaftswachstum ins Stocken geriet.

Doch anders als in Europa, vor allem in Deutschland, teilte die Regierung der Industrie kühl mit, dass sie das Problem selbst lösen müsse. Wer entsprechend höhere Löhne zahle, brauche sich auch um Arbeitskräfte keine Sorgen zu machen. Und Produktionsbetriebe, die sich das nicht leisten könnten, passten sowieso nicht mehr in das Land. Eine Steigerung des allgemeinen Wohlstands könne mit Billigproduktionen nicht erreicht werden. Damals löste die japanische Industrie ihr Problem mit zwei Strategien. Zum einen wanderten die Branchen in die Nachbarländer aus, wo es noch Arbeitskräfte gab: Damals legten sie den Grundstein für den rasanten Aufstieg von Südkorea, Taiwan, Hongkong und Singapur als den zukünftigen erfolgreichen Tigerstaaten. Zum anderen überzogen sie ihre Betriebe mit einer Rationalisierungswelle nach der anderen. Wo es keine Menschen gab, mussten halt Maschinen her.

Mit der ersten Ölkrise 1973, als die Weltwirtschaft ins Taumeln geriet, begann bei uns die Dauerarbeitslosigkeit. Während wir in Japan die ersten vollautomatischen, von Robotern gesteuerten Fließbänder in der Automobilindustrie bestaunten, hatten wir einige Hunderttausend Südeuropäer an die Fließbänder geholt. Während in Japan die Maschinen langsamer arbeiteten, weil der Absatz stockte, wurden bei uns die Menschen entlassen. Die vorher mit so viel Euphorie am Arbeitsplatz begrüßten Gastarbeiter wurden jetzt der Gesellschaft zur weiteren Versorgung übergeben. Und entgegen allen vorherigen Prognosen dachten die nicht daran, in ihre Heimatländer zurückzugehen.

Die Japaner nutzten den Arbeitskräftemangel für einen bis dahin in der Geschichte der Industrie nicht für möglich gehaltenen Modernisierungsschub. Sie schufen die Grundlage für ihren Aufstieg als Staat mit den besten Produktionsbetrieben der Welt. Bis zum heutigen Tag sind sie für Qualitätsproduktion und rationale zeit- und kostensparende Fertigungsverfahren vorbildlich. Jetzt, in ihrer seit fast einem Jahrzehnt andauernden Banken- und Politikkrise, liegt ihre Arbeitslosenzahl trotzdem noch unter fünf Prozent, und ihre industrielle Produktivität ist immer noch höher als die aller anderen Industriestaaten.

Wie damals suchen sie auch heute nach Wegen, um die Überalterung der Gesellschaft und die Abnahme der Bevölkerung innerhalb des eigenen Landes zu lösen. Eine systematische Einwanderung ziehen sie noch nicht einmal im Ansatz in Erwägung. Aber auch über diese japanischen Vorstellungen lesen wir nichts in unseren Zeitungen, und erst recht sehen wir nichts davon im Fernsehen. Wenn wir Deutsche, ja wenn wir Europäer ohne Einwanderung auskommen wollten, müssten wir nämlich Abschied nehmen von unseren bequemen Lebenslügen, vom angeblich gerechten Umverteilungsstaat, vom Wohlstand ohne Arbeit für alle, von unserer arroganten Besserwisserei, und vor allem müssten wir dann endlich unser feudales Restbewusstsein überwinden. Das sind zu viel Wahrheiten auf einmal, um dann noch eine Wahl gewinnen zu können. Also darf in den Propagandastunden der Wurstler, den vielen Talkshows, weiterhin Wortgequase über die Bevölkerung ausgeschüttet werden. Da sitzen dann die angeblichen Gutmenschen und geißeln die von ihnen mitzuverantwortende Ausländerfeindlichkeit, und da sitzen die Scheinheiligen, die zwar ein Einwanderungsgesetz ablehnen, aber tunlichst vermeiden aufzuzeigen, was das für uns alle, besonders aber für die nächste Generation, bedeutet. Und da sitzen Journalisten, die sie reden lassen und sich deswegen mitschuldig machen.

---

12. Mitmenschen statt Arbeitskräfte

In Kalifornien, dem viel gepriesenen Fortschrittsstaat am Pazifik, dem Landstrich, von dem mehr Menschen in der Welt als Einwanderungsziel träumen als von jeder anderen Region, gab es 1994 eine Volksabstimmung, die von blanker Ausländerangst getrieben wurde, die unrühmliche »Proposition 187«. Die Mehrheit der mittlerweile Einheimischen – alle Kalifornier sind erst in den letzten 150 Jahren zugezogen –, also dieser Einwanderungsmix der letzten Generationen, beschloss, dass kein illegal ins Land zugewanderter Flüchtling die sozialen Leistungen des Staates in Anspruch nehmen dürfe, ja, dass ihm sogar die medizinische Grundversorgung vorenthalten werden solle. Dieses Votum wurde nicht in Gesetze umgewandelt, weil diese Diskriminierung von Menschen gegen die amerikanische Verfassung verstößt. Erfolgreich aber sind die Einwanderungsgegner in den Grenzstaaten zu Mexiko und von Florida mit ihren Initiativen, dass Englisch die einzige Unterrichtssprache in den Schulen und in den Amtsstuben bleibt. Obwohl es vor allem in Texas und Kalifornien Städte gibt, in denen mehr Menschen mit Spanisch statt Englisch als Muttersprache leben. Das Einwanderungsland USA lässt sich hier auf keinen Kompromiss ein.

Liberale Menschenrechtsgruppen forschten in Städten und Regionen nach, die besonders einwanderungsfeindlich abgestimmt hatten, wer sich bedroht fühlte. In direkter Konfrontation gaben nur ganz wenige zu, wirklich etwas gegen Ausländer zu haben – im Gegenteil: Sie bekannten sich zu einer multikulturellen Welt. Sie wandten sich lediglich gegen die illegalen Einwanderer, die ihrem subjektiven Empfinden nach für die zunehmende Kriminalität, für unkontrollierte Überfremdung und für den Missbrauch der Sozialleistungen verantwortlich seien. Es stellte sich aber heraus, dass viele Angehörige der Mittel- und Oberschicht, die so argumentierten, gleichzeitig eine illegal im Lande befindliche mexikanische Haushaltshilfe beschäftigten. Die arbeiten nämlich noch unter dem gesetzlichen Mindestlohn. Für »ihre« Mexikanerin legten sie auch die Hand ins Feuer, dass sie mit all dem anderen Abschaum nichts zu tun habe.

Noch absurder waren die Untersuchungsergebnisse in den ländlichen Gebieten mit Intensivkulturen. Die weißen Farmer lehnen strikt jegliche Sozialleistungen ab, für Mexikaner erst recht. Am liebsten würden sie Steuern ganz abschaffen. Trotzdem sind sie wie alle Farmer auf der Welt Subventionsempfänger und protestieren gegen jede Marktöffnung und jeden Subventionsabbau. Zur Erntezeit aber beschäftigen sie Zehntausende von mexikanischen Tagelöhnern – ob die sich legal oder illegal im Land aufhalten, interessiert sie nicht. Jeder Versuch von Politikern und der Polizei, diese Praxis zu unterbinden, würde zu bürgerkriegsähnlichen Zuständen führen. Die nahezu unbegrenzte Verfügbarkeit mexikanischer Landarbeiter zu Hungerlöhnen ist seit Jahrzehnten Geschäftsgrundlage der US-Farmer. Und seit Jahrzehnten nutzen sie diese Menschenschübe aus dem Süden, um ein Ansteigen der miesen Löhne und eine Verbesserung der noch mieseren Arbeitsbedingungen zu verhindern.

So mancher Hollywoodfilm wurde schon über diese Missstände produziert. John Steinbeck schrieb in den Zwanzigerjahren darüber Romane, der mexikanische Landarbeiterführer Caesar F. Chavez wurde mit der Gründung einer Gewerkschaft weltweit bekannt – und nichts änderte sich. Erst wenn die Grenze zu Mexiko wirklich dicht wäre, bliebe den Großfarmern nichts anderes übrig, als mehr zu zahlen, wollten sie nicht, dass ihre Früchte auf den Feldern verrotten. Aber dann wären sie im internationalen Vergleich nicht mehr wettbewerbsfähig. Und weil das jeder Politiker in Kalifornien und Washington weiß, wird die schizophrene Strategie beibehalten: Auf der einen Seite wird die Grenze zu Mexiko immer weiter abgeriegelt, die Hatz auf Illegale immer mehr intensiviert, auf der anderen Seite werden diejenigen, die es ins Hinterland schaffen, geduldet, weil sie gebraucht werden. Schizophren auch die Gesellschaft, die Einwanderer ablehnt, aber gleichzeitig bereit ist, sie zu beschäftigen, wenn sie selbst einen persönlichen Vorteil daraus zieht.

Bei uns gibt es keine Volksbegehren gegen Ausländer – noch nicht. Aber auch in unserer Republik ist die Schizophrenie in dieser Frage eine grassierende Volkskrankheit.

In einer Nachbargemeinde hörte ich in einem Gasthaus einem Beamten zu, der fürchterlich über all die Aussiedler, Asylanten und illegalen Osteuropäer schimpfte. Kein Wunder, dass der Staat verschuldet sei, weil denen das Geld nachgeworfen werde. Die Kriminalität steige, und selbst im Dorf sei er nicht mehr sicher, und so weiter und so fort. Zusammen mit seinen Kumpanen betete er das ganze vermeintliche und tatsächliche Repertoire der deutschen Stammtischparolen herunter. Die latente Ausländerfeindlichkeit wurde da artikuliert. Und wo die sich festgesetzt hat, fehlen dann auch nicht antisemitische Ausfälle gegen die Entschädigung von Zwangsarbeitern.

Es war Sommer, und wie es der Zufall wollte, spazierten wir eines Samstagnachmittags an der Baustelle eines Einfamilienhauses vorbei, auf der ein Dutzend Arbeiter fleißig schafften. Mittendrin der Beamte aus dem Gasthof. Ich verwickelte ihn in ein Gespräch, dachte ich doch, diesen Moralisten bei der Schwarzarbeit zu erwischen, und wollte ihm dann seine Ausfälle von wegen Kriminalität und Ehrlichkeit in Deutschland vorhalten. Doch er fasste schnell kumpelhaftes Vertrauen: Ich hatte mich geirrt. Er arbeitete nicht schwarz, es war sein Haus. Aber alle Helfer waren Schwarzarbeiter.

Er gab mir einen »guten« Tipp: In der Nähe von Worms gebe es einen Parkplatz, auf dem Polen in ihren Autos und Wohnwagen nächtigten. Sie ließen sich als Tagelöhner anheuern, egal für was – für die Felder, für die Weinberge oder den Bau. Alle Berufe seien da vertreten, und vor allem: »Die sind fleißig, so arbeitswillig sind bei uns noch nicht einmal die deutschen Gesellen.« 15 DM pro Stunde zahle er auf die Hand, und »damit kriegen die am Tag von mir so viel, wie die in Polen im ganzen Monat verdienen«. Mein Beamter wollte gelobt werden. Am Anfang habe er auch noch deutsche Schwarzarbeiter beschäftigt, aber das habe nur Krach gegeben. »Die wollen natürlich mindestens 25 Mark pro Stunde auf die Hand und fangen sofort an, die Polen herumzukommandieren. – Nein«, meinte der brave deutsche Bürger, »da lobe ich mir doch meine Polen.«

Als ich mich seiner Sprüche vom Stammtisch bediente und mich als entrüsteter Deutscher ausgab, weil er Ausländer beschäftige, vermochte ich ihn nicht aus seiner selbstgefälligen Biederkeit zu locken. Also, er teile meine Bedenken völlig. Aber in seinem Fall sei das ja anders. Diese Polen würden ja auf keinen Fall in Deutschland bleiben. Die würden ja als Touristen einreisen und spätestens nach drei Monaten wieder das Land verlassen. Gegen diese Form der Arbeitskräftebeschaffung habe er überhaupt nichts. Mit einem der Polen habe er auch schon vereinbart, dass der das nächste Mal seine Frau mitbringt, die dann so lange im Haushalt arbeiten könne. Für zehn DM die Stunde, auf die Hand, versteht sich. Falls ich Interesse hätte, würde er mir den Polen-Parkplatz beschreiben. Ich müsse auch keine Angst haben, verpfiffen zu werden. »Hier machen wir das alle so.«

Die erste Welle der Gastarbeiter war nicht zuletzt deshalb

ohne größere Ausländerkonflikte aufgenommen worden, weil man sie ausschließlich für Jobs ins Land geholt hatte, für die sich die Mehrheit der Deutschen zu schade war. Sie fingen unten an: in der Müllabfuhr, in Gießereien, an Fließbändern, in den Fischfabriken und im Bergwerk. Sie nahmen keinen Arbeitsplatz weg. Die Reallöhne stiegen trotzdem kräftig, und so hatten auch die Gewerkschaften keinen Grund, sich gegen diese Masseneinwanderung zu wehren. Im Gegenteil – keine Bevölkerungsgruppe verfügt über einen so hohen Organisationsgrad in den Gewerkschaften wie die Gastarbeiter. Die IG Metall zum Beispiel hat zirka 280 000 zahlende Ausländer, die fast alle den vollen Beitragssatz zahlen. Unter den knapp 2,8 Millionen Mitgliedern befinden sich schon rund 600 000 deutsche Rentner.

Jetzt aber haben wir statistisch rund vier Millionen registrierte Arbeitslose, und die Computerspezialisten, die ins Land geholt werden, gehören zur oberen Einkommensschicht. Das ist eine neue Situation: Unsere schlecht ausgebildeten Arbeitslosen können bei den neuen indischen Gastarbeitern als Putzfrau und Autowäscher arbeiten. Da wird die Herrenmenschen-Hierarchie auf den Kopf gestellt: oben die Ausländer und unten die Deutschen. Bei 20 000 wird das wohl noch angehen. Aber wie wird das, wenn wir tatsächlich 200 000 gut ausgebildete Ausländer zu uns bitten – und so viele sind mindestens nötig, wenn wir nicht ins demografische Loch fallen wollen. Kann sich irgendjemand in unserem Land vorstellen, dass das gut geht, auch wenn wir noch soviel von Toleranz, Gleichheit und Brüderlichkeit reden?

Die Forderung der Industrie nach Einwanderung oder nach Gastarbeitern auf Zeit ist zwar verständlich, jedoch gleichwohl ein massiver Eingriff in den Arbeitsmarkt zu Ungunsten der Arbeitnehmer und zu Lasten der Gesellschaft. Das was der Beamte am Bau macht, was die amerikanischen Plantagen- und Villenbesitzer von Los Angeles praktizieren, hat am Ende den gleichen Effekt wie der legale Import von Arbeitskräften: Sie drücken sich vor den realen Preisen des lokalen Arbeitsmarktes, indem sie das Angebot an Arbeitskräften erhöhen und damit das Lohnniveau senken. Gleichzeitig wälzen sie die Folgekosten auf die Allgemeinheit ab, wenn sie die Arbeitskräfte nicht mehr benötigen. Sie verbuchen den Gewinn, die Gesellschaft zahlt die Folgekosten.

Wie immer wir mit der unvermeidlichen zukünftigen Einwanderung umgehen, was immer auch nötig sein wird – bevor wir mit einer neuen legalen Einwanderungswelle beginnen, müssen wir zunächst die sozialen Folgen der ersten Einwanderungswelle beseitigen. Die finanziellen Lasten, die dabei entstehen, werden wir alle aus Steuergeldern bezahlen müssen. Aber dann gibt es endlich auch eine volkswirtschaftliche Kostenrechnung, und dann können wir anhand dieser Zahlen viel sachlicher diskutieren, ob wir bereit sind, die Kosten für eine neue Einwanderung zu schultern, oder ob wir vielleicht doch einmal nach Japan, Südkorea und Taiwan schauen sollten, um dort Ideen einzusammeln.

Die Folgekosten der ersten Einwanderungswelle fallen bereits in den Schulen an. Eine im Gesetz verankerte Verpflichtung muss sein: Jedes Kind, das in Deutschland zur Schule geht, muss unabhängig von der Sprachsituation im Elternhaus so gefördert werden, dass es mindestens einen qualifizierten Hauptschulabschluss machen kann. Die finanziellen Mittel dafür – und sei es Einzelunterricht – übernimmt das Land. Jedes hier geborene Kind hat das Recht auf die deutsche Staatsangehörigkeit. In den Volkshochschulen oder eigens dafür einzurichtenden Institutionen müssen Ausländer, die in Deutschland bleiben wollen, Kurse belegen, die sie mit den Sitten und Gebräuchen ihres zukünftigen Heimatlandes vertraut machen. Ein umfangreiches Programm zur Anpassung hat zum Ziel, Ghettobildungen zu verhindern und schon bestehende Ghettos wieder zu entflechten. Die Kosten dafür tragen die Kommunen, die allerdings auch das Recht erhalten, Zuzug in Siedlungsschwerpunkte von Ausländern und Aussiedlern zu verhindern.

Wir müssen aber auch bereit sein, juristisch und gesellschaftlich die Folgeerscheinungen der Einwanderungswelle aufzuarbeiten. Diskotheken, die Jugendlichen den Zutritt verbieten, weil sie wie Ausländer aussehen oder Ausländer sind, werden nach einmaliger Verwarnung geschlossen. Das Gleiche gilt für türkische Discos, die Deutschen den Eintritt verwehren. Das deutsche Sittenrecht gilt ohne Wenn und Aber. Ausländer, die ihre Töchter gegen ihren Willen verheiraten, werden sofort abgeschoben. Blutsfeindschaften und Sippenrecht sind nicht als strafmildernd zu bewerten. Rechtskräftig verurteilte Straftäter, die nicht im Besitz der deutschen Staatsangehörigkeit sind, werden erkennungsdienstlich behandelt, ihre Fingerabdrücke gespeichert und dann sofort abgeschoben.

Die Religionsfreiheit ist ein Grundrecht. Die Ausübung der Religion ist Privatsache. Sie darf allerdings nicht gegen die in Deutschland herrschenden Sitten und Gebräuche verstoßen. Die Trennung von Staat und Religion wird konsequenter als bisher durchgesetzt, damit keine Religion mehr Rechte hat als eine andere. Statt also den Islamunterricht in den deutschen Schulen einzuführen, was nach jetzigem Recht nur billig wäre, müsste jeglicher Religionsunterricht aus den Schulen verbannt werden. Die Abschaffung der Kirchensteuer ist eine weitere logische Konsequenz. Oder wollen wir in 20 Jahren auch für Moscheen, Hindutempel, buddhistische Meditationsklöster und möglicherweise neu gegründete Sekten Religionssteuern einziehen?

Was wir heute noch mit unserer christlichen Tradition und Geschichte begründen können, wird nach 25 Jahren Einwanderung nicht mehr zu halten sein, wenn wir nach weiteren kontinuierlichen Austritten aus der evangelischen und der katholischen Kirche zehn Millionen Moslems im Land haben, die dann die größte oder zweitgrößte geschlossene Religionsgemeinschaft bilden. Aber es war auch wieder der Herr Rüttgers, der sich die Gleichstellung der Religionen genau anders herum vorstellt und in den Schulen Islamunterricht fordert. In aufgeklärten islamischen Staaten wie der Türkei, Algerien und Indonesien werden sie sich verwundert die Augen reiben, da in diesen Staaten die Politik mit gutem Grund versucht, den Islam aus Schule und Staatsbewusstsein ins Private zu verdrängen.

Der schwäbische Bundestagsabgeordnete aus Ludwigsburg mit dem türkischen Namen Cem Özdemir wird nicht müde, zwischen den beiden Welten, die er vertritt, zu vermitteln. Cem Özdemir verkörpert einen liberalen vernünftigen Demokraten, einen Weltbürger. Die real existierende Ausländerwirklichkeit in Deutschland: Cem Özdemir ist auf Schritt und Tritt in der Öffentlichkeit von seinen Bodyguards umgeben, weil er zu den gefährdetsten Personen in diesem Land zählt. Rechtsradikale Deutsche, rechtsradikale Türken, kurdische Nationalisten und fundamentalistische Islamisten – sie alle sind bereit, ihn zu töten. Eine Schande, nicht nur für unser Land, es ist die Schande der Menschheit zu Beginn des Jahres 2000 – die Schande, dass wir immer noch nicht weiter sind:

In den Südstaaten der USA versammeln sich die Ku-Klux-Klan-Mitglieder wieder offen unter ihren brennenden Kreuzen und haben sich mit den radikalen Fundamentalisten zusammengeschlossen, die die Überlegenheit der weißen Rasse predigen.

In Simbabwe entpuppt sich wieder einmal so eine Lichtgestalt der sozialistischen antiimperialen Helden, Präsident Mugabe, als ein machthungriger Autokrat, der seine verarmte Nation in einen Krieg im Kongo stürzt, zu Hause den Bankrott anmeldet und, um an der Macht zu bleiben, weiße Farmer ermorden lässt.

Im Nordkaukasus vernichtet Russland das islamische tschetschenische Volk, weil es nicht mehr nach Moskaus Pfeife tanzen will.

In der New Yorker Bronx brennen Autos, werden Barrikaden errichtet, weil weiße Polizisten einen schwarzen Einwanderer aus Haiti grundlos erschossen haben. Der Bürgermeister Rudy Giuliani verteidigt seine Polizisten.

In Lille in Nordfrankreich kommt es zu Aufruhr und Straßenkämpfen, weil ein Polizist einen Jungen algerischer Abstammung erschossen hat. Der Polizist wird festgenommen.

In der Provinz Almeria brennen Spanier ein marokkanisches Wohnviertel ab, weil ein marokkanischer Gastarbeiter eine Spanierin vergewaltigt und ermordet hat.

Endlos könnte diese Aufzählung fortgesetzt werden. Vom Balkan, von Indios in Mexiko und Ecuador, von Aborigines in Australien, Tibetern und Uiguren in China, den blutigen Konflikten der Volksgruppen auf dem indischen Subkontinent, von Türken und Kurden – überall Intoleranz, Unterdrückung, Rassen- und Religionshass – und mittendrin die Prediger der multikulturellen Friedenswelt. So bitter ich selbst es auch empfinden mag, so bin ich gleichwohl tief davon überzeugt, dass wir dem Frieden auf der Welt mehr dienen, wenn wir die unterschiedlichen Menschengruppen auseinander halten. Multikulti bleibt noch für Jahrhunderte eine Aufgabe fortschreitender Zivilisation. Wer sie heute erzwingt, erntet noch mehr Hass, noch mehr Morde, noch mehr Kriege. Und deshalb noch einmal die Forderung: Wir müssen aus den Fehlern der Gastarbeiterwellen lernen und diese Menschen, koste es, was es wolle, in Deutschland integrieren – es ist allemal billiger, als die negativen sozialen Folgekosten auszugleichen –, und in Zukunft dürfen wir nur so viele Ausländer ins Land lassen, wie wir auch als gleichberechtigte Bürger integrieren können. Darin muss sich Europa mit seiner feudalen Sklavenhaltervergangenheit von den Staaten unterscheiden, denen es heute noch nur um den Import von Arbeitskräften geht. Das ist nicht zu vereinbaren mit der Vorstellung des »freien, selbstbestimmten Menschen«, der als Vorbild für das Europa des 21. Jahrhunderts gilt.

Dritter Teil

Im Krieg mit dem 1×1

13. Renten – die Angst vor den Zahlen

In der Werbung gibt es sie noch, die glückliche Familie: Vor dem Einfamilienhaus parkt der Mittelklassewagen, Vater verdient das Geld, Mutter kümmert sich um die beiden Kinder und den Hund. Von der Magarine über die »Wischwasch«-Putztücher bis hin zur neuen Bratensoße wird diese Heile-Welt-Idylle als umsatzsteigernd vorgeführt. Die Werbe- und Marketingstrategen knüpfen damit verkaufsfördernd an ein Familienbild an, das in unserer Vorstellungswelt noch sehr real ist, weil viele von uns in einer solchen Umgebung groß geworden sind: zu Hause, bei Klassenkameraden, in der Verwandtschaft. Es gab die vier- bis fünfköpfige Familie, und der Vater, der »Haushaltsvorstand«, verdiente genug, um auf diese Weise einen auskömmlichen Lebensstandard zu sichern.

Mehrfach habe ich in Unternehmen zwischen 300 und 3000 Beschäftigten nach einer solchen Familie gesucht. Ich wollte an ihr exemplarisch die Einkommens-, Steuer- und Abgabensituation unseres Staates vorführen. Es ging mir um einen qualifizierten Facharbeiter oder Angestellten in einer Sachbearbeitersituation zwischen 30 und 50 Jahren. Doch so sehr die Personalabteilungen auch nachforschten unter den Tausenden von Beschäftigten in vielen Städten und Unternehmen – wir haben nicht einen einzigen gefunden, auf den diese Vorgaben noch passten.

Hauptursache: Die Frau arbeitete mit, wenigstens halbtags. Zweiter Punkt: Der Mann war geschieden, zahlte Unterhalt, hatte ein zweites Mal geheiratet oder lebte in einer nichtehelichen Zwischenbeziehung. Dritter Grund: Der Kandidat hatte keine Kinder oder war ledig. Bei den wenigen Ausnahmen, in denen der Mann wirklich verheiratet und mit Kindern Alleinverdiener war, handelte es sich um Sonderfälle: Die Familie hatte ein behindertes Kind, sodass es der Frau unmöglich war zu arbeiten, oder aber die Kinder waren noch so klein, dass sich die Frau gerade im Mutterschaftsurlaub befunden oder eine Auszeit genommen hatte. Die Absicht, so bald wie möglich aber wieder zu arbeiten, wurde stets betont. Alle Familien, in denen der Mann Alleinverdiener war, krebsten am Rand der Sozialhilfe entlang. Sie schafften es nicht, die allgemein gültigen Sozialstandards zu erfüllen: zum Beispiel sich wenigstens einmal im Jahr einen Urlaub zu leisten, einmal im Monat essen zu gehen und Kleidung nicht im Sonderangebot oder Secondhandshop zu kaufen.

Unsere vierköpfige Heile-Welt-Arbeitnehmerfamilie gibt es nicht mehr, sie wurde überrollt. Vier Jahrzehnte Familienförderung durch CDU, SPD und FDP haben sie platt gemacht – finanziell erwürgt. Sie ist so gut wie ausgestorben. Nun mag das eine unvermeidliche Entwicklung gewesen sein, die sich ja so nicht nur bei uns, sondern auch in allen Industriestaaten abgespielt hat, egal ob sie sich mit dem Etikett »soziale Marktwirtschaft« schmückten oder nicht. Das Fatale an unserer Situation aber ist, dass unsere Sozialgesetzgebung noch immer von diesem Familienbild ausgeht. Und das hat zur Folge, dass keine Bevölkerungsgruppe in unserem Staat so benachteiligt wird, dermaßen sozial aufs Abstellgleis geschoben wird wie die Frau und Mutter, die ihre Kinder erzieht und sich in ehrenamtlichen Funktionen unserer Gesellschaft zur Verfügung stellt.

Auf diese Frauen aber wird zurückgegriffen, wenn im Kindergarten freiwillige Helferinnen benötigt werden, wenn die Wahlen für die Klassenelternbeiräte anstehen, wenn ältere Mitglieder der Familie versorgt werden müssen. Bei ihnen werden die Kinder der benachbarten berufstätigen Frau schnell abgeladen – die Missbrauchsliste für diese »Büttel der Nation« ist lang. Und da sich kein intelligenter Mensch gern als Depp ausnutzen lässt, stirbt diese Spezies aus. Denn zu aller Missachtung ihrer Leistung kommt auch noch die Geringschätzung. Im Sprachgebrauch heißt es: Sie arbeitet nicht, sie ist Hausfrau. Jede noch so unqualifizierte Bürokraft erhebt sich im Geiste über dieses »Hausmütterchen«.

An ihrem Lebensabend bekommt die nicht berufstätige Frau die Quittung, wird ihr endgültig vom Staat bescheinigt, dass ihre Arbeit nichts wert war: Sie hat keinen Rentenanspruch. Zwar werden ihr mittlerweile ein paar Jahre Kindererziehung angerechnet – doch die reichen selbst bei fünf Kindern nicht zur Miete samt Mietnebenkosten. Ihre Rente wird einzig und allein durch die berufliche Position ihres Mannes definiert. Stirbt er vor ihr, was statistisch der Regelfall ist, muss sie sich mit 60 Prozent seiner Rente begnügen. War er leitender Angestellter oder Beamter, kommt sie ganz gut zurecht. War er einfacher Arbeiter und kleiner Angestellter, rutscht sie in die Sozialhilfe ab. Ihre enorme Leistung, ein ganzes Leben mit knappen Mitteln gemeistert zu haben, wird so noch einmal mit Missachtung abgetan. Ihr bleibt nur die Hoffnung, dass es ihr gelungen ist, ihre Kinder mit Liebe und Fürsorge großzuziehen, und dass diese Kinder dies anerkennen und sich im Alter um sie kümmern, ohne vom Sozialamt dazu gezwungen zu werden.

Diese Mütter aus der letzten Generation sind durch den Rost des Sozialstaats gefallen. Daran hat sich nichts geändert. Auch die Frau, die in der heutigen Generation »Mutter sein« als ihren Beruf ausübt, wird auch wieder zu den Verlierern im Rentenalter gehören. Es gibt kaum einen unattraktiveren Beruf in unserer Gesellschaft, sowohl im Ansehen als auch in der Bezahlung, wie den der Mutter. Also stirbt er aus. Er wird nur noch als Nebenbeschäftigung ausgeübt, aus Statusgründen, als biologische Begleiterscheinung und manchmal auch aus Liebe. Entsprechend gering ist die Geburtenrate. Und da glauben unsere Gutmenschen mit 100 oder auch 500 DM mehr Kindergeld die Säuglingsstationen wieder beleben zu können.

Die wirtschaftliche Realität dieser Frauen habe ich so intensiv beschrieben, um die verlogene Argumentation der traditionellen Sozialpolitiker zu verdeutlichen, die jede Veränderung der Rentenformel als soziale Untat niederpolemisieren. In all den Jahren aber, in denen sie die Verantwortung trugen, haben sie sehr wenig gemacht, um die Lebensleistung dieser Frauen für die Gesellschaft mit einer gebührenden Alterssicherung zu honorieren. Diese himmelschreiende Ungerechtigkeit, der Verzicht auf eine eigenständige Rente für Mütter, ist für mich der Beleg, dass unser Rentensystem nie das war, was es vorgab zu sein: eine gerechte sozialstaatliche Einrichtung. Es wird in den nächsten Jahren hinweggefegt, an seinen inneren Widersprüchen kollabieren und die Verteidiger des Status quo unter sich begraben. Unklar sind noch die Auswirkungen dieses Knalls. Werden die gigantischen Erdbeben, die von dem Zusammenbruch ausgelöst werden, nur das Rentensystem zum Einsturz bringen, oder reißt es gleich den ganzen Staat in den Abgrund? Je länger unsere Parteien Angstpsychosen und Lügenkampagnen schüren, nur um damit die nächste Wahl zu gewinnen, ohne schnell und umfassend das System grundlegend zu reformieren, desto schneller treiben sie den Staat gleich mit in den Abgrund.

Anlässlich der Verleihung des Wolfram-Engel-Preises am 29. November 1999 an Philipp Schuller und meinen Sohn Peer für ihre Bilanz der Deutschland AG stellten die beiden Autoren anhand ihrer Berechnungen die Aussage in den Mittelpunkt ihres Vortrags: Deutschland wird im Jahre 2015 zahlungs- und politikunfähig, weil sich dann die Verschuldung auf knapp zehn Billionen DM erhöht hat. Eine vernichtende Analyse, die so noch nicht in der Öffentlichkeit wahrgenommen wurde. Und während noch so mancher im Publikum nachdachte, ob die beiden jungen Wirtschaftler da nicht überzogen hätten, bestätigte Bundesfinanzminister Hans Eichel in seiner Laudatio diese Zahlen. In einem Anflug von Ehrlichkeit meinte er: Die SPD sei so tief im Keller, dass sie es sich leisten könne, die Wahrheit zu sagen. Ja, Deutschland werde politikunfähig, wenn wir so weitermachen, räumte Eichel ein, und seither glaube ich ihm, dass sein Sparsamkeitsfeldzug keine politische Marotte ist, um einen guten Eindruck zu hinterlassen. Er weiß, dass es um die Zukunft unseres Gemeinwesens geht. Er sieht den drohenden Crash, und der kommt nicht erst in der Generation der Urenkel, sondern übermorgen, irgendwann zwischen 2010 und 2015.

Es war im Jahre 1883. Seit zwölf Jahren gab es das Deutsche Reich, das fast doppelt so groß war wie die heutige Bundesrepublik. Mit Krieg, List, Bestechung und vor allem der Aussicht auf wachsenden Wohlstand hatte es der erzkonservative Fürst Otto von Bismarck zusammengeschmiedet. Liberale und Sozialisten waren dem Adligen ein Gräuel. Das politische Genie Bismarck erkannte, dass ein ausgemergeltes, ausgebeutetes Proletariat dem Staat innen- wie außenpolitisch gefährlich werden konnte. So etwa beschwerten sich die Generäle, dass die Rekruten schwach und oft auch zu krank waren und deshalb für den Militärdienst nicht taugten. Zwecks Anhebung der Volksgesundheit und zur Abwehr der Sozialisten in den schnell wachsenden Industriestädten baute Bismarck ein Netz von staatlichen Sozialfürsorgegesetzen auf, auf das bis heute alle Schichten Deutschlands mit Stolz verweisen: 1883 Krankenversicherungspflicht, 1884 Unfallversicherungspflicht und schließlich 1889 die Einführung der Invaliden- und Rentenversicherungspflicht für die Arbeiter. Etliche Jahre nach seinem Abgang, aber noch im Geiste des autoritären Kaiserreichs, wurde das bis heute gültige Gerüst des deutschen Sozialsystems 1913 durch die Erweiterung der Sozialversicherungspflicht für Angestellte ergänzt.

Seither sind die Deutschen stolz auf ihr Sozialsystem, das sie als einen Teil ihres Staatsgefühls, ihres Staatsbewusstseins empfinden. Es dient als Messlatte für die Bewertung anderer Staaten. Nur wenn sie ähnliche »Errungenschaften« vorweisen, halten wir sie für ebenbürtig. Gehen sie andere Wege, wie die USA oder Japan, stufen wir sie gleich als unterlegene, nicht erstrebenswerte Gesellschaftsmodelle ab, die es in ihrer Unterentwicklung noch nicht so weit gebracht haben wie wir.

In den gut 100 Jahren von 1883 bis zur Wiedervereinigung 1990 ist Deutschland durch die Hölle gegangen. Zwei Weltkriege, der Verlust von 40 Prozent der Landfläche, der Zusammenbruch der Monarchie und der schwächlichen Weimarer Republik, das Terrorregime der Nazis, die Zerstörung der Städte, die Vertreibung von über zehn Millionen Menschen aus dem Osten, Teilung der Restnation – dieses Land in der Mitte Europas hat sich selbst im Wahn der Einzigartigkeit erhöht und ist von seinen Gegnern zerstückelt worden –, all dies haben die Grundfesten des Bismarckschen Sozialsystems überstanden. Im Gegenteil: Es wurde ergänzt, verfeinert und immer weiter ausgebaut, bis es jetzt, dem Turmbau von Babel ähnlich, die Gesellschaft so überlagert und überragt, dass es endlich einzustürzen droht.

Ein furchtbares Missverständnis hat sich in das Sozialsystem als Erbfehler eingeschlichen. Für Bismarck war die Sozialgesetzgebung eine praktische politische Tat. Die Volksgesundheit verbesserte sich, und den Arbeitern wurde bewiesen, dass die herrschende Schicht für ihre Untertanen sorgt und dass der Staat dafür keine Sozialisten und keine Gewerkschaften braucht. Der eiserne Kanzler wollte alle Bevölkerungsschichten an den Staat binden. Der Herrscher kümmert sich um sein Volk – nicht der aufrührerische Plebs.

Die Nachfolger Bismarcks übersahen, dass dieser seine eigentlichen Ziele verfehlt hatte. Weder ist es ihm gelungen, die Parteien der Arbeiterklasse zu unterdrücken, noch konnten seine politisch einfältigen Nachfolger mit den »gesunden deutschen Soldaten« einen Krieg gewinnen. Egal ob Kaiser, Republikaner der Weimarer Zeit, Nazis, Kommunisten oder westdeutsche Demokraten – sie alle haben sich an der Aufblähung der Sozialgesetzgebung beteiligt, um auf diese Weise das Volk an ihren Staat zu binden. Mal musste sie, wie in der Weimarer Republik, als die Massenarbeitslosigkeit mit Wogen des Elends das Land überrollte, die schlimmste Not lindern. Mal wurden die Sozialsysteme ausgeweitet, um das Gefühl der Volksgemeinschaft aller Deutschen zu unterstreichen, wie es die nationalen Sozialisten Hitlers perfekt verstanden, mal wurde der Ausbau der Sozialfürsorge aller für alle zur Staatsdoktrin erhoben, wie bei den internationalen Sozialisten unter sowjetischer Führung in der DDR. Aber auch in der westdeutschen Republik wurde das Netz immer feiner gesponnen, bis schließlich fast alle Deutschen darin zappelten, was spätestens seit der Zwangsgebühr für die Pflegeversicherung erreicht war. Je wohlhabender der Staat wurde, desto mehr schüttete die Regierung aus dem Füllhorn Wohltaten über ihrem Wahlvolk aus. Das beherrschte vor allem die CDU/CSU, die es so den Sozialdemokraten schwer machte, ihre Regierungsnotwendigkeit aus sozialen Gründen abzuleiten.

Im wiedervereinigten Deutschland wird die Variante betrieben, die in ihrer Methodik aus der Regierungszeit Konrad Adenauers stammt und als »Generationenvertrag« bezeichnet wird. Er beinhaltet, dass die im Arbeitsleben stehende Generation für die Rentenansprüche der vorherigen Generation aufkommt. Gleichzeitig erwirbt er mit seinen Zahlungen den Anspruch, auch wieder von der zukünftigen Generation im Rentenalter finanziert zu werden. Eine geniale Idee: Ohne zunächst einmal viele Milliarden ansparen zu müssen, können gleich Renten gezahlt werden. Die Katastrophen unserer Geschichte schlugen auch kaum auf die Renten durch. Hyperinflation, Geldvernichtungen durch die Kriege, Massensterben, Währungsreform, das System überlebte alles. Die Menschen fingen wieder an zu arbeiten, erhielten Geld in der gerade gängigen Währung, und sofort konnten die Renten wieder gezahlt werden. So gesehen war die Kopplung der Altersruhegelder an die Steigerung der Bruttogehälter unter Konrad Adenauer durch den von der katholischen Soziallehre geprägten Rheinländer Hans Katzer die Krönung der Existenzsicherung der Rentner auf hohem Niveau.

Dieser Generationenvertrag beruht auf einem Finanzierungsmodell, das in der freien Wirtschaft auch als »Schneeballsystem« bekannt ist. Die meisten Finanzjongleure, die damit Kunden fangen, landen früher oder später vor dem Kadi, weil sie ihren Kapitalfluss nur so lange absichern können, solange immer neue Kunden bereit sind, ihnen frisches Geld anzuvertrauen. So etwas Ähnliches zeichnet sich jetzt für das Rentensystem ab. Die kommende Generation hat den Vertrag rücksichtslos gekündigt, indem sie sich weigerte, genügend Kinder zu gebären, die das dringend benötigte frische Kapital einzahlen könnten.

So gerät diese urdeutsche Errungenschaft, dieses Stück deutschen Staats- und Selbstbewusstseins, ins Wanken. Bismarck, Adenauer und all die anderen haben dabei allerdings eines nicht voraussehen können: die Antibabypille. Noch erhalten die Rentner die üppigen, gesetzlich vorgeschrieben Leistungen, aber die Generation, die diese Summen jetzt erwirtschaftet, kann sich nicht mehr darauf verlassen, dass auch sie im Alter ausreichend versorgt ist.

Alle reden vom Generationenvertrag. Aber ich bin immer wieder bass erstaunt, wenn ich in Vorträgen oder auch im kleinen Kreis versuche, den Menschen klarzumachen, was dieser Begriff für jeden Einzelnen bedeutet: nämlich dass diejenigen, die heute einzahlen, kein Konto haben, auf dem sich ihr Geld ansammelt. Es ist gleich wieder weg, ausgezahlt an ihre Elterngeneration. Ihr Anspruch besteht nur auf dem Papier. Wenn er realisiert werden soll, muss die nächste Generation erst wieder zahlen. So klar das in allen Diskussionen auch gesagt wird, so unmissverständlich wir nach diesem Prinzip seit über 100 Jahren handeln, so wenig ist den Menschen in unserem Land klar geworden, was das in letzter Konsequenz bedeutet: Mit dem Knick in der Geburtenrate hat die jetzige Generation den Generationenvertrag fristlos gekündigt – doch dabei nicht bedacht, dass sie damit ihre eigene Altersversorgung gleich mitgekündigt hat.

Es war bei einer Podiumsdiskussion in München im Juli 1992. Es ging um die Zukunft des Industriestandorts Deutschland und die japanische Herausforderung. Anhand der demografischen Entwicklung erklärte ich, warum die Renten nicht sicher seien. Mir antwortete der Bundestagsabgeordnete Kurt Faltlhauser (CSU), heute bayerischer Finanzminister. Er beschuldigte mich einer unverantwortlichen Panikmache. Die Rentner zu verunsichern sei unentschuldbar, eine typisch journalistische Übertreibung. Aber das gehöre nun einmal zu diesem Beruf, sich mit Kassandrarufen zu profilieren. Wie haben sich die Zeiten geändert! Wenn heute jemand behauptet, die Renten seien sicher, erntet er nur noch Spott und Gelächter. Ich weiß immer noch nicht, ob es Faltlhauser damals wirklich nicht besser wusste oder ob er seinen Wählern nur die Wahrheit ersparen wollte. Mit Todkranken gehen die Ärzte ja auch oft schonend um. Im Ergebnis ist das egal. Das viel zu lange Festhalten an unseren kollektiven Versicherungssystemen wird der nächsten Generation bitter aufstoßen. Doch dann stehen alle, die dieses Chaos angerichtet haben, nicht mehr zur Wahl. Die Politiker der Ära Brandt, Schmidt, Kohl und Schröder haben parteiübergreifend die finanzielle und gesellschaftliche Basis zerrüttet.

Dabei hat es an Warnungen nicht gefehlt. Kurt Biedenkopf hat immer wieder auf die Gefahren unseres Rentensystems hingewiesen, das ja nichts anderes ist als ein Kettenbrief. In der Bundesausschusssitzung der CDU am 19. März 1997 in Bonn, als über die zukünftige Rentenpolitik der großen christlichen Volkspartei abgestimmt wurde, stimmten noch nicht einmal zehn Prozent der CDU-Führungsschicht für Biedenkopf, sondern hielten oft gegen besseres Wissen aus Parteiräson an den Hokuspokuszahlen der Sozialfraktion fest. In einem Interview danach stellte er lapidar fest, dass er trotzdem an seinen Reformvorschlägen festhalte, die ein Ende des Kettenbriefes bedeuten würden. Sein Vorschlag: Eine aus Steuern finanzierte Grundrente. Als einziger führender CDU-Politiker war Biedenkopf bereit, Mathematik über Ideologie zu stellen. Jetzt, drei Jahre danach, fände sein Modell immer noch keine Mehrheit in der CDU, aber immerhin wird er wenigstens nicht mehr als Spinner abgetan. Die Realität lässt sich auch durch Mehrheiten nicht beseitigen, und seien diese noch so groß.

Im Bundestagswahlkampf 1998 konnte dann die Republik erleben, wie die SPD für jeden Bürger sichtbar zugab, dass sie die einfachsten mathematischen Formeln nicht beherrscht. Landauf, landab versprach sie, die geplanten Rentenreförmchen der CDU wieder zurückzunehmen, ohne dass dafür die Rentenbeiträge erhöht werden müssten. Wenn diese Kampagne nicht auf katastrophalen Rechenkenntnissen basieren würde, sondern solche Parolen nur aus wahltaktischen Gründen unters Volk gestreut worden wären, dann hätten sich Kanzler Schröder und seine Genossen allerdings des übelsten Volksbetruges schuldig gemacht. Ich möchte ihnen so etwas einfach nicht unterstellen, sondern sie lieber nur für dumm halten – das wäre noch leichter zu ertragen.

Arbeitsminister Walter Riester, der jetzt für die Rentenfinanzen zuständig ist, hat ja auch prompt mit seinem Reförmchen begonnen, das, wie es auch die Union vorhatte, eine Entkoppelung der Renten vom Lohnzuwachs vorsieht, also ebenfalls eine Absenkung des Niveaus bedeutet. Der eine macht's so herum, der andere anders herum, im Endeffekt müssen sie alle das bestehende Rentenniveau absenken und die Aufwendungen für die zukünftige eigene Rente erhöhen. Was zurzeit vorgestellt wird, reicht noch lange nicht aus: weder das Modell der Union noch das, was als Rentenreform 2000 von der Regierung vorgelegt wird.

Riester begründete übrigens seine Sparmaßnahmen damit, dass er erst im Amt das volle Ausmaß der Finanzprobleme erkannt habe. Ja hätte er vorher einmal die Zahlen des Statistischen Bundesamtes über die Geburtenrate und die Lebenserwartung angeschaut und einen Rechenlehrer des vierten Schuljahres nach den Konsequenzen gefragt, der hätte es ihm in wenigen Sätzen erklären können.

Bernd Raffelhüschen ist 42 Jahre alt und ein sympathischer, fröhlicher Mensch von den nordfriesischen Marschen. Aber jedes Mal, wenn ich ihn in seinem Freiburger Institut für Finanzwissenschaften in der Albert-Ludwigs-Universität besucht habe, ist mir das Lachen vergangen. Raffelhüschen hat sich darauf spezialisiert, die wirtschaftlichen und demografischen Zahlen auszuwerten und die daraus resultierenden Konsequenzen für die Renten zu berechnen. »Ich kann nur mit Zahlen umgehen«, entschuldigte er sich bei der ersten Begegnung, »ich tauge nicht zum Ideologen.« Raffelhüschen hat gerade zusammen mit der Universität Bergen eine neue Rentenformel für Norwegen entwickelt. Mit US-Forschern arbeitet er daran, die Bilanz der Generationen immer genauer berechnen zu können. In dieser jungen Wissenschaft werden Instrumente erarbeitet, mit denen sich genau errechnen lässt, ob eine Generation über ihre Verhältnisse lebt. Er ist weltweit anerkannter Experte.

Seine Grunddaten sollten auf Anhieb von jedem verstanden werden. Als das Deutsche Reich 1889 das Rentensystem einführte, hatte eine Familie im Durchschnitt noch viermal so viele Kinder wie heute. Das Rentenalter betrug damals 70 Jahre und die Lebenserwartung des Rentners weitere 7,5 Jahre. So lange bezog er auch Rente. Die Beiträge konnten deshalb niedrig sein, und trotzdem bildete sich in den Rentenkassen eine solide Rücklage. Heute geht ein Arbeitnehmer im Durchschnitt mit 59 in Rente und bezieht diese dann mehr als dreimal so lange wie zu Bismarcks Zeiten. Um Missverständnissen vorzubeugen: Die Lebenserwartung 1889 war nur 37,1 Jahre, das lag vor allem an der hohen Kindersterblichkeit. Wer heute das 70. Lebensjahr erreicht, kann, statistisch gesehen, sogar mehr als 80 Jahre alt werden.

Noch 1960 betrug die Geburtenrate 2,5 Kinder pro Frau, das durchschnittliche Rentenalter lag bei 64,7 Jahren und die Lebenserwartung der Männer bei 66,7 Jahren. Alles war noch in bester Ordnung. Im Schnitt musste also die Rentenversicherung pro Mitglied zwei Jahre Rente zahlen. Frauen, die schon mit 60 aus dem Arbeitsleben ausscheiden durften, wurden im Schnitt

71,9 Jahre alt, konnten also für 11,9 Jahre mit Rentenzahlungen rechnen. Doch damals gab es noch nicht so viele voll berufstätige Frauen, die die Rentenkassen in Schieflage hätten bringen können. Außerdem kamen 100 Berufstätige für 30 Rentner auf – und das bei einem Beitragssatz von 14 Prozent.

1995 ist das Rentenalter auf 62,7 Jahre gesunken und die Lebenserwartung der Männer erfreulicherweise auf 73,5 Jahre gestiegen. Jetzt sind schon 10,7 Jahre lang Rentenzahlungen fällig. Gleichzeitig beträgt die Geburtenrate nur noch 1,4 Kinder pro Frau, was für die Zukunft weiteres Ungemach verspricht. Immerhin müssen jetzt schon 47 Rentner von 100 Beschäftigten bezahlt werden. Der Beitragssatz ist auf 17,5 Prozent gestiegen.

Auch für die nächsten 30 Jahre kann Raffelhüschen mit genauen Zahlen aufwarten. Denn die Menschen, die dann in Rente gehen, kennen wir schon, und die Jungen, die das ausgleichen müssen, sind bereits geboren – oder besser formuliert: Sie sind in leider nicht mehr ausreichender Zahl geboren worden. Jedenfalls werden im Jahre 2030 100 Beschäftigte für 96 Rentner aufkommen müssen. Nur der Beitragssatz steht noch nicht fest. Bei der heutigen Rentenformel müsste er zirka 30 Prozent des Einkommens ausmachen, zusammen mit den anderen Abgaben und Steuern, die aus der Sozialgesetzgebung resultieren, betragen dann die Abzüge mehr als 60 Prozent des Bruttoeinkommens. Aber die Generation, die sich das gefallen lässt, gibt es nicht. Übrigens – all diese Zahlen sind variabel, ändern sich ständig. In seiner Pressekonferenz im Juli 2000 verkündete das Statistische Bundesamt, dass wir alle im Schnitt vier Jahre älter werden – so von einem Tag auf den anderen. Damit sind alle Renten- und Lebensversicherungsrechnungen auf dem Prüfstand.

Was für eine Perspektive: Ein heute 35-jähriger Arbeitnehmer, der jeden Monat mit Arbeitgeber- und Arbeitnehmeranteilen ungefähr 900 Mark in die Rentenversicherung einzahlen muss, kann damit rechnen, dass sich seine gezahlten Beträge für ihn gerade mal mit 1,5 Prozent verzinsen, wenn die dann arbeitende Bevölkerung bereit ist, rund 60 Prozent ihres Einkommens in die staatlichen Kassen zu zahlen. Alternativ können wir alle zwei Jahre die Mehrwertsteuer um einen Prozentpunkt erhöhen, wie es die Regierung Kohl noch schnell vor der Wahl gemacht hat, um die Rentner zu beruhigen. Doch spätestens nach der fünften Erhöhung führt auch das bei den steuergeduldigen Deutschen zum Aufruhr. Und die letzte Alternative wäre der Import von jährlich 500 000 gut ausgebildeten Einwanderern im Alter von 20 bis 40 Jahren, die sofort einen Job haben.

Nun ist es nicht so, dass die Zahlen von Bernd Raffelhüschen nur einem kleinen Kreis zugänglich wären. Alle Rentenpolitiker waren schon bei ihm, haben sich seine Formeln erklären lassen, kennen die grauenvollen Perspektiven und sitzen dann mit gesenktem Haupt in seinem Institut. Doch irgendwo zwischen der Freiburger Uni und auf dem Weg zur nächsten Parteiveranstaltung gelingt es unseren Rentenexperten, sich von dem Schock zu erholen und die mathematische Unerbittlichkeit zu verdrängen. Sie kehren zurück in ihre ideologische Scheinwelt und versichern der verunsicherten Wählerschar, dass mit ein paar kleinen Korrekturen die Sache mit den Renten und den stabilen Beiträgen schon wieder hinzukriegen sei. Das Erwachen wird brutal, und mit jedem Jahr, das tatenlos vergeht, wird es umso brutaler.

Zugegeben – bei dem tiefverwurzelten Vertrauen auf das Bismarcksche Rentensystem, das zusammen mit der Krankenversicherung und der Arbeitslosenunterstützung für uns Deutsche den lebenswerten Sozialstaat überhaupt erst ausmacht, bei dieser Identifikation des deutschen Menschen mit seinem über alle Zweifel erhabenen Sozialsystem, ist es für einen Politiker ein Kamikaze-Unternehmen, den Wählern endlich reinen Wein einzuschenken. Da fällt es leichter, sich von Legislaturperiode zu Legislaturperiode durchzumogeln, bis die eigene gut dotierte Pension sicher ist.

Doch neben den Politikern, die sich vor der Wahrheit drücken, den Abgeordneten, die einfach nicht rechnen können, und den guten Menschen, die auf ein Wunder hoffen, das ihr geliebtes Rentensystem doch noch rettet – also neben diesen passiven Tätern gibt es außerdem Geisterfahrer, deren Verhalten nur noch als gemeingefährlich bezeichnet werden kann. Dazu zählen alle, die auch im Jahre 2000 eine Rente mit 60 fordern und die gesunde, arbeitsfähige Menschen in den Vorruhestand zu Lasten der Rentenversicherung und der öffentlichen Kassen manövrieren. Sie sind nicht deshalb so gefährlich, weil sie den Crash beschleunigen, sondern weil sie gutgläubigen Zeitgenossen suggerieren, dass die Mathematik mit Ideologie außer Kraft gesetzt werden kann. Sie führen Krieg gegen das Einmaleins. Solche Irrwitzstrategien finden sogar Anhänger: Wir Menschen glauben nun mal gern an Wunder, an Märchen und an den guten Herrscher, der schon alles richten wird – und wir Deutschen sind da ganz besonders blauäugig und blond.

14. Der Generationenkonflikt

Für die Rentenversicherung gilt das Gleiche wie für all die anderen wohlfahrtsstaatlichen Umverteilungskassen: Es heißt Abschied nehmen von dem deutschen staatswirtschaftlichen Irrweg. Es gilt, sich der Herausforderung des Marktes und der Eigenverantwortung zu stellen. Die angelsächsischen Länder, aber auch die Niederlande und die Schweiz ebenso wie die industrialisierten Staaten Asiens, haben die Sozialsysteme als eine Mindestabsicherung betrachtet, für die die Gemeinschaft aufkommt – entweder durch Umlagesysteme oder durch Steuern. Jeder einzelne Mensch aber war und ist im Endeffekt für die Ausgestaltung seiner Lebensumstände selbst verantwortlich.

Die deutsche Sozialstaatstradition ist auch eine Versicherung vor den Folgen und den Risiken der Freiheit, die viele Menschen überforderte, nachdem sie aus Leibeigenschaft und Zinsknechtschaft, aus Zünften und königlicher Bevormundung entlassen waren. Es ist kein Zufall, dass zwei so geniale, aber auch erzkonservative Männer wie Bismarck und Adenauer die Grundlage für die heutige Ausgestaltung unserer Sozialsysteme geschaffen haben. Sie sorgten für das Volk, stellten es ruhig. Systeme, die die Freiheit des Einzelnen gestärkt hätten, waren ihnen suspekt. Jetzt, am Beginn des neuen Jahrtausends, werden wir Abschied nehmen müssen von der Bevormundung durch den Wohlfahrtsstaat. Er lässt uns gar keine Wahl – er bricht zusammen. So wunderbar, wie wir ihn immer gesehen haben, war er nie.

Mehr Markt, mehr Eigenverantwortung und mehr Freiheit bei der Wahl, seine Alterssicherung selbst zu gestalten – diese Formel beschreibt die Richtung, nicht die detaillierte Ausgestaltung der neuen Rentengesetze, die wir benötigen. Die Mehrheit der Tarifpartner und der Politiker hat eingesehen, dass es die jetzige Form der staatlichen Umverteilungsrente nicht mehr schafft. Wenigstens ein paar Zahlen aus Raffelhüschens Berechnungen sind als unabweisbar akzeptiert. Doch wie fragil das Veränderungsbewusstsein noch ist und wie verantwortungslos die linken Truppen in SPD und PDS träumen, zeigte die Reaktion, als dem Bund durch die Versteigerung der neuen Mobilfunksysteme UMTS fast 100 Milliarden Mark zuflossen. Sofort wurde die Forderung laut, das Geld zu benutzen, um die Rentenerhöhung in diesem Jahr nicht wie beabsichtigt der Inflationsrate anzugleichen, sondern wieder gemäß der alten Formel die Steigerung der Renten dem Zuwachs der Nettolöhne anzupassen. Damit wäre zwar wieder ein Jahr für die jetzigen Rentner gewonnen, aber auch wieder ein Jahr für zukünftige Generationen vertan. Wer so plant, schürt wirklich einen Krieg zwischen den Generationen.

Momentan ist bei den Parteien eine gewisse Bereitschaft zu erkennen, die Altersversorgung auf drei Beine zu stellen: auf die traditionelle staatliche, umverteilungsorientierte Rente, auf eine betriebliche Komponente und auf Einkommen aus privaten Ersparnissen. Der Kampf geht derzeit darum, wie diese drei Säulen gewichtet werden sollen. Und leider wird diese Auseinandersetzung nicht um die praktischste und beste Lösung für die betroffenen Menschen geführt, sondern im Grunde sollen die Machtverhältnisse so bleiben, wie sie sind. Die betriebliche Rente und die privaten Ersparnisse dürfen, wenn es nach den Traditionalisten geht, lediglich die Lücken füllen, die die öffentlichen Rentenkassen nicht mehr abdecken können. Es würde hier zu weit führen, alle Modelle miteinander zu vergleichen, die in Deutschland wie auch in der Welt diskutiert und praktiziert werden. Auch darüber lässt sich leicht gleich ein mehrbändiges Werk verfassen. Doch die Grundprinzipien einer am Gemeinwohl und dem Interesse der Betroffenen orientierten Alterssicherung möchte ich anhand von Beispielen präzisieren.

Eine Maxime muss lauten: Es darf keinen Unterschied mehr geben, ob ein Bürger dieses Staates als Arbeiter, Angestellter, Beamter oder Selbstständiger tätig ist. Die unterschiedliche Besteuerung von Rücklagen oder Renten ist ungerecht und unsozial, das ist ohne große Mühe für jeden nachvollziehbar. Er müsste sich nur einmal mit seinen Nachbarn treffen, und alle würden ihre Altersversorgung offen auf den Tisch legen. Der Bayerische Rundfunk hat das in einer »Profile«-Sendung im April 2000 getan. Er rechnete folgende Beispiele vor:

Ein Kfz-Mechaniker mit 6000 DM brutto zahlt monatlich 1200 DM in die Rentenversicherung ein, je zur Hälfte aufgebracht vom Arbeitgeber und vom Arbeitnehmer. 330 DM kann er als Vorsorgepauschale geltend machen. Von den 1200 DM Beiträgen in die Rentenkasse werden also nur 270 DM versteuert. Geht er mit 65 Jahren in Rente, hat er einen Anspruch auf rund 30 000 DM im Jahr. Der steuerpflichtige Anteil beträgt 27 Prozent, also 8100 DM. Da der Grundfreibetrag aber 13 000 DM ist, zahlt er keine Steuern.

Eine selbstständige Kauffrau legt ebenfalls 1200 DM monatlich für ihre Altersversorgung zurück. Diese Summe muss sie allein aufbringen. Ihre Vorsorgepauschale beträgt 830 Mark. Die Kauffrau muss also 370 DM aus ihrem versteuerten Einkommen bezahlen, rund 100 Mark mehr als der Arbeitnehmer. Im Rentenalter erhält sie dann jährlich ebenfalls 30 000 DM pro Jahr – allerdings in Form von Zinsen aus ihrem Kapitalvermögen. Doch sie kann nur den Sparerfreibetrag in Höhe von 3000 DM abziehen. Ihr zu versteuerndes Einkommen beträgt deshalb 27 000 DM, und davon muss sie rund 3700 DM Steuern bezahlen.

Schließlich noch die Zahlen für einen Beamten. Er bekommt nur 5000 DM brutto, also 1000 DM weniger als der Kfz-Mechaniker. Damit ist berücksichtigt, dass Beamte etwas weniger verdienen als in einer vergleichbaren Position in der freien Wirtschaft. Aber dafür muss er keinerlei Zahlungen für seine Altersversorgung leisten. Mit 65 Jahren bekommt er dann seine Pension, und die beträgt 75 Prozent seines letzten Gehaltes, also 48 500 DM jährlich. Davon darf er die 2000 DM Arbeitnehmerpauschale jährlich abziehen, verbleibt ein zu versteuerndes Einkommen in Höhe von 46 500 DM. Die Steuerschuld darauf sind zirka 9750 DM, somit verbleibt ihm mit 36 750 Mark deutlich mehr als dem Kfz-Mechaniker und der Selbstständigen.

Diese Zahlen zeigen, wie dringend es geboten ist, den ganzen Steuerdschungel zu lichten. Das dichte Unterholz wurde ja nicht zuletzt gepflanzt, um Verwirrung zu stiften, und es ist kein Zufall, dass die Beamten, die an der Quelle der Gesetzesmaschinerie sitzen, am besten wegkommen.

Die Situation der selbstständigen Kauffrau lohnt sich genauer zu analysieren. Entgegen der salbadernden Anbiederung, sie seien die Parteien des Mittelstands, haben CDU und FDP es zugelassen, dass es immer unattraktiver wurde, selbstständig zu bleiben. Der Markt hat reagiert. Die Zahl der Selbstständigen hat sich in den letzten 30 Jahren im Verhältnis zur Beschäftigtenzahl halbiert. Es lohnt sich allemal mehr, als städtischer Angestellter im Bauhof zu arbeiten als bei einem Bauunternehmen. Selbst für Akademiker in den so genannten freien Berufen, wie Architekten, Mediziner und Rechtsanwälte, ist eine Karriere beim Staat erholsamer.

Vergleichen wir einen Bauamtsleiter, der mit 8000 DM in Rente geht, mit seinem selbstständigen Kollegen. Damit letzterer 8000 DM monatlich aus Kapitalerträgen zur Verfügung hat, muss er bei einer angenommenen Verzinsung von fünf Prozent genau 1 920 000 DM auf die hohe Kante legen. Um das zu meistern, muss er so viel verdienen, dass er sicher einen Steuersatz von 50 Prozent erreicht. Folglich muss ein freier Architekt vier Millionen DM Gewinn erzielen, um eine genauso hohe Altersversicherung zu genießen wie ein Amtsleiter in einer mittelgroßen Stadt. Um vier Millionen DM zu verdienen, muss er wenigstens 40 Millionen DM Umsatz erzielen – die wiederum schafft er nicht mit der 35-Stunden-Woche, nicht mit der 40-Stunden-Woche und auch nicht mit der 60-Stunden-Woche, vom Anspruch auf sechs Wochen Urlaub pro Jahr ganz zu schweigen.

So gesehen sind fast alle unsere Beamten und Angestellten des öffentlichen Dienstes Millionäre. Ich möchte hier auch ausdrücklich meine Kollegen von den öffentlich-rechtlichen Sendern einbeziehen. Nicht dass ich es ihnen nicht gönne – sie sollten sich nur ihrer herausragenden privilegierten Stellung bewusst werden und damit aufhören, die Neidgesellschaft in

Deutschland zu schüren. Beamte und öffentlich-rechtliche Beschäftigte sind entsprechend ihrer Absicherung und ihren Ansprüchen an die Altersversorgung Vermögensmillionäre. Weil ihnen das nicht bewusst ist, zeichnen sie sich durch ihr hohes Jammerpotenzial aus – und erst das macht sie so richtig unsympathisch.

Bis es zu einer steuerlichen Gleichbehandlung und rechtlichen Gleichstellung aller Altersbezüge kommt, was bei der heutigen Konstellation der Beamtenparlamente nicht in Sicht ist, sollte wenigstens über die Besteuerungssystematik schnellstens nachgedacht werden. Bleiben wir bei dem Beispiel des Architekten: Da er nicht weiß, wann er und seine Frau sterben, kann er den angesparten Betrag von 1 920 000 DM kaum abschmelzen. Sind sie dann beide tot, freuen sich die Erben über die niedrige Erbschaftssteuer in Deutschland. Die meisten Nachkommen wissen auch, dass da von den fleißigen Eltern noch was zu erwarten ist, was möglicherweise ihren Ehrgeiz, selbst etwas zu leisten, nicht gerade anstachelt. Da reicht dann eine Stelle als Hauptschullehrer für ein prächtiges Leben mit viel Urlaub und dem Geld der Vorfahren.

Eine deutliche Absenkung der Steuerlast auf höchstens 30 Prozent würde einen wesentlichen Anreiz bieten, es als Selbstständiger zu probieren. Das Kapital für die Altersversorgung könnte viel schneller zusammenkommen. Im Gegenzug erhöht der Staat massiv die Erbschaftssteuer. Das hätte nur Vorteile. Auch die Selbstständigen würden mit normalen Arbeitszeiten zu einer angemessenen Rente kommen. Der Staat hätte kaum weniger Einnehmen, und die nächste Generation könnte sich nicht auf den Lorbeeren ihrer Vorfahren ausruhen. Nichts widerspricht dem Leistungsgedanken so sehr wie das Berufsbild »Sohn« oder »Tochter«.

Als Friedrich Merz, der neue Fraktionsvorsitzende der CDU/CSU, in Aufsätzen über die Rente der Zukunft mit Recht forderte, Kapitaleinkünfte gleichmäßig zu versteuern, wurde dies gleich von seinen parteiinternen Gegnern genutzt, um daraus eine Verleumdungskampagne zu starten: »Merz verlangt die Besteuerung der Rente«, verkürzte Deutschlands Kampagnenzeitung *Bild* seine Aussage, und CSU-Generalsekretär Thomas

Goppel redete gar von einem Aprilscherz. Doch wer wird eigentlich benachteiligt, wenn festgeschrieben wird, dass Einnahmen und Ausgaben eines jeden Bürgers gleich behandelt werden? Die Idee von Merz beruht auf einem einfachen Grundsatz: Einnahmen werden nur einmal besteuert – das kann ja nicht falsch sein. Entweder ein Bürger optiert, Rücklagen fürs Alter aus versteuertem Einkommen zu bilden, dann sind später seine Einnahmen daraus steuerfrei, oder er entscheidet sich, die Rücklagen steuermindernd geltend zu machen, dann entrichtet er später Steuern auf seine Kapitaleinkünfte. Das versteht jeder, das kann zur Not auch jeder selbst organisieren, ohne Steuer- und ohne Rentenberater. Aber warum wird gegen einen solchen Vorschlag derart gnadenlos polemisiert? Wessen Pfründen sollen da geschützt werden?

Die Idee von Merz, konsequent zu Ende gedacht, bedeutet natürlich auch das Ende für die heutige Beamtenregelung. Statt die Pensionszahlungen ohne Rücklagen auf die nächste Generation zu verlagern, wäre der Staat dann wie jeder Arbeitgeber gezwungen, monatlich für seine Beschäftigten in eine Altersversicherung einzuzahlen oder ihnen das Geld zu deren eigener Verwendung auszuzahlen. So abenteuerliche Entscheidungen, wie sie der Oberbürgermeister von Offenbach, Gerhard Grandke, getroffen hat, indem er seine Angestellten ins Beamtenverhältnis überführte, um die Sozialabgaben einzusparen, machen dann keinen Sinn mehr. Diese Offenbacher Umwidmungsnummer ist aber ein beredtes Beispiel dafür, wie ungerecht unsere Altersversorgung strukturiert ist.

Die Vereinigten Staaten haben das mit einem Gesetz, das die Vermögensbildung in Arbeitnehmerhand fördert, vorgemacht. Es wird als »401K-Plan« bezeichnet. Den Arbeitnehmern wird die Möglichkeit geboten, steuerbegünstigt Geld für ihre Alterssicherung anzulegen. Die Arbeitgeber können sich daran beteiligen. Die Beiträge, die sie zusätzlich aufwenden, dürfen sie ebenfalls steuerlich absetzen. Wesentlich aber ist, dass der Arbeitnehmer selbst entscheidet, ob er mit dem Geld Aktien kauft, es in einen Aktienfonds oder in eine Lebensversicherung einzahlt, lieber konservativ Staatsanleihen erwirbt oder es einfach niedrig verzinst bei seiner Bank liegen lässt. Lediglich hochspekulative Geldanlagen sind ausgenommen. Wann immer der Arbeitnehmer sein Geld umschichtet, muss der Arbeitgeber die Kapitaltransferkosten übernehmen. Mittlerweile beteiligen sich schon 60 Prozent der amerikanischen Arbeitnehmer am 401K-Programm. Dank der ordentlichen Zinsen und Aktiengewinne sinkt für die meisten Beschäftigten der Stellenwert der staatlichen Rente zu einer eher zu vernachlässigenden Größe ab.

Als Arbeitsminister Walter Riester seinen Vorschlag machte, auch bei uns ein ähnliches Modell als private Zusatzrente einzuführen, knüpfte er daran die Bedingung, dass dies allerdings obligatorisch für alle Arbeitnehmer und Angestellte sein müsste. Ein Sturm der Entrüstung erhob sich. Zwar sei die private Zusatzrente eine prima Idee, pflichteten ihm vor allem FDP- und CDU-Vertreter bei, doch als Zwangsmaßnahme sei sie unannehmbar. Und schon war damit gleich der ganze Riestersche Ansatz erst einmal gekippt. Dabei hat Riester Recht: Wir müssen in unserem Land, in dem Eigenverantwortung noch so unterentwickelt ist und in dem staatliche Versorgungsprogramme als Kitt fungieren, die das ganze Gemeinwesen zusammenhalten, eine bestimmte Absicherung für das Alter einfordern – um wenigstens das Existenzminimum abzudecken.

Vielleicht habe ich es als Journalist nur mit besonders unverantwortlichen Menschen zu tun, doch in den letzten Jahren sind mir viele junge Leute begegnet, die jede Mark fürs Spaßleben ausgeben und für die das Wort Alterssicherung überhaupt nicht existiert. Auf die Frage, wie sie sich ihr späteres Leben vorstellen, bekomme ich dann so Antworten zu hören wie: »Dann gebe ich mir die Kugel« oder: »Dann lebe ich von der Sozialhilfe.« Vor lauter Zwangssolidarität ist das faire, der Allgemeinheit verpflichtete Verhalten verkümmert. Solange wir es nicht schaffen, ohne schlechtes Gewissen zuzuschauen, wie alte, mittellose Menschen dahinvegetieren, weil sie in jungen Jahren nichts für ihre Alterssicherung getan haben und ihr Geld verjuxten, so lange können wir auch als Gesellschaft verlangen, dass der Staat darauf achtet, dass jeder so viel zurücklegt, dass er der Allgemeinheit im Alter nicht auf der Tasche liegt.

In Kontinentaleuropa haben sich andere gesellschaftliche Normen entwickelt als in den USA, wo jeder weiß, dass er weitgehend für sich selbst verantwortlich ist. Armut wird in Amerika auch als persönliches Versagen abgestempelt, und deshalb fehlt das kollektiv schlechte Gewissen, das zu staatlichen Sozialprogrammen führt, um Altersarmut zu beseitigen. Wenn wir in Deutschland deshalb eine Pflicht zur Selbstversorgung fordern, dann hat dies nichts mit einer Bevormundung zu tun. Wir schützen uns nur vor Schmarotzern. Dieser Konflikt zeigt, wie wichtig es ist, die Prinzipien von mehr Markt, mehr Freiheit und mehr Eigenverantwortung in den Mittelpunkt der Diskussion um die Um- und Neugestaltung der Renten zu stellen, damit wir Abschied nehmen können von der Bevormundung durch den Staat. Der längst gekündigte Bismarcksche Generationenvertrag ist dafür nur ein Beispiel. Die Zeche für das krampfhafte Beatmen dieser Leiche zahlt wie immer der kleine Mann.

Unter dem Vorwand, die geringfügig Beschäftigten auf 630-Mark-Basis hätten keinen Rentenanspruch, weil ihre Arbeitgeber nicht einzahlen würden, wurde eines der umstrittensten Gesetzesvorhaben der Schröder-Regierung durchgepaukt. Statt einer pauschalen Steuerabgabe wie bisher müssen jetzt Sozialabgaben abgeführt werden: 14,1 Prozent, also 75,60 DM an die Rentenversicherung, und zehn Prozent, also 63 DM für die Krankenversicherung. Das Ganze firmierte als Hilfe für die niedrigsten Einkommensschichten.

In Coburg habe ich mich mit einer Putzkolonne unterhalten. Die 14 Frauen nannten alle nur einen Grund, dass sie für so wenig Geld solche Hilfsarbeiten verrichteten: Sie brauchten das Geld – bar auf die Hand. Ihre Biografien: Allein erziehend mit zu geringem Unterhalt, der Mann verdient zu wenig, um sich größere Anschaffungen leisten zu können, sie sind zu unqualifiziert für einen guten Full-Time-Job und dergleichen. Nicht eine einzige Frau fand das Angebot des Staates akzeptabel, mittels einer Eigenleistung von zusätzlich 7,9 Prozent, also 49,77 DM, auch einen kleinen Rentenanspruch zu erwerben. »Wir brauchen das Geld jetzt, und was weiß ich, was ist, wenn ich alt bin«, lautete die stereotype Begründung.

Mit Recht lehnen die Frauen ab. Denn: Nach einem Jahr Einzahlung hätten sie gerade mal einen Rentenanspruch von sieben DM im Monat, nach zehn Beitragsjahren 35 DM und nach

30 Beitragsjahren etwa 200 DM. Diese Frauen hatten erkannt, dass es nicht um ihr Wohl, sondern um verzweifelt gesuchte Einnahmequellen für die desolaten Sozialkassen ging.

Wir haben eine Gegenrechnung aufgestellt: Würden die Arbeitgeber der geringfügig Beschäftigten gezwungen, zehn Prozent zum Lohn in eine private Altersversorgung, zum Beispiel in einen Aktienfonds, einzuzahlen, die ihre Leistungen erst ab dem 60. Lebensjahr auszahlt, besteht nach zehn Beitragsjahren ein lebenslanger monatlicher Rentenanspruch von 375 DM im Monat, und nach 30 Jahren sind es sogar 630 DM.

Für die Gesellschaft ergäbe sich daraus noch ein weiterer Spareffekt: Die meisten der geringfügig Beschäftigten haben aufgrund ihrer minimalen Einkommen keinen oder nur einen verschwindend geringen Rentenanspruch und sind somit im Alter auf die Sozialhilfe angewiesen. Die höhere private Rente würde den Sozialhilfezuschuss verringern.

200 DM statt 630 DM monatlich – die Überlegenheit einer privaten Kapitalanlage ist unanfechtbar. Doch um unser marodes Sozialsystem am Leben zu erhalten, werden sogar die schwächsten Einkommensschichten abkassiert. In diesem Zusammenhang hatte ich ein bezeichnendes Erlebnis: Friedrich Merz wagte solche Rechnungen vorzutragen und machte auf diese Weise deutlich, dass damit natürlich das bestehende Rentensystem gesprengt werden würde. Was einer Berufsgruppe erlaubt sei, nämlich sich privat zu versichern, müsse dann allen Arbeitnehmern erlaubt werden. Nicht eine einzige Fernsehredaktion war bereit, diese Rechnung vorzustellen. Überlegungen außerhalb der vorgegebenen Denkschemata haben keine Chance – ein Öffentlich-Rechtlicher war über soviel systemsprengendes Ansinnen regelrecht erbost und meinte, er könne auch nicht aus der Zwangsrente heraus, also sollten die anderen ruhig hinein. Er ist wahrhaft ein guter Deutscher.

Auch ohne das demografische Erdbeben ist der Abschied von unserem Aus-der-Hand-in-den-Mund-Rentensystem dringend erforderlich. Da sich die Welt nach den effizienteren Modellen richtet und nicht nach deutscher Ideologie, sind wir zunehmend wehrlos den internationalen Pensionsfonds ausgeliefert. Sie verwalten gewaltige Summen, sind die eigentlichen

»Kapitalisten« – wenn dieses Wort in diesem Zusammenhang benutzt werden kann. Die Linken aller marxistischen Schattierungen wissen noch nicht, wie sie mit derartigen Kapitalanhäufungen umgehen sollen. Eine solche Entwicklung hatte Karl Marx in seiner Verelendungstheorie nicht vorgesehen. Entsprechend seiner Lehre darf es diese Fonds eigentlich gar nicht geben. Und trotzdem sind sie zum mächtigsten Faktor der Weltwirtschaft geworden, gegen sie kommt kaum ein Unternehmer, kein noch so mächtiger Konzern an.

Diese Pensionsfonds verwalten die Alterssicherung von Millionen Arbeitnehmern. Es handelt sich dabei um die Ersparnisse von Arbeitern und Angestellten, die in Lebensversicherungen und Aktienfonds eingezahlt haben und die von den Zinsen und Renten dieser Fonds ihren Lebensabend bestreiten. Natürlich erwarten sie von dem Institut, dem sie ihr Geld anvertrauen, dass es mit den Ersparnissen nicht nur sorgfältig umgeht, sondern auch eine möglichst hohe Rendite erwirtschaftet.

So stehen sich jetzt in der Welt zweierlei Arten von Rentnern gegenüber: Die einen haben, wie in Deutschland, so etwas wie die BfA, also die Bundesversicherungsanstalt, im Rücken, die mehr oder weniger lediglich als Durchlauforganisation für die Einnahmen aus Arbeitgeber- und Arbeitnehmerbeiträgen und deren sofortige Weitergabe für die aktuellen Rentenzahlungen zuständig ist, selbst aber nahezu keinen Einfluss auf die Kapitalmärkte nehmen kann, weil sie ja kein Geld hat. Die Rücklagen reichen gerade mal für einen bis anderthalb Monate. Auf der anderen Seite gibt es Rentner, die ihre Pension aus mächtigen Kapitalfonds beziehen. Die BfA gegen die Pensionsfonds, das lohnt sich einmal genauer zu betrachten.

Die gewaltigste Summe haben – wie könnte es anders sein – die US-amerikanischen Arbeitnehmer angehäuft. Sie beträgt zurzeit etwa 5,5 Billionen Dollar, das sind knapp 70 Prozent des US-Bruttoinlandsprodukts, also fast dreimal soviel wie das deutsche Bruttoinlandsprodukt. Solche Vergleiche hinken immer. Aber um die gigantische Summe doch noch irgendwie begreiflich zu machen: Die amerikanischen Arbeitnehmer haben so viel Geld in ihren Pensionsfonds angesammelt, dass wir in Deutschland daraus 20 Jahre unseren Bundeshaushalt voll bestreiten könnten.

In Großbritannien sind es umgerechnet 2,3 Billionen DM und in den kleinen Niederlanden immerhin noch 650 Milliarden DM. Hätten wir uns in Deutschland spätestens nach dem Krieg, als Ludwig Erhard vom Bismarckschen Wohlfahrtsstaat Abschied nehmen wollte, ebenfalls für die Kapitalbildung in Arbeitnehmerhand entschieden, müssten wir jetzt ungefähr vier Billionen DM zur Verfügung haben, aus denen die Altersversorgung bestritten werden könnte. Haben wir aber nicht – wir haben die BfA, und die hat nichts.

Während das Vermögen der Pensionsfonds 89,9 Prozent des Bruttoinlandsprodukts der USA beträgt, in den Niederlanden 88,5 Prozent, sind es bei uns gerade mal 5,6 Prozent, was die lächerliche Summe von 320 Milliarden DM ausmacht. Und dennoch erdreisten wir uns immer noch, die Lebensverhältnisse anderer Länder an unserem Sozialsystem zu messen und sie entsprechend einzustufen. Trotzdem machen wir uns selbst immer noch zum Maßstab für den Rest der Welt.

---

15. Eigenverantwortung statt Staatsfürsorge

Diese Billionensummen und Prozentzahlen verwandeln sich für den Einzelnen in konkrete Lebensqualität und Zukunftssicherung. Im Sommer 1998 habe ich die Alterssicherung von jeweils einem Rentner und einem Beschäftigten im Alter von etwa 40 Jahren in mittlerer Führungsposition aus Großbritannien und Deutschland verglichen. Um sicher zu sein, dass es sich um absolut vergleichbare Personen handelt, wählte ich ein Unternehmen aus, das über identische Produktionsstätten in beiden Staaten verfügt. Isola, ein deutscher Hersteller von Leiterplatten für die Computerindustrie, war bereit, mir Mitarbeiter zu nennen und alle Daten zur Verfügung zu stellen. Ein Werk befindet sich im rheinischen Düren, das andere im schottischen Cumbernauld.

Peter Ketenis und seine Frau Agnes treffen wir auf der Terrasse ihres abbezahlten Einfamilienhauses am Rande der Eifel.

Der 62-Jährige übt hier schon einmal entspannte Tage für seinen Ruhestand, den er in einem halben Jahr beginnt. Peter Ketenis rechnet mit rund 3000 DM Rente pro Monat, und damit ist er rundherum zufrieden: Zwar muss er einen kleinen Abschlag in Kauf nehmen, weil er drei Jahre vor seinem 65. Lebensjahr geht, aber das wird ihm durch eine Ausgleichszahlung seitens des Unternehmens wettgemacht. Schließlich war er 32 Jahre bei Isola in der Personalabteilung, und das ist ihm jetzt genug, er ist noch rüstig und will seinen Ruhestand genießen. Ein Zusatzeinkommen aus Ersparnissen hat er auch noch, aber das sei belanglos, meint er, und will uns deshalb die Summe nicht sagen.

Trotzdem haben Herr und Frau Ketenis ein Problem: Ihr schlagen die kalten Wintermonate zunehmend aufs Gemüt, und sie würde diese Jahreszeit deshalb wie viele ihrer Bekannten auch lieber auf Mallorca überbrücken. Peter Ketenis hält gar nichts davon. Er verbringt jetzt schon jede freie Minute bei seinem braunen Wallach im Pferdestall – und eigentlich möchte er sich lieber ein zweites Pferd kaufen. Mallorca oder ein Pferd – auch deutsche Rentner müssen Prioritäten setzen.

In Cumbernauld treffen wir Henry Long in einem Pub. Das Bier kostet sechs DM und deshalb ist er froh, dass wir ihn einladen. Höchstens einmal die Woche kann er sich das noch leisten. Auch Henry ist 62 Jahre alt, seit einem Monat krankheitsbedingt im Ruhestand. 45 Jahre hat er gearbeitet, unterbrochen nur durch eine neunmonatige Arbeitslosigkeit, in jener Zeit, in der Kohlenzechen in Schottland schneller dicht machten, als neue Arbeitsplätze in der Region entstehen konnten.

Nach einigem Zögern ist er bereit, uns in sein Reihenhaus in einer typischen Arbeitersiedlung mitzunehmen, das er mit seiner Frau Agnes bewohnt.

Vom Staat erhält er eine Invalidenrente von umgerechnet 800 DM im Monat, die sich mit seinem 65. Geburtstag in die fast gleich hohe normale Rente umwandelt. Dazu kommt noch eine Betriebsrente von 650 DM, von der allerdings 22 DM Steuern abgezogen werden.

Zwei Söhne haben die Longs, die sie bisher unterstützen mussten, da das Stipendium fürs Studium nicht ganz ausreichte. Sie werden aber bald fertig sein. Auch Frau Agnes hat immer ge-

arbeitet, wenngleich mit längeren Unterbrechungen nur halbtags wegen der Kinder. Sie erhält 480 DM im Monat aus der
staatlichen Rente, und als ehemalige Gemeindehelferin gibt es
noch mal 140 DM im Monat. So haben sie beide ihr Leben lang
gearbeitet, was ihnen im Alter zusammengerechnet etwas mehr
als 2000 DM sichert. Davon müssen sie allerdings noch fünf
Jahre lang 600 DM für das Haus abzahlen.

Henry und Agnes sind weder unzufrieden noch unglücklich.
Ihren einzigen Urlaub haben sie in Südengland verbracht. Und
in einigen Jahren, wenn es die Gesundheit erlaubt, reicht das
Geld, um eine Woche in die Highlands zu fahren. Als ich ihnen
von den Entscheidungsproblemen des Rentnerehepaars Ketenis
aus Düren erzähle, schmunzeln sie. Nein, solche Probleme hätten sie nicht: Weder Auslandsreisen noch ein Pferd könnten sie
sich leisten. Sie haben das bisschen Geld, das sie abzweigen
konnten, in die Ausbildung der Söhne gesteckt, und die werden
hoffentlich ein besseres Leben führen können.

Der 35-jährige John Reed hat die Vorarbeiterposition von
Henry übernommen. Er überwacht die Endkontrolle und Kon-
fektionierung der Leiterplatten. Spätestens seit seiner Beförde-
rung schaut er sehr optimistisch in die Zukunft. Russel Benton,
der Finanzchef des Unternehmens, erklärt mir, wie sich in Großbritannien die Reformen der Alterssicherung durch Margaret
Thatchers Maßnahmen für John Read auswirken. Er rechnet uns
vor:

5368 DM kostet er sein Unternehmen pro Monat, bezogen
auf das Jahr 1997. Der Arbeitgeberanteil für die Kranken-, Ar-
beitslosen- und Rentenkasse beträgt 312 DM. Weitere 456 DM
zahlt das Unternehmen in einen betrieblichen Rentenzusatz-
fonds, in dem die Firma für John Read ein personenbezogenes
Konto führt. Nach diesen Arbeitgeberausgaben erscheinen auf
dem Lohnzettel 4600 DM brutto.

Auch John muss 312 DM für Krankenkasse und Rentenversicherung abführen. Das sind gerade mal 6,7 Prozent, weniger
als ein Drittel der Abzüge, die in Deutschland von den staatlichen Zwangsversicherungen geschluckt werden. Weitere fünf
Prozent, also 230 DM, kann John steuersparend in einen privaten Pensionsfonds einzahlen. Und schließlich sind noch 570 DM

an Steuern fällig. Sein Nettoeinkommen beträgt also rund 3500 DM.

Geht John in Rente, so erhält er von der staatlichen Kasse 1130 DM, aus seinem betrieblichen und privaten Pensionsfonds sind ihm 2325 DM im Monat garantiert. Mit 3455 DM bekommt er fast soviel, wie er vorher netto bezog. Seine Rente beträgt also praktisch 100 Prozent.

Die Regierung in London hat das in die Tat umgesetzt, worüber wir noch diskutieren: Sie hat die Altersversorgung auf drei Beine gestellt, wobei die staatliche Rente stark abgeschmolzen wurde, dafür jedoch steuerliche Anreize für die Betriebe und den Einzelnen geschaffen wurden, in Fonds Kapital zu bilden, das sich wesentlich besser verzinst.

John wohnt in einem freundlichen Neubauviertel. Mit Frau Josephine hat er drei Kinder, die alle beabsichtigen, ein College zu besuchen. Josephine arbeitet bei der Gemeinde und hat, wie ihr Mann auch, mit ihrem Arbeitgeber eine Zusatzrente vereinbart. Davon erwartet sie sich später auch noch einmal 3000 DM im Monat. Sie werden an Rente einmal mehr als doppelt soviel beziehen wie das Ehepaar Henry und Agnes Long. Die staatliche Rente sehen sie als einzigen Unsicherheitsfaktor, da sie dem Staat und seinen Versprechungen nicht trauen.

Bei unserem Besuch kamen die Reeds gerade aus ihrem Urlaub in Südfrankreich zurück. Sie haben sich Prospekte von Immobilienfirmen mitgebracht. Wenn sie in Rente gehen, wollen sie auf alle Fälle dem schottischen Winter entfliehen – eine Bleibe am Mittelmeer ist angesichts der Höhe der Altersbezüge kein Problem.

Hans Dieter Veith hat eine vergleichbare Position in Düren. Er ist verheiratet und hat ein neunjähriges Kind. So wie viele hunderttausend Beschäftigte in Deutschland ist er in der Steuerklasse 3/1.

5112,66 DM im Monat erarbeitet im Durchschnitt ein Vorarbeiter in Düren, Urlaubs-, Weihnachtsgeld und Arbeitgeberanteile eingerechnet.

856 DM sieht der Arbeitnehmer schon nicht mehr auf der Bruttoabrechnung, die werden ihm als Arbeitgeberanteile für die sozialen Sicherungssysteme abgezogen. Auf seinem Gehalts-

streifen stehen brutto nur 4257,00 DM. Davon sind wieder 892 DM an Sozialabgaben fällig – etwas mehr, als der Arbeitgeber zu entrichten hat, weil die Pflegeversicherung vom Beschäftigten allein zu bezahlen ist.

In der Steuerklasse 3 sind bei einem Kind 337,74 DM an Steuern fällig, und so bleiben Veith 3027 DM. Es fällt dabei auf, dass der Deutsche weniger Steuern zahlt und weniger verdient als sein britischer Kollege. Wenn die Tarifpartner über den Industriestandort Deutschland streiten, liest sich das immer ganz anders. Mit mehr als 2000 DM Abzügen an Steuern und Lohnnebenkosten kommt Hans Dieter Veith noch einigermaßen ungeschoren davon. Bei seinen ledigen Kollegen klettern die Abgaben inklusive der Arbeitgeberanteile schon auf über 50 Prozent.

Krass werden die Unterschiede, wenn es zum Vergleich der Aufwendungen für die Altersversorgung kommt. Fast auf die Mark genau zahlen John Reed und Hans Dieter Veith knapp 900 DM monatlich in eine Rentenversicherung. Der große Unterschied: In Deutschland verschwindet alles in der gesetzlichen Kasse, in Großbritannien sind es nur noch etwa 250 DM.

Für eine Zusatzrente bleibt Veith kein Geld übrig. Die gesetzlich vorgeschriebenen Abzüge fressen so viel auf, dass er den Rest für Miete und Lebenshaltung benötigt. Urlaub wie früher ist auch nicht mehr drin. Gerade mal eine Woche auf dem Bauernhof, irgendwo im Mittelgebirge, sind eingeplant. So ist Veith fest eingebunden in den Sozialstaat Deutschland: Eine freie Entscheidung, für sich bessere Bedingungen herauszuholen, hat er nicht. Er ist von der Staatsidee der Solidarität aller für alle eingemauert. Er ist ein Zwangssolidare.

Dafür kann er dann nach 40 Berufsjahren mit 2000 DM Rente rechnen – vorausgesetzt, er wird nicht krank, oder er wird nicht zwangsweise in den vorzeitigen Ruhestand abgeschoben. Dann gibt's nochmal Abzüge.

Hans Dieter Veith fühlt sich betrogen. Er ist intelligent genug, um zu wissen, wie er sein Geld gewinnträchtiger anlegen könnte als in der staatlich verordneten Zwangsgemeinschaft. Mit 2000 DM wird er zwar nicht verhungern, aber nach Abzug der Miete auch nicht viel übrig haben. Es reicht gerade so, um, von den Sozialsystemen Deutschlands gegängelt, aufs Altersheim und den Tod zu warten. Das selbstständige Denken und Handeln ist ihm aus der Hand genommen. Was ist daran sozial, auf was sind wir eigentlich stolz, und wem wollen wir im Ernst unser Sozialsystem noch als nachahmenswert empfehlen?

Nach den beiden Filmen für den WDR in Cumbernauld und Düren konnte ich nur noch neiderfüllt feststellen, dass es den Briten gerade gelungen war, die Verhältnisse zu unseren Lasten umzudrehen. Während unsere Rentner derzeit noch wesentlich besser dastehen als ihre Altersgenossen von der Insel, werden sich in der nächsten Generation die Briten über die ärmlichen Lebensverhältnisse der Alten in Deutschland sorgen können. Die heutigen Rentner Großbritanniens müssen jetzt die Folgen des englischen Umverteilungsstaates auslöffeln, wie ihn die Labour Party als Muster sozialer Gerechtigkeit einst aufgebaut hatte. Nur, die Regierungen in London haben begriffen, dass dieses Modell gescheitert ist, und gehen neue Wege. John Reed und seine Altersgenossen können sich darüber freuen.

Vorerst steht in Deutschland noch die Abwehrfront gegen eine effizientere Altersversorgung. Nach der unverantwortlichen Lügerei der SPD im Wahlkampf 1998 bastelt sie jetzt an Rentenformen herum, die den Eindruck erwecken, im Prinzip könne alles so bleiben, wie es ist. Ein bisschen Ökosteuer hier, eine reduzierte Rentenerhöhung da, und schon haben wir uns bis zum Jahr 2010 wieder einigermaßen halbwegs über die Runden gerettet. Dann muss eine andere Generation von Politikern den Bürgern erklären, dass sie nicht nur belogen, sondern auch richtiggehend verarscht wurden, wie das heute schon Eckart von Klaeden, der junge CDU-Abgeordnete aus Hildesheim, ausdrückt. Er wird nämlich dann immer noch zur Wahl stehen und den Murks von heute erklären müssen.

Eine Mär, die vor allem von den Systembewahrern in die Diskussion geworfen wird, basiert auf der Behauptung, dass unser Umlagesystem nur deshalb in die Schieflage geraten ist, weil die Renten mit versicherungsfremden Leistungen überladen wurden. Dafür lassen sich auch viele Beispiele anführen, wobei vor allem die Rentenzahlungen für die Aussiedler aus Russland, Polen und Rumänien und die Renten für die ehemaligen DDR-

Bürger genannt werden. Richtig ist, dass noch keine Regierung widerstehen konnte, die Rentenversicherung in alle möglichen Umlagen mit einzubeziehen. Mal zahlten die öffentlichen Versicherungen Beiträge an die Krankenkassen, mal entrichtete die Arbeitslosenversicherung Rentenbeiträge, mal unterstützten die Krankenkassen die Rentenversicherung.

Auch wurden die Rentenkassen für sozialpolitische Wohltaten geplündert: Die Anrechnung der Ausbildungszeiten ohne Beitragszahlungen war immer eine Subvention der Akademiker zu Lasten der Nichtakademiker. Die Anrechnung der beitragsfreien drei Jahre Kindererziehungszeit für Mütter ist gesellschaftspolitisch zwar zu rechtfertigen, für die beitragszahlenden Mitglieder jedoch ein Griff in ihre Kasse. Das Thema versicherungsfremde Leistungen beweist vor allem eines: Der Staat ist nicht vertrauenswürdig, und staatliche Kassen unterliegen keinen mathematischen Gesetzen, sondern der politischen Opportunität. Es gibt kaum ein stärkeres Argument gegen den umlagefinanzierten Generationenvertrag als die Tatsache des ständigen Herummanipulierens der gerade herrschenden Politikerkaste an den Zwangsbeiträgen der öffentlichen Rentenversicherungen.

Dieses Umherschieben hat aber auch zur Folge, dass die Rentenversicherungen längst keine unabhängigen Sozialeinrichtungen auf Gegenseitigkeit mehr sind, sondern ebenfalls am Tropf des Staatshaushalts hängen. Sie brauchen Geld für Aufwendungen, die ihnen per Gesetz aufoktroyiert wurden. Von 104,9 Milliarden DM im Jahre 1998 ist die Summe schon auf 121,4 Milliarden DM im Jahr 2000 geklettert und in 2002 werden es dann 136,5 Milliarden DM sein. Eine Mehrwertsteuererhöhung hier, eine Ökosteuer da, was kommt als Nächstes? Die versicherungsfremden Leistungen haben zwar nicht die Rentenkassen ruiniert, aber sie haben die Grenzen verwischt zwischen den Leistungen, die den Zwangsmitgliedern aus ihren eigenen Beiträgen zustehen, und den politischen Vorgaben, die mittels Steuern abgedeckt werden. Längst ist daraus ein Zahlenbrei entstanden, den niemand mehr so richtig auseinander halten kann und der sich deshalb trefflich zur Polemik eignet.

In einer der vielen TV-Talkrunden verteidigte der Spitzenfunktionär des Verbandes Deutscher Rentenversicherungsträger, Franz Ruland, das jetzige System, weil es so sozial, so gerecht und so effizient sei. Einer der Mitdiskutanten stellte die Frage, ob er selbst auch der Sozialabgabenpflicht unterliege. Doch das wies Franz Ruhland weit von sich. Er sei schließlich Beamter. Auf die Nachfrage, warum dann nicht alle Beamten in die Rentenkassen aufgenommen würden, meinte Ruland, das bringe nichts, weil sich dann ja auch die Zahl der Rentenberechtigten erhöhen würde. Eine entlarvendere Aussage habe ich selten vernommen.

Hier hat mal einer nicht aufgepasst und dummerweise zugegeben, dass das Rentensystem nur so lange für alle aufrechterhalten werden muss, solange sich die Beamten raushalten können. Und so haben wir den aberwitzigen Zustand, dass alle Politiker, die über die Rentengesetze entscheiden, sich selbst längst großartige Versorgungsansprüche gewährt haben und auf die Limperlinge der öffentlichen Renten nicht mehr angewiesen sind. Und dass auf allen verantwortlichen Positionen in der Verwaltung der öffentlichen Rentenkassen Beamte sitzen, die sich aufgrund ihres Status aus dieser solidarischen Zwangsveranstaltung, die das Kapital der Einzahlenden mindert, heraushalten. Eine feine Solidarität.

Eine saubere Trennung muss her. Den arbeitenden Menschen muss erlaubt werden, das Geld für ihre Altersversorgung so effizient wie möglich anzulegen. Dabei übernehmen sie natürlich auch ein gewisses Risiko: Der eine wird es besser machen als der andere. Sozialleistungen, die der Staat für notwendig hält, wie zum Beispiel Mutterschaftszeiten, Renten für Personenkreise, die aus politischen Gründen Leistungen erhalten sollen, obwohl sie nichts eingezahlt haben, etwa die Ostrentner, müssen aus Steuergeldern finanziert werden. Das sind dann gesamtgesellschaftliche Solidarleistungen und nicht Sonderopfer für zwangsversicherte Arbeitnehmer. Damit werden auch die Kosten solcher Versprechungen publik, sie sind dann im Staatshaushalt ersichtlich – eigentlich in einer Demokratie des 21. Jahrhunderts eine Selbstverständlichkeit.

Wenn wir also unsere Arbeitnehmer in die Freiheit entlassen – wie es uns Großbritannien vorgemacht hat –, so wird das für die meisten einen Wohlstandsschub im Alter bedeuten. Für einige wenige hat dieses Zeitalter schon begonnen: für die VW-Arbeiter zum Beispiel. Über 100 000 Mitarbeiter des Volkswagen-Konzerns zahlen schon in einen Fonds ein, der es ihnen ermöglicht, entweder früher in Rente zu gehen oder mit einer ansehnlichen Zusatzzahlung den regulären Lebensabend zu beginnen. Bei einer monatlichen Einzahlung von 500 DM aus dem Bruttogehalt ergibt sich nach 30 Jahren eine monatliche Auszahlung von 1143 DM. Die müssen dann allerdings versteuert werden. Das ist aber viel günstiger, als wenn die VW-Beschäftigten diese Gelder jetzt versteuern müssten, denn es handelt sich um Einkünfte aus Überstunden, Urlaubs- und Weihnachtsgeld oder Bonuszahlungen, die ansonsten zusammen mit dem Grundgehalt gnadenlos unter das steuerliche Progressionsmesser geraten. Die Fondsteilnehmer kommen somit in den Genuss einer vorweggenommenen, noch nicht realisierten Steuerreform.

Die VW-Fondsverwalter erwirtschaften derzeit eine Verzinsung von neun Prozent, und das ist mehr als das Dreifache dessen, was normale Arbeitnehmer an Erträgen aus ihrer Rente erwarten können. Damit entkommen zumindest die VW-Beschäftigten den Nachteilen der Zwangssolidarität. Es wäre mehr als fair, wenn der Gesetzgeber die VW-Variante nicht nur stillschweigend dulden, sondern damit auch eine Offensive starten würde, als einen Weg heraus aus der Rentenfalle. Doch die Gefahr besteht, dass es dann zu einer Massenflucht kommen könnte und ausgerechnet jene das Bismarcksche System zum Einsturz bringen, für die es einmal gedacht war: die ganz normalen Arbeitnehmer.

Wie auch immer die Rentenfrage gelöst wird, eine Generation wird die Zeche zahlen – und wie es aussieht, sind es die Jahrgänge der Babyboomer, die heute 30- bis 50-Jährigen. Das ist sogar einigermaßen gerecht, denn sie sind es, die durch ihre Enthaltsamkeit beim Zeugungsvorgang die Schieflage in eine Rutschbahn verwandelt haben. Keine Partei, und wäre sie noch so mutig und ihre Argumentation noch so gerechtfertigt, wird den Rentnern beibringen können, dass sie leider zu viel erhalten und deshalb jetzt auf eine Mindestrente gesetzt werden. Den Rest zum Leben könnten sie sich dann vom Sozialamt abholen.

Da dies nicht geht, brauchen wir einen langsamen, aber klar definierten Übergang aus dem staatlichen Umlagesystem zu einer Grundversorgung plus Eigenvorsorge in Kapitalfonds. Und so sozialverträglich das auch gehandhabt wird, so viel Steuern dafür auch eingesetzt werden – an einem kommen wir nicht vorbei: Wir müssen den kinderlosen Lebensgenießern klarmachen, dass sie im Grunde genommen keinen Rentenanspruch haben, weil ihre Einzahlung die Alterssicherung der Eltern war. Ihnen, den eigentlichen Nutznießern und Genießern des heutigen Systems, müssen wir einen Teil der Übergangslasten aufbürden, und je eher wir damit anfangen, desto schmerzloser geht die Operation vonstatten.

Jede weitere Verzögerung der grundsätzlichen Abkehr vom bestehenden Generationenvertrag führt unweigerlich zu einem Krieg zwischen den Generationen. Irgendwann zwischen 2010 und 2015 kommt es dann wegen der gigantischen Verschuldung des Staates und der Zahlungsverpflichtungen aus der Sozialgesetzgebung zum Crash. Die Republik ist dann nicht nur zahlungs-, sondern auch politikunfähig. Denn bisher haben wir nur über die Rentensysteme gesprochen. Für diese gibt es Einzahlungsverpflichtungen und einen kleinen Kapitalstock, wenn auch beides nicht ausreicht. Für die Millionen Beamten aber hat der Staat keinen Pfennig zurückgelegt. Die müssen aus den laufenden Steuereinnahmen alimentiert werden. Und jetzt rächt es sich bitter, dass im 68er-Machbarkeitswahn der Staatsapparat aufgebläht wurde. All die Hunderttausende zusätzlich verbeamteter Lehrer und Sozialberater verabschieden sich in nächster Zeit in den Ruhestand. Den kräftigen Schluck aus der Pulle staatlicher Beschäftigungsfürsorge werden wir mit einem Kater bezahlen, wie ihn nur Schweralkoholiker nach ihrem Delirium erleben.

Wären doch nur alle Politiker, bevor sie Leistungsgesetze und soziale Wundertüten übers Volk gestreut haben, zu einem Mathematikkurs für Anfänger bei Professor Raffelhüschen nach Freiburg gefahren. Der kann ihnen nämlich vorrechnen, dass allein im Jahre 1999 der Staat 380 Milliarden DM an Rückstellungen hätte vornehmen müssen, um all das zu bezahlen, wozu er sich in den nächsten Jahren verpflichtet hat. Bis 2002 erhöht sich diese Rückstellungsverpflichtung auf 441 Milliarden DM im Jahr.

Wir erinnern uns: Bundesfinanzminister Eichel will bis zum Jahr 2006 die Neuaufnahmen von Schulden auf Null senken: »Die Neuaufnahmen« – von Rückzahlung oder gar Ansparen ist bis dahin noch keine Rede. Ein Unternehmen, das mehr Ausgaben leisten muss, als es Einnahmen hat, ist schnell pleite. Ein Staat kann einen solchen Bankrott vermeiden, indem er die Menschen durch Inflation enteignet oder seine Bürger mittels Steuern und Abgaben schröpft. Dieser schleichende Prozess hat schon begonnen: Das um die Inflation bereinigte Einkommen aus erwerbstätiger Arbeit war 1997 nicht höher als 1980. Die Erhöhung des Lebensstandards war ausschließlich mit Einkommen aus Kapital möglich. Und da hatten die zwangsabgesicherten Arbeitnehmer natürlich das Nachsehen.

Eine Umstellung auf mehr Freiheit und mehr Eigenverantwortung ist noch möglich. Dazu ist ein Bündel von Eingriffen ins bestehende System nötig:

– die Verbreiterung der Einnahmebasis für die Rente, indem wir alle Bürger, also auch Beamte und Selbstständige, in ein System der Basisrente übernehmen, wie es in der Schweiz der Fall ist;

– Rentenberechnungen, die Familien mit Kindern deutlich besser stellen als kinderlose Personen;

– ein die schlimmsten demografischen Verwerfungen ausgleichender Steuerzuschuss;

– Erhöhung der Lebensarbeitszeit;

– Pflichtbeiträge in ein Kapitaldeckungsverfahren nach freier Wahl.

Das alles wird eine Menge Reformwillen und Überzeugungskraft kosten. Doch es gibt keine Alternativen, ohne dass unsere Demokratie gefährdet wäre – und deshalb versündigt sich jeder Politiker an unserem Staat, der aus wahltaktischen Gründen Rentenversprechungen in die Welt setzt. Er ist ein Scharlatan, und als solchen sollten wir ihn auch bezeichnen. Mit jenen Sozialpolitikern aber, die fest an unser Umverteilungssystem glauben und die es als die einzige gerechte Alterssicherung ansehen, sollten wir Mitleid haben: Die glauben auch an Wunder – an die gute Fee. Ins Parlament gehören sie aber nicht.

16. Ewige Jugend auf Krankenschein

Gerade mal 27 Jahre alt, produzierte ich 1968 in Houston einen Film über Denton A. Cooley, den Herzchirurgen, der nach dem Südafrikaner Christiaan Barnard als Zweiter ein Herz verpflanzt hatte. Der Texaner wurde bald weltweit dafür berühmt, dass er Operationen am offenen Herzen wie eine Fließbandproduktion organisiert hatte. Während eine Operation damals im deutschen Herzzentrum Düsseldorf noch bis zu sieben Stunden dauerte, bewältigte sie Cooley in einer halben Stunde. Spezialisten öffneten dem Patienten den Brustkorb, dann hatte Cooley seinen Auftritt, setzte Aortaklappen ein, legte Bypässe oder was sonst am Herzen zu machen war. Danach kam das Spezialistenteam, das den Brustkorb wieder schloss. Mehrere Operationsräume waren aneinander gereiht, sodass Cooley operieren konnte wie an einem Fließband. Flößte mir schon diese professionelle Kühle Respekt ein, so beeindruckte es mich fast noch mehr, dass das 27 Stockwerk hohe Krankenhaus Cooley persönlich gehörte. An die staats- und stadteigenen Kliniken Deutschlands gewöhnt, empfand ich so etwas als kaum vorstellbar.

In einem Stockwerk lagen Patienten, die auf ein neues Herz warteten. Jede Verpflanzung erregte damals noch großes Aufsehen. Auch wir durften ohne viel Umstände sofort die Schwerstkranken und ihre Angehörigen interviewen. Sämtliche Patienten wurden nicht nur kostenlos behandelt, sondern Cooleys Hospital übernahm auch den Aufenthalt der Angehörigen. Alle waren sofort bereit, mit uns zu sprechen, auch wenn ihnen dies aus gesundheitlichen Gründen sichtlich schwer fiel, schließlich hatte Cooley sie darum gebeten, uns ihre Situation zu schildern. Die Lebenserwartung dieser Menschen nach der Operation betrug damals noch wenige Monate, selten mehr als ein Jahr. Aber sie klammerten sich mit ihrer ganzen Willenskraft an diese letzte Chance. Vor allem waren sie Cooley unendlich dankbar dafür, dass er kostenlos in sein Programm aufgenommen hatte.

Im Verlauf der weiteren Gespräche wurde mir das System Cooley erklärt. Der Texaner war nicht nur ein begnadeter Chirurg, sondern auch ein gewiefter Geschäftsmann. Operationen am offenen Herzen waren Ende der Sechzigerjahre noch eine Seltenheit. Nur in wenigen Ländern hatten sich Mediziner so weit vorgewagt. Die Wartezeit für Patienten betrug oft Jahre, was für viele den sicheren Tod bedeutete. Cooleys Ziel waren die betuchten Patienten aus aller Welt, um sein riesiges Krankenhaus zu füllen. Wer über das entsprechende Geld verfügte, wurde bei ihm in kürzester Zeit operiert. Und damit auch potenzielle Kunden in aller Welt erfuhren, dass sie in Houston schnell, gut und teuer behandelt würden, setzte Cooley auf die kostenlosen Herztransplantationen, die mit einer globalen Publicity verbunden waren. Wohltaten als Werbung.

Damals machte mir dieses auf Gewinn und Effizienz getrimmte Gesundheitssystem schwer zu schaffen. Ich träumte nachts von den um Luft ringenden Patienten, die sich verzweifelt an ihren Wohltäter klammerten, und tagsüber verachtete ich die Motive Cooleys, der sie praktisch nur zu Werbezwecken so großzügig behandelte. Aber dann wiederum musste ich einsehen, dass Cooley mehr Menschenleben rettete als jeder anderer Herzchirurg seiner Zeit und dass die Überlebensquote seiner Operationsmethode damals viel höher war als sonst irgendwo auf der Welt.

Medizin als Geschäft – das war damals zu viel für einen jungen Redakteur aus Deutschland. War ich doch mit dem Bewusstsein groß geworden, dass ich in einem Land lebe, in dem die medizinische Versorgung für alle Bürger kostenlos ist – und so hatte ich das auch meinen amerikanischen Gesprächspartnern erklärt. Die nickten freundlich und meinten, ja sie hätten schon davon gehört, dass wir in Deutschland den Sozialismus hätten. »Nein, nein«, wehrte ich ab. »Sozialismus herrscht in Ostdeutschland, ich aber komme aus Westdeutschland, da haben wir die soziale Marktwirtschaft.« Und wieder einmal war ich überzeugt, dass die Amerikaner von Europa halt keinen Schimmer haben und es folglich ein Riesenglück für mich ist, in einem Land aufzuwachsen, in dem die medizinische Versorgung nicht von meinem Einkommen abhängt. Und die Mitarbeiter in Cooleys Herzzentrum waren sich genauso sicher, dass in Deutschland ein sozialistisches Gesundheitssystem existiert, das so rückständig ist, dass den Menschen dort der medizinische Fortschritt verwehrt bleibt.

Von Kindesbeinen an habe ich erfahren, dass die medizinische Versorgung nichts kostet. Wir gingen zum Arzt oder ins Krankenhaus, holten Medikamente beim Apotheker ab und fuhren zur Kur – eine Rechnung haben wir nirgendwo erhalten, alles wurde bezahlt. Selbstverständlich kam der Hausarzt auch dann, wenn ich als Kind nur eine Grippe hatte. Und selbstverständlich war der Hausarzt die Vertrauensperson der Familie überhaupt. Auch später, als ich selbst Geld verdiente, änderte das nichts an diesem Bewusstsein. Das Heft mit den Krankenscheinen lag griffbereit im Schrank, und wichtig war nur, dass ich vor der ersten Behandlung im Quartal den Krankenschein mitbrachte – jeweils für den Zahnarzt und den Hausarzt. Und selbst wenn mich damals, vor 1970, die Krankenkassenbeiträge interessiert hätten, wäre dies kein Grund zur Aufregung gewesen. Sie machten mit Arbeitgeber- und Arbeitnehmeranteil zusammen 8,2 Prozent meines Bruttoeinkommens aus. Also so gut wie nichts.

Die Beiträge für die Krankenkasse werden vom Arbeitgeber einbehalten. Ich behaupte, dass noch nicht einmal ein Prozent der Beschäftigten ihr tatsächliches Bruttoeinkommen kennt. Wenn überhaupt, verstehen sie darunter das auf ihrem Lohn- oder Gehaltszettel ausgewiesene Bruttogehalt. Die Arbeitgeberanteile sind im Einkommensbewusstsein überhaupt nicht existent, da sie für Arbeitnehmer nirgendwo sichtbar auftauchen. Aber selbst der Bruttobetrag auf dem Gehaltszettel ist für die Masse der Beschäftigten eine unbedeutende Größe. Was zählt, sind die Nettoeinkünfte, nur dafür können sie sich etwas kaufen. Und solange die Krankenversicherungsbeiträge vorher abgezogen werden, bleiben sie irgendwie nebulös, sind irgendwo im Ärgernis der Abzüge verschollen.

So hat unser »soziales« System über viele Jahre das Bewusstsein gezüchtet, in Deutschland sei für jeden Bürger die medizinische Versorgung kostenlos. Da gab es zwar auch die Erste-Klasse-Patienten, aber das war nur eine kleine, wohlhabende Minderheit. Und außerdem bestand da noch ein gewisser Unterschied zwischen den einfachen AOK-Patienten und den Mitgliedern der Angestelltenkrankenkassen, die sich etwas bevorzugt vorkamen. Also so ein bisschen Klassenunterschied sollte schon sein – doch alle zusammen waren wir auf das deutsche Modell sehr stolz.

Heute, nachdem 50 Gesetze und 7000 Einzelbestimmungen in immer neuen Kostendämpfungsversuchen seitens der Regierung das Gesundheitswesen durchgerüttelt haben, wird so langsam auch dem letzten Bürger deutlich: Gesundheit ist nicht kostenlos. Die Beiträge sind längst im Durchschnitt auf 13,5 Prozent des Bruttoeinkommens angestiegen, und das ist nur ein Teil der Wahrheit. Ganz langsam fing es an, dass der Versicherte auch von seinem Nettolohn Ausgaben für die Gesundheit bestreiten muss. Ich kann mich noch an den Sturm der Entrüstung erinnern, der durch das Land fegte, als erstmals eine geringe Zuzahlung für Arzneimittel verlangt wurde. Heute gibt es lange Listen von Medikamenten, für die die Kasse überhaupt nicht mehr aufkommt. Mit jeder neuen Kostendämpfungsmaßnahme und neuen Gesetzen zur Stärkung der Solidarität werden Leistungen gestrichen, höhere Zuzahlungen notwendig. Etliche Kurorte leiden an Auszehrung, weil ihnen die Kassenpatienten nicht mehr zugeteilt werden.

Ein Jungredakteur käme heute nicht mehr auf die Idee, Amerikanern zu erklären, dass bei uns in Deutschland die medizinische Versorgung kostenlos sei. Aber er würde immer noch argumentieren, dass die Gesundheitsversorgung in Deutschland gerechter und sozialer sei als in den USA. Und damit hat er sicher auch heute noch Recht. Aber es stimmt auch noch, dass die Gesundheitsindustrie in den Vereinigten Staaten wesentlich weiter entwickelt ist als bei uns: Bahnbrechende Behandlungsmethoden, neue Wirkstoffe für Medikamente, medizintechnische Geräte, gentechnische Grundlagenforschung – fast immer haben die Amerikaner die Nase vorn. Doch dieser leistungsfähigsten Gesundheitsindustrie steht eine miserable medizinische Versorgung gegenüber. Trotz immenser Kosten – immerhin geben die US-Amerikaner 14,2 Prozent ihres Bruttosozialprodukts, das entspricht 2,3 Billionen DM, für ihre Gesundheit aus, das ist mehr, als ganz Deutschland mit zwei Billionen DM für alle Waren und Dienstleistungen zur Verfügung hat – sind 45 Millionen Amerikaner überhaupt nicht versichert. Hierzu gehören vor allem Selbstständige mit mittleren Einkommen und Beschäftigte bei kleinen Firmen. Für die 36 Millionen sozial Schwachen gibt es mit Medicaid eine staatliche Grundversorgungsgarantie, ebenso für die knapp 40 Millionen Amerikaner über 65 Jahre.

Das amerikanische System beschreibe ich deshalb etwas ausführlicher, damit nur ja nicht der Gedanke aufkommt, ich würde für dessen Einführung plädieren. Den Amerikanern unterstellen wir Deutsche gern, sie würden ihr Gesundheitssystem mit marktwirtschaftlichen Ansätzen betreiben, was zur Folge habe, dass sich nur die Gutbetuchten die zweifelsfrei hervorragende medizinische Versorgung leisten können. In den USA stimmt der Satz: »Weil du arm bist, musst du früher sterben.« Und richtig ist auch, dass viele Amerikaner ihre Ersparnisse opfern mussten und für den Rest ihres Lebens verschuldet sind, weil eine teure Operation nötig war. Es gibt sogar einen deutschen Versicherungsmakler, der mit der Not Schwerstkranker in den USA Geschäfte macht. Er verkauft gegen bar die Lebensversicherungspolicen von Aids-Kranken, damit diese sich die teuren Medikamente leisten können. Das Geschäft ist so konstruiert, dass es wie eine Wette auf den Tod funktioniert. Stirbt der Aids-Kranke bald, so hat der deutsche Käufer ein Geschäft gemacht, je länger der HIV-Infizierte allerdings am Leben bleibt, desto mehr Geld kann der deutsche Policenkäufer verlieren.

Der große Irrtum über das amerikanische System besteht darin, dass es mit Marktwirtschaft verwechselt wird. In den USA schaffen es monopolistische Versicherungen und eine mächtige Ärztelobby, die Patienten zu gängeln und auszubeuten. Kommen in Deutschland 40,1 Ärzte auf 10 000 Einwohner, so sind es in den USA nur 23,1. Das garantiert ihnen fette Einkommen, die etwa 50 bis 80 Prozent höher ausfallen als diejenigen ihrer Kollegen bei uns. Die leben zwar auch nicht gerade an der Armutsgrenze, wünschen sich aber jene paradiesischen US-Zustände. Kein Wunder, dass sie gern auf die USA als Vorbild verweisen.

Dabei sollten sie aber nicht übersehen, dass die Produktivität eines amerikanischen Arztes fast doppelt so hoch ist wie die seines Kollegen in Deutschland. Offiziell gibt es in den USA keine Zulassungsbeschränkung für Ärzte. Aber die Standeslobby versteht es, die Studienplätze in den Universitäten kostspielig und rar zu machen. Noch raffinierter aber wirkt das Nadelöhr der klinischen Ausbildung. Hier werden junge Ärzte einige Jahre hemmungslos ausgebeutet, mit schier unmenschlichen Arbeitsstunden und miesester Bezahlung. Diese Tortur übersteht nur, wer es sich finanziell leisten kann oder einen eisernen Willen mitbringt.

Zu einem Feindbild für die amerikanischen Bürger sind die Health Maintenance Organisations mutiert, kurz HMOs genannt. Sie wurden einst in den Sechzigerjahren als Non-profit-Organisationen gegründet, um Angestellten und Selbstständigen der Mittelschicht eine preiswerte und solide medizinische Versorgung zu sichern. Im Gegensatz zu den privaten und sehr teuren Krankenversicherungen schlossen die HMOs mit bestimmten Krankenhäusern und Ärzten Verträge ab oder stellten Mediziner sogar für ein festes Gehalt ein. Dadurch war zwar die freie Arztwahl eingeschränkt, aber die Kosten blieben für die Patienten erschwinglich. Der Erfolg der HMOs erweckte die Begierde des Geld- und Versicherungsgewerbes. Sie bemächtigten sich der Gesellschaften und verpflichteten sie, statt im Interesse der Patienten nun im Interesse der Kapitalgeber zu arbeiten. Der einzelne Patient sieht sich somit entweder einer teuren Privatgesellschaft oder einer geldgierigen HMO gegenüber und gleichzeitig einer eingegrenzten, zunftartig aufgebauten Ärzteschaft ausgeliefert, die alle auf alles angewiesen sind, nur nicht auf einen Kranken. Das hat weder mit einer Wettbewerbs- noch mit einer Marktwirtschaft zu tun.

Doch auch in den USA wissen Politiker, mit wem sie es sich leisten können, sich anzulegen, und mit wem nicht. Es ist ganz offensichtlich leichter, den Microsoft-Konzern von Bill Gates zu zerschlagen, als für mehr Wettbewerb und Fairness im Gesundheitswesen zu sorgen. Mit großem Propagandaaufwand hatte Bill Clinton in seinem ersten Wahlkampf versprochen, jedem Amerikaner eine bezahlbare medizinische Versorgung zu gewährleisten. Mit dem Job beauftragte er seine durchsetzungsfähige Frau Hillary. Aber auch die scheiterte – nicht zuletzt weil sie einen Fehler wiederholen wollte, der schon in Deutschland das Gesundheitswesen in seinen Grundfesten erschüttert: Statt den Bürger in seiner Rolle als Kunde zu stärken, wollte Hillary

Clinton die bestehenden privaten Monopolisten durch staatliche Monopolisten ersetzen und ergänzen.

Mit Stolz verwiesen damals deutsche Zeitungs- und Fernsehkommentatoren darauf, dass unser System so gut sei, dass selbst die Amerikaner es imitieren wollten. Sie haben dann vergessen zu erklären, dass genau an unseren Fehlentwicklungen Hillary Clinton in den USA schon im Vorfeld Schiffbruch erlitt. Ich werde nie vergessen, wie der damalige Mehrheitsführer im Senat, der Republikaner Bob Dole, vor einer riesigen Schautafel im Fernsehen die verwickelten und komplizierten Ströme aufzeigte, wie künftig das Geld durch das Gesundheitswesen geschleust werden sollte. Dann deutete er mit einem Stock auf einen Punkt mitten in dem Schema und sagte: »Und das hier, das ist der Patient. Hier ist er untergegangen.« Er war als mündiger Bürger nicht vorgesehen, und damit war die Reform in den USA tot.

Bei uns ist das genau umgekehrt. Schon das Ansinnen, in unser Gesundheitssystem mehr marktwirtschaftliche Elemente einzuführen, wird sofort mit dem Hinweis auf amerikanische Verhältnisse abgewürgt. Als 1997 wieder einmal die Diskussionen um die Regelungen bei der Zahnversorgung hohe Wellen schlugen, bat ich Bundesgesundheitsminister Horst Seehofer um ein Interview. Die Tendenz der konservativen Bundesregierung ging immer in Richtung einer Bewirtschaftung des Ärzteangebots: also Beschränkung der Zahl der Ärzte und Zahnärzte.

Entsprechend meinen amerikanischen Erlebnissen und den einfachsten Gesetzen des Marktes lautet meine Erfahrung: »Was knapp ist, wird teuer.« Seehofers Vorstellung aber lautete: »Je mehr Ärzte, desto höhere Gesundheitsausgaben.« Also war und ist die Tendenz in Deutschland, die Zahl der Ärzte zu verringern und dafür den Medizinern durch Punktesysteme, Verschreibungs- und Behandlungsvorschriften sowie zentimeterdicke Leistungskataloge die Einkommen zu begrenzen. Nachdem ich dem Pressesprecher mein Anliegen vorgetragen hatte, war die Telefonleitung wie tot. »Sind Sie noch da?« – »Ja«, antwortete mein Gegenüber, »aber ich bin sprachlos.« – »Warum?« – »Sie wollen mehr Markt im Gesundheitswesen, Ihre Vorstellungen sind ja abstrus. Zu so einem Unfug wird sich der Minister auf keinen Fall äußern!« Der Mann sprach eindeutig mit bayerischem Akzent, aus der ehemaligen DDR konnte er also nicht stammen. Da hätte ich ja noch eher Verständnis für sein Verhalten aufgebracht. Diese Reaktion macht aber deutlich, dass die Angst vor Markt, das Missverständnis der Segnungen marktwirtschaftlicher Grundvorstellungen, nirgends größer ist als im Gesundheitswesen.

Im Selbstverständnis der Deutschen gibt es nichts Unsozialeres, nichts Verwerflicheres als die Vorstellung, Menschen würden medizinisch schlechter behandelt, nur weil sie arm sind. Die garantierte Vollversorgung mit allen auf der Welt verfügbaren Behandlungsmethoden ist eine Erwartungshaltung, die man kaum infrage stellen kann, ohne nicht sofort als herzloser Frühkapitalist, ja als geldgieriger Egoist verdammt zu werden.

Dabei werden die Schlachten um das deutsche Gesundheitswesen nicht um mehr Markt, sondern um mehr Geld geschlagen. Alle Beteiligten, die Ärzte und ihre Funktionäre, die Krankenkassen und ihre politischen Hintermänner, die Lobby der Pharma- und Medizinindustrie, die Kurbetriebe und Rehazentren und nicht zuletzt die privaten und in öffentlicher Hand befindlichen Krankenhäuser, sie wollen möglichst ihren Anteil am Kuchen der rund 600 Milliarden DM, die die Deutschen jedes Jahr für ihre Gesundheit umsetzen. 250 Milliarden DM entfallen davon auf die gesetzlichen Krankenkassen. Mehr Markt will dabei eigentlich keiner, auch wenn sich das bei Ärzten und Industrie manchmal so anhört.

Dabei ist das deutsche Gesundheitswesen durchaus zu retten, was ein erstrebenswertes Ziel wäre, denn so schlecht steht es im internationalen Vergleich auch wieder nicht da. Weder halte ich die amerikanische Monopolsituation für erstrebenswert, die trotz sehr hoher Kosten viele Menschen unversorgt lässt, noch ist ein Modell wünschenswert, wie das des britischen National Health Service, der mit nur 6,9 Prozent des Bruttosozialprodukts weniger als die Hälfte der amerikanischen Kosten verbraucht und immerhin noch die deutschen Aufwendungen um ein Drittel unterschreitet. Die Lebenserwartung der Briten ist nur ganz geringfügig niedriger als die der Deutschen. Aber in Großbritannien ist die freie Arztwahl praktisch aufgehoben,

Wartezeiten für Operationen können sich über Monate erstrecken.

Nein, das deutsche Modell hat seine Vorteile, wenn wir nur den Mut aufbrächten, es mit mehr Transparenz, mehr Wettbewerb und mehr Eigenverantwortung zu ergänzen – und wenn wir endlich einsähen, dass nicht alles, was wünschenswert, auch machbar ist. Der Bayreuther Professor Peter Oberender versucht, die beiden Wissenschaften Ökonomie und Medizin miteinander in Einklang zu bringen. Er hat errechnet, dass die gigantische Summe von 1,8 Billionen DM durchaus sinnvoll für die Gesundheit in unserem Land ausgegeben werden könnte, also mehr als das Dreifache dessen, was wir heute aufbringen. 1,8 Billionen DM, das wäre fast die Hälfte unseres Bruttoinlandsprodukts. Wir müssten endlich auf etliche lieb gewonnene Lebensgewohnheiten verzichten: statt vor dem Fernseher oder im Stadion Fußballspielen zuzuschauen selbst ungefährlichen Sport treiben, die Ernährung umstellen, Rauchen und Trinken aufgeben, entsprechend unseren persönlichen Veranlagungen den richtigen Lebenswandel führen und Stress vermeiden – also körperbetont und vernünftig leben. Wenn sich dann trotzdem Krankheiten einstellen, schliesslich müssen wir einmal sterben, nutzen wir dann alle nur denkbaren medizinischen Behandlungsmethoden, um die Leiden zu bekämpfen und zu mildern. Wie gesagt: 1,8 Billionen DM könnten so sinnvoll ausgegeben werden.

Diese Summe macht aber auch deutlich, welches Wachstumspotential noch in der Gesundheitsindustrie steckt, und ich bin sicher, dass wir alle bereit sind, für unser körperliches Wohlbefinden auch mehr Geld aufzubringen. Jede Umfrage bestätigt: Nichts ist uns wichtiger in unserem kurzen Leben als unsere Gesundheit. Was aber schier unlösbar scheint in unserem Staat, ist, die richtige Mischung zu finden aus der notwendigen Solidarität, die eine solide medizinische Grundversorgung garantiert, und der Eigenverantwortung, die jeder selbst aufbringen muss. Statt sich um fairen Wettbewerb und um mehr Transparenz zu bemühen, bekämpfen sich linke Umverteiler und besitzstandswahrende Berufsverbände. Auf der Strecke bleibt eine sachliche Debatte.

Unser derzeit praktiziertes System führt zu aberwitzigen und unsozialen Lösungen.

– Die Besserverdienenden können sich aus der Pflichtversicherung verabschieden und so die Solidargemeinschaft verlassen.

– Beamte müssen erst gar nicht der Solidargemeinschaft beitreten.

– Die Mitglieder der gesetzlichen Krankenkassen sind entmündigt: Ihre Kassen verhandeln mit den Ärzten und Krankenhäusern über die Honorare. Das Ergebnis dieser Verhandlungen schlägt sich dann in ihren Beitragssätzen nieder.

Die erste Voraussetzung für eine solidarische Grundversorgung in unserem Staat muss darin bestehen, dass dazu alle Bürger herangezogen werden, egal welchen Beruf sie ausüben und wie viel sie verdienen. Die zweite Voraussetzung muss sein, dass völlige Kostentransparenz für jeden Bürger hergestellt wird. Die dritte Voraussetzung beruht auf der Definition einer Grundversorgung, damit ein Konsens hergestellt wird, den die Gesellschaft für ihre Solidaritätsleistung auch zu tragen bereit ist. Wer diese Forderungen ablehnt, soll bitte auch nicht von Solidargemeinschaft reden. Und weil wir diese Grundvoraussetzungen nicht haben, hat unser Gesundheitswesen auch nur wenig mit einem Solidarsystem zu tun.

Wieder fällt mir die Scharlatanerie des SPD-Wahlkampfs 1998 ein. Da wurde versprochen, dass die Zuzahlungen bei Arzneimitteln wieder reduziert werden und die Zahnversorgung auch für Jugendliche wieder voll übernommen wird. Oskar Lafontaine beschreibt in seinem Abrechnungsbuch »*Das Herz schlägt links*« eine für ihn typische Erscheinung des Neoliberalismus der Kohl-Regierung. Am Zustand der Zähne der Jugendlichen könne man schon erkennen, zu welcher Einkommensschicht sie zählten. Für ihn sei es ein Akt der Solidarität, dass jeder Bürger das Recht auf gesunde Zähne habe, ohne Rücksicht auf das Einkommen. Das klingt gut und ist mehrheitsfähig – aber verlogen. So wird jeder Ansatz zu einer vernünftigen Gesundheitsreform zunichte gemacht.

Es ist mittlerweile unumstritten, dass Zähne bei richtiger Pflege gesund bleiben. Wer aber Bonbons und Eis lutscht, sich von Süßigkeiten ernährt und nicht die Zähne putzt, der handelt sich mit Sicherheit Karies ein. Folglich war die Entscheidung, Kosten, die durch mangelnde Zahnpflege entstehen, nicht mehr aus den Solidarkassen zu bezahlen, richtig. Kaum war die SPD am Ruder, wurden alle jene wieder belohnt, die zu faul sind, sich die Zähne zu putzen, weil dies für Lafontaine ja zu den sozialen Grundrechten gehört. Da wäre es noch billiger, Zahnbürsten und Zahnpasta auf Krankenschein zu verteilen.

Jede Zahnarztpraxis kennt auch Fälle, in denen sich Leute arbeitslos melden, nur weil eine teure Zahnbehandlung ansteht. Während ein Arbeitnehmer, und wenn er ein noch so geringes Einkommen bezieht, seinen Zahnersatz selbst bezahlen muss, ist für den Arbeitslosen die Solidargemeinschaft zuständig. Solche Ärgernisse rühren daher, dass die soziale Gerechtigkeit bis in die Mundhöhlen ausgedehnt wird.

Nicht nachvollziehbar ist für mich auch die Abtreibung auf Krankenschein. Gewöhnlich ist die Schwangerschaft das Ergebnis eines vergnüglichen Erlebnisses. Durch entsprechende Vorkehrung lässt sie sich selbst bei vollständigem Genuss der damit verbundenen Leibesübung verhindern, wobei weder der soziale Status noch das Einkommen der Praktizierenden eine Rolle spielt. Warum soll die Solidargemeinschaft die Kosten eines Schwangerschaftsabbruchs übernehmen, nur weil das Paar die Verhütung vergessen hat oder seine Liebesspiele pur genießen wollte? Ich gönne jedem so viel Sex, wie er vertragen kann, aber es hat doch nichts mit Solidarität zu tun, wenn ich für das ungeliebte Resultat eines unbedachten Moments aufkommen muss. Solange Sex keine Krankheit ist, habe ich Probleme, Verhütung oder die Folgen einer Nichtverhütung aus den Solidarkassen zu bezahlen. Ist hier Eigenverantwortung zu viel verlangt – wäre es nicht richtiger, wenn es schon sein soll, die Verursacher der Abtreibungskosten per Verordnung paritätisch zu beteiligen?

»Wer das Geld hat, einen Skiurlaub zu bezahlen, hat auch das Geld für den Gips«, meinte CDU-Fraktionschef Friedrich Merz. Damit stellte er Solidarleistungen infrage, die mit einer Grundversorgung nichts zu tun haben. Wer sich in Gefahr begibt, also Risiken in Kauf nimmt, soll sich entsprechend versichern, wie dies Autofahrer jetzt schon tun. Der Katalog von Leistungen per Krankenschein, die nichts mit der Grundversorgung zu tun haben, könnte zu Einsparungen in Milliardenhöhe führen. Es geht hier auch nicht um eine vollständige Auflistung, sondern um das Prinzip: Jeder Mensch soll die Freiheit haben, mit einem Drachen zu fliegen, Sex mit und ohne Kondom zu praktizieren und Entspannungskuren mit Ayurveda-Behandlung zu genießen – doch muss er dafür auch die Eigenverantwortung übernehmen. Das sollte in einer Gesellschaft, die sich als soziale Wertegemeinschaft empfindet, eine Selbstverständlichkeit sein.

---

17. Kollektives Schmarotzertum

Es ist immer wieder ein verwirrendes Erlebnis zu beobachten, wie die Kontrahenten bei einer anstehenden Gesundheitsreform aufeinander losgehen. Und da ständig irgendetwas geändert werden muss, sehen wir uns einem Dauerbombardement von Argumenten ausgesetzt, die alle nur eines bewirken: Die Lage wird immer verworrener. Und weil von den Beteiligten niemand Markt und Wettbewerb stärken will, wird gelogen, dass sich die Balken biegen. Noch auf keinem der großen Ärztekongresse habe ich die Forderung nach mehr Transparenz für den Patienten vernommen.

Mein Sohn Peer und ich haben es schon einmal ausführlich in unserem Buch »Das Erbe der Egoisten« beschrieben, deshalb will ich es hier nur noch vereinfacht skizzieren. Das japanische Krankenversicherungsmodell: Bei einem etwa 40 Prozent höheren Durchschnittseinkommen zahlen Japaner zur Zeit umgerechnet etwa 600 DM, jeweils zur Hälfte Arbeitgeber und Arbeitnehmer, in die öffentliche Krankenkasse ein, bei der über 90 Prozent der Japaner versichert sind. Dafür müssen sie sich aber an jeder Arztrechnung, jedem Medikament und jedem Krankenhausaufenthalt zu 20 Prozent beteiligen. Die monatliche Belastung ist aber nach oben bei zirka 900 DM begrenzt. Chronisch Kranke sind von der Eigenleistung zum Teil befreit. Natürlich gibt es auch Varianten für Rentner, Arbeitslose, Sozialfälle usw., aber die Zahl der Betroffenen, die für eine Sonderregelung infrage kommen, fällt nicht ins Gewicht.

Das System hat für mich entscheidende Vorteile: Erstens muss jeder Arzt seinem Patienten eine Rechnung mit seiner Leistung übergeben, denn schließlich hat dieser ja 20 Prozent davon zu bezahlen. Damit ist eine Kontrolle durch den Leistungsempfänger gewährleistet, die es bei uns nicht gibt. Wir unterstellen allen Ärzten, dass sie Heilige sind und nicht mehr Leistungen berechnen, als sie auch tatsächlich erbracht haben. Die Kontrollen durch Kassen beweisen das Gegenteil. Noch nie hat jemand ausgerechnet, wie viele Milliarden DM uns das alltägliche Abrechnungsgeschummel kostet. Muss der Patient erst einmal 20 Prozent der verschreibungspflichtigen Arzneimittel bezahlen, so wird er sich die Familienpackungen auch nicht mehr gefallen lassen, die es bei uns fast automatisch gibt.

Ein Zahnarzt erklärte mir einmal unser real existierendes Verschwendungssystem an einem völlig irrsinnigen Beispiel. 1994 hatten die Kassen verboten, den Patienten Schmerztabletten einzeln auszuhändigen. Es mussten immer Packungen verschrieben werden.

Bei einer 20-prozentigen Eigenbeteiligung käme es schließlich auch zu einem härteren Wettbewerb zwischen den Krankenhäusern. Dann würden sich solch unverständliche statistische Erhebungen vielleicht von allein erledigen: In Baden-Württemberg werden zum Beispiel vom Schlaganfall betroffene Patienten nach 18,1 Tagen entlassen, in Berlin erst nach 33,4 Tagen.

Entscheidend beim japanischen System aber ist die monatliche Kostendeckung. Kein Patient, und benötige er eine noch so teure Herztransplantation oder Krebsbehandlung, muss mehr als 900 DM im Monat für seine Krankheit ausgeben. Im Gegensatz zu den USA verarmt niemand, weil er krank ist. Dabei gibt Japan mit knapp acht Prozent des Bruttosozialprodukts deutlich weniger fürs Gesundheitswesen aus als wir oder die USA. Trotzdem hat Japan mit 77,2 Jahren bei Männern und 83,8 Jahren bei Frauen die höchste Lebenserwartung der Welt.

Den Japanern gelingt es, durch die Eigenbeteiligung der Patienten mehr Transparenz und dadurch wiederum mehr Kostenbewusstsein zu schaffen. Fast alle großen Kliniken, aber auch städtische Ambulanzen, arbeiten nach dem TQM-Prinzip, sind ISO 9000 zertifiziert, Management- und Qualitätsrichtlinien, die weltweit in Unternehmen praktiziert werden, die zur Leistungsspitze zählen. TQM – Total Quality Management – steckt in Deutschland insgesamt noch in den Kinderschuhen. Für Dienstleistungsunternehmen ist es oft noch ein Buch mit sieben Siegeln. Die Kliniken, die aber mit solchen Managementgrundsätzen angefangen haben, erzielen selbst in unserem verknoteten System erstaunliche Ergebnisse. Verblüffend für mich ist nur, dass die niemand wissen will. Wie wäre es sonst möglich, dass es immer noch Stadtväter gibt, die bereit sind, ein Defizit ihrer öffentlichen Krankenhäuser hinzunehmen und es auszugleichen, statt das verantwortliche Personal, Kaufleute wie Mediziner, davonzujagen und sich einmal eine Dienstreise nach Kassel zu leisten?

Wolfgang Schäfer ist ein Mann leiser Töne und in meinen Augen viel zu bescheiden. Ja, seine Bescheidenheit könnte sogar als staatsbürgerlich unverantwortlich bezeichnet werden. Wolfgang Schäfer, der Geschäftsführer der Städtischen Kliniken Kassel, einer gemeinnützigen GmbH, erwirtschaftet so hohe Gewinne, dass er der finanzschwachen Stadt in Nordhessen sogar Kredite gewähren kann. Jedes Mal wenn ich diese Geschichte Politikern oder anderen Meinungsträgern berichte, ernte ich ungläubige Blicke, und dann folgt fast immer der Spruch: »Das glaube ich nicht, sonst wüsste ich davon« oder: »Da gibt es irgendeine Besonderheit oder irgendeinen miesen Trick.« Nach Kassel ist trotzdem noch keiner gefahren und hat sich diese angebliche Trickserei angeschaut. Lieber in seiner verlogenen Welt leben, als sich jenseits seiner ideologischen Muster weiterbilden.

Für die Sendereihe »Plusminus« der ARD konnte ich einmal einen Kurzbeitrag über die Kasseler Kliniken produzieren, doch als ich später noch einmal für die ZDF-Sendung »Frontal« die politischen Dimensionen dieses Falles aufzeigen wollte, winkte Schäfer ab. Wenn seine Klinik so herausgestellt werde, sorge das nur für Ärger. Seine Kollegen, die sich gerade in schwierigen Verhandlungen mit den Krankenkassen befänden, würden ihm vorwerfen, er sei unsolidarisch. Seine Chancen, seine Arbeitsmethoden in der Branche zu propagieren, würden sich durch einen solchen Film eher verschlechtern.

Wolfgang Schäfer hat nichts anderes gemacht, als Total-Quality-Methoden, wie sie in den besten Unternehmen der Welt praktiziert werden, auf seine Klinik zu übertragen. Erst einmal hat er sie dem Einfluss der Politik entzogen. Als der heutige Bundesfinanzminister Hans Eichel noch Oberbürgermeister in Kassel war und über die Millionendefizite jammerte, versprach ihm Schäfer, dass er keine Zuschüsse der Stadt mehr beanspruchen werde, wenn sich die Politik aus dem Krankenhausbetrieb vollständig zurückziehe. Aus den Städtischen Kliniken wurde die Städtische Klinik Gemeinnützige GmbH. Doch diese Rechtsform ist lediglich der Rahmen, der allein noch kein Geld spart. Dafür sind andere Mechanismen nötig.

In Kassel sind alle Abteilungen für ihr Budget selbstverantwortlich. Überschüsse jenseits der Budgetvorgaben, die erwirtschaftet werden, können die Mitarbeiter untereinander verteilen. In der Herzklinik haben wir das miterlebt. An der Sitzung der Etatbesprechungen nehmen alle Mitarbeiter teil: also Chefarzt und Assistenzarzt, Krankenschwester, Gerätewart, Apothekerin, Pflegepersonal und wer sonst noch je nach Krankenstation dazugehört. Eine Regel in Kassel: Chefärzte verdienen nicht über eine Million DM – wer das verlangt, ist hier fehl am Platze. Schäfer: »800 000 Mark sind auch eine schöne Summe.« Trotzdem mangelt es den Kasselern nicht an Bewerbungen: Es gibt viele Spezialisten, die sich auf den besonderen Teamgeist dieses Hauses freuen.

Die Budgetüberschüsse werden an die Personen verteilt, die auf ihrem Arbeitsplatz Überdurchschnittliches geleistet haben: Der Mechaniker, der für die Funktionsbereitschaft der teuren Untersuchungsgeräte verantwortlich war, wurde zum Beispiel mit dem höchsten prozentualen Bonus bedacht, weil es ihm mit großem Einsatz und viel Flexibilität gelungen war, Ausfälle von notwendigen Untersuchungen aufgrund eines Defekts der Geräte zu verhindern.

Die einzelnen Abteilungen müssen in Kassel untereinander ihre Leistungen berechnen. Wer eine Computertomographie bestellt, muss an die nuklearmedizinische Abteilung die Kosten überweisen. Damit ist sichergestellt, dass es in Kassel keine Geräteauslastungen gibt, nur um deren Anschaffungen zu rechtfertigen. Der kostenbewusste Einsatz von Hightechmedizin kann für den Betrieb und den Patienten sogar preiswerter sein, weil er schneller zu präzisen Diagnosen fähig ist.

Die Krankenhausküche ist in eine eigene GmbH ausgegliedert und wird ausschließlich von Hotelfachpersonal betrieben. Krankenschwestern haben mit der Essenausteilung nichts zu tun. Dafür sind sie weder ausgebildet noch müssen sie Zeit für Tätigkeiten opfern, die nicht zu ihrem eigentlichen Aufgabengebiet gehören. Die Patienten erleben dafür einen Luxus, wie er sonst nur in Privatkliniken üblich ist. Aus einem großen Speiseangebot können sie ihre Mahlzeiten täglich neu auswählen. Selbstverständlich arbeitet die Ökomed-Verpflegungs-GmbH mit Plus. Sie betreibt außerdem noch Kioske, häusliche Krankenkostverpflegung und beliefert Altenheime.

Ein Profitcenter und eine eigene GmbH ist auch die Reha-Abteilung. Die hervorragend ausgestatteten Räume blieben abends stets unbenutzt. Jetzt sind sie an örtliche Fitnessvereine vermietet. Voll des Lobes sind auch die beiden Krankenhauspfarrer: Überkonfessionell stellen sie fest, dass sich die Stimmung in der Klinik wesentlich verbessert hat, seit Effizienz und Transparenz zum Maßstab allen Handelns geworden sind. Die Einsparungen haben es sogar möglich gemacht, dass die Klinik Frauen beschäftigt, die nichts anderes tun, als sich mit Patienten zu unterhalten, die wenig oder keinen Besuch bekommen oder die sich vor und nach Operationen in einem besonderen seelischen Stress befinden. Selbst dieser menschliche Aspekt trägt wieder zur Effizienz bei: Die stets gehetzten Krankenschwestern werden entlastet und können sich so intensiver um die medizinische Betreuung kümmern. Viele gut versorgte Patienten werden auch schneller gesund und können die Klinik eher verlassen.

Nach knapp 20 Jahren gemeinnütziger GmbH hat die Klinik in Kassel ihr Personal von 2200 auf 3500 erhöht, hat 75 Millionen DM aus eigenen Mitteln reinvestiert und kann, wie bereits erwähnt, ihrer Stadt mit Krediten unter die Arme greifen. Der Geschäftsführer der hessischen Betriebskrankenkassen, Rainer Bösken: »Wenn alle Kliniken in Deutschland so arbeiten würden wie Kassel, könnten die Krankenkassenbeiträge um etwa ein Prozent gesenkt werden.«

Und warum sind Krankenkassen und Politiker bereit, die Schulden defizitärer Krankenhäuser zu begleichen – kam Herr Seehofer gar auf die aberwitzige Idee, von den Krankenversicherten ein Notopfer von 20 DM pro Monat für die Sanierung der Kliniken einzufordern? »Ab nach Kassel«, und wer die Leistung nicht bringt, soll Pleite gehen. Es wäre eine soziale Wohltat für unser Land, wenn anstelle ewiger Alimentierung ein fairer Wettbewerb ins Krankenhauswesen Einzug halten würde – bei einem gleichzeitigen Verbot jedweder Subventionierungen.

Statt Transparenz und Eigenbeteiligung probierte es die Regierung mit einer Globalbudgetierung, dem wohl untauglichsten Versuch. Natürlich könnte es gelingen, mit einer solchen Regelung die Ärzte aufeinander zu hetzen. Wer mehr verschreibt, mehr arbeitet oder mehr betrügt, wäre im Vorteil, hätte höhere Einnahmen. Das spornt an: Also wird der Kollege das Gleiche tun, und weil die Arbeitszeit begrenzt und das Verschreibevolumen gedeckelt ist, bleibt nur ein Ausweg, um sein Einkommen zu sichern oder gar zu steigern – der Betrug. Die Wut der Ärzte über die Zwangsbudgetierung ist berechtigt, nur haben sie auch keine Vorschläge gemacht, die mehr Wettbewerb und mehr Transparenz garantieren.

Jeder weiß, es geht ums Geld, doch weder hat die Regierung es gewagt, zu definieren, wie viel Einkommen sie den Ärzten zugesteht, noch nennen die Ärzte die Summe, die sie ihrer Meinung nach verdienen müssen. Vor 35 Jahren schon hatten mir Klassenkameraden gesagt, die Medizin studieren wollten: 10 000 DM im Monat sollten es schon sein. Auch heute zählen Mediziner nicht gerade zu den einkommensschwachen Schichten. Laut kassenärztlicher Vereinigung lag der Überschuss nach Abzug aller Kosten im Durchschnitt aller Praxen 1997 bei 187 600 DM aus Einkommen der gesetzlichen Krankenversicherungen. Dazu kommen noch die unbekannten Zahlungen der Privatpatienten. Aber ich möchte mich hier nicht an einer Neidhammel- oder Einkommensdiskussion beteiligen. Derzeit gibt es schon Fachärzte, die als Betreiber von Einzelpraxen kaum überleben können. Jeder Arzt soll so viel verdienen, wie es ihm möglich ist, im Wettbewerb mit Kollegen, deren Zahl auf keinen Fall staatlich beschränkt werden darf.

Anlässlich des Ärztekongresses im Mai 2000 in Köln ließ sich das Ritual nachvollziehen, mit dem die schwierige Materie schlagwortartig unters Volk gebracht wird und außer Verunsicherung nichts herauskommt. Die Zutaten sind stets die gleichen: ein Journalist mit wenig Sendezeit, wenig Ahnung, der aber schnell und griffig eine schöne Story basteln kann, ein Ärztefunktionär, der mitleidheischend seine Opferrolle spielt und vorgibt, sich vor allem um die Patienten Sorgen zu machen, eine Ministerin, die weiß, dass sie von den Ärzten im Saal sowieso nicht gewählt wird, die aber nur Stimmen gewinnen kann, wenn sie die Krankenkassengebühren nicht erhöht.

Erste Szene: Zuerst tritt der Arzt auf, ein Hals-Nasen-Ohren-Spezialist. Dank der Globalbewirtschaftung müsse er schon 35 Prozent seiner Zeit umsonst, also ohne Bezahlung, arbeiten. Zweite Szene: Die Ministerin auf dem Podium bittet lächelnd, dass die Kontrahenten doch wie zivilisierte Menschen miteinander umgehen möchten. Zur Sache hören wir nichts, außer dass die Budgetierung bleibt. Dritte Szene: Der Arzt lamentiert, dass die Versorgung der Patienten nicht mehr sichergestellt sei. Die Behandlungsmethoden, die er für richtig und wichtig hält, könne er nicht mehr verschreiben. Letzter Akt: Die Ministerin wirft den Ärzten vor, mehr Geld zu fordern, ohne zu sagen, wo es herkommen soll. Alles klar? Natürlich: Nach dem Auftreten des Arztes bricht mir vor Mitleid das Herz, und als potenzieller Patient bekomme ich Angst. Der Ministerin bin ich dafür dankbar, dass sie sich ums Geld Sorgen macht. Und der Journalist? Den würde ich zurück in die Ausbildung schicken, damit er lernt, die richtigen Fragen zu stellen:

Den auffälligsten Widerspruch liefert jedoch der Arzt: Wenn er jetzt 35 Prozent seiner Zeit umsonst arbeitet, müsste er doch sofort Pleite gehen. Kein Unternehmen kann sich das leisten. Also sind zwei Informationen wichtig: Wie viele Stunden arbeitet er pro Woche, wie hoch ist sein Brutto- und sein Nettogehalt? Bleibt da netto wirklich nichts mehr übrig, so müsste man noch prüfen, ob er nur unwirtschaftlich arbeitet, was bei der Organi-

sation der Sprechstunden unserer Ärzte so um 80 Prozent zu-
treffen dürfte.

Wir können aber davon ausgehen, dass die Nettoeinkommen
mehr als 100 000 DM betragen. Wie errechnet er dann sein un-
bezahltes Mehreinkommen? Er wird auf den dicken Katalog der
abrechenbaren Einzelleistungen verweisen, in dem hinter jedem
ärztlichen Handschlag und jeder Stimmbänderbewegung ein
Preis steht. Dieser Katalog wurde zwischen den Ärztekammern
und den Krankenkassen vereinbart – in langen Sitzungen, wie
bei Tarifverhandlungen. Mit Marktpreisen hat das nichts zu tun.
Und jetzt fordert unser Arzt, dass die Preise, die sie sich da ausgedacht haben, auch bezahlt werden müssen. Die Interessenver-
walterin der Versicherten, die Frau Ministerin, aber sagt: Das
machen wir nicht. Da hat sie erst einmal Recht. Denn was ist das
für ein System, in dem sich zwei zu Lasten des Dritten einigen
wollen?

Doch wie soll ein Journalist, der in unserem System aufge-
wachsen ist, auf die Idee kommen, einmal nach dem Marktwert
des Arztes zu fragen: »Sagen Sie, Herr Doktor, wie hoch ist Ihr
Stundenlohn? Und, Herr Doktor: Wie weit ist der nächste HNO-
Facharzt von Ihnen entfernt – anders ausgedrückt: Wie groß ist
Ihr Monopolbezirk, der Ihnen dank Zulassungsbeschränkung
abgesichert wurde? Und was würden Sie davon halten, Herr
Doktor, dass wir die Preise freigeben, sich dann jedoch viele
HNO-Ärzte in Ihrem Revier ansiedeln dürfen: Ärzte aus Indien
und dem Iran, die bei gleicher Ausbildung für die Hälfte Ihres
Honorars arbeiten?«

Natürlich sind auch mir die Zahlen bekannt, die besagen,
dass ein Arzt etwa eine Million DM Kosten pro Jahr verursacht.
Zu dem Durchschnittshonorarumsatz von 380 000 DM im Jahr
1997 kommen dann die Verschreibungen, Laboruntersuchun-
gen, Krankenhausüberweisungen, Konsultationen und dergleichen mehr. Wegen eines allergischen Hautjuckens, dessen Ursache der Hausarzt nicht auf Anhieb feststellen konnte, war ich
binnen drei Wochen zu drei Fachärzten geschickt worden, die
schoben mich durch Kernspintomographen, veranlassten mehrere Blut-, Urin- und Allergietests und wussten danach noch immer nicht, warum es mich plötzlich so furchtbar juckte: Keiner

der drei Fachärzte nahm sich die Zeit, mir ein Ergebnis mitzuteilen. Das wäre terminlich erst nach einer weiteren Woche möglich gewesen. Da hatte das Jucken aber wieder aufgehört, und ich war schon wieder auf Reisen.

Es nützt mir gar nichts, diese miese, ineffiziente Behandlung bei Bekannten anzuprangern. Da es kaum Alternativen gibt, können sich die Fachärzte eine solche Arbeitsweise leisten. Um Kunden brauchen die sich nicht zu kümmern, die werden ihnen zugeteilt. Ich will überhaupt nicht ausschließen, dass die Gesundheitsausgaben durch eine Erhöhung der Anzahl der Ärzte anwachsen. Aber wenn diese sich um ihre Patienten kümmern müssen, wenn sie nicht mehr von den Krankenkassen und vom Staat alimentiert werden, sondern ihre Einkommen nur steigen, weil ihnen ein guter Ruf vorauseilt, dann verbessern sich auch die Qualität und die Zufriedenheit im Gesundheitswesen. Pleiten von Ärzten gehören dann aber ebenfalls zum Alltag – und warum auch nicht?

Dieser Berufsstand wird von einem Mythos umwoben, der unter anderem zur Folge hat, dass unser Gesundheitssystem jedem, der sich für den Arztberuf entscheidet, auch ein gutes Einkommen sichert. Die derzeitige von Horst Seehofer zementierte und von Andrea Fischer weiter verfolgte Maxime lautet etwa so: Wir verteilen die Milliarden aus den gesetzlichen Krankenkassen möglichst an alle Mitglieder der Kassenärztlichen Vereinigung so gleichmäßig, dass sie den Rachen vollgestopft bekommen und einfach nicht mehr schlucken können. Gedankt haben es ihnen die Ärzte nicht. Sie wollen mehr – vor allem mehr Absicherung ihrer Einkommen ohne Risiko.

Die Vereinigung ist wie alle diese deutschen, so genannten selbstständigen, in Korporationen zwangsverfassten Berufe ein Überbleibsel faschistischer Staatstheorie: alle gemeinsam – ein Volk, ein Reich und darüber ein mächtiger Staat. 1955, als Ludwig Erhards Einfluss schwand und mit ihm seine freiheitliche Wirtschaftsordnung, die er mit Rückendeckung der Amerikaner zum Teil umgesetzt hatte, krochen die Korporatisten wieder aus ihren braun beschmutzten Löchern. Nicht dass sie alle Hitler-Fans oder gar Nazis waren, nur ihre Vorstellung von Staat und Volk, von Ordnung und Bevormundung deckte sich auf vielen Feldern mit dem Gedankengut der verfassten und organisierten Wirtschaft der Faschisten.

Bekenntnisse der Kassenärztlichen Vereinigung zu mehr Wettbewerb und Transparenz sind mir bisher entgangen. Dafür ist es ihnen gelungen, das Grundprinzip aus der großdeutschen Vergangenheit wieder zu etablieren und auszubauen. Ihre Lobbyisten sind dabei sehr erfolgreich. Die angeblichen Ehrenämter der Vorsitzenden der jeweiligen Landesärztekammern sind mit Entschädigungen von 200 000 DM und mehr jährlich ausgestattet. Diese Beträge werden aus den Zwangsbeiträgen entrichtet. Bestimmt wäre es eine lohnende Aufgabe auf den Deutschen Ärztetagen, sich doch erst einmal um die Preise des eigenen Vereins zu kümmern, Transparenz in die Zahlungen und KV-Abrechnungen zu bringen. Da sind viele Millionen einzusparen, die in den Taschen der Ärzte bleiben könnten, ohne dass die Versorgung der Patienten leiden muss. Das Beste wäre natürlich, die Zwangsvereinigung gleich ganz abzuschaffen. Es wäre ein spätes Stück Demokratisierung und Emanzipation von den Überbleibseln der faschistoiden Wirtschaftsordnung. Das betrifft alle so genannten freien Berufe, wie ich in den Kapiteln 18 und 19 detaillierter ausführen werde.

1955 also wurde die Kassenärztliche Vereinigung mit der bedarfsgerechten Versorgung der Bevölkerung beauftragt – dem so genannten Sicherstellungsauftrag. Die dafür notwendigen Leistungen müssen den KV-Ärzten vergütet werden. Die genossenschaftlich vereinigte westdeutsche Ärzteschaft hatte damit jenen paradiesischen Zustand erreicht, den sich natürlich jeder Marktteilnehmer wünscht: Er arbeitet nach eigenem Gutdünken mit staatlicher Arbeits- und Einkommensgarantie ohne ernst zu nehmenden Wettbewerb und gestaltet dabei, je nach eigener Geschicklichkeit, die Höhe seines Einkommens. Das war und ist die Marktwirtschaft der CDU.

Die SPD macht nur einen Unterschied: Sie bildet sich ein, die Einkommen der Ärzte schmälern zu können, indem sie die festgelegte Ausgabensumme etwas mehr zu Gunsten der Versicherten verschiebt. Aber das ist wie bei der Geschichte vom Hasen und dem Igel. Kaum wurde den Ärzten eine gebührenträchtige Leistung verboten, ergaben sich durch den technischen Fortschritt drei neue Abrechnungsmöglichkeiten. Ein Ergebnis dieser Umverteilungsversuche: Kinderärzte verdienen weniger als Ärzte mit Labor- und Maschinentechnik.

1997 kam es zu einer heftigen Auseinandersetzung zwischen den Zahnärzten und dem Bundesgesundheitsministerium. Horst Seehofer hatte einen Hauch von Markt in die Mundhöhle wehen lassen. Einer der Streitpunkte: Der Patient sollte die Chance erhalten, sich mehrere Angebote für Zahnprothesen einzuholen, bevor er den Auftrag für die Erneuerung erteilt. Mit Recht verlangten die Zahnärzte für die Erstellung eines Kostenplans die Erstattung des Zeitaufwands. Der war höher als das Ziehen von drei Zähnen, für die es immerhin pro Zahn nur 17,70 DM gibt. Sofort warfen die vereinigten Sozialpolitiker den Zahnärzten Maßlosigkeit und Gier vor, während die Männer mit dem Bohrer ihren finanziellen Untergang drastisch beschreiben konnten.

Licht ins Dunkel der Nebelkerzen brachte die AOK mit ihrer Drohung, sie werde prüfen, ob sie in Zukunft nicht Zahnbehandlungen im Ausland empfehlen und erstatten werde. Ein Aufschrei gellte durch die Republik: Jetzt waren Sozialpolitiker und Zahnärzte in einem Boot – eine volkswirtschaftliche Katastrophe sei das. Die Gelder der Sozialversicherten würden ins Ausland verschoben, die AOK mache sich unsolidarischen Verhaltens schuldig, ganz zu schweigen vom Pfusch der Ausländer. Das müsse schon zum Schutz der Patienten verboten werden. In derselben Woche zeigte mir der Vorsitzende der Dentallabors in Deutschland, Lutz Wolf, in Osnabrück ein Schreiben der Zahnärzte, in dem sie auf den billigen Einkauf von Zahnersatz im Ausland aufmerksam machten. Damit könne man die Preise der einheimischen Labors drücken.

Doch auch die Krankenkassen scheuen den Wettbewerb wie der Teufel das Weihwasser. Einer der wenigen richtigen Schritte bestand darin, den Versicherten das Recht einzuräumen, ihre Krankenkasse zu wechseln, wenn die alte die Beitragssätze erhöht. Das sollte Druck auf die Kassen ausüben, wirtschaftlicher zu arbeiten. Erstaunlicherweise passierte erst einmal fast gar nichts. Jahrzehnte an ihre Krankenkasse gewöhnt, verharrten die Versicherten statisch dort, wo sie waren. Doch nach fünf Jahren beginnt diese kleine Marktöffnung zu wirken. Rund fünf

Millionen der 51,1 Millionen Krankenversicherten wechselten die Kasse und konnten dabei bis zu 2000 DM im Jahr sparen.

Es kam, wie es im wettbewerbsfeindlichen Deutschland immer kommen muss. Statt sich der Herausforderung zu stellen, riefen die Dinosaurier AOK, BEK und DAK nach dem Staat oder drohten mit massiven Beitragserhöhungen. Die haben es immer noch nicht begriffen: Sollten sie ihre Drohungen wahr machen, verlieren sie noch mehr Mitglieder, und zum Schluss können sie sich dann selbst verwalten mit ihren aufgeblähten Apparaten in ihren prächtigen Gebäuden. Der Vorwurf, die Konkurrenz ziele insbesondere auf junge Gesunde und Besserverdienende ab, geht ins Leere. Die angefeindeten Betriebskrankenkassen haben im Schnitt sogar 75 Prozent mehr Rentner als die Angestellten-Ersatzkrankenkassen.

Trotzdem ist zu befürchten, dass die Politiker einknicken und den Wettbewerb auf irgendeine Art und Weise wieder einschränken. In den Chefetagen der Krankenkassen sitzen ihre Spezis – da ist Platz für ausgediente Parteileute, da parken nicht wiedergewählte Mandatsträger, die so als hauptamtliche Lobbyisten fungieren, da kennt man sich aus gemeinsamer politischer Vergangenheit. Eine Maßnahme, die Leistungsfähigen zu Lasten der verbürokratisierten Dinos zu behindern, wird wieder einmal unter dem Stichwort »Solidarität« betrieben: Demnach müssen Kassen mit Überschuss einen Ausgleich an Kassen mit Defizit zahlen. Und das führt zu aberwitzigen Situationen.

In Dortmund bietet die neu gegründete »Bundesinnungskrankenkasse Gesundheit«, kurz BIG, mit einer schlanken Verwaltungsstruktur sehr günstige Versicherungssätze an. Sie kommt mit 12,1 Prozent Beitragssatz aus, was deutlich weniger ist, als die meisten AOK- und Ersatzkassen verlangen. Doch eigentlich könnte die BIG noch viel billiger sein. Sie wäre schon mit sieben Prozent Beitragssatz zufrieden, gäbe es da nicht den Risikostrukturausgleich. Der besagt nichts anderes, als dass Versicherungen, die mit ihrem Geld sparsam und effizient umgehen, wie beschrieben zu Zwangsabgaben veranlasst werden. Bei der BIG macht das 48 Prozent ihrer Einnahmen aus. Für ein Mitglied mit einem Monatseinkommen von 4000 DM bedeutet das, dass es pro Jahr mit Arbeitgeber- und Arbeitnehmeranteil zusammen rund 3000 DM mehr Krankenkassenbeitrag entrichten muss, als seine Versicherung eigentlich von ihm fordern dürfte.

Die Chance, seine Krankenkasse zu wechseln, wenn die die Beiträge erhöht, stellt sich als Pseudowettbewerb heraus. Im Endeffekt kommen alle Gelder in einen Topf und werden wieder auf gut und böse, schlecht und effizient umverteilt. Dabei entsteht die hirnrissige Situation, dass AOK-Kassen, denen die Mitglieder davonlaufen, dank der Umverteilung ihre Beiträge senken können, und wirtschaftlich erfolgreiche Kassen, die einen Mitgliederzuwachs verzeichnen, ihre Beiträge anheben müssen. Was hat das Ganze eigentlich noch mit Wettbewerb zu tun? Wenn schon die Sozialpolitiker nicht den Mut aufbringen, sich zu mehr Markt zu bekennen, dann sollten sie aus ihren Kungelrunden im Hinterzimmer herauskommen und wenigstens die allgemeine, für jeden verbindliche staatliche Monopolkasse verkünden. Was anderes haben wir ja jetzt auch kaum. Natürlich gibt es einen guten Grund, diese Konsequenz zu vermeiden: Das jetzige System bietet sehr viel mehr Pfründen und Posten.

Eine Gegenoffensive gegen die Dino-Kassen startete Arbeitgeberpräsident Dieter Hundt. Er rät den Unternehmen, ihren Beschäftigten als Arbeitgeberanteil nur noch den Betrag zu zahlen, den die preiswerteste Krankenversicherung verlange. Da kämen schnell 50 Milliarden DM an Ersparnissen für die deutsche Wirtschaft zusammen – ohne dass auch nur eine medizinische Leistung zurückgenommen werden müsste. Vorausgesetzt: Die Umverteilungssummen würden nicht schnell noch erhöht, damit alles wieder beim Alten bleibt.

Wenn Wettbewerb droht, steigt auch die Arzneimittelindustrie sofort ins Boot der nationalen Jammergemeinde. Jahrzehnte ist es ihr gelungen, in Deutschland die Medikamente teurer zu verkaufen als im Ausland. Gleichzeitig hat sie mit einer Markenflut gleicher und ähnlicher Wirkstoffe den Markt überschwemmt und sich das alles über Verschreibungen ihrer gehätschelten Ärzte wieder refinanzieren lassen, zu Lasten der Krankenkassen und damit der Versicherten. Kam aber ein Apotheker auf die Idee, die Medikamente aus dem Ausland zu reimportieren, so wurden alle Marktbehinderungsgesetze aufgeboten, um dies zu unterbinden – natürlich nur zum Schutz des Standortes

Deutschland. Die Pharmaindustrie benötige die hohen Preise hierzulande, um ihre herausragende Position auf dem Weltmarkt bei der Forschung und Entwicklung aufrechterhalten zu können. So ein Schwachsinn: Dagegen helfen jetzt die Wettbewerbsbestimmungen der Europäischen Union, die auch schon erste Erfolge erzielte. Die deutschen Superpreise bröckeln. Es hat noch niemand ausgerechnet, wie viele Milliarden auch bei den Arzneimitteln noch eingespart werden könnten, ohne die medizinische Versorgung auch nur anzutasten.

Bleiben noch die Apotheker, deren Preisgestaltung sich ja sogar in einem Sprichwort niedergeschlagen hat: »Das ist eine richtige Apotheke«, wird ein Restaurant eingestuft, ebenso eine Kleiderboutique, wenn der Laden besonders teuer ist und das Preis-Leistungs-Verhältnis überhaupt nicht mehr stimmt. Das marktwirtschaftliche Bewusstsein der Apothekerzunft beschreibe ich in Kapitel 19.

Die Verlogenheit mit fadenscheinigen Argumenten feiert fröhliche Urständ auf allen Seiten. Im Dreiecksverhältnis Krankenkasse – Ärzteschaft – Politik kommt der Patient nur als Subjekt vor. In Wirklichkeit geht es um Macht und damit um Pfründen. Die Politiker spielen sich als die Interessenvertreter der Patienten auf, sind jedoch nicht bereit, diese am Machtspiel direkt zu beteiligen. Sie geben vor, für die Versicherten zu handeln, verhindern aber, dass diese selbst mündig werden – durch mehr Eigenverantwortung, mehr Wettbewerb im System und damit weniger Macht für die Funktionäre aller Beteiligten.

Dreiecksverhältnisse gehen selten gut. Es liegt in der Natur der Sache, dass sich zwei zu Lasten des Dritten einigen. Den Krankenkassen geht es um die Macht ihrer Funktionäre, den Ärzten um ihr staatlich abgesichertes Einkommen, und die Politiker machen, um wieder gewählt zu werden, Versprechungen, für deren Folgen sie nicht aufkommen müssen. So waren sich Krankenkassen und Politiker einig, dass etwaige Mehrleistungen von den Ärzten selber finanziert werden sollen. Ärzte und Krankenkassen jedoch sind gemeinsam daran interessiert, die Patienten dumm und unmündig zu halten. Die Versicherten aber nahmen ihre Politiker beim Wort und nutzten alle Leistungen von der taktischen Massage bis hin zum Kurs gegen angstfreies

Häkeln, solange es nur die allzu willigen Ärzte verschrieben: Zahlen mussten die Kassen.

»Moral hazard« – »gefährliche Moral« – nennen das die Amerikaner: In Untersuchungen haben sie festgestellt, das ein Mensch sich moralisch verändert, wenn ein anderer für seine Taten die Verantwortung und die Kosten übernimmt. Sein Verantwortungsgefühl für die Gemeinschaft bleibt dann auf der Strecke.

Unserem Gesundheitswesen geht es wie allen wohlfahrtsstaatlichen Umverteilungssystemen: Wo der Einzelne aus der Verantwortung für sein Tun entlassen wird, entwickelt sich kollektives Schmarotzertum – und das ist die Krankheit, die unser Gesundheitssystem befallen hat. Alle Reformen mit neuen Umverteilungsquoten, die bisher das System kurieren sollten, entpuppten sich als Gift, haben neben krampfähnlichen Bauchschmerzen auch noch zur Geistesverwirrung beigetragen. Oder wie anders kann ich die Äußerung des damaligen Pressereferenten Seehofers interpretieren: »Mehr Markt im Gesundheitswesen, das ist ja abstrus!«

Das Gesundheitswesen ist aus dem wettbewerbsfeindlichen Gedankengut unseres Staates entwickelt worden, es stellt keine Ausnahme dar, es repräsentiert unser System. Und so leben wir in einem Land in der Mitte Europas, das eingebettet ist zwischen der Bananenrepublik und Absurdistan.

Vierter Teil

Vom Kampf um Privilegien

18. Angst vor Wettbewerb

Im gepflegten Bad Homburg prangt an einer schönen Villa das harmlos wirkende Schild: »Zentrale gegen den unlauteren Wettbewerb«. Was eher auf einen Verein gegen unsaubere Machenschaften hindeutet, ist in Wirklichkeit die Inkarnation deutscher Angst vor Markt und Wettbewerb – eine in dieser Form wohl einmalige Institution in einem Industriestaat. Ihre Aktivitäten führen außerhalb Deutschlands regelmäßig zu zynischen bis spöttischen Kommentaren. Der Mann, der hier als Geschäftsführer den Ton angibt, ist ein jovialer, kettenrauchender Jurist. Und so, wie er genau weiß, dass Rauchen schädlich ist, weiß er auch, dass sein Verein ein Unikum ist. Er macht seinen Job, und er macht ihn im Sinne seiner Mitglieder gut, denn in keinem Staat der industrialisierten Welt gibt es derart viele Prozesse gegen den Wettbewerb, und fast alle gewinnt er. Sein Name: Rainer Münker.

Seine Siege beruhen auf der unausrottbaren Historie undemokratischer deutscher Rechtstradition:

dem Gesetz gegen den unlauteren Wettbewerb von Kaiser Wilhelm II. aus dem Jahr 1909;

der Zugabeverordnung zum Wettbewerbsgesetz, die 1932 von Reichspräsident Hindenburg als Notverordnung erlassen wurde;

und schließlich dem Rabattgesetz aus frühfaschistischer Zeit, verkündet im Jahre 1933.

Doch Rainer Münker vertritt nicht etwa autoritäre rechtsradikale Parteien und ihnen nahe stehende Unternehmer, vielmehr zählt der Verein gegen unlauteren Wettbewerb mittlerweile über 1600 Mitglieder, darunter sind alle Industrie- und Handelskammern, weitere 400 bedeutende Organisationen aus der gesamten Wirtschaft, also aus dem Dienstleistungsbereich, aus dem Handel und aus der Industrie. Außerdem haben sich über 1000 Unternehmen, von »Global Players« bis hin zu kleinen Einzelhändlern oder auch Handwerksbetrieben um die Ecke, dem Verein angeschlossen und zahlen Mitgliedsbeiträge. Kurz gesagt: Münker repräsentiert flächendeckend die gesamte deutsche Wirtschaft.

Es ist eine scheinheilige Bande: Viele Prozesse führen die Mitglieder gegeneinander. Das deutsche Wettbewerbsrecht ist so eng gefasst, dass schon der kleinste Versuch, Kunden einen Vorteil zu gewähren, beklagt werden kann. Da es solche Gesetze nur in Deutschland und in ähnlicher Form noch in Luxemburg gibt, verhalten sich die deutschen Unternehmen im Ausland viel wettbewerbsoffener als im eigenen Land. Rabatte und Garantiefristen, die sie dem Verbraucher in den USA gewähren, bekämpfen sie beim Konkurrenten in Deutschland. Angeblich geht es ihnen natürlich darum, den Käufer vor unlauterem Wettbewerb zu schützen – doch damit ernennen sie sich selbst zum Vormund, worum sie niemand gebeten hat.

Die massive Behinderung des amerikanischen Versandhauses Lands' End hat mittlerweile dazu geführt, dass sich die angelsächsische Presse so richtig auf die Witznummern aus Deutschland eingeschossen hat.

1996 besuchte ich das Unternehmen in Dodgeville in der Prärie des US-Bundesstaates Wisconsin. In dem vor 25 Jahren gegründeten Versandhaus haben die Amerikaner Service und Qualitätsgarantien auf die Spitze getrieben. 22 Millionen US-Kunden werden seither mit einer unbegrenzten Rückgabegarantie verwöhnt. Wir haben selbst gesehen, wie ein mehrere Jahre alter Strickpullover zurückgeschickt wurde. Der Kunde beschwerte sich, dass einige Maschen aufgegangen waren. Die Sachbearbeiterin musste mühsam in alten Katalogen blättern, um das Produkt überhaupt noch zu finden. Dann erstattete sie den damaligen Kaufpreis – ein für mich unvorstellbares Geschäftsgebaren. Doch die amerikanischen Verbraucher haben dies Lands' End mit steigenden Umsatzzahlen und ordentlichen Gewinnen honoriert.

Meine Vermutung, solche Großzügigkeit werde schamlos ausgenutzt, konnte die Vizepräsidentin Joan Brown widerlegen.

Unter den 22 Millionen Kunden waren gerade mal 2000 heraus-
gefiltert worden, die im Frühjahr die Winter- und im Herbst die
Sommerkollektion zurückschickten. »Wir behandeln unsere
Kunden als ehrliche Leute, und deshalb sind sie auch uns gegenüber ehrlich.«

Zurück in Deutschland wurde mir von Handelsunternehmen
versichert, dass dies hierzulande undenkbar wäre. Hier würde
eine solche Geschäftspolitik hemmungslos ausgenutzt, das könne
kein Versandhandel überstehen. Anderthalb Jahre später startete
Lands' End vom saarländischen Mettlach aus den Versuch, die
Deutschen mit garantiertem Umtauschrecht und lebenslanger
Garantie zu umwerben. Und tatsächlich: Diese kundenfreundliche Leistung funktioniert in Deutschland nicht. Aber nicht etwa,
weil die Deutschen hier mehr betrügen würden – im Gegenteil:
Geschäftsführer Franz P. Kriegl konnte nach zwei Jahren feststel-
len, dass die Deutschen genauso ehrlich und genauso positiv auf
dieses Angebot reagiert hatten wie die Amerikaner. Nein: Lands'
End bekam Ärger mit dem deutschen Wettbewerbsrecht. Soviel
Kundenfreundlichkeit ist hierzulande verboten. Aufgrund einer
Anzeige des famosen Vereins aus Bad Homburg kam es zum Pro-
zess, und in zweiter Instanz entschied das Oberlandesgericht
Saarbrücken ganz im Sinne der wilhelminischen Zeit …

… dass die Einräumung eines in jeder Hinsicht uneinge-
schränkten Umtausch- und Rückgaberechtes nach gefestigter
höchstrichterlicher Rechtsprechung und der herrschenden Auffassung in der rechtswissenschaftlichen Literatur eine verbotene
Zugabe im Sinne des § 1 Abs. 1 der Zugabeverordnung darstelle,
zumal kein entsprechender Handelsbrauch bestehe …

Mit anderen Worten: Weil Verbraucher mit so etwas in Deutschland noch keine Erfahrung haben, bleibt es auch verboten, damit
derartige kundenfreundliche und wettbewerbsfördernde Sitten
gar nicht erst einreißen.

Unser ganzes Land ist mit solchen juristischen Peinlichkeiten
übersät. In Bielefeld gewährte die Betteneinkaufsgenossen-
schaft Ambra für fünf Jahre eine »Wohlfühlgarantie«. Wenn
Kunden nach einiger Zeit herausfanden, dass ihnen die Matratze
doch zu hart oder zu weich war, durften sie sie umtauschen.
Auch das war ein Fall für die Justiz, und die urteilte …

»…dass Matratzen nach dauernder 5-jähriger Inanspruchnahme als abgenutzt und damit als verbraucht anzusehen sind… Bei der Erstattung des vollen Kaufpreises nach fünf Jahren bzw. Umtausch handelt es sich um eine übertriebene Wertreklame… Hierin liegt zusätzlich zu dem Verstoß gegen die Zugabeverordnung auch eine unzulässige Werbung im Sinne von § 1 UWG vor.«

Es wäre zum Lachen, wenn dahinter nicht das Menschenbild des unmündigen Verbrauchers stände, der vom Staat geschützt werden muss vor seiner eigenen Dummheit. Die Obrigkeit weiß, was für ihn gut ist, da er ja »uninformiert, unaufmerksam und unvernünftig« ist. So jedenfalls beschreibt Friedrich Kretschmer vom Forschungsinstitut für Wettbewerb den Geist des Gesetzes. Doch Kretschmer macht auch den Unterschied zum europäischen Wettbewerbsrecht deutlich: In diesem geht man von einem aufmerksamen, aufgeklärten und informierten Verbraucher aus – also von einem mündigen Bürger.

Lands' End hat sich an den Europäischen Gerichtshof gewandt, nachdem der Bundesgerichtshof eine Klage gegen die Saarbrücker Entscheidung noch nicht einmal angenommen hatte. Solange die deutschen Gesetze aus vordemokratischer Zeit Gültigkeit haben, müssen sich die Richter daran halten. Eine Änderung scheiterte bisher aber im Bonner Parlament. Die Strippenzieher aller Lobbyisten verhinderten eine Anpassung dieses wirtschaftlich so wichtigen Rechts für eine Gesellschaft, die aus mündigen Bürgern besteht.

Noch während ich diese Zeilen schreibe, unternehmen wieder einmal Abgeordnete den Versuch, diese peinlichen Paragraphen aus den deutschen Gesetzbüchern zu eliminieren. Und es sieht diesmal ganz danach aus, als ob sie Erfolg hätten. Die Gefahr, dass sie ansonsten vom Europäischen Gerichtshof vorgeführt werden, ist zu groß. Wir Bürger aber sollten uns genau diejenigen anschauen, die versuchen, diese Gesetzesänderung zu blockieren, damit wir diese Scheinheiligen wieder erkennen, wenn sie sich lautstark für die »soziale Marktwirtschaft« engagieren und dabei doch nur ihren eigenen Vorteil im Auge haben. Wenn es um mehr Freiheit und um mehr Wettbewerb geht, ist die deutsche organisierte Verbändewirtschaft nämlich nie mit von der Partie.

Am erfolgreichsten und erbittertsten widersetzt sich das organisierte Handwerk einer Wettbewerbswirtschaft. Dabei stört es die Funktionäre nicht im Geringsten, dass es die Nationalsozialisten waren, die ihnen ihre Privilegien verschafften. Die Alliierten setzten deshalb 1945 diese jeglicher freier Wirtschaftsordnung widersprechenden Gesetze sofort außer Kraft. Aber selbst Ludwig Erhard konnte nicht verhindern, dass der Deutsche Bundestag schon 1953 wieder die Gewerbefreiheit aufhob. Bisher sind alle Versuche gescheitert, diese weltweit wohl einzigartige Konstruktion der Behinderung einer freien Marktwirtschaft abzuschaffen. Das hat für den Wirtschaftsstandort Bundesrepublik Deutschland fatale Folgen.

Während zum Beispiel in den USA, Japan, Südkorea und Indien Millionen von Arbeitsplätzen in der Informations- und Elektronikbranche entstanden, brüteten in Deutschland Kommissionen. 1998 dann wurde ein Gesetz im Bundestag erlassen, das die EDV-Berufe neu regelt. Und seither haben die Gerichte mehr Arbeit, denn die Handwerkskammern nehmen mit Akribie jeden EDV-Unternehmer aufs Korn, der nicht eine Meisterprüfung als Elektro-, Radio-, Fernseh-, Fernmelde- oder Büromaschinenmeister nachweisen kann. Denn sie alle gehören zur Familie des Informationstechnikermeisters. Und nur wer solch eine Ausbildung vorweisen kann, darf sich auch selbstständig machen, auch wenn er vor 30 Jahren seine Meisterprüfung noch an Röhrenradios abgelegt und bis heute keinen einzigen Weiterbildungskurs in der IT-Branche belegt hat.

In der Praxis sieht das so aus: Seit über zehn Jahren gibt es in Ludwigshafen die Firma Schneider Computer Service, die dank zufriedener Kunden gut floriert. Wegen Zuverlässigkeit und Qualität erkor Siemens-Nixdorf das Unternehmen zum Vertragspartner. Martin Schneider ist genau das, was die Politik fordert: ein junger, agiler Unternehmertyp, der sich selbstständig gemacht hat und Arbeitsplätze schafft.

Aber er hat keine Meisterprüfung und wurde folglich wegen Verstoßes gegen das Handwerksrecht angezeigt. Zuerst dachte er, dass die Anzeige ein schlechter Scherz sei. Seine Erfolge verdankte er seinen zuverlässigen Installationen beim Kunden. Er warb mit seinem Service, und genau das war sein Verhängnis.

Denn das Wort Service beinhaltet laut Gesetz eine handwerkliche Tätigkeit, und die darf er nicht ausüben. In der Klage wurde ihm gleich eine Ordnungsstrafe in Höhe von 500 000 DM angedroht, wenn er weiterhin den Begriff »Service« verwende. Angezeigt hatte ihn ein Konkurrent, der in einer Ausschreibung unterlegen war. Und weil dem Konkurrenten 9005 DM Gewinn entgangen waren, soll Schneider die auch gleich überweisen.

Wer sich mit der Materie nicht intensiv beschäftigt, könnte meinen, er befinde sich im tiefsten Mittelalter. Doch das ist immer noch praktiziertes Recht in Deutschland im Jahre 2000. Der Konkurrent ist Handwerksmeister, Schneider Computerfachmann, und da lässt das Handwerksrecht seit 1994 keine Missverständnisse aufkommen: Die Kundenzufriedenheit bedeutet nichts, das Handwerksrecht alles. Um sein Unternehmen zu retten, hat Schneider vor Gericht einen Vergleich geschlossen und holt jetzt die Meisterprüfung nach. Bis er damit fertig ist, hat sie ihn noch einmal zirka 150 000 DM gekostet – wenn er bis dahin nicht pleite ist.

25 000 EDV-Händler ohne Meisterprüfung gibt es in Deutschland, und die geraten zunehmend unter Druck. Hunderte von ihnen sind schon ins Visier der Handwerkskammern geraten. In Lilienthal bei Bremen kämpft Frank Garrelts, der einen PC-Fachbetrieb für selbstständige Unternehmer führt, für die Gewerbefreiheit von EDV-Händlern, die sich mit Abmahnungen konfrontiert sehen. Zwei Beispiele: Die Handwerkskammer in Mannheim fordert einen Fachhändler auf zu begründen, warum er mit Service und Werkstatt wirbt. Die Lübecker Handwerkskammer prangert einen EDV-Händler wegen Schwarzarbeit an, weil auf seinem Briefbogen steht: »Wir vernetzen Computersysteme.«

Je mehr man in die Materie eindringt, desto deutlicher wird ersichtlich, warum wir jetzt Inder brauchen, um die IT-Arbeitsplätze zu besetzen. Für die eigenen jungen Menschen haben wir nicht nur vergessen, genügend Ausbildungsplätze zu schaffen, sondern wir verfolgen sie auch noch, wenn sie sich nicht an mittelalterliche Zunftordnungen halten. Um die kümmert sich unser Staat mit unglaublich viel Sinn fürs Detail: So ist als Vorsichtsmaßnahme für jeden EDV-Händler empfehlenswert, keine Werkstatt zu unterhalten. Das ist ihm verboten, wenn er keinen Meisterbrief der Handwerkskammer hat. Sonst macht er sich der Schwarzarbeit schuldig, auch wenn er versteuerte Rechnungen stellt. Das Betreiben einer Serverstation bis hin zu kompliziert strukturierten Vernetzungen ist ihm erlaubt, auch ohne Meisterbrief.

Schwierig wird die rechtliche Situation, wenn er Steckkarten in einen Computer einbaut. Die Abgeordneten im Bundestag sind der Meinung, sie hätten das genehmigt, das Handwerk aber, in dem Fall vertreten durch den Bundesverband Bürotechnik, widerspricht: Das ist verboten, das darf wieder nur ein Meisterbetrieb machen.

Völlig geklärt dagegen ist wiederum, dass der Computerhändler keine Leitung verlegen darf, um Geräte anzuschließen. Das ist Handwerk! Alles klar? Und weil das niemandem so richtig klar ist, haben die Gerichte jetzt noch mehr zu tun.

Im früheren Abgeordnetenhaus in Bonn, im so genannten Langen Eugen, arbeitet jetzt die Behörde, die genau festlegt, was ein Beruf ist, ob er zum Handwerk gehört oder nicht und wie er bundesweit einheitlich abgeprüft wird. 19 von 29 Stockwerken nimmt das BiBB, das Bundesinstitut für Berufliche Bildung, ein. Auf die Frage, wer mitentscheiden muss, bevor das BiBB dem Bundestag eine Gesetzesnovelle vorlegt, stellt mir der Behördenleiter des BiBB, Helmut Pütz, ein bürokratisches Meisterwerk vor:

»Es sind sehr viele im deutschen System der beruflichen Aus- und Weiterbildung beteiligt. Es ist zum Beispiel die Bundesregierung beteiligt, etwa das Bundeswirtschaftsministerium und das Bundesbildungsministerium. Es sind natürlich beteiligt die Länder; mit den Wirtschaftsministerien, und die Kultusministerien für die berufsbildenden Schulen. Es sind beteiligt die Gewerkschaften. Bei der Wirtschaft sind es nicht nur die Fachverbände der Wirtschaft, sondern beteiligt sind auch die Dachverbände für die Koordinierung und das Prüfungswesen, die Kammern des Handwerks, der Industrie und des Handels und das Bundesinstitut für Berufsbildung. Dies alles verlangt eine sehr umfangreiche Koordinierung.«

In der ganzen Welt preisen deutsche Politiker das hervorragende deutsche Berufsschulwesen. Sie stilisieren es zu einem Exportartikel hoch, von dem es tatsächlich Ableger in fast allen Dritte-Welt-Staaten gibt, denen wir Entwicklungshilfe gewähren. Doch während die deutsche duale Ausbildung in Schule und Betrieb geschätzt wird, hat noch kein Staat den bürokratischen Entscheidungsmechanismus übernommen, mit dem wir Berufe kreieren und Prüfungsordnungen über Jahre entwickeln. Auf so eine Idee kommt kein anderer Staat. Also sollten auch wir diese Arbeitsbeschaffungsmaßnahme für Beamte und Funktionäre, die Berufe erfinden, ersatzlos streichen.

In Rahmen einer Studie zum effizientesten Berufsschulwesen der Welt zeichnete die Carl-Bertelsmann-Stiftung 1999 Dänemark aus. Dort arbeiten die Betriebe zeitnah unter Berücksichtigung neuester technischer Entwicklungen und der Bedürfnisse vor Ort mit den Berufsschulen den jeweiligen Lehrplan aus. Die Dänen brauchen keine Inder.

In vielen Gesprächen mit Handwerkskammer-Funktionären habe ich versucht herauszufinden, ob sie wirklich an die Propaganda glauben, mit der sie diese Gesetze verteidigen, die in keine freiheitlich organisierte Wirtschaftsordnung passen. Sie reden nämlich vom Schutz des Verbrauchers vor Kurpfuschern, von der Aufrechterhaltung des hohen deutschen Standards, von der Sicherung der Ausbildungsplätze und vielen anderen hehren Dingen. Doch weder die Handwerkskammern noch die Innungen garantieren, dass ihre Meisterbetriebe ordentlich arbeiten, noch sehen sie sich in irgendeiner Qualitätsverantwortung. Und da wir alle schon viele Meisterbetriebe beschäftigt haben, die unpünktlich waren, Pfusch ablieferten und ihre Aufträge ausschließlich von Gesellen und Lehrlingen ausführen ließen, klafft eine riesige Vertrauenslücke zwischen den offiziellen Festreden und der realen Erlebniswelt der Kunden. Zunehmend machen auch die Funktionäre keinen Hehl mehr daraus, dass hier knallhart Pfründen verteidigt werden, um sich unliebsame Wettbewerber vom Hals zu halten.

Sowohl 1990 die Deregulierungskommission als auch 1999 die Monopolkommission haben sich dafür ausgesprochen, den großen Befähigungsnachweis, also die Meisterprüfung, als Zulassungsnadelöhr für die Selbstständigkeit abzuschaffen. Dies würde, so die Untersuchungen, etwa 300 000 neue Betriebe in Deutschland schaffen und für eine massive Verbesserung der Dienstleistungssituation sorgen. Bisher vermochte das hervorragend organisierte Handwerk all diese Angriffe politisch schon im Keim zu ersticken. Sein oberster Schirmherr war Ex-Bundeskanzler Helmut Kohl, der sogar das Handwerksrecht aus dem Vertrag von Maastricht heraushalten konnte. Sicher gehört das Handwerk personell und finanziell zu den Stützen der CDU und CSU. Aber das war nicht der alleinige Grund, warum Kohl diese Berufsgruppe massiv unterstützte.

So wie Helmut Schmidt von den preußischen Tugenden geprägt ist und die Freiheit eingeordnet sehen will in ein Menschenbild, dem Moral und Verantwortung zugrunde liegen, so sieht Helmut Kohl in einem selbstständigen Handwerker das Ideal des fleißigen, eigenverantwortlichen Bürgers, der mit beiden Beinen in der Mitte seiner Gemeinde steht. Kohl hielt nichts von Managern, die von »shareholder value« faseln und dabei an das eigene Bankkonto denken. Der Ex-Kanzler war im Grunde seines Herzens tief dem Korporatismus, der Gruppendemokratie, verbunden – und darin ist er dann auch wieder Helmut Schmidt ähnlich. Freiheit hört für beide da auf, wo sie an ihr persönliches, tradiertes Weltbild stößt.

Schmidt und Kohl waren insofern Politiker des ausgehenden 20. Jahrhunderts, die unter dem Schock der Vernichtung Deutschlands standen, eines Deutschlands, das untergehen musste, weil die Nazis gute deutsche Werte mit Füßen getreten hatten. Für die zweite Hälfte des vergangenen Jahrhunderts mag diese Werteskala ausgereicht haben – vor allem im bisher autoritär geprägten Deutschland. Doch die Gruppendemokratie, der Korporatismus und die preußische Morallehre reichen in der Zukunft nicht mehr aus. Die Moral und das Verantwortungsbewusstsein in diesem Jahrhundert werden aus der Eigenverantwortung entstehen, die auf der Freiheit des Individuums beruht.

Mit über 200 Jahren Verspätung trifft das Gedankengut der amerikanischen Verfassungsväter über das europäische Recht und das europäische Menschenbild auch in Deutschland ein. Daraus eröffnet sich eine großartige Chance für die jetzt heranwachsende Generation.

Bei Handwerksfunktionären allerdings müssen jetzt die Alarmglocken läuten. Ihr Pate Kohl hat an Macht und Einfluss verloren. Die FDP, die den parteipolitischen Liberalismus repräsentiert, verliert ihre gerade neu gewonnene Glaubwürdigkeit ganz schnell, wenn sie sich lediglich als Steuersenkungspartei profiliert, sich jedoch in so entscheidenden ordnungspolitischen Fragen wie dem Handwerksrecht als Hüterin der wiedererstarkten Zünfte aufspielt. Die SPD verhält sich in dieser Frage eher mehrheitsopportunistisch, und die Grünen beziehen auf diesem Gebiet eine klare freiheitliche Position.

Doch mehr noch als durch das Parlament werden die Handwerkskammern durch das europäische Recht bedroht. Und das haben sie sich selbst und ihrer sturen Auslegung der Handwerksordnung, die durchaus Flexibilität zulässt, zuzuschreiben. Im Sommer 1998 waren sie wieder einmal zu einem Vernichtungsfeldzug aufgebrochen. Als Opfer hatten sie sich Ernst List ausgesucht, der ein Elektro-Einzelhandelsgeschäft im oberpfälzischen Nabburg betrieb und die Geräte, die er verkaufte, bei den Kunden dann auch installierte. Nach einem ursprünglichen Bußgeld in Höhe von 15 000 DM, das er sich weigerte zu zahlen, kam es zu einem Verfahren vor dem Amtsgericht Schwandorf.

Ernst List hatte Satellitenschüsseln verkauft und montiert, Nachtspeicheröfen samt Thermostat betriebsfähig gemacht oder eine von ihm verkaufte Lampe auch gleich angebracht. Diese verruchten Taten führten zum längsten Strafverfahren in der Schwandorfer Justizgeschichte. An 20 Prozesstagen wurden rund 200 Zeugen gehört. Doch die berichteten alle, dass Ernst List gewissenhaft, pünktlich und freundlich war und sie ihm gern wieder Aufträge erteilten. Die Kunden gaben ihm sogar Phono- und Fernsehapparate mit, die er aber nicht selbst reparierte, sondern an einen Meisterbetrieb weiterreichte.

List war am Markt erfolgreich, und genau das führte zu einer Verurteilung. 3000 DM Buße sollte er zahlen und die enormen Verfahrenskosten – insgesamt also 13 299,90 DM. Dabei wurde nicht berücksichtigt, dass List nicht hätte vor Gericht gestellt werden können, wenn er Spanier, Franzose oder ein anderer EU-Bürger gewesen wäre. Die unterliegen nämlich nicht dem deutschen Handwerksrecht – wieder so eine Geschichte aus Absurdistan.

List gab nicht nach. Er legte beim Bayerischen Obersten Landesgericht Rechtsbeschwerde ein und verlor. Und wieder zeigte sich der Oberpfälzer halsstarrig, ging mit einer Verfassungsbeschwerde vors Bundesverfassungsgericht – und bekam Recht. Jetzt wird es für die Handwerksfürsten eng.

Das Bundesverfassungsgericht hat im Frühjahr 2000 ein so grundsätzliches Urteil gefällt, dass es eine schallende Ohrfeige darstellt, die eine ganze Armada von Juristen, Politikern und Handwerkslobbyisten traf. Zur Verfassungsgerichtsbeschwerde hatten auch das bayerische Justizministerium und das bayerische Wirtschaftsministerium Stellung genommen und dabei eindeutig die Position des Handwerks vertreten. Doch die Karlsruher Richter bescheinigten allen, dem Obersten Bayerischen Landesgericht, dem Justizministerium, dem Wirtschaftsministerium und natürlich auch dem Amtsgericht, dass sie den § 12 des Grundgesetzes nicht genügend berücksichtigt hätten.

Wörtlich ist im Urteil von Karlsruhe nach ausführlichen Bezugnahmen auf die vorangegangenen Urteile und Stellungnahmen zu lesen: »All dies deutet darauf hin, dass die Gerichte in der angefochtenen Entscheidung die Bedeutung von Art. 12 Abs. 1 GG für die Auslegung der einfachrechtlichen Vorschriften verkannt haben.«

Und weiter: »Hätten sie (die vorherigen Instanzen) die Handwerksordnung, die empfindliche Eingriffe in die Freiheit selbstständiger Berufsausübung enthält, grundgesetzfreundlich ausgelegt, ... dass zuvor alle zugunsten des Beschwerdeführers streitenden Umstände aufgeklärt und berücksichtigt sind. Die angegriffenen Entscheidungen beruhen auf dem dargelegten Verstoß gegen Art. 12 Abs. 1 GG, da nicht auszuschließen ist, dass die Gerichte anders entschieden hätten, wenn sie nach einer verfassungskonformen Auslegung der Handwerksordnung den Sachverhalt entsprechend ermittelt und die Rechtsanwendung hierauf gestützt hätten. Die angegriffenen Entscheidungen sind daher aufzuheben. Diese Entscheidung ist unanfechtbar.«

Zu diesem Urteil ist noch folgendes anzumerken. Die lokale Presse, die ausführlich über den Prozess in Schwandorf berichtete, verschwendete nicht einen Gedanken daran, dass dieses Verfahren weder mit dem Grundgesetz noch mit dem europäischen Recht zu rechtfertigen war. Die Position des Handwerks und deren kritiklose Übernahme durch das Landratsamt, das das Bußgeld verhängte, wurden selbstverständlich als richtig angesehen. Dieses epochale Urteil aus Karlsruhe, in dem Richter entgegen dem jahrzehntelangen Trend endlich unser freiheitliches Grundgesetz auch auf wirtschaftliche Freiräume ausdehnten, fand in der Öffentlichkeit keinen Widerhall – es wurde einfach übergangen.

19. Kammerjagd auf Unternehmertyp

Dem Umfang der Gerichtsakten und der Zahl der Verfahren nach zu urteilen, ist Günter Stange ein hoffnungsloser Serientäter. Der Mann hat ständig gleich mit mehreren Gerichten zu tun, und das schon seit 1995, und ein Ende der Verfahren ist noch lange nicht in Sicht. Der Apotheker aus Minden in Westfalen geriet in die Mühlen unseres Rechtsstaates, weil er etwas tut, was in unserer deutschen Gesellschaft schon immer gefährlich war: Er geht neue unternehmerische Wege, setzt Visionen in erfolgreiche Geschäftsideen um und kommt dabei den ständischen Verbandsfunktionären in die Quere. Die Geschichte von Günter Stange ist nur in einem Land möglich, in dem Freiheit, Markt und Eigenverantwortung unerwünscht sind, und die Verfolgung, der sich Stange ausgesetzt sieht, passt in jeden autoritären Staat, der Veränderungen fürchtet. Für einen freiheitlichen Rechtsstaat des 21. Jahrhunderts aber ist die Jagd auf Günter Stange eine Schande.

Zugegeben, es ist nicht leicht, die juristischen Hintergründe zu verstehen, die zu all den Verwaltungsgerichtsverfahren und schließlich auch noch zu einem Strafverfahren geführt haben. Auch nachdem ich alle Vorwürfe gelesen hatte, musste ich immer wieder fragen, was daran strafbar sein sollte, selbst wenn sie in vollem Umfang stimmten. Wem immer ich den Fall vortrug, niemand konnte entdecken, was daran Unrechtes sein soll.

Günter Stange besitzt in Minden eine Apotheke. Aufgrund

familiärer Umstände ergab es sich, dass er bis 1989 drei Apotheken errichtete und dann in Zusammenarbeit mit der Kassenärztlichen Vereinigung Schleswig-Holstein nach der Wiedervereinigung in Ostdeutschland im Umfeld von Polikliniken und Ärztezentren beim Aufbau von Apotheken als Berater arbeitete. Er erwarb sich dabei ein beachtliches Know-how für die geeigneten Standorte und die richtige Finanzierung bei Apotheken-Neugründungen.

Bei einer Reise durch Großbritannien sah er, wie fast der ganze Pharmaumsatz von Apothekenketten bestritten wird. Er schloss daraus, dass es nicht lange dauern werde, bis solche Großstrukturen, die es fast überall in Europa gibt, auch in Deutschland den Markt aufmischen werden und dass damit die kleine Einzelapotheke finanziell bald überrollt werde. War doch jetzt schon in der *Deutschen Apotheker-Zeitung* zu lesen, dass viele Geschäfte gerade noch eine Umsatzrendite von 0,3 Prozent hätten. Die Apotheker-Kammern sagen sogar, 40 Prozent seien »wirtschaftlich verlumpt«. Nun gehört Jammern zur Geschäftsgrundlage eines jeden Berufsverbands. Auch ist vom massenhaften Sterben der Apotheken noch nichts zu spüren.

Sicher ist aber auch, dass es für einen jungen Apotheker, der nicht einen ererbten Betrieb übernehmen kann, sondern von vorne anfangen muss, sehr schwer ist, sich rechtlich und finanziell zurechtzufinden. Hier erkannte Günter Stange dank der gesammelten Erfahrungen seine Marktlücke. Er gründete zwei Firmen: die MediCenter, die vor allem Standorte für Apotheken bewertet und Mietverträge mit Einkaufszentren oder Bauträgern für Apotheken aushandelt, und die DuoMed, die die Apothekeneinrichtung zur Verfügung stellt. Seine Firmen bieten noch weitere Serviceleistungen an: Betriebsberater, die sich auf Apotheken spezialisiert haben, Tipps für den Einkauf und das Marketing. Später, wenn sich genügend Apotheker gefunden hätten, wollte er dann mit den Apothekern, die er bei der Gründung unterstützt hatte, eine Interessengemeinschaft bilden, um bessere Einkaufsbedingungen zu schaffen.

Die Mietverträge waren alle zeitlich befristet und so formuliert beziehungsweise praktiziert, dass eine neue Apotheke in der Anfangszeit Luft hatte, falls die Geschäfte mal nicht so gut liefen. Entsprechend der wirtschaftlichen Entwicklung hätten dann die Restverpflichtungen abbezahlt werden sollen. Die Einrichtung mussten die Interessenten zum Teil kaufen, für den Rest wurde ein Leasingvertrag abgeschlossen, sodass auch hier das Inventar nach einem entsprechenden Zeitraum in das Eigentum des Neugründers übergehen konnte.

Nun gibt es im deutschen Apothekenrecht die Bestimmung, dass ein Apotheker nur eine einzige Apotheke betreiben darf. Noch 1964 rechtfertigte das Bundesverfassungsgericht das »Fremd- und Mehrbetriebsverbot« von Apotheken. Günter Stange musste also bei seinen Verträgen darauf achten, dass er für jede Apotheke, die er gründen half, einen Apotheker fand, der auf eigene Rechnung und eigene Verantwortung den Betrieb führte. Er hatte sich ja auch nicht zum Ziel gesetzt, einige Dutzend Läden zu besitzen, sondern einen Verbund pharmazeutisch unabhängiger Apotheker zu schaffen, die stark genug waren, sich zu behaupten, wenn in absehbarer Zeit das längst bestehende Apothekenrecht der Europäischen Union auch in Deutschland gelten wird. Dann sind nämlich Ketten, die wesentlich rationeller arbeiten können, nicht mehr aufzuhalten.

Stange war davon überzeugt, dass er mit seinen Vertragskonstruktionen den schmalen Grat zwischen deutschem Ständerecht und einer zukunftsweisenden Organisation gefunden hatte. In seinem Glauben wurde er noch durch einen Brief von Dr. jur. Johannes Pieck, dem Justitiar der ABDA – Arbeitsgemeinschaft Bundesvereinigung Deutscher Apothekerverbände –, der gleichzeitig auch für die öffentlich-rechtlichen Apothekerkammern arbeitet, bestärkt. In diesem vertraulichen Schreiben versichert Pieck persönlich einer Apothekerin, die in Leipzig mithilfe von Stange eine Apotheke gegründet hat, dass er in den Verträgen, die sie mit den Firmen und mit Herrn Stange abgeschlossen hat, keinen Verstoß gegen das deutsche Apothekenrecht sieht.

Das Unheil nahm seinen Lauf, als sich Stanges Konzept als sehr erfolgreich erwies. Binnen weniger Jahre hatte er knapp 40 Apothekern auf die Beine geholfen, darunter auch vier seiner ehemaligen Angestellten, die heute noch versichern, dass sie es ohne seine Hilfe nicht geschafft hätten. Irgendwann 1994 fing dann der juristische Ärger an. Apothekern, die für ihre neue Apotheke eine Zulassung beantragten, wurde die Betriebserlaubnis verweigert. Hierfür steht den Behörden eine Reihe von Folterwerkzeugen aus dem mittelalterlichen Ständestaat zur Verfügung. So wird geprüft, ob der zukünftige »selbstständige« Apotheker finanziell in der Lage ist, eine Apotheke zu führen. Mit anderen Worten: Nur wer schon reich ist oder eine Apotheke erbt, darf in den Wettbewerb einsteigen. Auch reichte schon der Verdacht, eine Apotheke nicht zu genehmigen, weil der Antragsteller gar nicht selbstständig sei und einen »Kettenladen« eröffnen werde, der im Zusammenhang mit diesem Stange aus Minden steht.

In allen Fällen erwiesen sich die Behörden, die zuständigen Städte, Landkreise und Regierungspräsidien, als willfährige Vollstrecker der Funktionäre der Apothekerkammern. Am 1. August 1996 verfügte der Landkreis Minden-Lübbecke sogar die Schließung von Stanges »Königstor-Apotheke«, weil sein »unzuverlässiger Charakter« nicht mit der Führung einer für die Volksgesundheit so wichtigen Einrichtung wie einer Apotheke in Einklang zu bringen sei. Die Jagd war eröffnet. Gegen diese Verfügung erwirkte Stange Rechtsschutz beim Bundesverfassungsgericht. Bis zum Hauptverfahren konnte er wieder öffnen.

Am 27. Januar 1999 musste er erneut schließen. Das Verwaltungsgericht Minden hatte die Entscheidung des Landkreises Minden-Lübbecke gebilligt und den Sofortvollzug der Anordnung bestätigt. Die in einem Rechtsstaat eigenartige Situation trat ein, dass Stange ad hoc keine Möglichkeit gegeben wurde, aufschiebenden Einspruch für die nächste Instanz einzulegen. Die Brachialgewalt, mit der hier vorgegangen wurde, bedrohte natürlich seine finanzielle Existenzgrundlage. Nach zwei Monaten entschied dann das Oberverwaltungsgericht in Münster, dass der Sofortvollzug nicht rechtmäßig war. Am 24. März 1999 konnte er die Apotheke wieder öffnen. Seither betreibt Stange seine Apotheke unter dem Rechtsschutz des Oberverwaltungsgerichts und aller weiterer Verfahren, die noch kommen werden, bis hin zum Europäischen Gerichtshof. Denn auch die Apothekerfunktionäre wissen, dass sie spätestens auf europäischer Ebene ganz schlechte Karten haben.

In einem Gutachten hat der Verfassungsrechtler Professor Jochen Taupitz von der Universität Mannheim über »Das apothekenrechtliche Verbot des Fremd- und Mehrbesitzes aus verfassungs- und europarechtlicher Sicht« festgestellt, dass das Mehrbetriebsverbot gegen den Gleichheitssatz des Artikels 3 des Grundgesetzes verstößt und dass das deutsche Apothekenrecht gleich mehrfach dem EU-Vertrag und damit europäischem Recht zuwiderhandelt. Dieses geht wie auch das Wettbewerbsrecht von einem anderen Menschenbild aus als jenem, das den Verfassern der deutschen Kammergesetze vorschwebte. Die Niederlassungsfreiheit, das Recht auf freie Berufsausübung und Berufsentfaltung hat im europäischen Recht einen überragenden Stellenwert. Taupitz sagt auch unmissverständlich, dass das deutsche Apothekenrecht gegen das Grundrecht der freien Berufsausübung aus Artikel 12 Absatz 1 des Grundgesetzes verstößt und dass die im Moment praktizierten Regelungen eine Binnenländerbenachteiligung für Deutsche sind, da sie im grenzüberschreitenden europäischen Verkehr »unanwendbar« sind.

Da steht ein Mann gegen die geballte Macht der Interessenvertreter, und die haben alles im Sinn, nur keine Wettbewerbsstrukturen, nur keine Gruppen, die außerhalb des eingefahrenen Lobbygeflechts agieren. Um ihre Macht zu zementieren, ist ihnen fast jedes Mittel recht. Auszug aus einem Rundbrief des damaligen Präsidenten der ABDA, Klaus Stürzbecher, an seinen Vorstand, in dem er versichert, dass die Bundesapothekerkammer alle legal zur Verfügung stehenden Möglichkeiten ausgeschöpft hat, um der durch Stange drohenden, ernsten Gefährdung des Apothekenwesens entgegenzuwirken. Stürzbecher wirft Stange sogar vor, dass er den Rechtsstaat in Anspruch nimmt. Auszüge aus dem Rundschreiben:

»... wie zu erwarten, ergreift Herr Stange alle ihm zur Verfügung stehenden rechtsstaatlichen und auch sonstigen Mittel, den ihm drohenden Entzug abzuwenden ...

... gibt es Anhaltspunkte dafür, dass Herr Stange sich nicht allein rechtsstaatlicher Verteidigungsmöglichkeiten bedient ...

... um den weiteren Fortgang der Verfahren und die Interessen von Zeugen zu schützen, bitte ich um Verständnis, wenn ich Ihnen vorliegend keine detaillierten Informationen geben möchte...«

In der Tat haben die Funktionäre Schwierigkeiten mit ihren Zeugen. Da behauptete doch die Kronzeugin der Bundesapothekerkammer, Michaela Werner, vor Gericht, dass sie aufgefordert worden sei, Herrn Stange auszuspionieren. Im Beisein des ABDA-Multifunktionärsjuristen Johannes Pieck und seiner Helfer, darunter der Justitiar der Apothekerkammer Nordrhein und stellvertretende Präsident des nordrhein-westfälischen Landtags, Dr. Hans-Ulrich Klose, habe sie sich verpflichtet, alle Informationen bezüglich der Angelegenheit Stange weiterzugeben und dafür die Scheinverhandlungen über eine eigene Apotheke mit Stange so lange weiterzuführen, wie es nötig sei. Über ihre Erkenntnisse werde sie eine eidesstattliche Erklärung abgeben, die im Verfahren gegen Stange verwendet werden könne.

Im Gegenzug erhalte Frau Werner einen Pauschalbetrag von 12 000 DM, und es werde ihr jede anwaltliche Unterstützung kostenlos zugesagt, falls ihr Verhalten zivilrechtliche Klagen des Herrn Stange nach sich ziehe. Als besonderes Zuckerl versprachen die Apothekervertreter, ihre standes- und parteipolitischen Beziehungen spielen zu lassen, um eine schnellere Einbürgerung des Lebensgefährten von Frau Werner zu erreichen.

Feine Herren, würdige Vertreter einer Standeselite, die kräftig mithilft, die deutschen Traditionen nicht aussterben zu lassen. Auch wenn sie es weit von sich weisen: Sie agieren auf der Basis einer weltanschaulichen Ordnungsidee, die aus dem Dritten Reich stammt, die nach ihrem Verbot durch die amerikanische Besatzungsmacht unter dem Einfluss der Anti-Erhard-Fraktion von CDU und FDP leider wieder reaktiviert wurde. Der SPD wird man in diesem Zusammenhang schwerlich vorwerfen können, dass sie nicht auf freien, marktwirtschaftlichen Prinzipien bestand. Marktwirtschaft ist für sie bis heute ein Unwort.

Hitler organisierte das Kammerwesen, um die freien Berufe der Volksgenossenschaftsideologie unterzuordnen. Nur wer Mitglied einer Kammer war, durfte seinen Beruf als Architekt, Arzt, Rechtsanwalt, Apotheker oder Handwerksmeister ausüben. Nichtarier waren von vornherein ausgeschlossen. So gelang es den Nazis sehr schnell, die Berufsgruppen der deutschen Selbstständigen »judenrein« zu machen. Die hatten dadurch den schönen Vorteil, viele hervorragende und erfolgreiche Konkurrenten los zu sein, während ihnen gleichzeitig das neu geschaffene Ständewesen ein gesichertes Einkommen garantierte.

Noch einen zweiten Nebeneffekt erzielten die Nazis: Unbotmäßigen und aufmüpfigen Geistern sowie Widerständlern konnte die Mitgliedschaft in den Kammern entzogen werden – sie wurden ihrer finanziellen Unabhängigkeit beraubt. Und so hatten die Nazis bald, was sie wollten: linientreue Faschisten als Funktionäre und bürgerliche Mitläufer. Dass sich dieses Gedankengut mühelos auch in die Bundesrepublik hinüberretten konnte, zeigt das Fortwirken so manchen Nazi-Mitläufers auch wieder im westdeutschen Kammerwesen. Hans-Joachim Sewering, ehemaliger Präsident der Bundesärztekammer, ist da ein herausragendes Beispiel.

Nach anfänglichem Zögern leitete auf Betreiben der ABDA und diverser Apothekerverbände und Apothekerkammern am 20. August 1995 die Staatsanwaltschaft Bielefeld das Strafverfahren gegen Günter Stange ein. Vorwurf: Er habe vorsätzlich ohne erforderliche Erlaubnis eine Apothekenkette betrieben. Da aber 19 Apotheker, denen er bei der Existenzgründung geholfen hatte, in eidesstattlichen Erklärungen versicherten, sie seien für die Geschäfte in ihren Apotheken selbst verantwortlich und alles andere als Scheinselbstständige, wurde auch gleich noch ein Strafverfahren wegen »Anstiftung zur falschen eidesstattlichen Erklärung« eröffnet und durch den Vorwurf des »Subventionsbetrugs« ergänzt. Der wurde wie folgt begründet: In drei Fällen hatten Apotheker in den neuen Bundesländern Bankkredite zur Teilfinanzierung ihrer Existenzgründung erhalten. Da sie jedoch nach Ansicht der Bundesapothekerkammer nur Filialleiter seien, habe sich Stange auf diese Weise unrechtmäßig staatliche Fördermittel erschlichen. So gefährlich kann Unternehmertum in Deutschland sein. Ruck, zuck ist da ein ansehnliches Strafregister beisammen.

Unter dem Briefkopf der BAK, dem Kürzel für die Bundesapothekerkammer, Arbeitsgemeinschaft Deutscher Apothekerkammern, klärt seit Anfang 1996 der Justitiar der ABDA die

Mitgliedsorganisationen und mittelbar die nach seiner offensichtlichen Meinung dazu unfähigen Verwaltungsbehörden über den Stand des Feldzugs gegen Günter Stange auf und sorgt für die entsprechende Terminologie und Koordinierung des Vorgehens. So am 8. Mai 1996:

»... wir regen an, die zuständigen Aufsichtsbehörden ... zu weiterem konsequenten Vorgehen zu motivieren. Auch die Einleitung berufsgerichtlicher Verfahren ... sollte wegen seiner Signalwirkung erwogen werden. ... Für den Eingang entsprechender Mitteilungen bei der Bundesapothekerkammer bitten wir, den 28. Juni 1996 vorzumerken.«

Im Besitz des Juristen Pieck befindet sich auch die Notiz von Ass. jur. Lutz Tisch, seinem in den Fall eingeweihten Mitarbeiter. Darin wird aus dem abgehörten Telefongespräch eines namentlich nicht genannten Informanten zitiert, wie sich Herr Stange die Vertragsgestaltung mit einem Existenzgründer vorstellt. Doch alles, was Stange anbietet, hört sich vernünftig und fair an. Eigentlich wird in dem Gespräch nur bestätigt, dass Stange auf zwei Dinge konsequent achtet: erstens, dass die neue Apotheke nur von einem Apotheker geleitet wird, und zweitens, dass dieser auf eigenes Risiko arbeitet und nach einer Startphase auch finanziell völlig unabhängig sein wird. Das Ziel ist ein Verbund selbstständiger Apotheker, die durch gemeinsames Marketing und gemeinsame Einkaufsaktionen, durch besondere Kundenfreundlichkeit und durch die gemeinsame Nutzung von EDV-Betreuung und Steuerberatung Kosten sparen können.

Die multiplen Einsatzmöglichkeiten des Juristen Pieck in den verschiedenen berufsspezifischen und auch öffentlich-rechtlichen Verbänden haben sich im Verlauf des Bielefelder Prozesses bereits günstig ausgewirkt. Kaum eine Woche, nachdem die Staatsanwaltschaft am 19. September 1995 umfangreiche Aktenordner Stanges und der angeblichen Kettenapotheken beschlagnahmt hatte, waren bereits alle diese Unterlagen den Berufsverbänden ABDA und BAK zugänglich gemacht worden. Sie befinden sich jetzt, größtenteils ohne auf das Datenschutz-Interesse Rücksicht zu nehmen, in vielfacher Ausfertigung bei den Apothekerkammern, Behörden und allen möglichen Privatpersonen. Das private und berufliche Leben Stanges, der praktisch zum Freiwild erklärt wurde, ist damit seinen Prozessgegnern bis hin zur letzten Kalkulation bekannt.

Oberstaatsanwalt Ulrich Schulz von der Staatsanwaltschaft Bielefeld verteidigte sein Vorgehen damit, dass es sich doch bei ABDA und BAK um Körperschaften des öffentlichen Rechtes handle, zu denen die Staatsanwaltschaft legitimerweise Kontakt halten dürfe. Der Anwalt von Günter Stange schickte daraufhin einen Auszug aus dem Lehrbuch »*Pharmazie für die Praxis*« an die Staatsanwaltschaft, aus dem hervorgeht, dass die ABDA und die privatrechtlich organisierte eingetragene Vereine sind und mitnichten ein Recht darauf haben, von der Staatsanwaltschaft bevorzugt mit Prozessunterlagen versehen zu werden.

Als ich zum ersten Mal von dieser Geschichte erfuhr, fragte ich mich: Wann macht denn endlich die Politik diesem Unsinn ein Ende und erklärt per Gesetz, dass europäisches Recht auch für die Bundesrepublik Deutschland gültig ist? Warum muss erst ein solcher für die deutsche Gesellschaft entwürdigender Fall durch alle Instanzen geklagt werden – bei dem am Ende, egal wer gewinnt, die Existenzvernichtung von Günter Stange steht?

Einmal abgesehen davon, dass Abgeordnete sich gern hinter die verantwortungsscheue Barriere ducken, die da lautet: »Das überlassen wir dem Rechtsstaat«, sehe ich keine Partei, die eine solche Initiative ergreifen wird. SPD und CDU betonen, dass sie keine Parteien der Marktwirtschaft sind. Beide haben auch bewiesen, dass sie einen Teufel tun und sich mit ihren Lobbyisten anlegen, auf deren Spenden sie vor Wahlen angewiesen sind – und die FDP hält sich sehr bescheiden im Hintergrund, wenn es gegen die Privilegien der so genannten freien Berufsstände geht. Freie Marktwirtschaft ist für die FDP ja ganz schön, aber die Liberalen hoffen, dass die Masse dieser kammergebundenen »Scheinselbstständigen« immer noch ihre natürliche Klientel ist. Bleiben die Grünen. Die stellen zwar gerade die Gesundheitsministerin, und die könnte sich in diesem Fall wirklich profilieren, da sie sicher sein kann, dass sie ohnehin nicht von den Verbandsfunktionären gewählt wird. Aber offensichtlich sind die Grünen schon weggewelkt, haben zu so einer Auseinandersetzung keine Kraft mehr.

Eine zielgenaue Begründung für diesen absurden Feldzug zum Wohle der Volksgesundheit gegen das europäische Recht habe ich nicht ermitteln können. Doch es gibt Indizien, die auf handfeste wirtschaftliche Interessen schließen lassen. Das Hilfsangebot Stanges an die zukünftige Apothekergemeinschaft beinhaltete ja auch Dienstleistungen wie EDV-Betreuung, Steuerberatung und Werbe- und Vertriebskooperation. Damit steht er im direkten Wettbewerb mit Wirtschaftsunternehmen der ABDA. Die besitzt oder ist beteiligt an der Treuhand Hannover Steuerberatungs-Gesellschaft, an der Werbe- und Vertriebsgesellschaft Deutscher Apotheker mbH, an der Marketinggesellschaft Deutscher Apotheker GmbH, an der VSG Software GmbH und an mindestens 20 weiteren Gesellschaften.

Freiwillige Zusammenschlüsse von Apotheken oder gar Ketten, wie sie in Europa üblich sind, würden die eigenen Geschäfte ganz erheblich stören. Dabei gehört es nicht zur Praxis der ABDA, alle ihre Beteiligungen möglichst transparent auszuweisen und zudem die Geschäftsführer- und Treuhändergehälter der Funktionäre vor den Zwangsmitgliedern der Apothekerkammern offen zu legen. Die könnten angesichts dessen ja auf ganz merkwürdige Gedanken kommen. Mit anderen Worten: Das Wirtschaftsunternehmen ABDA hat ein eindeutiges Interesse an möglichst vielen braven Apothekern, die ihr ihre Produkte, wie EDV-Daten und die anderen Dienstleistungen, gegen Geld abkaufen. Gäbe es Apothekenketten, hätten diese ABDA-Unternehmen plötzlich weniger Kunden, mit denen sie Kasse machen könnten.

Bleibt noch die Notwendigkeit, an einem Beispiel nachzuweisen, zu welchen Marktverzerrungen und Benachteiligungen es kommen kann, wenn sich ein Staat mit einem faschistoiden oder bestenfalls kooperativen Kammerrecht ins nächste Jahrtausend wagt. Jahrelang verband den Stuttgarter Anwalt Dr. Fritz Oesterle eine juristische Intimfeindschaft mit dem Apothekenrechtspapst Dr. Johannes Pieck, der treibenden Kraft hinter der Verfolgung Stanges. So kämpfte Oesterle trotz des erbitterten Widerstands Piecks die rechtliche Zulässigkeit standesrechtlicher Werbebeschränkung nieder. Pieck war immer gegen jede

Veränderung. Doch Oesterle erstritt in vielen Prozessen, die bis zum Bundesverfassungsgericht durchgeklagt werden mussten, dass Apothekerwerbung erlaubt ist.

Oesterle nun gelang es, das Mandat von elf Apothekern zu bekommen, die mit Stange verbunden waren. Er riet ihnen, ab sofort keinerlei Zahlungen, z. B. für Mieten, mehr an die Firmen Stanges zu entrichten. Damit war eine neue Prozessfront eröffnet. Die Firmen MediCenter und DuoMed, über die die Existenzhilfen abgewickelt wurden, verkrafteten die Zahlungsausfälle nicht. Stange musste die Firma MediCenter an einen finanzkräftigen Unternehmer verkaufen, der sich die Prozesse leisten konnte. Mitten in den Verfahren übergab Oesterle seine Vollmachten einem Kompagnon. In sechs Fällen haben die Gerichte schon entschieden, dass die Mieten natürlich entrichtet werden müssen, und der Neuapotheker Jörn Sievers bedauerte lauthals, dass er in diesen Prozess wegen anwaltlicher Falschberatung hineingeraten sei.

Oesterle hingegen machte Karriere. Mit Wirkung vom 1. Januar 1999 wurde er Vorsitzender des Vorstands der Gehe AG, eines der größten europäischen Handelskonzerne für Arzneimittel mit 27,2 Milliarden DM Umsatz. Die Gehe AG betreibt in Europa 1386 Pharma-Kettenläden. Wenn sich das europäische Recht endlich auch bei uns durchsetzt, dann hat Gehe das Geld und das Know-how und kann sofort in Deutschland den vielen Einzelunternehmern in ihren eigenen Apotheken Konkurrenz machen. Der mögliche Störenfried Günter Stange wäre dann schon im Vorfeld platt gemacht worden. Sollte Oesterle aber andere Gründe für seine Prozesse gegen Stange gehabt haben, die sich uns bei seinem juristischen und geschäftlichen Hintergrund einfach nicht erschließen wollen, so habe ich ihm jetzt einen nützlichen Nebeneffekt erklärt – als Journalist, nicht als Jurist, und daher keiner Gebührenordnung unterliegend. Über die Wissenschaft der Juristen ließ Goethe in seinem »Faust« Mephisto sinnieren:

> »Es erben sich Gesetz und Rechte,
> wie eine ewige Krankheit fort...
> ...Vernunft wird Unsinn, Wohltat Plage.
> Weh dir, dass du ein Enkel bist!

Vom Rechte, das mit dir geboren ist,
von dem ist leider! nie die Frage.«

Schon im März 1999 zeigte Oesterle, wie vielseitig doch Juristen sind und wie sehr sie der mephistophelischen Tradition verhaftet sind: Ausgerechnet er überreichte dem Verbandsfunktionär Pieck den »Pharma Recht Preis« 1999. Was es doch so alles an Auszeichnungen gibt, ist man geneigt zu sagen. Und in seiner Laudatio ehrte Oesterle den »Chefideologen« für sein konservatives Beharrungsvermögen und zitierte einen Satz von Pieck: »Dass zwar nicht alles, was wahr sei, auch gesagt werden müsse, dass aber das, was man sagt, der Wahrheit zu entsprechen habe.« Da spiegele sich, so zitiert die *Deutsche Apotheker-Zeitung* den Laudator, das ehrliche Anerkenntnis des Macchiavellisten und Homo politicus Pieck wider, dass die Juristerei zumindest außerhalb der heiligen Hallen der Alma Mater nie Selbstzweck, sondern immer Mittel zum Zweck sei.

Ein Staat, in dem solche Männer die Wirtschaft repräsentieren, braucht keine Kommunisten mehr, um die Marktwirtschaft zu verhindern. Diese Abwehrschlachten der Verbandsfunktionäre gegen eine offene Wirtschafts- und Gesellschaftsordnung kommen uns teuer zu stehen. Mit jedem Jahr, in dem wir es versäumen, unsere Strukturen den globalen Wettbewerbsbedingungen anzupassen, verlieren wir Marktanteile an der Weltwirtschaft – und genau das können wir uns nicht leisten. Da mögen die Piecks, und wie sie alle heißen, noch so erfolgreich ihre Partikularinteressen verteidigen – in der sich rasant verändernden globalen Welt gehören sie zu den Verlierern. Bleibt nur die Frage, wie viel Schaden sie unserem Land noch zufügen, bis sie endlich aufgeben. Mögen sie sich auch noch so kraftmeierisch aufführen, sie werden getrieben von der Angst vor Veränderungen, und die ist ein weltweites Phänomen. Sie wird überall von den Interessengruppen geschürt, die ihre ungerechtfertigten Privilegien durch die Globalisierung gefährdet sehen.

20. Universitäten – wie die Armen ihre Elite finanzieren

Er beneide seinen Kollegen in Brasilien, beklagt sich der Chefarzt einer mittelgroßen Klinik in einer mittelgroßen Stadt. Er gilt als Koryphäe für Gesichtschirurgie. Der Brasilianer beziehe ein viel höheres Einkommen als er und zahle auch noch erheblich weniger Steuern, fuhr er fort. Die Patienten müssten natürlich den Preis bezahlen, den er verlange. In Brasilien herrsche im Medizinwesen Marktwirtschaft. Natürlich würde sein Kollege auch Arme umsonst operieren. Dieses soziale Verhalten könne er sich aufgrund seines hohen Einkommens leisten.

Im Verlauf der Unterhaltung stellte sich heraus, dass mein Gesprächspartner 1,2 Millionen DM im Jahr verdient. Es dauerte nicht lange, und wir gerieten in einen heftigen Streit: Mein Einwand, dass sein brasilianischer Kollege sein Studium habe selbst bezahlen müssen, während für sein Studium der Steuerzahler aufgekommen sei und er deshalb kostenlos die Universität besuchen durfte, löste bei dem Mediziner ohne Vorwarnung eine Flut von Beschimpfungen aus. Ich könne mir ja gar nicht vorstellen, wie schwer er es während des Studiums gehabt habe. Jedes Jahr hätten seine Eltern monatlich 800 DM aufbringen müssen: für das kleine Zimmer in Untermiete und das Mensaessen. Sie seien als Flüchtlinge aus dem Osten gekommen und hätten sich sein Studium vom Munde abgespart. Er hätte nie studieren können, wenn auch noch Universitätsgebühren fällig gewesen wären. Sein hohes Gehalt sei berechtigt, als Ausgleich für die Jahre, die er, statt Geld zu verdienen, studiert habe. Schließlich zahle er jetzt ja auch Steuern.

Es ist erstaunlich, wie viele Akademiker nicht richtig rechnen können. Sie verwechseln die Lebenshaltungskosten, die jeder Mensch zu tragen hat, mit Studiengebühren, die der Universität zustehen. Auch mein Chefarzt schaffte es nicht, diese einfache Rechnung zu begreifen. Geld für Wohnen, Essen und Trinken wäre auch fällig gewesen, wenn er statt zu studieren in die Lehre gegangen wäre. Aber da war nichts zu machen. Er war felsenfest davon überzeugt, dass ihm das kostenlose Studium zugestanden hat, dass er jetzt zu viel Steuern entrichten muss und dass ihn das deutsche Gesundsheitsystem daran hindert, so richtig »Kohle« zu machen. Auch dass seine beiden Kinder wieder kostenlos an deutschen Universitäten studieren, fand er in Ordnung. Auch dafür hatte er sich eine Gedankenkrücke gebaut, die ihn auch noch zu einem sozial denkenden Menschen erhob. Er selbst könne natürlich die Studiengebühren seiner Kinder locker bezahlen, aber was sollten dann Arbeiterkinder machen, deren Eltern nicht soviel verdienten wie er?

»Das Sein bestimmt das Bewusstsein«, hat Karl Marx geschrieben. Diese These zählt zu jenen Erkenntnissen, die ihn als großen Denker auszeichnen, auch wenn er mit seinen Voraussagen hinsichtlich der Entwicklung des Kapitalismus völlig daneben lag. Ich habe des Öfteren den Versuch unternommen, mich bei gutverdienenden Akademikern aller Fachrichtungen danach zu erkundigen, wie sie das kostenlose Universitätsstudium für ihre Kinder rechtfertigen. Und ausnahmslos alle haben mir mit dem scheinheiligen Argument geantwortet, dass dann ja die sozial Schwachen benachteiligt würden. Einige beschwerten sich sogar darüber, dass sie ja ihre BAföG-Leistungen zum Teil zurückzahlen mussten. Das habe sie ganz schön Geld gekostet, und das sei auch der Beweis, dass das Studium in Deutschland nicht kostenlos sei.

Es fällt mir schwer, aber ich will den Begriff einfachheitshalber verwenden und unsere Universitätsabsolventen mit »Elite« bezeichnen. Keine andere Bevölkerungsschicht in Deutschland wird so von der Solidargemeinschaft subventioniert wie unsere »Elite«, und keine andere Klasse im marxistischen Sinn ist so davon überzeugt, dass der Staat, die Solidargemeinschaft, ihr dies auch schuldet.

Für mich ist die gebührenfreie Universitätsausbildung eines der Grundübel unseres Staates. Hier wird in der »Elite« einer Nation das Bewusstsein gefördert, dass es Aufgabe des Staates ist, ihren Angehörigen zu ihrem persönlichen Glück zu verhelfen. Wir wundern uns, dass Begriffe wie Freiheit, Markt und Eigenverantwortung in Deutschland so wenig bedeuten, dabei züchten wir eine Elite heran, deren Freiheit darin besteht, auf

Kosten der Allgemeinheit zu studieren, solange es ihr gefällt. Einmal an der Macht, stellt sie Regeln auf, die sie vor Wettbewerb schützt. Für sie setzt Eigenverantwortung ein, wenn sie Steuern umgehen kann. Wir haben die egoistische Elite, die unser System produziert.

Das ist zu polemisch? In dem einen oder anderen Fall vielleicht. Doch von der Wissenschaft über die Lehrer bis hin zu den öffentlich-rechtlichen Publizisten: Sie rufen nach dem Staat, verlangen mehr Geld aus dem Steueraufkommen aller Bürger, während sie ihre eigene Steuerlast gleichzeitig auf das Erbarmungswürdigste beklagen. Und die Funktionäre der Ärzte-, Architekten-, Rechtsanwaltskammern, der Notare und sonstigen ständisch organisierten so genannten Freiberufler, sie alle verlangen nach Regeln, die sie vor allzu viel Wettbewerb schützen. In der Wirtschaft geben Industrie- und Handelskammern den Ton an, die die Zwangsmitgliedschaft einklagen, Handwerkskammern nutzen den Meisterzwang als Wettbewerbsbeschränkung, und wenn Manager versagen, entblöden sie sich nicht, den Staat um Subventionen anzubetteln. Unsere Elite beherrscht eines besser als jede andere Bevölkerungsgruppe: den Ruf nach dem Staat.

Den wenigsten Mitgliedern der Elite dürfte überhaupt noch bewusst sein, wie sehr sie auf Kosten der Nichtakademiker privilegiert werden, so sehr hat die verlogene Argumentation diesen Scheinheiligen schon die Sinne vernebelt. Wie so oft in unserem Staat werden dafür die Begriffe »sozial« und »solidarisch« missbraucht. Doch da es sich hier um den Bevölkerungskreis handelt, der am besten ausgebildet ist, der denken und analysieren gelernt hat, der diese Fähigkeiten in seinem Beruf braucht, muss ich unserer Elite hemmungslosen Egoismus und intellektuelle Unredlichkeit vorwerfen, wenn sie Worte wie »soziale Gerechtigkeit« und »öffentliches Interesse« im Zusammenhang mit der gebührenfreien Universität benutzt.

Eine unumstrittene statistische Zahl: Im Durchschnitt verdient ein Akademiker in seinem Leben 400 000 DM mehr als ein Nichtakademiker. Davon zahlt er bei unserem heutigen Finanzrecht 80 000 DM an Steuern, verbleiben ihm also 320 000 DM Einkommensvorteil.

Was ist unsozial daran, wenn dieser Durchschnittsakademiker davon rund 100 000 DM an die Solidargemeinschaft, die ihm das Mehreinkommen ermöglicht hat, zurückerstattet? Ob es unsere »Elite« hören will oder nicht: Sie schmarotzt sich auf Kosten der Nichtakademiker durch – und das sind immer noch 84 Prozent der Bevölkerung. Da sie aber alle Schaltstellen unserer Gesellschaft bedient, ist es noch nicht einmal im Ansatz gelungen, in der Öffentlichkeit eine breite Diskussion über diesen unsozialen Subventionsmissbrauch zu beginnen.

Die Benachteiligten unserer jetzigen Regelung sind vor allem die qualifizierten Arbeitnehmer, die ihr berufliches Weiterkommen selbst finanzieren müssen. Jeder Facharbeiter, der die Meisterprüfung ablegen will, muss dafür im Schnitt 40 000 DM aus seiner Tasche bezahlen. Nur dann darf er sich auch selbstständig machen. Ein Diplomingenieur, der keine Studiengebühren zu entrichten hat, ist aber von der Meisterprüfung befreit, sollte er als Konkurrent, zum Beispiel als Bauunternehmer, auftreten.

Kann mir irgendjemand erklären, was daran sozial ist, wenn eine Krankengymnastin ihre Kurse selbst bezahlen muss, die Studienkosten des Arztes aber von der Allgemeinheit übernommen werden? Im boomenden Mediengeschäft sind alle auf teure Ausbildungskurse angewiesen. Eine Wochenend-Fortbildung bei einem Unternehmen, das an digitalen Schnittplätzen trainiert, kostet leicht 2000 DM. Für einen Audioingenieur-Intensivkurs, der neun Monate dauert, muss der Auszubildende in Frankfurt 14 910 DM hinblättern. Und all jene, die da in ihren Beruf Zeit und Geld investieren, müssen, genau wie Studenten auch, zusätzlich ihren Lebensunterhalt bestreiten.

Die reflexartige Begründung, dass Studiengebühren unsozial sind, ist der Hinweis: »Dann können nur noch die Kinder reicher Leute studieren.« Abgesehen davon, dass es sich kein Staat leisten kann, Begabungen brach liegen zu lassen, trifft dies nur auf die allerwenigsten Fälle zu. In den aufstrebenden Staaten Asiens ist Wissen ein Wert an sich. In Südkorea habe ich eine Marktfrau kennen gelernt, die Meeresfrüchte putzte und verkaufte, nur damit eines ihrer fünf Kinder die Universität besuchen konnte. In dem Drei-Zimmer-Haus wurde dem Jungen ein Raum allein zur

Verfügung gestellt, damit er sich ungestört seinem Studienfach, koreanischer Literatur, widmen konnte.

Auch in unserem Staat finden sich entsprechende Beispiele. Gerhard Schröder, jetzt Bundeskanzler, kam aus einfachen Verhältnissen. Seine verwitwete Mutter konnte ihn kaum unterstützen. So arbeitete er sich auf dem zweiten Bildungsweg nach oben. Die Herkunft hat ihm nicht geschadet – eher im Gegenteil: Er hat kämpfen gelernt. Auch die Biografie unserer Bildungsministerin Edelgard Bulmahn weist einen ähnlichen Lebensweg auf: Sie stammt aus einfachen Einkommensverhältnissen und musste sich ihre Ausbildung erkämpfen. Beide haben es zu etwas gebracht – doch warum übernehmen sie jetzt die Position des reaktionären, selbstbezogenen Bildungsbürgertums? Auch im Jahre 2000 kommen zwei Drittel aller Studienanfänger aus gut verdienenden Elternhäusern und nur zehn Prozent der Studenten aus einkommensschwachen Schichten. Der Rest gehört Familien an, die zu einer Mittelschicht zählen, deren Einkommen nicht reicht, gleich mehrere begabte Kinder studieren zu lassen, ohne jeden Pfennig umdrehen zu müssen.

Der Präsident der Technischen Universität Berlin, Hans-Jürgen Ewers, ist ein konsequenter Befürworter von Studiengebühren. Aber er macht auch klar, dass damit eine Reform unseres ganzen Universitätssystems einhergehen muss. Seine Vorstellung: Jeder Student, der die Aufnahmeprüfung an einer Universität oder einer Fachhochschule besteht, hat das Recht auf ein Stipendium, das Studiengebühren und Lebenshaltungskosten abdeckt. Diese Stipendien werden von den Universitäten bezahlt und über den Kapitalmarkt refinanziert. Sie sind unabhängig vom Einkommen der Eltern. Mit anderen Worten: Ein Student kann sich sehr früh auf eigene Füße stellen, Eigenverantwortung für sich selbst übernehmen.

Von Edelgard Bulmahn wird erzählt, dass sie aus eigener Erfahrung wisse, wie schwer eine Entscheidung sei, sich in jungen Jahren zu verschulden, und dass sie deshalb eine solche Lösung ablehnt. Das ist genau die Züchtung der »rundum versorgten Elite«. Wer sich vom Studium abschrecken lässt, weil er Angst hat, Geld in seine Fähigkeiten zu investieren, sollte besser die Universität meiden. Wenn er sich selbst nichts zutraut, warum sollen dann die Nachbarn für ihn bezahlen? Denn auf nichts anderes läuft die rein steuerfinanzierte Universität hinaus. Die anderen sollen bluten, damit ich herausfinden kann, ob ich mal zu den Besserverdienenden gehören kann.

TU-Präsident Ewers will, anders als in den USA, die Rückzahlung der Kredite mit einer sozialen Komponente versehen. Dies ist wahrscheinlich notwendig, um eine Reform in Deutschland überhaupt erst einmal in die Diskussion zu bringen. Ähnlich wie in Großbritannien soll die Rückzahlung einkommensabhängig sein. Der diplomierte Sozialpädagoge mit vier Kindern bleibt also von der Rückzahlung befreit, weil sein Einkommen kaum ausreichen wird, mehr als den Lebensunterhalt zu bestreiten. Das ist dann kein soziales Almosen. Ein Mann oder eine Frau, der oder die einen solchen Beruf ausfüllt und noch eigene Kinder großzieht, erbringt sicher für die Gesellschaft eine Leistung, die eine hohe Rendite der Studiengebühren gewährleistet. Unser Chefarzt allerdings, der mehr als eine Million DM Jahreseinkommen bezieht, wird sein Darlehen zurückzahlen müssen. Was ist daran unsozial? Auch wenn Frau Ministerin Bulmahn und Kanzler Schröder nicht nur die BAföG-Leistungen, sondern auch den größeren Kredit für die Studiengebühren zurückzahlen müssten – wäre das bei ihren jetzigen Gehältern unsozial?

Der Zustand heute: An der TU Berlin sind heute 30 000 Studenten eingeschrieben. Vom Berliner Senat bekommt Evers 500 Millionen DM, Fremdmittel in Höhe von 150 Millionen DM beschafft er sich in Form von Forschungsaufträgen. Diese Summe ist mindestens nötig, um noch einen einigermaßen geordneten und sinnvollen Universitätsbetrieb an einer technischen Universität aufrechterhalten zu können. Im Vergleich aber zu den Spitzenuniversitäten in den USA und Japan ist die TU absolut unterfinanziert. Die Gleichschaltung der deutschen Universitäten hat eben auch dazu geführt, dass sie heute fast alle gleich gut oder schlecht sind, je nachdem aus welcher Perspektive man ihre Situation betrachtet. Die ausschließliche Abhängigkeit der Universitäten von den öffentlichen Haushalten hat sie konsequent durch das System der Gleichbehandlung in dieselbe Unterfinanzierung getrieben.

Als dann die Berliner Kultursenatorin Christa Thoben zurücktrat, weil die Mittel für die Kultur weiter gesenkt werden sollen, packte Ewers regelrecht die Wut – und was ebenfalls ganz ungewöhnlich ist für deutsche Rektoren und Präsidenten: Er legte sich mit der »veröffentlichten Meinung und den verantwortlichen Politikern« an. Angesichts des Wehklagens über den Niedergang der Kulturstadt Berlin erinnerte er daran, dass der Kulturetat der Stadt auch die Hochschulen beinhaltet. Und während bei den »Kultureinrichtungen« 150 Millionen DM seit Anfang der Neunzigerjahre gespart wurden, waren es bei den Hochschulen rund eine Milliarde DM. »Die Hochschulen sind inzwischen an einer Schlankheitsgrenze angelangt, bei der jeder normale Patient in die Klinik überwiesen würde«, schrieb Ewers im *Tagesspiegel* und weiter: »In den Berliner Universitätskliniken ist das allerdings ein lebensgefährliches Unterfangen, sollten die jetzt für den Haushalt 2000 vorgezeichneten weiteren globalen Minderausgaben Realität werden.« Seit Jahren würden mit dem Senat so genannte Plafonds vereinbart, die dann doch nicht eingehalten und wieder nach unten korrigiert würden.

Es ist keine Frage, dass Deutschland zu wenig in die Bildung investiert. Mit 3,8 Prozent des Bruttoinlandsprodukts liegt es deutlich hinter Schweden mit 4,5 Prozent, Frankreich (4,4 Prozent), Kanada (4,3 Prozent), aber auch den USA, Tschechien und Österreich mit je 3,9 Prozent. Ewers fordert aber nicht mehr Mittel vom Senat, sondern nur die Erlaubnis, sich selbst helfen zu dürfen.

Der ganze Irrsinn der politischen Steuerung wird in diesem Widerspruch deutlich: Die Politik hat den Staat so verschuldet, dass er den Universitäten nicht mehr die Mittel zur Verfügung stellen kann, die notwendig wären, um wieder den Anschluss an das internationale Leistungsniveau zu finden. Gleichzeitig aber verbietet sie den Universitäten, Eigeninitiativen zu ergreifen. Damit verhindern die selbst ernannten Hüter der sozialen Gerechtigkeit, dass Tausende junger Menschen eine preiswerte und effiziente Ausbildung erhalten, die sie international wieder wettbewerbsfähig macht.

Die gespenstische IT-Inder-Green-Card-Diskussion ist doch auch ein Ergebnis der völlig verfehlten Hochschulpolitik. Indirekt unterstützt Ewers die Aussage: Mehr Bildung statt mehr schnell importierte Inder. Er könne sofort und ohne Probleme in der TU die Spezialisten ausbilden, die die Industrie benötige. Dreierlei sei dafür allerdings notwendig: Erstens müsse die Industrie genau definieren, welche IT-Spezialisten sie wolle, zweitens müsse die Industrie diese Ausbildung finanzieren, und drittens müsse ihm erlaubt sein, für die entsprechenden Kurse Gebühren zu verlangen. In den Semesterferien zum Beispiel sind die Vorlesungsräume weitgehend leer, an Wochenenden und abends stehen auch während der Semester viele Computer ungenutzt herum. Doch bevor wir unsere Technik- und Humanreserven nutzen, wird die verkrampfte Inder-Importidee angekurbelt. Auch wenn es langweilt – wieder stelle ich die Frage: Was ist daran sozial?

Manchmal ist es entlarvend, politische Entscheidungen und ihre Kommentierung einige Zeit nach ihrer Veröffentlichung noch einmal nachzulesen. Am Freitag, dem 13. Februar 1998, verabschiedete der Bundestag nach heftigen Debatten ein neues Hochschulrahmengesetz. Das Reförmchen bezeichnete der damalige Bundesbildungsminister Rüttgers als einen wichtigen Schritt zur Modernisierung des deutschen Hochschulwesens. Demnach sollte die Regelstudienzeit in keinem Fall mehr länger als neun Semester dauern – und dann, welch eine Sensation: In Numerusclausus-Fächern erhalten die Universitäten das Recht, 20 Prozent ihrer Studenten selbst auszusuchen. Da wehte ein Lüftchen von Wettbewerb unter den Muff der sozialistischen Gleichmachertalare. Doch wie konnte es anders sein: SPD und Grüne waren strikt dagegen. Ihnen ging das zu weit. Sie forderten im Gegenzug das Verbot von Studiengebühren.

Zwei Jahre später nun war in den Zeitungen zu lesen, ausgerechnet Niedersachsen, das Bundesland, in dem die Bundesministerin Bulmahn vorher für die Hochschulen verantwortlich war, erwägt die Erhebung von Studiengebühren – erst einmal für die Semester, die über die Regelstudienzeit hinausgehen. Es ist kein Zufall, dass ausgerechnet die Jungwähler sich von den Grünen und der SPD abwenden. Sie sind nämlich die Hauptbetroffenen dieser unredlichen Eiertänze. Und es sind nicht nur die Töchter und Söhne der Reichen, die sich zu Tausenden um die wenigen privaten Studienplätze in Deutschland bewerben oder gleich ins Ausland abwandern. Die deutsche Massenuniversität gilt nicht mehr als eine erste Adresse. TU-Präsident Ewers durchbricht das Denk- und Sprechverbot, das sich die meisten Mitglieder der staatlich durchorganisierten Akademikerkaste auferlegt haben. Für seine Universität hat er ein Modell durchgerechnet, wie er es für alle deutschen Universitäten und entsprechend variiert auch für Fachhochschulen realisierbar sieht.

Das Modell von Ewers sieht eine Dreiteilung der Finanzierung der Universitäten vor: 40 Prozent des Budgets zahlt der Staat, der damit weiterhin die Grundlagenforschung finanziert und auf diese Weise gewährleistet, dass diese Forschungsergebnisse anschließend auch der Allgemeinheit zur Verfügung stehen. 30 Prozent bringt die Universität aus Drittmitteln für die Forschung auf und weitere 30 Prozent über Studiengebühren. In konkreten Zahlen bedeutete das für seine TU: 400 Millionen DM bezahlt der Senat von Berlin, das wären sogar 100 Millionen DM weniger als jetzt. 300 Millionen DM müsste die Universität durch Forschungsaufträge oder aus Anteilen von Firmenneugründungen erwirtschaften. Das hält er für absolut unproblematisch.

Bei einer jährlichen Studiengebühr von 10 000 DM bringen die 30 000 Studenten die restlichen 300 000 Millionen DM auf. Dann steht der TU ein Budget von einer Milliarde DM zur Verfügung, eine finanzielle Basis, auf der sie erstklassig und höchst effizient ausbilden kann. Bei über 100 000 Studenten in Berlin produziert der Dienstleistungssektor Hochschulwesen allein 10 Milliarden DM Umsatz in der Hauptstadt – ein Volumen, das fast 25 Prozent des heutigen Stadtetats von 40 Milliarden DM ausmacht. Mit einem Schlag wäre Berlin eine der wichtigsten Forschungs- und Bildungszentren der Welt.

Darüber hinaus würde allein in der TU ein Gründerboom entstehen. Schon jetzt kann die Universität auf Entwicklungen in der Medizintechnik, in der Biotechnologie und Elektronik zurückgreifen, die eine ähnliche Arbeitsplatzexplosion erzeugen, wie dies an anderen Wissensstandorten der Welt geschieht. Das Wirtschaftswachstum, das aus diesen neuen Betrieben und Ausgründungen der Universität entsteht, wird in wenigen Jahren die Aufwendungen der öffentlichen Hand refinanzieren. Das geschieht und geschah überall auf der Welt, wo Wissen, Kapital,

Unternehmergeist und ein stabiles politisches Umfeld aufeinander treffen. Längst ist Silicon Valley dafür nur noch ein Synonym. Allein in den USA haben sich mindestens 20 Silicon Valleys gebildet. Und das würde auch in Berlin funktionieren.

Bis zum Bersten voll war das Audimax der TU im Februar 2000, als 1600 Zuhörer wissen wollten, welche Zukunftschancen die Nanotechnologie bietet. Die in Deutschland betriebene Grundlagenforschung gehört immer noch zur Weltspitze. Ewers ist davon überzeugt, dass seine TU auch in der Mikrosystemtechnik, den Verkehrssystemtechnologien, Medizintechnologien, Biotechnologien und in Technologien der Stadtsanierung das Potenzial hat, Dutzende von Ausgründungen zu unterstützen, die Tausende von Arbeitsplätzen schaffen würden. Doch dazu sind Freiheit, Markt und Eigenverantwortung nötig – und die werden bis heute im Hochschulbereich tabuisiert.

Jene, die die Hochschulen gebührenfrei halten wollen, haben sie auch weitgehend leistungsfrei gemacht. Es gibt Bundesländer wie Nordrhein-Westfalen, in denen kein Student relegiert werden darf – und wenn er noch so lange herumstudiert. Professor Klaus Ott, Dekan der Zahnärztlichen Fakultät in Münster, zeigt uns eine schon lachhafte Statistik. Nur die Hälfte seiner Studenten schafft das Vorexamen in der Regelstudienzeit oder knapp darüber. Ein weiteres Viertel braucht mit acht Semestern doppelt so lange wie vorgesehen und mehr, und vom letzten Viertel sitzen Studenten schon 18 Semester in der Uni, ohne auch nur das Hauptstudium begonnen zu haben. Darunter war eine Frau, die schon achtmal durchgefallen ist und immer noch nicht aufgibt. Doch Professor Ott sind die Hände gebunden, er muss ihr immer wieder Laborplätze anbieten, sie an Patienten üben lassen und seine und die Zeit seiner Hilfskräfte mit ihr verschwenden. Ist das sozial?

Natürlich wollen die Gleichmacher auch nicht zur Kenntnis nehmen, dass unser Hochschulwesen nicht nur unterfinanziert und verbürokratisiert, sondern auch international in die Zweitklassigkeit abgerutscht ist. Deutsche Nobelpreisträger lehren in den USA, deutsche Studenten finden sich bei internationalen Wissenswettbewerben auf den mittleren Rängen. Dafür sind wir zusammen mit den Österreichern Weltmeister im Langzeitstudieren. Gilt heute ein 27-Jähriger mit abgeschlossenem Studium noch als jung und sind 30-jährige Universitätsabgänger keine Seltenheit, so steht in den USA und Japan, unseren Hauptkonkurrenten, die Masse der College-Absolventen der Industrie schon mit 22 Jahren zur Verfügung. Vor allem in den naturwissenschaftlichen Berufen wird den Berufsanfängern dann in den Betrieben der letzte Stand der Technik vermittelt. In Deutschland kann es passieren, dass Absolventen die Uni mit Mitte dreißig verlassen und ihr Wissen schon wieder überholt ist. Die Möglichkeit eines schnelleren Studiums mit einem dem angelsächsischen Bachelor vergleichbaren Abschluss wird erst seit kurzem in einigen Hochschulen angeboten.

Weil das Studium mit geringem eigenen finanziellen Risiko begonnen werden kann, steigen viele Studienanfänger auch einfach wieder aus, wenn sie nach einigen Semestern feststellen, dass es »doch nicht ihr Ding« ist. Die Kosten, die Studienabbrecher verursachen, werden mit 1,4 Milliarden DM angegeben. Davon wären 600 Millionen DM bei effizienteren Studienabläufen und effizienterer Beratung vermeidbar. Mit 600 Millionen DM, so ist im Geschäftsbericht der Deutschland AG zu lesen, könnten die Etats aller Bibliotheken deutscher Universitäten um zwei Drittel erhöht werden.

Sehr eindrucksvoll wurde mir die Einstufung der deutschen Hochschullandschaft im internationalen Ansehen in Jakarta bewusst. 1999, kurz vor dem endgültigen Aus für das Suharto-Regime, organisierte die Bundesrepublik die »Germatech«, die größte Leistungsschau der deutschen Industrie, die je in Asien gezeigt wurde. Dies war auch noch einmal die Stunde einer nostalgischen Begegnung mit dem damals noch amtierenden Staatspräsidenten Jussuf Bachruddin Habibie, der an der TH Aachen studiert und es bis zum Vorstandsmitglied bei Messerschmitt-Bölkow-Blohm gebracht hatte. Während seiner Jugend wurden Tausende junge Indonesier zum Studium nach Deutschland geschickt. Später übernahmen sie an vielen Schaltstellen in ihrem Heimatland die Macht. Eine Zeit lang, so wurde gespöttelt, konnte sich das indonesische Kabinett auf Deutsch unterhalten, was für die deutsche Industrie von großem Nutzen war.

Während der Leistungsschau hatten auch ein Dutzend deutscher Universitäten einen Stand errichtet und warben mit den verschiedensten Studiengängen, die sie meistens an die angelsächsischen Vorbilder angelehnt hatten, damit sie sich speziell für Ausländer eigneten. Der Andrang war nicht zu beschreiben. Hunderttausende junger Leute kamen, drängten sich vorbei an den Edelprodukten deutscher Markenfirmen von Daimler-Chrysler bis Siemens – und ebenso viele informierten sich am Stand der deutschen Universitäten. Doch es blieb bei dem Interesse. Kaum einer der indonesischen Studenten wollte ernsthaft nach Deutschland.

Es waren nicht die fehlenden oder unzureichenden Stipendienangebote, die die jungen Indonesier abschreckten, es war das in ihren Augen uneffiziente Hochschulsystem. Wunschland der Indonesier sind die USA, gefolgt von Australien und Kanada. Zur zweiten Kategorie gehören Singapur, Hongkong, Japan und Großbritannien, wobei Japan großzügig Vollkosten-Stipendien anbietet, die Studiengebühren, Lebensunterhalt und besondere Sprachkurse abdecken. Deutschland und die ehemalige Kolonialmacht Niederlande rangieren unter ferner liefen. Alle Staaten außer Deutschland und das Stipendien offerierende Japan verlangen sogar Studiengebühren. Doch das schreckt die Indonesier nicht ab. Familien, deren Kinder es schaffen, sich im Ausland einen Studienplatz zu erobern, werden alles tun, um diese Chance zu nutzen. Sie sind sicher, dass sie damit die Tür zu einem sozialen Aufstieg aufstoßen, und dafür verschulden sie sich zur Not bei Verwandten, Bekannten oder einer Bank. Oft helfen sogar die Kommunen und örtlichen Kleinunternehmen mit Krediten.

Und da hat es sich in Indonesien herumgesprochen, dass ein Studium an einer gebührenpflichtigen Universität in den USA immer noch eine höhere Rendite bringt als eine gebührenfreie Hochschule in Deutschland mit Stipendium. Es ist eine Rechnung, die auf dem einfachen Einmaleins beruht: In den USA wie auch in den anderen beliebten Staaten wird auf Englisch gelehrt, also der Fremdsprache, die in Indonesien in allen Schulen unterrichtet wird. Nach 50 Jahren Goethe-Institut und deutscher Kulturarbeit in Asien ist Deutsch praktisch ausgestorben – abgesehen von Vietnam und der Mongolei, wo die ehemalige DDR die

Elite auf Deutsch ausbildete. Bevor die jungen Indonesier mit dem Studium anfangen könnten, wären zeitaufwendige und teure Deutschkurse zu absolvieren. Außerdem berechtigt der indonesische High-School-Abschluß nach zwölf Schuljahren nicht, sich ohne Weiteres an einer deutschen Universität einzuschreiben. Zusatzkurse sind nötig. Danach beginnt ein etwa sechs- bis siebenjähriges Studium mit dem Abschluss eines Diploms oder einer Promotion. Der junge Mann kommt also mit frühestens 26 Jahren in sein Land zurück und muss sich dann als Anfänger einen qualifizierten Arbeitsplatz suchen.

Der Student aber, der in den USA ausgebildet wurde, kommt mit 22 Jahren zurück und wird sofort einen Job finden. Bei gleichzeitiger Bewerbung wird er stets dem älteren Deutschland-Heimkehrer vorgezogen. Im Schnitt kalkulieren die Indonesier für ein Studium in den USA mit 100 000 US-Dollar, für ein vom Gastgeberland bezahltes Auslandsstudium rechnen sie an Nebenkosten 10 000 US-Dollar pro Jahr – ergibt nach acht Jahren auch 80 000 US-Dollar. Der Rückkehrer aus den USA kann sofort mit einem Mindestgehalt von 15 000 US-Dollar im Jahr rechnen. Setzen wir den unwahrscheinlichen und ganz negativen Fall voraus, dass der in den USA ausgebildete Berufsanfänger vier Jahre keine Gehaltserhöhung bekommt, so sieht seine Bilanz an seinem 26. Geburtstag so aus: 100 000 US-Dollar investiert, 60 000 US-Dollar verdient und vier Jahre Berufserfahrung ergibt noch einen Negativsaldo von 40 000 US-Dollar.

Der gleichaltrige Deutschland-Heimkehrer hat 80 000 US-Dollar investiert, davon noch nichts abgetragen und keine Berufserfahrung. Kein einziger deutscher TV-Sender wollte über diese Rechnung und die indonesische Ablehnung unserer Universitäten berichten. Denn was für Indonesien stimmt, trifft auch auf alle Staaten der sich entwickelnden Dritten Welt zu. Die zukünftigen Eliten der Welt werden mit Sicherheit nicht mehr in Deutschland studiert haben. Viele Ausreden wie: Das könne man nicht verallgemeinern, das sei doch so nicht der Fall, und ähnliches bekam ich zu hören, wobei alle, die so argumentierten, selbst etliche Jahre mit dem Studium geisteswissenschaftlicher Fächer die deutschen Hochschulen bevölkert hatten und alle es für eine absolute Zumutung hielten, auch nur über Gebühren nachzudenken.

Die Rechnung der Indonesier trifft natürlich auch auf jeden einzelnen deutschen Studenten zu. Unsere ineffizienten gebührenfreien Universitäten reißen gewaltige Löcher ins Familienbudget, wenn die einfachen Grundrechenarten angewendet werden. Die Praxis aus meiner eigenen Familie: Wir haben zwei Söhne, von denen der eine an gebührenpflichtigen Universitäten in Tokyo und Harvard, der andere an der TU Darmstadt studiert hat. Aufgrund meiner Korrespondentenzeit in Tokyo ergab sich die Möglichkeit, dass der Ältere einen Studienplatz an der Sophia-Universität erhielt.

Der Familienschock: rund 1000 DM Studiengebühren im Monat, das ist für einen Deutschen, der diesen Posten nicht einkalkuliert hat, sehr viel Geld. Wir empfanden das damals als unsoziale Halsabschneiderei. Zusammen mit den Nebenkosten – wie Essen und U-Bahn-Fahrten – kosteten uns die vier Jahre 60 000 DM. Vorteil: Die Miete entfiel. Nach vier Jahren allerdings konnte sich unser Sohn unter vielen Angeboten einen Job auswählen: Der Abschluss einer Tokyoter Eliteuniversität zählt eben mehr als ein Magister in Betriebswirtschaft in Bochum.

Nach dreijähriger Tätigkeit in der Deutschen Bank in Tokyo reichten das Geld und die Erfahrung, um an der Harvard Business School bei Boston einen MBA-Abschluss zu erlangen. Der kostete zwar noch einmal 120 000 US-Dollar, aber diesen Betrag konnte er selbst bezahlen. Da mussten wir als Familie noch nicht einmal mehr als Bürgen einspringen. Im Nachhinein waren die 48 000 DM Studiengebühren, die wir für ein hervorragendes, weil hochwertiges und schnelles Studium bezahlten, die beste Investition unseres Lebens.

Der Jüngere begann sofort nach unserer Rückkehr in Darmstadt mit einem Physikstudium. Das erste Semester ging verloren, da es ihm nicht gelungen war, sich kompetent beraten zu lassen, welche Vorlesungen er in welcher Reihenfolge belegen musste. Vor dem Vorexamen büßte er ein weiteres Semester ein, weil ein Professor so krank wurde, dass er die Prüfungen nicht mehr abnehmen konnte. Sein Nachfolger aber setzte andere Schwerpunkte. Während der Diplomarbeit, die Versuche mit Laser beinhaltete, gab dieser seinen Geist auf. Die Versuche mussten unterbrochen werden, da das Geld für die Ersatzteile fehlte. Weiterer Zeitverlust entstand, weil der TÜV feststellte, dass die Tür in dem Raum, in dem der Laser installiert war, nicht den Strahlenschutzbestimmungen entsprach und deshalb eine neue Tür her musste, bevor der Laser wieder eingeschaltet werden durfte. So gingen noch einmal zwei Semester ins Land. Noch 26 Jahre alt, mit zwölf Semestern, davon vier völlig überflüssig, war unser Jüngster endlich Diplomphysiker und fand glücklicherweise auch sofort einen guten Job.

Wir haben nachgerechnet: Vier Semester, also zwei Jahre, hätte er früher mit dem Berufsleben beginnen können. Wenn wir nur ein mäßiges durchschnittliches Jahreseinkommen von 70 000 DM annehmen, dann sind das in zwei Jahren 140 000 DM Verlust, dazu kommen mindestens 15 000 DM Lebenshaltungskosten pro Jahr, macht noch einmal 30 000 DM. Insgesamt musste unsere Familienkasse also ein Defizit von 170 000 DM hinnehmen. Wir haben uns oft geärgert, warum wir auch unseren Jüngsten nicht an einer guten ausländischen Uni gegen Gebühren studieren ließen. Es wäre billiger geworden.

Wie gesagt, die Rechnung, die die Indonesier aufstellen, stimmt auch für jeden einzelnen deutschen Haushalt. Hochgerechnet auf die Verluste, die so unserer Volkswirtschaft entstehen, kommen da sicher Milliarden DM zusammen. Die USA dagegen ziehen trotz Studiengebühren 500 000 ausländische Studenten pro Jahr ins Land. Damit nehmen sie jährlich 7,5 Milliarden US-Dollar ein, die ihre Zahlungsbilanz verbessern.

In Deutschland werden solche Rechnungen gar nicht erst angestellt. Die Schlussfolgerung von TU-Präsident Ewers: »Bildung ist nie ein öffentliches Gut gewesen. Erst seit wir ein staatliches Monopol daraus gemacht haben, ist die Universität so in die Krise geraten. Die Debatte wird ideologisch vollkommen überfrachtet. Sie wird überwiegend von Leuten bestimmt, die ausschließlich im Bildungssystem sozialisiert wurden. Es ist höchste Zeit, dass sich breitere Kreise für diese Debatte interessieren, von deren Ausgang die künftige Wirtschaftsentwicklung entscheidend abhängt.«

Eine grundlegende Reform ist aber unwahrscheinlich, weil die heutige »Elite« von diesem verstaatlichten Bildungswesen profitiert hat. Sie hat es ja zu etwas gebracht, warum sollen sie das System infrage stellen? Ihr Erfolg ist für die amtierende »Elite« der schlagende Beweis, dass man ohne Wettbewerb und Markt erfolgreich Karriere machen kann. Natürlich waren ein paar Regeln zu beachten. Unter anderem war es für den beruflichen Fortgang sehr hilfreich, in den letzten 40 Jahren die Marktwirtschaft abzulehnen und sich zu staatlich finanzierten und gelenkten Strukturen zu bekennen. Ein Prototyp dieser Spezies ist der Intendant des neu gegründeten Südwestrundfunks, Peter Voß. Ein Ausschnitt aus einer Rede vom 4. Mai 2000 anlässlich des 25-jährigen Bestehens der Kommission zur Ermittlung der Rundfunkgebühren ist so plakativ, ja so typisch für die Vertreter seines Standes, dass sie besser als alles andere demonstriert, warum Freiheit und Eigenverantwortung in Deutschland so unterentwickelt sind.

Voß verteidigte am Anfang seiner Rede den öffentlich-rechtlichen Rundfunk und die Gebühren, worin ich mit ihm übereinstimme. Aber dann verkündete er abenteuerliche Thesen...

»... Gerade der Vergleich mit dem Bildungswesen zeigt aber auch, dass der Verweis auf markt- und privatwirtschaftliche Strukturen vordergründig ist und in die Irre führt, dort jedenfalls, wo er als Prinzip und nicht als Systemvielfalt verstanden wird.

Insbesondere die schon wieder ein bisschen abgeebbte Debatte um die Privatuniversitäten hat gezeigt, dass der Ansatz einer konsequenten Privatisierung des Bildungssystems völlig unrealistisch wäre.

Damit soll beileibe nicht dem Status quo das Wort geredet werden. Aber der scheinbar konsequente Ansatz – Privatisierung in der Weise, dass die Kosten nur von den Nutzern getragen werden – führt nicht einmal in der Theorie zum gewünschten Erfolg. Das Gegenteil wäre der Fall. Die Zahl der Nutzer des Bildungssystems würde drastisch sinken, mit ebensolcher Folge für das allgemeine Bildungsniveau und entsprechend katastrophalen Konsequenzen für den einzigen nennenswerten Standortfaktor unseres Landes.

Ähnliches lässt sich auch für den Umgang mit dem Rundfunk

vorhersagen. Eine komplette Privatisierung dieses öffentlichen Gutes mit der verursachergerechten Zuweisung der entstehenden Kosten würde faktisch dazu führen, dass der Preis gerade unserer hochwertigen Produkte für die vergleichsweise wenigen Nutzer so teuer würde, dass das Produkt nicht konkurrenzfähig wäre. Selbst schuld, meinen Sie? Ich glaube nicht. Ähnliches lässt sich ohne viel Aufwand auch für alle Angebote der Hochkultur, von Museen über Theater bis zu Orchestern, nachweisen beziehungsweise prognostizieren.

Der Effekt wäre in den genannten Fällen immer der gleiche: Eine kaum spürbare finanzielle Entlastung aller ginge mit einem so schweren Verlust an Standortqualität dieses Gemeinwesens einher, dass diese Gesellschaft sich insgesamt nachhaltig schädigen würde.« Ende des Zitats.

Ein Staat, der solche Konservative in herausragenden Positionen hat, braucht keine Sozialisten mehr. Die Selbstbedienungsmentalität der deutschen Bourgeoisie wird hier eindringlich als Staatsgut verteidigt. Voß kann sicher sein, dass die große Mehrheit jener, die er im Saal ansprach, mit ihm übereinstimmten und folglich die Verzahnung der Gebühren des öffentlich-rechtlichen Rundfunks mit den Subventionen für die Staatstheater und den staatlichen Kulturbetrieb ein geschickter Schachzug war. Dabei ist die Finanzierung eines wirklich von finanziellen und politischen Interessen unabhängigen Massenmediums in einer Wettbewerbslandschaft ordnungspolitisch nicht nur wünschenswert, sondern sogar wettbewerbsfördernd. Doch ob es gerechtfertigt ist, dass sich die Reichen, Mächtigen und Schönen der Nation ihre Eintrittskarte zu den Bayreuther Festspielen von den Steuergroschen der Verkäuferin im Supermarkt subventionieren lassen, möchte ich doch sehr infrage stellen.

Vierzehn Tage nach seiner Rede konnte Intendant Voß dann in den Nachrichten seiner Senderkette ARD hören, dass er auch inhaltlich Parolen ausgegeben hatte, die mit der Wirklichkeit nichts zu tun haben. Da wurde der Bundesrepublik Deutschland wieder einmal von der OECD bescheinigt, dass unsere verstaatlichte Bildung nur noch Mittelmaß ist. Mit lediglich 16 Prozent Hochschulabsolventen pro Jahrgang liegen wir weit hinter Staaten wie den USA mit 35 Prozent, Großbritannien (34 Prozent),

Dänemark (28 Prozent) und Japan (23 Prozent), um nur einige zu nennen. Und diese 16 Prozent in Deutschland studieren auch noch länger als ihre Kommilitonen in den anderen Staaten und zählen dann außerdem, vor allem in den technischen und wissenschaftlichen Fächern, zum schlechten Mittelmaß. Aber das gehört nicht in die Festaktreden, da wird erwartet, dass Gutes über unser Land gesagt wird, damit es in unser eigenes Propagandabild passt. Und dieses Bild zeigt Deutschland als eine gebildete Nation voller Denker und Forscher, die weltweit bekannt ist unter dem Markenzeichen »Made in Germany«. Wer sich an diese Vorgaben nicht hält, der ist ein Nestbeschmutzer und wird aussortiert.

Wenn wir davon ausgehen, dass sich unsere Elite zwar auf Kosten der Allgemeinheit ungeniert einen Bildungsvorsprung verschafft, müssen wir gleichwohl annehmen, dass es ihr nicht an Intelligenz mangelt. Denn mit einem sicheren Gespür für den eigenen Vorteil haben die Faulen in den Wüsten unserer Hochschullandschaft begriffen, dass sie ihr bequemes Leben nur weiter genießen können, wenn jede Form von Wettbewerb auch zukünftig verhindert werden kann. Als Professor Ewers sein Amt als Präsident der TU antrat, wollte er von seinem Kanzler einen Finanzstatus für die Gesamtuniversität und die einzelnen Fakultäten haben. Als er nach mehreren Wochen immer noch keine Antwort hatte, fragte er etwas bestimmter nach, nur um dann herausfinden zu müssen, dass in der TU noch nie ein Status erstellt wurde, sein Kanzler entsprechend auch nicht wusste, wie er ihn erstellen sollte.

Nach drei Jahren kennt Ewers zwar den Finanzstatus, aber er weiß immer noch nicht, wie effizient die einzelnen Fakultäten arbeiten. Inzwischen misst die Technische Universität die Forschungsleistungen ihrer Professoren anhand von mehr als 20 Indikatoren, und seitdem weiß man in der TU Berlin, wie dramatisch die Unterschiede der Forschungsleistungen sind. Der Versuch, die Verteilung der Mittel stärker an der Leistung zu orientieren, ist keineswegs unumstritten – insbesondere die »Standesgewerkschaft« der Hochschullehrer, der Deutsche Hochschulverband, läuft gegen jede Art von Leistungsmessung Sturm und will auch keine Studiengebühren, weil dies bedeuten würde, dass die Studenten finanzwirksam mit den Füßen abstimmen könnten. Wieso durch etwas mehr Leistungskontrolle die Freiheit der Forschung und Lehre gefährdet wird, bleibt freilich das Geheimnis dieser Gralshüter deutscher Professorenehre.

An beiden Privatuniversitäten, die mein Sohn besuchte – sowohl an der Sophia in Tokyo als auch in Harvard in Cambridge –, ist ein Professor verpflichtet, auf Wunsch einem Studenten innerhalb von drei Wochen einen Termin zu geben. Tut er das nicht, wird er abgemahnt. Nach drei Abmahnungen muss er mit dem Rausschmiss rechnen. Bei Anwendung dieser Vorschrift würden sich die Reihen deutscher Professoren schnell lichten.

Dabei reagieren auch deutsche Professoren durchaus marktorientiert, wenn der »schnöde« Mammon lockt: Nach dem Krieg gab es noch ein Kolleggeld von 2,50 DM pro Student und Wochenstunde. Ein Professor achtete damals sehr darauf, dass es nicht zu Überschneidungen der Vorlesungen kam, dass die Studenten sich nur ja auch bei ihm einschreiben konnten. Doch im Zuge der großen Nivellierung der Gesellschaft in unserem Staat wurde dieser kleine Leistungsanreiz pauschaliert. Kaum machte es keinen Sinn mehr, sich um Studenten zu bemühen, begannen die Überschneidungen der Kurse.

Die Universität heute: Den Professoren mangelt es an jeglichem Leistungsanreiz zur Lehre, also sackt die Leistung ab. Für die Studenten gilt: Was nichts kostet, taugt auch nichts. Und so hat sich unser Hochschulsystem in die Krise manövriert. Die Ausbildungskosten sind mittlerweile fast doppelt so hoch wie in vergleichbaren Ländern für ein gleichartiges Studium. Das ist Verschwendung und nicht sozial. Jetzt werden wieder zaghafte Versuche gestartet: Professoren sollen nur noch auf Zeit ernannt und mit Leistungsprämien belohnt werden. Jungen Wissenschaftlern wird die Chance geboten, auch ohne Habilitation zu forschen. Doch so ist das verkorkste System nicht zu retten. Es ist eine leichte Drehung an der festgerosteten Schraube, wo doch nur ein radikaler Bruch hin zu mehr Wettbewerbsstrukturen und Eigenverantwortung aller nötig wäre, die im Universitätsbetrieb involviert sind. Das darf der Steuerzahler, der ja weiterhin auch bei Studiengebühren mit zur Kasse gebeten wird, schon aus Gründen der Solidarität und der sozialen Gerechtigkeit von seiner zukünftigen Elite erwarten.

Und damit kommen wir noch einmal zurück zu dem Chefarzt und seinem Millioneneinkommen. Er ist ein typisches Produkt unserer »Eliteerziehung«. Was geboten wird, wird wie selbstverständlich genommen, was man dafür erhält, wird aber als Eigenleistung angesehen und wie unantastbarer Besitz verteidigt. Wir wollen, dass der Staat noch viel mehr für die Bildung ausgibt, doch wir wollen auch weniger Steuern zahlen. Wir fordern einerseits, dass die Spitzensteuersätze gesenkt werden, aber andererseits wollen wir sogar als Besserverdienende noch nicht einmal auf die sozialstaatlichen Leistungen verzichten, die in einer Solidargemeinschaft eigentlich für die unverschuldet Bedürftigen reserviert sein sollten. Ich habe deshalb überhaupt keine Probleme mit der Feststellung: Je herausgehobener die Position in unserem Lande, je höher das Einkommen, desto größer das Schmarotzertum.

Im Rhein-Main-Gebiet gibt es einen sehr gut verdienenden Zahnarzt, dessen Frau sich mit Mitte vierzig in der Universität für das Studienfach Kunstgeschichte eingeschrieben hat, nur um in den Genuss der verbilligten Krankenkassenbeiträge und der anderen Sozialleistungen für Studenten zu kommen. Sie tut ja nichts Unrechtes. Sie nimmt nur jeden Vorteil wahr, den ihr unser System im Namen der sozialen Umverteilung anbietet.

Im Auftrag des Centrums für Hochschulentwicklung haben Peer Ederer, Philipp Schuller und Christian Kopf streng wissenschaftlich analysiert, was die einzelnen Studiengänge kosten und welche Renditen sie bringen. Daraus wurde auch ersichtlich, welche Studiengänge vom Staat am höchsten subventioniert werden. Während demnach Juristen mit nur 5098 DM, Physiker mit 53 509 DM und Betriebswirtschaftler mit 64 412 DM am wenigsten kosten, sind Sozialpädagogen mit 242 516 DM, Tiermediziner mit 279 534 DM, die bildenden Künstler mit 282 289 DM am teuersten – weit übertroffen jedoch noch von den absoluten Spitzenreitern, den Humanmedizinern mit 384 979 Mark. Bei diesen Zahlen wurden die Kosten pro Studiengang mit den zu erwartenden Steuereinnahmen aus dem späteren Mehrverdienst des Akademikers verrechnet.

Die höheren Kosten für die bildenden Künstler und Sozialpädagogen resultieren daraus, dass sie später wenig verdienen, sich also einer brotlosen Kunst verschrieben haben. Bei den Medizinern ist es genau anders herum: Sie haben ein sehr hohes Einkommen zu erwarten und müssen trotzdem nichts von den enormen Kosten, die ihr Studium verursacht, an die Gesellschaft zurückzahlen. Aber weder die einen noch die anderen sind zufrieden, alle haben das Gefühl, es steht ihnen noch mehr zu.

Und hier schließt sich der Kreis: Solange es keinen Markt, keine Wettbewerbssituation und keine Eigenverantwortung bei der Ausbildung unserer Elite gibt, wird diese auch keinen Markt, keinen Wettbewerb und keine Eigenverantwortung in ihrem späteren Berufsleben zulassen. Und so lange werden wir weder unser Sozialsystem reformieren können, noch unser Gesundheitswesen in Ordnung bringen. Es wird ein Kampf der Privilegierten untereinander zu Lasten der anonymen Versichertenmasse bleiben. Und das ist unsozial.

Schlimmer noch: Eine Elite, die sich hinter dem Staat versteckt, wird nicht in der Lage sein, im internationalen Wettbewerb mitzuhalten. Und das kann im Zeitalter der Globalisierung für unser Land gefährlich werden.

Fünfter Teil

Das globale Missverständnis

21. Vom selektiven Wahrnehmungsvermögen

Sie kamen schreiend und Stöcke schwingend die mondäne Einkaufsstraße Bangalores heruntergestürmt. Barfuß, den Bohti durch die Beine geschürzt, die Turbane fest gebunden, zeigte ihre Kleidung, dass sie Bauern aus den umliegenden Dörfern waren, die weder lesen noch schreiben konnten. Ihr Ziel: der gerade neu eröffnete »Kentucky Fried Chicken«-Laden, der erste in Indien. Sie schlugen alles kurz und klein, auch die Statue des bebrillten freundlich grinsenden Colonel Sanders. Bis die Polizei den Aufruhr stoppen konnte, hatte die Horde ihr Zerstörungswerk vollendet und war unter dem Brüllen nationalistischer Parolen wieder abgezogen. Dieser kleine lokale Vorfall fand 1996 sogar in der deutschen Presse Erwähnung. »Aufstand indischer Bauern gegen die Globalisierung«, war da zu lesen. »Die Wut auf die alles beherrschenden Amerikaner hat jetzt sogar die indische Provinz erreicht.« Für die meisten Menschen war dies das erste Mal, dass sie etwas von Bangalore erfuhren – einer Stadt in Aufruhr, gegen die Globalisierung.

Dabei hätte es den Deutschen nicht geschadet, sich schon früher einmal mit Bangalore zu beschäftigen. In diesem Zentrum der indischen Luft- und Raumfahrt begann schon Mitte der Achtzigerjahre der Boom der Elektronik- und Informationstechnologie. Erst ein paar tausend, waren es Ende der Neunzigerjahre dann schon hunderttausende IT-Spezialisten, die aus dieser südindischen Provinzstadt einen Knotenpunkt der weltweiten Hightech-Autobahnen machten.

Bangalore wuchs von zwei auf fünf Millionen Einwohner. Dutzende deutscher Unternehmen verlegten Entwicklungszentren und Produktionsstätten dorthin und beschäftigten allein über 20 000 Inder. In der Brigade Road reihen sich Pubs im englischen

Stil aneinander, in denen abends die Softwarespezialisten ihr Bier trinken und die Frauen ihre Unabhängigkeit zur Schau stellen. Schon 1996, lange bevor sie auch in Deutschland Mode wurden, besuchte ich dort ein Internetcafé, in dem die Jugendlichen übten, elektronisch durch die Welt zu surfen.

Bangalore ist ein klassisches Beispiel dafür, wie eine Stadt durch die neue Technologie, durch die Globalisierung in Quantensprüngen sich weiterentwickeln konnte. Das alles blieb der deutschen Öffentlichkeit weitgehend verborgen. Doch die Zerstörung des »Kentucky Fried Chicken«-Ladens erregte sofort die Aufmerksamkeit selbst der kleinsten Provinzzeitung. Bei der Untersuchung des Aufruhrs stellte sich nachträglich heraus, dass es sich dabei um einen Racheakt einer Bauerngenossenschaft handelte, deren Hühner zu kaufen sich der indische Lizenznehmer geweigert hatte. Das interessierte natürlich hier auch niemanden mehr.

In Bangalore könnten die deutschen Heinzelmänner eine Menge lernen, egal ob sie zu den Verteidigern des deutschen Wohlfahrtsstaates und seiner allein selig machenden Ideologie gehören oder zur selbstgefälligen Biedermeiertruppe der Konservativen, die noch immer glauben, dass unsere Form der sozialen Marktwirtschaft das Maß aller Dinge ist. So lohnt sich zum Beispiel ein Besuch bei Infosys, einem der erfolgreichsten rein indischen Software-Entwicklungsunternehmen. Dort geht es zu wie bei einem Picknick nach Feierabend: Es herrscht eine entspannte, heitere Atmosphäre in gepflegter Umgebung. Die jungen Frauen und Männer, die lässig im Kreis auf dem Rasen sitzen und Probleme diskutieren, sind jene Software-Ingenieure, die ihren europäischen Kollegen die Arbeitsplätze streitig machen. Von Ausbeutung und schlechter Bezahlung in der indischen Software-Industrie kann keine Rede sein. Der Basislohn beträgt umgerechnet rund 400 DM im Monat. Doch die Mitarbeiter sind sowohl am Jahresgewinn als auch am Wachstum von Infosys durch Aktienausschüttungen beteiligt. Das hat Folgen, wie uns Narayana Murthy, der Vorstandsvorsitzende, erklärt:

»Wir haben mehr als 300 Rupienmillionäre in unserer Gesellschaft. Infosys hat mehrere Innovationen für die Mitarbeiter zum ersten Mal in Indien eingeführt. Wir waren die Ersten, die

Aktien an die Beschäftigten ausgaben, das praktizieren mittlerweile fast alle Firmen hier in Bangalore. Unser Gelände hat 150 000 Quadratfuß, und hier sind 1000 Ingenieure tätig. Die Technologie ist so gut wie überall auf der Welt. Und wir arbeiten an Projekten für Kunden aus Amerika, Deutschland, Frankreich, Großbritannien und so weiter und so fort.«

300 Rupienmillionäre in einer Firma, das bedeutet, dass 300 Mitarbeiter die gleiche Kaufkraft besitzen wie 300 Millionäre in Deutschland, denn die Kaufkraft vor Ort zwischen Rupie und D-Mark beträgt etwa eins zu eins. Warum soll auch nur einer dieser Software-Ingenieure nach Deutschland kommen – es sei denn, es mangelt ihm an den Fähigkeiten, in Indien einen entsprechenden Job zu finden.

Den Film über die Softwareschmiede Bangalore zeigten 1996 nur die dritten Programme des BR und des SDR. In den Hauptprogrammen gab es dafür keine Sendezeit. Erst als der Kanzler über die Anwerbung von 30 000 IT-Spezialisten sinnierte, merkten die Redaktionen in Deutschland, dass sich da etwas getan hat. Ja, wir haben Konkurrenz bekommen, Konkurrenz selbst für Hightech-Berufe aus einem Land, das zu den ärmsten der Welt gehört.

Die Welthandelskonferenz vom 30. November bis 2. Februar 1999 ging als die Schlacht von Seattle in die Geschichte ein. Ausgerechnet in dieser polyglotten Metropole am Pazifik, der Heimat von Microsoft und Boeing, verwüstete eine Allianz aus verängstigten Globalisierungsgegnern und diffusen nationalistischen Kapitalismusfeinden die Innenstadt und erzwang einen Abbruch der Verhandlungen. Als dann am 16. April 2000 die routinemäßige und eher langweilige Frühjahrskonferenz des Internationalen Währungsfonds und der Weltbank in Washington anstand, rückte auch dieses Treffen in den Mittelpunkt der Weltnachrichten. Es ging aber nicht darum, sich sachlich mit den Inhalten der Finanzausstattung der Weltwirtschaft zu beschäftigen, sondern der mögliche Krawall der Globalisierungsgegner lockte den Medienrummel an.

Auch die deutschen Sender berichteten live in den Hauptnachrichten. Typisch für deren Inhalt und Qualität war die Aussage des ZDF-Mannes Eberhard Piltz: Er berichtete zwar über die Sorgen und Ängste der Demonstranten, die vor dem kalten Marktkapitalismus warnten, aber er erwähnte mit keinem Wort, dass der mächtigste Sponsor der Demonstrationen in den USA die Gewerkschaftsbewegung AFL/CIO ist, die massiv dafür eintritt, die Märkte der USA vor Einfuhren abzuschotten, und gleichzeitig Subventionshilfen für US-Exporte fordert. Mit anderen Worten: Die US-Gewerkschaften haben viel mit amerikanischer Vorherrschaft und wenig mit internationaler Arbeitsteilung im Sinn. Solch kurze Nachrichtensendungen schüren nicht nur mit dem Schlagwort »Globalisierung« Ängste, sondern die Interessen der Hintermänner bleiben ungenannt. Heraus kommt eine Desinformation des Zuschauers, die mit der Wirklichkeit nichts mehr zu tun hat.

Um unsere Welt zu verstehen, ist ein umfassendes Transparenzgebot unerlässlich. Deshalb habe ich diesem Thema ein eigenes Kapitel gewidmet. Wie sollen die Menschen über die Gefahren und Chancen einer Globalisierung urteilen, wenn sie nur mit Schlagwörtern, die Blitzlichtern gleich aus einem vielschichtigen Komplex auf sie niederzucken, konfrontiert werden? 1980, als mit Wolfgang Schröder noch ein unabhängiger und kämpferischer Journalist die Wirtschaftsredaktion des ZDF leitete, hatte ich die Gelegenheit, eine 45-Minuten-Sendung über die Auswirkungen des Protektionismus auf die Weltwirtschaft zu produzieren. Dies wäre heute nicht mehr möglich: Zum einen wüsste ich nicht, welcher Sender die beachtlichen Mittel für eine solch notgedrungenermaßen aufwendige Produktion bereitstellen könnte, und dann wäre da sicher die Angst vor einem Quoteneinbruch. Also lassen wir lieber die Globalisierungsdiskussion als Furcht einflößende Nebelbank durch das Land geistern und ersparen uns die Realität.

Für die Sendung 1980 besuchte ich den Gewerkschaftskongress der Stahlarbeiter in Philadelphia. Dort waren über 1000 Delegierte versammelt, denen es nach europäischen Maßstäben extrem gut ging. Stahlarbeiter verdienten damals 36 Dollar die Stunde. Die Arbeitgeber waren verpflichtet, die Krankenkosten zu 100 Prozent zu übernehmen. Bei Entlassungen musste eine Abfindung in Höhe eines Jahreslohnes gezahlt werden. Diese traumhaften Bedingungen hatten leider zur Folge, dass die amerikanischen Stahlhütten hoffnungslos den deutschen, vor allem aber den japanischen Konkurrenten unterlegen waren und reihenweise Pleite gingen.

Die Zeiten waren vorbei, als die Amerikaner die produktivsten Werke hatten und den Maßstab für die Welt setzten. Weder innerhalb der USA noch erst recht nicht im Ausland kaufte ein Unternehmen auch nur eine Tonne Stahl, nur weil diese »made in USA« war, dafür aber doppelt so teuer wie die der Konkurrenten aus Fernost. Doch das wollten die Stahlarbeiter nicht wahrhaben: »Wenn du hungrig bist, iss deinen Toyota«, schrieben sie auf ihre Protestplakate und forderten mit viel amerikanischer Sternen- und Streifen-Symbolik der Nationalflagge: Kauft amerikanisch. Sie weigerten sich einzusehen, dass die Zeiten vorbei waren, in denen US-Stahl die Märkte Lateinamerikas und Asiens beherrscht hatte.

Die Zeiten, in denen Länder mit Gewalt gezwungen wurden, die Waren der Industriestaaten zu kaufen, sind vorbei. Die Parolen der Stahlkocher waren genauso blödsinnig wie die Aufforderung: Esst mehr Nägel, verbraucht mehr Stahl. Und nichts anderes sind heute die Versuche jener Staaten, die sich mit nationalistischen Kaufparolen gegen den Weltmarkt abschotten wollen. Dabei zeichnen sie sich alle dadurch aus, dass sie Importe behindern, aber umso mehr ihre Exporte steigern wollen. Dass diese Rechnung nicht aufgehen kann, verschweigen die Welthandelsgegner. Dass sie hemmungslose Egoisten sind, sollten ideologiefreie, intelligente Journalisten erkennen.

Vor dem Kongresssaal hätten die Stahlarbeiter an ihrem eigenen Verhalten studieren können, warum auch sie vom freien Handel profitierten: Auf dem Parkplatz standen mehr japanische Wagen als Straßenkreuzer aus US-Produktion. Die Stahlarbeiter selbst wussten durchaus, was für sie persönlich das Richtige war: ein preiswertes japanisches Auto, das halb soviel Sprit brauchte wie ein US-Schlitten und das dazu noch qualitativ besser verarbeitet war.

In den Jahren um 1980 begannen die USA mühsam zu lernen, dass eine Nation, auch wenn sie so groß und reich ist wie sie, nicht gegen die Kräfte der Märkte ankommt – es sei denn, sie zettelt einen neuen Krieg an. Es waren die Jahre, in denen sich der Mittelwesten der USA entindustrialisierte und Massenarbeitslosigkeit herrschte. Damals machte sich Häme breit, vor allem in den zum Hochmut neigenden Staaten Deutschland und Japan. Nun hatten sie die Amerikaner wenigstens wirtschaftlich überholt. Und hatten wir nicht schon immer gewusst, dass Europa den Kulturbanausen aus der Prärie überlegen ist? Die Amerikaner haben ihre Lektion gelernt, sich ihrer alten Stärken besonnen, den europäisch anmutenden Wohlfahrtsstaat kräftig zusammengestrichen und laufen derzeit selbst wieder Gefahr, ihre Erfolge allzu überheblich auszukosten.

Dieses Spiel wiederholt sich immer wieder auf den Weltmärkten. Wenn eine Nation allzu weit ausschert in ihrem Lohn- und Preisgefüge, holt sie der internationale Wettbewerb ein, und es kommen die schmerzhaften Jahre der Anpassung. Ich habe dabei noch nie erlebt, dass die Regierung, die Gewerkschaften oder die Arbeitgeber gesagt hätten, wir haben den Bogen überspannt, wir sind selbst an unserer Misere schuld. Nein, jedes Mal fordern die Gewerkschaften Handelsbeschränkungen für Importe, und die Unternehmer jammern nach Subventionen für ihre Exporte. Das spielte sich so Anfang der Siebzigerjahre in Großbritannien ab, zehn Jahre später waren die USA an der Reihe, wie das Stahlarbeiterbeispiel zeigt; seit Anfang der Neunzigerjahre trifft es Japan, das sich Nettolöhne und -gehälter leistete, bei denen man nur blass vor Neid werden konnte, und nun stimmen wir in Deutschland dieselbe Leier an. Wir bezahlen zwar keine hohen Nettogehälter, dafür leisten wir uns ein Abgabensystem, das wie ein Schlafmittel die Wirtschaft lähmt.

Auf der einen Seite kann ich die Gewerkschaften ja verstehen, dass sie gegen die Globalisierung ankämpfen. Ihnen ist die Möglichkeit genommen, für ihre Mitglieder Wohltaten zu erstreiten, die international nicht wettbewerbsfähig sind. Sie müssen in abgewandelter Form auf die marxistische Forderung eingehen, die da heißt: »Proletarier aller Länder, ihr seid alle im selben Boot – also nehmt Rücksicht aufeinander.«

Wir haben somit die pikante Situation, dass es ausgerechnet die internationale Linke ist, die sich der Globalisierung widersetzt, um die Privilegien der Arbeiter in den reichen Ländern gegen die Arbeiter in den armen Ländern zu verteidigen. Doch das ist ein hoffnungsloser Kampf, es sei denn, wir rekolonialisieren die Welt wieder und spielen brutal alle unsere Stärken gegenüber der Dritten Welt aus. Abgesehen davon, dass dies völlig illusorisch ist, könnte eine neue Vorherrschaft der entwickelten Welt nur durch einen abermaligen Weltkrieg wiederhergestellt werden. Und deshalb ist die »Antiglobalisierungskampagne« durch und durch verlogen. Hier wird krampfhaft die Erinnerung an eine versunkene Welt verschönt, die, ungerecht und brutal, nur den Mächtigen diente und eigentlich genau das war, wovor die Globalisierungsgegner warnen.

Es ist völlig egal, wann wir mit unseren Vergleichen anfangen: vor 400, vor 300 oder erst vor 200 Jahren. Spätestens seit der Entdeckung Amerikas und des Seewegs nach Indien gab es eine globale Welt, die in ihren Grundstrukturen erst nach dem Zweiten Weltkrieg zusammenkrachte. Bis dahin herrschten die Kolonialmächte mit absoluter Macht über die nichteuropäische Welt. Sklaven wurden von Afrika nach Amerika verkauft. Dort mussten sie wie Vieh auf riesigen Baumwoll- und Zuckerrohrfeldern schuften, deren Rohstoffe in Großbritannien und Frankreich veredelt wurden. Die Fertigwaren waren nicht nur für den eigenen Markt bestimmt, sondern mussten auch in den jeweiligen Kolonien zu übersteuerten Preisen abgenommen werden. Um diese Globalisierung durchzusetzen, war jedes Mittel recht.

Vor allem Großbritannien brachte es zur Meisterschaft in menschenverachtenden und perfiden Methoden. Indischen Textilarbeitern wurden die Hände abgehackt, und aus war es mit einem Konkurrenten. China wurde das Opium aufgezwungen, um sich des Silbers des Landes zu bemächtigen. Die Weigerung, das Rauschgift abzukaufen, führte zu einem Krieg, den die Chinesen mit dem Verlust Hongkongs bezahlen mussten. Großbritannien hat sich für dieses Verbrechen bis heute weder bei China entschuldigt noch einen Pfennig Entschädigung gezahlt.

Der erste große europäische Krieg von 1914 bis 1918 mutierte nicht zuletzt deshalb zu einem Weltkrieg, weil auch die deutschen Kolonien als Beute zur Disposition standen. So erklärte selbst Japan den Deutschen den Krieg, was ihm die Südsee einbrachte. Sowohl im Ersten als auch im Zweiten Weltkrieg mussten die Völker der Kolonien, die in der Heimat noch nicht einmal die gleichen Bürgerrechte wie die Kolonialherren besaßen, für ihre Unterdrücker gegen die Deutschen und ihre Verbündeten kämpfen. Inder und Pakistanis auf britischer und Marokkaner, Algerier, Senegalesen auf französischer Seite und noch viele andere mussten für die Weltherrschaft ihrer Kolonialherren sterben. Prozentual hat keine Nation so viele tote Soldaten im Vergleich zur Gesamtbevölkerung zu beklagen wie Neuseeland. Dabei lebten die Neuseeländer nun wirklich von Deutschland weit genug weg und hätten sich gut aus dem Völkermorden heraushalten können, wäre ihr Land nicht Teil des britischen Empire gewesen.

Nach dem Zusammenbruch der Kolonialreiche änderte sich an den wirtschaftlichen Machtverhältnissen nur wenig. Die Staaten der südlichen Länder lieferten die Rohstoffe zu Preisen, die von den Industriestaaten diktiert wurden, und mussten die Fertigprodukte abkaufen, wieder zu Preisen, die nicht auf dem Weltmarkt, sondern von den ehemaligen Kolonialmächten und nun auch von den Amerikanern bestimmt wurden. Es war immer eine globale Welt. Die ungleichen Machtverhältnisse nach dem Ende der Kolonialzeit geißelte die Linke nicht zu Unrecht mit dem Begriff Neokolonialismus. Der Reichtum der Industriestaaten basiert nicht zuletzt auf dieser für sie so vorteilhaften globalen Weltordnung.

Franzosen und Briten hatten es besonders schwer, sich auf die neuen Machtverhältnisse einzustellen. Sie kontrollierten ihre Märkte in der ganzen Welt, die sie erfolgreich gegen Konkurrenten abschirmten. In Kenia und Tansania gab es noch lange nach ihrer Unabhängigkeitserklärung nur englische Autos, Typen, die in Europa schon längst nicht mehr wettbewerbsfähig waren. Neuseeland lieferte preiswert Nahrungsmittel und erhielt dafür teure Industrieprodukte. Hinter diesen protektionistischen Mauern verkümmerten die Leistungsbereitschaft und die Leistungsfähigkeit sowohl des Managements als auch der Arbeitnehmer. Kein Politiker in Großbritannien dachte damals an faire Löhne für Inder und Jamaikaner.

Es war auch kein Zufall, dass viele Dritte-Welt-Staaten zunächst einmal eine eigene Stahlindustrie aufbauten. Brasilien und Indien waren die größten Eisenerzlieferanten der Welt, konnten aber noch nicht einmal einen Nagel selbst herstellen. Und so wie mehr und mehr Staaten zuerst eigene Universitäten und vor allem technische Hochschulen gründeten, dann eigene Stahl- und Werftindustrien hochzogen und Textilfabriken aus dem Boden stampften, so brachen in Europa die ersten Branchen ein. Aber anstatt den neu industrialisierten Staaten die Rechte einzuräumen, die sie für sich bisher als selbstverständlich beansprucht hatten, überzogen vor allem die Europäer die neuen Konkurrenten mit protektionistischen Verboten. Man konnte den Indern zwar nicht mehr die Hände abhacken, aber man konnte Quoten einführen, die es indischen Textilfabriken nicht erlaubten, die Menge von Ware abzusetzen, die sie preiswert herstellten. Man kann die Arbeiter auf den Zuckerrohrfeldern zwar nicht mehr als Sklaven unbezahlt arbeiten lassen, aber man kann eine Marktordnung für Zucker erlassen, die sicherstellt, dass Zucker aus Jamaika nicht nach Europa exportiert werden darf, damit die eigenen Zuckerrübenbauern, die um ein Vielfaches teurer produzieren, nicht durch die Konkurrenz aus der Dritten Welt gestört werden.

Auf über 100 Milliarden DM pro Jahr schätzt die UNO die Wertbenachteiligung der Bauern der Dritten Welt durch die Landwirtschaftsprotektion der USA, Japans und Europas, die geradezu darum wetteifern, den Preis für die idiotischste Subventionspolitik zugunsten der wenigen Bauern zu erringen. Ja, die Welt ordnet sich gerade wieder neu. Der wirtschaftliche Monopolanspruch der Europäer und Amerikaner ist längst gebrochen. Wir haben neuerdings Konkurrenten. Das fing mit Japan an. Von dem Schock, dass ein nichteuropäisches Land in der Lage ist, uns auf allen Gebieten Paroli zu bieten, haben wir uns bis heute nicht erholt. Seit 22 Jahren mache ich Filme im Fernen Osten, habe auch selbst sechs Jahre in Japan gelebt, und noch immer stehe ich fassungslos vor der Ignoranz, mit der unsere Politiker Japan übergehen und welches Zerrbild, von wenigen Ausnahmen einmal abgesehen, meine Kollegen von Japan zeichnen. Das ist mit Dummheit oder Ignoranz allein nicht mehr zu erklären, da sind wohl tiefenpsychologische Forschungen notwendig, um diesen inneren Zwang zum Niedermachen eines fernen Landes nachzuvollziehen.

Erst Anfang des Jahres 2000 lief in der Sendereihe »ZDF-Reportage« wieder so eine Propagandanummer ab. Sie muss eine gigantische Einschaltquote gehabt haben, denn ich werde ununterbrochen auf diesen Film angesprochen, der doch wieder einmal gezeigt habe, wie furchtbar in Japan die Menschen ausgebeutet werden. Jene, die Japan kennen, waren voller Empörung über dieses Machwerk. »Karoshi« heißt das Zauberwort, an dem sich die Korrespondenten regelrecht aufgeilen. Es bedeutet soviel wie »Sich-totarbeiten«. In dem Film wird erbarmungslos das Vorurteil propagiert, dass die Japaner noch lange nicht auf der Stufe der wesentlich höher entwickelten europäischen Gesellschaft stehen. Der Kommentar enthielt mehr Fehler und Behauptungen, als eigentlich in 30 Minuten unterzubringen sind. Aber er war eindrucksvoll gestaltet.

Nun gibt es sicher in Japan Menschen, die den Arbeitsstress nicht aushalten, sich übernehmen oder auch überfordert werden. Doch ohne jetzt in die Detailkritik zu gehen, sollten zwei Tatsachen nachdenklich stimmen. Die Selbstmordrate pro Kopf der Bevölkerung ist absolut identisch mit der in Deutschland, und Japaner haben die längste Lebenserwartung der Welt, sowohl Frauen als auch Männer. Die Vereinten Nationen veröffentlichen jährlich eine Untersuchung, die sie »Human Development Index« nennen, eine Bewertung des qualitativen Lebensstandards. Dabei ist das Bruttoinlandsprodukt nur ein Maßstab. Gewichtet werden die ärztliche Versorgung, Zugang zu Bildungseinrichtungen, persönliche Sicherheit, Freiheitsrechte und vieles andere. Solange es diesen HD-Index gibt, wechseln sich Japan, Kanada und 1998 einmal die USA auf dem ersten Platz ab. Deutschland rangiert erst auf Platz 14. Dies alles findet in der Berichterstattung über Japan keinen Niederschlag. Doch daran sind nicht nur die Korrespondenten schuld. Auch die Heimatredaktionen reagieren nur auf Katastrophen, Skurrilitäten und verlangen die Bestätigung der vorhandenen Vorurteile.

Leider haben die meisten Zeitungen und Zeitschriften ein gestörtes Verhältnis zu dieser zweitgrößten Wirtschaftsnation der Welt. Seit der Wende sind das Ehepaar Rainer und Angela Köhler eine wichtige Informationsquelle aus Tokyo, vor allem für wirtschaftliche Themen. In der *Süddeutschen Zeitung* waren bis zu seiner Entlassung 2000 die Berichte von Rainer Köhler zu lesen, die *Wirtschaftswoche* beschäftigt Frau Angela. Bis zur Wende profilierten sich die beiden als stramme Genossen, die für das Ostfernsehen und die amtliche Nachrichtenagentur ADN über den kapitalistischen Klassenfeind berichteten. Die Köhlers haben aus ihrer Staats- und SED-Nähe nie ein Geheimnis gemacht. Noch 1990 waren sie davon überzeugt, dass es einem DDR-Bürger besser gehe als einem Japaner. Die Privatisierung der japanischen Bahnen war für sie unmenschlich, die japanische Gesellschaft abschreckend. Rainer Köhler wurde von der *Süddeutschen Zeitung* als Wirtschaftskorrespondent für den Fernen Osten eingestellt. Begründung des damaligen Ressortleiters Wirtschaft: So billig kriegen wir sonst keinen in Tokyo.

Angela Köhler schreibt sehr fleißig für die *Wirtschaftswoche*, hat oft Artikel im Blatt und setzt die unselige Tradition dieser Wochenzeitung fort, Japan abzuwerten. Natürlich durfte da auch wieder ein Artikel über »Karoshi« nicht fehlen, der dann binnen weniger Wochen zum dritten Mal die Deutschen über Japans elende Welt aufklärte. Dieser Artikel Angela Köhlers ist typisch für »Journalisten«, die gelernt haben, Propaganda nachzubeten, und die von Zusammenhängen nichts oder wenig verstehen, dann aber den gesellschaftlichen Fallout der bösen Marktwirtschaft anlasten.

Sicher tun sich die Japaner jetzt schwer damit, nach Jahren der Euphorie und der Überheblichkeit festzustellen, dass auch ihre Bäume nicht in den Himmel wachsen. Als der künstlich aufgeblasene Finanzboom 1991 platzte, machten Gewerkschaften und Arbeitgeber erst einmal weiter wie zuvor. Die Lohnerhöhungen betrugen immer noch um die vier Prozent, obwohl schon längst eine Deflation eingesetzt hatte. Das heißt, die realen Lohnzuwächse schwankten zwischen fünf und acht Prozent.

1998 habe ich in einer aufwendigen Recherche für die ARD das Einkommen von Metallarbeitnehmern in gleich großen Fabriken, mit ähnlicher Ausbildung und Familienverhältnissen verglichen. Wir analysierten die Löhne, Lohnnebenkosten, die soziale Absicherung und Kaufkraft von Facharbeitern einer Schraubenfabrik in Gummersbach, ihren Kollegen auf den identischen Arbeitsplätzen 50 Meilen südlich von Chicago und Metallarbeitern in einer gleich großen Schmiede 70 Kilometer nördlich von Tokyo. Es handelte sich immer um Familienbetriebe mit zirka 250 Mitarbeitern.

Das verblüffende Ergebnis: Der Deutschen verdienen brutto und netto weniger als ihre amerikanischen und japanischen Kollegen. Nach Abzug aller direkten und indirekten Steuern hatte der Japaner fast das Doppelte, nämlich insgesamt 5156 DM im Vergleich zu den 2572 DM des Deutschen zur freien Verfügung. Der Amerikaner lag mit umgerechnet 4620 DM an zweiter Stelle. Das umfangreiche Zahlenmaterial umfasst neun Seiten. Die komplette Analyse beinhaltet wieder einmal genug Stoff für ein eigenes Buch. Aber ein wichtiges aufschlussreiches Detail muss ich noch erwähnen, weil es allen Vorurteilen widerspricht: Um sein Haus zu finanzieren, muss der Amerikaner 1,82 Jahresgehälter aufbringen, der Japaner 3,88 Jahresgehälter und der Deutsche 5,3 Jahresgehälter. Von der Quadratmeterzahl her war das deutsche Haus am kleinsten, das amerikanische am einfachsten gebaut.

Das Fazit meiner Recherchen: Japaner und Amerikaner werden von ihrem Staat als mündige Bürger betrachtet. Dagegen muss der Deutsche 66 Prozent seines Einkommens in die Umverteilungsmaschinerie stecken. Mit sozialer Marktwirtschaft hat das nichts mehr zu tun. Wir sind auf die schiefe Bahn der Staatswirtschaft geraten. daran ändert auch die Steuerreform vom Sommer 2000 nur wenig.

Vor diesem Hintergrund jammert nun die im Sozialismus groß gewordene Angela Köhler in der *Wirtschaftswoche* darüber, dass die Gewerkschaften sich in der Tarifrunde 2000 damit zufrieden geben müssen, weil es nur 40 Mark pro Monat mehr gibt – wohl gemerkt, bei einer Deflation von 0,8 Prozent ist das immer noch ein realer Lohnzuwachs. Im letzten Jahr leisteten sich die Japaner einen realen Lohnzuwachs von 2,4 Prozent gegenüber Deutschland mit 1,4 Prozent. Von Ausbeutung kann daher kaum die Rede sein, wohl aber ist die wirtschaftliche Vernunft der Tarifpartner in Japan zu hinterfragen. Die Japaner haben sich weit vom Lohngefüge ihrer Konkurrenten entfernt und werden sich jetzt ähnlich wie die Amerikaner und Europäer anpassen müssen, wenn sie nicht noch mehr Arbeitslose hinnehmen wollen.

Natürlich kann ich herzzerreißende Geschichten erzählen, etwa von dem Familienvater, der seine Entlassung nicht verwindet und sich das Leben nimmt. Doch diese todtraurigen »Betroffenenstorys« sagen nichts aus über die Ursachen der Krise, und die sind in Japan neben dem überhöhten Lohnniveau eindeutig bei einer ausgelutschten Politikerkaste zu suchen, die es nicht fertig bringt, ihre maroden Banken dem internationalen Wettbewerb auszusetzen. Japans Krise ist keine Folge der Globalisierung, sondern die Folge eines partiellen Protektionismus. So verständlich es ist, dass Angela Köhler, die nie in Westeuropa gelebt hat, diese Zusammenhänge nicht versteht, so bedenklich aber muss es stimmen, dass eine Zeitschrift wie die *Wirtschaftswoche*, die sonst die Marktwirtschaft hoch hält, sich auf ein solches Niveau begibt.

Wenn wir uns der These anschließen, dass wir im Zeitalter der Globalisierung leben, dann müsste es doch für eine Nation wie die unsere umso wichtiger sein, dass wir uns eingehend über unsere großen Konkurrenten und Partner auf der Welt informieren. Aber eher das Gegenteil ist der Fall. Wir konzentrieren uns immer mehr auf unser eigenes Land und wissen von anderen Staaten auch nur das, was an jedem Stammtisch so an Sprüchen gekloppt wird. So ist es möglich, mit ein paar Wortfetzen die Nation zu verunsichern. Und all die bisher geschilderten Beispiele aus Bangalore, Washington und Japan gehören dazu.

Die Begriffswelten haben sich völlig verwischt. Die Globalisierung wird als eine von den Amerikanern ausgehende Bedrohung unserer sozialen Marktwirtschaft empfunden. Kentucky Fried Chicken, Coca-Cola und McDonald's sind zum Inbegriff des amerikanischen Hegemoniebestrebens aufgestiegen. Statt uns auf sicheren Arbeitsplätzen zwischen Fachwerkhäusern und in traditionellen Firmenfamilien dem baldigen Vorruhestand entgegendämmern zu lassen, zerstören jetzt Wall-Street-Yuppies die gewachsenen Strukturen, und unsere armen Manager müssen, statt ihre Mitarbeiter zufrieden zu stellen, die Aktionäre bedienen. »Turbokapitalismus«, »Ich-Gesellschaft«, »heimatlose Multikultur« – es gibt viele Vokabeln, mit denen die Veränderung verteufelt wird, die als »Globalisierung« sehr diffus wahrgenommen wird.

Vielleicht lässt sich an einem sehr profanen Beispiel verdeutlichen, wie irrational diese Angstdiskussion verläuft. Niemand wird behaupten, dass McDonald's ein besonderes Produkt verkauft – einen Hackfleischfladen zwischen einem Weißbrotbrötchen und je nach Marketingwoche etwas Garnierung drum herum oder drauf. Trotzdem ist diese schlichte Ernährung ein Welterfolg, ärgert die Nationalisten sämtlicher Staaten. Ich finde dieses Essen eine Zumutung, und trotzdem stehe auch ich regelmäßig am Tresen und frage nach einem BigMac. Das hat ganz einfache Gründe: Entweder ist es abends spät, und alle Restaurants haben schon geschlossen, oder es ist mittags nach 14 Uhr, und selbst der Metzger mit seinem Stehimbiss hat noch nicht wieder geöffnet. Dritte Variante: Wir haben es eilig und nur ein McDonald's ist in der Nähe, wo wir einen Parkplatz finden und schnell bedient werden. Niemand wird daran gehindert, ein besseres Essen zu allen Tageszeiten und unter ähnlich bequemen Umständen anzubieten wie McDonald's. Es würde mich sehr freuen. Nicht McDonald's bedroht die europäische Kultur, es ist unsere eigene Faulheit und Unflexibilität.

---

22. Die Konjunktur der Angstmacher

Niemand hat das Bedrohungsszenarium so umfassend zusammengefasst wie die beiden *Spiegel*-Autoren Hans-Peter Martin und Harald Schumacher mit ihrem rund 300 000mal verkauften Bestseller »Die Globalisierungsfalle. Der Angriff auf Demokratie und Wohlstand«. Alle Schlagwörter werden darin bedient, alle Schreckensszenarien durchgespielt, jedes Ereignis in die vorgegebene Schablone gezwängt, auch wenn sie sich damit oft selbst ad absurdum führen. Alle Hiobskundler und Untergangspropheten kommen zu Wort, und entsprechend fallen die euphorischen Reaktionen des »Club of Rome«, der *Zeit* und der *Süddeutschen Zeitung* aus.

Ihre Hauptthese: Die globalen Märkte entmachten die Regierungen, die zu Statisten degenerieren. Damit wird die Demokratie gefährdet. Die Macht der Stärkeren siegt, und dies hat einen Abbau der sozialen Errungenschaften zur Folge. Das Ergebnis: »Anhaltende Lohnsenkungen, längere Arbeitszeiten, gekürzte Sozialleistungen, in den Vereinigten Staaten gar der Verzicht auf ein Sozialsystem. Diese Ausbeutermethoden sind nötig, um die Völker fit zu machen für den globalen Wettbewerb.« Die Autoren versteigen sich sogar mit Karl Polanyi als Kronzeugen zu der Behauptung, dass die Beseitigung der Zunftregeln und die Befreiung der Bauern aus der Grundherrschaft schließlich für die beiden Weltkriege verantwortlich waren, weil eine ungeregelte Marktwirtschaft sie gegeneinander aufhetzte.

Na ja – also lieber Leibeigenschaft und Futter als die Freiheit, sich selbst eine Existenz aufbauen zu können. So eine Interpretation der Befreiung der Lehnsbauern und Handwerksburschen war mir bisher noch nicht begegnet.

Natürlich genieße ich einen ungeheuren Vorteil, heute, vier Jahre nach der Erstausgabe, über diese Gruselgeschichten zu schreiben. Da lässt sich vieles, was die beiden vorausgesagt haben, mit der Wirklichkeit vergleichen. Während Karl Marx seine Verirrungen nicht mehr erleben musste, haben die beiden *Spiegel*-Schreiber jetzt ein paar Probleme: nämlich die reale Wirklichkeit ihren Thesen anzupassen, und das geht meistens nur, wenn man aus der Realität in die Welt des Glaubens flieht.

Anhand einiger ihrer Thesen möchte ich aufzeigen, wie die »Globalisierung« als Sündenbock für eigene Fehler herhalten muss und wie Fehlentwicklungen in vielen Staaten jetzt abgewälzt werden sollen auf die nebulösen Mächte eines unverantwortlichen Kapitals, wer und was auch immer damit gemeint ist.

»Millionenopfer für den Weltmarkt« überschreiben Martin und Schumacher zum Beispiel ein Kapitel, in dem die Behauptung aufgestellt wird, dass es immer mehr Arbeitslose gibt und der Massenwohlstand rapide schwindet. Nun genügt ein Blick auf die internationale Arbeitslosenstatistik der OECD-Staaten, aber auch der neu industrialisierten Länder, und da ist genau das Gegenteil festzustellen. Nicht nur in den USA, wo der Wirtschaftsboom schon mehr als 100 Monate anhält und ein Ende immer noch nicht in Sicht ist. Der Arbeitsmarkt in den USA ist leer gefegt wie seit 30 Jahren nicht mehr, und die Arbeitslosenquote ist bei 3,9 Prozent angelangt. Und trotzdem wächst die US-Wirtschaft noch schneller als die europäische und bleibt die Inflationsrate mit 1,1 Prozent (1999) erstaunlich niedrig. Gleichzeitig verwandelten sich die einst Schwindel erregenden Haushaltsdefizite – 1992 waren es noch 326,8 Milliarden Dollar – in Haushaltsüberschüsse, die 1999 schon 24,6 Milliarden Dollar betrugen. In den nächsten zehn Jahren können die US-Amerikaner mit einem Geldsegen von bis zu drei Billionen Dollar rechnen. In 31 Bundesstaaten ist mittlerweile eine heftige Diskussion ausgebrochen, ob die ununterbrochen fließenden Geldmengen dazu genutzt werden sollen, um ins Bildungswesen und in die Infrastruktur zu investieren, oder ob die Steuern weiter gesenkt werden sollen. Die haben Probleme, die Amis.

Während des Booms sind 22 Millionen neue Arbeitsplätze entstanden, und das sind keinesfalls die verfemten McDonald's-Jobs. Im Gegenteil: Gerade die Anzahl der mittleren und höher dotierten Posten hat sich rapide erhöht. Da aber die pseudosozialen *Spiegel*-Gutmenschen darauf bestehen, sich in ihrer Marktfeindschaft, die mit plumpem Antiamerikanismus gepaart ist, zu suhlen, findet sich darüber in ihrem Buch kein Wort. Sie hören mit ihrer Kommentierung immer dann auf, wenn die reale Entwicklung ihren Thesen widerspricht. Der Druck auf die Arbeitgeber, Lohnerhöhungen zustimmen zu müssen, weil der Arbeitsmarkt leer gefegt ist, kommt in dem Buch nicht vor.

Die Deregulierung der US-Wirtschaft war für das Autorenduo das Ende des Mittelstandes, der Beginn der Verarmung der Massen. Dabei ist auch gerade hier das Gegenteil eingetreten, wie sich am Beispiel der Transportunternehmen belegen lässt.

Vor der Deregulierung hatten etwa 10 000 Unternehmen den Kontinent unter sich aufgeteilt und sich Semikartellen gleich die Marktpositionen gesichert. Sie hielten die Transportkosten hoch und verdienten sich dabei eine goldene Nase. Damals entstand das Bild vom Highway Trucker, der in seinem riesigen, mit CB-Radio ausgestatteten Mack als Asphaltcowboy die Freiheit genoss. Ein mäßiger Lohn und die mafiöse Teamstergewerkschaft sicherten ihm seinen Lebensunterhalt. Nach der Deregulierung Anfang der Achtziger schnellte die Zahl der Speditionsunternehmen auf 450 000 hoch. Ein mörderischer Preiskrieg begann.

Die Fahrer waren gezwungen, endlose Stunden hinterm Steuer zu sitzen, um überhaupt über die Runden zu kommen. Der Trucker-Job verlor seine Anziehungskraft, sie quittierten ihren Dienst in Massen.

Doch die Wirtschaft wuchs weiter, infolgedessen die Nachfrage nach Transportkapazität, nicht zuletzt, weil die Preise gefallen waren. Jetzt mussten sich die Unternehmen etwas einfallen lassen, und sie krempelten die Industrie völlig um. Sie bauten neue Logistiksysteme auf, die den Kunden mit niedrigen Preisen und den Truckern mit guten Arbeitsbedingungen entgegenkamen. Wie in den Zeiten des legendären Pony-Express fahren die Trucker statt von einem Ende des Kontinents zum anderen nur noch Entfernungen von 300 bis 400 Meilen und übernehmen dann einen Lastwagen, den sie zurückbringen. Zwar sind unter den drei Millionen Jobs, die die Industrie anbietet, immer noch zirka 75 000 unbesetzt, aber mittlerweile verdienen die Trucker bei familienfreundlicheren Arbeitszeiten wieder ordentlich Geld, nämlich rund 80 000 Dollar im Jahr. Hinzu kommen die Übernahme aller Arztkosten, von Massagen, ein Internetanschluß im Lkw, und einige Firmen werben sogar mit besonderen Ehepaarprogrammen – zum Beispiel darf die Frau samt Hund mitfahren, wann immer sie will.

Entgegen der gebetsmühlenartig wiederkehrenden Behauptung, dass der Massenwohlstand verschwinde, ist er in den USA geradezu explodiert. Richtig ist, dass die oberen Einkommensschichten mehr von dem Dauerboom profitiert haben und die Schere weiter auseinander gegangen ist. Doch richtig ist auch, dass die unteren Einkommensschichten sich heute aus einem anderen Personenkreis zusammensetzen als vor 20 Jahren. Viele haben ihre persönliche Situation mit dem Aufschwung verbessert, sind in höhere Einkommensschichten aufgestiegen, und neue Einwanderer, vor allem aus Lateinamerika, bilden jetzt das untere Ende der Lohnskala.

Es ist halt leider so: In den Zeiten, als auch die USA stärker dem Umverteilungs- und Wohlfahrtsstaatsprinzip frönten, ging es wesentlich mehr Menschen richtig schlecht als jetzt. Mehr noch als alles andere beschäftigt mich die Frage, warum in Deutschland niemand so richtig wissen will, was da in den USA passiert. Ich habe noch keinen Sender gefunden, der bereit wäre, dem US-Wirtschaftsphänomen ausgiebig Zeit zu widmen, damit wir mehr über diese Revolution erfahren als ein paar positive Schlagzeilen wie: »Die Amerikaner haben den technologischen Fortschritt besser genutzt«, und die vielen negativen Meldungen, deren Inhalt zusammengefasst so lautet: »Amerikanischer Turbokapitalismus vernichtet menschliches und soziales Zusammenleben.« Natürlich gibt es unter den 280 Millionen Einwohnern der USA jedes Beispiel, anhand dessen jeder sein ureigenstes Vorurteil bestätigen kann. Aber in der Summe der Ergebnisse hat sich ihre Wirtschaft aus Wettbewerb und Eigenverantwortung, die auf einem von Freiheit geprägten Menschenbild beruht, unserer Murkswirtschaft als weit überlegen herausgestellt.

Die These, dass Globalisierung Massenarbeitslosigkeit produziert, wird aber auch in europäischen Ländern widerlegt. Die Niederlande mit 2,8 Prozent, die Schweiz mit 2,1 Prozent, Schweden mit 4,7 Prozent, Dänemark mit 5,3 Prozent und Großbritannien mit 5,8 Prozent verzeichnen alle so niedrige Arbeitslosenquoten wie seit Jahrzehnten nicht mehr. Und selbst in Deutschland ist sie im Rückgang begriffen. Doch zusammen mit Italien und Frankreich, die eine ähnlich staatsorientierte Umverteilungspolitik betreiben, sind wir von einem vernünftigen Arbeitsmarkt noch weit entfernt. Mit Globalisierung hat das nichts zu tun, höchstens mit Unfähigkeit und nationaler Überschätzung der eigenen Möglichkeiten.

Richtig aber ist, dass die Öffnungen nationaler Märkte für einige Semimonopole unangenehme Überraschungen parat halten. Die Zeiten, in denen deutsche Versicherungen mit hohen Gebühren und knappen Leistungen Milliarden scheffeln konnten, gehen zu Ende. Die Kapitalanleger stellen mit Erstaunen fest, dass ihnen Aktienfonds über längere Zeit mehr Rendite bringen als die von Bonn gehätschelten Lebensversicherer. Also schichten sie um. Und dabei entdecken sie auch, dass deutsche Großbanken nicht immer die günstigsten Angebote machen, dass sie vor allem unflexibel, kundenfeindlich und überheblich sind.

Der Typ des Bankbeamten hat ausgedient. Es fällt mir schwer, darüber Krokodilstränen zu vergießen, dass diese überschätzten

Geldhändler in Nadelstreifen erleben, was Marktwirtschaft ist, von der sie so viel geredet und für deren Unterstützung sie so wenig unternommen haben. Als drohenden Kahlschlag bejammern Hans-Peter Martin und Harald Schumacher die Kündigungswelle, die die deutschen Banken überrollen wird, wenn sie so effizient arbeiten müssen wie die amerikanische Citicorp. Allein bei der Deutschen Bank wären davon 31 076 Jobs betroffen und bei der Dresdner Bank 26 673. Na und? Sollen die deutschen Bankkunden etwa überteuerte Gebühren zahlen, weil die Bank nutzlose Mitarbeiter kostspielig durchschleppt?

Es ist auch keineswegs ausgemacht, dass diese »Bankbeamten« hinterher arbeitslos sein müssen. Durch den Boom mit Finanzgeschäften werden so viele agile Leute gebraucht, dass doch heute schon ein Mangel an Arbeitskräften in den Wachstumsbereichen der Finanzwirtschaft herrscht. Wie die Autoren mit ihren Kassandrarufen stets danebenliegen, ist im selben Kapitel ihres Buches nachzuvollziehen. Als Beispiel für den herzlosen Globalismus werden die Entlassungen bei der Deutschen Telekom angeführt. Doch vier Jahre nachdem das Horrorszenario veröffentlicht wurde, verkündet die Branche, dass in der Telekommunikation im Jahre 2000 mehr Menschen beschäftigt sind als vor der Privatisierung und Zerschlagung der müden Deutschen Post. Abgesehen davon, dass der Börsengang der Telekom dem deutschen Finanzminister schöne Bescherungen verschafft und wir alle wesentlich billiger telefonieren, müssen wir – o Wunder – noch nicht einmal mehr wochenlang warten, bis uns eine Telefonnummer zugeteilt wird.

Die Autoren hatten insofern Pech, als sie ihr Buch auf dem Höhepunkt der Mexikokrise und noch vor Ausbruch der Asienkrise schrieben. So haben sich ihre Analysen und Endzeitvoraussagen auch in Bezug auf die Auswirkungen der Globalisierung auf die neu industrialisierten Staaten in ein großen Blabla verwandelt. Seit meinen ersten Reportagen im Fernen Osten stellte ich fest, dass Südkorea und Taiwan eine besonders negative Presse in Deutschland hatten. Die unmenschlichen Arbeitszeiten in den Fabriken wurden angeprangert, die Hungerlöhne und die Kinderarbeit. Mit Recht wurde zudem auf die Diktatur der Militärs verwiesen. Beide Staaten zählten nach 1953 zu den ärmsten Ländern der Welt. Noch Mitte der Fünfzigerjahre verhungerten Menschen in Korea, und nur mittels massiver Nahrungsmittellieferungen verhinderten die Amerikaner das Schlimmste.

Heute wird niemand ableugnen, dass Südkorea und Taiwan zu den fortschrittlichsten Industriestaaten der Welt gehören. In 40 Jahren haben sie sich aus dem größten Elend herausgearbeitet und bieten ihrer Bevölkerung einen akzeptablen Lebensstandard. Dafür mussten sie im wahrsten Sinne des Wortes schuften. Eigentlich sollten Südkorea und Taiwan geradezu Vorbilder sein für andere Entwicklungsländer, die es einfach nicht schaffen, sich aus ihrer Misere zu befreien. Doch die Vorbilder der deutschen Intellektuellen und Gutmenschen waren das Tansania Nyereres und das China Mao Zedongs. Beide Systeme haben kläglich versagt. Tansania zählt heute zu den ärmsten Ländern der Welt, und China hat sich erst nach den kapitalistischen Reformen Deng Xiaopings aus dem ärgsten Hunger und der schlimmsten Not befreit. Doch seitdem ist China bei den Utopisten in Ungnade gefallen, seitdem wird äußerst kritisch über das Reich der Mitte berichtet. Das Land steht jetzt als Feindbild ganz oben auf der Liste der Gutmenschen und Scheinheiligen.

Es ist schon verblüffend. Während unter Mao Zedong Millionen von Menschen verhungerten, weil der »Große Vorsitzende« sein Volk idiotischen Wirtschaftsexperimenten aussetzte, während ein rigoroser Machtapparat auch noch die intimste Privatsphäre beherrschte und ein Unterdrückungsregime unterhielt, das nur mit Stalin und Hitler zu vergleichen ist, rannten Studenten, rote Mao-Büchlein schwingend, durch Deutschlands Straßen und sahen im Pekinger Zuchthaus ein Modell für die Welt. Die Menschen, die in dieser Hölle leben mussten, kümmerten sie einen Dreck. Jetzt, wo es den Mao-Nachfolgern gelungen ist, die größte Bereicherung einer Nation zu verwirklichen, die es je in der Geschichte der Menschheit gegeben hat, jetzt entdecken sie die Armut in China. Und was Wunder: Natürlich ist auch sie in ihren Augen eine Folge der Globalisierung.

Ja, es gibt über 100 Millionen Wanderarbeiter, die arm sind. Ja, es gibt Fabriken mit angeschlossenen Arbeitshäusern, in denen junge Frauen regelrecht kaserniert auch für westliche Firmen für Minilöhne schuften. Die Regeln für diese Häuser sind fast identisch mit den Hausordnungen für die schlesischen Mädchen, die im 19. Jahrhundert in den Textilfabriken Bielefelds arbeiteten und lebten. Ja, China ist alles andere als eine westliche Demokratie. Aber trotzdem ist es das erste Mal in der Geschichte Chinas, dass in dem Land niemand mehr verhungert. Es ist das erste Mal, in dem es sich bewusst öffnet und sich sukzessive der Weltwirtschaft anpasst. Über dieses Phänomen des »Eindreschens auf China« habe ich zusammen mit Jürgen Franzen ein über 400 Seiten dickes Buch geschrieben. Die Irrationalität, mit der unsere weltbeglückende Linke sich mit China auseinander setzt, ist eher ein Fall für die Couch als für einen Wissenschaftler.

Südkorea und Taiwan sind auch klassische Beispiele dafür, dass ein marktwirtschaftlicher Wirtschaftsaufschwung ohne politische Freiheit sich zwar organisieren lässt, dass er aber ohne politische Freiheit auf die Dauer nicht existieren kann. Als sich in beiden Ländern eine wirtschaftlich starke Mittelklasse gebildet hatte, forderte diese auch ihre politischen Freiheiten. In beiden Staaten herrscht heute eine respektable Demokratie, auch wenn der Weg dahin sehr unterschiedlich war: In Südkorea tobten monatelang Straßenkämpfe, in Taiwan sorgte eine kluge Führung für einen friedlichen Übergang.

Als zu Beginn 1997 die Fehlentwicklungen in Südkorea die Asienkrise einläuteten, hatten sie es alle gewusst, dass der vorherige Aufschwung nur Bluff war. Wo Menschen so mit frühkapitalistischen Methoden ausgebeutet werden, bricht früher oder später alles zusammen. Korruption und Nepotismus hätten die Scheinblüte erzeugt. Unsere Zeitungen strotzten nur so vor hämischen Kommentaren. Die Asienkrise war wie Balsam auf die verunsicherten Seelen der Berufsdeutschen. Endlich war es vorbei mit der asiatischen Herausforderung. Die Überlegenheit Europas war wieder hergestellt. Nie habe ich soviel über Asien gelesen wie in diesen Zeiten, und es war jede Menge Schrott dabei, fabriziert von Menschen, die sich zuvor kaum mit dem Fernen Osten beschäftigt hatten, aber jetzt einmal richtig vom Leder ziehen konnten

In einem Punkt haben die Globalisierungsgegner sogar Recht: Die Asienkrise wäre ohne die weltweite Verzahnung der Volkswirtschaften so nicht passiert. Doch das hätte für die asiatischen Länder verheerende Folgen gehabt, von denen sie sich möglicherweise über Jahrzehnte nicht mehr erholt hätten. Jetzt, drei Jahre nach dem Crash, warten sie schon wieder mit Wachstumsraten auf, die in Europa längst der Vergangenheit angehören. Im Juni 2000 meldeten Hongkong 14,3 Prozent, Südkorea 12,8 Prozent, Malaysia 11,7 Prozent und als Schlusslicht das besonders hart betroffene Indonesien immerhin noch 3,2 Prozent. Alle Staaten haben wieder eine Inflationsrate von weniger als fünf Prozent. China muss sogar mit einer Deflation von 0,3 Prozent kämpfen, und das bei einem Wachstum von 8,1 Prozent. Alle Staaten mit Ausnahme vielleicht der Philippinen und Indonesiens stehen jetzt auch auf einem solideren Fundament als vor der Asienkrise. Der Globalisierung sei Dank.

Die Ursachen der Krise waren in jedem Land unterschiedlich, aber eines war ihnen gemeinsam: Die Regierungen hatten versucht, den Markt zu überlisten, und sich daran gewöhnt, eine doppelte Buchführung zu betreiben. In Südkorea schützte der Staat die gigantischen Mischkonzerne, die so genannten »Chaebols«, vor dem internationalen Wettbewerb und versorgte sie mit immer neuen Milliardenkrediten. Dafür garantierten diese Vollbeschäftigung und finanzierten ihrerseits die Wahlkampagnen der Politiker. Da Südkorea fest in die Weltwirtschaft eingebunden ist, konnte es sich die Regierung nicht erlauben, durch einen nationalen Alleingang die Grenzen zu schließen, um die Abwertung ihrer Währung zu verhindern. Das Gefummel zwischen Politik und Wirtschaft zu Lasten des Landes war nicht mehr zu vertuschen. Die Folge: Südkorea erlebte einen Demokratisierungsschub. Kim Dae Jung, seit Jahrzehnten Kämpfer für Demokratie und Freiheit, wurde zum Präsidenten gewählt, und er machte mit den Bestechungsorgien Schluss. Südkoreas Wirtschaft integriert sich in die Weltwirtschaft und kann ihre Stärken jetzt voll ausspielen, wie die Wachstumsraten beweisen.

In Südostasien war der Zusammenbruch eine Folge der unkontrollierten Geldströme der Überseechinesen. Was viele Wirtschaftler in Europa fasziniert, nämlich dass die großen Clans und ihre Banken sich praktisch jeder staatlichen Kontrolle entzogen hatten, wurde jetzt der Region zum Verhängnis. Korrumpiert durch die Geldhäuser, hatten die Regierungen es zugelassen, dass gewaltige Luftblasen ihre Währungen aushöhlten. Immobilien- und Aktienspekulationen schufen Werte, die nicht existierten. Eine fehlende Bankenaufsicht machte es möglich, dass selbst kleine Unternehmen eine Bank gründeten und sich dann bei ihrem eigenen Kreditinstitut Dollarkredite in Millionenhöhe genehmigten.

Es waren nicht die Devisenspekulanten der Banken und des als Beelzebub apostrophierten Geldhändlers Soros, die die Asienkrise auslösten, sie haben die Luftblase nur angestochen. Richtig dagegen ist, dass es für Regierungen und ihre Hintermänner nicht mehr möglich ist, unbemerkt über Jahre ihre internationalen Partner und ihr eigenes Volk zu betrügen. Solche Manipulationen werden jetzt schneller ruchbar. Darin sehe ich einen großen Vorteil der neuen Weltwirtschaftsordnung, keinen Nachteil. Für all die Jongleure aber, die sich mit falschen Wahlversprechen oder mit Geld, das sie nicht haben, an der Macht halten, ist das eine schreckliche Perspektive. Sie sind es, die dann lauthals schreien: Das Primat der Politik über den Markt muss wieder hergestellt werden. Die »Oskardisten« lassen grüßen.

Natürlich war es früher schöner, aus einem reichen Land kommend die Welt zu bereisen. Da sich die Potentaten des Sozialismus, des Feudalismus und des Nationalismus ihre eigenen Scheinwelten errichtet hatten, achteten sie sorgfältig darauf, dass sie alleinige Herren über die Reichtümer des Landes blieben. Sie versorgten ihre Bürger mit Micky-Maus-Geld und behielten das Monopol über die Hartwährungen wie Dollar, Mark und Yen. In all diesen Ländern lebten wir immer wie die Maden im Speck. Schwarzmarkt, hieß das Zauberwort. Denn auch für diese Länder setzte der Markt die Preise fest. Der Unterschied zwischen den Betrugswährungen der Diktaturen und der Realität wurde in der Höhe des Schwarzmarktkurses deutlich.

Es war die Zeit, in der Korrespondenten und Diplomaten sich nach fünf Jahren Auslandsaufenthalt in Deutschland ein Einfamilienhaus leisten konnten. Schöne Erinnerungen werden wach: Eine Hummermahlzeit in Nicaragua für drei DM, maßgeschneiderte Bauwollhemden in Südkorea für neun DM, Elfenbeinschmuck und Makondefiguren in Tansania für zehn DM und, nicht zu vergessen, die Kaviarorgien in der Transsibirischen Eisenbahn für fünf DM. Aus und vorbei, diese wunderbaren Zeiten. In fast allen Ländern der Welt müssen auch wir Europäer heute die Marktpreise bezahlen, und nur ganz wenige Exoten wie Kuba bieten die Möglichkeit, noch einmal so richtig auf den Putz zu hauen, zu zeigen, was man hat. Es geht uns zwar meistens überall in der Welt noch besser als den Einheimischen, aber das absolute Herrentum heraushängen lassen, das ist weitgehend vorbei – also doch: Scheiß Globalisierung!

Doch für die Regierungen, die ihrem Volk mehr versprechen, als sie halten können, hat die diffuse Angst vor der Globalisierung ihre Vorteile. Wenn immer sie sich finanziell verhoben haben und wieder eine Finanzkrise ins Haus steht, bitten sie Weltbank und Internationalen Währungsfonds um Hilfe. Da diese auch kein Geld drucken können, müssen sie den Staaten, denen sie aus ihrer in der Regel selbstverschuldeten Krise helfen sollen, Auflagen verordnen, die sicherstellen, dass das Geld, das sie ausleihen, nicht in irgendwelchen Korruptionskanälen oder unsinnigen Subventionen verschwindet.

Ob das, was die Weltbank und der Internationale Währungsfonds empfehlen, immer der Weisheit letzter Schluss ist, mag dahingestellt bleiben. Beide Institutionen haben es aber geschafft, sich abgrundtiefen Hass zuzuziehen, obwohl sie als Retter gerufen werden. IWF und Weltbank sind somit hochwillkommene Blitzableiter für das Versagen der jeweiligen Regierung. Arbeitet sie solide und transparent, braucht sie auch die internationale Gemeinschaft nicht um Kredite zu bitten. In der letzten Maiwoche 2000 waren in Buenos Aires 40 000 Menschen aus Protest auf der Straße und zeigten damit, was sie von der Delegation des IWF hielten. Sie wurden unterstützt von den Gewerkschaften, und selbst der Kardinal erteilte ihnen seinen Segen. Damit hatten alle ihre Solidarität mit den Opfern der Sparmaßnahmen gezeigt, die der IWF Argentinien verordnet. Sie waren vorher aber alle fröhlich dabei, als Geld verteilt wurde, das es nicht gab.

Hintergrund: Argentinien hat Probleme, seine Auslandsschulden zu begleichen. Der letzte Präsident Carlos Menem hatte sich vor der Amtsübergabe an seinen Nachfolger noch einmal richtig beliebt gemacht und durch Geschenke an sein Volk die Schulden verdoppelt. Seine Gesetzgebung wirkt nach. In den ersten drei Monaten des Jahres 2000 sind allein noch einmal 630 Millionen Dollar Verbindlichkeiten hinzugekommen. Die neue globale Weltordnung verlangt, dass Argentinien geholfen wird. Es gäbe natürlich auch die Alternative, den Gauchos einfach zu sagen: Seht zu, wie ihr zurechtkommt. Die IWF-Delegation bleibt zu Hause und bietet auch kein Geld an. Dann hätten die Argentinier gegen sich selbst demonstrieren müssen, was viel unangenehmer ist. In Südamerika ist dann schnell wieder eine Revolution fällig, ein Faschist oder Militarist übernimmt die Macht, und das Karussell dreht sich weiter, wie im ganzen 20. Jahrhundert.

Der Fehler des IWF in Argentinien bestand eher darin, dass er so lange gewartet hatte, bis schließlich konkrete Sparauflagen unumgänglich waren. Natürlich ist es hart, wenn Lohn- und Pensionskürzungen für die Massen der Staatsangestellten nötig werden. So hat die Welt jetzt mit dem IWF einen neuen Buhmann, dem die Fratze des hässlichen Kapitalisten angehängt wird, wenn es darum geht, Lebensmittelsubventionen zu kürzen, Märkte zu öffnen, verrottete Unternehmen zu schließen.

Mit dem Begriff »Globalisierung« diffamieren deshalb auch viele Regierungen eine Weltordnung, die es zunehmend schwieriger für Regierungen macht, ihr Volk und die Weltöffentlichkeit zu betrügen. Aber wir sind nicht so weit, transparente Strukturen aufzubauen, die sicherstellen, dass die internationalen Hilfsgelder auch dort landen, wo sie hingehören. Noch wird herumgeeiert, wenn Russland wieder einen Milliardenkredit braucht, obwohl jeder weiß, dass große Teile der letzten Hilfsaktionen jetzt auf privaten Konten in der Schweiz und Liechtenstein gebunkert sind. Noch immer finanziert die Weltöffentlichkeit Staaten, deren Militärhaushalt höher ist als der Etat für die Bildung. Noch immer kommt regelmäßig die Diskussion um einen Schuldenerlass für die ärmsten Länder auf. Dabei wird nicht danach gefragt, ob diese durch Naturkatastrophen unverschuldet in die heikle Lage geraten sind, ob sie durch ungleiche Handelsverträge von den Industriestaaten übers Ohr gehauen wurden oder ob sie durch Misswirtschaft, Kriege und Korruption das Geld verschwendet haben.

Natürlich leiden im Endeffekt die Menschen in diesen Staaten. Die Bilder von ausgemergelten, halbverhungerten Gestalten im Fernsehen tun dann ihr Übriges. Doch wenn die Welt sich so moralisch gibt, dann muss sie auch den Mut aufbringen, verbrecherische und unfähige Regierungen zu boykottieren oder ihre Absetzung zu erzwingen, bevor der IWF und die Weltbank für die Misswirtschaft haftbar gemacht werden. Es ist natürlich für die Kritiker und Demonstranten viel leichter, den freien Markt und den Kapitalismus für die Fehlentwicklungen zu verunglimpfen, als gegen Verbrecherregime vorzugehen. Doch mit dem moralischen Zeigefinger allein wird die Welt auch nicht bewohnbarer.

Es gibt noch eine Branche, die darauf besteht, dass IWF und Weltbank zahlungsunfähige Länder auslösen: die großen Geschäftsbanken dieser Welt. Es gibt kaum eine Krise von nationaler oder internationaler Bedeutung, in die sie nicht tief verstrickt sind oder die sie nicht sogar zu verantworten haben. Das Gebaren der Banken schadet zur Zeit dem Ansehen der Marktwirtschaft mehr als alle noch verbliebenen Philosophen und Propheten des Sozialismus. Ihr weltweites Treiben wird mit Globalismus verwechselt und das Durcheinander, das sie erzeugen, als Folge von Markt und Wettbewerb dargestellt. Doch was sich der Weltfinanzsektor zurzeit erlaubt, ist eher einer Anarchie würdig als einer Demokratie.

Die Recherchen zur Ermittlung der Summe, die jeden Tag um die Welt schwirrt, waren wenig befriedigend. Sind es zwei Billionen Dollar oder »nur« anderthalb Billionen – wer weiß das schon genau? Aus dem berechtigten Verlangen, sich gegen Kursrisiken abzuschirmen, haben die Banken den Handel mit Derivaten, so einer Art virtuellem Geld, entwickelt. Dagegen ist nichts einzuwenden. Aber irgendwann lief das Geschäft aus dem Ruder. Immer neue Handelsobjekte wurden erfunden: Swaps, Options, Saptions, Futures und Forwards, sie alle bilden Hedgefonds mit virtuellen Milliardenbeträgen. Und das Schlimmste von allem: Die Bankmanager wissen nicht mehr, was ihre Händler da treiben.

Als Nick Leeson die Baring-Bank in Singapur in Grund und Boden spekuliert hatte, bekam die erstaunte Weltöffentlichkeit einen Zipfel der Ungeheuerlichkeiten mit, die sich da tagtäglich abspielen. Selbst die Bewertung von Milliarden, die noch nicht einmal real existieren, entscheidet über Sein und Nichtsein von Unternehmen. Bis zum heutigen Tag gibt es zwei Ansichten darüber, ob die Metallgesellschaft an einer Spekulation scheiterte oder ob der Aufsichtsrat der Deutschen Bank durch den Eingriff in die Termingeschäfte zum falschen Moment die Verluste dieses Mischkonzerns überhaupt erst aus der virtuellen in die reale Welt übertrug und damit den Crash auslöste.

Aus dem Geschäftsbericht der Deutschen Bank ist zu ersehen, dass das Engagement in Derivaten einem Vielfachen ihrer Bilanzsumme entspricht. Damit wird deutlich, wie hochspekulativ und auch existenzbedrohend dieses Geschäft ist. Ein Versicherungsmakler am Börsenplatz London erzählte mir, dass es in der Branche nur so von Nick Leesons wimmele. Doch die Banken hätten aus dem Fall Baring gelernt. Wenn heute wieder einer der jungen Hedgefonds-Manager danebenliegt, dann wird er nicht etwa öffentlich bloßgestellt und der Verlust publik gemacht – nein, man empfiehlt den vielversprechenden jungen Mann der Konkurrenz weiter und hofft, dass er dieser dann einen ähnlichen Schaden zufügt. Er selbst, so der Versicherungsmann, kenne Typen, die schon ein halbes Dutzend Mal die Ahnungslosigkeit ihrer Mutterbank ausgenutzt und Milliarden beiseite geschafft hätten.

Der bis ins Mark marktwirtschaftlich geprägte Wolfram Engels schrieb schon 1995 zu diesem Problem, dass Termingeschäfte und Derivate in unserer Zeit extremer Volatilität an Devisen-, Zins-, Aktien- und Warenterminmärkten unverzichtbar seien. Heute gehe es darum, »die Kontrollsysteme zu verbessern, durch die den Risiken Grenzen gesetzt werden«. Da dies keine nationalen Spielregeln sein können, sind die Staaten der OECD aufgerufen, einzugreifen und kontrollierbare Rahmenbedingungen zu entwickeln, die den semikriminellen Geldhandelsgeschäften ein Ende bereiten. Ein Maßstab könnte sein, dass die Banken ähnlich wie bei der Kreditvergabe nur einen bestimmten Prozentsatz ihres Gesamtgeschäfts in Hedgefonds einzahlen dürfen und ihr Umsatz an Derivaten prozentual festgelegt wird. Dies ist allemal vernünftiger, als wieder zu festen Devisenkursen zurückzukehren oder Regierungen wieder zu erlauben, ihr Volk zu berauben.

Das deutsche nationale Bankengesetz macht vor, dass vernünftige Rahmenbedingungen, also Regulierungen, nicht innovationshemmend wirken müssen. Immerhin hat Deutschland nach dem Zweiten Weltkrieg keine Bankenkrise erlebt. Das Bundesaufsichtsamt für Kreditwesen und die Bankenaufsicht bei der Bundesbank haben uns vor großem Schaden im Vergleich zu anderen Staaten bewahrt. So hat die Bankenkrise in Japan seit 1992 schon 15 Prozent des Bruttoinlandsprodukts verschlungen, in Thailand waren es seit 1998 sogar 30 Prozent. Die Mexikokrise 1995 schlug mit 15 Prozent minus, der Sparkassenskandal in den USA mit drei Prozent minus zu Buche, und die Bankenkrise in Schweden, die schließlich zu den umfassenden Reformen des Wohlfahrtsstaates führte, kostete die Skandinavier immerhin sechs Prozent ihres Bruttoinlandsprodukts. Das alles addiert sich zu vielen hundert Milliarden Dollar Verlusten, die Banker zu verantworten haben, und nicht die Globalisierung.

Wir sind mit einer vertrackten Situation konfrontiert. Da die wirtschaftlichen und gesellschaftlichen Entwicklungen in der Welt immer schneller und stärker auch die Lebensumstände jedes Einzelnen beeinflussen, sind wir darauf angewiesen, möglichst umfassend und ideologiefrei über unsere Erde informiert zu sein. Gleichzeitig werden wir über alle Medien, neue und alte, mit einer Flut unwichtiger und seichter Eindrücke zugemüllt. Das Zeitalter der Globalisierung wird auch gleich gesetzt mit dem Begriff »Informationszeitalter«. Aber trotz Internet, Intranet und E-mail bleiben die meisten Menschen und Staaten informations- und beratungsresistent. Denn: Alle reden davon, alle wissen es, und alle geben vor, sich danach zu richten – nach dem internationalen Wettbewerb, der die globale Wirtschaft herausfordert. Doch kaum ein Staat, kaum ein Unternehmen ist bereit oder in der Lage, Erfahrungen aus anderen Ländern zu übernehmen, um Fehler zu vermeiden. Globalisierung hin, Globalisierung her, es wird auch im neuen Zeitalter die Regel aus der Kindererziehung bestehen bleiben: Erst durch Schaden wird man klug. Würde es anders sein, so hätte ich mir das nächste Kapitel sparen können.

23. Die weltweite
Dienstleistungskatastrophe

»Wenn es Ihnen bei uns nicht passt, können Sie sofort ausziehen.« Mit unüberhörbarem indischen Akzent macht mir der amerikanische Neubürger am Empfang des Howard Johnson Hotels in New York klar, wie Meckerer behandelt werden. Dabei hatte ich ihn doch nur gebeten, dafür zur sorgen, dass endlich die Telefonleitung repariert wird, die seit zwei Tagen schon keinen Ton mehr von sich gab. Howard Johnson, das war in meiner Erinnerung diese nette amerikanische Hotelkette mit den riesigen Eisportionen. Doch 1999 finde ich mich da für 300 DM pro Nacht in einem schmuddeligen Hotelzimmer wieder, in dem nichts funktioniert. Auch der indische Geschäftsführer ist genervt: Seit zwei Tagen beschweren sich im Stundentakt Gäste wegen des stummen Telefons, und die Telefongesellschaft vertröstet ihn, ohne auch nur einen Termin zu nennen, an dem sie die Anlage wieder in Ordnung bringen will.

Wenige Tage später in einem guten Restaurant in San Francisco. Meine Kollegen und ich waren an dem Schild »Please wait until you are seated« vorbeigegangen. Ein schwarzer Kellner mit gelben Zöpfchen faucht uns hinterher: »Warten Sie an dem Schild da, okay?« »Oh«, antworte ich erschrocken. Er sofort: »Ist da noch was, haben Sie immer noch nicht verstanden?« »Doch«, sage ich, »wir gehen wieder.« »Ja, haut ab«, ruft er uns hinterher.

Es ist ein Tag vor Thanksgiving, und wir checken unsere Kameraausrüstung am Schalter von Northwest Airlines in Kansas City für einen Inlandsflug ein. Unausgeschlafen und missmutig stellt die »Dame« hinter dem Counter fest, dass wir mehrere Stücke Übergepäck hätten, und wütet sofort los: »Warum haben Sie das nicht vorher angemeldet?« »Das habe ich noch nie machen müssen«, flöte ich so nett, wie es mir nur irgend möglich ist, zurück. Das stachelt sie aber erst so richtig an. Sie werde mir gern die Bestimmungen hinten auf dem Ticket vorlesen. Und dann zählt sie jedes Teil, sogar unsere Aktentaschen, einen Rucksack und die Kamera. Sie kommt auf acht Stück Übergepäck und will dafür 320 Dollar. Ich protestiere: Bisher hätten wir auf der ganzen Reise mit einem Dutzend Flügen noch nie etwas bezahlen müssen. »Ah«, keift sie wieder los. »Sie denken vielleicht, Sie sind besonders schlau. Ich bin aber noch schlauer. Jetzt wiegen wir die einzelnen Kisten auch noch, und wenn sie zu schwer sind, packen Sie sie aus oder zahlen zusätzlich.«

So endet der Morgen mit einer Zusatzrechnung von 480 Dollar. Umbuchen geht nicht, denn alle Flüge sind in der Thanksgiving-Woche in den USA voll. Als ich mich danach bei der kostenlosen 1-800-Kundennummer beschwere, gibt man sich zerknirscht. Für das Verhalten der Dame könne man sich nur entschuldigen. Die Mitarbeiterin werde aber mit keinerlei Konsequenzen zu rechnen haben. In Kansas City gebe es leider keine brauchbare Kraft auf dem Arbeitsmarkt.

Ankunft um 23 Uhr im Holiday Airport Hotel in Minneapolis. Wir sind seit elf Stunden ohne Essen, haben Hunger. Unser Pech, selbst der Coffeeshop ist geschlossen. Das sei ja wohl ungewöhnlich für ein Flughafenhotel, maule ich den Hotelangestellten beim Einchecken an und frage, ob wir jetzt wenigstens noch eine Kleinigkeit zum Essen bekommen könnten. Da raunzt er zurück: »Wo kommen Sie denn her? Wissen Sie nicht, dass es in Minneapolis keine Arbeitskräfte mehr gibt? Wenn Sie jemanden auftreiben, der hier jobben will, dann öffnen wir auch wieder das Restaurant bis Mitternacht.« Dann stellt er mir noch ein Telefon hin, reicht mir die plastiküberzogene Speisekarte einer Fast-Food-Hühnerküche und meint, wenn ich mich beeile, würden die in zirka einer halben Stunde noch etwas bringen...

Wir benötigen in Jacksonville, Florida, ein Auto, in dem wir und die Kameraausrüstung Platz haben, und müssen dann auch noch zur 700 Kilometer entfernten Stadt Pensacola weiterfahren. Ich rufe die erste Autovermietung an: »Alamo – Ihr immer freundlicher Sonnenscheinservice«. Ein Tonband meldet sich und verspricht, dass ich der Nächste sei, der mit einem freien Agenten verbunden werde. Musik erklingt, und zwangsweise höre ich sämtliche Angebote von Alamo und wie dankbar sie sind, dass ich Alamo gewählt habe. Das Gedudel wiederholt sich: einmal, zweimal, dreimal, und irgendwann kann ich das alles auswendig schon mitsingen.

Dann endlich ertönt eine andere Stimme vom Tonband: »Wir machen Sie darauf aufmerksam, dass wir aus Gründen der Qualitätssicherung Ihr Gespräch mit dem Agenten aufzeichnen.« Danach endlich eine menschliche Stimme: »Mein Name ist Joe Roberts – wo wollen Sie das Auto?« »In Jacksonville, Florida.« »Welche Klasse? – Ein Van oder ein Kombi? – Name des Fahrers?«, und es geht weiter mit meinen persönlichen Daten, Wohnort, Führerschein, Kreditkartennummer und welche Versicherungen ich wolle. Jeden Versuch, einen Preis zu erfahren, blockt er ab. Zu guter Letzt will er wissen, wie lange ich das Auto benötige und wo ich es zurückgebe. Als ich sage: »In Pensacola«, kommt nach einer kurzen Verzögerung die Antwort: »Wir haben in Jacksonville an diesem Datum keine Autos mehr.« Ende, Schluss! Nach 20 Minuten oder mehr Warten und Befragen ein abruptes Höreraufflegen, und ich schaue verdutzt auf das Telefon. Nichts mit dem ewig freundlichen Service.

So klappere ich dann Autovermietung um Autovermietung ab und ende immer mit dem gleichen Ergebnis: In Jacksonville sind sie alle ausgebucht. Über drei Jahrzehnte miete ich in den USA Leihwagen, also bereits zu einem Zeitpunkt, als dies in Deutschland noch ein Nischengeschäft war. Und jetzt dies. Im Land der unbegrenzten Möglichkeiten wird man von Callzentren abgemeiert wie in einem sowjetischen Restaurant, dessen Türsteher auch immer behauptete, alle Tische seien reserviert, obwohl drinnen niemand saß. Nur, den sowjetischen Zerberus konnte ich dann mit Dollars überzeugen, dass es sich lohnt, mir etwas zu essen zu geben. In den USA 1999 kann ich meine Hilflosigkeit nur einem automatischen Anrufbeantworter anvertrauen. Schließlich verfalle ich auf einen Trick: Ich lüge. Ich verlange das Auto nur noch für einen Tag und verspreche, es dann am Mietort wieder zurückzugeben. Das klappt. Ich bekomme das gewünschte Fahrzeug. Aber ich denke gar nicht daran, mein Wort zu halten. Fazit: Das Geschäft in den USA läuft so gut, dass man es sich leisten kann, Kunden mit Sonderwünschen abzuwimmeln.

Da hatte ich Filme gemacht und Bücher geschrieben über das Kunden- und Serviceparadies USA – und nun diese Erlebnisse. Und es sind noch lange nicht alle schrägen Begegnungen, die sich alle in zwei Wochen im November 1999 abspielten. Ich erkannte das Land nicht mehr wieder. Noch zwei Jahre zuvor war es nicht so schlimm gewesen, obwohl ich damals auch schon Anzeichen von Unhöflichkeit bemerkt hatte, die mir sehr unamerikanisch erschienen. Aber da bildete ich mir noch ein, dass dies an Chicago und Boston liege, wo ich mich gerade aufhielt, zwei Städten, die noch nie für ihre Herzlichkeit berühmt waren. Doch diesmal waren die Schauplätze der Servicegrausamkeiten quer über den ganzen Kontinent von Ost bis West und Süd bis Nord gleichermaßen verteilt.

Als ich einem meiner amerikanischen Interviewpartner von dieser Anhäufung von Pech erzählte, meinte der nur: »Von wegen Pech. Das ist jetzt unser Amerika. Das geht hier nur noch so. Du willst in einem gut gehenden Restaurant einen Tisch bestellen, da sagen sie dir glatt: Mindestens vier Personen, Sie müssen die Reservierung mit Ihrer Kreditkarte garantieren, und Sie müssen eine halbe Stunde vorher da sein, sonst wird der Tisch vergeben, und wir berechnen Ihnen eine ›No show‹-Gebühr von 50 Dollar.« Und dann klopfte er mir auf die Schulter und fuhr fort: »Da hast du noch Glück gehabt, dass du nicht mit Delta geflogen bist. Die kennen nämlich nur noch zweierlei Gepäck: Handgepäck und verlorenes Gepäck.« Und dann lachte er so breit und laut, wie es nur Amerikaner aus der Prärie können.

Nur meinem Kameramann Bohumil Neumann, einem Tschechen, der 1979 in den Westen geflüchtet war und zum ersten Mal durch die USA reiste, kam das alles bekannt vor: »Das ist hier wie früher bei uns im Sozialismus.« Wie früher jenseits des Eisernen Vorhangs müssen sich die Restaurants nicht um Kunden kümmern. Im Osten waren sie Störenfriede, weil es sowieso immer das gleiche Gehalt gab, in den USA gibt es jetzt genug Kunden, da kommt es auf ein paar mehr oder weniger nicht an. So brachte mich der im Sozialismus geschulte Bohumil auf die Lösung des Problems: Der kontinuierliche Wirtschaftsboom von über zehn Jahren in den Vereinigten Staaten hat den Arbeitsmarkt absolut leer gefegt. Die Arbeitgeber sind mehr darauf angewiesen, dass ihre Mitarbeiter bleiben, als auf zufriedene Kunden. Resigniert machte dies mir der Generalmanager des Mariott Hotels in Kansas City voller Verachtung über sein Personal deutlich: »Nach allem, was schief gelaufen ist heute Nacht, müssen Sie Ihr Zimmer natürlich nicht bezahlen. Aber es würde mir auch nichts ausmachen, wenn Sie nicht mehr wiederkommen. Wir sind sowieso immer ausgebucht. Allerdings kann ich diese halbgebildeten Analphabeten nicht feuern. Die sind immer noch besser als gar nichts.« Die so Beschimpften hatten vergessen, mir meine gereinigte Wäsche zurückzugeben und dann, um sicherzugehen, dass ich mich nicht beschweren konnte, nachts mein Telefon lahmgelegt.

Während es in Deutschland noch zum Allgemeinwissen gehört, dass es den Amerikanern so schlecht geht, dass sie zwei und drei Jobs ausfüllen müssen, um sich ihren kärglichen, unterversicherten Lebensunterhalt zu verdienen, hat sich das Land in ein Arbeitnehmerparadies und gleichzeitig in eine Servicewüste verwandelt. Unsere Paranoia in der Beurteilung anderer Länder, vor allem der USA und Japan, schlägt da wieder voll zu. Leider verhindert sie, dass wir Positives nachmachen und Fehler vermeiden könnten.

An dieser Stelle geht es mir darum aufzuzeigen, dass Serviceparadiese und Dienstleistungswüsten ausschließlich von der bestehenden Wirtschaftsordnung und Konjunktur abhängen und dass das Geschwätz von den servicebetonten Amerikanern und den dienstleistungsuntauglichen Deutschen absurd ist, eine bequeme Ausrede. Wenn es nämlich an den Genen liegt, also praktisch im Erbgut schon verankert ist, kann ich nichts dagegen tun. Wie oft habe ich als Entschuldigung für unsere rudimentär entwickelte Dienstleistungsgesellschaft vernommen, dass wir Deutsche eben nicht zum Dienen geboren seien. Da schimmert natürlich auch wieder so ein bisschen »Herrenmenschendenken« durch: von den stolzen Germanen, von Wotan und Thor und dem Sonnenrad eines tausendjährigen Reiches.

Doch es sind nicht unsere Gene, es ist und war deutsches Recht, das die Dienstleistung hat verkümmern lassen, wie ich es im Kapitel über Wettbewerbsrecht beschrieben habe. Es war und ist unser lächerlicher Ladenschluss, der die Menschen daran hindert, dann einzukaufen, wenn sie es wollen, und der so dem Verkäufer die Macht einräumt, uns zu misshandeln. Wir waren und sind zum Teil immer noch seiner Gnade ausgeliefert, wenn wir zehn Minuten vor dem endgültigen Türeverriegeln noch beim Abräumen der Theke stören, damit ja auf die Minute genau der Arbeitstag beendet werden kann. Wir, die Kunden, waren in der schwächeren Position und haben sie uns zudem aufoktroyieren lassen.

Am Schalter bei der Bahn, wenn uns nach langem Schlangestehen der Bahnbeamte gnädig eine Fahrkarte zukommen ließ, damit wir gerade noch in den Zug hetzen konnten, bei Autohändlern großer Marken, die uns wohlwollend auf die Warteliste setzten, damit wir, je nach Auslastung der Werkstatt innerhalb der nächsten Wochen, einen Servicetermin zugeteilt bekommen, und schließlich bei der Bank, die uns großzügig einen Kredit gewährte, der doppelt abgesichert ihr garantierte, dass sie kräftig an unserem Einkommen mitverdienen durfte. Nein, wir haben unsere demütige Bittstellerhaltung noch nicht abgelegt.

Wenn wir nicht unter so einer blödsinnigen US-Phobie litten, könnten wir jetzt vieles von den USA lernen. Dort hat die Rationalisierung in der Dienstleistungsindustrie nichts mit kostensenkenden Maßnahmen zu tun, sondern mit dem Zwang, trotz Vollbeschäftigung Wege zum Kunden zu finden. Denn Personal gibt es nicht mehr, oder aber es ist so schlecht ausgebildet, dass es eher Kunden verschreckt – Vollbeschäftigung als Servicekiller.

In den USA könnten wir auch sehen, was uns fehlt, in welchen Bereichen wir in den letzten zwei Jahrzehnten geschlafen haben. Und vor allem könnten wir uns viele theoretische Verbalschlachten ersparen, weil die praktischen Resultate schon vorhanden sind. So wird bei uns noch immer jede Deregulierung und jede Stärkung des Marktes erst einmal abgelehnt: Die Gewerkschaften rechnen sofort vor, wie viele Arbeitsplätze das kostet, und den betroffenen Arbeitnehmern wird schnell zugesichert, dass es keine betrieblichen Kündigungen geben wird. Egal, wie sinnig oder unsinnig das ist. Das war bei der Privatisierung der Bundesbahn ebenso wie beim Börsengang der Telekom und zuletzt der Liberalisierung der Strommärkte.

Während wir die Herausforderungen der dritten industriellen Revolution am Ende des 20. Jahrhunderts mit der Klassenkampfpolitik des ausgehenden 19. Jahrhunderts sozial verträglich abbremsen wollen, haben die Vereinigten Staaten neue Paradigmen gesetzt, die uns jetzt im 21. Jahrhundert in die zweite oder gar dritte Liga der führenden Wirtschaftsnationen absteigen lassen

In den USA wurde die Deregulierung viel konsequenter vorangetrieben. Zusammen mit einer Offensive in den neuen Technologien, von der Chipindustrie bis hin zur Biotechnologie, entwickelte sich in den USA eine Dynamik, die zur längsten Aufschwungphase der Wirtschaft der Nachkriegszeit führte. Die Zahl der Arbeitslosen schrumpfte wie Schnee im warmen Frühjahrsregen. Der leer gefegte Arbeitsmarkt erhöht den Innovationsdruck und das Rationalisierungstempo. Das alles setzt neue Ideen frei, die wieder einen neuen Zyklus von Firmengründungen in der modernen Informationstechnologie und den dazugehörigen Dienstleistungsunternehmen einläuten und somit den Arbeitskräftemangel noch verstärken.

Die klassischen Industrieunternehmen in den USA entlassen im Unterschied zu Deutschland prozentual eher mehr als weniger Arbeitskräfte. Doch auf jeden, der gekündigt wird, wartet mindestens ein neuer Job – wenn nicht in seiner Heimatstadt, so doch in einer der 14 Boomregionen, die sich über das ganze Land verteilen. Callcenter und Internetfirmen sind in den USA auch Reaktionen auf den Arbeitskräftemangel. Hotels müssen innovative Lösungen finden, um ihre Gäste zufriedenzustellen, obwohl es ihnen an Personal mangelt. Das Gleiche gilt für alle Bereiche, die mit Reisen und Mobilität zu tun haben. Also verlegen sie die Buchungen und Buchhaltungen in Callcenter, die zum Beispiel in Indien oder der Karibik sitzen. Für diese Jobs gibt es in den USA nicht mehr genügend Personal. Deutsche Firmen machen das ihnen nach, aber mit dem Unterschied, dass dadurch in Deutschland die Arbeitslosigkeit auf hohem Sockel verharrt.

Schon Mitte der Neunzigerjahre wunderte ich mich auf Barbados über die überdimensionalen Satellitenstationen. Meine Recherchen führten mich zu einem der amüsantesten und verblüffendsten Anblicke meiner Journalistenkarriere. In mehreren zweistöckigen Hallen saßen jeweils bis zu 400 junge Damen an

Bildschirmen und bearbeiteten online zum Beispiel die Buchungen von American Airlines oder die Abrechnungen eines kanadischen Versicherungskonzerns. Eine war schicker angezogen als die andere, so als ob sie gerade vom sonntäglichen Kirchgang kämen, und während sie mit unglaublicher Geschwindigkeit ihre Abrechnungen in die Computer eintippten, bewegten sie sich auf ihren Stühlen im Calypso-Rhythmus. Sie hatten ihre Walkmen auf den Bildschirmen stehen und blieben so per Kopfhörer mit ihrer karibischen Welt verbunden. Punkt 9.30 Uhr dann eine Unterbrechung. Ein Radio wurde auf volle Lautstärke gedreht. Nun hallte der ganze Saal wider von lebensfroher Calypso-Musik, und zwischen den 400 Computern tanzte eine ausgelassene Schar junger Frauen. Eine halbe Stunde später war die Pause vorbei, und jede wiegte sich wieder nach der Musik aus dem eigenen Walkman beim Eintippen der Online-Buchungen.

Sowohl die US- als auch die kanadischen Manager waren voll des Lobes. Die Fehlerquote sei niedriger als in den USA, die Damen seien wesentlich besser qualifiziert und vor allem stolz auf ihre Arbeit, was sich in ihrer Kleidung ausdrücke. »Da müssen Sie sich einmal das Personal bei uns in den USA anschauen. Die kommen ungekämmt in T-Shirts und löchrigen Jeans. Und wenn wir Glück haben, halten sie es ein Jahr aus und suchen sich einen neuen Job, während die Damen auf Barbados bei uns bleiben, bis sie heiraten. Und selbst danach kommen sie bald wieder.«

Auf Barbados wird in drei Schichten rund um die Uhr gearbeitet. Das Monatseinkommen beträgt 1000 US-Dollar, was mindestens das Doppelte dessen ist, was eine Angestellte in der Tourismus-Industrie verdienen könnte. Mittlerweile herrscht auf Barbados Vollbeschäftigung, und in der bereits erwähnten UNO-Statistik, die die Lebensqualität bewertet, nimmt der Inselstaat schon Platz 20 aller Länder ein.

Die nordamerikanischen Konzerne haben mit dieser Verlagerung von Dienstleistungen im eigenen Land Arbeitsplätze wegrationalisiert, die sie eh nicht mehr besetzen konnten. Gleichzeitig haben sie aber damit ihre Kosten massiv gesenkt, sodass sie international wettbewerbsfähiger wurden. Auf einer Insel wie Barbados aber werden Kaufkraft und Wohlstand produziert, was auch wieder zuerst den USA zugute kommt: Denn so durchbrechen die kleinen Inselstaaten der Karibik langsam den Teufelskreis aus politischen Unruheherden und permanenten Kostgängern der amerikanischen Entwicklungshilfe.

Trotz einer fast 100-prozentigen Auslastung der Produktionsstätten in den USA sind die Amerikaner auf massive Warenimporte angewiesen, um die Nachfrage auf dem Binnenmarkt zu bedienen. Das US-Handelsbilanzdefizit betrug von März 1999 bis März 2000 379,9 Milliarden Dollar, davon profitieren die meisten Karibikstaaten mehr, als sie je an Entwicklungshilfe pro Jahr bekommen haben. Die Kleinstaaten Mittelamerikas dürfen alles, was sie herstellen, zollfrei in die USA und Kanada exportieren, eine faire Regelung, zu der sich noch keine andere Industrienation bereit erklärt hat. Außerdem boomt dank der US-Konjunktur der Tourismus. Amerikaner zahlen in ihren Kurzurlauben ohne mit der Wimper zu zucken 300 Dollar und mehr pro Nacht für ihre Hotelzimmer.

Doch auch die deutsche Wirtschaft profitiert von der US-Konjunktur. Unser Aufschwung, den sich die Schröder-Regierung so gern auf die Fahnen schreibt, beruht nicht zuletzt auf dem Aufnahmesog der USA, er ist also auch zum Teil »made in U. S. A.«.

Die Amerikaner erleben zurzeit eine ähnliche Konjunkturphase, wie wir in der Bundesrepublik sie vom Anfang der Sechzigerjahre bis zur ersten Ölkrise genießen durften, bis infolge steigender Energiekosten und einer immer schnelleren DM-Aufwertung die Exportmärkte einbrachen. Und doch ist die Ausgangsbasis fundamental anders als in den USA heute, sodass wir uns nicht darauf verlassen können, dass die Amerikaner auch unsere Fehler wiederholen werden. Damals, so kurz nach Kriegsende, war die Erinnerung an das Schlangestehen und an die Bezugsscheine noch voll präsent. Der Mangel an Waren beherrschte immer noch das Bewusstsein der Menschen, wenn auch aus anderen Gründen: Es ging den Menschen finanziell schneller besser, als die Produktion mithalten konnte, und folglich dominierte ein Überschuss an Kaufkraft den Markt. Aber wir nutzten diesen wirtschaftlichen Aufschwung nicht, um uns für die nächsten Herausforderungen fit zu machen.

Im Gegenteil: Es waren die Jahre, in denen die Weichen in

Deutschland so grundsätzlich falsch gestellt wurden, dass wir bis zum heutigen Tag auf Nebengleisen dahin irren. Im Vergleich zu heute waren wir alle damals natürlich noch viel ärmer: Das Bruttosozialprodukt betrug 1970 in Westdeutschland gerade mal 675,7 Milliarden DM im Vergleich zu den heutigen 3839,5 Milliarden DM für Gesamtdeutschland. Aber trotzdem waren seinerzeit die wirtschaftlichen Basiszahlen noch im Lot. Es gab keine Staatsverschuldung, keine Arbeitslosigkeit, dafür aber ein kräftiges Wirtschaftswachstum. Deshalb herrschte auch keine Ebbe in den Renten- und Krankenkassen. Die Bundesanstalt für Arbeit in Nürnberg bemühte sich nach Kräften, trotzdem ihre Milliarden mit allen möglichen versicherungsfremden Leistungen unters Volk zu streuen, denn Arbeitslose gab es ja nicht. Die Chance, ein mehrere hundert Milliarden DM starkes Polster für schlechte Zeiten anzusparen, wurde sträflich vertan.

Damals…

…holten wir die Millionen Ausländer ins Land, anstatt aus den unwirtschaftlichen Branchen Textil, Bergbau und Landwirtschaft jene Millionen Arbeitnehmer freizusetzen, die dort nur mittels falscher Wechselkurse und Milliardensubventionen gehalten werden konnten.

…überfrachteten wir mit immer neuen Ausgabegesetzen die Sozialsysteme, sodass diese weder für schlechte Zeiten Geld anlegen konnten noch heute in der Lage sind, die damals beschlossenen Leistungen zu bezahlen.

…produzierten wir die Idee vom Schlaraffenland. Die 68er-Generation konnte aus dem Vollen schöpfen, die Leistungsgrenzen der Wirtschaft testen. Dabei ging das Bewusstsein verloren, dass ohne Eigenverantwortung und Gemeinsinn ein Staat vor die Hunde geht.

…wurde Ludwig Erhards Idee von der sozialen Marktwirtschaft umfunktioniert in einen umverteilenden Wohlfahrtsstaat. Es begann die Gegenreformation zur Vertreibung der liberalen Ansätze, die im Durcheinander der Nachkriegsjahre und mit Unterstützung der amerikanischen Besatzungsmacht eine Wirtschaftsordnung in der Bundesrepublik geschaffen hatten, die das Wirtschaftswunder ermöglichte.

…war die Zeit, in der das Mitbestimmungsrecht das Kartell

der Besitzenden schmiedete: Etablierte Unternehmerfunktionäre und deren Manager verbündeten sich mit Gewerkschaftsfunktionären und deren Betriebsräten, um immer neue Subventionen in die Kassen der Großkonzerne zu lenken. Die Flächentarifverträge taten dann ein Übriges, um den Mittelstand in immer größere Abhängigkeiten zu manövrieren. Wirtschaft und Gewerkschaften verhinderten auch gemeinsam die dringend gebotene Verschärfung des Kartell- und Wettbewerbsrechts.

Jetzt zwingt der Preisvorteil der amerikanischen Dienstleister die Europäer, ihre Kosten zu senken. Doch wenn die Europäer durch die Nutzung der neuen Technologien massenhaft Arbeitsplätze in der Produktion und in arbeitsintensiven Dienstleistungen wegrationalisieren müssen, vergrößern sie zunächst einmal das Heer der Arbeitslosen. Alle die Reformen, die wir in Zeiten der Hochkonjunktur versäumt haben, all die sozialen Wohltaten, die wir in völliger Überschätzung unserer Leistungskraft gesetzlich für Jahrzehnte festgeschrieben haben, rächen sich jetzt bitter.

Hinter dem eng geflochtenen Regelwerk und den Wettbewerbsverhütungsgesetzen konnten sich Manager samt ihren Beschäftigten vor den Kunden verstecken. Doch jetzt bricht regelrecht Panik aus. Beispiel: unsere Geldinstitute. Wie schon in Kapitel 22 erwähnt, ist die Produktivität eines US-Bankers viel höher als die eines deutschen Bankbeamten. Trotzdem werden Sie es nie erleben, dass Sie stundenlang keinen Aktienhändler Ihrer Bank erreichen, um Ihre Order abzugeben. Ende der Sechzigerjahre war ich tief beeindruckt, wie sich Weizenfarmer im Mittleren Westen morgens in ihrer Kooperative zusammensetzten und per Funk die Entwicklung an der Getreidebörse in Chicago mitverfolgten, um entsprechend zu reagieren. Dies gehörte damals schon zum selbstverständlichen Service der Warenterminbörsen von Chicago und Kansas City.

In den USA war das Universalbankensystem immer verboten: Die einen handeln mit Aktien, die anderen verwalten Fondsgelder, die dritten sind international im Geldhandel tätig, und die Masse der Konten wird von lokalen Banken betreut, die noch nicht einmal außerhalb ihres Staates Geschäfte machen dürfen.

In den USA gibt es im Geldgeschäft nur Spezialisten, bei uns sind die Alleskönner am Werk – die können zwar alles, aber nichts richtig, und jetzt stecken sie in der Krise.

Ihre umständliche Art, Kunden zu behandeln, ist sehr personalintensiv. Zwar haben auch die deutschen Geldinstitute in den letzten Jahren damit begonnen, Cash-Automaten aufzustellen und Online-Banking anzubieten. Aber damit entwickeln sie sich vom Kunden weg, der beraten sein möchte. Weder Produktivität noch Service konnten dadurch wesentlich verbessert werden. Der Versuch der Großbanken, kundenfreundlichere Öffnungszeiten einzuführen, wie abends bis 20 Uhr oder am Samstag, Termine, an denen die berufstätigen Kunden Zeit haben, sich zum Beispiel über Geldanlagen oder Baukredite zu informieren, scheiterten am Veto der Gewerkschaften. Da sie also an der Masse der Privatkunden nichts mehr verdienen können, wollen die Großbanken diesen Geschäftszweig gleich ganz aufgeben. Allein bei der Dresdner Bank soll das 5000 Jobs kosten. Es ist immer das Gleiche in Deutschland: Die starren Regeln verhindern Service und Wachstum, Entlassungen sind die Folge.

Diese Gemengelage wird noch verschärft durch deutsche Arroganz und Beratungsresistenz. Die Stiftung Warentest hat mehrfach schon die Qualität der deutschen Banken getestet. Die Vorgabe: Ein Ehepaar mit zwei Kindern wollte für 380 000 DM eine Eigentumswohnung kaufen. Das Nettoeinkommen wurde mit 5600 DM einschließlich Kindergeld angenommen. Die Testperson verfügte über Eigenkapital in Höhe von insgesamt 114 000 DM und legte detailliert die Vermögensverhältnisse offen – eigentlich ein unkomplizierter, risikoloser Fall.

Irmgard Lange hat die Beratungsgespräche ausgewertet und musste mit Verwunderung feststellen: Die Banken haben seit dem letzten Test nichts dazugelernt. Der Kunde ist ihnen so gleichgültig wie vor vier Jahren – Hauptsache, es kommt zum Geschäftsabschluss. Das Ergebnis war erschreckend. Jede vierte Bank hatte mangelhaft beraten. In der Finanzierung für die Testfamilie fehlten mal 70 000 DM, mal waren es 67 000 DM zu viel. Als Ursache für diese miserable Betreuung ermittelte Irmgard Lange die schlechte Ausbildung der Berater und auch, dass das entsprechende Hilfsmaterial nicht zur Verfügung gestellt wird.

Es wurden zum Beispiel keine elektronischen Beratungsprogramme eingesetzt.

Mit »mangelhaft« wurden die Hamburger Sparkasse, die Deutsche Bank 24, die Frankfurter Sparkasse, die Postbank und die Citibank bewertet, die auch schon beim letzten Test vor drei Jahren das Schlusslicht gebildet hat. Besonders erstaunlich: Der international agierende Branchenprimus Deutsche Bank schafft nur ein »mangelhaft«. Ein Versuch, uns die Qualitätsmerkmale der Deutschen Bank 24 zeigen zu lassen, das System zu erfahren, mit dem sichergestellt wird, dass die Beratung zu optimalen Ergebnissen führt, schlug fehl. Mit mündlichen Beteuerungen am Telefon sollten wir uns zufrieden geben. Die deutsche Servicewüste lässt grüßen.

Wir hätten nämlich gern gewusst, warum die Deutsche Bank nicht das zuwege bringt, was die Merrill Lynch Credit Corporation in den USA vormacht. Dort werden zentral in Jacksonville, Florida, alle Baufinanzierungen in den USA bearbeitet. Ein ausgefeilter Fragebogen ermöglicht es einem Sachbearbeiter, noch am Telefon innerhalb einer halben Stunde eine Kreditzusage bis 500 000 Dollar zu geben. Eine Kollegin übernimmt dann den Fall, überprüft alle finanziellen Angaben, verhandelt mit den Kommunen, dem Grundbuchamt, dem Makler und dem Bauträger, und spätestens nach drei Wochen hat der Kunde seine Finanzierung samt beurkundetem Kaufvertrag vorliegen. Das kostet ihn bei Merrill Lynch rund ein Prozent des Darlehens.

Die Merrill Lynch Credit Corporation wurde 1998 vom amerikanischen Präsidenten für ihre exzellente Performance im Dienstleistungsbereich mit dem Malcolm Baldrige Award ausgezeichnet, jener Medaille, die den besten amerikanischen Firmen verliehen wird. Die Preisübergabe, die vom Präsidenten vorgenommen wird, ist jeweils ein nationales Ereignis, das in allen Hauptnachrichten gewürdigt wird. Diese Medaille wurde 1987 von Präsident Reagan als Presidential Award gestiftet, nachdem eine Kommission festgestellt hatte, dass die USA 20 Prozent ihrer Wirtschaft gefährden, weil ihre Qualität international nicht wettbewerbsfähig ist.

Mittlerweile gibt es auch in Deutschland den Ludwig-Erhard-Preis, der in seinen Qualitätsanforderungen mit dem Malcolm

Baldridge Award identisch ist. Doch in unserem Land findet die Preisverleihung fast unter Ausschluss der Öffentlichkeit statt. Spitzenpolitiker aus dem Bund sind eine Rarität. Dabei gibt es hin und wieder Erstaunliches zu melden. So hat 1998 ausgerechnet ein Hotel, der Schindlerhof in Nürnberg, sowohl den Europäischen Qualitätspreis als auch den Ludwig-Erhard-Preis gewonnen. Ein Beispiel dafür, dass auch in Deutschland Service möglich ist, wenn die Rahmenbedingungen stimmen. Die sind schnell aufgezählt: Gewinnbeteiligung und größtmögliche Selbstverantwortung der Mitarbeiter, die Bedürfnisse des Kunden über Ablauforganisationen zu stellen, sowie totale Transparenz nach innen und außen.

Beim Schindlerhof sieht das so aus: Beim Einchecken gibt es ein Glas Champagner, was über eine mögliche Fehlleistung schon einmal hinwegtröstet. Es werden nur Wunschgehälter gezahlt, dafür wird die entsprechende Leistung erwartet. Inhaber Kurt Kobjoll sieht das ganz praktisch: »Wer mit Erdnüssen bezahlt, ist von Schimpansen umgeben.« Der beste Lehrling des Monats erhält einen Dienstwagen. Die Umsatzziele werden von den Mitarbeitern selbst entwickelt, entsprechend sind sie auch für die Einhaltung im Positiven wie im Negativen verantwortlich. Bleiben sie unter den selbstgesteckten Zielen, müssen sie sich die Sparmaßnahmen überlegen; liegen sie darüber, sind sie am Zusatzgewinn beteiligt.

In einem Punkt aber übertrifft Kobjoll alle Unternehmen, die ich bisher kennen gelernt habe: Er schickt jedem Stammgast, Lieferanten und Mitarbeiter seine genau nach Monaten aufgeschlüsselte Jahresplanung zu, aufgeteilt in Hotel-, Restaurant- und Tagungsbetrieb. Im nächsten Jahr veröffentlicht er dann die Echtzahlen. So weiß jeder, was er umsetzt, was seine Waren kosten, seine Mitarbeiter verdienen, wie hoch die Restschulden seiner Investitionen sind, und auch was Kobjoll und seine Frau als Gewinn entnehmen. Erst als er diese Zahlen auch ins Internet stellen wollte, machte ihm seine Bank heftige Vorwürfe. Aber er ärgert sich schon, dass er nachgegeben hat.

Kobjoll muss nicht befürchten, dass er damit Geheimnisse verrät, aus denen seine Konkurrenz Nutzen ziehen könnte. Sein Treiben ist den meisten so unheimlich, dass sie ihn lieber als

Spinner abtun und wie bisher ihr Personal lieber eindringlich darauf hinweisen, dass es gefälligst freundlicher zu sein hat. Die typisch deutsche Organisation in Dienstleistungsunternehmen gleicht einer auf den Kopf gestellten Pyramide. Ganz unten rangiert der Mitarbeiter, der mit dem Kunden in Berührung kommt: der Portier und die Bedienung im Hotel, der Mechaniker in den technischen Kundendiensten, der Verkäufer im Laden. Charakteristisch für alle: Sie sind schlecht bezahlt und am Umsatz nicht beteiligt. Je höher die Hierarchie und je weiter weg der Manager vom Kunden ist, desto eher gibt es eine Gewinnbeteiligung.

Morgens, wenn Gäste wieder einmal Schlange stehen, um ihre Hotelrechnung zu begleichen, erlaube ich mir hin und wieder, jeweils den Generalmanager des Hotels aufzutreiben. Zuerst drücke ich ihm mein Mitleid aus, weil er jeden Morgen davon überrascht wird, dass die Gäste bezahlen und abreisen, und wenn er dann verwundert reagiert und mir kopfschüttelnd mitteilt, das sei doch völlig normal, versuche ich ihm klarzumachen, dass er dann allerdings den Beruf verfehlt habe. Wenn jeden Morgen das Gleiche passiert, nämlich Gäste Schlange stehen müssen, dann könne man doch von einem fähigen Manager erwarten, dass er den Ablauf so organisiert, dass die Gäste schnell und reibungslos abreisen können. Doch er wird nicht für Kundenzufriedenheit bezahlt und bleibt am Gewinn mitbeteiligt, wenn er halbwegs den Umsatz hält.

Längst habe ich mir abgewöhnt, in Deutschland auf eine Verbesserung unserer Servicelandschaft zu hoffen. Es fehlt einfach der Zwang, um den Kunden zu kämpfen. Jeder Branche wird ein einigermaßen gutes Auskommen garantiert – und wer sich nicht völlig bescheuert anstellt, kommt damit zurecht. Unser Kammerwesen schützt die freien Berufe vor zu viel Wettbewerb, ein Ärgernis, das ich schon ausführlich beschrieben habe; städtische Bauämter gehen sparsam mit der Genehmigung von Hotelneubauten um, im Personennahverkehr ist noch nicht im Ansatz eine faire Wettbewerbswirtschaft zu entdecken.

Auch was die Industrie als Service- und Kundenfreundlichkeit anbietet, ist oft nichts anderes als Volksverdummung. So legt sie immer mehr Kundenzentren zusammen, um Geld zu sparen. Mit der Folge, dass zum Beispiel …

… die Anfahrtswege bei der Reparatur einer Waschmaschine umso länger und damit für den Kunden teurer werden. Ein netter Nebeneffekt für die Industrie: Die Kosten werden von den Unternehmen auf die Kunden abgewälzt.

… sich die Reparatur- und Wartungszentren hinter Anrufbeantwortern verbergen, tagelang nicht zurückrufen und meistens, wenn tatsächlich ein Kontakt hergestellt wird, mit Mitarbeitern besetzt sind, die wirklich nur in der Lage sind, einen Hörer aufzunehmen und eine Notiz aufzuschreiben.

… für 90 Prozent der deutschen Unternehmen erst der Gewinnplan und dann der Kunde kommt: ein auf lange Sicht gesehen tödliches Geschäftsprinzip, das zum Bumerang wird, wenn echte Konkurrenz auftritt. Doch besteht bei den restriktiven Wettbewerbs- und gleichzeitig laxen Kartellgesetzen in Deutschland für die Industrie und den Handel keine allzu große Gefahr.

Sie denken, ich übertreibe? Im Gegensatz zu den USA, wo die Dienstleistung verkommt, weil es keine Arbeitskräfte mehr gibt, ist sie bei uns mit vier Millionen Arbeitslosen verrottet. Und trotzdem müssen wir schon alle Nachteile dieser neuen virtuellen Servicewelt ertragen. Rufen Sie doch einmal bei der Lufthansa an und buchen einen Flug. Ich rechne den Zeitraum, bis ich ein einfaches Inlandticket habe, nur noch in Kilometern, das ist eine unbestreitbare Messeinheit, da ich Buchungen meistens vom Auto aus mache. Zum Beispiel: Ich wähle die Nummer des LH-Servicecenters noch in der Kölner Innenstadt. Mein Kollege am Steuer wundert sich über das Gespräch: »Ja«, sage ich, und wieder »ja«, dann »nein«, zwischendurch drücke ich die Taste mit der Zahl eins. Wir sind in Leverkusen, als ich alle Vorabfragen hinter mir habe und die Servicestation endlich weiß, dass ich nur einen normalen Inlandsflug buchen will. Dann folgen Musik und Werbung. In Wuppertal meldet sich endlich eine menschliche Stimme, allerdings bricht da die Verbindung in einem Funkloch zusammen. Ich wähle ein zweites Mal. Ich bin schon in Hagen, als ich endlich wieder aus der Warteschleife heraus bin. Es geht los: Von wo nach wo, Zeit des Fluges, Name, Kreditkartennummer, Miles-and-More-Nummer. Aber der gewünschte Flug ist ausgebucht. Wir suchen Alternativen, und es endet damit, dass ich um 13 Uhr in München ankommen werde, aber um 17.45 Uhr schon wieder abfliegen muss. Alles andere ist ausgebucht. Wir sind am Kamener Kreuz. Die Idee, ein elektronisches Ticket zu kaufen, bringt mich noch bis Hamm, dann ist das Gespräch beendet.

Ich bitte meine Interviewpartner, den vereinbarten Termin im Flughafen wahrzunehmen, weil es zeitlich nicht anders geht. Wir passieren die Abfahrt Beckum. Zusammen mit meinem Kamerateam habe ich aus diesen Telefonaten ein Spiel entwickelt: Wir wetten, wie weit wir fahren müssen, bis wir bei Flug-, Leihwagen- und Hotelbuchungen zu einem Ergebnis kommen. Wir können die Ineffizienz und Kundenverachtung der Callcenter jetzt in Kilometern ausdrücken.

In Frankfurt beim Einchecken verhindert ein Reflex eine Zeitkatastrophe: Ich will mir gleich noch meine Abflugbordkarte geben lassen. Die Dame am Schalter wundert sich, denn die 17.45-Maschine geht ab Terminal Augsburg. Es stellt sich heraus: Ich war mit dem Lufthansa-Call-Center in Dublin, Irland, verbunden. Im Flugplan wird Augsburg unter München geführt. Der arme Ire kennt sich aber in Deutschland nicht aus und kann daher nicht wissen, dass er mir eine Verbindung verkauft hatte, die es mir gerade ermöglicht hätte, anzukommen, nach Augsburg zu fahren und von dort zurückzufliegen. Mein Termin fiel aus.

Die Lufthansa richtet Callcenter in Irland, Südafrika und Australien ein, weil dort die Arbeitszeiten flexibler und die Lohnnebenkosten deutlich niedriger sind. Die Menschen in der Lausitz und Vorpommern bleiben dafür arbeitslos.

Nein, es wird keine schöne, neue Dienstleistungswelt geben, in der der Kunde König wird. Im Gegenteil: Ohne eine massive Liberalisierung und Deregulierung der Märkte, die mehr Wettbewerb erzwingen, werden die Kunden wie auf einem elektronischen Leitstrahl von den globalen Konzernen durch ihre Dateien geschleust und abkassiert: Die Fluglinie reicht sie weiter an den Autoverleiher, an das Hotel, die Ferienanlage, die Telefongesellschaft, an ausgesuchte Einkaufsketten. Schauen Sie nur auf Ihre Miles-and-More-Anbieter, und Sie können feststellen, wie Sie gegängelt werden. Die Preisgestaltung der einzelnen Leistungen wird dabei völlig undurchsichtig.

Genauso kann es Ihnen in Zukunft im Gesundheits- und Finanzbereich ergehen. Ihre Krankenkasse gehört zur gleichen Holding wie Ihre Bank, diese reicht Sie weiter an den Kfz-Versicherer, die Hausratsversicherung, an einen Anwalt und was sich da alles noch so zusammenklumpt.

In zunehmendem Maße haben Sie keine Alternativen mehr. Die Schalter, hinter denen noch Menschen sitzen, sind abgeschafft. Kontakte können Sie nur noch über Callcenter und per Internet aufnehmen. Dort werden Sie belogen, dass es Ihnen schwindlig wird. Da werden bei Hotels auf Fantasiepreise Rabatte gewährt, dass bei derlei Geschäftsgebaren selbst ein indischer Teppichhändler noch erröten würde.

Außer Liberalisierung und Deregulierung besteht deshalb die genauso wichtige Aufgabe des Staates darin, das Wettbewerbs- und das Kartellrecht zu verschärfen. Statt ausgefeilter Regelwerke reichen da die Auszeichnungspflicht für reale Endpreise und das Verbot, ganze Dienstleistungsketten zusammenzufassen. Was sich gerade in der Reisebranche zu Riesenkonzernen zusammenschließt, sollte ein europäisches Kartellrecht verbieten. Seit Jahrzehnten beklagt sich die westliche Welt, dass die japanische Industrie sich in »Keiretsus«, riesigen Firmenverbänden, miteinander verflochten hat, und nun schauen wir gerade zu, wie dies auch bei uns passiert. Wir lesen in allen Untersuchungen, dass das Keiretsu-System dazu geführt hat, dass sich die japanische Industrie den Veränderungen der Weltwirtschaft nur mit Verspätung anpasst, und lernen nichts daraus.

Mehr noch als in der Vergangenheit muss die Politik im Zeitalter der Informations- und Elektroniktechnologie einen ordnungspolitischen Rahmen schaffen, in dem sich der Markt bewegt. Das große Missverständnis gerade in der deutschen Politik beruht ja darauf, dass ein Eingriff in den Markt als Dirigismus verstanden wird. Das Gegenteil ist der Fall: Die Liberalisierung des Telekommunikations- und des Strommarktes war ein massiver Eingriff in den Markt – aber nicht um die Märkte zu gängeln, sondern um mehr Wettbewerb zu schaffen.

Gleichzeitig hat sich der Staat als Marktteilnehmer zurückgezogen. Er soll die Spielregeln zum Wohle seiner Bürger festlegen, sich aber um Himmels willen selbst aus dem aktiven Geschäft heraushalten. Wie sollte sonst von ihm Objektivität erwartet werden, wenn er nicht nur die Regeln festlegt, sondern dann auch noch mitspielt? Der Aufstieg der Preussag AG zu einem Touristikkonzern, der von der Fluglinie bis zum Hotelbett, und was sonst noch dazugehört, alles aus einer Hand anbietet, ist so ein Fall, der bedenklich stimmt, vor allem, weil dahinter mit der Westdeutschen Landesbank eine staatliche Institution mitmischt. So etwas nährt den Verdacht, dass eine solche Machtkonzentration geduldet wird, weil der Staat selbst daran verdienen will.

Und mehr noch als in der Vergangenheit hängt die Zukunft unseres Staatswesens von dem Transparenz-Gebot ab. Ich erwähnte schon die Preisauszeichnungspflicht. Da werden Lockangebote veröffentlicht, die bei Nachfrage stets ausverkauft sind. Da wird mit Zahlen manipuliert – und auch hier sind insbesondere die Reisepreise wieder besonders unanständig, die mit der Endabrechnung nichts zu tun haben, weil vieles weggelassen ist, was unausweichlich bezahlt werden muss: wie Versicherungen, Standortgebühren, Sicherheitsgebühren und was es da alles noch so gibt.

Wir erleben zurzeit eine geradezu beängstigende Entwicklung: Wir sagen, wir leben im Zeitalter der Elektronik, in einer multimedialen Welt, und gleichzeitig verstehen wir immer weniger von dem, was gerade um uns herum vorgeht. Wir werden zugeschüttet mit Werbung und Versprechungen, die sich einer objektiven Prüfung völlig entziehen, und wir werden mit Informationsmüll zugedeckt, der uns hilflos macht, das Notwendige und Richtige zu erkennen, um entsprechend zu handeln. »Wir amüsieren uns zu Tode«, beschrieb der US-Professor Neil Postman diese permanente Berieselung mit leichter Kost.

Schon heute stehen wir mächtigen Manipulatoren in den Konzernen und Regierungsapparaten gegenüber, die uns nur noch die Häppchen an Information zukommen lassen, die wir auch wissen dürfen. »Big Brother« ist für die Machtelite keine Gefahr, im Gegenteil: Mit solchem Schwachsinn ist das Volk leicht bei Laune zu halten. Schon die Römer kannten das Prinzip »Brot und Spiele«. Auf Neudeutsch etwa: Subventionen und Fußballweltmeisterschaft. Im Moment tobt da ein ungleicher Machtkampf, an dem sich alle Medien beteiligen: viele Millionen für die Unterhaltung und den Sport, wenige tausend Mark für originären Journalismus, der politische und wirtschaftliche Zusammenhänge aufklärt. Kaum eine Institution könnte hier soviel leisten wie die öffentlich-rechtlichen Sender.

Es ist paradox: Gerade das Informationszeitalter bedroht die vor 200 Jahren erkämpften Menschenrechte. Wer Macht und Geld hat, kann das Volk verdummen, weil er es einseitig mit Information versorgt. Die Qualität unserer Freiheit hängt deshalb in Zukunft mehr denn je von einem Transparenz-Gebot ab – und Verstöße dagegen dürfen nicht als Vergehen oder gar Kavaliersdelikte eingestuft werden, sondern sie sind Verbrechen, weil sie die Axt an die Wurzel demokratischer Gesellschaften legen.

24. Das erste Gebot: Totale Transparenz

Wir haben jetzt einen Politiker der Superlative in Deutschland, und ein Superlativ lässt sich ja bekanntlich nicht mehr übertreffen: Es ist Roland Koch, amtierender hessischer Ministerpräsident und seines Zeichens »brutalst möglicher Aufklärer«. Das ist doch was. Solch ein Mensch verdient unser Vertrauen. Wer brutal aufklärt, dem bleibt nichts verborgen. Was der nicht herausbekommt, das schafft niemand. Ein Superlativ-Typ eben. Aber schon Ikarus musste erfahren: Wer zu hoch aufsteigt, verbrennt sich schnell die Flügel und stürzt ab. Und da Koch auch nur ein Mensch ist, musste er bald zugeben, dass er so ein klitzekleines bisschen geschwindelt hat, als es sehr vorteilhaft für ihn war. Und dann hat ihm auch seine brutale Aufklärungsweise nicht genützt, herauszufinden, wo die Millionen der hessischen CDU auf den Schwarzgeldkonten in der Schweiz und in Liechtenstein herkamen.

Es gäbe allerdings eine Möglichkeit, Kochs Superlative zu überbieten: das absolute Transparenz-Gebot. Dann wäre keine – auch nicht eine brutale – Aufklärung nötig, dann hätte es die Skandale, mit denen Deutschland ins nächste Jahrtausend schlitterte, gar nicht erst gegeben. Was wir da erleben mussten, war ein Anschlag auf eine der Grundfesten der Demokratie, nämlich auf ihre Glaubwürdigkeit. Den Putschisten Kohl, Kanther, Kiep, Schleußer, Clement und ihren Mittätern war offensichtlich noch nicht einmal bewusst, was sie mit ihren Vertuschungs- und Entschuldigungspalavern anrichten. Haben sie doch alles nur für ihren Staat getan – nur haben sie vergessen, dass der Staat ihnen nicht gehört. Alle diese Herren haben bewiesen, wie eine Demokratie beschädigt wird, wenn Transparenz so eine Solala-Sünde ist, die mit ein paar Vaterunsern im Büßerhemd und einem alkoholfreien Fastentag wieder abgegolten ist.

Presse- und Versammlungsfreiheit sind Errungenschaften des letzten Jahrhunderts. Im Informationszeitalter müssen sie durch ein Transparenz-Gebot und ein umfassendes Recht auf Information ergänzt werden. Davon müssen alle Personen und Vorgänge erfasst werden, die im Namen des Volkes, also auf Regierungs- und Verwaltungsebene, tätig sind. Zuwiderhandlungen sollten juristisch als Verbrechen geahndet werden, da sie das wichtigste Element einer Demokratie gefährden: die Volkssouveränität. Das ist kein Kavaliersdelikt.

Doch die juristische Aufarbeitung der diversen Parteispenden- und Flugaffären sind eher geeignet, die Wut der Bürger zu steigern. Die Finessen der Anwälte mögen ja Juristen begeistern, für den viel beschworenen« kleinen Mann auf der Straße« zerstören sie jegliches Gerechtigkeitsgefühl. Der politische Hickhack um die Untersuchungsausschüsse in Berlin, Wiesbaden und Düsseldorf lässt den Verdacht aufkommen, es gehe jeweils nur um den eigenen politischen Vorteil, nicht aber um die Stärkung der Demokratie. So nimmt mit jedem Verfahren die Volksverdummung zu und das Vertrauen in unsere parlamentarische Demokratie ab.

Helmut Kohl sagt mit Recht, dass es nicht so schlimm sein kann, wenn er da mal eben rund zwei Millionen DM nach eigenem Gusto vorbei am Parteienfinanzierungsgesetz verteilt hat. Für den Täter sieht das Gesetz keine Strafe vor: nach unserer Rechtslage also eher ein Kavaliersdelikt, für das Staatsbewusstsein aber ein Desaster.

In Düsseldorf ergreift uns das ganze Erbarmen, dessen wir

fähig sind, um Bruder Johannes, der es immerhin bis zum Bundespräsidenten geschafft hat, zu bemitleiden. So ein Ministerpräsident befindet sich Tag und Nacht im Einsatz, da ist keine Trennung mehr zu ziehen zwischen Landesvater, Parteivorsitzendem und Familienvater. Rastlos für das Volk ist er unterwegs, und da kommen dann so kleine Buchhaltertypen, die aufrechnen wollen, wann er den Jet seiner Bank genutzt hat. Jawohl, seiner Bank, denn schließlich gehört die mehrheitlich Nordrhein-Westfalen, seinem Bundesland, für das er sich abrackert.

Falls die juristische Begründung für die Benutzung der Jets der WestLB in den Untersuchungsausschüssen anders lautete, so habe ich es nicht mitbekommen. Ich bin kein Jurist, und was sich da an Spitzfindigkeiten in den Schlammschlachten um unsere Spitzenpolitiker abspielte, bleibt einem durchschnittlichen Bürger verborgen. So wie ich müssen aber Millionen fühlen, die nicht mehr zur Wahl gehen, weil auch ihre Partei betroffen ist und sie das Verhalten der Gewählten als skandalös empfinden.

Eigentlich müssten alle Parteien ein umfassendes, gründliches und mit harten Sanktionen versehenes Transparenz-Gebot begrüßen. Eine solch entwürdigendes Schauspiel wie das um die Jahrtausendwende wäre nicht mehr möglich – und Johannes Rau hätte trotzdem sämtliche Termine wahrnehmen können. Nur alle seine Flüge müssten täglich veröffentlicht werden mit dem Zusatz, aus welcher Kasse sie bezahlt werden. Wir sollten dabei auch ruhig Verständnis dafür aufbringen, wenn ein Jet einmal einen Umweg macht und den Familienvater in den kurz bemessenen Urlaub absetzt. Doch das sollte im Volumen festgeschrieben sein und ebenfalls mit einer Kostenstelle versehen werden. Es ist nämlich ein Unterschied, ob er im Auftrag der Partei unterwegs war, dann zahlt die SPD, oder Regierungsgeschäfte erledigte, dann zahlt das Land. Diese Transparenz-Pflicht ist auch überhaupt nichts Neues. In den USA sind sämtliche Flugbewegungen der Regierung und des Präsidenten so wie zuvor beschrieben geregelt. Und selbst im angeblich so undurchsichtigen Japan steht der Terminkalender des Ministerpräsidenten minutengenau jeden Tag in der Zeitung.

Wenn wir einmal davon ausgehen, dass alle Jet-Reisen mit der WestLB zu rechtfertigen sind, dann sprechen die Inanspruchnahme und die Verrechnungsmethode einer Regierung mit einer öffentlichen Bank für ein bedenkliches Demokratieverständnis. Da kommt der alte Fritz wieder durch: Alles für das Volk – aber das Volk muss nicht bis ins Letzte wissen, was ich für es tue – und schon gar nicht, wie ich es tue.

Die Schwarzgeldkonten der hessischen CDU haben da eine andere Qualität. Hier geht es um Geldwäsche. Nach den eigenen Kriterien des streng gescheitelten Herrn Manfred Kanther ist er ein Krimineller. Aber er wird nicht als solcher behandelt, weil das Parteienfinanzierungsgesetz eigentlich kein richtiges Gesetz ist. Es ist ein wunderbarer Zwitter, bei dem Täter nicht bestraft werden. Dann wäre es besser, das Gesetz zu streichen und mit ihm die ganze institutionelle Demokratie.

In allen Staaten gieren die Politiker nach Geld, um mit diesem ihre Präsenz und Macht auszubauen. Und in allen Parteien in aller Welt wird getrickst, was das Zeug hält. Doch das darf nicht dazu führen, dass sich die Regierung mit dem Parteienstreben gemein macht. In den USA musste Vizepräsident Spiro Agnew zurücktreten, weil er das Honorar für einen Vortrag nicht angegeben hatte. Da lachen in Deutschland noch nicht einmal mehr die Hühner. Es wird auch nie eine endgültige Regelung für die Parteienfinanzen geben. Da es um sehr viel Macht und Einfluss geht, werden die Geldgeber und Geldnehmer immer wieder neue Konstruktionen finden, wie sie sich gegenseitig am Gesetz vorbeihelfen können. Auch das ist in allen Staaten ähnlich, ist in einer Demokratie also systemimmanent.

Umso wichtiger ist deshalb das Transparenzgebot für die Parteienfinanzierung. Sowohl angemessene Steuergelder als auch transparente Spenden müssen möglich sein. Gerade weil dies zu einem freiheitlichen Staat gehört, müssen die Strafandrohungen und Sanktionen hart und unmissverständlich ausfallen. Wie schnell ein stabiler Staat durch krumme Parteienfinanzierungen ins Schleudern gerät, wird an Italien, Belgien und Japan ersichtlich. Die CDU- und SPD-Krisen um die Jahrtausendwende beweisen, dass auch Deutschland zu den Staaten zählt, in denen alles möglich ist.

Gerade die Argumentation Helmut Kohls zeigt, wie schwach das demokratische Fundament in unserem Lande noch ist. Unterstellen wir, dass zwei seiner Behauptungen wahr sind: Er hat weder einen Pfennig für sich behalten, noch hat das Finanzgebaren der Union politische Entscheidungen beeinflusst. Doch damit bleibt immer noch als weiterer großer Vorwurf, dass Kohl sich mit den heimlichen innerparteilichen Zahlungen gegenüber seinen Konkurrenten in der CDU einen unlauteren Wettbewerbsvorteil verschafft hat. Er hat sich Sympathien erkauft, die ihm zum Machterhalt verhalfen.

In einem Staat jedoch, der seinen Parteien ein besonderes Gestaltungsrecht einräumt, ist es lebensnotwendig, dass diese Parteien sich mit all ihren Gliederungen und Taten transparenten Gesetzen unterwerfen. Alles andere gefährdet die Demokratie. Es ist viel schlimmer, wenn ein Justizminister, der von Beruf auch noch Staatsanwalt ist, illegale Abhörprotokolle entgegennimmt und sie auch noch politisch ausnutzt, als wenn er eine Bank überfallen hätte. In Hessen musste Gottfried Milde zwar wegen des Verstoßes gegen das Datenschutzgesetz zurücktreten, aber weder er noch seine CDU waren von einer wirklichen Schuld überzeugt. Sie wollten bis zum Schluss dem Landtag einreden, dass der Zweck die Mittel heiligt.

Die CDU weiß auch immer noch nicht, wie sie mit ihrem Ex-Boss umgehen soll. Sie haben ja fast alle zugelassen, dass er die Partei mehr und mehr in eine Kadertruppe zur eigenen Machterhaltung umwandelte. Sie haben einfach nicht zur Kenntnis genommen, dass sie mit ihm bei jeder Wahl nach 1982 weniger Stimmen erzielten, bis sie 1998 auf einem Nachkriegstief angekommen waren. Aber noch immer durfte er den Paten spielen, und erst als es gar nicht mehr anders ging, rückte die Partei ein wenig von ihm ab.

Die Chinesen, die mit ihrem »Großen Vorsitzenden« Mao ein ähnliches Problem hatten, haben dafür eine geschickte Lösung gefunden, die möglicherweise als Vorbild für die CDU dienen könnte. Die Staatsführung hat eine Prozentregelung getroffen: Die großen Leistungen Maos bei der Einigung Chinas und der Gründung einer unabhängigen Republik bleiben anerkannt und werden mit 70 Prozent seines Lebenswerks bewertet. Die zerstörerische Zeit der Kulturrevolution und des alternden Mädchenverbrauchers Mao gelten als eine dunkle Zeit Chinas, für die durchaus auch Mao verantwortlich gemacht wird. Sie wird mit 30 Prozent bewertet. 70 Prozent gut, 30 Prozent schlecht – das wäre doch auch eine CDU-Formel für Kohl. Manchmal finden die Asiaten schlaue Lösungen für unlösbare Konflikte.

In den USA ist es selbstverständlich, dass alle Abgeordneten ihre Vermögensverhältnisse offen legen. Schließlich soll jeder Bürger wissen, wen er da in den Kongress schickt. Arbeitet er dort für seinen Wahlkreis, der ihn gewählt hat, oder für einen Konzern, eine Gewerkschaft oder die Mafia? All das hat es schon gegeben. Jeder, der sich in den USA zur Wahl stellt, kennt das Procedere, und er weiß auch, sollte er zum Minister ernannt oder für sonst ein bedeutendes Amt nominiert werden, dass er eine hochnotpeinliche Befragung über sich ergehen lassen muss. Und das ist gut so, ich halte das sogar in einer Massendemokratie für unerlässlich. Als Gegenargument wird gern angeführt, dass es in den USA kein Nachteil ist, wenn bekannt wird, dass jemand viel Geld hat. In der deutschen Neidgesellschaft wäre das anders und würde für den Betroffenen große Nachteile mit sich bringen. Ich denke, andersherum wird ein Schuh daraus: Weil wir mit Geld und Einkommen immer noch so geheimnisvoll umgehen, kann sich keine Kultur hin zu einer Leistungsgesellschaft entwickeln.

Die Millionengehälter unserer Fußballspieler werden fast alle öffentlich diskutiert. Niemand nimmt großen Anstoß daran, dass oft ein einziger Spieler für seine Fähigkeit zum Treten und Köpfen mehr verdient als alle Minister eines ganzen Bundeslandes zusammen. Mir ist auch kein großer Aufschrei bekannt, dass Michael Schumacher mit 80 Millionen DM im Jahr mehr verdient als der gesamte Siemens-Vorstand, oder als Zlatko – Sie kennen ihn doch aus »Big Brother« – in wenigen Monaten zweifacher Millionär wurde. Also sind wir doch gar keine Neidhammel-Gesellschaft. Die Politiker hingegen müssen ihre Einkommen vertuschen, damit die Bevölkerung nicht erkennt, dass sie ja auf mehreren Schultern tragen – nämlich dass sie nicht nur zum Wohle ihrer Wähler, sondern auch als Lobbyist gegen ihre Wähler arbeiten. Ich bin davon überzeugt, dass Leistung auch anerkannt wird. Wenn die Arbeit der Politiker nicht mehr die entsprechende Würdigung der Bevölkerung findet, dann kann das nicht am Volk liegen – dann liegt das an der Volksferne der Volksvertreter. Mitleid ist da fehl am Platze.

Niemand wird gezwungen, Parlamentarier zu werden. Sollte sich jemand aber berufen fühlen, sich um ein Mandat zu bewerben, das ihn dazu berechtigt, das Volk zu repräsentieren, dann muss er auch bereit sein, sich mit anderen Maßstäben messen zu lassen als ein Durchschnittsbürger. Zu diesen Maßstäben gehört in einer freiheitlichen Demokratie, dass er über seine Finanzen Auskunft gibt und sein Amt zur Verfügung stellt, wenn es ihm nicht gelingt, moralisch eine Vorbildfunktion aufrechtzuerhalten. Von einem Pfarrer werden auch andere Eigenschaften erwartet als von einem Zuhälter.

Die heutige Regelung, dass die Nebeneinkünfte nur dem Parlamentspräsidenten bekanntgegeben werden müssen, ist einer transparenten Demokratie unwürdig. Diesen Posten hatte einmal Rita Süssmuth inne, und »lovely Rita« war dann selbst ins Gerede gekommen, weil sie ohne die Flugdienste des Staates gar nicht mehr zurechtkam und ihr Mann in der Hektik immer mal den Dienst-Mercedes mit dem eigenen Auto verwechselte. Auch Rita Süssmuth hätte sich diese Diskussionen sparen können, gäbe es ein Transparenz-Gebot mit harten Sanktionen.

Was für die Spitze des Staates und das Parlament gilt, muss sich nach unten durch alle Verwaltungen fortsetzen. Überall dort, wo wir Bürger mit unseren Steuermitteln die eigentlichen Arbeitgeber sind, können wir auch die Auskunft verlangen, was unsere Beschäftigten mit unserem Geld anfangen. Mir fällt auf Anhieb überhaupt kein Thema ein, das sich nicht für eine öffentliche Sitzung eignet, außer wenigen Vorgängen, die unsere staatliche Sicherheit betreffen. Wie viele Grundstücksspekulationen in den Großstädten und Baugebietsausweisungen in den Dörfern haben Gemeindevertreter zu Millionären gemacht, weil sie an der Quelle saßen, wenn alles hinter verschlossenen Türen ausgehandelt wurde?

Schleswig-Holstein, Berlin und Brandenburg haben schon einen Rechtsanspruch auf Akteneinsicht in der Landesverfassung verankert. Dafür ein ausdrückliches »Hut ab« für Manfred Stolpe, der da weiter über den Schatten seiner Vergangenheit springen musste als viele westdeutsche Ministerpräsidenten, die sich in dieser Hinsicht sehr bedeckt halten. Die Argumente aller Bedenkenträger gegen derlei Offenheit zeigen nur eines: Sie befürchten den Verlust von Macht und Manipulationsmasse. Ausgerechnet die sonst so peniblen Datenschützer haben gegen diese »Informationspflicht« der Verwaltung nichts einzuwenden.

Transparenz ist auch gleich Effizienz. Die Carl-Bertelsmann-Stiftung hat 1994 die am besten verwalteten Städte der Welt gekürt. Es waren Phoenix in Arizona und Christchurch in Neuseeland. Beide Kommunen zeichneten sich durch eine für deutsche Verhältnisse schon exzessive Bürgerbeteiligung in allen Bereichen aus. Die Offenheit hat zu zwei finanziell kerngesunden Kommunen geführt, in denen eine Bürgerzufriedenheit mit der eigenen Stadtverwaltung von über 90 Prozent besteht. Ein solches Traumergebnis hat nichts mit der anderen Kultur zu tun, wie Skeptiker gleich wieder einwenden werden. Es gibt nämlich in Neuseeland und in den USA auch Städte, deren Bürger ihre Verwaltung zum Teufel jagen.

Aus jeder Stadt will ich nur ein Beispiel zitieren, das vor Augen führt, was eine Transparenz-Kultur bewirkt. Diese Einschränkung fällt mir schwer, denn nach dem Besuch dieser Städte hätte ich am liebsten ein eigenes Buch über jene Kommunen geschrieben, die so faszinierende Ergebnisse in der Beziehung Staat-Stadt-Bürger präsentieren, als ob sie auf einem anderen Planeten liegen würden.

In der eine Million Einwohner zählenden Metropole Phoenix wird jede Stadtratssitzung, jede Ausschusssitzung, jede Stadtteilversammlung, jeder Planungsvorgang in einem öffentlichen Fernsehkanal live übertragen. Jeder Bürger hat dabei die Möglichkeit, sich zu Wort zu melden. Die überaus sparsame Stadtverwaltung versteht die Aufwendungen für diese umfangreiche Öffentlichkeitsarbeit als eine Investition, die sie nicht nur ihren Bürgern schuldig ist, sondern die auch im Endeffekt Kosten spart, weil die Planungsprozesse im Konsens stattfinden und damit schneller zu einem Ergebnis kommen, das von allen Bürgern getragen wird.

In der 300 000 Einwohner zählenden Stadt Christchurch in Neuseeland sind Aktenordner weitestgehend abgeschafft. Die ganze Kommunikation innerhalb der Stadtverwaltung und der politischen Gremien geschieht per E-mail, die jedermann zugänglich ist. So sind nicht nur die Dezernenten in der Stadt darüber informiert, was der Stadtdirektor oder eine politische Fraktion der Oberbürgermeisterin schreibt, sondern sie erfahren auch, was die Ämter so untereinander planen. Da es in Neuseeland auch ein Gesetz über die Informationspflicht der Behörden gibt, können alle Bürger Christchurchs, die ans Internet angeschlossen sind, jederzeit mitlesen, was in ihrer Stadtverwaltung vorgeht. Die Effizienzsteigerung durch die Ausschaltung möglicher Intrigen schätzt Stadtdirektor Mike Richardson auf 30 Prozent.

Obwohl wir von solchen Zuständen noch Schaltjahre entfernt sind, gibt es auch in Deutschland Kommunen, die auf ihre Bürger zugehen und diese weit über den gesetzlich vorgeschriebenen Rahmen an der Gestaltung der Stadt beteiligen. Dazu nur zwei Beispiele:

In Mönchweiler im Schwarzwald lässt Bürgermeister Gerhard Dietz die Haushaltsentwürfe von einem Grafiker aufbereiten und mit umfangreichen Erklärungen versehen. Vor allem hinsichtlich defizitärer Bereiche wie der Bibliothek, der Feuerwehr und der Allzweckhalle bittet er um Vorschläge, wie die Defizite abzubauen wären. Am Anfang beschwerten sich noch einige Gemeinderäte über soviel Demokratie, da es doch ausschließlich Aufgabe der gewählten Vertreter sei, sich mit solchen Dingen zu befassen. Doch mittlerweile haben sie eingesehen, dass dieses Involvieren aller Bürger ein völlig verändertes Verständnis für die Gemeindeprobleme geschaffen hat. So haben sich spontan die Anwohner einer Straße dazu entschlossen, in Eigenarbeit ihre Straße neu zu gestalten, um der Gemeinde weitere Schulden zu ersparen.

Die Kreisstadt Nürtingen in Württemberg hat im neuen Rathaus ein Forum gebaut, das den Bürgern stets zur Verfügung steht. Wie in einer griechischen Agora sitzen sie dort und können Politiker und Verwaltung befragen, die jederzeit auf Wunsch auch Auskunft erteilen. Die Stadt hat ein eigenes Referat Bürgerengagement eingerichtet, das von Hannes Wezel geleitet wird. Er hat einen direkten Zugang zum Bürgermeister, um mit ihm unbürokratisch neue Projekte anzuschieben. »Ich würde mich als Ermöglicher definieren, der mit seiner Arbeit dafür sorgt, dass Bürger sich beteiligen können am Gemeinwesen, ja, dass sie Gemeinsinn organisieren und dass Generationen wieder miteinander in Verbindung kommen.«

Schüler in Nürtingen haben einen »Tu-was-Pass«, in dem sie ihr Engagement für die Gesellschaft eintragen. Dieses wird auch im Zeugnis vermerkt. Es gibt einen Bürgertreff im Rathaus, der von den Einwohnern selbst bewirtschaftet wird. Mittlerweile ist durch diese Aktivitäten ein ganzes Geflecht von Verantwortungen und Gemeinsinn bei größter Transparenz entstanden. Nürtingen hat nur 5,2 Prozent Arbeitslose und keine Schulden. Größtmögliche Transparenz funktioniert nicht nur in Übersee, sondern auch in Deutschland.

In einem Staat des 21. Jahrhunderts reicht es aber nicht aus, dass nur die Verwaltung transparent ist. Auch unsere Wirtschaftsgesetzgebung hinkt weit hinter dem Transparenz-Gebot angelsächsischer Staaten her – und die überlegen sogar noch, wie die Informationspflicht für den Bürger verstärkt werden kann. Je mehr Marktwirtschaft zugelassen ist, desto wichtiger ist es, dass alle nach den gleichen Wettbewerbsregeln spielen müssen, und vor allem, dass die Regeln die Bildung von Monopolen verhindern. Was in Deutschland sicher in dieser Radikalität unmöglich wäre, ist in den USA eine geübte Praxis: Monopole werden zerschlagen, wie mächtig sie auch sein mögen. Standard Oil, AT&T und jetzt auch Microsoft von Bill Gates wurden oder werden zerlegt. Insidergeschäfte mit Aktien gelten als Verbrechen und bringen den Pofiteuren mitunter schon mal 20 Jahre Gefängnis ein. Um auch in die deutschen Aktienmärkte mehr Transparenz zu zwingen, war erst ausländischer Druck nötig. Nicht zuletzt in den USA galt die deutsche Börse als korrupt und verlogen. Das war äußerst geschäftsschädigend, denn wer wird sein Geld schon bei solchen Geschäftspartnern mit einem so zweifelhaften Ruf anlegen?

Wer einmal eine deutsche Aktionärsversammlung erlebt hat, kann sich nur wundern, warum er solchen Unternehmen sein Geld zur Verfügung stellt. Vorstände und Aufsichtsrat oben auf der Bühne haben alle Entscheidungen vorbereitet und sichergestellt, dass die depotführenden Banken zusammen mit den Großaktionären ihren Vorstellungen auch zustimmen. Der Kleinaktionär dagegen ist völlig machtlos. Er kann auf diesen Hauptversammlungen höchstens seinen persönlichen Ärger ablassen, wenn sich die Vorstände wieder einmal Millionen an Optionsbeteiligungen in die eigene Tasche schieben, die Dividende jedoch eher mickrig bemessen.

Derzeit hat sich aufgrund des Informationsbedürfnisses der Kleinaktionäre und Fondsverwalter eine neue Wächterklasse entwickelt, deren Treiben alle mit Recht skeptisch beobachten. Es sind jene Horden von 30- bis 35-jährigen Analysten, die vierteljährlich Großkonzerne bewerten, ohne je selbst wirtschaftliche Verantwortung getragen zu haben. Ihr Urteil aber kann selbst gestandene Firmen ins Straucheln bringen. Doch wer die Analysten umgehen will, müsste sich halt so ausdrücken und seine Bilanzen derart gestalten, dass auch der kleine Aktionär erkennen kann, ob dieses Unternehmen sein Vertrauen verdient und er dort seine Altersversorgung anlegen soll. Noch aber ärgern sich die Manager lieber über die Analysten, als sie durch größtmögliche Transparenz überflüssig zu machen.

Je wichtiger es für die Betriebe wird, dass sich ihre Arbeitnehmer mit ihnen identifizieren, je mehr sich die Erkenntnis der Beschäftigten durchsetzt, dass sie sich am Produktivvermögen ihres Unternehmens beteiligen sollten, und je deutlicher dem Staat klar wird, dass eine Gesellschaft aus Eigentümern am Produktivvermögen stabiler ist als eine Gesellschaft, die von den Umverteilungsbrosamen lebt, desto wichtiger wird die Transparenz innerhalb des Wirtschaftsgeschehens. Das ist ein Bereich, der noch völlig in den Ansätzen steckt. Im Moment erleben wir eher das Gegenteil. Scharen gut ausgebildeter Kommunikationsspezialisten werden für viel Geld eingekauft, um ihren Konzern und seine Manager in einem ganz bestimmten Licht erscheinen zu lassen. Die PR-Abteilungen sind zu Strategiestäben aufgewertet worden, deren Hauptaufgabe darin besteht, Nebelkerzen zu zünden und Journalisten einzuwickeln. Im Moment sind sie dabei im Vorteil und deshalb auch recht erfolgreich.

Da die meisten Zeitungen und Fernsehanstalten nur noch auf den Gewinn schielen, den sie mit Werbung erzielen, legen sie auch keinen großen Wert mehr auf gute Journalisten. Berufsanfänger beim Fernsehen und bei den Tageszeitungen werden mittlerweile erbärmlich bezahlt. Also geht auch nur noch die zweite Garnitur in diesen Medienbereich, die erste Garnitur wird mittels hervorragender Gehälter in die Industrie gelockt. So entsteht ein ungleicher Kampf. Ich habe mir für mein Konsumverhalten deshalb eine goldene Regel ausgedacht: Je mehr gefühlsbetonte Werbung für ein Produkt gemacht wird, desto weniger gerate ich in Versuchung, es zu kaufen. Bei den Herstellern solcher Erzeugnisse muss die Marketingabteilung wieder mit Millionenaufwand Qualitätsmängel oder überhöhte Preise ausbügeln. Oder haben Sie erlebt, dass in letzter Zeit ein Automobilhersteller mit seinem Service wirbt? Verlassen Sie sich lieber auf Mundpropaganda – die beruht auf Erfahrung und kostet nichts. Das kommt den Produkten bei der Preisgestaltung entgegen.

Ein heilsamer Zwang auf subventionsorientierte Unternehmen wäre auch die Transparenz-Pflicht bezüglich staatlicher Hilfen. Es ist schier unerträglich, dass unter dem Siegel des Steuergeheimnisses und ähnlicher Hilfskonstruktionen Firmen öffentliche Gelder, also Ihr und mein Steuergeld, einstreichen und dann darüber Stillschweigen gewahrt wird. Einer der Gründe sei auch, so will mich ein Ministerialer in Sachsen überzeugen, dass bei einer Veröffentlichungspflicht die Ansiedlung von Betrieben zusätzlich erschwert würde. Doch können wir nicht verlangen, dass bekannt gemacht wird, wo unsere Steuern angelegt werden und wie viel einzelne Konzerne oder Personen erhalten? Diese Transparenz würde so manchen Subventionsbetrug verhindern.

Stellen wir uns vor, wir fahren an den Ländereien der Fürstin Gloria von Thurn und Taxis vorbei und lesen dort auf einem großen Schild: Diese Güter werden von der EU, der Bundesregierung und dem Freistaat Bayern mit zehn Millionen DM nicht rückzahlbarem Zuschuss gefördert! Ich weiß natürlich nicht, welche Summe die adlige Dame bekommt, weil das dem Steuergeheimnis unterliegt, aber viel weniger dürfte es nicht sein.

In der EU bezahlt im Durchschnitt aller Haushalte jede vierköpfige Familie eine 4,5-prozentige Steuer pro Jahr für die Agrarsubventionen. Da aber ärmere Haushalte von ihrem verfügbaren Einkommen prozentual mehr für Lebensmittel und damit die Landwirtschaft ausgeben als reichere Familien, liegt nach einer OECD-Untersuchung die Steuer bei den unteren Einkommen für die Agrarsubventionen bei 7,5 Prozent. Weil sich die Hilfen jedoch nicht nach der Bedürftigkeit der Landwirte richten, sondern nach der Größe der Fläche, kassieren die Thurn und Taxis eben sehr viel mehr als der Kleinbauer, der sich ständig von der Betriebsaufgabe bedroht sieht. Wolfram Engels nannte dieses System einmal eine Steuer der armen Stadtbevölkerung für die reichen Landbesitzer, und er wunderte sich, dass die Gewerkschaften nicht vehement gegen dieses Unrecht ankämpften, ist es doch ihre Klientel, die da geschröpft wird.

Langfristig entsteht in einer wettbewerbsbetonten Gesellschaft, in der es Millionen von Aktionären gibt, von ganz allein auch ein Transparenzwettbewerb. Betriebe, die über Jahre lesbare Bilanzen veröffentlichen, Zugang zu allen Informationen ermöglichen, ihren Mitarbeitern keinen Maulkorb verpassen, werden sehr viel mehr Vertrauen ausstrahlen als großmäulige Unternehmen mit schriller Werbung. Und mehr Vertrauen bedeutet auch eine billigere und bessere Kapitalisierung, und diese wiederum bedeutet Marktvorteile und Wachstum.

Die Transporteure der Transparenz sind die Medien. Das Recht auf eine freie Presse steht deswegen in jeder freiheitlichen Verfassung ganz oben. Freie Presse, freie Meinungsäußerung und Versammlungsfreiheit sind unverzichtbare Grundvoraussetzungen eines jeden Staates, der durch seine Bürger legitimiert ist. In der Bundesrepublik wurden sie per Grundgesetz zum ersten Mal auf deutschem Boden uneingeschränkt verankert, doch das heißt noch nicht, dass sie auch uneingeschränkt praktiziert werden.

Die Vielfalt von Medien muss nicht bedeuten, dass sich damit auch die Informationsqualität und Transparenz der wirtschaftlichen und politischen Systeme verbessern. Ein klassischer Beweis ist die Vermehrung der Fernsehkanäle. Um ja keinen Zweifel aufkommen zu lassen: Von mir aus soll es so viele Fernsehkanäle geben, wie sich Unternehmer finden, die dieses Risikogeschäft betreiben wollen. Auch die Regulierung von Werbezeiten für private Kommerzsender ist ein scheinheiliger Verbraucherschutz. Wenn ein Sender glaubt, nur Werbung ausstrahlen oder jeden Spielfilm bis zum Exzess unterbrechen zu können, dann soll er das halt machen dürfen. Die Zuschauer werden darüber entscheiden, und die Quote wird entsprechen ausfallen.

Auch das moralische Gegacker über die Programminhalte ist an Scheinheiligkeit kaum zu überbieten. Natürlich hätte jeder, der im konservativen Lager das Privatfernsehen aus parteipolitischen Gründen propagierte, wissen müssen, dass sich Sex besser verkauft als die Neujahrsansprache von Herrn Kohl. Also wurde Sex gesendet. RTL machte es vor mit »Tutti Frutti«, und der Katholik und Kanzler-Kohl-Freund Leo Kirch machte es in Sat 1 nach. Was soll also die Aufregung? Die Erfindung des Videorekorders setzte sich mit Sexfilmen durch, und auch die Erotikseiten im Internet werden mehr aufgeschlagen als jede andere Info. Ein Muster dieser schrägen Moral offenbarte der Leiter der bayerischen Staatskanzlei, Minister Erwin Huber, als er ein Verbot von »Big Brother« in RTL 2 forderte. Auf die Nachfrage des Reporters, dass sich doch die bayerische Staatsregierung dafür stark gemacht habe, dass RTL 2 nach München komme, und diesem »Schmuddelsender« schließlich die Lizenz erteilt habe, wiegelte Huber ab. Also, das Wort »Schmuddelsender« wolle er nicht gebrauchen.

Wenn es morgen keine kommerziellen Sender mehr gäbe, würde sich die Informationsvielfalt in Deutschland noch nicht einmal um einen winzigen Bruchteil verringern. Deshalb ist in diesem Zusammenhang eine ganz andere Frage relevant: Journalisten genießen gewisse Privilegien, um die in der Verfassung garantierte Pressefreiheit auch wahrnehmen zu können. Außerdem sind Presseerzeugnisse nur mit sieben Prozent Mehrwertsteuer belastet. Zählen aber Programme der Schmuddelsender mit ihren Bums- und Schwachsinnsquasselthemen zum Journalismus, der der Information verpflichtet ist? Muss »Infotainment« steuerlich begünstigt werden? Ich denke, es wäre kein Verfassungsbruch, wenn strikt unterschieden würde zwischen Werbe- und Kommerzfunk und öffentlich-rechtlichen Sendern, die einen Versorgungsauftrag und eine Informationspflicht zu erfüllen haben. Das bisschen Werbung bei ARD und ZDF kann dann ruhig auch noch wegfallen.

Bedenklich ist lediglich die Ansteckungsgefahr, die von den

Kommerzsendern auf die öffentlich-rechtlichen TV-Anstalten ausgeht. Die Einschaltquote wird zum Fetisch. Aber muss sich das Programm dann nicht automatisch auch der neuen Oberflächlichkeit der »Privaten« annähern? Die *Bild*-Zeitung hat seit jeher mehr Leser als die *FAZ*, nicht zuletzt deshalb, weil ihre Macher wissen, dass sich Nacktes auf der Titelseite gut verkauft. Die *Bild*-Zeitung setzt auf balkendicke Überschriften als Blickfang und erklärt darunter die ganze Welt in wenigen Sätzen. Das reicht für eine gute Auflage, das reicht aber nicht, eine Nation mit den notwendigen Informationen zu versorgen.

Während es auf dem Zeitungs- und Zeitschriftenmarkt eine Vielfalt gibt, die fast jeden Inhalts- und Qualitätsanspruch abdeckt, droht die Fernsehinformation zu verkümmern – und da das Fernsehen immer noch eines der bedeutendsten Medien mit beachtlichem Einfluss ist, muss diese Entwicklung bedenklich stimmen.

Es geht nicht darum, ein langweiliges, politisch ausgewogenes Programm zu favorisieren, es geht auch nicht darum, einer elitären Redaktionsclique eine Plattform zu bieten, auf der sie ohne Rücksicht auf die Einschaltquote ihre Experimente ausleben kann. Beide Gattungen waren im öffentlich-rechtlichen Fernsehen vorhanden und haben seinen Ruf entsprechend ramponiert. Neben den notwendigerweise kurz gefassten Nachrichtensendungen werden auch die Hintergrundberichte und Magazinbeiträge immer kürzer. In Sendungen wie »Plusminus« und »WiSo« sind Vier-Minuten-Beiträge die Regel, gelten sechs Minuten schon als lang. Aber wie wollen wir die komplizierten wirtschaftlichen Zusammenhänge verdeutlichen, wenn sie nur in Schlagworten daherkommen? Noch schlimmer ist es mit der Auslandsberichterstattung, die fast nur noch in Specials abgehandelt wird, wenn Kriege, Katastrophen und Geiselnahmen die Menschen in Atem halten. Dies ist für eine Nation wie die unsrige, die auf den Export angewiesen ist, geradezu leichtsinnig.

In den Redaktionsstuben hat sich ein gefährlicher Begriff breit gemacht: »Relevanzthema«. Damit ist ein politisch und wirtschaftlich elementar wichtiges Thema gemeint, das aber keinen Sendeplatz bekommt, weil es wahrscheinlich keine hohe Einschaltquote verspricht. Also lassen wir lieber wieder »Schiff-

chen fahren«, erklärt mir ein Redaktionsleiter die neuen Maßstäbe. »Schiffchen fahren«, das heißt, Omas bei der Butterfahrt
beobachten, Pilger nach Rom begleiten, Pauschalreisende auf
einem Kreuzfahrtdampfer ablichten – alles Sendungen aus der
A-Klassifikation: »A« wie Armutszeugnis.

Peter Scholl-Latour, der nun wirklich mit Lob sparsam umgeht, hat einmal gesagt, dass wir in Deutschland wahrscheinlich
das beste Fernsehen der Welt hätten. Diesen Standard haben die
Öffentlich-Rechtlichen gesetzt. Aber sie halten ihn nicht, wenn
sie sich den Privaten anpassen. In feierlichen Erklärungen weisen dies die Intendanten und Programmdirektoren zwar weit
von sich, aber im täglichen Geschäft sieht das etwas anders aus.
Die Technik hat es möglich gemacht, dass wir jetzt live aus jedem Dschungel berichten können, aber bisher werden wir dadurch nur schneller informiert, während die Qualität der Nachrichten sinkt. Da werden Kollegen in die Welt geschickt, die
perfekt die neueste Technik beherrschen und sicher und über-
zeugend ihre Kurzinterviews abliefern. Aber irgendwie bleibt
da ein fader Geschmack zurück, weil man auf allen Kanälen das
Gleiche zu hören bekommt, weil alle die gleichen amtlichen Ver-
lautbarungen auf den gleichen Bildern weitergeben, die ihnen
vorher aus Pools zentral zur Verfügung gestellt werden.

Wir werden mit herzzerreißenden Flüchtlingsbildern aus dem
Kosovo schockiert und hören von dem erfolgreichen Bombarde-
ment der NATO – jeden Tag. Alle Journalisten auf allen Sendern
beschreiben fast mit denselben Worten zu den gleichen Bildern,
was da passiert. Und weil alle das Gleiche berichten, wird es zur
Wahrheit. Ein Jahr nach Kriegsende erfahren wir dann, dass die
Erfolgsmeldungen der NATO maßlos übertrieben waren, wir
wundern uns, dass Milošević immer noch an der Macht ist, wir
stellen fest, dass wir eigentlich immer noch nicht wissen, was
sich da abgespielt hat und abspielt. Wir wurden schnell, aber
kaum mit Hintergrundinformationen versorgt.

Ich habe von keinem Korrespondenten aus Brüssel erfahren,
wie sehr der Krieg die Amerikaner und Europäer entzweite.
Während die Rolle der eigenen Tornado-Bomber weit überhöht
wurde, ließen die US-Amerikaner keinen Zweifel daran aufkommen, wer das Sagen hatte. Das NATO-Oberkommando be-

sprach zuerst die militärischen Einsätze mit den USA, und eine Stunde später wurde den restlichen Europäern mitgeteilt, was für sie noch übrig blieb. Selbst die Satellitenbilder vom Kriegsschauplatz hielten die Amerikaner unter Verschluss. So wurde den Europäern auch vorgeführt, wie weit sie technisch und militärisch hinter den USA zurückgeblieben sind. Alles Informationen, die bei der Beratung der nationalen Verteidigungshaushalte in der öffentlichen Diskussion eine Rolle spielen, für eine Nation sogar von überragender Bedeutung sein können. Im Fast-Food-Journalismus spielt das alles keine Rolle.

Der Korrespondent, der sich im Golfkrieg aus Bahrain meldet, hat dieselbe Information aus den Nachrichtenagenturen wie der Moderator in Deutschland und der Korrespondent aus Washington. Es wird eine Kompetenz vorgegaukelt, die nicht vorhanden ist. Hier wird Journalismus durch Schalttechnik ersetzt. Golfkrieg und Kosovokrise haben gezeigt, dass die Massenmedien, die nach Aktualität um jeden Preis gieren, leicht manipulierbar sind. Statt besser, werden wir schlechter informiert. Statt offen über Zensur und Drehverbote zu reden, geben sich Korrespondenten mit Informationen aus zweiter Hand zufrieden. Und so erfahren wir eher weniger als mehr – trotz der schnelleren und besseren Technik.

Es fehlen die großflächigen Hintergrundsendungen – optisch und inhaltlich gut gestaltet und von Journalisten gemacht, die sich im jeweiligen Sachverhalt auskennen und nicht nur gute Moderatoren sind. Auf die großen Herausforderungen, international und auch national, wird erst reagiert, wenn sich irgendein Großereignis oder eine Katastrophe einstellt. Die piratenverseuchte Sulusee samt ihren von islamischen Staaten unterstützten Räuberbanden nehmen wir erst wahr, wenn auch einmal drei Deutsche unter den Geiseln sind. Dabei wären Sendungen über die christlich-islamischen Kriege in der Welt samt den dahinter stehenden Geldgebern sehr wichtig zum Verständnis in unserem Land, warum es ein nicht kalkulierbares Risiko ist, in zukünftigen Einwanderungswellen Mohammedaner aus den verschiedenen Staaten aufzunehmen. Darüber treffen aber jetzt schon Politiker, Gutmenschen und Nationalisten Entscheidungen, die auf einem Wissensstand auf Biertischniveau beruhen.

In meinen Reporter- und Korrespondentenjahren habe ich es als großes Privileg angesehen, für das Fernsehen vor Ort, direkt am Geschehen, Bilder und Nachrichten zu sammeln, die anderweitig völlig unerwähnt blieben, weil meine Kollegen von der Zeitung gezwungen waren, aus aktuellen Gründen in ihren Hotelzimmern sitzend ihre Artikel zu schreiben. Die Informationen dazu bezogen sie von anderen Agenturen, und niemand konnte wissen, ob die einen Reporter vor Ort oder auch nur wieder irgendwo abgeschrieben hatten. Um die Aktualität zu bedienen und um Geld zu sparen, kupfert einer von dem anderen ab, und so entstehen ganze Wirklichkeiten, die es so gar nicht gibt.

Es war das Privileg und machte unter anderem die Einmaligkeit von ARD und ZDF aus, diesen Zwängen nicht zu unterliegen. Die kommerziellen Sender haben in diesem Sinne eine journalistische Verantwortung nie übernommen. Wenn ARD und ZDF sich dieser Aufgabe nicht mehr stellen, werden sie sich bald fragen müssen, worin ihr unverwechselbares journalistisches Profil besteht, das die Zwangsgebühren rechtfertigt. Und ARD und ZDF werden sich überlegen müssen, wie sie junge, engagierte und selbstständig denkende Journalisten an sich binden. Was sie heute an Verträgen bieten, ist so unbefriedigend, wie es früher überzogen war.

Ich gönne es gleichaltrigen Kollegen, dass sie jetzt mit 10 000 DM bis 15 000 DM pro Monat in Rente gehen – so waren halt damals die Verträge. Ich gönne aber heute fest angestellten Moderatoren mit Beamtenstatus keine Tagessätze, die so hoch sind wie das monatliche Honorar eines jungen Einsteigers. Im Unterschied zum freien Markt tragen diese Moderatoren kein finanzielles Risiko, das ihre Gage rechtfertigen würde, und diese Gehälter sind nicht an Einschaltquoten gebunden wie bei den Kommerzsendern – sie haben mit Leistung also wenig zu tun. Und da wir alle wissen, dass es Parteienproporz und eine Vielzahl nicht leistungsbezogener Beförderungen gibt, begeben sich die Sender auf Abwege.

ARD und ZDF müssen sich entscheiden, ob sie sich journalistisch in die Kategorie seriöser Tageszeitungen einreihen wollen – dann werden sie einflussreich sein, aber ihre Einschaltquote wird etwas leiden –, oder ob sie der *Bild*-Zeitung nacheifern wollen: Dann können sie zwar mit mehr Zuschauern rechnen, doch dann ist mindestens eines der beiden öffentlich-rechtlichen Sendersysteme überflüssig.

Die Zwangsgebühren sind ein so schwer wiegender Eingriff in den TV-Medienmarkt, dass es schon mehr bedarf, als nur eine wie auch immer definierte Grundversorgung zu garantieren. Ob die Bundesliga von ARD und ZDF oder SAT1 übertragen wird, ändert nichts an der Substanz unserer Gesellschaft und schränkt weder die Meinungsfreiheit ein, noch hat das Auswirkungen auf den Informationsinhalt. Quotenerfolg durch Sport rechtfertigt die Gebühren nicht.

Wenn jetzt viel von dem Recht von ARD und ZDF die Rede ist, dass der Bestandsschutz der Sender auch damit verbunden sein müsse, sich an den neuen Medien zu beteiligen, an Spartenprogrammen und Internet, um nicht von einer übermächtigen Konkurrenz ausgehebelt zu werden, dann ist dies eigentlich nur eine logische Konsequenz der bisherigen Ordnung. ARD und ZDF auf eine Technik von vorgestern festzuschreiben käme einer langsamen Abschaltung gleich. Doch – und hier wiederhole ich mich – was nützt es, wenn der Zuschauer jetzt nicht nur auf allen Kanälen, sondern auch noch auf jede nur erdenkliche Übertragungsart immer die gleichen halbgaren oder eingefärbten Informationen empfangen kann? Das verstärkt nur die Einfalt in Vielfalt, und es verstärkt die Propagandawirkung der einmal in die Welt gesetzten Kommuniqués. Eine Umschichtung der Mittel, weg vom Allerweltsprogramm hin zu journalistischen Unikaten über Politik, Wirtschaft und Kultur, sichert die Transparenz, die unsere Gesellschaft braucht, um in einem freiheitlichen Staat die richtigen Entscheidungen zu treffen.

Es ist ein Irrtum anzunehmen, dass die technische Medienvielfalt per se schon der Aufklärung dient. Im Gegenteil, im Moment entwickelt sie sich eher zu einer »Big-Brother«-Gefahr, so wie sie George Orwell in seinem Roman »1984« beschrieben hat. In unserer angeblich so aufgeklärten Welt ist es immer noch möglich, durch permanentes Wiederholen angeblicher Wahrheiten ganze Völker und Staaten verrückt zu machen. Es gibt Entwicklungen, bei denen man fassungslos davorsteht und sich fragt, ob wir immer noch im tiefen Mittelalter vor dem Zeitalter der Aufklärung leben oder ob die Menschheit ohne Weltuntergangsszenarien nicht auskommt. Dazu gehört die Berichterstattung über die Erderwärmung und vor allem das Treibhausgas CO_2. Hier herrscht in Deutschland mediale Einheit. Die Tendenz der Berichte ist immer ähnlich, egal, ob sie in den Tageszeitungen, Wochenzeitungen, im privaten oder öffentlichen Fernsehen, im Hörfunk oder Internet verkündet wird: »Die Industriestaaten treiben die Welt in eine globale Katastrophe.« Und erst wer regelmäßig angelsächsische Publikationen liest, kommt auf die Idee, dass wir in Deutschland wieder einmal besonders konsequent einer Rattenfängertheorie nachlaufen.

25. CO_2 – Weltuntergang als Steuerquelle

Da lebt in Crawley, im Süden Londons, in einem einfachen, aber gemütlichen Einfamilienhaus ein wuchtiger Mann. Sein Vertrauen erweckendes Gesicht ist durchzogen von einer Vielzahl von Lebenslinien, die so angeordnet sind, dass sie signalisieren: Ich bin mit mir im Reinen. Mittlerweile fast 70 Jahre alt, ist Nigel Calder einer der bekanntesten Wissenschaftsjournalisten im englischsprachigen Raum. Er war Wissenschaftskorrespondent des *New Statesman* und Chefredakteur des *New Scientist,* ist Verfasser von mehr als zwei Dutzend Büchern, Autor unzähliger Fernsehsendungen für die BBC, Berater der Nobelpreiskommission, der Europäischen Raumfahrtbehörde und ist schließlich Mitglied wichtiger britischer und amerikanischer Wissenschaftsgesellschaften. Und jetzt sitzt dieser Mann da, blickt voller Unruhe auf sein Lebenswerk und versteht die Welt nicht mehr. Nach arbeitsreichen Jahren, die er mit Wissenschaftlern für die Wissenschaft verbracht hat, in denen Forschungsergebnisse auf Forschung beruhten, fühlt er sich nun ins Mittelalter zurückversetzt, in dem Naturphänomene mit Geistern oder Gottesstrafen erklärt wurden, in dem religiöser Wahn die Vernunft ersetzte, in dem es Denkverbote gab und neue wissenschaftliche Erkenntnisse von der Inquisition verfolgt wurden.

Einer seiner wissenschaftlichen Schwerpunkte waren die Weltraumforschung und die Auswirkungen der physikalischen kosmischen Kräfte auf die Erde. Seit 20 Jahren verfolgt er deshalb genau alle Forschungen, die sich mit dem Einfluss der Sonne auf unser Klima beschäftigten. Noch lange bevor der Begriff: »Treibhauseffekt« in aller Munde war, schrieb Calder Bestseller mit dem Titel »*Das Umweltspiel*«, »*Wettermaschine Eiszeit*«, »*Die Zukunft der Erde*«, »*Raumschiff Erde*«. Calder, Vater von fünf Kindern und Großvater mit vier Enkeln, weist auf die Gefahren hin, die durch einen sorglosen Umgang mit unseren Ressourcen heraufbeschworen werden. Aber er hat immer die größte aller journalistischen und wissenschaftlichen Tugenden beachtet: die unbestechliche Unabhängigkeit von Interessengruppen, egal ob sie der Industrie, Politik oder den Umweltverbänden angehörten.

Die neue Religion, die Calder zum Verzweifeln bringt, ist der Glaube an die Erderwärmung durch CO_2. So intensiv er auch alle Fakten zusammenträgt, die wissenschaftlichen Zusammenfassungen und Ergebnisse studiert, nirgendwo kann er einen endgültigen Beweis finden, dass CO_2 die Ursache für eine Klimaveränderung ist. Calder zeigt mir die Bibel der CO_2-Jünger, die offizielle Veröffentlichung des »Intergovernmental Panel on Climate Change«, jenes internationalen Gremiums, das die auch bei uns berühmten Konferenzen von Rio de Janeiro, Kyoto und Berlin organisiert hat.

Es sind jene Konferenzen, bei denen darüber gestritten wurde, wie viel CO_2 in Zukunft ein Land noch erzeugen darf, jene Konferenzen also, auf denen eine wichtige Grundsatzentscheidung getroffen wurde, nach der heute bei uns Tagespolitik gemacht wird. Denn es vergeht tatsächlich kaum ein Tag, an dem nicht eine politische Entscheidung damit begründet wird, dass wir unsere Verpflichtungen aus den Klimakonferenzen einhalten müssen.

Calder ist nicht von allein auf die Idee gekommen, diese Umweltbewegung als Religion zu bezeichnen. Es ist ihm in Diskussionen aber mehrfach aufgefallen, dass die »Klimamodellierer«, wie er die CO_2-Anhänger mittlerweile nennt, von ihrer »Bibel« sprechen, wenn sie sich auf den Report beziehen.

Vor drei Jahren geriet mir das Buch »*Die launische Sonne –*

widerlegt Klimatheorien« in die Hände. Darin beschreibt Nigel Calder nachvollziehbar, dass unser Klima von der Sonne und der Konstellation der Gestirne zueinander abhängt. Nach der Lektüre habe ich ihn in Crawley besucht, weil ich mir immer noch nicht vorstellen konnte, dass es möglich ist, die ganze Welt im wahrsten Sinne des Wortes mit der CO_2-Angst verrückt zu machen, wenn die These nicht beweisbar ist. Da ich nicht im Mindesten zu konspirativen Weltverschwörungstheorien neige, suchte ich nach gutem journalistischen Brauch nach handfesten Beweisen und logischen Erklärungen.

Was Sie jetzt lesen, habe ich von Nigel Calder erfahren, deshalb will ich mich auch nicht mit seinen Lorbeeren schmücken. Alles, was er mir zeigte, konnte ich dann nachrecherchieren, und es stimmte bis ins kleinste Detail. Seither bin auch ich mir nicht mehr sicher, ob wir Menschen nicht immer irgendwelche Untergangsszenarien brauchen, um unsere Vernunft zu übertölpeln. Seither fühle auch ich mich in Bezug auf die CO_2-Diskussion ins Mittelalter zurückversetzt, wo Pest und Cholera zu Flagellanten- und Büßerzügen führten, wo Juden für Missernten verantwortlich gemacht und Frauen als Hexen verbrannt wurden, weil die vernebelten und verängstigten Massen keine anderen Erklärungen für ganz normale Klimaerscheinungen hatten.

Doch erst einmal die Theorie der »Klimamodellierer«:

Die globale Erwärmung des Klimas, ausgelöst durch den Treibhauseffekt, gilt heute als eine der größten Bedrohungen der Erde. Die besonders in diesem Jahrhundert massiv beschleunigte Industrialisierung hat einen vermehrten Ausstoß von Spurengasen zur Folge. Diese von Menschen erzeugten, anthropogenen Treibhausgase, wie zum Beispiel Methan und CO_2, wirken sich in der Atmosphäre wärmeisolierend auf das Klima der Erde aus. Die Gase bewirken, dass kurzwellige Sonnenstrahlen die Erdatmosphäre durchdringen und auf die Erde gelangen können, aber sie verhindern gleichzeitig, dass die langwelligen Wärmestrahlen, die von der Erdoberfläche zurückgegeben werden, in die Atmosphäre entweichen können. Die Hitze staut sich also wie in einem Treibhaus. Vor allem das natürliche CO_2, ohne das es allerdings auf der Erde kein Leben gibt, wird als Hauptverursacher der Erderwärmung herausgestellt. Damit ist eine logische Formel verbunden: Je höher der Grad der Industrialisierung, desto höher die Erwärmung, desto schneller beginnen die Katastrophen des Treibhauseffekts.

In Rio de Janeiro bei der ersten Konferenz des IPCC sagte der englische Wissenschaftler John Houghton vom Britischen Meteorologischen Institut einen Temperaturanstieg von mindestens drei Grad Celsius für das Jahr 2100 und einen Meeresspiegelanstieg von bis zu 65 Zentimetern voraus. Als Beweise werden im IPCC-Bericht angeführt,

dass sich *erstens* das Erdklima kontinuierlich erwärmt (allein seit 1975 hat sich die Temperatur um 0,2 Grad erhöht);

zweitens, dass dies am Rückgang der Gletscher sichtbar werde

und dass *drittens* seit dem Ende der Siebzigerjahre eine Erdoberflächenerwärmung stattgefunden hat.

Wir alle kennen diese Feststellungen, sind sie doch Bestandteil unseres Bedrohungsszenarios.

Nach meinem Besuch bei Nigel Calder ist meine Angst verflogen. Er zeigte mir, dass die These von der Erderwärmung nur dann stimmt, wenn wir den Zeitraum erst ab 1856 betrachten. Interessanterweise setzen da auch erst die Befürworter der Erderwärmungstheorie an. Allein in den 2000 Jahren unserer Zeitrechnung gab es enorme Klimaschwankungen, die nachweisbar sind. Anfang des letzten Jahrhunderts wurde Europa von einer extremen Kältewelle heimgesucht. Deutschland berichtet zum Beispiel für die Jahre 1817 und 1818 von Hungersnöten, weil selbst im Sommer verheerende Schneestürme tobten. Und 1845 bis 1849 verhungerten zwei Millionen Iren, weil in den nasskalten Sommern ihr Land von der Kartoffelfäule befallen wurde, die mehrere Ernten vernichtete.

Sehr genau mit Daten sind auch die Aufzeichnungen von 1648 bis 1740, die aus der Nähe der mittelenglischen Stadt Birmingham stammen. Damals war es so warm, dass dort Wein wuchs. Das stimmt mit entsprechenden Berichten aus Deutschland überein. Auch die 700 Meter hohe Achalm bei Reutlingen war mit Weingärten kultiviert. Untersuchungen aus Sankt Petersburg zufolge fand im 18. Jahrhundert eine starke Klimaerwärmung statt, die im Winter zu drastischen Verringerungen der Eisschichten führte.

Neuen Ergebnissen einer fünfjährigen Studie des Schweizer Nationalfonds zufolge befindet sich der heutige Anstieg der Temperaturen in der Schweiz innerhalb der natürlichen Variabilität der letzten 1000 Jahre, da zum Ausgang des letzten Jahrhunderts eine extrem kalte Phase in der Schweiz zu Ende ging. Der Rückgang der Gletscher geschieht deshalb innerhalb der bekannten Schwankungen. Gegen einen Zusammenhang zwischen dem CO_2-Anstieg der letzten Jahrzehnte und der Erwärmung in der Schweiz spricht außerdem, dass sich die Schweizer Gletscher stärker in der ersten Hälfte dieses Jahrhunderts zurückgezogen haben. Die derzeitige Erwärmung in der Schweiz um ein Grad Celsius in diesem Jahrhundert wird teilweise als ein natürlicher Übergang von einer Kaltphase zu einer Warmphase angesehen. Im Allgemeinen gilt: Je weiter die Forschungen zurück in die Vergangenheit reichen, desto mehr relativieren sich die Klimaveränderungen in diesem Jahrhundert.

Und während wir ständig hören, dass die Gletscher in den Alpen und Alaska zurückgehen, wachsen sie in Norwegen und Neuseeland. Der Briksdas-Gletscher zum Beispiel in Norwegens Gostedalsbreen dehnt sich auch heute noch täglich um 18 Zentimeter aus.

Aus dem IPCC-Bericht lerne ich das Verhältnis der Sonnenenergie ins Verhältnis zur Erderwärmung durch Menschen zu setzen. Wohlgemerkt: Das sind Zahlen der Treibhauseffekt-Theoretiker. Demnach beträgt die durchschnittliche Sonnenenergie pro Quadratmeter 342 Watt, die Erwärmung durch CO_2 würde gerade 1,5 Watt pro Hektar ausmachen.

Eine weitere These für die Existenz der Erderwärmung lautet, dass die CO_2-Konzentration derzeit höher sei als in jeder anderen Epoche. Begründet wird dies damit, dass die jährliche Menge an CO_2, die durch menschliche Aktivitäten freigesetzt wird, 24 Milliarden Tonnen beträgt. Aber nur 52 Prozent davon sind nachweisbar, wohin der Rest verschwindet, vermag noch niemand zu klären.

Die Ausgangsbasis dieser Theorie beruht auf der Annahme, dass die heute vorhandene Kohlendioxidmenge weit über der »natürlichen« Menge liegt. Als Beweis dienen ausschließlich Messungen des gespeicherten CO_2 in Eisbohrkernen, die in

Grönland untersucht wurden. Der IPCC-Bericht veranschaulicht anhand einer Grafik mit Daten von Eisbohrkernen, dass der CO_2-Gehalt von etwa 280 Einheiten bis ins Jahr 1800 gleich geblieben ist und dann zu steigen anfing, bis auf den heutigen Stand von 365 Einheiten (ppmv).

Sensationelle neue Forschungen der Holländer haben jedoch ergeben, dass vor 9600 Jahren, kurz nach der letzten Eiszeit, der CO_2-Gehalt in der Luft ungefähr 350 Einheiten betragen hat. Dieses Ergebnis kommt dem CO_2-Gehalt von 1988 sehr nahe. Dieser wurde entdeckt, als man die Stomata von Birkenblattfossilien gezählt hat, die umso weniger werden, je mehr Kohlendioxid in der Luft vorhanden ist. Die Resultate der Birkenblattforschung widersprechen grundsätzlich den veröffentlichten Ergebnissen der Eisbohrkerne, die für die gleiche Zeit einen CO_2-Gehalt von nur 260 Einheiten angeben.

Die Wissenschaftlerin Frederike Wagner von der Universität Utrecht untersucht die Veränderungen im CO_2-Gehalt der Erde während der letzten 10 000 Jahre anhand der Birkenblätter. Ihre Forschung vermittelt ein ganz anderes Bild der CO_2-Geschichte als das, was sich aus den Untersuchungen der Eiskernbohrungen bisher ergab. Die fossilen Birkenblätter wurden in Denekamp nahe Enschede dem Morast entnommen.

CERN (Conseil Européen pour la Recherche Nucléaire), die europäische Nuklearforschungseinrichtung in Genf, hat diese Studien für so wichtig erachtet, dass das Gremium für die Überprüfung der niederländischen Arbeit einen Forschungsauftrag erteilte. CERN erachtet diese niederländischen Forschungen als sehr bedeutend, da sie beweisen würden, dass sich der CO_2-Gehalt erhöht, weil die Erde wärmer wird, und nicht, dass sich die Erde mehr erwärmt, weil das CO_2 zunimmt.

Seit ich den IPCC-Bericht gelesen habe und mir Nigel Calder auch jene Forschungsergebnisse gezeigt hat, die nicht vom IPCC zur Kenntnis genommen wurden, habe ich sorgfältig darauf geachtet, wie Naturkatastrophen bei uns gemeldet werden. Egal ob es ein Hurrikan in Mittelamerika, eine Überschwemmung in China oder Afrika, kleine und große Wetterschwankungen in Europa waren, immer folgte prompt der Zusatz: Das hat mit der globalen Erderwärmung zu tun. Dabei gibt es nirgendwo, nicht einmal im wissenschaftlichen Teil des IPCC-Berichtes, auch nur eine Aussage, in der das behauptet wird. Diese Panikmache ist das Geschäft der Politiker, die damit ihre Bedeutung erhöhen.

Ein besonders dreistes Beispiel lieferte Dr. Klaus Töpfer bei Sabine Christiansens sonntäglicher ARD-Plauderrunde ab. Da stellte der ehemalige deutsche Umweltminister und jetzige Leiter der UN-Umweltorganisation UNEP die ungeheuerliche Behauptung auf, die Überschwemmungen in Mosambik und die Dürre samt Hungersnot in Äthiopien seien Folge der beginnenden Klimakatastrophe, und wir Europäer mit unserem üppigen Lebenswandel trügen daran die Schuld. Unser Verhalten sei ein aggressiver Akt gegenüber Afrika. Franz Alt, der in der ARD eine eigene Sendung für derlei Untergangsszenarien unterhalten darf, pflichtete Töpfer gleich bei und empfahl wieder sein Schilfgras, dessen Anbau die Welt rette. Und kein Politiker widersprach. Sabine Christiansen aber schaute noch betroffener, als sie es sonst schon tut, wenn es darum geht, unsere CO_2-Erbsünde mitzutragen. Ich unterstelle einfach mal, dass Klaus Töpfer es besser weiß und hier nur wieder nach Effekten haschte. Das haben Politiker einfach im Blut.

Fakt in Äthiopien ist, dass dieses Land durch gigantische Misswirtschaft und ein verbrecherisches kommunistisches Regime seinen Waldbestand von 25 Prozent auf vier Prozent verringert hat. Gleichzeitig ist die Bevölkerung infolge des Mangels an jeglicher Aufklärung und an Geburtenprogrammen von 25 Millionen auf 60 Millionen angewachsen. Die jetzige Regierung war bis vor kurzem in einen sinnlosen Krieg verwickelt, der ein Vielfaches von dem kostete, was für die Versorgung der Hungernden aufgebracht werden müsste. Und schließlich muss festgehalten werden, dass Äthiopien mit der derzeitigen Agrarwirtschaft höchstens 30 Millionen Menschen ernähren kann und deswegen eine Hungersnot nach der anderen vorprogrammiert ist. Das hat weder etwas mit uns noch mit der Erderwärmung zu tun.

Das Einzige, was bedrohlich zunimmt auf der Welt, ist eine intensivere und selektive Berichterstattung selbst über Naturkatastrophen, die sich in abgelegenen Gegenden ereignen. Das ist quotenträchtig, und deshalb werden wir davon noch mehr sehen. Während wir die Überschwemmungsopfer in Mosambik kennen lernten, ertranken und erkrankten Menschen nur 1000 Kilometer entfernt in Madagaskar, ohne dass die Weltöffentlichkeit davon erfuhr. Dort halfen nur Franzosen, also hatten wir und die Amerikaner keine TV-Teams dort.

Statt zuzunehmen, haben sich seit dem Einsetzen der Wärmephase die Naturkatastrophen verringert. Im IPCC-Bericht selbst heißt es: »Es gibt starke Gründe für die Annahme, dass die intensive Aktivität der Hurrikans rückläufig ist.« Nachweisbar über all die Zeit der Wetterbeobachtungen ist, dass es in Wärmezeiten weniger Stürme gibt als in Kälteperioden. Und auch heute toben in den polaren Gegenden häufiger und heftigere Stürme als im Wärmegürtel der Erde. Nur sind im Kältegürtel kaum Menschen betroffen, und deswegen wird auch nicht darüber berichtet. Wenn die Angstmacher aber erst einmal entdeckt haben, wie hervorragend sich Polarstürme zum Anheizen der Weltuntergangsstimmung eignen, verbreiten sie vielleicht auch bald täglich in den Nachrichten Angst und Schrecken.

Es ist für mich immer wieder ärgerlich, wie gedankenlos bei jeder Naturkatastrophe das Märchen von der Erderwärmung nachgeplappert wird. Dabei reicht es oft aus, mit offenen Augen durch unser Land zu reisen und einige logische Fragen zu stellen: In Passau zum Beispiel sind die Hochwasserstände an den Hauswänden der Innenstadt angezeigt. So würde mich zum Beispiel interessieren, warum es vor Hunderten von Jahren höhere Fluten gab als heute, als die Industrie noch kein CO_2 in die Atmosphäre blasen konnte. Und was war die Ursache für die »Grote Mandränke« 1362, als weite Teile Nordfrieslands in der Nordsee versanken? Wenn heute viele Naturkatastrophen glimpflicher ablaufen als in früheren Jahrhunderten, dann deshalb, weil der Mensch in die Natur eingegriffen hat: zum Beispiel durch den Bau von Deichen und die Regulierung von Flüssen.

Selbst »El Niño« taugt nicht, um die Erderwärmungstheorie zu stützen. Und wieder sind die Beweise dafür dem IPCC-Buch zu entnehmen. Vergleichbar starke und regelmäßige El Niños gab es bereits zu anderen Zeiten, als es auf der Erde noch kälter war, wie zum Beispiel um die Jahrhundertwende. El Niño ist die Bezeichnung für eine Richtungsänderung des kalten Humboldtstroms, die zur Folge hat, dass wärmeres Wasser in den östlichen Pazifik eindringt. Die Meeresoberfläche des östlichen Pazifiks wird dadurch erwärmt, und das hat weit reichende Auswirkungen auf das Klima der Erde. So kann die Temperatur beispielsweise weltweit um ein halbes Grad ansteigen. Das vermehrte Auftreten von El Niño führt zu Erwärmungen des Klimas, nicht die Erwärmung zu mehr El Niños. In diesem Jahrzehnt gab es mehr El Niños als in den Sechzigerjahren. Wenn aber die letzten 200 Jahre als Vergleichszeit herangezogen werden, haben wir heute eine geringe bis normale El-Niño-Häufigkeit.

Die »Klimamodellierer« bekommen zunehmend ein Problem: Schon bei der Rio-Konferenz haben sie gewagt, unser Klima für ein Jahrzehnt und länger vorauszusagen. Das ist jetzt zehn Jahre her, und je mehr Zeit verstreicht, desto genauer können die Prognosen mit der Realität verglichen werden. Und da lässt sich bisher nur eines mit Bestimmtheit feststellen: Keine Voraussage ist bisher eingetreten. Die schönen bunten Landkarten in dem Bericht, auf denen eingezeichnet wurde, wo sich die Erde erwärmt und wo es kälter wird, sind noch nicht im Ansatz richtig. Oft ist genau das Gegenteil eingetreten. Die Folge: Die Wissenschaftler verlangen noch mehr Geld, noch präzisere Großrechner, um genaue Voraussagen machen zu können.

Auch die Meeresspiegel wollen einfach nicht so steigen, wie es nötig wäre, um das Katastrophenszenario aufrechtzuerhalten. Dabei steht im IPCC-Bericht von 1995 wörtlich: »Es hat keine messbare Beschleunigung des Anstiegs des Meeresspiegels gegeben. Allerdings ist er in diesem Jahrhundert höher gestiegen als im Durchschnitt der letzten tausend Jahre. Wobei zu beachten ist, dass in diesen Jahrhundertabschnitten der Meeresspiegel um mehrere Dezimeter über längere Perioden variierte. Es bleibt ungewiss, wann der momentane Anstieg des Meeresspiegels begonnen hat.«

Der Bericht der Universität Colorado meldet für die Jahre von 1993 bis 1995 eine Steigungsrate von 0,6 Millimeter. Das ist gerade mal ein Fünftel des Wertes, den das IPCC ursprünglich errechnet hat. Korallen wachsen vier Zentimeter pro Jahr. Die Gefahr, dass tropische Inselstaaten, die auf lebenden Korallen entstehen, wegen des CO_2-Anstiegs in den Meeresfluten versinken, ist also nicht gegeben. Die Gefahr besteht allerdings dann, wenn durch die Verschmutzung der Meere die Korallen abgetötet werden.

Neue Forschungsergebnisse englischer, amerikanischer und brasilianischer Wissenschaftler, veröffentlicht im Oktober 1998, zeigen, dass alle Wälder der Welt in allen Klimazonen ein verstärktes Wachstum aufweisen. Das könnte auch erklären, wo das CO_2 bleibt, das wir zusätzlich verbrennen und das niemand findet. In den Tropen beträgt die Zunahme sogar 0,71 Tonnen Biomasse pro Quadratkilometer. Das bedeutet, wir haben eine massive Zunahme der Biomasse. Auch das habe ich in Deutschland weder in einer Zeitung gelesen noch erst recht nicht im Fernsehen gesehen.

Längst haben die Wissenschaftler erkannt, wie sie zu Geld für ihre Forschungsinstitute kommen können. Die These vom natürlichen Gas CO_2, dem potenziellen Verursacher einer Klimakatastrophe, hat sich als hervorragende Möglichkeit entpuppt, Politiker gefügig zu machen. Wer möchte schon am Weltuntergang mitschuldig sein? So wird bereits im Vorfeld der IPCC-Konferenzen darauf geachtet, wer sich zu Wort melden darf und wer massiv behindert wird. Calder schreibt in seinem Buch, wie dänische Forscher mit allen Mitteln abgeblockt werden. Deren Erkenntnisse passen nicht in die vorgegebene Denkrichtung. Und auch das ist wieder vatikanisches Verhalten: Wenn der Papst sagt, die Sonne dreht sich um die Erde, dann hat er Recht. Um die Sonne geht es auch bei den Dänen:

Drei Forscher des Dänischen Meteorologischen Instituts und des Niels-Bohr-Instituts in Kopenhagen, Eicho Friis-Christensen, Knud Lassen und Hendrik Svensmark, ermittelten Daten, denen zufolge die Sonne mit ihrer unterschiedlichen Aktivität für die Klimaveränderungen auf der Erde maßgeblich verantwortlich ist. Ihren Forschungsergebnissen zufolge wird der Temperaturanstieg in diesem Jahrhundert durch die Sonnenaktivität verursacht, die in dieser Zeit erheblich zugenommen hat. Die drei Dänen sind zu folgendem Resultat gelangt:

Den besten Hinweis auf die Wechselwirkung zwischen der Sonne und dem Klima geben die kosmischen Strahlen. Die kosmischen Strahlen sind Atomkerne mit hoher Energie und entstehen durch die Explosion von Sternen in der Milchstraße. Ihr Einfluss auf das Klima der Erde ist nachweisbar, jedoch sind sie von unterschiedlicher Intensität. Die kosmische Strahlung auf der Erde lässt in dem Maße nach, in dem sich die Sonnenaktivität steigert. Und wenn weniger kosmische Strahlen auf die Erde treffen, gibt es weniger Wolken. Die Wolkenbildung der Erde ändert sich also mit wechselnder Sonnenaktivität.

Die Heliosphäre, die die Erde umgibt, ist angefüllt mit Solarwinden. Es besteht ein direkter Zusammenhang zwischen der Anzahl der Sonnenflecken an der Sonnenoberfläche und der Anzahl der Sonnenwinde: je mehr Sonnenflecken, desto mehr Sonnenwinde. Messungen der Universität von Chicago ergeben folgende Wechselwirkung: Je mehr Sonnenwinde, desto weniger kosmische Strahlen, je weniger kosmische Strahlen, desto weniger Wolken, und weniger Wolken bewirken einen Temperaturanstieg.

Unterschiede in der Intensität der kosmischen Strahlung, hervorgerufen durch die Sonnenwinde, haben also einen Einfluss auf die Anzahl der Wolken in der Erdatmosphäre. Dieser Zusammenhang kann mit Satellitendaten belegt werden und ist so bedeutungsvoll, dass sich durch ihn die gesamte Klimaerwärmung in diesem Jahrhundert erklären lässt. Die kosmische Strahlung gibt einen besseren Hinweis auf Wechselwirkungen zwischen der Sonne und dem Klima als andere Indikatoren wie etwa die Sonnenflecken. Dies hat Svensmark entdeckt. Seine Erkenntnisse werden vor allem von russischen Wissenschaftlern unterstützt.

Obwohl die Forschungsresultate der Dänen beachtlich sind, finden sie bei den IPCC-Wissenschaftlern und in der Politik wenig Gehör. So hat John Houghton vom Meteorologischen Institut in England zum Beispiel ein Angebot aus Kopenhagen abgelehnt, weiter Sonnenforschung zu betreiben. Die Ergebnisse der Dänen wurden auch in den IPCC-Berichten vollkommen vernachlässigt. Doch da zumindest bei unabhängigen Wissenschaftlern die Skepsis gegenüber der CO_2-Theorie wächst, hat sich nach den USA und Japan auch die EU entschieden, die Sonnenforscher zu unterstützen. Mit »The Solar Cycle and Terrestrial Climate« sind die Treffen überschrieben, die im Herbst 2000 beginnen. Führenden Klimaforschern aus ganz Europa wird Gelegenheit gegeben, jenseits des CO_2-Credos wissenschaftliche Ergebnisse auszutauschen. Es wird höchst spannend sein, wie über diese Konferenzen in Deutschland berichtet wird.

In der Vergangenheit ist die weltweite, zum Teil heftige Kritik an der Treibhauseffekt-Theorie in der deutschen Öffentlichkeit nicht wahrgenommen worden. Dabei handelt es sich nicht etwa um leichtfertige Äußerungen zweitklassiger Wissenschaftler. Zu den längjährigen Kritikern gehört zum Beispiel Aksel Wiin-Nielsen aus Kopenhagen, früher Direktor des Europäischen Zentrums für mittelfristige Wettervorhersagen. Sein Urteil:

»Es wäre wahrlich erstaunlich, wenn Veränderungen im Klima ohne zeitliche Beschränkungen vorherzusagen wären, während die Genauigkeit der Wettervorhersagen erheblich beschränkt ist durch die limitierte Berechenbarkeit; beide Modelle sind nämlich fast identisch.« Zu den riesigen regionalen Unterschieden der Klimamodelle bemerkt Wiin-Nielsen: »Warum sollte die globale Durchschnittstemperatur richtig berechnet sein, wenn alle Temperaturwerte, die für die Berechnung der Durchschnittstemperatur verwendet werden, nicht richtig sind?« So der Energie- und Umweltbericht des IPCC.

Einer der prominentesten und kompetentesten Wissenschaftler, der die CO_2-Theorie für einen gefährlichen Irrweg hält, ist Fred Singer, Atmosphärenphysiker und Präsident des Science and Environmental Policy Project in Fairfax im US-Bundesstaat Virginia. Er verurteilt die hysterische Panikmache einiger Wissenschaftler, die Mitte der Siebzigerjahre noch vor einer drohenden Eiszeit warnten und sich heute als kompromisslose Verfechter der globalen Erwärmung gebärden. Mitte der Siebzigerjahre hatte sich das Klima tatsächlich abgekühlt, was unzählige Klimaexperten veranlasste, eine Eiszeit vorherzusagen. Die Klimatologen Stephen E. Schneider und Lester R. Brown zum Beispiel waren zu dieser Zeit überzeugte Anhänger der Abkühlungstheorie und prognostizierten verheerende Naturkatastrophen. Heute gehören sie mit zu den entschiedensten Befürwortern der Treibhauseffekt-Theorie.

Die Abkühlung wurde von einigen Wissenschaftlern auch für den Tod von einer halben Million Menschen verantwortlich gemacht, als in den Siebzigerjahren Überschwemmungen und Dürren Asien, Nord- und Mittelamerika heimsuchten. Eine Gruppe führender Klimatologen hat damals als Folge der befürchteten Abkühlung große Missernten vorausgesagt und ein damit zusammenhängendes Massensterben prophezeit. Prompt forderte die NASA in Anbetracht der drohenden Eiszeit die Vervierfachung der Fördermittel. Jetzt dringt die NASA wieder auf eine Erhöhung des Etats, diesmal, weil sich die Erde überhitzt.

Die massivste Kritik an dem IPCC-Treiben aber steht in der so genannten Oregon Petition. Sie wurde vom Institute of Science and Medicine in den USA initiiert und bisher von 15 000 Wissenschaftlern unterzeichnet. Die Petition fordert US-Präsident Clinton auf, das Kyoto-Protokoll nicht zu unterschreiben und damit dem CO_2-Spuk ein Ende zu bereiten. Die Unterzeichner des Dokuments zweifeln die wissenschaftliche Glaubwürdigkeit der im Kyoto-Bericht veröffentlichten Daten an. Ein Grund: Die mittels Computern prognostizierte starke Erwärmung steht im Gegensatz zu den Beobachtungen der Wettersatelliten, die eine Abkühlung in den vergangenen 20 Jahren ergeben haben. Des Weiteren sind diese Experten der Meinung, dass eine schwache Erwärmung und eine geringe Steigerung des atmosphärischen CO_2-Gehalts sich durchaus positiv auf landwirtschaftliche Erträge und das Wachstum der Wälder auswirken können. Die Bedenken der 15 000 US-Wissenschaftler werden von der deutschen Politik völlig übergangen. Eine solche Arroganz muss man sich leisten können.

Um richtig zu verstehen, wie es überhaupt nach einer so kurzen Vorbereitungszeit zu der IPCC-Konferenz in Rio kommen konnte, muss man die politischen Hintergründe kennen. Auch darüber gibt es genaue Untersuchungen. Sonja Boehmer-Christiansen, eine deutschstämmige Wissenschaftlerin in England, hat eine der detailliertesten Studien über die Geschichte und die politischen Zusammenhänge der Treibhauseffekt-Theorie erstellt. Dabei hat sie die tragende Rolle von Margaret Thatcher enthüllt. Die »eiserne Lady« war eine erbitterte Gegnerin der Bergarbeiter und eine glühende Befürworterin der Atomindustrie. Mit den ersten lag sie in ständiger Fehde, um die Zukunft der Nuklearkraftwerke aber musste sie wegen der Sellafield-Pannen bangen. Nachdem der damalige US-Senator Al Gore ihr von der CO_2-Theorie berichtet hatte, sah sie ihre Chance gekommen: Um die Erde zu retten, benötigen wir Atomstrom, aber wir brauchen keine Bergarbeiter – im Gegenteil: Deren Produkt Kohle ist gefährlich.

So waren es die Briten und Amerikaner, die zusammen mit ihren angelsächsischen Verbündeten Australien, Kanada und Neuseeland die IPCC-Konferenz aus dem Boden stampften. Willfährige Wissenschaftler konnten mit üppigen Forschungsgeldern für ihre Institute rechnen, und um das Ganze entsprechend unanfechtbar zu machen, wurden Wissenschaftler aus Dritte-Welt-Staaten jeweils als Stellvertreter der Angelsachsen in die Komitees berufen. Chef wurde Bert Bolin, ein Wissenschaftler aus Schweden, was die angelsächsische Dominanz übertünchte. Im IPCC-Bericht wird deutlich, wem diese Konferenz zu verdanken war. Die größte Zahl der offiziellen Delegationsmitglieder stammte aus den angelsächsischen Gründerstaaten. 25 Neuseeländern stehen gerade mal 6 Russen gegenüber. So geht es weiter: 72 Australier gegenüber 8 Chinesen, 38 Kanadier gegenüber 1 Brasilianer, 29 Briten gegenüber 9 Franzosen und 135 US-Amerikaner gegenüber 2 Indern. Soviel zur Internationalität dieses Gremiums, das dabei ist, der Welt das Energieverhalten vorzuschreiben.

Noch interessanter ist die Zusammensetzung innerhalb der Delegationen: Nigel Calder kennt ihre Mitglieder fast alle persönlich. Die britischen Abgesandten stammen zu 60 Prozent aus regierungsabhängigen Organisationen, und nur zu 40 Prozent sind es unabhängige Wissenschaftler. Ähnlich ist das Verhältnis bei den Amerikanern. Während die überwältigende Mehrheit der unabhängigen Wissenschaftler Bedenken gegen die CO_2-Theorie äußert, sind es die regierungsabhängigen Vertreter, die diese These stützen.

Offiziell lautet die Sprachregelung, dass sich die 2500 Wissenschaftler auf den IPCC-Konferenzen einig sind. In Wirklichkeit gibt die Politik aber den Ton an. Viele Aspekte der Meteorologie und der Klimatologie wurden bei dem IPCC-Bericht außer Betracht gelassen. Die Beiträge in der »Bibel« gehen von Theorien aus, beschreiben Szenarien mit großen Variationsmöglichkeiten, doch die politischen Zusammenfassungen beinhalten fast nur apodiktische Aussagen, die mit den Ausführungen der Wissenschaftler oft kaum mehr in Einklang zu bringen sind. Der Vorsitzende der Arbeitsgruppe III, Bob Reinstein, hat einmal gesagt: »Das, was wir machen, ist eigentlich Politik.«

Gerade die Nationen mit der größten Einwohnerzahl kümmern sich in ihrer Tagespolitik einen Dreck um die Rio- und Kyoto-Beschlüsse. In den USA wäre deswegen noch nicht einmal die Erhöhung des Benzinpreises um einen Cent möglich. Die Chinesen, die unter extremem Energiemangel leiden, planen die Förderung der Steinkohle von 1,2 Milliarden Tonnen auf 2,4 Milliarden zu steigern. Gleichzeitig betreiben sie eine massive Motorisierung. In 50 Jahren sollen 100 Millionen Pkws auf Chinas Straßen fahren. Dies alles sehen sie als Voraussetzung, um die zusätzlichen 400 Millionen Einwohner, um die sie trotz der Ein-Kind-Familienpolitik wachsen, in den Wirtschaftskreislauf integrieren zu können. Davon werden sie sich durch niemanden abbringen lassen. Das schaffen selbst die deutschen Grünen nicht, die sich sonst eine Menge zutrauen. Nach gängiger deutschgrüner Umweltlehre geht die Welt sowieso vor die Hunde, weil die Chinesen unbelehrbar sind.

Auf den IPCC-Konferenzen haben sich die Deutschen schnell mit der Treibhauseffekt-Theorie arrangiert und gelten mittlerweile als die Scharfmacher. Während die Amerikaner die Resolutionen abmildern, sich mit der Umsetzung Zeit lassen oder überhaupt nichts unternehmen, Chinesen und Inder klipp und klar erklären, dass sie an ihrer wirtschaftlichen Entwicklung mehr interessiert sind als an IPCC-Ergebnissen, die Japaner sich auf die Seite der Amerikaner schlagen, die Australier für sich einen Anstieg der Treibhausgase um acht Prozent genehmigen, haben die Deutschen die Aufgabe übernommen, mit immer strengeren Auflagen die Welt vor dem Untergang zu retten – wieder einmal. Am deutschen Wesen sollte ja schon öfter die Welt genesen. Darin sind wir einfach unschlagbar.

Der deutsche Eifer wurde anerkannt, indem der Deutsche Hartmut Graßl vom Deutschen Klimaforschungszentrum Hamburg für einige Jahre mit der Leitung des Weltklima-Forschungsprogramms betraut wurde. Graßl ist tiefgläubig. Auf einer Pressekonferenz 1997 hat er dem damaligen Zukunftsminister

Jürgen Rüttgers versichert, dass er zu 95 Prozent davon überzeugt sei, dass die Klimaerwärmung auf menschliches Versagen zurückzuführen sei. Seither ist in Deutschland die Angst vor der CO_2- Katastrophe offizielle Regierungspolitik.

In einem Gespräch wollte ich von Hartmut Graßl wissen, wie hoch die IPCC die Kosten schätzt, die auf die einzelnen Nationen zukommen, wenn sie sich an die Empfehlungen zur Reduktion von CO_2 halten – und was es für die Entwicklungsländer bedeutet, wenn sie nicht auf die für sie billigsten Energiequellen zurückgreifen können. Für die Beantwortung dieser Frage sei er nicht zuständig, beschied er mich. Er selbst besitze Anteile an einem deutschen Windkraftwerk und verdiene damit prächtig – ein Beweis für ihn, dass auch mit erneuerbarer Energie Geld zu verdienen sei. Graßl hatte aber viele Beispiele parat, welche Kosten entstehen, wenn wir so weitermachen wie bisher.

Sicher muss es für die Grünen, die in Deutschland für die Umsetzung ihrer CO_2-Religion in reale Politik zuständig sind, bitter sein, wenn sie erfahren, dass sie eigentlich als verlängerter Arm von Margaret Thatcher fungieren, die ja wohl kaum zu den Vorbildern dieser Partei gehört. Aber eines kann man ihnen unterstellen, ohne damit ihren heftigen Widerspruch zu riskieren: Die volkswirtschaftlichen Kosten der CO_2-Angst sind für sie absolut zweitrangig. Wer wird denn nach dem schnöden Mammon fragen, wenn es um die Rettung der Welt geht? Dabei sind die Kosten dieser Lehre nicht nur eine Frage des Geldes, sondern auch der Moral.

Die Schätzungen variieren sehr stark, da Geld bei den Diskussionen nur dann eine Rolle spielt, wenn der Treibhauseffekt als Katastrophe berechnet wird. Unabhängige Wissenschaftler beziffern die indirekten Kosten jedoch mit 200 bis 300 Milliarden DM im Jahr. Diese horrenden Summen für die Reduzierung des CO_2 sind leider fast so gut wie rausgeschmissenes Geld, denn – und das sagen die »Klimamodellierer« selbst – der enorme finanzielle Aufwand garantiert noch lange nicht die Eindämmung des Treibhauseffekts. Anstatt viel Geld in die Unterstützung einer unsicheren Theorie zu stecken, sollte es besser für die unabhängige Erforschung des Klimas und für präventive Maßnahmen gegen Umweltkatastrophen ausgegeben werden.

Die gewaltsame Reduzierung des CO_2-Gehalts scheint auch deswegen sinnlos, weil die in Kyoto festgelegte Reduzierung der Emissionen, auf die sich die Teilnehmerstaaten einigen konnten, den kalkulierten Anstieg der Temperaturen bis 2050 nur von 1,39 auf 1,33 Grad Celsius verringern sollen. Das sind unterm Strich lediglich 0,06 Grad Celsius, ein winziger Wert, der wahrscheinlich nicht einmal zu messen sein wird, wenn man die Unsicherheit der Daten zur globalen Erwärmung in Betracht zieht.

Doch Frederick Seitz, der ehemalige Präsident der Nationalen Akademie der Wissenschaften der USA, hat in seinem Vorwort der Oregon Petition geschrieben, dass »... das vorgeschlagene Übereinkommen von Kyoto sehr negative Folgen für die Technologien der verschiedenen Nationen der Welt haben würde, besonders für solche, die gerade versuchen, sich von der Armut zu befreien, sowie für die vier Milliarden Menschen, die in technisch unterentwickelten Ländern leben«.

Um mit einem Klimawechsel, sei es Erwärmung oder Abkühlung, durch den Menschen oder auf natürliche Weise verursacht, fertig werden zu können, ist es also unerlässlich, dass das betroffene Land wirtschaftlich stark ist. Die Dämme, die von den Holländern errichtet wurden, sind ein Beispiel für die Maßnahmen gegen Umweltkatastrophen. Die Niederländer werden auch mit einem Anstieg des Meeresspiegels um weitere Zentimeter fertig, ohne in wirtschaftliche Not zu geraten.

Die Milliardensummen, die für die winzige Reduzierung der Treibhausgase entsprechend den Beschlüssen von Kyoto verwendet werden müssten, fehlen andererseits, um wichtige soziale, hygienische und umweltpolitisch relevante Projekte zu finanzieren. Die Angstmacher bleiben die ökonomische Antwort schuldig, wie viel es kosten würde, wenn die Treibhausgefahr gebannt wird, und wie viel es kosten würde, eventuell auftretende Schäden zu beheben. Sie gehen immer von der Erwärmung der Erde aus. Unbestritten hat ein warmer Globus mehr Biomasse zur Verfügung, kann also mehr Menschen ernähren als ein kalter Globus.

Alle Meteorologen und Klimaforscher sind sich aber über eines ganz bestimmt einig: Eine neue Kälteperiode wird kommen – auch eine neue Eiszeit. Die einseitigen Investitionen für eine

Verringerung von Treibhausgasen aufgrund ungesicherter Daten sind daher eine Gefahr für die Erde: Denn jeder Dollar, der falsch investiert wird, fehlt für die richtigen Projekte, für die wichtigen Forschungsaufgaben der Zukunft.

Nicht CO_2 gefährdet unsere Erde, sondern die Angst vor CO_2. Da es unumstritten ist, dass unser Globus von einschneidenden Klimaveränderungen heimgesucht wird, die gewaltige Umwälzungen mit sich bringen, die unsere gesamte auf einen Status quo ausgerichtete Zivilisation bedrohen, sollte sich die Forschung damit auseinander setzen, wie sich die Menschheit auf diese Witterungsumschwünge vorbereiten muss. Das bedeutet natürlich einen schonenden Umgang mit unseren Ressourcen, das bedeutet natürlich eine aktive Umweltpolitik, das bedeutet vor allem, Staaten in die Lage zu versetzen, der Armut zu entkommen, indem sie über die finanziellen Mittel verfügen, die verhindern, dass die Folgen der natürlichen Katastrophen zu Menschheitskatastrophen ausarten.

Die Niederlande werden einen Anstieg des Meeresspiegels durch Erhöhung der Dämme ausgleichen können – Bangladesh nicht. Es kann nicht darum gehen, den Lebensstandard der Industriestaaten und deren Energieverbrauch zu senken. Die Aufgabe lautet, den Lebensstandard der Dritten Welt anzuheben, und das geht nur mit preiswerter Energie. Die einseitige Fokussierung auf die Treibhausgase, zur Rettung der Erde, bindet Forschungskapazitäten und vernichtet Finanzressourcen, die wir dringend benötigen, um den Herausforderungen der Klimaschwankungen zu begegnen.

Der amerikanische Chemie-Nobelpreisträger Kary Mullis hinterfragte die Hybris, das Verhalten der Menschen im Industriezeitalter sei für eine globale Klimaveränderung verantwortlich, mit einfacher Logik: »Sind die Gletscher vor 15 000 Jahren geschmolzen, weil die Leute zu viele Lagerfeuer angezündet haben?« Noch haben die »Klimamodellierer« des IPCC darauf keine Antwort.

Schon heute gibt es Sieger rund ums CO_2-Treibhaus: die UN-Bürokratie, die Politiker, Diplomaten und Beamten, die ihre Lebensaufgabe darin gefunden haben, die Welt mit einer umfassenden Klimabürokratie zu überziehen, mit viel supranationaler Macht und wenig Spielraum für die einzelnen Nationen. Richard

Lindzen, Professor am Massachusetts Institute of Technology, hat diese Tatsache einmal scharf kritisiert und den Schluss gezogen, dass es für ihn kein Zufall ist, dass die Treibhauseffekt-Theorie am Ende des Kalten Krieges aufgetaucht ist. Für viele UNO- und Weltpolitiker musste einfach wieder eine globale Bedrohung her, um ihre Existenz zu sichern.

Gewinner sind aber auch die Wissenschaftler, deren Institute, mit hohen Summen ausgestattet, sich am »Klimamodellieren« beteiligen. Wissenschaftler, die zum Beispiel Sonnenforschung betreiben, erhalten dadurch immer weniger Mittel.

Die Bedeutung der Umweltorganisationen und ihrer politischen Parteien steigt. Fast jeder Eingriff des Menschen in die Natur kann korrigiert werden, fast jedes Produkt kann ersetzt werden. Das natürliche Gas CO_2 allerdings ist ein nicht zu lösendes Problem, da wir ohne CO_2 nicht leben können. Mit ihm wurde ein Dauerthema gefunden, das mit dem Untergang der Menschheit in direktem Zusammenhang steht. Die Umweltorganisationen haben hier ihr Perpetuum mobile der Existenzberechtigung entdeckt – und die Möglichkeit, sich in jede wirtschaftliche Entscheidung einzumischen.

Es ist keine Frage, dass auch einige Journalisten von dieser Religion ganz gut leben. Rund um die CO_2-Problematik hat sich ein »Fachjournalismus« gebildet, der durch diese Thematik seine Existenzberechtigung bezieht. Wenn sie ihr Tun und Treiben hinterfragen, stellen sie sich und ihren Job infrage. Folglich gehören auch sie zu der Gemeinde der Gläubigen, die sich aus sich selbst heraus ihre Rechtfertigung schafft. Und hier liegt auch die Antwort begründet, warum Ihnen vieles, was Sie eben gelesen haben, unbekannt ist. Ich kann verstehen, wenn Kollegen und Politiker an die CO_2-Treibhausgefahr glauben. Aber mir fehlt jegliches Verständnis dafür, dass alle Zweifel an ihr regelrecht unterdrückt werden. Ist es nicht die wichtigste Aufgabe eines Journalisten, ein Thema von allen Seiten zu beleuchten? Wir werden mit vielen Öko-Sendungen berieselt, in denen die Treibhausgefahr ausführlich und immer wieder gepredigt wird. Aber soviel ich auch herumfragte, ich habe keinen Kollegen gefunden, der sich die Mühe gemacht hat, den IPCC-Bericht und Nigel Calders Buch zu lesen.

Interesse am CO_2-Treibhaus hat auch die Atomwirtschaft. Deshalb schlagen in der CDU zwei Herzen. Auch die alternativen Stromhersteller beziehen ihre Existenzberechtigung aus der CO_2-Angst. Anders wäre ja wohl keine Regierung bereit, die Milliardensubventionen für teuren Strom aufzubringen, den man sonst auch billig beziehen kann. An diesem Punkt wird die CO_2-Diskussion zum Ärgernis. Im Namen dieser Religion verschandeln wir unser Land mit Stahlspargelstangen, die selbst in Naturschutzgebieten errichtet werden dürfen. Im Namen der Rettung des Globus dürfen dann Besserverdienende über Steuerabschreibungen Geld einstreichen, das der Normalbürger bezahlen muss. Das funktioniert so: Ein gut verdienender Architekt, Arzt oder Pfarrer kauft Anteile an einer Windkraftanlage. Die kann er steuersparend geltend machen. Die staatlich garantierten Einnahmen aus der Stromerzeugung darf er aber behalten.

In einer Sendung haben wir einmal vorgerechnet, dass ein Rentner in Schleswig-Holstein, das ja besonders gesegnet ist mit der neuen Landschaftsgestaltung, 20 DM im Monat mehr bezahlen muss, damit der Architekt nebenan 20 000 DM Steuern sparen kann. Bitterböse Briefe waren die Reaktion. Da war von sozialer Rücksicht keine Spur mehr. Der Rentner soll seinen Mercedes verkaufen, soll weniger rauchen, soll sich bewusst sein, dass er seinen Kinder eine saubere Umwelt hinterlassen muss, und dafür könne er auch schon mal an der Butter sparen. So schreiben nur Tiefgläubige, denen ihre Religion über alles geht.

Aber stellen wir uns doch einmal vor, die CO_2-Mär platzt in zehn bis fünfzehn Jahren, weil dann die Modellvoraussagen und die Realität so weit auseinander klaffen, dass selbst die zutiefst Überzeugten von der wahren Lehre abspringen. Jetzt beziehen doch ganze Parteien und Parteirichtungen ihre Existenzberechtigung aus der CO_2-Bedrohung. Entfällt diese, so werden Parteien überflüssig. Die deutschen Grünen würden daran gar völlig zerbrechen. Also muss das Thema weiterleben. Und solange die CO_2-Bedrohung aufrechterhalten werden kann, ist es möglich, die grüne Klientel mit Subventionen bei der Stange zu halten und das auch noch als fortschrittliche Politik zu verkaufen.

Unsere Subventionsorgie, der ich das nächste Kapitel widme, wird so mit einem weiteren Rauschgift angeheizt.

Doch es wäre ungerecht, nur die Grünen für den CO_2-Kult in Deutschland verantwortlich zu machen. Noch konnte keine Partei der Versuchung widerstehen, das »Geschenk CO_2-Angst« abzulehnen. Es rechtfertigt, Steuern zu erhöhen, Bürokratien aufzubauen, Freiheiten einzuschränken – und das alles im Namen der Rettung der Menschheit. Mit der CO_2-Angst ist endlich die Rechtfertigung geschaffen, die Luft zum Atmen zu besteuern.

Sechster Teil

Unternehmen Stillstand – Verkehrspolitik in Deutschland

26. Zwischen Ideologie und Korruption

»Du stehst nicht im Stau, Du bist der Stau«: Meterhohe Buchstaben grinsen uns an – Hohn pur. Seit einer Stunde stehen wir uns auf der A1 von Köln nach Dortmund schrittweise vorwärts. Ein Ende der Zockelei ist nicht in Sicht. Wir, das sind mein Kamerateam und ich samt 250 Kilo Ausrüstung in Kisten, Koffern und Einzelteilen. Unseren Interviewpartner in Osnabrück werden wir verpassen. Der Existenzgründer, mit dem wir für ein Interview verabredet waren, hatte extra einen Termin für uns verschoben. Länger kann er aber nicht warten. Auch er ist von seinen Kunden abhängig, kann es sich nicht leisten, die zu vertrösten. Also verabreden wir uns – Gott sei Dank gibt es mittlerweile Handys – für den nächsten Morgen um sieben Uhr. Das heißt ein Produktionstag mehr. Das sind zirka 2500 Mark Kosten, die der Produktionsleiter des Senders nur übernimmt, wenn er einen guten Tag hat.

Ja, wir sind der Stau, weil wir uns bewegen, arbeiten. Je länger wir unsere Zeit sinnlos im Stau vergeuden müssen, desto mehr Benzin blasen wir in diesem Schritttempo in die Luft, desto mehr Benzinsteuern zahlen wir, desto mehr Geld hat die Regierung zur Verfügung, um es der maroden Rentenversicherung zu überweisen. Fazit: Je länger die Staus, desto mehr bringt die Ökosteuer zur Senkung der Rentenbeiträge, desto länger können sich die Berliner Politiker vor der eigentlich unaufschiebbaren Rentenreform drücken.

Die Verkehrspolitik macht exemplarisch deutlich, wie die CO_2-Psychose herhalten muss, um eine jahrzehntelange ideologisch und finanziell verheerende Politik zu entschuldigen. Ohne das CO_2-Märchen würde das Geflecht aus Unfähigkeit, Korruption und Ideologie zerbrechen, das unsere gesamte Verkehrspolitik zu Lande, zu Wasser und in der Luft überwuchert hat.

Im Frühsommer begannen an Rhein und Mosel Massenveranstaltungen der Steuerverweigerer. Sie schafften es, ganze Landstriche vom Autoverkehr zu befreien. Abwechselnd sperren sie das Tal der Mosel von Trier bis Koblenz, das Mittelrheintal von Bingen bis Koblenz, die B9 von Mainz bis Worms und auch schon die B3 von Darmstadt bis Heidelberg.

Die Liste ist sicher nicht vollständig. Vielleicht gibt es noch ähnliche Aktionen in anderen Teilen der Republik, die mir nicht bekannt sind. Warum soll eine so erfolgreiche Idee nur im Narrenland am Rhein möglich sein? Dabei geht es an diesen Autostilllegungstagen bitterernst zu. Mir ist keine Veranstaltung bekannt, die so rigoros die erklärten Ziele der rot-grünen Regierung hintertreiben kann und dafür auch noch den Beifall und die Unterstützung der Geschädigten findet. Denn die betroffenen Landesregierungen sorgen mit Fahrverbotsschildern und einem großen Polizeiaufgebot dafür, dass dieses Steuerverweigerungsprogramm nicht durchbrochen werden kann.

Zugegeben, auch ich habe lange gebraucht, bis ich den Sinn dieser Veranstaltungen begriffen habe. »Tal total« stand da auf großen Tafeln an jeder Zufahrt zum Rheintal – und dass an dem besagten Sonntag kein Auto auf den Rheinuferstraßen fahren dürfe, sondern diese ausschließlich Radfahrern vorbehalten blieben. Ein Tag der Umwelt sei das, ohne den üblichen Benzingestank, ein Tag für Klimaschutz und eine Atempause für die geschundene Natur. Kein Wunder, dass da alle dabei sein wollen. Von Anfang an tummeln sich die Ministerpräsidenten unter den radelnden Steuerverweigerern. Früher war es Rudolf Scharping, jetzt ist es Kurt Beck. Ich fürchte, die haben den Trick bis heute noch nicht durchschaut. Die denken immer noch, es geht um die Umwelt, und merken gar nicht, dass sie die Rentenkassen schmälern.

Wenn jetzt die politische Unterstützung etwas leiser wird, dann nicht wegen der Steuerausfälle, sondern weil sich potenzielle Wähler an den Proteststrecken zu Wort melden. Gastwirte und Hoteliers in dieser vom Tourismus abhängigen Landschaft beklagen massiven Umsatzrückgang durch die radelnden Massen, die fast alle ihre Butterbrotpakete mitbringen und höchstens mal einen Sprudel bestellen. Das senkt noch einmal das

Mehrwertsteueraufkommen und die Einkommensteuer der betroffenen Gastwirte.

Ich muss mit der Befürchtung leben, dass Sie, lieber Leser, kopfschüttelnd davon ausgehen, dass ich der Depp bin, der den Sinn der Radfahrersonntage nicht begriffen hat. Dass es hier wirklich um einen autofreien Tag geht, um Natur und Umwelt – und dass das mit Steuerverweigerung überhaupt nichts zu tun hat. Aber das macht nichts. Lassen wir die Erforschung der Motive einfach völlig außen vor, egal ob Sie oder ich Recht haben. An den Fakten kommen wir beide nicht vorbei: Diese Straßensperrsonntage sind für den Fiskus eine teure Angelegenheit.

Gehen wir einmal sehr behutsam davon aus, dass nur 100 Kilometer Straße gesperrt würden, auf denen nur 30 000 Autos an einem Tag fahren würden, die im Schnitt nur 10 Liter auf 100 Kilometer verbrauchen, so kommen wir bei der Benzinsteuerbelastung pro Liter von 1,36 Mark im Jahre 2000 auf 408 000 Mark Steuerausfall. Noch einmal: Das ist der Verlust für den Fiskus nur an einem Tag, nur auf einem 100-Kilometer-Abschnitt. Für die Rentenversicherung bedeutet das einen Einnahmeausfall von 36 000 DM, 0,12 DM pro Liter aus der so genannten Ökosteuer.

Wenn es sich bei diesen Radfahrersonntagen nicht um raffiniert getarnte Steuerverweigerungsveranstaltungen handeln und die Politik sie wirklich als Umwelttage fördern sollte, dann allerdings muss der Steuerausfall anders bezeichnet werden: Dann müssten die für die Straßensperrungen zuständigen politisch Verantwortlichen eigentlich die 408 000 DM pro Tag und 100 Kilometer als Subvention abbuchen. Aber da es sehr viel mehr Kilometer und sehr viel mehr Autos sind, die im Laufe des Jahres an diesen Sperrtagen stillgelegt werden, kommen da einige Millionen zusammen, die in keinem Haushalt auftauchen, Subventionen oder Steuerausfälle, aus welchem Grund auch immer. Millionen, über die niemand nachdenkt und die auch nur auftreten, weil unsere Verkehrspolitik sich so in Widersprüche verwickelt hat, dass sie sich in hervorragender Weise zur Satire eignet.

Um allen Missverständnissen vorzubeugen: Es geht nicht darum, Straßenabschnitte auch einmal autofrei Radfahrern zur Verfügung zu stellen. Dies ist sicher für tausende Familien und Freundeskreise ein Riesenspaß. Einzige Voraussetzung: Die Veranstalter müssen sich mit den betroffenen Gemeinden, Gastronomen und Hoteliers einigen. Unerträglich ist der gutmenschliche Heiligenschein, mit dem sich der Veranstalter, die Touristik-Gemeinschaft »Im Tal der Loreley«, schmückt. Es geht nicht um Spaß und Ausgelassenheit, sondern darum, autofreie Zonen zu schaffen.

Unerträglich ist die Anbiederung der Politiker, die ohne die Abkassiererei beim Autofahrer ihre Haushalte nicht mehr verfassungsgemäß einbringen könnten und sich dann in vorderster Reihe aufs Fahrrad schwingen. Unerträglich ist die ganze verlogene Verkehrspolitik, die nur noch aus Schröpfen, Umverteilen, Verteufeln, Behindern und Scheinheiligkeit besteht. Wie schön wäre es, in einem Staat zu leben, in dem Radfahr- und Freizeitfreaks ohne menschheitsbeglückenden Argumentationsüberbau einen Rheintalabschnitt in ein Volksfest umwandeln und die Stilllegung Tausender von Autos nicht zu Ausfällen für die Rentenversicherung führt.

Ideologie beherrscht unsere Verkehrspolitik. Der Markt ist fast total ausgeschaltet. Und da alle Menschen auf Fortbewegung angewiesen und wir deshalb alle auf diesen Markt existenziell angewiesen sind, wurde er zum Tummelfeld von eifernden Menschheitsbeglückern, kalten Abzockern, scheinheiligen Subventionsgewinnlern, schafsköpfigen Politikern, hemdsärmeligen Monopolisten und staatsgläubigen Bürokraten. Das Produkt ihrer gemeinsamen Unfähigkeit müssen wir täglich ertragen: in Staus auf der Straße, in einer unzuverlässigen Bahn und bei überteuerten Inlandsflügen.

Der Stillstand dank staatsorientierter Umverteilung ist in der Verkehrspolitik für jeden Bürger täglich physisch erlebbar. Und so sehr wir uns alle über das Verkehrschaos aufregen: Trotzdem misstrauen dem Markt als Regulativ in Deutschland die meisten Politiker in allen Parteien. Wobei ich nicht immer unterscheiden kann, ob es einfältige Ahnungslosigkeit, tatsächliche Staatsgläubigkeit oder schiere Machterhaltung ist, die verhindert, dass wir uns nicht mit einem marktwirtschaftlichen Befreiungsschlag aus dem täglichen Stillstand befreien.

1978 deregulierte der amerikanische Präsident Jimmy Carter die US-Luftfahrtindustrie. Diese Entscheidung wird bis heute von Gegnern und Befürwortern als Musterbeispiel für den Erfolg oder Misserfolg einer liberalen, marktorientierten Verkehrspolitik herangezogen. Verweisen die einen auf sinkende Preise, einen weitaus größeren Wettbewerb und damit ein verbessertes Angebot für die Passagiere und das durch die Deregulierung ausgelöste rapide Wachstum der Luftfahrtindustrie, so sehen die Gegner der Liberalisierung die Gefahren: Aufgrund des härteren Wettbewerbs würden die Maschinen schlechter gewartet, und die Preissenkungen würden kleine Airlines in den Bankrott treiben. Danach könnten die Großen umso ungestörter abkassieren. Je nach Betrachtungsweise gibt es nach 12 Jahren für beide Standpunkte klare Beweise.

Richtig ist, dass sich in den USA monopolartige Strukturen herausgebildet haben. Aber nicht, weil es zu viel, sondern weil es zu wenig Deregulierung gegeben hat. Der Staat muss auch in einem liberalen Markt die allgemein gültigen Spielregeln festlegen. Doch bei der Deregulierung der US-Luftfahrtindustrie zielten sie nicht nur auf mehr Wettbewerb, sondern erlaubten auch Regeln aus dem Monopoly-Spiel: »The winner takes it all.«

Den Fluglinien wurde erlaubt, Flughäfen zu monopolisieren. Minneapolis zum Beispiel wird zu 77 Prozent von der Northwest Airline beherrscht, Atlanta zu 78 Prozent von Delta, Denver zu 70 Prozent von United, um nur einige Beispiele zu nennen. Kleinere Städte werden überhaupt nur noch von einer Fluglinie bedient. Die machen dann mit ihren Passagieren, was sie wollen – bei den Preisen und beim Service. Northwest heißt als Wortspiel im Volksmund mittlerweile Northworst Scarelines (Nordschlimmste Angstlinie). Doch eine Alternative gibt es für die betroffenen Regionen trotzdem nicht.

Keine Deregulierung ist erfolgreich, wenn sie nicht gleichzeitig eine Spielregel gegen Machtzusammenballung beinhaltet und jede Monopolbildung schon im Ansatz verbietet. Vor allem müssen alle Spielregeln für alle Marktteilnehmer, also Spieler, gleich sein. Eine weitere unverzichtbare Voraussetzung für Deregulierung ist ein unbestechlicher und absolut unabhängiger

Schiedsrichter. Beide Voraussetzungen wurden bei der Deregulierung der US-Luftfahrtindustrie nicht erfüllt, und deshalb funktioniert sie nicht.

Als Schiedsrichter über die Sicherheitsstandards fungiert die US-Luftfahrtbehörde. Ihre Richtlinien gelten weltweit, ihre Kompetenz ist unbestritten. Aber für die Überprüfung der vielen tausend Maschinen in den USA fehlt ihr das nötige Personal. Die Planstellen werden vom US-Kongress bestimmt. Mit dem Argument, dass gespart werden muss, wurden auch Planstellen in dieser Behörde eingefroren. Mit anderen Worten: Die Schiedsrichter wurden vom Feld genommen. Eine der Folgen, die Wartungsschlampereien bei den US-Fluglinien, ist nicht ein Ergebnis der Deregulierung, sondern eine verlogene Sparsamkeit der US-Regierung. Die Lobbyisten der Fluglinien sorgen bei jeder Haushaltsberatung dafür, dass die Luftfahrtbehörde nicht an Macht gewinnt. Denn die Airline-Industrie will alles, nur keine Deregulierung und vor allem keinen starken, unabhängigen Schiedsrichter.

Ein weiterer Fehler der Carterschen Deregulierung war ihre Halbherzigkeit. Die Routen in der Luft wurden freigegeben, die Flughäfen aber als Beute den großen Gesellschaften überlassen. Was nützt es einer noch so innovativen Airline, wenn sie nicht dort landen darf, wo sie Passagiere aufnehmen kann? Selbst eine schematische Beschränkung des Marktanteils einer Airline für einen Flughafen, sagen wir auf 50 Prozent aller Starts und Landungen, macht da keinen Sinn. Es gibt nun einmal morgens und abends heiß begehrte Spitzenzeiten, und wenn die von einem Monopol beherrscht werden, dann bringt es nichts, wenn dem Konkurrenten morgens um fünf Uhr und abends um elf Uhr ein Slot eingeräumt wird. Konsequenterweise widersetzen sich alle alten großen Airlines dem Bau neuer Flughäfen, die sie möglicherweise nicht beherrschen können. So bilden sich dann unheilige Allianzen – etablierte Fluggesellschaften unterstützen Umweltschützer: Allianzen gegen Vernunft und Wettbewerb.

Es ist kein Zufall, dass die Deregulierung in den USA vor allem dort erfolgreich war, wo neue Airlines sich den Monopolen der Großen auf den Flughäfen entziehen konnten. In Dallas und Houston gab es zwei Airports, die durch Neubauten nicht mehr voll ausgenutzt waren. Herb Kelleher, ein texanischer Anwalt, hatte sich jahrelang über die Misshandlung durch Airlines geärgert. Dank der Deregulierung bot sich ihm jetzt die Möglichkeit, zwischen den beiden texanischen Metropolen und San Antonio auf den alten Flughäfen mit einer eigenen Airline zu starten. So entstand Southwest Airlines mit einer ganz simplen Geschäftsidee. Im Mittelpunkt stehen die Bedürfnisse des Kunden, und die lauten: preiswert, zuverlässig und pünktlich fliegen. Ergebnis: Southwest ist in allen US-Statistiken und Umfragen die pünktlichste, freundlichste und billigste Airline der Welt. Mittlerweile rangiert sie mit knapp 300 Maschinen auf Rang sechs unter den US-Fluglinien. Sie gilt immer noch als Preisbrecher. Die Stunde kostet bei ihr im Jahr 2000 ca. 85 Dollar, egal von wo nach wo. Viele Städte bewerben sich bei Southwest, flehen sie regelrecht an, doch auch ihren Airport ins Flugnetz einzubinden, weil dann die Preise sinken und die Stadt interessant wird für Investoren aus der Serviceindustrie.

In der Startphase postulierte Southwest-Airline-Gründer Herb Kelleher eine Maxime: Kein Manager der etablierten Fluggesellschaften wird angestellt. Die haben bisher nur bewiesen, wie man Airlines ruiniert. Bei Southwest waren von Anfang an alle Mitarbeiter am Geschäftsergebnis beteiligt. Bezahlt wird unter anderem nach Pünktlichkeit, Anwesenheit und Kundenzufriedenheit. Die schwerfälligen etablierten Airlines reagierten auf diese Herausforderung nicht etwa, indem sie Southwest nachzueifern trachteten, sondern versuchten durch spezielle Regeln, den Konkurrenten am Wachsen zu hindern. So wurde in Washington eigens ein Gesetz verabschiedet, das untersagt, Flugverbindungen über Dallas Love Airfield, den damaligen Hauptflughafen von Southwest, zu veröffentlichen. Ein Vorstoß, der ins Leere ging und lediglich Dallas benachteiligt. Southwest hat seine Verknüpfungspunkte danach auf mehrere Flughäfen verteilt. Ein richtiger Wettbewerb ist trotzdem nie in Gang gekommen. Die alten Airlines geben jetzt fast kampflos Routen auf, wenn sie sich mit Southwest konfrontiert sehen.

Die Deregulierungsgeschichte der US-Luftfahrtindustrie habe ich deshalb so ausführlich beschrieben, weil sie sämtliche Merkmale aufweist, die allgemein gültig immer wieder greifen. Die

Verfechter regulierter Märkte versuchen es stets von neuem mit den gleichen fadenscheinigen Argumenten, den gleichen Tricks, indem sie ihre gewachsenen Einflusssphären nutzen. Die Deregulierer aber bringen selten den Mut auf, ihre zweifellos richtigen Vorstellungen konsequent umzusetzen. Sie machen dabei auch regelmäßig wieder den Fehler, Deregulierung mit Regellosigkeit zu verwechseln. Sie wagen es nicht, oder sie schaffen es nicht, Monopole per Gesetz zu verhindern und für die Einhaltung der Spielregeln die notwendigen Schiedsrichter mit entsprechender Macht auszustatten.

Jedes Mal, wenn ich innerdeutsch ab Frankfurt fliege, schaue ich wehmütig auf die Lufthansa-Reklame, die für 499 DM Flüge nach New York anbietet. Dabei will ich doch nur nach Dresden oder Berlin und muss dafür knapp 900 DM bezahlen. Die Münchner sind da besser dran. Dort hat sich auf dem neuen Flughafen die Deutsche British Airways (DBA) eingenistet und sorgt mit Kampfpreisen für kostengünstige Tickets zu allen Tageszeiten. In Frankfurt sind alle Slots vergeben, und so diktiert die Lufthansa das Preisniveau. Es gibt kaum ein plastischeres Beispiel für die segensreiche Auswirkung des Wettbewerbs, auch im Verkehr, für den Verbraucher.

Seit dem Ende des Kalten Krieges ist Deutschland regelrecht übersät mit Flughäfen und Luftlandepisten, die keiner mehr braucht. Kaum eine Stadt im Westen und erst recht im Osten der Republik, die nicht mit einem Militärflughafen bestückt war. Der ohrenbetäubende Lärm der Militärjets, das alles übertönende Geknatter der Hubschrauberstaffeln, die sich nach keinem Lärmschutzgesetz richten mussten, sind Gott sei Dank Vergangenheit. Doch die überraschende Chance, die von Sowjets und Alliierten geerbte Infrastruktur in einem zivilen Luftverkehrsentwicklungsplan offensiv zu nutzen, ist vertan.

Luftverkehr zählt in Deutschland zu den Verkehrsschmuddelkindern, gilt als umweltschädlich. Also rotteten sich die Gutmenschen jeder Region zusammen und erklärten erst einmal, was sie nicht wollten. Da half auch nicht, dass die Flughäfen oft die einzige Möglichkeit boten, in den abgelegenen Regionen den früheren Zivilangehörigen der Alliierten wieder zu Arbeitsplätzen zu verhelfen.

Beispiele: Der ehemalige Jet-Flughafen Zweibrücken erhielt keine Betriebserlaubnis, obwohl Chartergesellschaften schon reguläre Flüge geplant hatten. Angeblich störte der Flugbetrieb die Sicherheit des nahe gelegenen Saarbrücker Flughafens, der eine kleinere Landebahn aufweist. Statt die Konkurrenz zuzulassen, wird der leistungsfähigere Flughafen wegadministriert.

Der riesige NATO-Flughafen in Gütersloh wird von den Engländern betrieben. Mit erstaunlicher Einmütigkeit stimmen alle gesellschaftlich relevanten Kräfte dafür, dass die Briten bleiben. Damit wird sichergestellt, dass der Flughafen Paderborn/Lippstadt, der den umliegenden Städten und Kreisen gehört, keine unliebsame Konkurrenz bekommt und gleichzeitig die Gütersloher Wirtschaft, allen voran Bertelsmann und Miele, den NATO-Flughafen für niedrige Gebühren nutzen kann. Die Unterhaltung wird weiter aus dem Verteidigungsetat bezahlt.

Lediglich die ehemalige Airbase Hahn im abgelegenen Hunsrück wird trotz erheblicher Widerstände angereister Umweltschützer erfolgreich in einen Zivilflughafen umgewandelt. Nach der Aufgabe des Stützpunktes 1992 verloren 700 Arbeitskräfte ihren Job. Auf der kargen, industriearmen Hochebene hatten sie keine Chance, wieder eine Anstellung zu finden. Bereits acht Jahre später gab es auf dem Flughafen Hahn 1000 sozialversicherungspflichtige Arbeitsplätze, Tendenz weiter steigend. Die abgelegene Piste hatte sich zum viertgrößten Frachtflughafen Deutschlands entwickelt, weil die Maschinen aus Übersee in dieser dünn besiedelten Region 24 Stunden starten und landen können.

Auf dem Hahn, wie der Flughafen im Volksmund heißt, wurde auch die Tatsache bestätigt, dass bei entsprechender Kapazität die Flugpreise sinken. Britische Billigfluglinien bieten für etwa 200 Mark Linienflüge nach London an. Zwar ging Debonair Pleite, doch jetzt fliegt Ryanair die Routen München – Hahn – London und Hahn – Mönchengladbach – London. Dem Verbraucher kann es egal sein, ob die Kalkulation der Fluggesellschaften stimmt. Er muss nur sicher sein, dass die Maschinen dieser Billigflieger einer für alle Airlines gültigen strengen Kontrolle durch die staatlichen Aufsichtsbehörden unterliegen.

Ich stelle mir vor, in Europa könnte sich wie in den USA eine

Southwest Airline entwickeln, die für rund 180 Mark pro Stunde fliegt. Damit wären zum Beispiel fast alle innerdeutschen Routen abgedeckt. Der Flugverkehr würde – und dazu benötigt man keine aufwendigen Studien – sich in Potenzen vergrößern, und viele der brachliegenden und kaum genutzten ehemaligen Militärflughäfen deutscher Mittelstädte wären in einem regelmäßigen Liniendienst erfasst. Das wären dann nichtsubventionierte Arbeitsplätze in einer dynamischen Dienstleistungsbranche. Doch diese ökonomisch sinnvolle Entwicklung ist in Deutschland völlig illusorisch. Dagegen läuft alles Sturm: die sämtliche politischen Strukturen beherrschende Lufthansa, die marode Bahn und die Gesamtheit der ökologischen Gutmenschen der Republik.

Trotz intensiver Gespräche mit Luftfahrtunternehmen und Bürokraten in den Ministerien ist es mir nicht gelungen, eine klare Kostenstruktur für den innerdeutschen Flugverkehr zu erhalten. Einmütig behaupten die Airlines, dass fast die Hälfte des Ticketpreises in Deutschland von Fixkosten bestimmt werden, die auf gesetzlichen Regelungen beruhen. Nur – vorrechnen konnten sie sie mir nicht, weil diese Kosten wieder strecken- und flughafenabhängig sind. Lediglich eines scheint sicher: Wir sind das einzige Land, das für die reine Benutzung einer imaginären Luftstraße eine Streckengebühr verlangt, etwas, was wir uns auf den Straßen nicht trauen. Diese Gebühr wird aber nur dann fällig, wenn das Flugzeug nicht im Ausland startet oder landet. Auf der anderen Seite wird Flugbenzin nicht besteuert. Das soll einer verstehen.

Weil niemand sagen kann, was fliegen eigentlich kostet, kann auch kein pragmatisches Luftfahrtkonzept für Deutschland entstehen. Ein wildes Durch- und Gegeneinander vernebelt den Blick: Da verursacht die Bürokratie undurchschaubare Kosten, gleichzeitig gewährt sie Subventionen. Duldet markteinschränkende Monopole und bietet den Nährboden für politische Ränkespiele und ideologisch begründete Behinderungen. Der Luftverkehr eignet sich deshalb hervorragend für Machtspiele und Profilierungskämpfe unseres politischen Personals – mit sehr teuren Folgen. Und viele Entscheidungen, die dabei herauskommen, könnten ebenso von den Bürgern aus Schilda stammen.

Auch dazu wieder drei Beispiele:

Wenn alle Flugzeuge, die das wollten, in Düsseldorf starten und landen dürften, hätte der Flughafen sechs Millionen Passagiere mehr pro Jahr, und das wären sofort 6000 Arbeitsplätze zusätzlich. Dafür aber ist Düsseldorf der einzige europäische Großflughafen, der Passagiere verliert. Der wichtigste Flughafen in Deutschlands größtem Ballungsraum wird interkontinental abgehängt, weil die Hauptlandebahn um 400 Meter verlängert werden müsste. Das Gelände ist da. Aber deutsche Klagesucht blockiert dieses Vorhaben, wobei alle Blockierer sich der Sympathien der grünen Regierungspartei sicher sein können.

Die Parallelpiste, die nur im Notfall benutzt werden darf, hat eine bewegte Geschichte – und die ist typisch für Deutschland.

1969 wurde der Antrag für den Bau gestellt; 1976 gab es die Genehmigung; 1983 erfolgte endlich der Planfeststellungsbeschluss – doch dagegen wird bis heute vor Gericht geklagt. Dass es diese Ersatzpiste überhaupt gibt, hat sie dem damaligen Verkehrsminister Reimut Jochimsen zu verdanken, der in einem Anfall von Wut und Mut 1988 den sofortigen Bauvollzug anordnete. Diese Piste ist also rechtlich eine Fata Morgana, offiziell nicht existent.

Welch ein Subventionsaufwand wird in Nordrhein-Westfalen betrieben, wenn es darum geht, 6000 Arbeitsplätze im Steinkohlebergbau zu erhalten oder 6000 Arbeitsplätze in der zukunftsträchtigen Medienbranche zu fördern. So schlittern wir lieber in die Staatsverschuldung: Wir erlauben uns Regeln, die das Entstehen von 6000 Arbeitsplätzen verhindern, um sie gleichzeitig woanders mit Steuergeldern zu erhalten. Das ist doppelter Irrsinn.

In der Mainmetropole Frankfurt können sie über den Widerstand gegen den Ausbau des Flughafens nur müde lächeln. Um Deutschlands wichtigstes internationales Drehkreuz werden Schlachten geschlagen mit Hauen und Stechen. Und eine neue Runde steht bevor. Leider halten sich die Wachstumsraten des internationalen Luftverkehrs nicht an die deutschen Befindlichkeiten. Während weltweit der Verkehr zu den großen Jobmaschinen zählt, wehren wir uns mit Händen und Füßen dagegen, daran teilzunehmen. Längst hat der Frankfurter Flughafen alle traditionellen Arbeitgeber des Rhein-Main-Gebiets überholt.

Der Elektrokonzern AEG ist ganz verschwunden, die Farbwerke Hoechst AG haben sich umstrukturiert, die Zahl der Autobauer bei Opel schrumpft und schrumpft, und die Zahl der Beschäftigten am Flughafen wächst und wächst: mittlerweile auf über 55 000.

Vor lauter Krieg um die Startbahn West sind die Schildbürgerstreiche der sich im öffentlichen Besitz befindenden Flughafengesellschaft Frankfurt eher Randnotizen. Da wird ein zweites Terminal mit acht Gates für 2,4 Milliarden Mark gebaut. Die ausfahrbaren Finger sind aber für Großflugzeuge ausgelegt, die es zehn Jahre nach Inbetriebnahme des neuen Terminals immer noch nur auf dem Reißbrett gibt. Im gleichen Zeitraum baut der Amsterdamer Flughafen Schiphol ein Terminal mit zehn Gates für 90 Millionen Gulden, etwa 81 Millionen DM. Eher als Randnotiz wurde der nächste Schildbürgerstreich bekannt. Nachdem die Autobahnen entlang dem Flughafen drei Jahre durch den Bau des neuen ICE-Bahnhofs eingeengt und umgeleitet wurden, bestätigte die Deutsche Bahn AG, dass die neue futuristische Glaskuppel über dem Bahnhof noch vor Fertigstellung des Gesamtprojekts wieder abgerissen wird, weil ein Bürogebäude auf den Bahnhof gesetzt werden soll.

Zugegeben, vor lauter Kritik an jedem Großprojekt, vor lauter kleinkarierten Profilierungsversuchen örtlicher und überörtlicher Politiker und selbst ernannter Bürgervertreter sind großzügige, zukunftsweisende Bauvorhaben kaum mehr durchzusetzen. So werden sie halt häppchenweise präsentiert, immer wieder nachträglich erweitert, ergänzt, verteuern sich somit und bleiben doch Bruchwerk. Viele Befürworter der Startbahn West reiben sich heute sicher verwundert die Augen, wenn sie lesen, dass die beste Lösung für die Erweiterung des Flughafens Frankfurt jetzt Start- und Landebahnen im Süden seien. Dafür könne dann die Startbahn West wieder bepflanzt werden.

Sosehr ich aus Frankfurter Sicht verstehen kann, dass der Ausbau des Flughafens für die Region auch in Zukunft die Jobmaschine Südhessen am Laufen hält, sosehr muss hinterfragt werden, ob es wirklich richtig ist, in dieser dicht besiedelten Gegend den Luftverkehr noch zu verstärken, wenn es Alternativen gibt. Und die Geschichte der Alternative ist auch die Geschichte des dritten Schildbürgerstreichs. Es handelt sich um den Großflughafen Berlin.

Niemandem ist ein Vorwurf zu machen, dass Berlin bis zum Fall der Mauer mit den innerstädtischen Kleinflughäfen Tegel und Tempelhof im Westteil und einem schäbigen DDR-Regierungsflughafen in Schönefeld auskommen musste. Keine Stadt in der Welt von der Bedeutung Berlins präsentiert sich ihren Gästen so provinziell, so peinlich. Aber dass jetzt, zehn Jahre nach der Wende, noch keine rechtsgültige Entscheidung für den neuen Flughafen gefallen ist, geschweige denn Bagger und Kräne von einem Ende der Provisorien künden, ist unentschuldbar und auch wieder nur mit deutscher Posemuckelei zu erklären.

Das Gezerre, ob Schönefeld oder Sperenberg in Brandenburg der richtige Standort sei, war ja noch verständlich – das Ergebnis ist es nicht mehr. Als ob 20 Jahre Flughafenbau in aller Welt nicht genug Beispiele geboten hätten, dass neue interkontinentale Airports, die weit ins nächste Jahrhundert expansionsfähig bleiben müssen, dort gebaut werden, wo sie 24 Stunden betrieben werden können – also weit weg von den Siedlungen. Das ist in den USA so (Denver), Japan (Osaka), China (Shanghai, Beijing, Wuhan), Europa (Paris – Charles de Gaulle) und Südamerika (São Paulo). In allen Staaten wurden die alten Flughäfen für Regionallinien oder Privat- und Regierungsjets reserviert, die dann strenge Flugbeschränkungen zum Schutz der Anlieger zu beachten haben.

Wir Deutsche machen das anders. Wir entscheiden uns nicht für Sperenberg in Brandenburg, wo die Sowjets eines der größten Flughafenareale Mitteleuropas unterhielten – nein, nach unendlichem Gezerre verfügte der damalige Verkehrsminister Matthias Wissmann: Der Berliner Flughafen kommt nach Schöneberg. Damit hatte er geschafft, dass alle Probleme, die den Ausbau Frankfurts behindern, auch in Berlin gegeben sind. Internationale Großflughäfen dienen heute nicht mehr nur dem Zielverkehr, sondern fungieren vor allem als Drehkreuz. Die Passagiere, die da aus allen Kontinenten eintreffen, wollen insbesondere hervorragende Umsteigemöglichkeiten, Service, Komfort und Zuverlässigkeit. Wie so etwas geht, kann in Singapur besichtigt werden, wo eine

Stadt von der Größe Berlins es geschafft hat, durch absolute Service- und Kundenbezogenheit einen exzellenten Flughafen samt exzellenter Airline zu etablieren. Singapur nimmt mit 26,1 Millionen Passagieren und einem Frachtaufkommen von 1,5 Millionen Tonnen Spitzenplätze in der Welt ein. Berlin-Sperenberg hätte alle Chancen gehabt, eine ähnliche Position in Mitteleuropa zu besetzen. Das hätte zirka 30 000 bis 40 000 Arbeitsplätze in absehbarer Zeit in einer Region bedeutet, in der heute den Menschen nichts bleibt, als abzuwandern oder sich staatlichen Sozialleistungen auszuliefern.

Die traurige Geschichte um den Berliner Großflughafen ist leider auch symptomatisch für die verquasten Entscheidungswege dieser Republik. Es ist die Geschichte undurchsichtiger Finanzinteressen, von visionslosen Provinzpolitikern, von Entscheidungen, die sich an allem orientieren, nur nicht am Wohl der betroffenen Bürger und dem Wohl des Staates.

Eine der wenigen positiven Hinterlassenschaften der DDR-Militarisierung durch die Sowjets sind gewaltige leer geräumte Flächen, die jeglicher ziviler Nutzung entzogen waren. Dadurch gibt es in Brandenburg eine Region, nicht allzu weit von Berlin entfernt, in der sogar in Deutschland ein interkontinentaler Großflughafen 24 Stunden rund um die Uhr betrieben werden könnte, ohne dass vom Lärm Menschen gestört würden. Dies ist auch das Ergebnis einer Untersuchung der Berlin-Brandenburger Flughafen Gesellschaft (BBF) aus dem Jahre 1994 und eines Raumordnungsverfahrens des Landes Brandenburg von 1995.

Sieben mögliche Standorte für den Großflughafen Berlin wurden miteinander verglichen. Mindestens zwei eigneten sich. Einer aber bekam fast immer die Bestnote als Nummer eins: nämlich Sperenberg. Ein anderer handelte sich fast immer die schlechteste Bewertung ein und landete abgeschlagen auf Platz sieben: der ehemalige Regierungsflughafen der DDR in Schönefeld, für den nichts sprach außer seiner Stadtnähe. Vor allem lehnten die Fachleute Schönefeld aus Sicherheitsaspekten und wegen der Lärmbelästigung ab. In der kritischen Zone, die im Katastrophenfall betroffen würde – immerhin passieren 90 Prozent der Flugzeugunglücke bei Starts und bei Landungen –, leben allein 60 000 Menschen. Unter nicht tolerierbarem Lärm müssten 110 000 Menschen leiden. Zusätzlicher Minuspunkt: Die Flugschneisen führten über die südöstlich von Berlin gelegene Seenlandschaft und würden den Erholungswert erheblich mindern.

Doch drei Politiker setzten sich über alle Fachgutachten und über gesetzlich ordnungsgemäß durchgeführte Raumgutachten hinweg und stellten die Untersuchungsergebnisse auf den Kopf: Der damalige Bundesverkehrsminister Matthias Wissmann, der Berliner Bürgermeister Eberhard Diepgen und der brandenburgische Ministerpräsident Manfred Stolpe gaben im Juni 1996 bekannt: Der Flughafen wird in Schönefeld gebaut. Dabei ist die Rolle des Brandenburgers Stolpe, wie so oft in seinem Leben, besonders merkwürdig. Noch einen Tag vor der Entscheidung hatte er erklärt: »Schönefeld kommt nicht infrage, Sperenberg ist unsere Wahl.« Nach einem Sechsaugengespräch erklärte Stolpe, er sei überstimmt worden und müsse Sperenberg aufgeben. Rechtlich ist diese Aussage unhaltbar. Zwar halten der Bund 20 Prozent, Berlin und Brandenburg je 40 Prozent an der BBF, aber für die Genehmigung eines Flughafens ist einzig und allein die jeweilige Landesregierung zuständig.

Der Bürgermeister von Dietersdorf, Ferdi Breidbach, wirft Stolpe seither öffentlich vor, dass seine Zustimmung auf sachfremden Erwägungen beruht. Und er führt aus: Zu sachfremden Erwägungen zählen Bedrohung, Bestechung, Erpressung, Korruption, Vorteilsnahme, Unfähigkeit und dergleichen. Breidbach wundert sich, dass ihn niemand belangt. Und er ist sich sicher, dass er auch in Zukunft nichts zu befürchten hat, sehr wohl wissend, dass bei gerichtlichen Auseinandersetzungen dann die Gründe für die Entscheidung auf den Tisch müssen.

Längst ist der Standort Schönefeld in einem Sumpf von Korruptionsverdächtigungen, Rechtsstreitigkeiten, dubiosen Grundstücksgeschäften und Skandalen untergegangen. Anstelle von Kränen auf einer Baustelle drehen sich Juristen im Kreise. Statt Investitionen für die Zukunft werden Akten produziert. Und einige verdienen prächtig daran – nicht zuletzt die allgegenwärtigen Juristen, die mal als Politiker, mal als Gutachter, mal als Anwälte mit vom Geschäft sind. Der Berliner Großflughafen hat bisher nach Insiderschätzungen schon eine Milliarde Mark verschlungen, ohne dass auch nur ein Baubeginn in Sicht ist.

Diese Berliner Posse bietet genug Stoff für ein eigenes Buch. Aber mitten in Deutschland, das sich immer noch für ehrlicher und aufrechter hält als Sizilien, sanktionieren die Politiker Wissmann, Diepgen und Stolpe mit ihrer Entscheidung für Schönefeld ein Korruptionsgeflecht. Sowohl der Landesrechnungshof Berlin als auch ein parlamentarischer Untersuchungsausschuss im Senat kamen zum Ergebnis, dass beim Kauf von Grundstücken rund um den neuen Flughafen öffentliche Mittel in Millionenhöhe verschwendet wurden. Allein unter der Rubrik Planungsstudie für den Großflughafen tauchen 565 Millionen DM auf, die nicht baureife Ackerflächen betreffen. Mitglieder der Berliner Immobilienszene, darunter der Arbeitgeber des Ex-Bürgermeisters Walter Momper, Gert Ellinghaus, und die Roland-Ernst Gruppe, sind ebenso im Grundstückskarussell um Schönefeld beteiligt wie Liechtensteiner Stiftungen.

Das Oberlandesgericht Brandenburg stoppte die Privatisierung des noch zu bauenden Flughafens, weil die Bietergruppe um den Bauriesen Hochtief unzulässige Kontakte zum Ingenieurbüro WIB hatte. Die Ausschreibung muss wiederholt werden. Die Interessen der Baufirma Hochtief vertrat die Rechtsanwaltskanzlei Willmer, Cutler und Pickering. Für diese Kanzlei ist mittlerweile auch der ehemalige Verkehrsminister Matthias Wissmann tätig. Nach Einleitung staatsanwaltlicher Ermittlungen gegen Hochtief hat die Kanzlei das Mandat niedergelegt. Begründung: Eine Anwältin dieser Kanzlei pflegte ein persönliches Verhältnis mit dem Hauptverdächtigen der Unregelmäßigkeiten: Der heißt Herbert Märtin und ist Chef der WIB-Ingenieurgesellschaft.

Vordergründig kann der Großflughafen nicht gebaut werden, weil das deutsche Planungsrecht so kompliziert ist und die Bürger so viele Einspruchsmöglichkeiten haben. Doch die Realität ist anders: Weil sich Politiker über die Interessen der Menschen hinwegsetzen, sogar ihre eigenen Untersuchungen missachten, bringen sie Gerichte und Bevölkerung gegen sich auf. Sie, in diesem Falle Diepgen, Wissmann und Stolpe, sind für das Desaster persönlich verantwortlich, ohne dass sie je zur Rechenschaft gezogen werden. Kungelei statt Transparenz – so erst wird der Nährboden für Korruption bereitet, so erst entstehen Milliardenverluste in den Haushalten, so erst wird Deutschland zur provinziellen Bananenrepublik.

Übrigens – die Region um Sperenberg hat Stolpe zum wirtschaftlichen Tunixland erklärt. Weil das Land Brandenburg davon ausgeht, dass der neue Stadtflughafen Berlin-Schönefeld in 30 Jahren wieder zu klein ist, soll dann in Sperenberg ein Großflughafen entstehen. Bis dahin darf im möglichen Einzugsgebiet nichts gebaut werden: organisierter Stillstand in allen Orten. Nur in den Presseerklärungen des Senats geht es weiter: Da wird immer noch behauptet, Schönefeld soll im Jahre 2007 den Betrieb aufnehmen. Das wird aber mit Sicherheit nicht der Fall sein. Das Dreigestirn Wissmann, Diepgen und Stolpe ist dann aber bestimmt nicht mehr für sein Geschwätz von heute verantwortlich zu machen.

Und weil die Gemengelage aus Ideologie, Monopolinteresse und Kleinkariertheit den deutschen Luftverkehr beherrscht, kann er seine Rolle im nationalen Verkehrswettbewerb nicht einnehmen und im internationalen Konkurrenzkampf nicht ausspielen. Und weil der Luftverkehr in Deutschland keinen marktwirtschaftlich nachvollziehbaren Preis hat, steht er auch nicht in einem fairen Wettbewerb mit der Straße und Schiene. Diese Unkenntnis der wahren Kosten hat in Deutschland zu einer Gespensterdebatte geführt, wie sie nur in einem Land möglich ist, in dem Lobbyismus und Subventionen alle Mal mehr Erfolg haben als sachgerechte Marktkosten. Das trifft exemplarisch auch auf die Debatte um den Transrapid zu.

27. Der Transrapid – die Geisterbahn

Da hatten wir Deutschen uns endlich mal wieder einen technischen Vorsprung erkämpft und Amerikaner und Japaner abgehängt, von der Konkurrenz in anderen Industriestaaten ganz zu schweigen. Der Transrapid – die Magnetschwebebahn: Im niedersächsischen Emsland fuhr sie auf ihrer Teststrecke hin und her, begeisterte geladene Gäste und war trotz einiger technischer Wehwehchen nach Ansicht der Erbauer nahezu einsatzfähig. Nur – haben wollte die Bahn keiner.

Es gelang den Lobbyisten des vereinigten Transrapid-Konsortiums, Deutschland in zwei Lager einzuteilen. Wer gegen den Transrapid argumentiert, wird als ewiggestriger technikfeindlicher Ignorant abgestempelt. Die Befürworter des Transrapids sind diejenigen, die die Zeichen der Zeit erkannt haben. Den Lobbyisten gelang es auf die Weise, dass über das Kosten-Nutzen-Verhältnis der Magnetschwebebahn kaum diskutiert wurde. Vor allem die Transrapid-Befürworter halten es schon für eine Zumutung, dass bei einer so fabelhaften technischen Innovation überhaupt das schnöde Wort »Geld« in den Mund genommen wird. Die Pro-Lobbyisten hatten zudem noch das Glück, dass sich insbesondere die Grünen und einige Naturschutzverbände gegen die Stelzenbahn von Hamburg nach Berlin stark machten. Und da ja bekannt ist, dass die eh gegen alles sind, was mit technischem Fortschritt zu tun hat, passte dies ja wieder ins Bild.

Die Lobbyisten hatten noch einen Vorteil. In den vorausgegangenen Jahrzehnten hatten die deutsche Wirtschaft und die Politik eine technische Umwälzung nach der anderen verschlafen oder mit abgrundtiefem Kulturpessimismus behindert. Die Linken kämpften dabei immer an vorderster Front. In einer für die deutsche Volkswirtschaft nicht wieder gutzumachenden Dummheit hatten wir fast zwei Jahrzehnte amerikanischen und japanischen Konzernen das Zeitalter der Elektronik und Informatik überlassen. Computer wurden als Jobkiller eingeordnet, deren Anschaffung in Behörden der Zustimmung des Personalrats bedurfte. Rudolf Scharping beschrieb die Position der eigenen Partei vor amerikanischen Korrespondenten in Deutschland 1996: »Die letzte technische Entwicklung, der wir Sozialdemokraten vorbehaltlos zustimmten, war die Erfindung des Farbfernsehgeräts.« Die Erkenntnis, damals etwas falsch gemacht zu haben, hat sich tief ins Politikerbewusstsein eingegraben. Bei der nächsten neuen großen Erfindung wollten sie sich ganz anders verhalten und beweisen, dass sie nicht technikfeindlich waren. Da kam der Transrapid gerade recht.

Das Wunderding im Emsland hat auch viel Pech. Die Idee, mit einer Geschwindigkeit von 400 Stundenkilometern die Metropolen Europas zu verbinden, macht Sinn. Anderthalb Stunden von Berlin nach München oder von Paris nach London hört sich gut an. Aber während die Ingenieure an der Magnetbahntechnik bastelten, gelang es ihren Kollegen, die schienengebundenen Züge immer schneller zu machen. Heute fahren Linienzüge zwischen Tokyo und Osaka, zwischen Paris und Lyon schon mit Spitzengeschwindigkeiten von 330 Stundenkilometern. Sie befördern dabei 1200 Passagiere, sind also richtige Massentransportmittel. Der Geschwindigkeitsvorteil des Transrapids ist nur noch marginal. Sein größter Nachteil aber ist, dass er beim heutigen Stand der Technik lediglich 200 Passagiere transportieren kann. So ist er in ein Loch gefallen: Die Züge sind fast so schnell wie die Magnetbahn, aber mit einer viel größeren Kapazität ausgestattet. Geht es aber um 200 Passagiere, dann ist das Flugzeug in der Kosten-Nutzen-Relation wieder günstiger und schneller. Irgendwie ist die Magnetbahn zwischen alle Stühle geraten.

Doch bis sich jetzt diese technische Lücke auftut, hatten die Konzerne, allen voran Siemens, DaimlerChrysler, Thyssen, Hochtief und Holzmann, schon viel Geld in die Magnetbahn gesteckt. Auch das Bundesforschungsministerium war mit einigen Milliarden Mark dabei. Wie viel genau, ist wieder einmal nicht herauszufinden, wie immer in Deutschland, wenn eine Gemengelage aus Steuergeldern und Konzerninteressen entsteht. Aber knapp neun Milliarden Mark werden es schon sein. Und um die geht es. Bevor alle Beteiligten zugeben, dass sie sich geirrt haben, dass die Magnetbahn nicht die Zukunftstechnologie ist, von der alle träumten, geistert sie weiter durch die verlogenen Argumentationsketten.

Selten wurde so brutal manipuliert, und selten haben sich Politiker, Journalisten und die öffentliche Meinung sehenden Auges so täuschen lassen. Jeder andere Ausdruck wäre zu harmlos. Und so vulgär der Begriff ist, so vulgär und schamlos wurde und wird immer noch gelogen, wenn es um die Magnetbahn geht. Erst der neue Bahnchef Hartmut Mehdorn wagte mit realistischen Zahlen, der Geisterbahn zwischen Hamburg und Berlin den Garaus zu machen. Aber weil sie ja noch immer mit Ersatzstrecken durch die politische Landschaft spukt und die Gefahr weiter besteht, dass da unsere Steuergelder verjubelt werden sollen, ist die Magnetbahn geeignet, als Beispiel dafür zu dienen, wie es in einer Quasi-Staatswirtschaft mit einer Quasi-Demokratie gelingt, sich zu bedienen, als Politiker finanziellen Schwachsinn zu fordern und sich dafür auch noch feiern zu lassen.

Im Sommer 1999 fand ich in der Tageszeitung eine kleine Notiz: Die Bahn habe die zu erwartenden Passagierzahlen auf der Transrapid-Strecke von Hamburg nach Berlin nach unten korrigiert. Es werden nur noch 8,6 Millionen Benutzer pro Jahr erwartet. Zufällig hatte ich einige Wochen in einer anderen Zeitung gelesen, dass das Fahrgastaufkommen auf der DB-Strecke zwischen Hamburg und Berlin seit der Wende um 600 000 auf 1,8 Millionen geschrumpft sei. Um die genauen Zahlen für einen ZDF-Beitrag zu erfahren, rief ich die Pressestelle der DB AG an. Nein, hieß es da, diese Zahlen seien intern und könnten mir deshalb nicht zur Verfügung gestellt werden. Ich wollte dann noch wissen, wer das Zahlenmaterial aufbereitet, das als Grundlage für die Transrapid-Investition den Ausschlag gibt. Auch darüber keine Auskunft. Ein vom Bundesverkehrsministerium einberufenes Sachverständigengremium sei dafür zuständig. Doch auch die unterlägen der Geheimhaltungspflicht.

Die Pressestelle des Bundesverkehrsministeriums konnte mir ebenfalls nicht weiterhelfen – wegen besagter Geheimhaltungspflicht. Ich will aber nicht verhehlen, dass beide Pressesprecher Sympathien für meine Recherchen hegten, dass auch sie sich ärgerten, wie mit Zahlen manipuliert wurde. Natürlich wussten sie, wie die Öffentlichkeit hintergangen wurde. Aus Bonn, es war die Zeit, als Franz Müntefering gerade mal Interimsverkehrsminister war, wurde mir sogar noch angedeutet, dass der Minister dieses Projekt von seinem Vorgänger übernommen habe. Er denke aber nicht daran, es zu kippen, nur um sich dann wieder als technologiefeindlicher Sozi anprangern zu lassen. Aber für den Minister sei der Höchstbetrag von 6,1 Milliarden DM Bundeszuschuss nicht verhandelbar. Der stehe auch in der Koalitionsvereinbarung mit den Grünen, und die seien zu keinem Kompromiss bereit. Schon im Sommer 1999 ging es also nur noch darum, wer für die Transrapid-Pleite verantwortlich gemacht werden kann. Der Überzeugungskraft von Zahlen traut im Halbdunkel der Regierungsentscheidungen offensichtlich niemand mehr.

Ein Glück für unsere Gesellschaft ist es, dass sich immer wieder jemand findet, der Interna solcher Gremien ausplaudert, der sich moralisch nicht mehr an die Geheimhaltungspflicht gebunden fühlt, wenn die Manipulationen jeder Moral Hohn sprechen. Einer, der dabei war, erzählte mir schließlich, wie die Gutachten von der Politik auf Druck und Wunsch dahin gerechnet wurden, wo sie hin sollten. Die politische Verantwortung für diese Mauschelaktion liegt ebenfalls bei dem Juristen Matthias Wissmann, der ja auch schon die Entscheidung für Berlin-Schönefeld maßgeblich beeinflusst hatte. Während ich diese Zeilen schrieb, war er gerade dabei, als CDU-Schatzmeister zurückzutreten. Er ist der typische Berufspolitiker, der überall dort einsetzbar ist, wo Fachkenntnisse und grundsätzliche Überzeugungen nicht notwendig sind, der dafür aber schon zu Schülerzeiten Selbstinszenierungen übte und perfekt gelernt hat, was politisch durchsetzbar ist und was nicht.

Es müsste im Interesse aller Beteiligten liegen, dass alles, was mit öffentlichen Geldern geschieht, auch veröffentlicht werden muss. Bei dieser Heimlichtuerei um die Transrapid-Rechnungen setzen sich die Beteiligten außerdem dem Verdacht aus, dass hier Gefälligkeiten abgerechnet werden. Wo die Logik außer Kraft gesetzt wird, Zahlen Makulatur sind, gelten offenbar andere Gesetze. Die Hauptnutznießer einer Transrapid-Strecke wären unter anderem Thyssen und Siemens. Beide Konzerne haben zurzeit auch das Problem, dass ihre Namen immer dann auftauchen, wenn es um Zahlungen an Parteien und Personen geht, die niemand mehr so recht nachvollziehen kann. Eine Transparenzpflicht dient allen, die nichts zu verstecken haben.

Für die Strecke Hamburg – Berlin, auf der mit Zug und Flugzeug im Schnitt 2,4 Millionen Passagiere pro Jahr verkehren, hatten sich die Transrapid-Befürworter 14 Millionen Passagiere hochrechnen lassen. Wenn die dann alle pro Kilometer noch mehr zahlen, als heute bereits der eh schon teure ICE kostet, dann würde sich die Strecke rechnen. Der verlorene Subventionszuschuss des Bundes würde dann nur 6,1 Milliarden Mark betragen. Das war gelogen. Aber bisher hat es immer geklappt, wenn erst einmal eine niedrigere Zahl eingesetzt wurde. Damit wurden Hemmschwellen überwunden. Später, wenn die Kosten aus dem Ruder laufen, gibt es kein Zurück mehr. Doch in diesem Fall klappte das Spiel nicht, dank der Koalitionsvereinbarung. Die Strippenzieher hatten sich mit den zu niedrig angesetzten Baukosten selbst ein Bein gestellt.

Offensichtlich ist keine Zahlenfälschung unmöglich, und sei sie noch so dreist. 14 Millionen Passagiere aus dem Nichts herbeizuzaubern, das ist schon eine Leistung. Betrunkene sehen mitunter ja doppelt. Aber es bleibt Politikern vorbehalten, sich so besoffen zu reden, dass sie sogar vierfach sehen. Und was noch schlimmer war: Wie die Untertanen des Kaisers ohne Kleider waren wir fast ohne Ausnahme bereit, die Transrapid-Zahlen auch nur noch mit glasigen Augen wahrzunehmen. Dabei gab es immer wieder Hinweise, dass hier schlimmer Unfug inszeniert wird. So ließ die Bahn wissen, dass die Parallelstrecke des Transrapids zur bestehenden IC-Strecke das Unternehmen 300 Millionen Mark kostet. Die DB AG durfte ihre Züge zwischen Hamburg und Berlin nur 160 Stundenkilometer fahren lassen und die Strecke nicht ausbauen, damit die scheinbare Notwendigkeit des Transrapids bestehen bleibe.

Bei den Verhandlungen war es dem Industriekonsortium darüber hinaus gelungen, alle Kosten und Risiken auf die öffentliche Hand und die Bahn abzuwälzen, selbst aber noch Gewinne dabei zu machen. Dies war erst aus den Zahlenspielen erkennbar, die mir mein Informant vorrechnete. Im *Spiegel* wurden sie auch einmal beschrieben. Aber erstaunlicherweise wurde das Thema von den Massenmedien nicht aufgegriffen

Doch mit dem Aus für die Strecke Hamburg – Berlin ist der Transrapid immer noch nicht erledigt. Der Subventionswettlauf geht weiter. Und immer noch wird als ein wesentliches Argument für den Transrapid betont: Um diesen Exportschlager verkaufen zu können, müsse im eigenen Land eine Referenzstrecke vorgezeigt werden können. Ich habe alle Strecken nachrecherchiert, für die immer mal wieder potenzielle Kunden genannt werden. Kein Projekt hatte je Aussicht, umgesetzt zu werden. Es waren stets unverbindliche Ideen einzelner Personen, die spätestens dann wieder abwinkten, wenn es ums Geld ging. In den USA wurde zum Beispiel Los Angeles – Las Vegas und Dallas – Houston ins Spiel gebracht. Beide Routen werden im Halbstundentakt von Southwest Airlines für 180 DM beflogen. Da hätte eine wesentlich teurere Magnetbahn nie eine Wettbewerbschance. Es waren auch diese Recherchen, die mir klarmachten, dass die Magnetbahn überall dort hoffnungslos unterlegen ist, wo Flugzeuge zu Marktpreisen fliegen dürfen.

Für alle angeblichen Interessenten in Asien scheitert der Transrapid am Preis. Solch ein System muss man sich leisten können. Und dafür kommen nur wenige sehr reiche Staaten infrage. Dem deutschen Botschafter in Jakarta Dr. Heinrich Seemann, einem glühenden Befürworter des Transrapids, haben wir vorgeschlagen, der indonesischen Regierung den Transrapid als Geschenk anzubieten. Die 500 Kilometer zwischen Jakarta mit acht Millionen Einwohnern und Surabaya mit fünf Millionen hätten genug Masse und würden dank niedrigerer Auflagen und Baukosten mit 2,5 Milliarden Mark hinkommen, höchstens einem Viertel dessen, was die Referenzstrecke bei uns kosten würde. Doch selbst diesem geschenkten Gaul schauten die Indonesier ins Maul und lehnten ab. Der ausgesprochen deutschfreundliche und technikbesessene ehemalige Präsident Indonesiens, Yussuf Bachruddin Habibie, erwiderte mir auf diese Idee, dass der Betrieb des Transrapids für Indonesien zu kostspielig sei und man deshalb den Ausbau der Eisenbahnstrecke bevorzugen werde.

Auch die Chinesen werden gern als Interessenten aufgeführt. Im Juni 2000 besuchte der chinesische Ministerpräsident Zhu Rongji die Teststrecke und ließ wissen, das wäre genau die Bahn, die er gerne vom neuen Flughafen Shanghais zum modernsten Stadtteil der Welt, Pudong, bauen würde. Das soll 1,5 Milliarden Mark kosten, wobei die Chinesen davon ausgehen, dass die deutsche Regierung, also der deutsche Steuerzahler, davon die Hälfte bezahlt. Abgesehen davon, dass die Chinesen auch wieder abspringen, wenn wir mit dem Geld nicht rüberkommen, sei die Frage erlaubt, warum wir nicht genügend Mittel in den Haushalten bereitstellen können, um dringend unsere marode Bahn zu erneuern und um das überlastete Straßennetz auszubauen, aber in China als großzügiger Spender auftreten.

Um ganz sicherzugehen, dass ich auch wirklich nichts falsch verstanden habe, bin ich auch noch nach Otsuki in der japanischen Provinz Yamanashi gefahren und habe die Teststrecke der japanischen Magnetbahn besucht. Sie wird gern von den Transrapid-Befürwortern als Druckmittel benutzt: Wenn wir nicht endlich darangingen, unseren Entwicklungsvorsprung in eine Betriebsstrecke umzusetzen, würden wir wieder einmal den Japanern das Feld überlassen.

Es war an einem regnerischen Tag im November. Alles, was wir sehen konnten war eine Brücke über einem engen Talabschnitt von etwa zwei Kilometern und zwei Tunnellöcher. Plötzlich begann unsere Plattform zu vibrieren, ein dumpfes Grollen, dann sekundenlang eine Wasserwolke, die mit einer Lärm- und Druckwelle an uns vorbeischoss und im nächsten Tunnelloch wieder verschwunden war. Dr. Akio Seki, der Leiter der Versuchsstrecke, nahm sich viel Zeit, um uns die Überlegungen rund um die japanische Magnetbahn zu erklären. Was wir da gerade gesehen hätten, war ein Testzug, der mit 500 Stundenkilometern an uns vorbeigerast war. Das Problem des Lärms und des Luftdrucks hätten wir ja selbst erlebt. Deshalb sei die knapp 30 Kilometer lange Teststrecke in den Berg verlegt worden. Mittlerweile könnten sich auch schon zwei Züge mit voller Geschwindigkeit im Berg begegnen. Auf meine Frage, ob sie also schon weiter seien als die Deutschen und ihre Magnetbahn bald bauen und international anbieten würden, schaute mich Akio Seki erstaunt an. Nein, für den Export sei sie überhaupt nicht gedacht und auch nicht geeignet. Die Technologie sei so kompliziert und so teuer, dass dafür nur ganz reiche Staaten mit großer Bevölkerungsdichte infrage kämen. Also außer Japan praktisch niemand.

Die Rechnung in Japan geht nicht von manipulierten Wunschzahlen, sondern von realistischen Kalkulationen aus. Zur Zeit beträgt das Verkehrsaufkommen zwischen Tokyo und Osaka 125 Millionen Passagiere im Jahr. Die Züge bewältigen das in einem Vierminutentakt und einer DurchschnittPsgeschwindigkeit von 280 Stundenkilometern. Doch die seit 1962 bestehende Bahnstrecke führt durch das Gebiet um Shizuoka, wo das nächste

Jahrtausenderdbeben mit verheerenden Verwüstungen erwartet wird. Die Unterbrechung der Lebenslinie zwischen den beiden Metropolen für nur fünf Wochen würde die japanische Volkswirtschaft etwa 50 Milliarden Dollar kosten. Eine zweite Eisenbahnlinie durch die japanischen Alpen, auf einer Streckenführung, die einer Direktverbindung von Mailand nach München entspräche, kostet ebenfalls 50 Milliarden Dollar. Gelingt es, die Kosten für die Magnetbahn bei gleicher Kapazität und gleichem Umweltschutzstandard für 50 Milliarden zu errichten, gilt sie als zu bevorzugende Alternative. Aber nur dann und nur im japanischen Gebirge, weitgehend unter der Erde. Wegen der japanischen Magnetbahn geht uns keine Exportchance verloren, diese Drohung kann das Konsortium einstellen. Und niemand weiß das besser als die beteiligten Firmen.

Wie das Leben so spielt. Ausgerechnet in Tokyo läuft mir der hessische Verkehrsminister Dieter Posch von der FDP über den Weg, der erst wenige Monate zuvor sein Amt übernommen hat. Er kommt vom japanischen Verkehrsminister, der ihm versichert hat, dass die Japaner an der Magnetbahn festhalten würden. Ich komme vom Präsidenten der größten Eisenbahngesellschaft der Welt, JR East, Shuichiro Yamanouchi, der mir gerade versichert hat, er werde auf keinen Fall die Magnetbahn kaufen, sie sei zu unzuverlässig und zu teuer. So hatte jeder seine Aussage aus Tokyo. Mit dem Unterschied: Der japanische Verkehrsminister ist weder für die Entwicklung noch für den Kauf der Magnetbahn zuständig, sondern kann nur seine persönlichen Neigungen äußern. Shuichiro Yamanouchi dagegen ist Präsident einer privaten Bahngesellschaft, die selbstständig entscheidet, wofür sie ihr Geld ausgibt. Und da sich die japanischen Bahnen aus dem Subventionssumpf herausgearbeitet haben, Gewinne machen und Steuern zahlen, lassen sie sich auch nicht mehr von der Politik vorschreiben, was sie zu tun und zu lassen haben. Und eine Magnetbahn steht ganz weit hinten in der Agenda.

Zurück in Deutschland kann ich dann lesen, dass sich der hessische Verkehrsminister massiv für den Bau der Magnetbahn einsetzt. Der könne zu einem Exportartikel für die ganze Welt werden, sagt er. Posch stammt schließlich aus Nordhessen. Auch sein CDU-Ministerpräsident Roland Koch lässt es sich nicht nehmen, ein Stück hemmungsloser Gesinnungslosigkeit aufzuführen. Mit seinem Gespür für inhaltliche Beliebigkeit, wenn es darum geht, den politischen Gegner vor sich herzutreiben, reist Koch nach Kassel und fordert den von dort stammenden Bundesfinanzminister Hans Eichel auf, mehr Geld für die Magnetbahn herauszurücken. Die noch von der CDU/FDP festgelegte Fördersumme von 6,1 Milliarden Mark sei beliebig, und außerdem könne man sich bei solchen Großprojekten nicht genau auf die Milliarde festlegen. Jaja, der Herr Koch und die Milliarden, auf die es nicht so genau ankommt. Hauptsache, sie dienen einem guten Zweck.

Natürlich hat Hans Eichel das Spiel seiner politischen Gegner erkannt und stimmt mit in den Chor ein: Der Transrapid muss gerettet werden. Für die Zukunft Deutschlands, für unsere Exportfähigkeit, für die Arbeitsplätze in Kassel und vor allem – und das sagen die Poschs, Kochs, Eichels halt nie laut: Der Transrapid wird mit Steuergeldern gepäppelt für die Stimmen der Betroffenen bei den nächsten Wahlen. Lieb Kind wollen sie sich alle machen, bei den Thyssen- und Adtranz-Arbeitern in Kassel, und dafür manipulieren sie mit Argumenten. Da sind sie sich alle einig, CDU, FDP, SPD, gleich welcher ordnungspolitischen Wirtschaftsidee sie auch angeblich anhängen: Wenn es darum geht, sich auf Kosten der Allgemeinheit Vorteile zu verschaffen, spielen sie sich sämtlich als Wohltäter auf. Es bleibt uns überlassen zu urteilen, ob dies aus Verlogenheit oder aus Ahnungslosigkeit geschieht. Nur wundern sollten die Politiker sich nicht, wenn wir für ihre hehren Sprüche über das Gemeinwohl oder mehr Leistungsgerechtigkeit oder mehr Marktwirtschaft nur noch Spott übrig haben. Sie sind halt alle Staatswirtschaftler, die sich mit dem Geld der Steuerzahler ihre Wähler kaufen wollen.

---

28. Töff, töff, töff, die Eisenbahn

Wolfgang Schmitt hat Pech, und daran wird sich auch bis zu seinem Lebensende nichts mehr ändern. Er ist Vorsitzender des

Mittelrheinforums und der Touristikgemeinschaft »Im Tal der Loreley«. Und von dort ist nicht viel Erfreuliches zu melden. Obwohl kaum eine andere Landschaft Deutschlands weltweit so berühmt ist, sie bei Amerikanern und Japanern ganz oben auf der Hitliste der Reiseziele in Europa steht, gehen die Besucherzahlen in den Hotels zurück, bleibt den romantischen Städtchen und Dörfern am Vater Rhein nichts anderes übrig, als wehmütig den Luxusschiffen nachzuschauen, mit denen die betuchten Gäste an der Loreley vorbeidampfen und nicht eine müde Mark in der Landschaft ausgeben, die sie so träumerisch besingen.

Das Pech von Wolfgang Schmitt und seinen Leidensgenossen: Sie wohnen zwar auch am Rhein, vor allem aber wohnen sie am Bahndamm. Als vor zirka 150 Jahren rechts und links des deutschen Schicksalsstroms je zwei Gleise gebaut wurden und damit die ursprüngliche Flusslandschaft zwischen Mainz und Bonn eine grundlegende Veränderung erfuhr, gab es noch keine Umweltverordnungen – weder für die Luft noch für den Naturschutz, vor allem aber nicht für den Lärmschutz. Mittlerweile wurde das alles nachgeholt. Straßen- und Bahnbauer können ein Lied davon singen, wie streng das jetzt zum Schutz der Natur und natürlich auch ein bisschen für die Menschen in den betroffenen Regionen gehandhabt wird. Aber Wolfgang Schmitt lebt da in einer Art rechtsfreiem Raum. Die neuen Gesetze gelten eben nur für Neubauten, Umbauten und für den Straßenverkehr. Wer an den alten Bahnstrecken wohnt und sich nicht mit dem Lärm abfinden kann oder will, dem bleibt nur: wegziehen.

»Mehr Geld für die umweltfreundliche Bahn«, mehr »Güterverkehr auf die Schiene«, fordern die Umweltverbände und deren politischer Arm, die Grünen. Endlich soll die Benachteiligung der Schiene gegenüber der Straße umgekehrt werden. Sie rechnen vor, wie die Bahn über Jahrzehnte das Nachsehen hatte, und haben noch nie ein Wort darüber verloren, wie es Wolfgang Schmitt und den anderen Millionen Bürgern geht, die dicht an Schienensträngen leben müssen. Der Lärmpegel der Bahn ist im Umweltbewusstsein der Grünen und ihrer außerparlamentarischen Zellen ausgeblendet. Bis zu 105 Dezibel müssen die Rheintalbewohner ertragen, 90 Dezibel ist der Mittelwert – alles Lärmpegel, die in keinem Betrieb toleriert werden, da sie die zulässigen Grenzwerte bei weitem überschreiten. In Fabriken sind bei diesem Lärm Arbeiter verpflichtet, Ohrenschützer zu tragen.

Die Güterzüge donnern jetzt schon bei Tag und bei Nacht durch das Tal. Bereits der Gedanke, dass es noch mehr Züge werden könnten, löst bei den Mittelrheinbewohnern Albträume aus. 100 Millionen DM hat die Regierung Schröder/Fischer nach ihrem Wahlsieg für besondere Härtefälle zugesagt, doch das sind Limperlinge, gemessen am Finanzbedarf. Allein der Tunnel zur Umgehung von Rüdesheim soll schon zirka 220 Millionen Mark kosten – und steht deshalb seit Jahren nur auf dem Papier.

Lärmschutzblenden im Rheintal helfen wenig. Die Städte hätten zwar dann alle eine Wand zwischen sich und dem Rhein, doch der nach oben steigende Lärm, der noch Unterhaltungen in den Restaurants der Burgen auf der jeweils anderen Rheinseite unmöglich macht, würde sich damit um kein Dezibel verringern. Beim Thema Güterverkehr und Bahn erreicht die Debatte auf der Verlogenheitsskala Spitzenwerte. Wäre die Bahn vor allem beim Gütertransport verpflichtet, die gleichen Lärmschutzwerte einzuhalten wie Flugzeuge und Lastwagen, so müsste sie morgen weitgehend stillgelegt werden. Die notwendigen Finanzmittel für Tunnelbauten, für lärmreduzierende Techniken und rollendes Gerät aber würden die Investitionen derart in die Höhe treiben, dass der Güterfernverkehr nicht mehr zu bezahlen wäre. So tröstete Klaus Hugo, ein Vertreter der Deutschen Bahn AG, die versammelten Betroffenen der Mittelrheinregion, dass es allein zehn Jahre dauern würde, um alle 100 000 Güterwagen auf den neuesten technisch möglichen lärmgeminderten Stand zu bringen.

Ein unausrottbares Märchen wird immer wiederholt: Die Aufwendungen des Staates für die Schiene seien wesentlich geringer als für die Straße. Allein im Bundesverkehrswegeplan 1992 waren die geplanten Aufwendungen für die Schiene gemessen am Passagierkilometeraufkommen sechsmal höher als für die Straßen. Kaum hatte im Frühjahr 2000 der gerade amtierende Verkehrsminister Reinhard Klimmt verkündet, dass er mit einem Dringlichkeitsprogramm ab dem Jahre 2003 Autobahnen in Ballungszentren auf sechs Spuren erweitern will, da erhob sich schon wieder der Chor der angeblichen Bahnfreunde, vorneweg die Grünen, und forderte, endlich die Benachteiligung der Bahn auszugleichen und statt für die Straßen das Geld für die Schiene auszugeben. Dabei verschweigen sie, dass das Geld, das da in die Bahn umgelenkt werden soll, von den Autofahrern aufgebracht würde. In einer Talkrunde bei Sabine Christiansen verteidigte sich Verkehrsminister Klimmt gegen die Vorwürfe der Bahnlobbyisten und verwies darauf, dass jetzt schon der Staat die Bahn mit über 40 Milliarden Mark jährlich unterstütze – eine Aussage, die sonst so deutlich nicht zu hören ist. Um der Bahn zu helfen, fehlt zwar auch Geld, aber es fehlt vor allem an einem Konzept, das Kunden anlockt und sie nicht vertreibt.

Eine wahre Geschichte soll verdeutlichen, worüber ich hier schreibe.

Nach dem Sturm »Lothar« im Winter 2000 lagen bei Fremdingen und Wilburgstetten in Ostwürttemberg 140 000 Festmeter Holz flach. In Deutschland waren die nicht mehr abzusetzen. Der Besitzer Fürst Oettingen-Spielberg fand glücklicherweise in Österreich Abnehmer. Damit wäre das Holz aus dem nicht mehr aufnahmefähigen Markt weg. Und da der Fürst wie alle Waldbesitzer auch ökologische Prinzipien hoch hält, wollte er sein Holz nicht mit Lastkraftwagen, sondern mit der Bahn nach Österreich verfrachten. Jedoch hatte er da mit einem nicht gerechnet: mit einer Gesellschaft, deren Geschäftsgebaren jede Satire übertrifft: der DB Cargo AG.

Für die Holzverladung kommen die nächst gelegenen Bahnhöfe Fremdingen und Wilburgstetten in Betracht. Zuständig für das Marktsegment Forstwirtschaft und Industrieverladung ist Herr Ebenhardt in der DB-Cargo-Zentrale in Mainz. Der gibt sich hoch erfreut über das Geschäft und verspricht, sich zu kümmern. Beauftragt wird der Kundenberater im Marktbereich Kaufmannsgüter und Land/Forstwirtschaft, Gustav Grothe, in Rosenheim. Nach zwei Telefonaten mit dem ehemaligen Staatssekretär im Verkehrsministerium, Wolfgang Gröbl, der sich vermittelnd eingeschaltet hat, erfolgt ein schriftliches Angebot von den Bahnhöfen Ansbach und Triesdorf, die jedoch ziemlich weit weg vom Holzbruch entfernt liegen. Ex-Staatssekretär Gröbl macht sich nach Rosenheim auf. Dort erklärt ihm Herr Grothe, dass der Holztransport auf dem so genannten schwarzen Netz vollzogen werde. Das bedeutet eine Transportdauer von zwei Tagen bei höchstens 100 Stundenkilometern.

Die gewünschten zehn Waggons, deren Verfügbarkeit keineswegs garantiert werden kann, sollen vom Verladebahnhof mit einer Diesellok abgeholt werden. Sobald der Zug Gleise mit E-Netz erreicht, wird der Zug umgespannt auf eine E-Lok, die das Holz zu einem gemeinsam mit Österreich festgelegten Übergabepunkt zieht, wo dann eine österreichische E-Lok die Waggons übernimmt. Da aber der Bestimmungsort nicht an einem E-Gleis liegt, werden die Österreicher auch noch einmal einen Wechsel von E auf Diesel vornehmen. Der Rücktransport der dann zehn leeren Waggons wird auf demselben Wege stattfinden.

Der Bahnhof Fremdingen, auf dem das Holz verladen werden solle, sei aber nicht mehr in Betrieb und könne auch nicht reaktiviert werden. Die Zuständigkeit darüber liege bei einem Herrn Knittel in München. Der Bahnhof Wilburgstetten sei für Verladungen nicht freigegeben. Den Schlüssel dazu habe Herr Gassauer von der DB Cargo AG in Nürnberg. Herr Gassauer aber ist – wie könnte es anders sein – in Urlaub. Sein Kollege Moßner aber wusste immerhin, dass die DB Cargo das Gleis in Wilburgstetten nicht angemietet hat. Es gebe jedoch einen funktionierenden Gleisanschluss, der von der Firma Rettenmaier privat betrieben werde. Ein zweites Gleis sei von der DB Nahverkehr angemietet worden und stehe deshalb der DB Cargo nicht zur Verfügung. Später ergänzt Herr Moßner, dass die DB Cargo doch ein Gleis in Wilburgstetten hat, dieses aber als Überholgleis benötigt wird und deshalb nicht zum Verladen benutzt werden kann.

Es geht weiter. Ein Herr Geppert von DB Cargo Nürnberg ruft bei Fürst Oettingen-Spielberg an und meint, das Verladen sei doch in Wilburgstetten möglich, aber nur mit zwei bis drei Waggons. Gleichzeitig verweist Herr Geppert auf einen Herrn Högner bei der DB Cargo AG Nürnberg, der die Örtlichkeit viel besser kenne. Der Herr Högner ist ein sehr hilfsbereiter und zugänglicher Mann, der bestätigt, dass im Prinzip in Wilburgstetten Holz verladen werden könne. Aber die Bahn habe auf die Naturkatastrophe des Sturmtiefs »Lothar« reagiert und speziell dafür einen Beauftragten benannt: den Herrn Hoch in Nürnberg. Auch dieser ist ganz zuversichtlich, zuvorkommend und zeigt sich kooperativ. Er weist allerdings darauf hin, dass er für die Bereitstellung und die Preise nicht zuständig sei. Dies gehöre wieder in den Aufgabenbereich des Herrn Gassauer, der auch endlich aus dem Urlaub zurück ist.

Herr Gassauer weiß zunächst von gar nichts. Nachdem er sich die ganze Geschichte noch einmal hat von vorne erzählen lassen, ist er gleich viel skeptischer. Es könnten höchstens vier Waggons auf einmal beladen werden, die dann nach Ansbach rangiert werden müssten – und das würde teuer. Gassauer nimmt dann eine Karte in die Hand und überprüft die Eigentumsverhältnisse am Bahnhof. Daraus, so schließt er, ergebe sich eigentlich lediglich die Möglichkeit, jeweils nur einen Waggon zu beladen. Genauere Auskunft aber könne die DB-Immobilienabteilung in Augsburg erteilen. Doch die weiß auch nichts. Die Herren Gassauer und Högner raffen sich dann noch zu einer Ortsbesichtigung auf und teilen schließlich mit, das Holz könne nur in Gunzenhausen oder Ansbach verladen werden, nachdem es dorthin mit Lkws gebracht wurde.

Ich weiß nicht, wie die Geschichte ausging, sie war noch nicht zu Ende, als ich diese Zeilen schrieb. Aber wie viel eiserner Wille und Selbstverleugnung gehören dazu, sein Holz mit der Bahn zu transportieren, weil man aus Überzeugung seinen Teil zur Entlastung des Straßenverkehrs beitragen will! Wahrscheinlich ist das Holz trotzdem auf der Straße gelandet, wie so viele tausend Tonnen Ware auch, die genauso gut oder besser hätten auf der Schiene transportiert werden können, wenn die Bahn nur im Ansatz auf Kunden eingehen würde und damit wettbewerbsfähig wäre.

Mit einer Durchschnittsgeschwindigkeit von 18 Stundenkilometern zuckelt heute der Güterverkehr durch Europa. Das liegt, wie im oben beschriebenen Beispiel, an völlig überholten Rangiersystemen, den international nicht angepassten Lokomotiven, am ständigen Umstellen und Umspannen und einer chaotischen Betriebsführung. Die DB Cargo weiß oft nicht, wo sich ihre 164 000 Waggons befinden, ob sie gerade irgendwo herumstehen oder ob sie leer oder voll durch die Lande gezogen werden. Statt ihren Marktanteil zu steigern, hat die Bahn im Güterverkehr ständig Marktanteile verloren. Und das ist nicht durch Zwangsverordnungen und durch eine ideologisch begründete Umsteuerung des Güterverkehrs zu bewerkstelligen. Das geht nur mit Bahnmanagern, die sich dem Wettbewerb stellen und begreifen, dass sie für den Kunden da sind und nicht zur Erhaltung von unproduktiven Arbeitsplätzen.

Zurzeit hält die Bahn einen Marktanteil am Güterverkehr von 16 Prozent. 67 Prozent werden über die Straße befördert, der Rest entfällt auf die Binnenschiffahrt mit 14 Prozent und Pipelines mit drei Prozent. Das Deutsche Institut der Wirtschaft rechnet bis zum Jahr 2010 mit einer Zunahme der Frachttonnenkilometer um 38 Prozent. Sollte es der Bahn gelingen, wenigstens ihren Marktanteil zu halten, so wird sie gewaltige Anstrengungen für ihre bisherige Angebotsstruktur und für die technische Erneuerung unternehmen müssen. Sollten aber nur zehn Prozent des Gesamtvolumens zusätzlich auf die Schiene umgelenkt werden, müsste das bestehende Schienennetz – so haben Verkehrsexperten ausgerechnet – verdoppelt werden: eine völlige Illusion. Wie sollte es möglich sein, bei den heutigen Umweltgesetzen zweispurige Hauptstrecken in vierspurige Gleisschneisen umzuwandeln? Die Menschen am Rhein können sich zwar nicht mehr dagegen wehren, dass ihnen vor zirka 150 Jahren die Bahnstränge durch ihre Städte gebaut wurden, aber verdoppeln lassen sich die Gleise für Güterverkehr wohl nirgends in der Republik ohne erbitterten Widerstand der Bevölkerung.

Ein Blick in die USA aber zeigt, dass gut gemanagte Bahnen dem Straßenverkehr preislich weit überlegen sind. Die fünf großen US-Eisenbahngesellschaften haben im Güterverkehr einen Marktanteil von rund 30 Prozent. Im Schnitt verdienen sie an jedem Dollar Einnahme zehn Cent Reingewinn. Die größte US-Gesellschaft, Union Pacific, beschäftigt bei einem Streckennetz von 30 000 Kilometern nur 70 000 Arbeitnehmer. Von ihrer Zentrale in Omaha aus steuert sie den ganzen Verkehr so effizient, dass sie jederzeit weiß, wo ihre Waggons sind und wie sie sich am besten einsetzen lassen.

Die US-Gesellschaften haben sich aber ganz auf Fracht konzentriert und darauf Gleistechnik und Leistungsfähigkeit abgestimmt. Für uns Europäer ergibt sich so in den USA das eigenartige Schauspiel, dass im Schneckentempo von 30 Stundenkilometern ein drei Kilometer langer Zug an uns vorbeirollt, der bis zu 15 000 Tonnen transportiert und von gerade mal zwei Mann betrieben wird. Längst stellen die Speditionen ihre Trailer und Container auf die Frachtzüge – freiwillig und unsubventioniert –, weil dies sinnvoller ist, als selbst bei den billigen Spritpreisen in den USA einen Lkw von einem Ende des Kontinents zum anderen rollen zu lassen. Erst die Deregulierung der Speditionsbranche und ein wettbewerbsorientierter Markt haben den Güterverkehr in den USA von der Straße auf die Schiene umgelenkt. Aber nein, wir Europäer wollen das noch nicht einmal wissen. Wie mit Scheuklappen versehen versuchen wir es mit Staatslenkung und Markteingriffen und verleugnen konsequent, dass es die verbeamteten Staatsbahnen waren und sind, die die Schiene aus dem Wettbewerb geworfen haben.

Seit dem Jahre 1993 ist die Deutsche Bahn AG offiziell privatisiert. Alleiniger Anteilseigner aber ist noch die Bundesrepublik Deutschland, und deren Regierung hat bisher noch keinen Zweifel daran gelassen, was sie unter Privatisierung versteht. Denn noch immer achtet sie darauf, dass die Deutsche Bahn AG sich den politischen Vorgaben unterordnet und Rentabilität und Markt zweitrangig sind. Der erste Bahnchef nach der »Privatisierung« fing ja ganz forsch an. Heinz Dürr wollte die unheilige Allianz zwischen der Beamtenbahn und der von ihr abhängigen Bahnindustrie entkoppeln. Hinter dieser Zweisamkeit steckt ein Stück verheerender westdeutscher Bahntradition.

Die Bahnmanager bestellten nach ihren Wünschen und Vorstellungen Lokomotiven und Waggons, die Industrie stellte diese dann her, schlug einen ordentlichen Gewinn drauf und lieferte dann ohne technische Verantwortung und Risiko die gewünschte Ware ab. Heute, acht Jahre nach der Bahnreform, leidet die gesamte deutsche Bahnindustrie noch unter dieser Verwischung der Verantwortlichkeit. Die Lokomotiven und Züge, die jetzt von Siemens, DaimlerChrysler und Thyssen-Henschel abgeliefert werden, geraten zum öffentlichen Ärgernis oder zu Lachnummern. Da gibt es Neigezüge, die sich nicht neigen, ICE-Superzüge, die nur Tempo 200 fahren dürfen, und S-Bahnzüge, die nicht fertig werden. Die Deutsche Bahn AG schiebt das auf die Hersteller, diese wiederum auf die neuen Lieferbedingungen der Bahn. Ein Ende des Dramas ist noch nicht in Sicht.

Heinz Dürr hat sich auch Visionen erlaubt. Das Streckennetz ist bis auf wenige Ausnahmen in der Zeit deutscher Könige und Fürsten entstanden, die Schienenstränge entlang ihrer Herrschaftsbereiche bauten. Im Frankfurter Hauptbahnhof ist noch heute nachzuvollziehen, dass sich die drei hessischen Herrscher jeweils einen eigenen Bahnhof mit eigenen Gleisanlagen in der Mainmetropole leisteten. Heinz Dürr nun ließ für Stuttgart, Frankfurt und München Studien erstellen, die das Feudalzeitalter überwinden und aus den Kopfbahnhöfen Durchgangsbahnhöfe machen würden. Alle drei Städte würden viele Hektar Innenstadtfläche zurückerhalten. Die Durchfahrt vor allem in Stuttgart und Frankfurt würde sich um 15 Minuten verringern, Rangierflächen, Weichen, umfangreiche Signalsysteme und damit viele Verspätungsursachen gleichzeitig beseitigt. Aber zukunftsweisende Visionen sind in Deutschland etwas Gefährliches, wenn sie auffällig großzügig sind und wirklich etwas Neues beinhalten. Dürrs Visionen werden von den Grünen und allen Bewahrern vehement bekämpft. Dabei hätten diese Veränderungen der Bahn wirklich neue Perspektiven gegeben.

Dürr scheiterte schließlich an seinem Nachfolger. Da wurde deutlich, wie privat die Bahn ist. Dr. Johannes Ludewig hieß der Beamte aus dem Kanzleramt, dessen wesentliche Qualifikation für die Aufgabe des Bahnchefs darin bestand, dass er das Vertrauen von Helmut Kohl besaß. Das Pflänzchen, das bei Dürrs Fürsorge zart zu sprießen begonnen hatte, verkümmerte bei Ludewig wieder ganz schnell. Und weil er beim Kanzler die besseren Karten hatte, gelang es ihm sogar, Dürr als Aufsichtsratsvorsitzenden wegzumobben. Das System der scheinprivatisierten Bahn unter Ludewig beruhte darauf, scheinprivate Lösungen anzubieten. Dazu gehörte vor allem, mit den Gewerkschaften keinen Streit anzufangen und auch bei den neuen Strecken oder Stilllegungen niemandem politisch zu nahe zu treten. Das politische Gleichgewicht wurde durch den SPD-Studienrat Klaus

Daubertshäuser gewahrt, der in seiner Fraktion zum Verkehrsexperten aufgestiegen war, was ihn dann in den Vorstand der Deutschen Bahn AG beförderte.

Man muss kein Freund der Bahn sein, um mittlerweile Mitleid mit ihr zu empfinden. Nichts charakterisiert das Unternehmen so wie der Name der Fernsehreihe »Pleiten, Pech und Pannen«. Und niemand schadet dem Unternehmen mehr als all die ideologischen Bahnfreunde und politischen Verkehrsexperten. Die Deutsche Bahn AG hat nur dann eine Chance, wenn sie endlich wie ein privatwirtschaftliches Unternehmen geführt werden darf, das seine Leistungen nach Gewinn und Verlust berechnet und das nicht mit nebulösen gesamtgesellschaftlichen Aufgaben überfrachtet wird.

Natürlich muss es möglich sein, dass der Staat sagt: Wir wollen, dass Rentnern und Schulkindern ein preiswertes Transportmittel zur Verfügung steht. Dann soll der Staat, also der Steuerzahler, diese Billigtickets direkt aus dem Sozialetat subventionieren. Er kann aber davon nicht das Recht ableiten, das Unternehmen dazu zu verpflichten, die Sozialkosten zu schultern, die die Regierung verteilt. Genauso gut kann der Staat aus sozialen Gründen auch billige Flugtickets ausstellen, wie er das für seine zwischen Bonn und Berlin pendelnden Beamten ja praktiziert. Nur bei der Bahn nimmt sich jeder Dorfpolitiker, jeder Gewerkschaftsfunktionär, jeder Verbandsgeschäftsführer und sogar die Geistlichkeit das Recht heraus, mitzureden, wie sie zu betreiben sei. Was noch lange nicht heißt, dass einer der Großschreier sie auch benutzt.

Im Frühjahr 2000 vollzog sich wieder einmal ein Trauerspiel um die Bahn. Ein erfolgreicher Industriemanager hatte die Nachfolge des Politbeamten Ludewig übernommen. Hartmut Mehdorn ist angetreten, die Deutsche Bahn AG in einigen Jahren an die Börse zu bringen. Dazu sind harte Schnitte nötig, und er ist bereit dazu. Sein Konzept: Auf einem Netz, das aussieht wie ein Rad mit drei Verstrebungen, will er ICE-Züge im 30-Minuten-Takt mit einer Geschwindigkeit zwischen 250 und 330 Stundenkilometern fahren lassen. Die Haltepunkte werden dann von Zubringerzügen bedient, die auf das ICE-Netz abgestimmt sind. Alle Strecken, auf denen heiße Luft in Waggons transportiert wird, will er an die Regionen zurückgeben. Dürrs Visionen von den schnellen Durchgangsbahnhöfen sollen Realität werden.

Mehdorn zeigt auf, dass sich sein Unternehmen in einer dramatischen finanziellen Lage befindet. Analog zu anderen erfolgreichen internationalen Eisenbahngesellschaften bedeutet sein Konzept auch, dass ungefähr 70 000 Beschäftigte entlassen werden müssen. Andernfalls drohe bei kaufmännischer Buchhaltung der Konkurs. Ein Sturm der Entrüstung bricht aus. Die Gewerkschaften drohen mit Streik. Die Landesregierungen wehren sich gegen die Übernahme unrentabler Strecken, weil dann sie den schwarzen Peter der Stilllegung hätten. Da ist sich die CSU Bayerns sogar mit der SPD Nordrhein-Westfalens einig. Alle wissen, was Mehdorn zu unterlassen hat. Aber keiner sagt, woher die Bahn das Geld nehmen soll, wenn sie so weiterwurstelt wie bisher. Verlogenheit und Scheinheiligkeit erreichen in diesem Falle wieder einmal Spitzenwerte.

Wenige Monate zuvor hatte ich Gelegenheit, einen der erfolgreichsten Bahnmanager der Welt zu treffen. Shuichiro Yamanouchi ist Chef der Japan Eastern Rail, der größten privaten Bahngesellschaft der Welt. Seinem Unternehmen gelingt es, bei einer höheren Personenkilometerleistung mit 70 000 Beschäftigten weniger als bei der Deutschen Bahn AG Gewinne zu erwirtschaften, die so hoch sind, dass er an die Börse gehen konnte. Der japanische Bahnchef strotzt vor Selbstbewusstsein: »Wir haben aus der schlechtesten Bahngesellschaft die beste der Welt gemacht, und das nur, weil wir privatisiert wurden. Statt Subventionen zu erhalten wie früher, zahlen wir jetzt Steuern an den Staat. Das macht uns stark und unabhängig.«

In der Tat, vor der Privatisierung 1986 brachte es die japanische Staatsbahn fertig, pro Streckenkilometer noch mehr Defizit zu produzieren als die alte Deutsche Bundesbahn. Dabei war die japanische Bahn technisch nicht so heruntergewirtschaftet wie das deutsche Unternehmen. Sie musste schon immer mit privaten Bahnen konkurrieren. Selbst im Nahverkehr hatte sie nie ein Monopol. Das Bewusstsein, vor allem die Passagiere zufrieden zu stellen und nicht lokale Politiker, war deshalb eine wesentliche Geschäftsgrundlage.

So wie der deregulierte Wettbewerb in den USA leistungsfähige Güterzugsysteme hervorgebracht hat, die bei uns noch nicht einmal im Ansatz zu erkennen sind, so machen uns die Japaner vor, wie ein effizienter, gewinnträchtiger Personenverkehr organisiert werden kann. Beide Beispiele beschreibe ich deshalb so ausführlich, um zu beweisen, dass auch die Bahn in Deutschland eine subventionsfreie Zukunft hat, wenn sie wirklich privatisiert, unabhängig von Politikern und ihren scheinheiligen Ratschlägen, den Wettbewerb mit den anderen Verkehrsträgern aufnehmen kann. Sie benötigt dann auch nicht mehr die kontraproduktive Unterstützung angeblicher Umweltschützer. Ich bin in Japan mehr als doppelt soviel mit der Bahn gefahren wie in Deutschland. Ich habe von ganz allein begriffen, dass der Nahverkehr in Tokyo preiswerter und schneller ist als das Auto. Und wenn die Autobahngebühr, ohne die Spritkosten und die Abschreibung, in etwa so hoch ist wie das Bahnticket von Tokyo nach Osaka, dann muss man schon ein sehr spleeniger, wohlhabender Autofan sein, um weiterhin noch mit dem eigenen Wagen zu fahren.

Immerhin, 1993, fast 30 Jahre nach Japan, begann auch in Deutschland das Zeitalter der Hochgeschwindigkeitszüge. Auf zwei Teilstrecken, Hannover–Würzburg und Mannheim–Stuttgart, erreichen die schnittigen weißen ICE-Züge bis 250 Stundenkilometer. Sie wurden mit einer solchen Eigenpropaganda und einem Eigenlob gepriesen, dass beim deutschen Bahnkunden der Eindruck entstehen musste, dass jetzt weltweit tatsächlich das Bahnzeitalter anbrechen würde, dank deutscher Bahntechnik. Die Wahrheit: Es war erst der vierte Hochgeschwindigkeitszug in der Welt und dazu noch der langsamste. Nach Japan hatten auch schon Franzosen und Spanier Strecken eingeweiht. Allein zwischen Paris und Lyon standen 1999 der französischen Bahn 100 TGV-Züge zur Verfügung, so viele wie die Deutsche Bahn AG 1999 auf ihrem Netz betrieb. Und den Umsatz von 1,7 Milliarden Mark auf dem ICE-System, den die Deutsche Bahn bis 1997 erzielte, hatten die Franzosen bereits 1991 nur auf der Strecke von Lyon nach Paris erreicht.

Das Maß aller Dinge aber bleiben die Japaner. Nach dem furchtbaren Unglück von Eschede kam in Deutschland ja sofort die Diskussion auf: Der Hochgeschwindigkeitsverkehr an sich müsse eingestellt werden, sei schuld an dieser Katastrophe, denn er könne vom Menschen nicht beherrscht werden. In Gesprächen und bei Vorträgen erzählte ich dann, dass in Japan zurzeit die Schinkansen-Züge im Vierminutentakt mit Spitzengeschwindigkeiten von bis zu 330 Stundenkilometern verkehren. Fast ausschließlich kam als spontane Reaktion die Antwort: »In so was würde ich nie einsteigen.« Das ehedem sprichwörtliche Grundvertrauen in die Zuverlässigkeit der deutschen Bahn ist in Misstrauen, ja regelrechte Angst umgeschlagen. Die Pannen und Pleiten sind aber nicht eine Folge der Privatisierung, sondern das Ergebnis jahrelanger Misswirtschaft der deutschen Beamtenbahn und deren besserwisserischer arroganter Manager, die ihren politischen Herren zu dienen hatten, nicht dem Kunden.

Die Charakterisierung der früheren Bahnverantwortlichen mag dem einen oder anderen Leser vielleicht zu brutal ausfallen. Aber ich habe diese Ansammlung negativer Attribute nicht bedenkenlos gewählt. Was Deutschland 1992 nämlich nach elfjähriger Bauzeit endlich in Dienst stellte, war die kostspieligste eierlegende Wollmilchsau, die je in der Bahnwelt erfunden wurde. Die Strecke von Hannover nach Würzburg war bis dahin mit 50 Millionen DM pro Kilometer die teuerste Neubaustrecke der Welt und wird es voraussichtlich auch in alle Ewigkeit bleiben. Es sei denn, es findet sich noch einmal ein Staat, der alles, was andere schon erprobt haben, außer Acht lässt und die Eisenbahnphysik neu erfindet. Während Japaner und Franzosen eine nur für ihre Hochgeschwindigkeitszüge vorgesehene Strecke bauten – diese aber nach allen Regeln der Sicherheit und Wirtschaftlichkeit –, wurden die deutschen Gleise für den Mischverkehr ausgelegt gemäß der Maxime: Der Güterverkehr darf nicht benachteiligt werden, und nachts fahren sowieso keine ICE-Züge.

Dadurch durften keine Steigungen mehr als vier Prozent betragen, weil dies die schweren Güterzüge sonst nicht mehr schaffen. Auch ein enger Kurvenradius war nicht mehr erlaubt. Der macht zwar den Güterzügen nichts aus, dafür fliegen dann die Hochgeschwindigkeitszüge aus den Gleisen. Die könnten aber locker eine steile Strecke bewältigen. Um die Wollmilchsau zu bauen, musste also die Strecke ziemlich gerade, wie von einem Laserstrahl entworfen, durch die Mittelgebirgslandschaft geführt werden, was enorme Tunnel- und Brückenbaukosten verursachte. Doch damit nicht genug: Die schweren Lokomotiven und Güterwagen belasten das Gleisbett viel stärker als die ICE-Züge. Statt auf Beton wurde die Strecke deshalb auf Schotter gelegt. Dieser Untergrund verursacht aber wieder höhere Wartungskosten, weil er nicht so stabil ist. Absolute Stabilität jedoch ist wiederum die Voraussetzung für die Hochgeschwindigkeitszüge. Der Mischverkehr auf den Strecken mit unterschiedlichen Geschwindigkeiten wiederum verkompliziert die Abstimmung und erfordert ein höheres Maß an Sicherheitsvorkehrungen. Diese ganze Gemengelage hat zur Folge, dass eine Zugfrequenz von vier Minuten wie in Japan illusorisch ist.

Mit einem höheren Kostenaufwand haben wir also fast drei Jahrzehnte nach den Japanern eine geringere Leistungsfähigkeit erreicht. Und das bedeutet halt auch eine schlechtere Kosten-Nutzen-Relation, die automatisch zu höheren Preisen oder Defiziten führt. Bei dem Versuch, das ICE-System in Südkorea zu verkaufen, machten sich Hersteller und Bahnvertreter mit ihrer Mischform sogar lächerlich. Als sie nicht davon abließen, den koreanischen Ministern und Politikern einzureden, dass im Gegensatz zu den Konkurrenten aus Japan und Frankreich nur das deutsche System Güter und Passagiere befördern kann, reagierten die Koreaner unwirsch: »Please stop talking about freight trains«, gab ihnen schließlich der koreanische Verkehrsminister zu verstehen und entschied sich für das französische Angebot. Bei der Neubaustrecke von Köln nach Frankfurt wurde dieser Fehler nicht mehr wiederholt – was für ein billiger Trost.

Der Missbrauch des Verkehrsträgers Bahn durch die Politik hat das Unternehmen jetzt in eine Lage manövriert, aus der es aus eigener Kraft nicht mehr herauskommt. Die generöse Geste, der Deutschen Bahn AG die 67 Milliarden Schulden der Bundesbahn zu erlassen, hätte vielleicht ausgereicht, wenn die Politik sich dann wirklich herausgehalten hätte. Aber von der Personalentscheidung Ludewig bis hin zu den Länderprotesten gegen Streckenstilllegungen und dem Kuhhandel mit den SPDnahen Gewerkschaften sind wertvolle Jahre nutzlos verstrichen. Inkonsequenzen bei Neubaustrecken kommen hinzu.

Südlich von Erfurt sind Betondenkmäler zu besichtigen. Elegant schwingt sich da eine Hochgeschwindigkeitstrasse über das Erfurter Autobahnkreuz. Doch zehn Kilometer weiter endet das 1,3 Milliarden DM teure Missverständnis. Das sollte einmal die Hochgeschwindigkeitsstrecke Berlin–Leipzig–Erfurt–Nürnberg–München werden und damit sogar Teil des EU-Hochgeschwindigkeitsnetzes. Aber zwischen Erfurt und Nürnberg, so hat es Verkehrsminister Müntefering ausrechnen lassen, rechnet sich die Strecke nicht. Also werden die bisher verbauten und verplanten 1,3 Milliarden DM abgeschrieben. Eine gewaltige Summe, für die niemand die Verantwortung übernimmt.

Auch in diesem Fall bin ich bei den Recherchen wieder auf eine Wand des Schweigens, Verheimlichens und Vertuschens gestoßen. Politische Vorgaben hätten seinerseits diese Streckenführung verlangt, um die CDU-Regierung in Thüringen zu stärken. Falsche Zahlen seien benutzt worden, um durch eine Nutzung von Güter- und Passagierverkehr zu positiven Ergebnissen zu kommen, ohne zu berücksichtigen, dass sich dadurch die Strecke wieder enorm verteuern würde. Aber wie bereits gesagt: Weil Transparenz keine Pflicht ist, von der Öffentlichkeit die Grundlagen dieser Entscheidungen also nicht nachvollzogen werden können, müssen die Politiker in Kauf nehmen, dass wir Wähler ihnen Unfähigkeit bei einfachen Mathematikarbeiten attestieren oder dass sie perfide die kurzsichtige Verdummung ihrer Wähler einkalkulieren. Beides ist wenig schmeichelhaft. Eine dritte Alternative ist mir noch nicht eingefallen.

Um das planwirtschaftliche Chaos unserer Verkehrspolitik zu überwinden, wird uns nichts anderes übrig bleiben, als einem Management, dass das Unternehmen endgültig den Gesetzen eines fairen Wettbewerbs unterwerfen und es nach allgemein gültigen kaufmännischen Grundsätzen führen will, noch einmal mit Steuergeldern auszuhelfen, auch wenn mir diese Subvention noch so widerstrebt. Aber gerechterweise gilt nun mal der Grundsatz: Wer die Suppe versalzen hat, soll sie auch auslöffeln. Und da wir alle es zugelassen haben, dass die Bahn politisch und ideologisch geführt wird, müssen wir als Steuerzahler nochmal in die Tasche greifen und das Unternehmen in die Lage versetzen, jene Investitionen in Strecken und Technik zu tätigen, an denen es bisher gehindert wurde. Damit dieser Milliardenschub jedoch nicht wieder ein Schuss ins Ofenrohr wird, ist für die Beteiligten die Erfüllung zweier Voraussetzungen Pflicht: Die Politiker müssen ein für alle Mal darauf verzichten, das Geschäftsgebaren der Bahn mitzubestimmen, und die Beschäftigten der Bahn müssen begreifen, dass sie ihr Geld nur noch vom Kunden in einer Wettbewerbswirtschaft erhalten.

In der Woche, in der ich das schreibe, zeigt das ZDF-Magazin »Frontal« einen Beitrag, in dem ein junges Mädchen erzählt, wie es vom Schaffner um vier Uhr nachts auf einem einsamen Bahnhof bei Magdeburg aus dem Zug geworfen wird, weil seine Fahrkarte für Wochenendtarife eine Stunde zuvor abgelaufen war. Es hatte der jungen Frau auch nicht geholfen, dass sie beweisen konnte, dass der Fahrkartenverkäufer sogar diese Zugverbindungen herausgesucht hatte. Ein Skandal. Der schlimmere Skandal aber war, dass ein Sprecher der Deutschen Bahn AG das Verhalten des Schaffners auch noch billigte. Solange solche Vorfälle möglich sind, helfen der Bahn keine noch so hohen Steuersubventionen.

Fast hätte ich sie zu erwähnen vergessen: die Deutsche Reichsbahn, die wir von der DDR geerbt haben. Mit viel Häme haben wir uns über sie hergemacht: ihre veralteten Stellwerke, ihr maroder Zustand. In Gotha durften die Züge nur noch mit neun Stundenkilometern über die Brücke fahren. Dabei war die Deutsche Reichsbahn doch das bevorzugte Verkehrssystem der Einheitssozialisten. Mit dem Auto, also dem Individualverkehr, hatten die ja wirklich nichts im Sinn. Aber das hatte der Reichsbahn auch nichts genutzt. Verkommen war sie trotzdem. Liebeserklärungen und ideologische Zuneigung helfen nichts gegen Verfall, wenn gleichzeitig die Tarife noch nicht einmal die Lohnkosten decken und der Staat insgesamt so pleite ist, dass er die Deckungslücken aus dem Haushalt nicht ausgleichen kann. Die DDR-Bahn eignet sich aber als Lehrbeispiel, wenn der Markt außer Kraft gesetzt und die Bahn einseitig bevorzugt wird.

29. Parolen statt Straßenbau

Gerade zurückgekommen aus Japan hinein in das Aufbruchs-durcheinander der Wiedervereinigung, hatten wir im Januar 1991 eine Idee. Zusammen mit Professor Norbert Walter von der Deutschen Bank Research und Professor Hans-Jürgen Ewers, seinerseits auf dem Lehrstuhl für Verkehrswissenschaften an der Universität Münster, rechneten wir aus, wie die enormen Kosten für die Sanierung der verschlissenen ostdeutschen Infrastruktur marktwirtschaftlich bewältigt und dann das gesamte deutsche Verkehrswesen im Wettbewerb miteinander ohne eine Mark Steuergelder auf Vordermann gebracht werden könnte. Damals wurden wir ausgelacht. Aber je mehr Chaos wir in den letzten Jahren im Verkehrswesen erleben, desto mehr bin ich davon überzeugt, dass wir damals einen genialen Lösungsvorschlag hatten. Politisch war er natürlich nicht durchsetzbar, wie alles, was den Staat in seiner Macht beschneiden würde.

Die Professoren Walter und Ewers hatten ausgerechnet, dass das deutsche Autobahnnetz ungefähr 200 Milliarden DM wert sei. Diese Summe ließe sich bei einer Privatisierung erlösen. In Form von Aktien oder Fondsanteilen ab 100 DM könnten sie weit unters Volk gestreut werden. Bei einer Maut von ungefähr 18 Pfennig pro Kilometer wäre eine Verzinsung von etwa acht Prozent realistisch.

Diese 200 Milliarden DM sollten dann zweckgebunden genutzt werden, die Deutsche Bundesbahn zu entschulden, um sie dann zusammen mit der Deutschen Reichsbahn auf einen technisch hervorragenden Stand zu bringen. Danach würden die Bahngesellschaften ebenfalls an der Börse angeboten. Die geplanten Autobahn-Neubaustrecken würden gleich privat finanziert und nicht mehr den Haushalt belasten. Die Bahngesellschaften hätten durch die Erlöse auf dem Kapitalmarkt eine Mitgift für ihre Neubaustrecken. Abgesehen davon, dass heute, zehn Jahre nach der Wiedervereinigung, die wichtigsten Infrastrukturlücken im Osten schon geschlossen und trotzdem unsere

Staatsschulden insgesamt niedriger wären, sehe ich immer noch keinen Nachteil für irgendeinen Verkehrsteilnehmer. Statt Ökosteuer würden wir Autobahngebühren zahlen. Was wäre daran ungerecht? Unsere Idee hatte aus einem einzigen Grund keine Chance: Sie war auf Markt und Wettbewerb aufgebaut – und das macht im staatsgläubigen Deutschland Bürger und Politiker gleichermaßen misstrauisch.

Jeden Tag erleben wir alle, dass der Staat nicht mehr in der Lage ist, die Verkehrsprobleme zu lösen. Wir stehen auf der Straße im Stau, verpassen Termine aufgrund verspäteter Züge und quetschen uns ergeben in proppenvolle Flugzeuge. Und trotzdem: Wenn das Thema Autobahngebühr auch nur erwähnt wird, erhebt sich ein Geheule, als ob es hier wirklich um ein unverzichtbares Freiheitsrecht ginge. Vorneweg der ADAC, der sich immer noch als Interessenvertretung der Autofahrer aufspielt, obwohl er doch längst eine Versicherung samt Reisebüro geworden ist. Nur wenn es um die Privatisierung der Autobahn geht, legt er los. Seine Argumente: Die habe der Steuerzahler schon bezahlt, also gehöre sie ihm auch. Außerdem ende das in einer verkehrspolitischen Katastrophe, weil dann der Verkehr, um die Gebühren zu vermeiden, auf die Bundesstraßen ausweichen würde.

Keine Partei setzt sich für eine privat finanzierte Autobahn ein, plötzlich haben sie Angst vor dem Gegenwind der Autofahrer, die sie sonst hemmungslos schröpfen. Und dann ist da das Heer der Beamten in Ministerien und Straßenbauämtern, die in alter preußischer Tradition den Grundsatz inhaliert haben: »Die Straße ist eine hoheitliche Aufgabe.« Was in fast allen Staaten der Welt selbstverständlich ist, nämlich dass für die Autobahnen deren Benutzer aufkommen, soll nur in Deutschland nicht möglich sein. Wenn es um die Autobahn geht, setzt in unserem Land der Verstand aus und der Mythos ein. Das verhindert sachliche Lösungen.

Für mich ist eine Autobahn eine vierspurige Straße ohne Kreuzungen und Ampeln, deren wichtigstes Sicherheitselement darin besteht, dass eine Mittelabgrenzung Frontalzusammenstöße verhindert und zwei Fahrzeuge nebeneinander in eine Richtung fahren können. Autobahnen sind dadurch in der Lage, ein gewaltiges Verkehrsaufkommen zu bewältigen, und das bei einer optimalen Sicherheit. Überall auf der Welt, wo es Autobahnen gibt, sinkt die Zahl der Unfälle und noch stärker die Zahl der Verkehrstoten. Doch ausgerechnet in meinem Heimatland, wo ich am meisten Auto fahren muss, weil dies mein Beruf mit sich bringt, ist die Autobahn etwas Besonderes, etwas Verklärtes, gehasst oder geliebt – ja, sie wird von vielen Mitmenschen immer noch als etwas sehr Deutsches empfunden. Waren wir laut eigener Propaganda doch das Land, das die Autobahn erfunden hat. Der Adolf Hitler war's, und der hat sie gebaut, damit die Arbeitslosigkeit beseitigt wird. Zwei Generationen später, zwei Generationen voller technischer Umwälzungen, zwei Generationen Demokratie statt Diktatur, hängt mir der Mythos Autobahn wirklich zum Hals raus. Weg mit den Erhöhungen und Verteufelungen. Mit Hirngespinsten und Ideologien werden wir der Staus nicht Herr. Dabei beginnt sich der Kollaps des Straßenverkehrs zu einer der Kernfragen hinsichtlich der Wettbewerbsfähigkeit unseres Staates auszuwachsen.

Ein paar Fakten, jenseits aller Mythen. 1997 stellten Detlef Frank und Joachim Stumpf in einer Studie die Abschätzung der volkswirtschaftlichen Verluste durch Stau im Straßenverkehr vor. Die Arbeit wurde von BMW gesponsert, was zunächst einmal zur Folge hatte, dass die Ergebnisse als bestellte Fakten der Automobilindustrie in Zweifel gezogen wurden. Doch die Berechnungen der beiden Wissenschaftler erwiesen sich als einfache mathematische Additionen, die jeder, der wollte, nachvollziehen konnte. Heute sind die Zahlen unumstritten, aber sie bewirken nichts. Sie werden einfach totgeschwiegen.

Auf 200 Milliarden DM volkswirtschaftlichen Verlust summieren sich demnach die Staukosten pro Jahr. Jeder Spediteur kann vorrechnen, was ihn eine Stunde kostet, jeder Vertreter, der mit zunehmendem Stillstand immer weniger Kunden besuchen kann, jeder Handwerker, der statt zu arbeiten auf der Straße die Zeit absitzt, die ihm niemand erstattet. Dieser volkswirtschaftliche Schaden bedeutet, dass jeder Arbeitnehmer in Deutschland auf 6000 DM Jahreseinkommen verzichten muss, die er entweder direkt mehr in der Tasche hätte oder die der Staat in Form zusätzlicher Leistungen zur Verfügung stellen könnte. Das übertrifft jede bisher geplante Steuersenkung, jede denkbare Tariferhöhung. Wieder einmal erweist es sich, dass volkswirtschaftliche Pauschalzahlen, so katastrophal sie sich für den Einzelnen auch auswirken, einfach nur so hingenommen werden. Weder bei den leidtragenden Bürgern noch bei den verantwortlichen Politikern lösen sie irgendwelche Reaktionen aus. Für ein halbes Prozent mehr Lohn sind Arbeiter bereit zu streiken. Aber 200 Milliarden DM Verlust für die Volkswirtschaft – da fehlt einfach die Vorstellungskraft, was das für jeden Einzelnen bedeutet, und deshalb passiert nichts.

Die Zahl 200 Milliarden beinhaltet auch die 14 Milliarden Liter Sprit, die im Stau in die Luft geblasen werden. Und hier schließt sich der Kreis, mit dem ich die Kapitel über unsere scheinheilige Verkehrspolitik begonnen habe. 14 Milliarden Liter Sprit, das sind mindestens 18 Milliarden DM Steuereinnahmen. So pervers es sich auch anhört: Ein erfolgreiches Antistauprogramm würde erhebliche Mindereinnahmen für den Fiskus bedeuten. So gesehen ist es verständlich, wenn Politiker aller Parteien die inhaltlichen Schwerpunkte der BMW-Studie lieber nicht in die öffentliche Diskussion einbeziehen. Das ganze Gerede von der Reduzierung des Benzinverbrauchs ist verlogen, solange die Verantwortlichen nicht endlich bereit sind, wenigstens die sinnloseste aller Luftverschmutzungen zu beseitigen – die Verschwendung von 14 Milliarden Liter Sprit im Stau.

Noch ein Fakt gegen Mythen. Der Verkehrsspezialist Herbert Baum hat schon 1995 in seiner Studie »Die Entkopplung von Verkehrswachstum und Wirtschaftsentwicklung« festgestellt, dass jede Mark, die in die dritte Fahrspur einer Autobahn investiert wird, das Sozialprodukt um 5,20 DM, jede Mark in eine Ortsumgehung um 5,10 und jede Mark in eine Verkürzung von Dauerbaustellen immer noch um 3,40 DM erhöht.

Weiter mit Fakten: Die Einnahmen aus dem Straßenverkehr betrugen für den Staatshaushalt 1997, also noch vor der Ökosteuerzeit, 119 Milliarden DM, die Ausgaben lediglich 32 Milliarden DM, davon für Autobahnen gerade mal sechs Milliarden. Das bedeutet zum einen, dass der Staat über den Straßenverkehr 87 Milliarden Mark einnimmt, zum anderen, dass er den leistungsfähigsten Verkehrsträger gleichzeitig unterfinanziert.

Unternehmen, die so mit ihren Anlagen und Produkten umgehen, sind in kürzester Zeit pleite. Noch einmal ein Vergleich mit der Bahn: Die nahm auch auf das Jahr 1997 bezogen 16 Milliarden DM ein und gab 39 Milliarden DM aus. Marktanteile konnte sie trotzdem nicht erobern.

Es geht mir hier nicht darum, die Autofahrer zu entlasten oder belasten. Weder folge ich der ADAC-Argumentation noch dem Verein »Freie Fahrt für freie Bürger«. Es geht darum, eine faire Wettbewerbswirtschaft zwischen den verschiedenen Verkehrsträgern zu schaffen. Ich weiß noch nicht einmal, ob es für den Autofahrer dabei wesentlich billiger würde. Kilometerbedingte Autobahngebühren und kostendeckende Parkgebühren, verbunden mit einem generellen Parkverbot auf öffentlichen Durchfahrtsstraßen, sind im Moment sicher so unpopulär, dass kein Politiker dies fordern würde. Lieber lassen sich die Straßenverkehrsteilnehmer über die Mineralölsteuer, die Kraftfahrzeugsteuer und die nur zum Teil anrechenbare Mehrwertsteuer abzocken. Lieber in einem undurchsichtigen Gemauschel zahlen als sich einem transparenten Marktpreis stellen.

Nach den Fakten nun die Mythen: Gegner des Automobils behaupten, die externen Kosten des Straßenverkehrs würden bei weitem die Steuereinnahmen überschreiten. Nehmen wir die ungünstigste Auflistung, zusammengestellt vom Zentrum für Europäische Wirtschaftsforschung. Es kommt in Deutschland auf 274 Milliarden DM Folgekosten durch das Auto, die sich aus Unfällen (44 Prozent), Lärm (8 Prozent), Luft- und Wasserverschmutzung (38 Prozent) und Klimaeffekt (10 Prozent) zusammensetzen. All diese Berechnungen übersehen, dass die Kraftfahrer über ihre Versicherungen zum Beispiel für die Unfallkosten selbst aufkommen müssen. Die Lärmbelästigung könnte bei gebührenpflichtigen Strecken durch entsprechende Auflagen reduziert werden. Im Moment stecken wir leider in der unglücklichen Situation, dass der Staat zwar das Geld einnimmt, aber nicht für die Bekämpfung des durch den Verkehr verursachten Lärms und der Luftverschmutzung ausgibt.

Was aber alle diese externen Horrorzahlen nicht berücksichtigen, ist der externe Nutzen, den die Gesamtheit aus der automobilen Gesellschaft und einem leistungsfähigen Straßennetz zieht. Mehr als die Hälfte des Wirtschaftswachstums der Nachkriegszeit geht auf das Konto des Verkehrs. Jeder sechste Arbeitsplatz hängt in Deutschland vom Auto ab. 73 Prozent der Bevölkerung besitzen ein Auto, und die anderen, Kranke, Kinder und Rentner, sind noch mehr auf dieses Fortbewegungsmittel angewiesen als die Gesunden und Flexiblen. Das starke Wachstum des Verkehrsaufkommens hat ein zusätzliches Volkseinkommen von 921 Milliarden DM geschaffen und übersteigt somit bei weitem die externen Kostenberechnungen.

Nächster Mythos: Das Auto ist der Umweltschädling Nummer eins. Das ist in dieser Absolutheit sicher falsch.

1. Energieverbrauch: Ein mit drei und mehr Personen besetztes Auto hat den geringsten spezifischen Energieverbrauch pro Personenkilometer. Ein wettbewerbsgeregelter Verkehr würde zudem dafür sorgen, dass die Verbraucher den für sie jeweils günstigsten Verkehrsanbieter auswählen könnten.

2. Luftverschmutzung: Im Jahre 2005, sobald die Stufe III der Schadstoffverordnung in Kraft ist, werden alle Autos zusammen etwa so viel Schadstoffe ausstoßen wie die Rasenmäher. Es ist nicht dem Automobil anzulasten, wenn die Politik nicht den Mut hat, Schadstoffverordnungen, die in den USA und Japan schon längst gelten, auch in Europa durchzusetzen. Das Gleiche gilt für die Rußbildung bei Dieselfahrzeugen.

3. Umweltverbrauch: Die außerörtlichen Straßen hierzulande beanspruchen gerade mal 0,7 Prozent der Gesamtfläche. Mit einer Erhöhung auf 1,2 Prozent könnte das Straßenverkehrsproblem umfassend gelöst werden. Und niemand, der halbwegs bei Sinnen ist, wird behaupten können, dass 1,2 Prozent der Fläche einer »Zubetonierung« unseres Landes gleichkäme.

In Talkrunden, der beliebten Palaverform politischer Stanzenverbreitung, kommen all diese Fakten nicht vor, oder sie gehen im allgemeinen Behauptungswust unter. Zum Beispiel bei Erich Böhmes früherem »Talk im Turm« und Sabine Christiansens ARD-Ersatz saß und sitzt dann als Vertreter für die Autofahrer immer ein etwas tumber Sportwagenfahrer mit einer Ich-fahre-gern-schnell-Mentalität. Seine Rolle ist damit festgelegt: Alle Vielfahrer haben Benzin im Blut und fahren mit Hormonen. Der Hobby-Verkehrsminister Matthias Wissmann glänzte im Talk mit der Propagandabehauptung: »Wir Deutschen haben das beste Straßennetz der Welt!« Die Straßen- und Autogegner in den Sendungen aber überfluten die Runden mit Zahlen aus den diversen Ökoinstituten, die alle eines gemeinsam haben: Sie nehmen auf die Volkswirtschaft, also auf die realen Zahlen noch auf Bedürfnisse der Menschen, keinerlei Rücksicht, sondern beschwören einhellig ein Weltuntergangsszenario: Wenn nicht endlich der individuelle Massenverkehr auf die öffentlichen Nahverkehrsmittel umdirigiert wird, bleibt nur die Apokalypse. Diese Plattitüden wurden jahrelang so intensiv wiederholt, dass sie von der Mehrheit der Bevölkerung als Realität akzeptiert werden.

So meldete die *Sächsische Zeitung* aus Dresden im Dezember 1998: »Verkehr bleibt Hauptverschmutzer der Luft.« In einem Kommentar empfiehlt ein Redakteur namens Peter Redlich den Politikern und Planern, den öffentlichen Nahverkehr attraktiver zu gestalten, damit mehr Menschen auf die Straßenbahn, auf Bahn und Bus umsteigen. Dabei waren noch keine acht Jahre vergangen, als sich der Dresdner Verkehr zum überwiegenden Teil in öffentlichen Verkehrsmitteln abspielte. Leider gibt es aus der DDR-Zeit keine genauen Statistiken. Der Individualverkehr verdichtete mit seinen Stinketrabis die Giftschwaden, die aus Braunkohleheizungen und ungefilterten Schornsteinen die Oststädte einhüllten. Was die Bürger dort einatmen mussten, war das Ergebnis einer gelenkten Staatswirtschaft mit entsprechender Ressourcenzuteilung. Doch acht Jahre später – es wölbt sich im Gegensatz zu früher ein blauer Himmel über Dresden – entdeckt die Zeitung das Auto als Umweltsünder Nummer eins. Dieselbe Zeitung hat jahrelang den Gegnern des Autobahnbaus viele Seiten und Sympathien gewidmet. Mindestens um fünf Jahre verzögerte sich so der Baubeginn, entsprechend länger muss sich der Fernverkehr in Richtung Prag von einem Ende der Stadt bis zum anderen Ende quälen. Dresdens Luft könnte in der Tat noch besser sein, aber nicht durch mehr Investition in den öffentlichen Nahverkehr, sondern durch den Bau von Autobahnen, den die DDR jahrelang versäumt hat.

Die Verteufelung des Autos als Quelle allen Übels ersetzt leider auch für die meisten meiner Kollegen eine eigene Recherche. Auch sie fahren mit dem Auto zu ihren Terminen, auch sie fluchen über die Staus, aber auch sie propagieren das eine und tun das andere, weil es für sie praktischer ist. Dass dieser Gegensatz zwischen Anspruch und Handeln nicht mehr registriert wird, ist ein totaler Sieg der Gutmenschen über die Bösmenschen.

Mit schlimmen Folgen. Diese Mythenbildung als Realität wahrzunehmen hat zu einer Massenschizophrenie geführt. In allen Umfragen befürworten Europäer, dass sich die Verkehrsplanung nicht am Auto orientieren soll. Aber sie selbst weigern sich, vom Auto auf andere Verkehrsmittel umzusteigen. Selbst in Innenstädten benutzen zwei Drittel der Befragten das Auto. Der Anteil des Autos an den Personenkilometern beträgt 90 Prozent. Dieser Widerspruch zwischen Anspruch und eigenem Verhalten wird tagtäglich neu gelebt. Die staatseigenen öffentlichen Verkehrsbetriebe bieten überall einen schlechten Service zu überteuerten Preisen. Und im Endeffekt ist halt nichts so bequem, wie in der eigenen Garage ins Auto zu klettern und direkt zum Endziel zu fahren.

Überall dort jedoch, wo ein marktwirtschaftlicher Wettbewerb stattfindet, sinkt der Anteil des Autos an den Personenkilometern ab, wie in Japan, wo er in den Ballungsräumen nur auf 60 Prozent kommt, und auf der Strecke Tokyo–Osaka, wo er noch nicht einmal 50 Prozent schafft. Es geht also – durch Wettbewerb, nicht durch Propaganda und Zwangsverordnungen.

Der Städteplaner Theo Romahn hat den ideologischen Kampf gegen das Auto in sechs Phasen eingeteilt und das jeweilige Ergebnis kommentarlos aufgelistet:

Die erste Phase von 1960 bis 1964 lief unter der Kampagne: Das Auto zerstört die Stadt, zerstört kulturell wertvolle Bausubstanz. In dieser Zeit verdoppelte sich die Zahl der Pkws von vier auf acht Millionen.

Die zweite Phase von 1965 bis 1969 lief unter dem Motto: Das Auto ist ein Verkehrsgerät und Mordwerkzeug. Die Zahl der Pkws erhöhte sich von acht Millionen auf zwölf Millionen.

Die dritte Phase dauerte von 1970 bis 1974 – Kampagnenüberschrift: Das Auto ist Lärmproduzent, Umweltzerstörer und Menschheitsvergifter. Ende 1974 war die Zahl der Pkws von 12 auf 16 Millionen angestiegen.

Die vierte Phase von 1974 bis 1979 trug den Titel: Das Auto ist ein Energieverschwender. Die Zahl der zugelassenen Pkws kletterte von 16 auf 20 Millionen.

Die fünfte Phase hatte eine urdeutsche Angst als Motto: Der Wald stirbt. Aber sosehr das Thema Wald auch aufgegriffen wurde – 1985 rollten statt 20 Millionen 25 Millionen Pkws auf unseren Straßen.

Von 1986 bis 1991, der sechsten Phase, dominierte der Kampf gegen die Raser. Und am Ende waren es 30 Millionen Pkws.

Eine siebte Phase möchte ich anfügen. Sie wird von zwei Inhalten geprägt. Auf der einen Seite wird jetzt mit dem CO_2 als Weltuntergangsgas die Angst geschürt, auf der anderen Seite schlossen sich 16 Millionen DDR-Bürger dem Westen an. Und wenn auch die Wiedervereinigung im Inneren und im Äußeren noch nicht vollzogen ist – auf dem Automobilmarkt hat sie längst stattgefunden. Das Straßenbild in West und Ost unterscheidet sich kaum. Selbst die Autodichte ist im Osten trotz höherer Arbeitslosigkeit und niedrigerer Einkommen fast identisch, und am Ende der siebten Phase haben wir 42,5 Millionen Pkws in Deutschland. Und sosehr von jeder Phase ein Teil des ideologischen Grabenkrieges in den Köpfen der Allgemeinheit und vor allem der Politiker haften geblieben ist – faktisch haben die Mystiker eine schwere Niederlage erlitten. Der einzige Erfolg, den sie verbuchen konnten, bestand darin, dass es ihnen dank ihrer Propaganda und teilweise dank ihrer Beteiligungen in Landesregierungen gelungen ist, den Ausbau des Straßennetzes zu behindern. Damit wurden aber lediglich alle negativen Auswirkungen der mobilen Gesellschaft verstärkt, wie Lärm, Benzinverbrauch, Unfallgefahren und Umweltbelastung, während die positiven Auswirkungen des Verkehrs, nämlich Wirtschaftsentwicklung und preiswerte Fortbewegung fast aller sozialen Schichten, behindert wurden.

Noch ein letzter Mythos muss ins Reich der Panikmacherei verbannt werden: die Vorstellung, dass Autobahnbau das Verkehrsvolumen anheizen würde. Verkehrsforscher haben zu ihrem eigenen Erstaunen herausgefunden, dass die Zeit, die Menschen für die Fortbewegung aufbringen, in allen Kulturen und über Jahrhunderte hinweg ziemlich gleich geblieben ist.

Nur, solange sie zu Fuß unterwegs waren, kamen sie nicht so weit, wie wenn sie heute das Flugzeug benutzen. Die Verkehrsmittel wurden schneller und damit die Distanzen größer. Das Deutsche Institut der Wirtschaft hat in einer Studie ermittelt, dass jeder Bürger pro Tag im Schnitt 3,2mal eine Wegstrecke zurücklegt (eine Wegstrecke ist ein Anlaufen des Ziels außerhalb des Wohnbereiches inklusive des Rückwegs) und dass sich dies seit 1976 nicht geändert hat. Dieser Wert trifft auch für die DDR zu, in der die Mobilität erheblich eingeschränkt war.

30. Markt statt Bürokratie

Zwischen meinen Landkarten fand ich vor kurzem eine Broschüre von Bundesverkehrsminister Georg Leber. Sie stammt aus der Zeit, als die Sozialdemokraten frischen Wind in die verstaubte Adenauer-Republik bringen wollten. Leber legte einen Autobahnbauplan vor, der für jede deutsche Stadt ab 25 000 Einwohner einen Anschluss an das Autobahnnetz vorsah und für 85 Prozent aller bundesdeutschen Bürger eine Entfernung von höchstens 25 Kilometern bis zu einer Auffahrt bedeutet hätte. Das Ganze sollte 82 Milliarden DM kosten und bis 1985 fertig sein. Lebers Programm war damals ein Wahlschlager. Entsprechend seinen Planungen wurden auch die Autobahnen nummeriert. Was daraus geworden ist, lässt sich heute leicht feststellen, wenn Autobahnen zwar dieselbe Nummer haben, sich die Teilabschnitte aber irgendwo, ohne miteinander verbunden zu sein, im Land befinden. Ganz schlimm erwischt hat es die A 44. Die gibt es nur immer einige Kilometer, und dann ist sie wieder spurlos verschwunden. Ihr Pech: Sie sollte von Aachen über Krefeld und Düsseldorf, quer durchs Ruhrgebiet, dann von Dortmund über Kassel nach Eisenach führen. Nicht, dass diese Straße, so sie denn einmal fertig gebaut sein sollte, sofort voll angenommen werden würde – sie wird nämlich wirklich dringend gebraucht –, aber in Nordrhein-Westfalen hatten eine Zeit lang die Gutmenschen die Verkehrspolitik unter Kontrolle. Christoph

Zöpel hieß der Glücksbringer. Nach seinem Abgang stoppten dann die Grünen in NRW den Straßenbau – und somit bietet das bevölkerungsreichste Land der Bundesrepublik auch das beste Anschauungsmaterial, was dabei herauskommt, wenn die Menschen zwangsumgeleitet werden.

Die Radiosender sind dazu übergegangen, je nach Verkehrslage Staus nur noch ab fünf oder gar sieben Kilometer Länge zu melden. Das heißt, sie beschränken sich auf die Verkündigung des Verkehrs-Gau, des täglichen Rien ne va plus. Dass das so nicht weitergeht, hat der Realist Wolfgang Clement erkannt. Was wollen die Politiker ihren Wählern auch sagen: dass sie alle bekloppt sind, weil sie trotz der ausufernden Staumeldungen immer noch ins Auto steigen? Die Wahrscheinlichkeit, dass sich auf Nordrhein-Westfalens Straßen nur noch wagt, wer wirklich nicht anders kann, ist da viel größer. Und die da ewig rumstehen müssen, verlieren die Geduld angesichts solcher famosen Sprüche wie »Du bist der Stau«.

Zurück zum Leber-Plan. Irgendwann in den Siebzigerjahren, als der Regierung zunehmend das Geld ausging, wurde zurückgerudert. Statt von Neubau war jetzt von qualifiziertem Ausbau die Rede. Volker Hauff hieß damals der Verkehrsminister. Bis zum heutigen Tag habe ich noch nicht begriffen, was damit gemeint ist. Denn die Qualität der Autobahnen nimmt ständig ab, und von einem qualitativen Informationsangebot über Staus und Verkehrszeiten, wie es in Frankreich und Japan üblich ist, ist weit und breit nichts zu sehen. Der Verzicht auf die Umsetzung des Leber-Plans ist wahrscheinlich die kostspieligste Fehlentscheidung, die je in der Bundesrepublik getroffen wurde. Was bis 1985 mit 82 Milliarden DM hätte verwirklicht werden können, muss heute mit jährlich 200 Milliarden DM an volkswirtschaftlichem Schaden bezahlt werden. Ideologie muss immer sehr teuer bezahlt werden.

Der Ausbaurückgang seit den Achtzigern macht sich heute schon in den von der BMW-Studie errechneten Kosten bemerkbar. Die Europäische Gemeinschaft schätzt, dass Deutschland jährlich zwei Prozent seines Bruttosozialprodukts wegen der unzulänglichen Verkehrsverhältnisse einbüßt. Mittels einer effizienteren Abwicklung des Verkehrs und des daraus sich ergebenden Wachstums könnten wirtschaftliche Aktivitäten freigesetzt

werden, an denen die Regierung mit einem zusätzlichen Steueraufkommen von etwa 25 bis 30 Milliarden DM Steueraufkommen partizipieren würde. Wenn wir den dringenden Ausbau von
1800 Kilometern Autobahn im Westen und 1500 Kilometern
Neubau im Osten mit einem Gesamtvolumen von 42 Milliarden
DM Kosten veranschlagen, so hätte sich diese Investition in zwei
Jahren schon wieder amortisiert.

Und warum machen wir das nicht?

Hauptgrund: Volkswirtschaftliche Rechnungen kommen weder im Bund noch in den Ländern vor. Hier regiert die Kamera-
listik. Und weil der Staatshaushalt so zerrüttet ist, wird selbst bei
solchen Investitionen gespart, die garantiert in kürzester Zeit
volkswirtschaftlichen Gewinn abwerfen.

Dabei sind alle Zahlen auf dem Markt. Statt zu versuchen, mit
Weltuntergangsparolen und Knappheitsszenarien den Straßenverkehr zu bekämpfen, sollte er dringend den marktwirtschaftlichen Regeln unterworfen werden. Und immer wieder werde
ich in diesem Buch die Frage stellen: Sind unsere Politiker zu
faul, sich mit den Zahlen zu befassen, zu blöd, sie richtig zu interpretieren, zu sehr ihren Parteizirkeln verhaftet, um noch klar
denken zu können, oder zu sehr damit beschäftigt, ihre Klientel
und ihre Geldgeber zu bedienen? Denn egal, wer regiert – die
Verkehrslage in Deutschland wird immer verworrener, immer
verlogener. Die CDU-/FDP-Regierung hat zwar einen großartigen Bundesverkehrswegeplan aufgestellt, von dem die Grünen
behaupten, er sei das Ende der Umwelt in Deutschland. Aber
man hat vergessen, ihn zu finanzieren. Das Ergebnis der Konservativen ist deswegen genauso minimalisiert wie das Resultat
der Rot-Grünen. Und keine Partei ist bereit, es einmal mit der
Marktwirtschaft zu probieren.

Ein kluger Mitarbeiter der Weltbank hat einmal versucht, mir
in zwei Sätzen den Unterschied zwischen Entwicklungsländern
und Industriestaaten zu erklären: Die Industriestaaten planen
etwas und setzen es dann um. Entwicklungsländer planen etwas
und lassen sich für ihren Plan feiern. Ob er dann realisiert wird,
ist nicht mehr so wichtig. Der Plan ist die Tat – nicht die Umsetzung. So gesehen funktioniert in Deutschland die Verkehrspolitik wie in einem Entwicklungsland.

Schauen Sie einmal in Ihre alten Straßenkarten, von vor etwa fünfzehn, zehn und fünf Jahren. Dort finden Sie Autobahnen projektiert oder im Bau befindlich, die dann einige Jahre später wieder verschwunden sind. Das bedeutet aber jedes Mal, dass dafür schon Planungskosten in Millionenhöhe aufgewendet wurden. Allein in Baden-Württemberg liegen Planungsvorhaben im Wert von fast fünf Milliarden DM auf Eis. Für sie besteht zwar Baurecht, aber es gibt kein Geld. Ab dem Jahre 2000 droht nun dieses Baurecht für Bundesstraßen und Autobahnen wieder zu verfallen, weil ein Bundesgesetz besagt, dass fünf Jahre nach Erteilung des Baurechts mit der Maßnahme begonnen werden muss.

Die Wut der Bürger in den betroffenen Städten erreicht den Siedepunkt. Die B 10 zwischen Göppingen und Geislingen ist mit Protestschildern gepflastert. »43 Jahre Planung, jetzt machen wir Druck«, steht auf einem. Nach jahrzehntelangem Kampf und Prozessen war endlich eine für alle akzeptable Trasse gefunden worden, und nun soll die Rechtskraft verfallen. Das würde bedeuten, der ganze Zirkus geht wieder von vorne los, das deutsche Planungsrecht entpuppt sich so als ein Perpetuum mobile der Verwaltung. Sie dreht sich mit voller Kraft, ohne auch nur einen Meter Straße zu gebären. Die Kosten aber, die durch den doppelten Verwaltungsaufwand entstehen, gehen wieder zu Lasten der Neubaustrecken. Eine Initiative des Bundesrats, der diesen Schwachsinn ändern soll, dümpelt in der Berliner Gesetzesmaschinerie. Während ich diese Zeilen schreibe, ist noch kein Termin für eine Beratung im Bundestag angesetzt.

Die aktuelle Rechtslage führt aber zu Absurditäten, die die Einstufung unserer Republik als Bananenstaat rechtfertigen. Im südlichen Schwarzwald bei Döggingen gibt es einen vierspurigen Tunnel, der, nachdem er jahrelang überhaupt nicht zu erreichen war, jetzt mit einer zweispurigen Brücke verbunden wird. Zu mehr reicht das Geld nicht. Um den Verfall des Baurechts zu verhindern, wird hier mal ein Kieshügel aufgeschüttet, wie bei der B 31, die Freiburg mit Frankreich verbinden soll, oder schnell ein Haus abgerissen, wie in Hornberg, damit hoffentlich im nächsten Jahrzehnt es doch noch den Umgehungstunnel gibt, der seit 30 Jahren diskutiert wird. Vielleicht hat

die Stadt Hornberg ja auch Pate gestanden für diese Gesetzeslage: Denn viel Lärm für nichtsnutzigen Aufwand bezeichnet
der Volksmund als Hornberger Schießen. Vor 500 Jahren ver-
wechselten die Hornberger einen Bauern mit seinem Eselskar-
ren mit dem Gefolge des Herzogs von Württemberg und baller-
ten Salut aus allen Kanonen. Als dann der Landesherr endlich
gesichtet wurde, hatten sie ihr Pulver schon verschossen.

Ein typisches Beispiel für unseren Planungsirrsinn ist die A 7
im Allgäu. »Fertigstellung 1994«, stand da schon einmal im
Shell-Atlas. Jetzt ist sie wieder als Projekt eingezeichnet, aber
ohne Fertigstellungsdatum. Neueste Variante: Sie wurde ins Antistauprogramm von Verkehrsminister Klimmt aufgenommen.
Das bedeutet: Baubeginn 2003, Fertigstellung frühestens 2007.
Aber ein Fertigstellungs-Datum gibt es regelmäßig seit über
zehn Jahren. Das Hornberger Schießen ist längst nicht mehr auf
die Stadt im Schwarzwald beschränkt. Überall ballern sie wild
mit Planungen herum, ohne dass etwas geschieht. Die ganze Wi-
dersprüchlichkeit des deutschen Straßenbaurechts wird an diesem Abschnitt sichtbar. Heute quält sich der Verkehr über die
Bundesstraße 310 durch Ortschaften, die einst vom Fremden-
verkehr lebten. Nesselwang ist davon die bekannteste. Eine un-
unterbrochene Autoschlange trennt die Dörfer und Städte in
zwei Teile. Die Abgaswerte sind höher als in Großstädten, weil
die Fahrzeuge im Stop-and-go-Verfahren besonders viel Sprit
verbrauchen.

Hier im südlichen Allgäu wird die ganze Misere der deutschen
Straßenbaugesetzgebung deutlich. Für jeden noch so unschein-
baren Käfer, für jedes Biotop wird untersucht, ob es durch den
Straßenbau gefährdet ist: Die unerträgliche Umweltbelastung
für die vom Verkehr geplagten Menschen aber spielt keine
gleichwertige Rolle. Dem Gesetzgeber ist da ein schwerer Fehler unterlaufen: Er hat den Menschen aus der Umwelt ausge-
klammert. Während im Allgäu allen Ernstes geprüft wurde, ob
die Kühe auf den Weiden durch die Abgase und den Lärm Schaden nehmen, blieben die Auswirkungen auf die Menschen unbe-
achtet. In der Umweltbilanz für Neubaustrecken ist die Entlastung von Lärm und Dreck für die Bevölkerung nicht enthalten.
Den Menschen nützt eine solche Gesetzgebung nicht.

Jede Abstimmung im Allgäu, ob die A 7 sofort gebaut werden sollte oder nicht, würden die Befürworter mit 90 Prozent gewinnen. Doch all ihre Bürgerinitiativen und Protestveranstaltungen für die Autobahn blieben erfolglos. Das hat weder mit Demokratie noch mit Freiheit, noch mit Umwelt etwas zu tun. Ein Spötter empfahl den Allgäuern, Käfige mit Kanarienvögeln in ihre Fenster zu hängen. Die Piepmätze würden dann wohl bald an den Abgasen eingehen und sich dann vielleicht wenigstens die Vogelschützer für die A 7 einsetzen.

Das zuständige staatliche Autobahnbauamt München ist sehr zurückhaltend. Mit den Umweltschützern wollen sich die Beamten nicht anlegen. Alles sei ja jetzt auf gutem Wege, beschied man mich 1997. Weil es den Autobahngegnern gelungen ist, auf dem Rechtsweg den Baubeginn zu verzögern, hat sich eine neue Gesetzeslage ergeben. Jetzt gilt europäisches Recht. Und deshalb müssen jede Wiese und jedes Biotop, die betroffen sind, noch einmal auf ihre ökologische Bedeutung überprüft werden. Das kann lange dauern, und wenn dann auf der Grundlage der neuen Untersuchungen Planfeststellungsbeschlüsse ergehen, dürfen die dann wieder beklagt werden. Sollte dann tatsächlich einmal Baurecht vorliegen, so kann noch lange nicht mit Nachdruck die Strecke gebaut werden, denn dann hängt es wieder von der Finanzierung ab, die sich nach der Kassenlage des Bundes richtet.

Nicht nur der Mensch ist bei der Beratung der Umweltgesetze als schützenswertes Gut vergessen worden, auch der Steuerzahler kommt in der Straßenplanung nicht vor. Nach Jahren der öffentlichen Diskriminierung haben sich die staatlichen Straßenbauer in eine Art vorauseilenden Gehorsams geflüchtet. Bevor sie Einsprüche und langwierige Prozesse in Kauf nehmen, handeln sie mit unseren Gutmenschen Kompromisse aus, die aus dem Straßenbauetat bezahlt werden müssen, die aber mit Straßenbau absolut nichts zu tun haben.

Ein schönes Beispiel dieser Kapitalvernichtung ist im Norden Münchens an der A 99 zu besichtigen. Zwei Jahrzehnte hatten Naturschützer und ihre politischen Helfer, darunter die Stadt München, den Anschluss des Münchner Rings an die Stuttgarter Autobahn, die A 8, verhindert. Das hatte zur Folge, dass sich bis zu 60 000 Autos durch städtische Straßen in den Süden und Westen Münchens drückten. Um neue Verzögerungen zu vermeiden, erklärte sich das Autobahnbauamt bereit, auf einer Ersatzfläche einen gewachsenen Wald anzulegen.

Die Besichtigung kann ich nur empfehlen. Stoppen Sie einmal kurz an der Ausfahrt München-Ludwigsfeld. Auf der einen Seite produziert die DASA, auf der anderen Seite präsentiert sich das merkwürdige Biotop. Da liegen halb vermoderte Baumstämme aus dem Bayerischen Wald neben ausgewachsenen Bäumen, allerdings mit Stahltrossen befestigt, damit sie nicht umfallen. Die künstliche Herstellung einer Natur, die sich so von ganz allein in zehn Jahren entwickelt hätte, verschlang fünf Millionen DM. Ein glatter Unfug. Denn das teure Biotop hängt ziemlich trostlos in seinen Stahlseilen. Jeder Förster hätte der Straßenbauer-Umwelt-Koalition vorausgesagt, dass die meisten der alten Bäume die Umpflanzung sowieso nicht überstehen.

Weil sich der Autobahnbau nach der jeweiligen Haushaltslage richtet und volkswirtschaftliche Überlegungen dabei überhaupt keine Rolle spielen, haben wir mittlerweile ein Autobahnnetz – besser gesagt, einen Flickenteppich –, in dem Milliarden an Investitionen nutzlos herumliegen. Wichtige Lücken können nicht geschlossen werden, weil das Geld für die letzten 30 Kilometer Autobahn fehlt. So die A 1 durch die Eifel. Sie würde sämtliche überlasteten Strecken zwischen Straßburg und Mannheim, dem Rhein-Main-Gebiet und dem Kölner Raum entlasten. Einige Kilometer Stau pro Tag weniger wären die Folge. Das Gleiche gilt für die A 39, die Südumgehung Braunschweigs, die A 49 von Kassel nach Gießen, um nur einige zu nennen.

Für einen Abschnitt haben wir einmal durchgerechnet, was dieser Flickenteppich kostet. An der A 63 von Mainz nach Kaiserslautern wird seit 20 Jahren gebaut. Die letzten zwölf Kilometer wurden noch nicht einmal in Angriff genommen. Vor dem Alzeyer Kreuz stand bis zum Herbst 1999 ein Verbotsschild, das die Nutzung der neuen A 63 Richtung Kaiserslautern für Lkws untersagte. Begründung: Dort, wo die Autobahn noch nicht fertig war und der Verkehr auf die alte B 40 zurück musste, windet sich die Straße durch Dörfer. Die Rücksichtnahme war verständlich und sicher auch berechtigt. Aber nicht mehr akzeptabel ist, dass damit über ein Jahrzehnt eine Autobahn mit einer Investition von knapp 400 Millionen Mark nur als Rennstrecke für ein paar Anlieger diente. Ich stellte mir vor, die Autobahn würde einer privaten Gesellschaft gehören, die darauf angewiesen ist, ihre Baukosten wieder hereinzuholen. Sie wäre in kürzester Zeit pleite.

Die Gemütsverfassung des zuständigen Leiters des Straßenbauamts Kaiserslautern schwankte bei meinem Besuch zwischen freudiger Überraschung und völligem Unverständnis. Einerseits kam da ein Journalist, der ganz offensichtlich nicht das ganze Repertoire der Anti-Straßenbauer abfragte, auf der anderen Seite nervte ich ihn unübersehbar mit meinen Fragen nach dem volkswirtschaftlichen Schaden, den eine solch langsame Bauweise verursacht, ganz abgesehen von dem Lkw-Fahrverbot. Seine Position: Der Autobahnbau könne auf keinen Fall betriebswirtschaftlich gesehen werden, wie das für eine private Firma nötig sei. Daran habe er noch nie gedacht. Auch eine volkswirtschaftliche Berechnung sei problematisch. Zusammen mit dem Ministerium für Wirtschaft, Verkehr, Landwirtschaft und Weinbau in Mainz hätten sie sich für diese Abschnittsbauweise entschieden, weil so die einheimische Bauindustrie auf Jahre beschäftigt sei.

Da war er wieder – der Autobahnbau als Beschäftigungsprogramm, die deutsche Tradition. Ich verkniff mir, an die unsägliche Ideologie zu erinnern, die diesem Bewusstsein zugrunde liegt. Ich versuchte es mit Mathematik. Statt die 33 Kilometer von Alzey nach Kaiserslautern direkt fahren zu können, müssen die Lkws über das Frankenthaler Kreuz ausweichen, was insgesamt eine Strecke von 70 Kilometern, also einen Umweg von 37 Kilometern, bedeutet. Bei nur zwei DM Kosten pro Kilometer bedeutet der Umweg pro Lastwagen Mehrkosten in Höhe von 64 Mark. Täglich waren auf dieser Route davon mindestens 2000 Lkws betroffen. Das macht also 128 000 DM Mehrkosten pro Tag für die Spediteure. Aufs Jahr hochgerechnet ergeben das an 365 Tagen Mehrkosten für den Lastwagenverkehr von 46 720 000 DM. Die Reststrecke hätte sich demnach in drei Jahren nur durch die Mehrkosten schon amortisiert – und alles bei sehr behutsamer Schätzung.

Ich hatte mit meinen Rechnungen kein Glück. So wird in deutschen beamteten Straßenbaubehörden nicht gearbeitet und nicht gedacht. Es war für diesen braven Beamten einfach nicht vorstellbar, dass irgendjemand anderer als der Staat für die Straßen zuständig sein könnte und dass irgendein anderer Grund wichtiger sein könnte als die kontinuierliche Auslastung der Bauindustrie. Bezüglich der Privatisierung des bestehenden Netzes kam er wieder mit der alten Leier: Dies sei ja schließlich von den Autofahrern schon bezahlt, und deshalb könne man jetzt nicht auch noch Gebühren von ihnen verlangen. Auf meine Entgegnung, dass der Verkauf der Autobahnen schließlich Milliarden bringe, mit denen die Staatsschulden gesenkt werden könnten, die ja auch zurückgezahlt werden müssen, ging er überhaupt nicht mehr ein. Staatsschulden hatten für ihn mit Infrastruktur überhaupt nichts zu tun.

Den größten Ärger aber handelte ich mir 1992 ein, als ich in einem Beitrag des ARD-Magazins »Fakt« aufrechnete, wie viele Menschenleben es gekostet hat, eine Autobahn nicht zu bauen. Vor der Wende endete die B 7 ohne Grenzübergang in Rottmannshausen als besserer ausgebauter Gemeindeverbindungsweg an der Demarkationslinie. Mit der Öffnung der Mauer wurde die Straße wieder einer der Hauptverbindungswege zwischen dem Ruhrgebiet und Thüringen und Sachsen. Im alten Reich war es halt die Straße Nummer 7 – gemäß ihrer Bedeutung. Als eines der Verkehrsprojekte »Deutsche Einheit« sollte sie mit der Verlängerung der A 44 von Kassel nach Eisenach ersetzt werden. Doch 1992 hatte die rot-grüne Landesregierung in Hessen gerade beschlossen, den Autobahnbau einzustellen.

Diese ideologische Grundsatzentscheidung mussten auf der B 7 Hunderte von Menschen mit ihrem Leben bezahlen. 24 waren es allein in den zwei Jahren nach Öffnung der Mauer. Nur in der einen Woche, in der wir den Film drehten, gab es ein halbes Dutzend Schwerverletzte und Unfälle am laufenden Band. Die Anwohner entlang der Straße forderten in großen Plakaten den schnellen Neubau der Autobahn. Bürgerinitiativen kämpften für ihre Dörfer und Städte, sie hatten Angst vor der B 7 und ihrem mörderischen Verkehr. Der Straßenrand war gespickt mit Kreuzen, die an die Verunglückten erinnerten. Der Amtsschimmel reagierte auf drastische Weise. Er ließ die Kreuze beseitigen und drohte mit Bußgeldern gegen die Anbringung von Schildern, die eine Autobahn forderten. Die Bürokraten in Nordhessen gehörten alle der SPD an, die in dieser Region immer mit satten absoluten Mehrheiten rechnen konnte.

Eine Kommunal- und eine Landtagswahl fuhren den Sozialdemokraten in die Knochen. In Kassel, der Heimat von Hans Eichel, verloren sie zum ersten Mal seit Kriegsende den Oberbürgermeister und die Mehrheit im Stadtparlament. In den Kommunen entlang der B 7 büßten sie im Schnitt 20 Prozent ein. Es sei eine bodenlose Unverschämtheit, die hessische Landesregierung dermaßen in einem Film zu diffamieren, war die Reaktion der SPD. Ich hätte sie für die Toten auf der B 7 verantwortlich gemacht. Dabei hatten wir nur dargestellt, was sich auf einer Straße abspielt, die dem Verkehr nicht gewachsen ist. Noch heftiger fiel die Reaktion der örtlichen Naturschutzverbände aus, die die Opfer beschimpften. Hätten sie sich an die Verkehrsregeln gehalten, gäbe es auch keine Unfälle, lautete ihr finaler Schluss. Das ist nicht falsch und trotzdem zynisch. Die Unfallhäufigkeit nimmt mit der Überlastung einer Straße überproportional zu. Eine kleine Unachtsamkeit führt dann schon zu schweren Unfällen – und nicht immer sind die Verursacher die Opfer.

Im Verlauf der Recherchen bin ich noch auf einen anderen Skandal gestoßen. Die Statistiken über die Unfälle sind unvollständig und werden nicht nach Unfallursachen geführt. Die B 7 ist bei Kassel zum Teil dreispurig ausgebaut. Es war mir nicht möglich, herauszufinden, wie sich die Erweiterung auf drei Spuren auf die Unfälle auswirkte. In der Statistik wird nur nach Kreis-, Land- und Bundesstraßen unterschieden, also nach dem Besitzer, nicht nach der Ausbaustufe. Die Überprüfung der einzelnen Unfälle auf der B 7 aber ergab, dass seit dem Ausbau auf drei Spuren gerade diese Strecke von besonders vielen schweren Unfällen betroffen war. Unter Verkehrsminister Wissmann wurde ein dreistreifiger Verkehrsausbau sogar ausdrücklich als Kompromiss forciert. Wenn es um Ideologie oder politisch opportune Machbarkeit geht, spielen auch Menschenleben keine Rolle. Wie singt die Italienerin Milva in ihrem Lied: Auch der Mensch ist ein Stück Natur, auch der Mensch verdient, geschützt zu sein…

Todesstrecken gibt es viele in Deutschland – im Westen wie im Osten. Hamburg–Buxtehude–Stade ist so eine – erste Teilstücke einer vierspurigen Straße sollen 2006 fertig sein. Etliche Alleen in Ostdeutschland sind berüchtigt, weil sich auf denen der Fernverkehr mangels Alternative abwickelt – so die B 96 von Berlin über Neubrandenburg nach Stralsund. Auf beiden Straßenabschnitten verunglücken überdurchschnittlich viele Menschen tödlich. Das wird von unseren Anti-Straßen-Ideologen in Kauf genommen.

Woanders gibt es Staus, weil eine Brücke fehlt, wie in Lübeck über die Trave, oder ein Tunnel, wie in Frankfurts Osten auf der A 66. Der Staat erklärt offiziell, dass ihm das Geld fehlt, um diese mörderischen und volkswirtschaftlich verheerenden Hindernisse aus dem Weg zu räumen. Die Regierung gibt uns mit jeder Haushaltsvorlage zu verstehen, dass sie die Investitionen in die notwendige Infrastruktur nicht bezahlen will. Über 80 Milliarden DM pro Jahr zockt sie den Autofahrern ab und verfüttert sie an ihre unersättlichen Subventionslandschaften.

Warum akzeptieren wir nicht endlich, dass es der Staat nicht kann, und privatisieren den Verkehr: die Luftfahrt samt Flughäfen, die Schienennetze und vor allem die Autobahnen? Wir erleben täglich die Katastrophe, den Zusammenbruch, wir alle beschweren uns über die brutale Abzockerei – warum haben wir trotzdem nicht den Mut zum freien Spiel des Marktes? Schlechter kann es ja kaum mehr werden. Und warum bekennt sich nicht eine einzige Partei zur Marktwirtschaft im Verkehrswesen? Vielleicht ist damit noch keine absolute Mehrheit zu gewinnen. Aber sicher sind es mehr als fünf Prozent, die das satt haben, was sie täglich erdulden müssen. Dabei gibt es eine Partei, die die Marktwirtschaft in ihrem Parteiprogramm hat und nicht immer die fünf Prozent erreicht.

Erste Ansätze eines privaten Straßenbaus deuteten sich an, als die Kohl-Regierung bundesweit 27 Projekte genehmigte, die privat vorfinanziert werden durften. Dringende Engpässe, die nicht mit Haushaltsmitteln behoben werden konnten, sollten damit beseitigt werden. Vorteil: Der Nutzen der Straße fließt so in die volkswirtschaftliche Rechnung und bringt leicht durch gesteigerte Wirtschaftsaktivitäten jene Zinsen auf, die für den Kapitaldienst anfallen. Nachteil: Die Straßen, Brücken und Tunnel bleiben als Kosten im Haushalt. Konsequenter wäre gewesen, diese Abschnitte gleich durch Mautgebühren zu refinanzieren.

Doch der SPD-Verkehrsminister Franz Müntefering widersetzte sich Autobahngebühren und privaten Finanzierungsmodellen. Mit ihm hatte ein Politiker auf diesem Ministerstuhl Platz genommen, der sich in Grundsatzfragen der Sozialdemokratie, in Wahlkampfstrategien und parteipolitischen Machtspielen hervorragend auskennt. So aus dem Bauch heraus spürte er, dass seine Wähler in Nordrhein-Westfalen bei dem jetzigen Aufklärungsstand Autobahngebühren ablehnen. Also ist er dagegen – und zockt sie lieber mithilfe der Ökosteuer ab.

Mitte der Neunzigerjahre musste ich mit dem Auto mehr als 10 000 Kilometer durch die Volksrepublik China fahren. Jeder riet mir davon ab. Die Straßen seien in einem unvorstellbar schlechten Zustand und die Versorgung mit Benzin und Lebensmitteln nicht gesichert. Es wurde eine wunderschöne Reise voller Überraschungen. Jede Stadt, jede größere Siedlung hatte eine nagelneue gut asphaltierte Umgehungsstraße. Die kostete allerdings Geld. Die Ortsdurchfahrt aber war gesperrt, sodass dem Fernverkehr gar nichts anderes übrig blieb, als zu zahlen. Den Gemeinden zu erlauben, gebührenpflichtige Umgehungsstraßen zu bauen, hat dem Land in wenigen Jahren zu einem passablen Straßennetz verholfen. Ich habe davon aber bisher weder etwas in einem Korrespondentenbericht gelesen noch in einem Fernsehfilm gesehen. Entweder kommen unsere Peking-Korrespondenten nicht im Land herum, oder aber sie sind so mit der Verbreitung der China-Klischees aus deutscher Sicht beschäftigt, dass sie für Themen, die die wirtschaftlichen Veränderungen dokumentieren, keine Zeit mehr haben.

Wenn ich in Vorträgen erzählte, wie China dabei ist, seine Verkehrsprobleme auch mit marktwirtschaftlichen Methoden zu lösen, traf ich jedes Mal auf eine interessierte bis ungläubige Zuhörerschar – und weil sie noch nie etwas davon gehört hatten, haben es mir auch nicht alle geglaubt. Wo kämen wir auch hin, wenn wir akzeptieren müssten, dass das kommunistische China mehr Markt zulässt als die vermeintliche kapitalistische Bundesrepublik Deutschland!

Dabei würden möglicherweise Marktpreise in unserem Land das größte Bahnförderungsprogramm aller Zeiten auslösen – wenn die Bahn dann überhaupt noch in der Lage ist, ihre Chance zu ergreifen. Wahrscheinlich müssten die Umverteiler zugunsten der Bahn dann einsehen, dass der Markt auch ihrem Anliegen viel mehr nutzt als alles, was sie zwangsweise verordnen könnten.

Zahlen vom Deutschen Institut für Wirtschaftsforschung:

Die deutschen Pkw-Fahrer zahlen über ihre Kraftfahrzeug- und Benzinsteuer fast das Doppelte der von ihnen verursachten Kosten für die Infrastruktur, für die Autobahn sogar das Dreifache. Deutsche Lastwagen kommen gerade mal zu 66 Prozent für ihre Kosten auf. Und für ausländische Brummis haben wir ein besonders großes Herz. Deren Betreiber zahlen nur 14,3 Prozent der Schäden, die sie auf unseren Straßen anrichten. Die Universität Cambridge wiederum hat berechnet, dass ein 40-Tonnen-Laster ebenso große Straßenschäden verursacht wie 163 840 Pkws. Wenn also die Voraussagen des bayerischen Wirtschaftsministers Otto Wiesheu stimmen, dass in zehn Jahren das Frachtaufkommen auf unseren Straßen sich von 3,4 Milliarden Tonnen auf fünf Milliarden erhöht, dann ist unsere Verkehrspolitik nichts anderes als eine Milliardensubvention ausländischer Spediteure zu Lasten der deutschen Steuerzahler.

Es gibt keinen sachlichen Grund, nach Jahren des Herummauschelns, der Ausreden, der Teststrecken, und was immer da noch versucht wurde, sich vor einer generellen Mautgebühr auf unseren Autobahnen zu drücken. Und dies darf nur über eine Privatisierung der Autobahnen erfolgen. Sonst werden die Gelder in den tiefen Verschwendungstaschen der Regierungen versickern, und außer höheren Kosten wird uns nichts bleiben. Die Autobahnen werden weiter verkommen, nicht auf den neuesten Stand der Technik gebracht und nicht so zügig ausgebaut, wie es notwendig wäre.

Wettbewerb heißt aber nicht, dass sich die Bedingungen für Lkw-Fahrer noch mehr verschlechtern, dass sie von ihren Bossen zu noch mehr kriminellen Handlungen gezwungen werden, indem sie sich 18 Stunden am Stück und mit manipulierten Fahrtenschreibern durch Europa hetzen lassen. Diese verbrecherischen und ausbeuterischen Zustände sind jetzt an der Tagesordnung. Sie werden von Politik und Bürokratie geduldet und verzerren dadurch einen fairen Wettbewerb – und das hat mit Marktwirtschaft überhaupt nichts mehr zu tun. Wie schon im Kapitel über die Luftfahrtindustrie beschrieben: Ein Staat, der einen fairen und marktwirtschaftlichen Wettbewerb will, muss nicht nur die Regeln für alle gleich gestalten, sondern er muss sie auch und vor allem mit aller Konsequenz überwachen. Bei schweren Vergehen sollten anstelle von Bußgeldern für die Fahrer die Lastwagen eingezogen und Gefängnisstrafen ohne Bewährung für die cleveren Hintermänner verhängt werden. Ansonsten ist die technische Aufrüstung durch ein satellitengestütztes Steuerungsprogramm für Fahrtenschreiber in einer Blackbox erforderlich, ohne die kein Lastwagen in Deutschland fahren darf. Es geht schon, wenn man will. Wie gesagt, in den USA verfolgen so die Bahngesellschaften ihre Waggons auch im ganzen Kontinent. Und dort sind die Frachtraten etwa 50 Prozent niedriger als in Deutschland.

Die deutsche Furcht vor einer marktwirtschaftlichen Wettbewerbsordnung im Verkehr geht so weit, dass wir dem Staat das Recht zubilligen, die Mobilität einzuengen. Natürlich haben wir keine Verhältnisse wie im SED-Staat mit seiner Mauer und seinen Sperrgebieten, in dem Reisebeschränkungen selbstverständlich waren. Aber auch in Westdeutschland gibt es Überlegungen, die veranschaulichen, wie wenig der Gedanke von Freiheit in unserer Gesellschaft verankert ist. Es ist beängstigend, mit welcher Selbstverständlichkeit Menschen bereit sind, die Bewegungsfreiheit ihrer Mitbürger einzuengen, nur weil sie sich – wieder einmal – im Besitz der endgültigen Wahrheit wähnen: Sie wissen, wie der Weltuntergang zu verhindern ist.

Das Wuppertaler Öko-Institut 1995: »Geschwindigkeiten müssen reduziert, der Raumwiderstand soll erhöht, die Entfernung wieder spürbar gemacht und so der Nahraum aufgewertet werden.« Deshalb die Empfehlung, Flughäfen nicht an IC-Strecken anzubinden, um den Wettbewerbserfolg dieser beiden Hochgeschwindigkeitsverkehrswege zu erschweren.

Der B.U.N.D. 1999: »Eine innovative Verkehrspolitik darf sich nicht mehr an der ständig steigenden Verkehrsnachfrage orientieren, sondern muss – nicht nur aus ökologischen und sozialen, sondern auch aus finanzpolitischen Gründen – auf Strategien zur Verkehrsvermeidung, -verlagerung und -optimierung setzen.«

Statt sich auf Dirigismus, Einengung und Mobilitätsbeschränkung zu verlegen, wie dies unsere dumpfen deutschen Angstmacher propagieren, haben sich in Kalifornien Umweltschützer und Automobilindustrie auf eine gemeinsame Perspektive geeinigt, die auch für Deutschland machbar ist. Zur Ausgangslage: In Kalifornien gibt es die größte grüne Partei der Welt mit über 100 000 Mitgliedern, die bei Wahlen zirka zehn Prozent der Stimmen erreicht. Kalifornien war schon immer Vorreiter, wenn es darum ging, die Umweltschäden des Autoverkehrs zu minimieren. Jahrzehnte bevor sich die Europäer auf den Katalysator verständigten, war er in Kalifornien Pflicht. Es war der erste Staat, der das Blei im Benzin verbot und die strengste Rußpartikelverordnung der Welt für Dieselfahrzeuge einführte. Gleichzeitig aber ist kein Staat so vom Auto abhängig und wird im Berufsverkehr trotz gigantischer Straßensysteme so von Staus heimgesucht wie das Land am Pazifik.

Der »Kalifornische Umwelt-Dialog«, ein 32 Organisationen und Konzerne umfassender Zusammenschluss, dem sowohl der Automobilgigant General Motors als auch die Ölmultis Chevron, BP und Amoco sowie die militanten Umweltschützer angehören, schlägt vor, den Staus mit Straßengebühren zu begegnen. Dabei sollen die Gebühren während des Berufsverkehrs viel höher sein als etwa nachts. Besonders verkehrsreiche Teilstücke, die heute schon nur von Autos befahren werden dürfen, in denen mehrere Personen sitzen, sollen in Zukunft gegen entsprechende Gebühren auch Einzelfahrern geöffnet werden. Marktrigorismus als Steuerungselement – auf der Interstate 15 wird das gerade ausprobiert. Dort erhöht sich entsprechend dem Verkehrsaufkommen die Gebühr von 50 Cent bis auf vier Dollar. Das wird elektronisch angezeigt und elektronisch von dem Autofahrer einkassiert.

Wir müssen das Rad nicht neu erfinden, um unsere Verkehrsprobleme in den Griff zu bekommen. Wir müssen nur den ideologischen und bürokratischen Ballast abwerfen, und die Blockaden in unserem Land lösen sich auf. In der Verkehrspolitik kann dies exemplarisch vorgemacht werden.

Siebter Teil

Vom Umgang mit deinem und mit meinem Geld

31. Subventionen:
Das Märchen von der guten Fee

Astrid Rosenschon sitzt in einem einfach ausgestatteten Raum, vollgestopft mit Haushaltsplänen. Es gibt keinen Quadratmeter freie Fläche. Astrid Rosenschon meidet Kameras und Mikrofone und ist deshalb in der deutschen Öffentlichkeit nur wenigen bekannt. Sie arbeitet als Wissenschaftlerin, mit einem eher bescheidenen Einkommen. Dabei hätte sie unendlich viel zu sagen, gehört sie doch zu dem Personenkreis, der am besten informiert ist über die verschnörkelten Wege, mit denen unser Staat finanziert wird. Wie eine Detektivin durchforstet sie die vielen tausend Seiten der Haushaltspläne von Bund, Ländern und den größeren Städten. Für sie sind das Meisterwerke der Vertuschung, Vernebelung und Verschwendung. Aber so sehr sich auch Kämmerer und die Haushaltsexperten der Regierungen bemühen, sie können Astrid Rosenschon nicht mehr täuschen. Sie kennt die Tricks der Finanzjongleure.

Das Ergebnis ihrer Arbeit wird alle zwei Jahre veröffentlicht. Das Kieler Institut für Weltwirtschaft, eines der angesehensten seiner Art in Europa, legt dann den Bericht »Subventionen in Deutschland« vor. Zusammen mit ihrem Kollegen Alfred Boss rechnet darin Astrid Rosenschon Milliarde um Milliarde vor, wie und wo unser Steuergeld verschwendet und umverteilt wird. Dieses Horrorbuch parteipolitisch motivierter Begünstigungswirtschaft, das genug Sprengkraft enthält, um das Lügengebäude unserer Staatswirtschaft zum Einsturz zu bringen, erleidet nach jeder Veröffentlichung das gleiche Schicksal: Während einige Fachzeitungen und der Bund der Steuerzahler die Veröffentlichung als Beweis dafür begrüßen, wie nötig der Subventionsabbau wäre, nehmen die politische Kaste und ihre journalistischen Diener das Papier noch nicht einmal zur Kenntnis. Und damit ist sichergestellt, das alles beim Alten bleibt.

Der Skandal wird gleich auf den ersten Seiten der Veröffentlichung deutlich. Von 303 Milliarden DM eindeutig nachgewiesener Subventionen ist da die Rede. Das sind immerhin acht Prozent des Bruttoinlandsprodukts und 36,4 Prozent des Steueraufkommens. Aber: Im vergleichbaren 17. Subventionsbericht der Bundesregierung sind nur 117,4 Milliarden DM Subventionen aufgeführt, und in der »Volkswirtschaftlichen Gesamtrechnung«, die das Statistische Bundesamt herausgibt, stehen dann nur noch 96,4 Milliarden DM. Es geht also zu wie auf einem orientalischen Basar: Wer macht es ein bisschen billiger? Da es sich aber hier um unsere Steuern handelt und da ja alle Haushalte nach den strengen Regeln eines Rechtsstaates aufgestellt werden müssen, konnte ich mir die gewaltigen Differenzen nicht erklären und habe mich aufgemacht, sie zu finden oder wenigstens zu verstehen. Um es gleich vorwegzunehmen: Ich bin gescheitert.

Das Bundeswirtschaftsministerium erklärte mir gleich, dass es für die Zahlen im Subventionsbericht nicht zuständig sei, die bekomme man vom Bundesfinanzministerium. Dort teilte mir ein Sprecher mit, dass der Subventionsbericht im Bundeswirtschaftsministerium erstellt werde. Die Pressestellen benannten als Gesprächspartner jeweils Abteilungsleiter, die sich zwar als kompetent bezüglich einiger Details erwiesen, jedoch keine Verantwortung für das ganze Zahlengebäude hatten. Solche Personen gab es laut der offiziellen Auskünfte auch gar nicht.

In einem Punkt erklärte sich das Wirtschaftsministerium für zuständig, aber nicht für verantwortlich: bezüglich der Steinkohlebeihilfe. Die muss direkt aus dem Etat des Bundeswirtschaftsministers bezahlt werden und machte 1998 54 Prozent seines Gesamthaushalts aus – und die absolute Summe von 8,2 Milliarden DM ist sogar gesetzlich festgelegt. Das heißt, wenn aus Sparsamkeitsgründen die Etats gekürzt werden müssen, bleiben dem Wirtschaftsministerium nur die restlichen 46 Prozent als Manövriermasse, die dann entsprechend brutal zusammengestrichen werden. Die Kohlesubvention ist tabu.

Hier sei eine Zwischenbilanz erlaubt: Für die Wirtschaftsförderung aller Branchen, für den jobschaffenden Mittelstand, für

Auslandsmessen und Gründerinitiativen, Handwerk und Handel, und was es sonst noch alles gibt, ist weniger Geld da als für die rund 60 000 Beschäftigten im Steinkohlebergbau. Und dann sitzen regelmäßig Politiker aller Couleur in Talkrunden und diskutieren, wie sie die Zukunftstechnologien fördern. Das sind Witzbolde – und sie dürfen ihre Plattitüden zum Besten geben, ohne dafür ausgelacht zu werden.

Zurück zu den Recherchen: Nach einigem Hin und Her wird deutlich, dass die Bundesregierung zweierlei Subventionen unterscheidet, die sie auch offiziell so definiert: Das eine sind die direkten Zahlungen, die in den dafür zuständigen Ministerien geleistet werden und die das Finanzministerium lediglich für den Bericht zur Kenntnis nimmt, um sie darin aufzuführen. Das andere sind die Subventionen durch Steuererleichterungen, die in dem einen oder anderen Etat auftauchen oder auch nicht.

Behandelt und parlamentarisch vorbereitet werden die Steuererleichterungen im Finanzausschuss des Bundestags. Aber das heißt noch lange nicht, dass die Abgeordneten insgesamt überblicken, was sie da an Milliardensummen einzelnen Privilegierten zukommen lassen. Diese Steuergeschenke werden seit Jahrzehnten verteilt, tauchen mal in dem einen, mal in dem anderen Etatposten auf. Die Abgeordneten kommen und gehen, die beschlossenen Subventionen aber bleiben meistens bestehen. Da sie dann in keinem alles umfassenden Bericht mehr auftauchen, sind sie parlamentarisches »Niemandsland« – oder besser: »Niemandsgeld«. Insofern war meine Suche nach den verschwundenen 200 Milliarden schon erfolgreich: Ich konnte zumindest einen Teil des Vertuschungssystems aufklären.

Im Haushaltsausschuss werden die direkten Hilfen gewährt. Also: Wenn der Bund beschließt, mit 100 Millionen DM die Sonnenenergie zu fördern, dann ist dieser Geldsegen eine Angelegenheit, die der Haushaltsausschuss genehmigen muss. Wenn daraufhin ein Aufschrei durch die Wirtschaftsverbände geht, dass durch die Ökosteuer und die Verteuerung der Stromrechnung infolge der Einspeisung »erneuerbarer Energien« Arbeitsplätze gefährdet werden, und der Bund dann bestimmte Branchen von der Ökosteuer befreit, dann ist dafür wieder der Finanzausschuss zuständig. Beide Gremien tagen immer unter

Ausschluss der Öffentlichkeit. Warum eigentlich? In ihnen wird doch unser aller Steuergeld verteilt. Wir sollten bis ins Detail mitverfolgen können, wer da was kriegt und warum. Vor allem sollten wir erfahren, wer da wem hilft.

Die genauen Kosten einer solchen Hin- und Herprivilegierung liegen den Parlamentariern natürlich nicht vor, wenn sie in die Gesetzesflut eintauchen. Kaum sind irgendwelche Zuteilungen beschlossen, müssen sie schon wieder nachbessern, ergänzen oder zurücknehmen. Sieger bleiben die, die die stärkere Lobby haben, und das sind wiederum meistens diejenigen, denen es gelang, ein paar auf ihrer Honorarliste stehende Abgeordnete in die wichtigen Ausschüsse zu lavieren. Wie gesagt, das alles geschieht unter Ausschluß der Öffentlichkeit.

Das gleiche Spiel setzt sich in den Bundesländern, den Landkreisen, Städten und Gemeinden fort. Der Subventionsbericht des Bundes mit 117,4 Milliarden DM für 1998 zum Beispiel gaukelt den Bürgern lediglich den beruhigenden Eindruck vor, in unserem ordentlichen Staat sei jeder Pfennig genau festgehalten.

Alfred Boss vom Weltwirtschaftsinstitut kann darüber nur lachen. Selbst die rund 300 Milliarden DM, die Astrid Rosenschon aufspürt, sind für ihn noch nicht alles. Er geht von mindestens weiteren 70 Milliarden DM aus, die in den Haushalten kleinerer Städte und Gemeinden versteckt sind und die in Kiel aus Kapazitätsgründen nicht überprüft werden können.

Nicht im Kieler Bericht sind auch jene Summen, deren Spuren sich in Steueroasen wie Liechtenstein und den Cayman Islands verlieren, wo sich auch das kriminelle Milieu hinflüchtet. Zahlungen, die mit dem industriell-militärischen Komplex zusammenhängen, nehmen gern solche Umwege. Dass dies gängige Praxis ist, wurde im Zusammenhang mit der CDU-Parteispendenaffäre deutlich, durch die einige Zipfel der Bettdecke gelüftet wurden, unter der all die öffentlichen und privaten Gelder sich vereinigen. Boss kommt daher zu dem skandalösen, aber zwingenden Ergebnis: Kein Mensch in Deutschland kennt die tatsächliche Höhe der Subventionen.

Ein klarer Fall von Bananenrepublik.

Auf meine Frage, wie denn die Parlamentarier, die ja den

Haushalt beschließen, auf diese Veröffentlichungen aus Kiel reagieren, erhalte ich von Alfred Boss und Astrid Rosenschon wieder eine niederschmetternde Antwort: Nur ein einziger Bundestagsabgeordneter kümmert sich persönlich um ihren Bericht. Es ist kaum zu glauben – ein einziger von 672! Dies war 1998 Friedrich Merz von der CDU, der es ja mittlerweile bis zum Fraktionsvorsitzenden gebracht hat. Wenn ich bis dahin noch irgendeiner Illusion anhing, ob unsere Abgeordneten wirklich wissen, was sie tun, so war sie mit dieser Information aus Kiel endgültig geplatzt. 200 Milliarden DM werden in unserem Staat vermauschelt, unter der Hand verteilt, irgendwelchen Etatposten zugeschustert, wo sie nichts zu suchen haben. 200 Milliarden DM – und nur ein einziger Abgeordneter will wissen, wo sie bleiben.

Jetzt, da er mehr Einfluss hat, möchte ich ihm seine damalige Aussage noch einmal mit auf den Weg geben – als sein persönliches Regierungsprogramm sozusagen:

»Ich sage ganz offen, ich bin selber auch erschrocken gewesen. Wir haben ein Ausmaß an Umverteilung, von der einen Tasche in die andere Tasche, uns in Deutschland angewöhnt und haben uns so daran gewöhnt, dass dies ein Thema werden muss, über das wir sehr sehr viel nachhaltiger reden und Entscheidungen treffen müssen....Wir müssen vor allen Dingen der Bevölkerung klarmachen, dass der Staat nur das verteilen kann, was er vorher anderen abgenommen hat. Und hier sind teilweise die Personen identisch. Wir nehmen den Leuten Geld ab und stecken es ihnen wieder zu, allerdings mit hohem Verschleiß durch die Bürokratie.«

Natürlich haben meine Gesprächspartner aus dem Wirtschafts- und dem Finanzministerium Erklärungen angeboten, wie sich die Differenz von 200 Milliarden DM wenigstens zum Teil schließen ließe: Zahlungen, die zur Wahrnehmung allgemeiner Staatsaufgaben aufgewendet werden, würden nicht im Subventionsbericht aufgenommen. Dazu gehörten »soziale«, »infrastrukturelle« und »kulturelle« Ausgaben. Doch da diese sehr schwammigen Begriffe beliebig eingesetzt werden können, wird damit alles abgedeckt, was der politischen Bestechung einzelner Wählergruppen dient. Ein gewaltiger Gestaltungsspielraum öffnet sich da, um unsere Haushalte zu Märchenbüchern zu machen.

Seit dieser mühsamen Recherche, seit der Entdeckung, dass es in unserem Staat möglich ist, rund 200 Milliarden DM wegzurechnen, sie umzuwidmen, sie seinen politischen Freunden zukommen zu lassen, seither ahne ich es nicht mehr, sondern weiß ich es: »Wir werden verarscht!« Astrid Rosenschon und Alfred Boss aber sollten den höchsten Orden bekommen, den unser Staat zu vergeben hat, ihren kriminalistischen Fähigkeiten verdanken wir es schließlich, dass wir zumindest erfahren können, wo die Gelder bleiben. Dass wir es den Mauschlern so leicht machen, uns zum Narren zu halten, dass wir uns dabei auch noch wohl fühlen, dafür sind wir selbst verantwortlich. Ich bin jetzt wirklich gespannt, ob Friedrich Merz in seiner neuen, einflussreichen Position wenigstens den Versuch unternimmt, das Ausmaß der Mauschelei einzudämmen, und mit der Axt den Subventionswald durchforstet.

Überrascht war ich auch, mit welchem Erstaunen und Unverständnis meine Kollegen auf meine Aufregung reagierten. Am Tag, an dem mein Feature in der ARD über die »Verschwender der Nation – Subventionen in Deutschland« lief, riefen mich ein knappes Dutzend Hörfunkkollegen an, die in ihren Magazinsendungen auf den Film hinweisen wollten. Ausnahmslos alle begannen mit der Frage, was ich eigentlich gegen Subventionen hätte, schließlich würden sie Arbeitsplätze retten und der Umwelt dienen. Die geistige Zersetzungsarbeit der Subventionsverteiler ist so weit fortgeschritten, dass sie es geschafft haben, Subventionen auch noch positiv darzustellen. Ich habe daraufhin genau zugehört, wenn wieder einmal Subventionen verteilt wurden. Und tatsächlich geschieht das meist unter großem Beifall der Öffentlichkeit. Ja, schlimmer noch: Die Wähler reklamieren regelrecht, verlangen noch mehr davon, so wie Nikotinsüchtige, denen gerade das Raucherbein abgenommen wurde und die nichts anderes im Sinn haben, als nach dem Aufwachen aus der Narkose zuerst einmal eine Fluppe zwischen die Lippen zu schieben und dann tief den Rauch zu inhalieren.

Nun gibt es wissenschaftliche Abhandlungen über den Begriff »Subvention« und ab wann staatliche Zuwendungen Aktivitäten sind, die zur Erfüllung originärer Staatsaufgaben nötig sind. Hierzu zählen sicherlich Ausgaben zur Aufrechterhaltung der inneren und äußeren Sicherheit. Aber wie schludrig die Bundesregierung mit diesem Begriff umgeht, wird daran deutlich, dass sie zum Beispiel die Umsatzsteuerbefreiung für ärztliche Leistungen, für Bausparkassen und für Versicherungsvertreter im »Zehnten Subventionsbericht« noch erwähnt hat, danach waren sie daraus verschwunden, wurden aber immer noch gewährt.

Ich will mich hier auf eine Definition beschränken, die sicherlich unumstritten ist: Eine Subvention ist eine selektive Vergünstigung, die ausgewählten Produktionszweigen und damit bestimmten Personenkreisen gewährt wird. Jede Subvention ist daher eine Umverteilung. Alfred Boss: »Subventionen sind alle Maßnahmen, mit denen der Staat in die Wirtschaft eingreift, bestimmte Gruppierungen begünstigt und andere bestraft.«

Verständlich ist, dass diejenigen, die etwas bekommen, sich freuen und an der Subvention festhalten wollen. Was ich in unserem Staat nicht verstehe, ist, dass die Bürger nicht erkennen, dass all das, was sie erhalten, ihnen zuvor abgenommen wurde, genau so, wie dies Friedrich Merz formulierte: »Der Staat kann nur verteilen, was er seinen Bürgern abnimmt.« Wenn er darüber hinaus Schulden macht, also noch mehr verteilt, als er hat, verteilt er auch noch das Geld der nächsten Generation. Aber es sind immer wieder wir, vor allem der viel zitierte kleine Mann, die für die Zeche aufkommen müssen.

Es ist wie im Märchen von der guten Fee. Wir alle wissen, dass es sie nicht gibt, aber es ist so schön, an ein solches Fabelwesen zu glauben. Die liebliche Version: Wir alle hoffen, vom Segen der Subventionen möglichst viel abzubekommen, und stellen uns vor, sie fielen gleichsam als Manna vom Himmel. Die bösartige Version: Wir hoffen, von der guten Fee viele Subventionstaler geschenkt zu erhalten, und wissen, dass sie diese als böse Fee vorher dem Nachbarn weggenommen hat. Die Wirklichkeit: Es gibt keine Fee. Wir lassen uns das Geld mehr oder weniger unfreiwillig vom Staat abnehmen und bedanken uns dann artig bei einer Partei mit einem Kreuzchen auf dem Wahlzettel, wenn wir davon wieder etwas zurückerhalten. In einer Art kollektiver Verdrängungsangst blenden wir diese Realität aus. Sie stempelt uns ja auch als ziemliche Dummköpfe ab, wenn wir so etwas mit uns machen lassen.

Wie ungehemmt die Subventionskultur unseren Staat überwuchert hat, wie sehr das Geben und Nehmen jeden Winkel unseres Landes erfasst hat, habe ich mir von Bernhard Zentgraf, Mitarbeiter beim Bund der Steuerzahler, am Beispiel einer Schifffahrt auf der Weser erklären lassen. Wir legen in Bremen ab, und sofort beginnt Zentgraf mit seiner Fremdenführung der besonderen Art:

»In Bremen wird deutlich, wie die eigenen Ansprüche mit den Steuergeldern anderer befriedigt werden. Denn fast alles wird von Subventionen am Leben erhalten. Bremen hat in den letzten fünf Jahren neben dem Finanzausgleich pro Jahr zusätzliche Hilfen vom Bund in Höhe von 1,8 Milliarden Mark erhalten. Die sollten zur Sanierung des Haushalts dienen. Das ist nicht gelungen. Eine Nachfolgeregelung garantiert Bremen weitere 7,7 Milliarden DM bis zum Jahre 2004. Die Probleme liegen unter anderem darin, dass sich Bremen bei den öffentlichen Einrichtungen zu hohe Standards leistet.«

Bevor wir auf den Sinn und Unsinn des Länderfinanzausgleichs und Bremens Milliardenprämie für eine in der Vergangenheit besonders verschwenderische Haushaltsführung zu sprechen kommen, begegnet uns ein Handelsschiff. Zentgraf fährt fort:

»Für die Seeschifffahrt sind an direkten Finanzhilfen in den Jahren 1984 bis 1996 rund 1,2 Milliarden DM gezahlt worden. Dazu kommen noch die Steuersubventionen, also Sonderabschreibungen und verringerte Steuersätze. Gerade die Sonderabschreibungen haben ja verteilungspolitisch problematische Auswirkungen, weil davon besonders die Gutverdienenden profitieren.«

In diesem Zusammenhang muss noch auf eine besonders perfide und systemsprengende Subvention hingewiesen werden, die kurz vor der Wahl 1988 den Reedern von Verkehrsminister Matthias Wissmann gewährt worden war. Um die Schiffseigner zu ermutigen, ihre Schiffe unter deutscher Flagge laufen zu lassen, dürfen sie von den Steuern, die sie ihren Seeleuten im Auftrag des Finanzamts von der Heuer abziehen müssen, 40 Prozent in die eigene Tasche stecken. Bereicherung der Habenden auf Kosten der Abzüge ihrer Beschäftigten und des Staates – da platzte selbst den Beamten im Finanzministerium der Kragen.

Nützte aber nichts. Es wäre sicher spannend gewesen, bei den Verhandlungen, die diesem Skandal vorangegangen sind, Mäuschen zu spielen. Was hat sich »Lurchi«, wie Matthias Wissmann in seinem Wahlkreis genannt wird, weil er gern ins undurchsichtig trübe Gewässer abtaucht, wohl dabei gedacht, als er eine solche Subvention befürwortete?

Unsere Bootsfahrt aber ist noch lange nicht zu Ende. Kurz bevor die Weser die Stadt Bremen verlässt, liegen rechts die Großanlagen der Vulkan-Werft: Darüber könnte Zentgraf einen abendfüllenden Vortrag halten. Hier auf dem Boot beschränkt er sich aufs Wesentliche:

»Aus dem Bundeshaushalt werden in diesem Jahr (1998) rund 300 Millionen DM für Werftenhilfen gezahlt, das ist allerdings nur ein Drittel des Gesamtprogramms, weil die norddeutschen Küstenländer noch mal zwei Drittel zusätzlich finanzieren.

Der ›Vulkan‹ ist dabei ein Musterbeispiel für eine verfehlte Subventionspolitik. Hier sind viele Millionen an Subventionen reingeflossen, zuletzt ja auch diese 700 Millionen DM, die doch eigentlich für die Ostwerften gedacht waren. Sie sind untergegangen, genauso wie die Arbeitsplätze. Das Geld ist weg, Arbeitsplätze sind weg, und der ›Vulkan‹ ist auch weg.«

Nach 40 Kilometer Stadt tauchen die Dörfer und Wiesen von Niedersachsen auf. Und nun geht es mit den Subventionen erst richtig los. Zentgraf:

»Die Subventionen an die Landwirtschaft auf Bundesebene wie auch auf europäischer Ebene betragen unternehmensbezogen etwa 21 Milliarden DM. Dazu kommen noch personenbezogene Hilfen von etwa acht Milliarden DM. Man kann also davon ausgehen, dass jeder Acker, jede Wiese subventioniert wird, unbeschadet der Einkommensverhältnisse des Besitzers.«

Wir wollen nicht ungerecht sein und den Eindruck erwecken, Subventionen seien auf Deutschlands Norden beschränkt. Deshalb Szenenwechsel: Wir fahren durch die üppigen Felder der Donauebene. Gutes Land – reiche Bauern seit Jahrhunderten. Große Felder – aber auch in dieser Landschaft ist alles subventioniert und durchgeregelt. In Mangolding unweit von Regensburg bearbeitet Dr. Josef Bosch seine Weizenfelder. Rund 80 Doppelzentner erntet er hier pro Hektar – ein sehr gutes Ergebnis. Aber wie für jeden Landwirt sind auch für ihn Subventionen ein fester Bestandteil seines Einkommens. Es fällt mir jetzt schwer, der Versuchung zu widerstehen, die restlichen Buchseiten mit dem größten Wahnsinn seit dem Versuch des Turmbaus von Babel zu füllen, wie das britische Wirtschaftsmagazin *Economist* einmal die europäische Agrarordnung bezeichnete.

Was da auf unseren Äckern passiert, lässt sich mit Logik nicht mehr vermitteln. Da sind Markt und Marktwirtschaft schon lange außer Kraft gesetzt, die 700 000 in Deutschland registrierten freien Bauern längst zu Quasi-Angestellten des Staates verkommen. So rechnete uns Josef Bosch vor:

Vor 1998 erhielt er für seinen Weizen pro Hektar rund 2200 DM – ein von Brüssel festgesetzter Preis.

Dazu kamen 560 DM Subventionen, machte 2760 Mark. Abzüglich der Kosten verblieben ihm 710 DM, das war wenigstens etwas mehr, als er an Subventionen bekam.

Die neue Brüsseler Rechnung nach 1998: Der Getreidepreis wird abgesenkt auf 1814 DM pro Hektar. Dafür wird die Subvention auf 760 DM erhöht – ergibt zusammen 2560 DM.

Abzüglich der Unkosten bleiben unterm Strich nur noch 524 DM. Das sind jetzt über 200 DM weniger, als er Subventionen erhält.

Wir verstehen gar nichts mehr: Das macht doch überhaupt keinen Sinn. Da könnte man ihm doch gleich 524 DM pro Hektar geben. Das wäre billiger, und er hätte genauso viel, als wenn er nicht arbeiten würde. Darum fragen wir bei Josef Bosch nach, ob wir uns da nicht verhört haben. Haben wir aber nicht:

»Ja, das ist so«, antwortet Bosch, »man fährt über den Acker und verbrät dann 200 DM von den 760 DM, die ich früher hatte, um dann die 524 DM zu bekommen.«

Wie es sich da noch lohne, auf Feldern in 645 Meter Höhe Getreide anzubauen, wie wir dies in der steinigen Rhön gesehen haben, fragen wir Bosch. Auch darauf hat er eine Antwort: »Die werden noch viel höher subventioniert als die ertragreichen Felder auf den fruchtbaren Böden. Je widriger die Natur, desto höher die Subventionen. Deshalb haben wir auch immer einen Getreideüberschuss, und deshalb wird der EU-Getreidepreis erneut gesenkt und dann die Subvention erhöht, und dann muss das alles verwaltet werden, und das kostet noch mehr Geld, und dann steigen die Beiträge für die Genossenschaften, die werden dann wieder als Ausgaben steuerlich berücksichtigt, und dann ... und dann weiß keiner mehr, was los ist, und dann sind alle unzufrieden, und dann demonstrieren die Bauern für mehr Subventionen und sind trotzdem noch sauer auf Brüssel.

Alles klar? Wie – das verstehen Sie nicht? Macht nichts: Die, die das alles organisieren, kapieren das auch nicht mehr. Und weil es so kompliziert ist, berichtet das Fernsehen auch nicht mehr über die Zusammenhänge. Sie sind dem Zuschauer nicht zuzumuten, der schaltet dann ab. Das schadet der Quote, also servieren wir Politiker, die leicht verständliche, aber verlogene Sprüche abladen dürfen. Die wählen wir dann wieder – und die verteilen dann wieder Subventionen, und dann demonstrieren die Bauern wieder ...« Jetzt aber müssen Sie es endlich begriffen haben!

Nur zwei Anmerkungen noch zu den Landwirtschaftssubventionsorgien, die in ihrer Detailgenauigkeit wieder verständlich sind, wenn auch ohne Verstand gemacht. Erste Anmerkung: Allein in Deutschland bekommen die Bauern rund 300 Millionen Mark, damit sie Tabak anpflanzen. Für die Zigaretten aber will die EU ein Werbeverbot erlassen, weil unumstritten ist, dass Tabakprodukte süchtig machen und gesundheitsschädlich sind.

Zweite Anmerkung: In Bayern ist die katholische Kirche einer der größten Besitzer von Milchquoten. Sie macht damit bäuerlichen Betrieben heftig Konkurrenz, denn nur wer eine Milchquote besitzt, darf auch Milch zum hohen EU-Preis bei den Molkereien abliefern.

Somit lässt sich abschließend feststellen: Die Agrarsubventionen sind ein widersprüchliches Gemisch aus autarkem Reichsnährstandsdenken, aus Landschaftspflege, sozialer Fürsorge und wüster Abzockerei. Sie haben alles bewirkt – nur nicht einen finanziell unabhängigen bäuerlichen Familienbetrieb, der stets als Leitbild hochgehalten wird.

So weit die Subventionsschleuder auch ihre Gelder ausstreut, der Kreis der am meisten Begünstigten ist doch relativ eng. 197 Milliarden DM, das sind rund 64 Prozent, entfallen auf die Landwirtschaft, den Bergbau, den Verkehr und die Wohnungswirtschaft. Hierbei handelt es sich um vier Bereiche, die sich alle dadurch auszeichnen, dass sie trotz gigantischen Kapitaleinsatzes nur unzulängliche und unbefriedigende Ergebnisse erzielen und die direkt davon Betroffenen besonders militant noch mehr Hilfen vom Staat fordern. Das ist ein systemimmanentes Ergebnis bei Subventionen, branchen- und länderüberschreitend. Das berühmte MITI, das Ministerium für Internationalen Handel und Industrie in Japan, dem nachgesagt wird, es habe die gesamte japanische Wirtschaft im Griff, hat in einer Untersuchung festgestellt, dass die zehn Bereiche, die vom MITI besonders gefördert und vor dem Markt geschützt wurden, die niedrigsten Wachstumsraten, die meisten Pleiten und die wenigsten Zukunftschancen verzeichneten.

32. Bestechungsgeld fürs Wahlvolk

Nirgendwo kann das in Deutschland deutlicher nachvollzogen werden als im Steinkohlebergbau. Eine Kette von Fehlentscheidungen hat das Ruhrgebiet in eine Krise geführt, von der es sich nie wieder ganz erholen wird. Das ging schon Anfang der Sechzigerjahre los, als es nicht mehr genug Bergarbeiter gab und die Steinkohleförderung mit Koreanern und Türken aufrechterhalten wurde. Damals war die Zeit der Zechenschließungen. Damals wurde übrigens auch versäumt, die nicht existenzfähigen landwirtschaftlichen Kleinbetriebe aufzugeben. Arbeitsplätze für die ausscheidenden Bauern hätte es genug gegeben.

Fehler Nummer zwei waren der verfassungswidrige Kohlepfennig und die Koksabnahmegarantie, die verhinderten, dass sich der deutsche Bergbau dem internationalen Wettbewerb stellen musste. Heute weiß man, dass es selbst in Deutschland möglich ist, ohne diese gigantischen Hilfen Steinkohle zu fördern, wenn die entsprechende Modernisierung und Rationalisierung in den Gruben durchgesetzt wird. Doch damit wurde erst gestartet, als nach dem letzten Kohleabkommen ein Wettbewerbselement für die deutschen Gruben untereinander begann.

Heute kostet die deutsche Steinkohle 280 DM pro Tonne. Für 80 DM kippen sie die internationalen Konkurrenten im Hamburger Hafen ab. In Großbritannien, wo die Bergwerke unter ähnlich geologischen Bedingungen abbauen müssen wie in Deutschland, sind die Förderkosten nach der Privatisierung auf 120 DM gesunken. Dies ist zwar auch noch mehr, als die Kohle auf dem Weltmarkt kostet – doch über eine solche Differenz bei gesunkenem Gesamtvolumen lässt sich auch ökonomisch vertretbar ein Zuschuss aushandeln, wenn damit die Technologie des Bergbaus im Land gehalten werden kann. Statt der direkten acht Milliarden DM, die jetzt noch in den Bergbau gepumpt werden, würde dann der Betrag auf eine Milliarde DM und weniger schrumpfen – eine Summe, für die auch ein Marktliberaler eine Sünde begehen kann, etwa unter dem Deckmäntelchen »Traditionspflege«, und die zählt bekanntlich nicht zu den Subventionen.

Die Subventionen für den Steinkohlebergbau dienten einem perfiden Zweck. Es ging um den Erhalt eines sozioökonomischen Biotops, das der sozialdemokratischen Filzokratie den Nährboden stellte. Wenn es nur um die Einkommen der Bergarbeiter gegangen wäre und um deren soziale Sicherheit, dann wäre es billiger gewesen, jedem der noch Mitte der Neunzigerjahre einfahrenden 80 000 Kumpel lebenslang jährlich 50 000 DM netto in die Hand zu drücken und sie dafür zeit ihres Lebens nach Mallorca in den Urlaub zu schicken. Das wären vier Milliarden DM gewesen – Ende absehbar.

In Kamp-Lintfort habe ich Bergarbeiter getroffen, schwarz im Gesicht, gezeichnet von der harten Arbeit unter Tage. Auf netto 3000 DM kommen sie mit Schichtzulage, wahrlich keine Summe, um damit noch zur Einkommenselite der deutschen Arbeiterschaft zu gehören. Gefrustet sind sie. Denn das, was sie aus der Erde holen, braucht zu diesem Preis niemand mehr. Das lesen sie jeden Tag in der Zeitung. Doch wie in kaum einem anderen Beruf hängt ihr Selbstwertgefühl von ihrer Arbeit ab.

Hanspeter Diener, 38 Jahre alt: »Wir werden ja wirklich da hingestellt als Abzocker der Nation, als wenn wir das Geld alle einstecken und nach Hause gehen und dann irgendwo bunkern zu Hause. Das stimmt ja nicht.« Der 46-jährige Klaus Nellen pflichtet ihm bei: »Ich komme mir nicht so vor, dass ich was geschenkt kriege. Ich muss dafür arbeiten, und zwar schwer. Wenn mir etwas Vergleichbares angeboten würde, würde ich mir das auch überlegen. Nur, wir sind ja schon bei mehreren Arbeitsämtern gewesen in Moers und in Kamp-Lintfort. Dort hat man uns gesagt, für uns wäre keine Arbeit da. Nichts anderes.«

Es ist ein Teufelskreis: Die Bergleute fahren weiter ein, weil sie keinen neuen Job finden. Und sie finden keine neuen Jobs, weil seit Jahrzehnten ihre jetzigen Jobs aus politischen Gründen mit Milliarden subventioniert werden – mit Geld, das fehlt, um zukunftsträchtige Arbeitsplätze zu schaffen.

Im Schatten des Förderturms: die Bergarbeitersiedlung. Die emotionale und räumliche Nähe zum Arbeitsplatz hat in allen Kohleregionen eine starke Gemeinschaft entstehen lassen. Wenn die Kumpel nach der Arbeit heimkehren, dann kommen sie in eine gepflegte Siedlung, in der von sozialen Spannungen äußerlich nichts zu spüren ist. Ohne Subventionen wäre dieser soziale Friede im Revier gefährdet, sagen die Befürworter des Milliardensegens – und damit ist für sie der grobe Verstoß gegen die Marktwirtschaft einerseits und die Steuergeldvernichtung andererseits gerechtfertigt. Doch was sie nicht sagen, ist: »Diese Siedlungen haben wir fest im Griff. Sie gehören parteipolitisch zu uns.«

Wo das nicht der Fall ist, wo das mächtige Gespinst aus Funktionären, Ämterpatronage, Politik und staatsfinanzierten Unternehmen noch nicht so eng verwoben ist, da sind die verantwortlichen Minister und ihre beamteten Helfershelfer schneller, wenn es darum geht, die Marktwirtschaft einzuführen. Im März 2000 zogen 500 Bürger der südbrandenburgischen Stadt Lauchhammer vor den Landtag in Potsdam und protestierten gegen den drohenden Bankrott ihrer Kommune. Sie ist durch den Rost gefallen. Wenn es noch irgendeines Beweises bedarf, dass Subventionen nie den Schwächeren, sondern immer nur den Mächtigeren zugute kommen, dann ist das am Beispiel von Lauchhammer offensichtlich nachzuvollziehen.

Lauchhammer vor der Wende: Die 32 000 Einwohner leben von der Braunkohle. Riesige Tagebaulöcher, gegraben von den größten Baggern des Ostblocks, verunstalten die Gegend. Aus drei Brikettfabriken qualmt es, rieselt der Ruß auf Vorgärten und

Wälder. Wenn der Blitz einschlägt, brennt der Boden. Schön ist es in dieser Gegend der Lausitz nun wirklich nicht. Aber die Leute haben Arbeit.

Mit der Wende kommt das Aus. Alles wird platt gemacht, kein einziger Arbeitsplatz überlebt – 15 000 in der Region, allein 10 000 in Lauchhammer. Einige Jahre noch gibt es ABM-Stellen, um die nutzlosen Fabriken, die ausgedienten Braunkohletransportbahnen und Rohrnetze abzureißen. Neue Betriebe siedeln sich nicht an, denn es ist unheimlich schwer, Land zu erwerben: Alles gehört der Treuhand, und die kennt keine Gnade. Monatelang muss der neue, parteilose Bürgermeister Rainer Schramm mit Treuhand-Liegenschaftsabteilungen verhandeln, um das ehemalige Gewerkschaftshaus zu kaufen. Nachdem er zweimal zwischen Berlin und Cottbus hin- und herfahren musste, gibt er auf – jetzt verfällt es. Ein westdeutscher Geschäftsmann verlegt seinen Wohnsitz nach Lauchhammer, um von dort aus die Region zu betreuen. Die Kaufverhandlungen für eine halbverfallene Villa dauern drei Jahre.

Bürgermeister Schramm kommt sich vor wie im Märchen von König Drosselbart, nur dass in Lauchhammer nicht alles dem Grafen von Carabas, sondern in der Lausitz alles der Treuhand gehört.

Auch die Bergarbeitersiedlung war da keine Ausnahme. Damit die Mieten bezahlbar bleiben, wurde auf Anraten der Treuhand eine Genossenschaft gegründet, und jeder Mieter musste einzahlen: 5000 DM von seinem Einkommen aus der ABM-Beschäftigung oder dem Arbeitslosengeld, 3000 DM hat das Land Brandenburg dazu gegeben und 2000 DM die EU in Brüssel. Da das immer noch nicht reichte, hat die Wohnungsgenossenschaft zudem noch ein Darlehen aufgenommen, und dann wurde der gesamte Betrag an die Treuhand überwiesen. 44 Millionen DM hat sie für Genossenschaftswohnungen verlangt, und die 44 Millionen DM für die unsanierten Bruchbuden hat dann der Bonner Finanzminister eingesteckt. Dabei hatten die Bergarbeiter diese Wohnungen eigentlich schon einmal bezahlt: mit harter Arbeit und niedrigem Lebensstandard. Eigentum konnten sie nicht erwerben.

Jetzt, zehn Jahre nach der Wende, zieht Bürgermeister

Schramm Bilanz: Die Einwohnerzahl ist von 32 000 auf 22 000 gesunken, zirka 2000 Wohnungen stehen leer. Die reale Arbeitslosigkeit liegt bei 40 Prozent. Lauchhammer hat insgesamt rund 55 Millionen DM an Zuschüssen bekommen. Die Treuhand hat nach eigener Auskunft ihrer Liegenschaftsgesellschaft in Lauchhammer 75 Millionen DM eingenommen. Die Bilanz für die Bundesregierung: An Lauchhammer hat sie in zehn Jahren 20 Millionen DM direkt verdient. Bürgermeister Rainer Schramm: »Auf die Menschen wurde hier nie Rücksicht genommen. In Westdeutschland wäre es schwieriger gewesen, 15 000 Arbeitsplätze wegzurationalisieren, deswegen haben die es hier gemacht.«

So wird den einen genommen, den anderen gegeben. Die Beispiele Lauchhammer und Kamp-Lintfort liefern keine Argumente gegen den Markt, aber sie zeigen, wie ungerecht Subventionen sind. Und die werden immer mit fadenscheinigen Begründungen verteilt.

Früher ging es um die nationale Unabhängigkeit. Das war noch die Geburtsstunde für die Kohle- und Agrarsubventionen. Für jüngere Leser: Adolf Hitler wollte Lebensraum im Osten erobern, um Deutschland autark zu machen – sowohl bei Rohstoffen als auch bei Lebensmitteln. Die Bauern fasste er im Reichsnährstand zusammen, und dessen Geist spukt halt immer noch durch die Landwirtschaftsdebatte. Ganz ausgestorben ist das Autarkiegerede immer noch nicht. Selbst vor der letzten Landtagswahl in Nordrhein-Westfalen im Mai 2000 entblödeten sich Vertreter der SPD nicht, solche Phrasen aus dem vergangenen Jahrhundert noch einmal zu reaktivieren. Sie sollten einmal genau nachlesen, mit welchen Hetztiraden in den letzten 200 Jahren das Volk zu Kriegen aufgestachelt wurde. Und es ist beschämend, wenn diese damals hochgepeitschten Emotionen heutzutage immer noch bedient werden, nur um ein paar Stimmen einzufangen.

Ein absolutes Totschlagargument für Subventionen bezieht sich auf die Rettung oder Schaffung von Arbeitsplätzen. Das klingt besonders gut. Da kommt ein Politiker daher, verschleudert unsere Steuergelder und wird dafür noch gefeiert. Unser jetziger Bundeskanzler Gerhard Schröder hat es in dieser Disziplin zu einer gewissen Meisterschaft gebracht: Kurz vor der Niedersachsenwahl 1998 rettete er so die Stahlwerke Salzgitter vor dem Ausverkauf nach Österreich. Nicht in Wien oder London dürfe über die Zukunft des deutschen Stahls und 13 000 Arbeiter entschieden werden, sondern in Hannover. Jubel allerorten. Der Mann hat ein Herz für die Arbeiter. Nach der Wahl wurden die Stahlwerke Salzgitter an den Luxemburger Arbed-Konzern verhökert. Der Markt war halt doch mächtiger als die Voodoo-Wirtschaft von Ministerpräsidenten. Eine genaue Verlustrechnung dieser Rosstäuschernummer wird es nie geben. Die ist in den Bilanzen der halbstaatlichen NordLB versteckt.

Bei der Pleite des Baukonzerns Philipp Holzmann tauchte Schröder wieder wie ein Messias auf und spendierte mal locker 250 Millionen DM als Bundesbürgschaft. Wohl dem, der solche Quellen hat. Doch diesmal ging der Schuss nach hinten los. Die Konkurrenten des Holzmann-Konzerns rechneten vor, wie viele Beschäftigte sie entlassen müssen, wenn sie Aufträge zugunsten eines staatlich gestützten Baukonzerns verlieren.

Wer sich als Wunderheiler aufführt, darf sich nicht beschweren, dass alle Mühsamen und Beladenen nun auch Wunder erwarten. Also riefen auch die Beschäftigten der damaligen DaimlerChrysler-Bahntochter Adtranz in Nürnberg den Kanzler zu Hilfe. Ihr Werk sollte geschlossen werden. Dort hat Schröder sich gar nicht erst blicken lassen, weil er spürte, dass seine Auftritte als gute Fee politisch peinlich wurden. Die Nürnberger Arbeiter reagierten stinksauer. Die Schröderschen Rettungsaktionen haben endlich einmal exemplarisch einen Nachteil der angeblichen Arbeitsplatzrettungen deutlich gemacht. Wenn mit Steuermitteln jemandem aus der Patsche geholfen wird, muss ein anderer die Zeche zahlen. Die Arbeitsplatzsubventionierung ist ein massiver Markteingriff zu Lasten der Leistungsfähigen und vernichtet volkswirtschaftliches Vermögen. Je mehr Menschen sich mit den universalen Gesetzen der Wirtschaft beschäftigen, desto besser verstehen sie deren Zusammenhänge, desto weniger zieht noch die Arbeitsplatzsicherungsmasche.

Doch jetzt ist eine Subventionsrechtfertigung aufgetaucht, gegen die im wahrsten Sinne des Wortes kein noch so nutzloses Unkraut gewachsen ist: die Rettung der Umwelt, damit die Rettung unseres Planeten und damit schließlich die Rettung der Menschheit. Und wenn es um diese hehren Ziele geht, wer möchte sich da schon als Pfennigfuchser querstellen?

Der schnöde Mammon im Kampf gegen den Untergang der Menschheit, die ultima ratio der Subventionsrechtfertigung – sämtliche Dämme sind mit einem Schlag niedergerissen: Die Subventionsströme können endlich ungehindert fließen, und während wir in einer neuen Kostenflut zu ertrinken drohen, klatschen wir auch noch Beifall. Doch angesichts der Verehrung, die Umweltsubventionen genießen, werde ich sie in diesem Kapitel ausklammern und ihnen einen eigenen, ausführlichen Abschnitt widmen.

Es gibt ganze Branchen, die es geschafft haben, ihre Misswirtschaft so gut zu tarnen, dass die Staatsbeihilfen für sie als selbstverständlich hingenommen werden – so wie eine Art »höhere Gewalt«. Dazu gehört in erster Linie der öffentliche Nahverkehr. Nun werden die Subventionen für öffentliche Verkehrsträger auch in Umweltargumente verpackt, aber wenn es darum geht, die Gelder für die städtischen Verkehrsbetriebe lockerzumachen, dienen die Umweltverbände den Abzockern längst als nützliche Idioten. Ich will hier überhaupt nicht die Notwendigkeit des öffentlichen Nahverkehrs infrage stellen – im Gegenteil: Mit marktwirtschaftlichen Methoden betrieben, wäre er leistungsfähiger, effizienter und damit auch umweltfreundlicher.

Wer in Düsseldorf sehr aufmerksam die Busse des städtischen Nahverkehrs betrachtet, der wird einen kleinen, aber sehr wichtigen Unterschied feststellen können. Unterhalb der Einstiegstüren auf dem Fahrgestellrahmen steht da entweder »Rheinbahn« oder »Rheinbus«. Im Übrigen sehen sich die Fahrzeuge nicht nur völlig ähnlich, sondern sie befahren auch die gleichen Routen. Die Busse der Rheinbahn allerdings gehören der Stadt, jene der Rheinbus einer GmbH, deren Anteile zu 49 Prozent der Stadt und zu 51 Prozent dem privaten Aachener Verkehrsunternehmer Manfred Taeter gehören.

Die Rheinbahn produziert 123 Millionen Mark Defizit, die jedes Jahr zu Lasten der Stadtkasse ausgeglichen werden müssen, während die Rheinbus einen kleinen Gewinn erzielt. Diese Geschichte habe ich in einigen Redaktionsstuben erzählt, aber keiner wollte sie mir abnehmen. Irgendetwas könne da doch nicht stimmen. Ob die Rheinbus wirklich die gleichen Routen befahre, ob die Fahrer nach Tarif bezahlt würden und überhaupt – wenn das so einfach sei, würden das alle Städte machen.

Oberbürgermeister Joachim Ernst weiss, dass es nicht einfach ist, sonst hätte er die Rheinbahn längst privatisiert und könnte die mehr als 100 Millionen DM Defizit pro Jahr einsparen. Der aufgeblähte Apparat der Rheinbahn ist über Jahrzehnte gewachsen und hat sich in dieser Zeit seine Privilegien hart erarbeitet. Die werden jetzt verteidigt. Natürlich sind die Arbeitszeiten der Rheinbahn viel kürzer als jene bei der Rheinbus. Hierbei handelt es sich nicht etwa um die Zeit, die die Fahrer hinter dem Steuer sitzen, sondern um die üppig bemessenen Vorbereitungszeiten und nutzlosen Wartezeiten. Aber weit mehr Kosten fallen bei der Rheinbahn durch ihre parteipolitisch austarierte, aufgeblähte Verwaltung an. Das prächtige Gebäude in der Hansaallee kann sich sehen lassen – ein eindrucksvoller Bau. Die ganze Verwaltung der Rheinbus dagegen drängt sich in vier aufeinander gestellten Containern am Rande des Werkhofs der Rheinbahn. Bestandsgarantien, Tarifverträge und politische Abmachungen sichern der Rheinbahn noch auf Jahre das Recht, die Stadtkasse zu plündern.

Oberbürgermeister Ernst rechnet die Zahlen von 1998 vor: »Die Stadt Düsseldorf hat ein Defizit von 76 Millionen DM, allein der öffentliche Nahverkehr produziert 123 Millionen DM. Wenn es gelingen würde, den Personennahverkehr anders zu organisieren, sodass er wenigstens plusminus Null ausginge, hätte die Stadt in ihrem Haushalt sogar ein Plus. Wir hätten Geld übrig, ohne Einsparungen im Sozial- und Kulturetat vornehmen zu müssen, und wir könnten anfangen, die Altschulden von über sechs Milliarden DM zu tilgen.«

Der Geschäftsführer der Rheinbus, Ingo Denzel, ist davon überzeugt, dass er das jetzt bestehende Netz der Düsseldorfer Nahverkehrsbetriebe mit seinen Managementsystemen sofort kostendeckend betreiben könnte. »Wir machen nur das, wovon wir etwas verstehen«, erklärt er seine überhaupt nicht spannenden Geschäftsgeheimnisse. »Wir befördern nämlich nur die Fahrgäste, und alles andere lassen wir da machen, wo es preiswerter, billiger und schneller geht.« Das freut das lokale Kraftfahrzeughandwerk, von dem die Rheinbusse gewartet werden. Das ist um über die Hälfte billiger als bei den städtischen Werkstätten.

Doch wenn die Diskussion aufkommt, die stadteigenen Kfz-Reparatur- und Wartungsbetriebe zu schließen, erfolgt sofort der Aufschrei: Das kostet Arbeitsplätze. Dieses Beispiel eignet sich deshalb gut, den Unsinn von Subventionen drastisch vor Augen zu führen. Denn die jetzige Praxis kostet auch Arbeitsplätze, nämlich beim privaten Kfz-Handwerk, das von der öffentlichen Hand ausgetrickst wird, obwohl es leistungsfähiger ist. Für die derzeitige Praxis werden noch einmal viele Jobs in allen Bereichen geopfert, in denen die Stadt sparen muss, weil sie die dafür benötigten Gelder in den öffentlichen Nahverkehr stecken muss.

Friedrich G. Conzen, ein Aufsichtsratsmitglied der Rheinbahn, hofft auf die Europäische Union. Die Brüsseler Behörde verlangt, dass in Zukunft der Betrieb von Nahverkehrsnetzen ausgeschrieben werden muss. Die ersten Angebote, die in Deutschland von französischen und schwedischen Unternehmen gemacht wurden, lagen bis zu 50 Prozent unter den Kosten, die heute die städtischen Betriebe verursachen. Conzen: »Heute zahlen alle Bürger mit ihrer Steuer für die Privilegien einiger.«

Besserung ist tatsächlich in Sicht. Die Stadtwerke Bad Kreuznach zum Beispiel haben ihren öffentlichen Nahverkehr für eine Mark an ein französisches Unternehmen verkauft. Die Quersubventionierung innerhalb der Stadtwerke durch die überhöhten Stromrechnungen war dank der Stromliberalisierung nicht mehr möglich, das daraufhin zu erwartende Defizit durch die Stadtkasse nicht zu finanzieren.

Wo immer ich mich bei Städten nach dem Defizit im öffentlichen Personennahverkehr erkundigte, bot sich mir das gleiche Bild: Ein festgefügtes Kartell aus Interessenvertretern der Beschäftigten und der politisch Verantwortlichen zockte die Bürger ab. Die Politiker hatten die Möglichkeit, altverdiente Parteikader mit Posten zu versorgen, die sich entsprechend mit Parteispenden revanchieren. ÖTV und DAG wiederum können sich auf die Belegschaften der Öffentlichen Personen-Nahverkehrs-

Betriebe (ÖPNV) verlassen, wenn sie Forderungen bei Tarifverhandlungen durchsetzen wollen. Die Nahverkehrsbetriebe sind
feste Bastionen der Gewerkschaften.

123 Millionen DM allein in Düsseldorf, wie viele Milliarden
DM sind es denn dann in ganz Deutschland? Dies ist wieder so
eine Frage, die niemand beantworten kann. Selbst Astrid Rosenschon gelingt es angesichts all der Quersubventionen über Stadtwerke und Regionalverbände nicht, einen genauen Betrag zu
ermitteln. Einige Angaben aus ihrer Statistik: Der Bund subventioniert den Verkehr mit 23,87 Milliarden DM, die Länder mit
17,6 Milliarden DM. In kommunalen Haushalten ermittelte sie
einen direkt an Verkehrsunternehmen ausgezahlten Betrag in
Höhe von knapp zwei Milliarden DM, aber für die Verkehrsför-
derung innerhalb anderer Etatposten noch einmal 3,4 Milliarden
DM. In dieser Summe sind kommunale Zuschüsse in Höhe von
2,1 Milliarden DM für die Schülerbeförderung noch nicht dabei.

Alles in allem sind es über 50 Milliarden DM, die von der Sub-
ventionsmühle nur in den öffentlichen Personennahverkehr umverteilt werden. Alles für die Umwelt? Es darf gelacht werden.
Wie schon erwähnt: In keinem Bereich ist es gelungen, Unwirt-
schaftlichkeit mit Hilfe der menschheitserrettenden Umwelt-
diskussion so zu kaschieren wie im ÖPNV. Die Streiter für öffentliche Verkehrsmittel sind von solch entrückter Lauterkeit
umgeben, dass schon allein ihre mystische Ausstrahlung genügt, um auf eine Überprüfung der ökologischen, geschweige
denn ökonomischen Bilanz ihrer Vorschläge zu verzichten. Eines kann man mit Sicherheit feststellen: Die bisherige Subventionspolitik hat weder zu einem leistungsfähigen und zufrieden
stellenden öffentlichen Nahverkehr geführt, noch vermochte die
gigantische Summe von über 50 Milliarden DM Subventionen
die Menschen in die öffentlichen Busse und Bahnen umzulen-
ken.

Es ist sicherlich gerechtfertigt, bedürftigen Menschen verbil-
ligte Transportmöglichkeiten bereitzustellen. Ob solche Maßnahmen aber gleich wieder alle Rentner umfassen sollten, selbst
wenn ihnen viele tausend Mark Einkommen aus Pensionen und
Kapitalerträgen zur Verfügung stehen, ist wieder so eine fragli-
che Gießkannen-Wohltat. Deshalb sollten soziale Hilfen deut-

lich in den Haushalten ausgewiesen sein. Sie gehören nicht quer über alle Etats verstreut. Ein Sozialstaat – und ich kenne niemanden, der diesen ablehnt – muss sich nicht schämen, wenn die Leistungen an die Schwächeren der Gesellschaft transparent nachgewiesen werden.

Alfred Boss vom Weltwirtschaftsinstitut in Kiel legt großen Wert darauf, dass ein deutlicher Unterschied zwischen Subventionen und sozialstaatlichen Leistungen gemacht wird. Denn erst wenn diese beiden Begriffe miteinander verwoben werden, ist der Missbrauch möglich, passiert das, was bei uns die Regel ist: Die Masse zahlt für die Privilegien einiger – und das sind nicht die sozial Schwachen.

Zahlungen an Waisenhäuser, für die Betreuung geistig oder körperlich behinderter Menschen und an all jene, die sich nicht helfen können, gehören nicht zu den Subventionen. Diese Mittel müssen von einer Gesellschaft aufgebracht werden, die für sich in Anspruch nimmt, die Würde des Menschen zu schützen. Dies gelingt umso besser, je gerechter und effizienter ein Staat mit seinen Finanzen umgeht.

Alfred Boss schlägt eine radikale Lösung vor: »Wir streichen die 370 Milliarden DM an Subventionen, die sichtbar und versteckt in den deutschen Haushalten an einige wenige verteilt werden. Dafür können wir die gesamte Lohn- und Einkommensteuer streichen, denn die bringt nur 280 Milliarden DM. Bleiben immer noch 90 Milliarden DM in der Staatskasse übrig, und mit denen können wir die Schulden zurückzahlen.« Auf meine Frage, ob das nicht sofort ein volkswirtschaftliches Chaos auslösen würde, wiegelte Boss ab. Das müsse ja nicht von einem Jahr auf das andere geschehen. Er könne sich die radikale Lösung gut über einen Zeitraum von fünf Jahren vorstellen. Dann aber werde die Volkswirtschaft gewinnen.

Leider gibt es keine Studie, aus der ich zitieren könnte, wie dann unser Land aussehen würde. So bin ich auf einige grundsätzliche, aber sicher einleuchtende Ergebnisse angewiesen: Die Bürger unseres Landes hätten 370 Milliarden DM mehr persönliches Geld zur Verfügung, über dessen Verwendung sie selbst entscheiden könnten. Wir alle sind doch sicher davon überzeugt, dass jeder Einzelne von uns besser weiß, was er mit seinem Geld anfangen kann, als ein Bürokrat in irgendeinem Ministerium. Gehen wir auch ruhig davon aus, dass nicht nur wir selbst, sondern auch die Masse unserer Mitmenschen die gleiche Fähigkeit und das gleiche Verantwortungsgefühl hat wie wir selbst und dass deshalb von den 370 Milliarden Mark DM erheblich weniger sinnlos verschwendet wird als jetzt.

Wir müssten für einige Waren mehr bezahlen, zum Beispiel für einige landwirtschaftliche Produkte. Autobahnfahren würde teurer, ebenso das Parken. Aber je mehr ich darüber nachdenke, desto weniger Bereiche fallen mir ein, die sich verteuern würden. Im Gegenteil: Der ÖPNV würde wie im marktorientierten Japan preiswerter, ebenso die Elektrizität auf den liberalisierten Energiemärkten. Auf der anderen Seite würde sich die direkt zu zahlende Sozialhilfe leicht erhöhen – das aber könnte mit den Ersparnissen verrechnet werden, die sich durch die erheblich verringerte Zahl von Staatsbediensteten ergäben. Wir hätten nur einen Verlierer: die politische Kaste, die uns nicht mehr mit unseren eigenen Steuergeldern vor Wahlen bestechen könnte. Ihr wären die gigantischen Umverteilungsmittel entzogen.

Wir Bürger aber müssten lernen, wieder Eigenverantwortung für uns zu übernehmen, und könnten uns nicht mehr zu Lasten unseres Nachbarn bereichern – besser gesagt, darauf hoffen, dass wir uns auf seine Kosten bereichern können. Das Aus für die Subventionen ist auch das Ende vom Hoffen auf die gute Fee. Werden wir doch endlich erwachsen und packen die gute Fee zu den Erinnerungen an den Weihnachtsmann und den Osterhasen.

Diese Zeilen schreibe ich im Frühjahr 2000, und draußen verwandelt sich das Land in ein gleißendes Gelb. Der Raps blüht, und die Felder, auf denen er wächst, werden von Jahr zu Jahr mehr. Das liegt nicht etwa daran, dass wir oder gar die Welt Rapsöl brauchen – nein, das liegt daran, dass es garantiert 800 DM pro Hektar für Raps gibt: ein gutes Geschäft. Und es liegt daran, dass Landbesitzer zwar 500 DM pro Hektar dafür bekommen, dass sie ihren Acker brachliegen lassen, aber auf den stillgelegten Flächen trotzdem Raps anbauen dürfen – ein noch besseres Geschäft.

Wenn aus irgendeinem Grund beschlossen wird, dass ab sofort der Anbau von Lupinen subventionswürdig sei, dann wird

Deutschland eben – »blau«. Denn nichts verändert unser Land so sehr wie Subventionen. Und nichts hat zur Zerrüttung unserer Finanzen soviel beigetragen wie das undurchsichtige Subventionsgeflecht.

---

33. Freiheit oder Gleichheit

Die Umweltpolitik wird zu Recht damit begründet, dass wir nur Gast auf der Erde sind und die Pflicht haben, sie unseren Nachkommen in bewohnbarem Zustand zu übergeben. Unsere Generation ist zumindest in Europa sogar noch einen Schritt weiter gegangen. Wir wollen unseren Kontinent sauberer, sicherer und friedlicher weitergeben, als wir ihn übernommen haben. Das ist weitgehend gelungen. Europa 2000 ist sicher ein angenehmerer Kontinent als Europa 1970 und sehr viel kultivierter und zivilisierter als Europa 1940, nur um einen Vergleich mit den letzten beiden Generationen zu ziehen.

In einem Punkt aber haben wir uns versündigt. Wir haben dieses Europa und unseren Lebensstandard mit den Geldern unserer Kinder und Enkel finanziert. Das ist, vorsichtig ausgedrückt, eine Gemeinheit. Jedes Kind, das heute geboren wird, ist schon mit 24 000 Mark verschuldet. Insgesamt haben wir, wie schon erwähnt, 2,3 Billionen DM angehäuft. Diese Summe ist so gewaltig, dass sie jedes Vorstellungsvermögen übersteigt.

Doch schlimmer noch als die bereits vorhandenen Schulden sind die Zahlungsverpflichtungen, die wir in Leistungsgesetzen festgeschrieben haben. In den nächsten 15 Jahren sind deshalb weitere 7,6 Billionen DM fällig, für die es keine Deckung gibt. Diese Summe steht natürlich in keinem Haushalt, und das macht die Sache so gefährlich. Es ist zu befürchten, dass die Verursacher dieser Schulden selbst nicht wissen, was sie da anrichten.

Da sitzen unsere Abgeordneten im Parlament und verabschieden Leistungsgesetze, die den Staat zu Zahlungen verpflichten – Zahlungen, die erst in ein paar Jahren fällig werden. Kaufmännisch betrachtet ist das nichts anderes, als dass sie uns Bürgern

Schuldscheine ausstellen, die wir dann am fälligen Zahltag einlösen. Und diese Schuldscheine in Form von Ansprüchen aus Pensionen, Renten, Kranken- und Pflegeversicherungen machen diese gigantische Summe von 7,6 Billionen DM aus. Das Drama spitzt sich erst dadurch zu, dass diejenigen, die die Schuldscheine ausstellen, keinerlei Anstalten machen, die Mittel dafür anzusparen, um den Gegenwert in ihren Kassen zu haben, wenn die Summen fällig werden. Im Gegenteil, sie sitzen in aller Ruhe in den Parlamenten und schauen zu, wie der Schuldenberg jährlich um 400 Milliarden DM wächst. Das heißt, im Jahre 2015 hat Deutschland dann 9,975 Billionen DM Schulden, und dann ist erst der finanzielle und in der Folge auch der politische Offenbarungseid fällig. Mit neuen Einkommensteuern und ein paar Prozent Mehrwertsteuer ist es da nicht mehr getan.

Ein Offenbarungseid des Staates kann durch eine Hyperinflation, einen Währungsschnitt oder schlicht mit politischem und fiskalischem Chaos geleistet werden. Ob es danach noch eine Demokratie in Deutschland gibt, oder ob wir den unheilvollen Teufelskreis unserer Geschichte wieder von vorn beginnen – wer will das heute schon wissen?

Nun liegt es offensichtlich in der Natur des Menschen, der Realität zu entfliehen und irgendeiner Heilslehre nachzulaufen, die ihn aus seinen Nöten befreit. Abgesehen davon, dass wir alle diese Politik mitgetragen haben, dass jeder Einzelne von uns immer neue Leistungen vom Staat verlangt hat, haben wir es immer noch in der Hand, die verrotteten Finanzen vor dem Donnerschlag des Big Bang in Ordnung zu bringen. Schließlich wählen wir unsere Politiker selbst. Niemand zwingt sie uns auf. Aber solange wir weiterhin Parteien und Politiker wählen, die uns versprechen, dieses Chaos zu beseitigen, ohne dass wir Opfer bringen müssten, verhalten wir uns nicht viel besser als Kinder, die an den Weihnachtsmann glauben.

Hineingerutscht sind wir in die Misere mit einem Wohlfahrtsstaat, der so lange Geld herumverschoben hat, bis keiner mehr wusste, wer was bezahlt und wer der Nutznießer ist. Nur der Verlierer stand stets von vornherein fest: der ehrliche Lohn- und Gehaltsempfänger, der Schwarzarbeit und Steuerakrobatik nicht mitmachen konnte oder wollte. Wir können uns aus dem Schlamassel nur befreien, wenn wir eine politische Struktur schaffen, in der Transparenz, Eigenverantwortung, Wettbewerb und Freiheit das bisherige Kuddelmuddel ablösen. Wie deprimierend hoch der Schuldenberg ist, wird anhand einer einfachen Rechnung deutlich, die mein Sohn Peer und Philipp Schuller Bundesfinanzminister Hans Eichel vorgerechnet haben, als ihnen der Wolfram-Engels-Preis verliehen wurde.

Gehen wir einfachheitshalber von einem Bruttoinlandsprodukt von vier Billionen DM aus, das wir in den nächsten Jahren auch erreichen. Mit einer von Bürokratie und Staatsbevormundung befreiten Wirtschaft müsste es uns gelingen, zehn Jahre lang ein jährliches Wachstum von nur zwei Prozent zu sichern, wahrlich kein allzu hoch gestecktes Ziel. Das bedeutet, den Zinseszins vernachlässigt, grob gerechnet einen Zugewinn von 800 Milliarden DM am Bruttoinlandsprodukt. Wenn wir davon die Hälfte wegsteuern, können wir damit gerade die laufenden 400 Milliarden DM Zinsen, die unsere Schuldenlast ausmachen, bezahlen.

Schaffen wir aber vier Prozent Wachstum, wie es uns die USA gerade locker vormachen, könnten wir bei gleich bleibendem Lebensstandard auch mit dem Abbau der Schulden beginnen und hätten so die Verschwendung der letzten Regierungen in etwa 25 Jahren getilgt. Rechnerisch wäre also der Schuldenabbau kein Drama, denn so schlecht leben wir heute ja auch nicht. Er ist aber eine intellektuelle Herausforderung, weil wir in keinem Bereich unserer lieb gewonnenen Umverteilungswelt mehr so weiterwursteln können wie bisher. Vor allem würde es bedeuten, Abschied zu nehmen von den Subventionen, mit denen wir dem Nachbar in die Tasche greifen, und von der bisherigen Praxis des Umverteilens von unten nach oben.

Während die Schulden durch das Wirtschaftswachstum abgegolten würden, müssten sämtliche Leistungsgesetze, also die Schuldscheine, die der Staat an uns ausgestellt hat in Höhe von 7,6 Billionen DM, wieder einkassiert werden. Wer sich vor diesen Aufgaben drückt, der möge bitte heute schon erklären, wie er einen Staat mit zehn Billionen DM Schulden und einer überalternden Bevölkerung regieren will. Die Zeit der Märchenerzähler ist dann endgültig vorbei.

Eines der großen Märchen der Bundesrepublik Deutschland ist das Bekenntnis aller Parteien zum Mittelstand als Rückgrat unserer Wirtschaft. Das eigentliche Wunder besteht darin, dass es diese mittelständischen Unternehmen überhaupt noch gibt. SPD und CDU/CSU haben sich redlich bemüht, dem Mittelstand den Boden unter den Füßen zu entziehen. Die FDP hat leise weinend zugeschaut, und die Grünen haben ihn gerade entdeckt – zu spät, um sich bei ihm noch einschmeicheln zu können. Während der 16 Jahre der Regierung Kohl wurden die Steuern siebzehnmal erhöht, bei gleichzeitiger Verschlechterung vieler Bestimmungen, die ohne ein Gesetz auf dem Verwaltungsweg erlassen wurden. Allein die Benzinsteuer um über 40 Pfennig – mehr, als die Ökosteuer einbringen soll. Der Hauptunterschied zwischen SPD und CDU beruht allerdings darauf, dass die SPD schon weiß, dass sie den Mittelstand schlecht behandelt hat. Die 3,3 Millionen betroffenen Betriebe leiden allerdings auch an einer Wahrnehmungsstörung: Werden sie von der CDU misshandelt bis aufs Blut, finden sie das nicht so schlimm, als wenn sie sich von der SPD Ohrfeigen einfangen.

Damit deutlich wird, was ich schreibe: Gehen wir von einem beamteten Oberstudienrat aus, der mit einer Hauptschullehrerin verheiratet ist, und die, um ihre Ferien genießen zu können, kinderlos geblieben sind. Zusammen kommen sie im Alter auf gut 10 000 DM Pension bis zu ihrem Lebensende.

Will ein selbstständiger Einzelhändler zum Beispiel diese Summe in seinem Alter zur Verfügung haben, so muss er bei einer jährlichen Verzinsung von durchschnittlich sechs Prozent, einer schon sehr guten Rendite, einen Kapitalstock von zwei Millionen DM aufgebaut haben. Bei einer Steuerbelastung von 50 Prozent – auch das ist gnädig gerechnet – muss dieser Mittelständler in seinem Arbeitsleben vier Millionen DM Gewinn machen, nur um die Pensionsansprüche eines kinderlosen Lehrerehepaares zu erreichen. In Betrieben solcher Größenordnungen arbeitet die Frau des Inhabers für gewöhnlich rund um die Uhr mit, sonst sind solche Umsätze überhaupt nicht zu erzielen.

Doch die traditionellen Mittelständler müssen sich einen Vorwurf gefallen lassen: Sie haben zwar viel geschimpft, sich jedoch immer wieder politisch einlullen lassen. Außer der Arbeitsgemeinschaft Selbstständiger Unternehmer haben alle anderen Interessenvertreter des Mittelstands vom Handwerk bis hin zu den so genannten Selbstständigen – wie Rechtsanwälte, Ärzte, Architekten – sich mehr darum gekümmert, wie sie ihre spärlichen wettbewerbsfeindlichen Privilegien retten können, als dass sie sich aus der Bevormundung des Staates befreit hätten. Ihre politische Bedeutungslosigkeit haben sie sich selbst zuzuschreiben, weil auch sie nicht an Wettbewerb und Eigenverantwortung glauben.

Der Mittelstand wird an seiner inneren Befreiung von Wettbewerbsängsten arbeiten müssen, will er im nächsten Jahrhundert nicht völlig untergehen. Und mit dem Untergang eines wirtschaftlich unabhängigen Unternehmertums geht eine freiheitliche Demokratie zugrunde. Mit staatlich alimentierten Beamten und Angestellten, deren Karriere mehr vom Parteibuch abhängt als von ihrer Leistung, lässt sich nur eine Demokratie im Sinne Hegels aufbauen, dass die Freiheit des Bürgers nur darin besteht, dem Staat zu gehorchen. Seine »Philosophie« spukt in immer neuen Variationen auch heute noch in den Köpfen bedeutender Politiker.

In Oskar Lafontaines Rechtfertigungsbuch »*Das Herz schlägt links*« schimmert Hegel durch, und es offenbart viele verräterische Gedanken eines tief in den Konflikten des letzten Jahrhunderts verwurzelten Machtmenschen, der allem und allen misstraut, nur nicht sich selbst. Ziemlich gegen Ende schreibt er jenen Satz, der alle freiheitlich gesinnten Demokraten aufschrecken müsste: »Der Ruf nach weniger Staat ist allzu oft der Ruf nach weniger Demokratie.«

Mehr Staat aber, das bedeutet: mehr Funktionäre, mehr Bürokraten, mehr Umverteilung, also mehr Macht den Lafontaines. Die alte Auseinandersetzung zwischen dem Gedankengut Ludwig Erhards und der SPD vor dem Godesberger Programm hat Lafontaine fortgeführt. Auszüge aus einer Parlamentsdebatte am 15. Februar 1950:

Erhard zu den Sozialdemokraten: »Ihre Gegnerschaft gegen meine Wirtschaftspolitik hat nicht zuletzt ihren Grund darin, dass diese Wirtschaftspolitik das ganze Funktionärswesen unserer Wirtschaft zerschlägt.«

Kurt Schumacher: »Aber die Funktionäre sorgen für die Arbeitslosen und Sie nicht!«

Erhard: »So sehen Sie aus! Damit wird Ihre Hausmacht in der Bürokratie zerschlagen!«

Heute, 50 Jahre nach dieser Debatte, müssen wir feststellen, dass von Ludwig Erhards Bürokratiebekämpfung nicht mehr viel übrig geblieben ist. Die Entdemokratisierung schlich heimlich durch eine Hintertür und hat unter der Tarnkappe der »Verregelung« zusammen mit einer freiheitlichen Wirtschaftsordnung auch gleich die klaren Verantwortungsstrukturen verschüttet. Rupert Scholz, CDU-Politiker und Verfassungsrechtler, hat die Bürokratiekosten in Deutschland für 1997 mit 58 Milliarden DM errechnet, eine Summe, die sich allein durch behördliche Auflagen, gesetzliche Genehmigungs- und Planungsverfahren bis hin zu allzu komplizierten Steuergesetzgebungen ergibt. Das sind 58 Milliarden DM von 144 Milliarden, die wir insgesamt aufwenden, also mehr als ein Drittel.

Ich werde hier nicht der Versuchung erliegen, die Krake Verwaltung zu beschreiben. Sie ist das eigentliche Reformhindernis auf dem Weg aus der Schuldenfalle. Dies fällt mir um so leichter, als der Speyrer Verwaltungsjurist Hans Herbert von Arnim darüber zwei Bücher veröffentlicht hat, die zur Pflichtlektüre eines jeden verantwortungsvollen Deutschen gehören sollten. In dem Werk »*Fetter Bauch regiert nicht gern. Die politische Klasse – selbstbezogen und abgehoben*« beschreibt er, wie Politik und Verwaltung zu einer personen- und interessenkongruenten Masse zusammengewachsen sind, die vor allem sich selbst bedient. In seinem Buch »*Vom schönen Schein der Demokratie: Politik ohne Verantwortung – am Volk vorbei*« macht er deutlich, dass sogar der Ausgang von Wahlen kaum noch etwas ändern kann. Die Alarmzeichen stehen also auf Rot. Das herannahende Finanzdesaster auf der einen Seite und eine Bürokratenkaste auf der anderen Seite hält unsere junge Demokratie nicht aus.

Nun bin ich aber Optimist und deshalb davon überzeugt, dass es einige einfache Botschaften gibt, die mehrheitsfähig sind und die Politiker deshalb zum Handeln zwingen. Wir unterwerfen die Parteien und die Parteienfinanzierung dem Wettbewerb. Die massenhaften Stimmenthaltungen sind ja eine konstante Bekundung der Unzufriedenheit mit den Politikern. Doch mit der dahingeworfenen Floskel, wie sehr sie das Desinteresse der Bürger bedauern, gehen die Politiker zur Tagesordnung über.

Die marktwirtschaftliche Lösung: In Zukunft entlohnen wir die Parteien nur noch entsprechend der Wahlbeteiligung. Geht nur noch die Hälfte der Bürger zur Wahl, steht den Parteien auch nur noch die Hälfte der Wahlkampfkostenerstattung zur Verfügung. Dies ist einfach und gerecht. Zusammen mit den schon beschriebenen harten Sanktionen bei Vergehen gegen die transparente Parteienfinanzierung gibt es so eine reelle Chance, die für die parlamentarische Demokratie so wichtigen Parteien wieder an die Wählerschaft heranzuführen. Als Konsequenz nähme der Einfluss der 1676 beim Parlament in Berlin registrierten Lobbygruppen wieder ab. Markt und Transparenz anstelle von Appellen an die Moral – das ist auf jeden Bereich anwendbar und erfolgreich.

Ein zweiter Schritt ist die klare Zuordnung von Steuern. Die Situation heute ist unerträglich: Wir liefern unsere Steuern bis auf wenige Ausnahmen bei der zuständigen Finanzkasse ab. Danach beginnt eine wilde Umverteilerei. Je nachdem, wie das Gezerre ausgeht, bekommen davon der Bund, das jeweilige Bundesland und die Kreise und Gemeinden ihre Anteile. Doch damit nicht genug: Die Länder praktizieren untereinander zusätzlich einen Finanzausgleich, der so geartet ist, dass Bremen, das mit das höchste Pro-Kopf-Einkommen in Europa hat, von den anderen Bundesländern alimentiert wird und sogar vom Bund noch eine Extraprämie für besonders unverantwortliches Finanzgebaren bekommt.

Doch auch die kreisfreien Städte und Landkreise innerhalb der Bundesländer unterliegen noch einmal einem Finanzausgleich, und das ist immer noch nicht das Ende der Fahnenstange. Selbst innerhalb der Landkreise gibt es einen kommunalen Finanzausgleich. Am Ende ist es fast egal, wie eine Gemeinde wirtschaftet. Sie wird durchgefüttert.

Das hat auf der anderen Seite zur Folge, dass es für eine Kommune kaum einen Anreiz gibt, vernünftig und sparsam zu wirtschaften. Bleibt zu viel übrig, muss sie mehr abführen. Bundesweit wurde die bayerische Gemeinde Gersthofen bekannt, die jedem Bürger aus der Gemeindekasse 100 DM zurückzahlte, weil ihre Industrie- und Finanzpolitik hohe Überschüsse erzielte. Die bayerische Staatsregierung hat aber klargemacht, dass sie einen solchen »Unfug« nicht noch einmal dulden werde.

Unser Grundprinzip, gleiche Lebensbedingungen für alle, war nach dem Krieg angesichts des zerstörten und zerstückelten Landes noch richtig. Auch für die neuen Bundesländer im Osten müssen noch Ausnahmen möglich sein. Aber alle anderen Umverteilungsorgien sollten schnell abgeschafft werden. Die schlimmsten Auswüchse sollten bis 2004 beseitigt werden. Doch außer einem Solidarfonds für Naturkatastrophen hat sich das System überlebt: Es verwischt nur Verantwortlichkeiten.

Das Ende der Umverteilung muss einhergehen mit einer gründlichen Strukturreform der Steuergesetze. Statt des unwürdigen Pokers um die prozentualen Zuteilungsquoten muss jede Gebietskörperschaft das Recht auf Erhebung eigener Steuern erhalten. Dann gibt es Bundessteuern, aus denen die Verteidigungslasten, die Kosten des Auswärtigen Amtes und die internationalen Verpflichtungen und alles andere bezahlt werden, für das der Bund die Verantwortung trägt. Die Länder werden in die Lage versetzt, alle ihre Hoheitsaufgaben, zum Beispiel die Kulturpolitik, die Polizei und alles, was ihnen der föderative Staat übertragen hat, zu finanzieren. Schließlich wird die Selbstverwaltung der Kommunen wieder gestärkt, wenn diese ihre eigenen Steuereinnahmen verwalten, mit denen sie dann allerdings auch auskommen müssen.

Wie wichtig es wäre, diese »Eintopfsteuer« abzuschaffen, hat der peinliche Hickhack um die Steuerreform im Sommer 2000 gezeigt. Da erpressten sich Bund und Länder gegenseitig, um noch etwas für sich herauszuschlagen. Da wurden politische Feldzüge gewonnen oder verloren, aber nicht die bestmögliche Steuerreform beschlossen. Alle, die sich nach der Schlacht über das Verfahren aufregen, gewinnen erst an Glaubwürdigkeit, wenn sie das System ändern wollen – also weg von der Umverteilungsmechanik. Wo Bund und Länder ihre eigenen Einnahmen und Rechte haben, können sie sich auch nicht mehr gegenseitig erpressen.

Heute herrscht das Prinzip: Einer bestellt, der andere bezahlt. Die Stadt Fürth wollte einmal eine U-Bahn haben. Die hätte 420 Millionen DM gekostet und ein jährliches Betriebskostendefizit von 18 Millionen DM verursacht. »Kein Problem«, begründeten das mir die Fürther Stadtväter. Laut Gesetz hätten Bayern und der Bund davon über 90 Prozent der Kosten tragen müssen. Klar, wer wollte sich da nicht schnell eine U-Bahn bauen lassen. Hier ist es eine Brücke, dort eine Schule, mal ein Theater, mal ein neuer Flächennutzungsplan. Nichts wird angefangen, wenn es keinen Zuschuss gibt. Und alle, die mitbezahlen, bestimmen auch mit. Und hinter jeder Forderung stehen Bürger, die sich im Recht fühlen, Forderungen zu stellen, schließlich bezahlen sie alle viel zu viel Steuern.

Nichts an dieser Idee ist neu. Die Erhebung eigener Ländersteuern wird von einigen Bundesländern vorsichtig diskutiert. Das Recht auf eigene Steuern für die Kommune ist in den meisten Demokratien eine Selbstverständlichkeit. Am konsequentesten wird dieser Gedanke in der Schweiz umgesetzt. Forderungen der Bürger werden von der Verwaltung genau kalkuliert und mit einem »Preisschild« versehen, dann zur direkten Abstimmung den Betroffenen vorgelegt. Diese können dann entscheiden, ob ihnen eine Umgehungsstraße eine Steuererhöhung wert ist, ob sie wirklich ein bombastisches neues Rathaus brauchen, ob die Eltern die Renovierung der Schule nicht selbst nach Feierabend übernehmen.

Nur die Zuordnung von Leistung und Gegenleistung kann auch die Zahl der Regierungs- und Verwaltungsstellen reduzieren. Kein Land der Welt leistet sich einen solchen Pro-Kopf-Aufwand. Mehr als 140 Ministerien und 600 000 Verwaltungsstellen sagen uns, wo es langgeht. Jedes Mal wenn ich von Mainz nach Wiesbaden fahre, muss ich daran denken, dass wir auf beiden Seiten des Rheines alles doppelt haben: einen Ministerpräsidenten, einen Kultusminister, einen Innenminister und so weiter. Zusammen zählen die beiden Bundesländer Hessen und Rheinland-Pfalz weniger Einwohner als Bayern oder Nordrhein-Westfalen, von den westdeutschen Ministaaten Bremen, Hamburg, dem Saarland und den ostdeutschen, bevölkerungsarmen Bundesländern ganz zu schweigen.

Über eine notwendige Länderreform, die auf Anhieb schon einmal drei Milliarden Mark einsparen würde, ist schon viel diskutiert worden. Auch für dieses Problem wären nach meinem Dafürhalten Steuerhoheit und Bürgernähe die Lösung. Jedes Land soll seine Selbstständigkeit behalten. Aber seine Bürger müssten dann eventuell mit höheren Steuern rechnen, als wenn sie sich einem größeren Bundesland anschlössen. Es kann nicht angehen, dass der neue Ministerpräsident Peter Müller im Saarland verspricht, dass er die 20 Millionen DM Kindergartenbeiträge aus dem Staatshaushalt begleichen will, und sein Land gleichzeitig am Tropf der anderen Bundesländer und der Verarmungsprämie des Bundes hängt. Schließlich wird der Haushalt des Saarlandes zu 33 Prozent quersubventioniert. Wie kommt ein Hesse dazu, sich an den Kindergartenbeiträgen im Saarland zu beteiligen?

Ich bin davon überzeugt, dass eine Reform der Bundesländer möglich wäre, wenn diese nicht nur über ihre Autarkie schwadronieren dürften, sondern sie auch selbst bezahlen müssten. Es wäre einen spannenden Versuch wert, die Saarländer zu fragen, ob ihnen ihre Unabhängigkeit eine drastische Steuererhöhung wert sei, wenn sie die 33 Prozent aus Finanzausgleichstöpfen in Zukunft selbst begleichen müssten.

Das Ganze entbehrt ja auch nicht einer gewissen Komik. Alle Ländergrenzen, die es heute gibt, wurden uns von Ausländern markiert. Zuerst ordnete Napoleon 1803 Deutschland neu, indem er Hunderte von unnützen Feudalherren enteignete, und dann rundeten die Alliierten 1945 ihre Besatzungszonen nach einigermaßen akzeptablen Verwaltungseinheiten ab. Außer Baden-Württemberg, das den Verfassungsauftrag ernst genommen und einen lebenskräftigen Südweststaat geschaffen hat, hängen wir heute an den Ländergrenzen der Alliierten, als ob sie schon durch Jahrhunderte ein Geschichtsbewusstsein geprägt hätten. Müssen wir wirklich erst wieder einen Krieg verlieren, bis wir unsere Kleinstaatlichkeit aufgeben? Besser wäre es doch wohl, wenn wir es erstmals in unserer Geschichte schafften, die Macht des Staates aus uns selbst heraus zu reduzieren.

Weniger Staat ist mehr Demokratie, weniger Staat stärkt die Eigenverantwortung, weniger Staat sorgt für mehr Bürgerengagement und damit für eine solidarische Gesellschaft. Mehr Staat aber bedeutet doch nichts anderes, als dass wir den Funktionären mehr trauen als uns selbst. Wir übergeben ihnen unser Verantwortungsbewusstsein und unser Eigentum und hoffen, dass sie es »gerecht« wieder verteilen. Das Dilemma anonymer Massendemokratien beruht darauf, dass Funktionäre mehr verteilen, als sie eingenommen haben, und dann die Zeche an die nächste Generation weiterreichen. Deshalb ist nichts unsozialer als der »Wohlfahrtsstaat«: Er vernichtet Kapital in der Bürokratie und lässt die menschliche Verantwortung erschlaffen.

Eine amerikanische Karikatur zeigte zwei Männer, die als »Steuerzahler« bezeichnet werden, wie sie ein Pferd mit Hafer füttern. Auf dem Sattel des Pferdes steht »Bürokratie«. In den Pferdeäpfeln picken Spatzen nach unverdauten Haferkörnern. Der Karikaturist hat die Vögel mit »Hilfsbedürftige« betitelt. Fragt der eine Steuerzahler den anderen: »Wenn ich mir die armen Spatzen so ansehe – warum verfüttern wir den Hafer nicht direkt an sie?« Antwortet der andere: »Das Pferd ist dagegen!« Lafontaine und seine Jünger sind die Interessenvertreter der Pferde, nicht der Spatzen. Und sie tragen ihr Herz links, dort wo die Brieftasche im Sakko sitzt.

Zu den krassen Fehlentwicklungen unseres Wohlfahrtsstaats gehört auch die Abkopplung der Arbeitnehmereinkommen vom Zuwachs des Produktivvermögens. Den altmodischen Systemveränderern ist es gelungen, durch ein System der Flächentarifverträge und ein lächerliches Lohnrundenritual eine groteske Einkommensverteilung zu begünstigen. In über 40 Jahren »rheinischem Kapitalismus« haben sich deutlich Gewinner und Verlierer herausgebildet. Von den 9,5 Billionen DM Volksvermögen gehört die Hälfte der High Society, den oberen zehn Prozent der Haushalte. 50 Prozent der Haushalte, also die Hälfte der Bevölkerung, müssen sich mit gerade mal 2,4 Prozent des deutschen Vermögens begnügen. Nicht anders verhält es sich bei der Verteilung des Geldvermögens. Nur acht Prozent der privaten Haushalte verfügen über 52 Prozent der knapp fünf Billionen DM Geldvermögen.

Die von Erhard immer beabsichtigte Beteiligung der Arbeitnehmer am Produktivvermögen wurde seinerzeit von den Gewerkschaften abgelehnt, mit dem Argument, dabei handle es sich um einen Bestechungsversuch an den Arbeitern. Auch innerhalb der CDU wurden diese Pläne nicht ernsthaft weiterverfolgt. Das Kapital hingegen sah von sich aus keinen Grund, freiwillig auf diese Zuwächse zu verzichten und zu teilen. Statt für Beteiligung der Arbeitnehmer am Produktivvermögen entschied sich die Bundesrepublik für die Beteiligung der Funktionäre an den Aufsichtsräten.

Es ist zwar spät, aber immer noch besser als nie, jetzt endlich flächendeckend mit Beteiligungsmodellen am Produktivvermögen zu beginnen. Das sichert den sozialen Frieden mehr als alle weiteren Umverteilungsversuche. Der Freistaat Sachsen ist am weitesten. Er hat im Wirtschaftsministerium sogar eine Beratungsstelle geschaffen, die Unternehmen hilft, ihre Mitarbeiter zu Miteigentümern zu machen. Es ist ein Skandal, wie viele Steuer- und Gesellschafterrechtsprobleme ausgeräumt werden müssen, um diese gesellschaftspolitische Notwendigkeit umzusetzen.

Alle Angriffe der Linken auf eine Markt- und Wettbewerbswirtschaft wären berechtigt, wenn durch diese wirklich nur einige zu Millionären würden, die Masse dagegen verarmen würde. Dies ist in einer transparenten Demokratie systembedingt unmöglich: Denn dann müsste diese verarmte Masse, die entsprechend der sozialistischen Irrlehre ja folglich die große Mehrheit stellen würde, gegen ihre eigenen Interessen stimmen. Der vereinigten Linken wird es nicht gelingen, einen solchen Staat zu finden, denn offene Gesellschaften können durchaus unterscheiden, wer sie mit Ideologie und wer sie mit Lebensqualität füttert.

Längst ist auch in Deutschland der Kampf der Industriekulturen ausgebrochen. Beim Börsengang der Siemens-Tochter Infineon wurde das neue Bewusstsein der deutschen Arbeitnehmer sichtbar. Über 90 Prozent der Beschäftigten haben jenseits der üblichen Siemens-Stammaktien-Zuteilungsquoten eigene Ersparnisse in die Aktien ihres Unternehmens investiert. Der Run war so groß, dass die traditionsverhafteten Siemens-Vorständler sogar die Zuteilung an die Infineon-Mitarbeiter begrenzen wollten. Dabei kann einem Unternehmen doch überhaupt nichts Besseres passieren, als dass die eigenen Mitarbeiter ihr eigenes Geld in die Zukunft ihrer Firma investieren, die somit auch ihr Eigentum wird.

Das ist der Beginn einer Freiheitskultur, wie sie im neuen Jahrhundert gefordert wird. Sie entsteht nicht durch die politischen Parteien, nicht durch die traditionellen Tarifpartner, sie entsteht durch das neue Lebensgefühl, das sich in Deutschland verbreitet. Eigentlich wäre es am besten, wenn sich die Politiker da ganz heraushalten würden, sie sollen nicht eingreifen, sie sollen dieses wirtschaftliche Freiheitsbestreben einfach nur zulassen.

Wir registrieren am Anfang unseres neuen Jahrtausends viele ermutigende Entwicklungen. Deutschland wird von einer Gründerwelle überrollt, wie sie es seit hundert Jahren nicht mehr gegeben hat. Das sind junge Menschen, die die staatliche Bevormundung satt haben, denen die verrotteten Unsozialsysteme zum Hals heraus hängen und die sich durchaus in der Lage sehen, für sich selbst zu sorgen.

Diese »Gründer« lassen sich nicht einmal mehr von der Bürokratie abschrecken, die sich ihnen entgegenstemmt. Zähneknirschend überwinden sie Kosten und Formulare, um eine einfache GmbH zu gründen, heuern notgedrungen Steuerberater an, weil selbst der ehrlichste Mensch in eine Falle unseres Steuerdschungels tappt, murrend werden sie Zwangsmitglied in einer Industrie- und Handelskammer, und fassungslos stehen sie vor Politikern, die sich in ihrem rechthaberischen deutschen Wolkenkuckucksheim verschanzen. Sie machen das alles mit, weil ihnen nichts anderes übrig bleibt – noch nichts anderes übrig bleibt. Aber sie werden mit diesem ständischen und ideologischen Müll aufräumen, sobald sie eine Möglichkeit dazu sehen.

Das ist für einen Großteil der deutschen meinungsmachenden Elite eine Horrorvorstellung. Sie hatte sich so wohlig eingerichtet in ihren Moralkategorien:

Rechts = kapitalistisch = nationalistisch = egoistisch = dumpf.

Links = sozial = international = solidarisch = intelligent.

Mit dieser Grobeinteilung war das Raster vorgegeben, in das die gesellschaftlichen Entwicklungen der letzten zweihundert Jahre ohne viel Mühe einsortiert werden konnten. Freiheit, Markt und Eigenverantwortung gehörten daher eher zur rechten Kategorie und wurden entsprechend misstrauisch beäugt.

Eine Generation, die sich jetzt für Freiheit, Wettbewerb und Eigenverantwortung stark macht, muss von dieser Meinungsmacherclique logischerweise als »Ich-Generation« empfunden werden. Folglich wurde sie vom Zentralorgan der deutschen Lehrer und Journalisten, dem *Spiegel*, auch per Titelgeschichte als egozentrische »Ich-Generation« abgemeiert. Ein gutes halbes Jahr vorher hatte der *Spiegel* schon einmal einen Beweis dafür geliefert, dass er sich schwer tut, sich vom Geist der Bonner Republik zu verabschieden. Die Rezension des Buches »*Geschäftsbericht der Deutschland AG*« überschrieb das Blatt mit »Gewinn vor Gemeinwohl«. Was für eine Geistesverwirrung! Da wird kaufmännisch aufbereitet mit unbestreitbaren Zahlen vorgerechnet, dass das bisherige System unter dem falschen Etikett soziale Marktwirtschaft den zukünftigen Generationen Billionen DM Schulden übergibt, und schon ist das soziale Kälte. Da jault offensichtlich einer auf, der ganz gut vom bisherigen System profitiert hat.

Die alten Rechts-links-Schablonen taugen nicht mehr. Das haben mittlerweile die meisten Wissenschaftler, Politiker und Journalisten in sehr grundsätzlichen Aufsätzen nachgewiesen, sodass ich diese Feststellung ohne die Anführung weiterer Beispiele einfach übernehme. Was noch nicht gelungen ist, ist, diese Erkenntnis auch ins tägliche politische und wirtschaftliche Leben zu übertragen. Da werden noch neue Kästchen gesucht: Die »neue Mitte« ist so eines. Viel lieber wäre mir eine Unterscheidung im Sinne des Ausspruchs von Kanzler Schröder: »Ich kenne keine rechte und keine linke Politik, es gibt nur vernünftige und unvernünftige Politik.« Bleibt nur noch festzuhalten, was »vernünftig« und was »unvernünftig« ist. Hier eine Definition:

Vernünftig = freiheitlich = markt- und wettbewerbsorientiert = eigenverantwortlich = sachlich = transparent = weltoffen.

Unvernünftig = bürokratisch = umverteilungsorientiert = abschottend = ideologisch = illusorisch = bevormundend = kleinkariert.

Der freie und selbstbestimmte Mensch, wie ihn die amerikanischen Gründerväter 1791 in ihrer Verfassung zum Souverän des Staates erklärt haben – er hat wie noch nie in unserer leidvollen Geschichte zum ersten Mal die Chance, auch die deutsche Gesellschaft zu formen. Die angelernten Demokraten der Bonner Republik treten langsam ab. Sie haben soviel Freiheit gewährt, wie es vor dem Hintergrund unserer autoritären Vergangenheit gerade eben möglich war. Aber diese Gesellschaft ist nicht frei genug, um die Welt des 21. Jahrhunderts mitzugestalten.

Martin Luther King steckte seine Nation mit dem Optimismus an, zu dem Amerikaner fähig sind, und rief ihr zu: »Ich hatte einen Traum!« Und er beschrieb ein Land, in dem die Bürgerrechte für die Schwarzen endlich auch in den Südstaaten gelebte Praxis werden – hundert Jahre, nachdem der bis dahin »blutigste Krieg der Menschheit für die Befreiung der Sklaven« gewonnen war, ohne dass die Schwarzen danach den amerikanischen Traum mitträumen durften. Zähneknirschend akzeptiert seit Kings Bürgerrechtsoffensive eine verstörte weiße Mittelschicht im Süden die zunehmende Gleichberechtigung der früheren Sklaven. Die letzte Etappe auf dem Weg zur Verfassungswirklichkeit für den Freiheitstraum aller Amerikaner hat begonnen. Und so setzt diese Nation wieder Maßstäbe.

Trotz aller Spannungen und Rassenunterschiede sehnen sich Millionen von Menschen nach nichts mehr, als in die USA einwandern zu dürfen, weil sie glauben, dort ihr persönliches Glück machen zu können. Sie erwarten von den USA mehr Freiheit, als sie in ihrer Geburtsheimat erhoffen können. Die Vereinigten Staaten ziehen die besten Forscher aus aller Welt an, weil sie ihnen Arbeits- und Einkommensbedingungen bieten, die frei von Ideologien und Denkverboten sind. Und die Vereinigten Staaten setzen dank ihrer Wirtschaftsmacht wieder politische und ökonomische Maßstäbe – ob uns das passt oder nicht.

Die USA versprechen keine Gleichheit, doch sie garantieren Freiheit. Aus den letzten 2000 Jahren der Geschichte hat sich eine Erkenntnis herauskristallisiert, die für alle Kontinente und Kulturen zutrifft: Je freier ein Staat war, desto besser lebten seine Bürger. Und ein freier und wohlhabender Staat hat noch nie seinem Nachbarn den Krieg erklärt und ihn unterjocht.

Lassen Sie uns für die nächste Generation eine Vision entwickeln:

Die bürgerliche Elite unseres Landes versagt nicht wieder, sondern zieht vielmehr die Lehren aus unserer Geschichte und streift die Furcht vor Freiheit, Markt und Eigenverantwortung ab. Die Verbandsfunktionäre der Kammern aller Berufsstände lassen es nicht auf einen jahrelangen Kampf bis hin zum Europäischen Gerichtshof ankommen und akzeptieren endlich das Menschenbild des freien, informierten Bürgers, der keinen Vormund mehr braucht. Sie verzichten auf ihre Zunftrechte und Privilegien aus Hitlers Zeiten und finden sich damit ab, dass die Freiheiten Konrad Adenauers und Helmut Schmidts nicht mehr ausreichen, um im nächsten Jahrhundert zu bestehen.

Lassen Sie uns die Vision entwickeln, dass unsere Politiker mit einer gründlichen Entrümpelung unseres Gesetzes- und Verordnungsdschungels beginnen, ohne dass sie sich von ihren Lobbyisten beeinflussen lassen, sondern nur von ihrem Gewissen, zum Wohle des Volkes. Dass sich Politiker finden, die bereit sind, jederzeit über ihre Taten Rechenschaft abzulegen, und dafür auch die Konsequenzen übernehmen.

Lassen Sie uns die Vision entwickeln, dass wir, das Volk, nur noch die Politiker zu unseren Vertretern wählen, die bereit sind, mit der Entrümpelung der Gesetze zu beginnen, damit wir endlich der Souverän im eigenen Land sind. Zum Beispiel Politiker, die eine Steuerreform umsetzen, die es uns allen ermöglicht, unsere Steuern zu bezahlen, ohne dass wir uns einen Vormund suchen müssen, der die Formulare ausfüllt.

Lassen Sie uns die Vision entwickeln, dass Deutschland endlich die Chance wahrnimmt, einen Staat zu formen, in dem Freiheit und Eigenverantwortung zusammen mit dem Kantschen kategorischen Imperativ dem Verfassungsgebot entsprechen.

Das 20. Jahrhundert war das blutigste und verbrecherischste der Menschheitsgeschichte. Eine Wiederholung ist nicht ausgeschlossen. Die Konflikte schwelen in allen Kontinenten. Im Jahre 1900 hätten sich weder die feudalen Verwandtschaftscliquen Europas noch die unterdrückten Fabrikarbeiter in den Industriestaaten oder die verarmten Bauernmassen in den Kolonien träumen lassen, zu welch primitiven Schlächtereien Menschen fähig sind. Und alle Kriege und Auseinandersetzungen beruhten auf Unfreiheit: hervorgerufen durch Hunger und Sklaverei, basierend auf

Unterdrückung und Bildungsmangel. Je unfreier ein Volk lebte, desto tiefer war es in den moralischen Niedergang der Völkergemeinschaft verstrickt.

Der Um- und Aufbruch, von dem die Völker zurzeit erfasst werden, ist auch ein Wettlauf um mehr Freiheit, mehr Selbstbestimmung, mehr Eigenverantwortung. Je freier ein Volk seine Zukunft gestalten wird, desto angesehener wird sein Platz in der Völkerfamilie sein, desto besser wird es ihm auch materiell ergehen.

Völker jedoch, die »Gleichheit« über »Freiheit« stellen, haben im neuen Jahrhundert schon verloren. Und es sind immer die Verlierer, die Gewalt verbreiten.

Literaturverzeichnis

Hans Herbert von Arnim: Fetter Bauch regiert nicht gern – Die politische Klasse selbstbezogen und abgehoben. Kindler Verlag, München 1997

Hans Herbert von Arnim: Vom schönen Schein der Demokratie – Politik ohne Verantwortung am Volk vorbei. Droemer-Verlag, München 2000

Joachim Becker: Der erschöpfte Sozialstaat. Neue Wege zur sozialen Gerechtigkeit. Eichborn Verlag. Frankfurt/Main 1994

Nigel Calder: Die launische Sonne widerlegt Klimatheorien. Dr. Böttiger Verlags GmbH, Wiesbaden 1997

Stéphane Courtois u. a.: Das Schwarzbuch des Kommunismus – Unterdrückung, Verbrechen und Terror. Piper Verlag, München 1998

Richard Dietrich: Kleine Geschichte Preußens. Haude und Spenersche Verlagsbuchhandlung, Berlin 1956

Marion Gräfin Dönhoff/Helmut Schmidt/Theo Sommer: ZEIT Geschichte der Bonner Republik 1949–1999. Rowohlt, Hamburg 1999

Peer Ederer/Philipp Schuller: Geschäftsbericht Deutschland AG. Schäffer Poeschel Verlag, Stuttgart 1999

Wolfram Engels: Akzente 1984–1995. Wirtschaftswoche-Verlagsgruppe Handelsblatt, Düsseldorf 1995

Rainer Eppelmann: Fremd im eigenen Haus – Mein Leben im anderen Deutschland. Kiepenheuer und Witsch, Köln 1993

Werner Filmer/Heribert Schwan: Oskar Lafontaine. Econ Verlag, Düsseldorf 1996

Freier Verband Deutscher Zahnärzte e.V.: Forum Freiheit – Politik gegen Selbstständigkeit. Eine Jahresbilanz von Rot-Grün. Bonn 2000

Francis Fukzyama: The Great Disruption. Paul Zsolnay Verlag, Wien 2000

Gerd Habermann: Der Wohlfahrtsstaat. Die Geschichte eines Irrwegs. Verlag Ullstein. Frankfurt/Berlin/Propyläen Verlag 1994.

Gerd Habermann: Chancengleichheit für den Mittelstand. Unternehmerinstitut e.V., Bonn 1999

Gerd Habermann: Vision und Tat. Ein Ludwig Erhard Brevier. Ott Verlag Thun. Thun 2000

Hans Olaf Henkel: Jetzt oder nie – Ein Bündnis für die Nachhaltigkeit in der Politik. Siedler, Berlin 1998

Gerd Habermann: Das Maß des Menschlichen. Ein Wilhelm Röpke Brevier. Ott Verlag Thun, Thun 1999

IG Metall: Auf der Suche nach Gerechtigkeit für die eine Welt. Bund Verlag, Köln 1992

International Panel on Climate Change: Climate Change 1995 – The Science of Climate Change. Cambridge University Press, New York 1996

Paul Kampffmeyer: Geschichte der Gesellschaftsklassen in Deutschland. Buchhandlung Vorwärts, Berlin 1910

Paul-Heinz Koesters: Deutschland deine Denker. Ein Stern Buch. Verlag Gruner + Jahr, Hamburg 1980

Oskar Lafontaine: Das Herz schlägt links. Econ Verlag, München 1999

Oskar Lafontaine/Christa Müller: Keine Angst vor der Globalisierung – Wohlstand und Arbeit für alle. Verlag J. H. W. Dietz Nachfolger, Bonn 1998

Hans Peter Martin/Harald Schumann: Die Globalisierungsfalle. Der Angriff auf Demokratie und Wohlstand. Rowohlt, Reinbek 1996

Dirk Maxeiner/Michael Miersch: Lexikon der Öko-Irrtümer. Eichborn Lexikon, Frankfurt/Main 1998

Wolfgang Mommsen: 1848 – Die ungewollte Revolution. S. Fischer Verlag, Frankfurt/Main 1998

Axel D. Neu: Geburtentäler, Rentenberge und Wanderungen. Bevölkerungsentwicklung, Arbeitsmarkt und Altersversorgung in Deutschland und in Westeuropa. Peter Lang GmbH – Europäischer Verlag der Wissenschaften. Frankfurt/Main 1996

Theo Romahn: Politik gegen Autofahrer – Spuren einer verhäng-

nisvollen Entwicklung. Verlag Drittes Jahrtausend, Düsseldorf
1993

Mathew D. Rose: Berlin – Hauptstadt von Filz und Korruption.
Droemersche Verlagsanstalt Th. Knaur, München 1997

Bertrand Russell: Denker des Abendlandes. Gondrom Verlag, Bind-
lach 1996

Helmut Schmidt: Auf der Suche nach einer öffentlichen Moral –
Deutschland vor dem neuen Jahrhundert. Deutsche Verlags-An-
stalt, Stuttgart 1998

Heidi Schüller: Die Alterslüge – Für einen neuen Generationenvertrag. Rowohlt, Berlin 1995

Horst Siebert: Geht den Deutschen die Arbeit aus? Neue Wege zu
mehr Beschäftigung. C. Bertelsmann, München 1994

Norbert Walter: Der neue Wohlstand der Nation. Econ Verlag, Düs-
seldorf/Wien/New York/Moskau 1993

Otfried Wolfrum: Windkraft: Eine Alternative, die keine ist. Verlag
Zweitausendeins, Frankfurt/Main 1997

Zeitschriften aus den Jahren 1996 bis Mai 2000:
The Economist, London
Focus, München
Geo, Hamburg
Soziale Ordnung, Königswinter
Der Spiegel, Hamburg
Der Stern, Hamburg
Der Steuerzahler, Düsseldorf
Die Wirtschaftswoche, Düsseldorf

Personenregister

Adenauer, Konrad 84, 168 f.,
     175, 467
Agnew, Spiro 321
Allende, Salvador 36
Alt, Franz 343
Andreotti, Giulio 47
Antwerpes, Josef 36
Aquino, Corazón 35
Arafat, Yasir 35
Arnim, Hans Herbert von 457

Bauer, Maria 41
Bauer, Martin 40 f., 49
Baum, Herbert 67, 405
Beck, Kurt 362
Becker, Joachim 119
Beckstein, Günther 117 f.
Bednarz, Klaus 86 f.
Beethoven, Ludwig van 73
Begin, Menachem 35
Beneke, Friedrich Eduard 75
Benton, Russel 187
Berlusconi, Silvio 47
Biedenkopf, Kurt 170 f.
Bismarck, Otto von 76, 78 f.,
     166–169, 172, 175, 185, 193
Blüm, Norbert 113
Boehmer-Christiansen, Sonja 349

Boetticher, Dietmar von 29
Böhme, Erich 407
Bolin, Bert 350
Borchert, Jürgen 108
Bosch, Josef 437 f.
Bösken, Rainer 211
Boss, Alfred 429, 432–435, 450
Brandt, Willy 170
Breidbach, Ferdi 375
Brown, Joan 226
Brown, Lester R. 348
Bueck, Axel 79
Bulmahn, Edelgard 252 f., 255

Calder, Nigel 337–340, 342,
     346, 350, 355
Carter, Jimmy 364
Castro, Fidel 36 f.
Charles [brit. Thronfolger] 45
Chavez, Caesar F. 153
Chiang Kaishek 65
Christiansen, Sabine 343, 389,
     407
Clement, Wolfgang 120 f., 319,
     412
Clinton, Bill 45, 201, 349
Clinton, Hillary 201 f.
Conzen, Friedrich G. 448

Cooley, Denton A. 196 f.
Courtois, Stéphane 66
Craxi, Bettino 47

Daubertshäuser, Klaus 394 f.
Deng Xiao Ping 135
Denzel, Ingo 447
Diana [brit. Prinzessin] 45
Diener, Hanspeter 441
Diepgen, Eberhard 375 ff.
Dietz, Gerhard 326
Dole, Bob 202
Dönhoff, Marion Gräfin von 84
Dreßler, Rudolf 113
Dürr, Heinz 393 f.

Ebenhardt [Mitarbeiter der
    DB-Cargo-Zentrale
    in Mainz] 389
Ebenhausen, Christoph von
    42 f.
Ederer, Peer 166, 207, 261,
    266 f., 454
Eichel, Hans 166, 195, 210,
    289, 386, 420, 454
Eichendorff, Joseph von 76
Ellinghaus, Gert 376
Engels, Wolfram 85, 330
Eppelmann, Rainer 81
Erhard, Ludwig 25 f., 83 f., 86,
    185, 215, 229, 308, 456 f.,
    462
Ernst, Joachim 447
Ewers, Hans-Jürgen 11,
    252–257, 262, 265, 402

Faltlhauser, Kurt 170
Fischer, Andrea 215
Fischer, Josef 41, 119, 388
Frank, Detlef 404
Franke, Heinrich 22
Franklin, Benjamin 71
Franzen, Jürgen 291
Frerker, Edda 54
Freud, Sigmund 48
Friedrich II. [preuß. König]
    66, 71 f.
Friedrich Wilhelm III. [preuß.
    König] 73
Friedrich, Caspar David 76
Friedrich, Jörg 76
Friis-Christensen, Eicho 346

Garrelts, Frank 230
Gassauer [Mitarbeiter der
    DB-Cargo-Zentrale
    in Nürnberg] 390 f.
Gates, Bill 201, 327
Gaus, Günter 67 f.
Genscher, Hans-Dietrich 35, 87
Geppert [Mitarbeiter der
    DB-Cargo-Zentrale
    in Nürnberg] 390
Giuliani, Rudolph 158
Goethe, Johann Wolfgang von
    73, 246
Goppel, Thomas 179 f.
Gore, Al 350
Grandke, Gerhard 180
Graßl, Hartmut 351 f.
Gröbl, Wolfgang 389 f.
Grothe, Gustav 389 f.

Habibie, Jussuf Bachruddin 258, 383
Haider, Jörg 143 f.
Hamilton, Alexander 71
Hardenberg, Karl August von 62, 73
Hauff, Volker 412
Heck, Bruno 36
Hecker, Friedrich 76
Hegel, Georg Wilhelm Friedrich 75 f., 456
Henkel, Hans-Olaf 86
Heyer, Jürgen 105 f.
Hindenburg, Paul von 225
Hitler, Adolf 29, 58, 65 f., 74, 84, 168, 215, 241, 290, 404, 444, 467
Ho Chi Minh 135
Hoch [Mitarbeiter der DB-Cargo-Zentrale in Nürnberg] 390
Hofer, Helmut 133
Högner [Mitarbeiter der DB-Cargo-Zentrale in Nürnberg] 390 f.
Holzer, Klaus-Dieter 43 f.
Holzer, Marlene 43 f.
Holzer, Sibylle 43 f.
Holzmann, Philipp 445
Honecker, Erich 67 f.
Houghton, John 340, 347
Huber, Erwin 331
Hugo, Klaus 388
Humboldt, Alexander von 66
Humboldt, Wilhelm von 66, 74
Hundt, Dieter 219

Jagoda, Bernhard 22, 25
Jahn, Friedrich Ludwig 76
Jochimsen, Reimut 371

Kaersgaard, Pia 143
Kant, Immanuel 49 f.
Kanther, Manfred 48, 118, 319, 321
Karadzić, Radovan 34
Katzer, Hans 169
Kelleher, Herb 367
Ketenis, Agnes 185 ff.
Ketenis, Peter 185 ff.
Kiep, Walther Leisler 319
Kim Dae Jung 35
King, Martin Luther 466
Kirch, Leo 331
Klaeden, Eckart von 190
Kleist, Heinrich von 76
Klimmt, Reinhard 388 f., 415
Klose, Hans-Ulrich 241
Kobjoll, Kurt 312
Koch, Roland 318, 385 f.
Kohl, Helmut 40, 48, 51, 68, 84 f., 91, 108, 170, 173, 205, 233 f., 319, 321 ff., 331, 421, 455
Köhler, Angela 280–283
Köhler, Rainer 280 f.
Kopf, Christian 267
Kreil, Tanja 30
Kretschmer, Friedrich 228
Kriegl, Franz P. 227

Lafontaine, Carl Maurice 39
Lafontaine, Frederic 38

Lafontaine, Oskar 38, 47, 51, 85, 205 f., 456
Lange, Irmgard 310
Lassen, Knud 346
Leber, Georg 411 f.
Lee Kuan Yew 82, 109 f.
Leeson, Nick 296 f.
Lenin, Wladimir Iljitsch 65, 68
Lind, Hera 44 f.
Lindzen, Richard 354 f.
List, Ernst 234 f.
Long, Agnes 186 ff.
Long, Henry 186 ff.
Ludewig, Johannes 394, 399
Luxemburg, Rosa 68

Madison, James 71
Maizière, Lothar de 81
Mao Zedong 65, 290, 322 f.
Marcos, Ferdinand 35
Martin, Hans-Peter 284 ff., 289
Märtin, Herbert 376
Marx, Karl 48, 75, 184, 249, 285
Meckel, Markus 81
Mehdorn, Hartmut 379, 395 f.
Menem, Carlos 294 f.
Merz, Friedrich 44, 179 f., 183, 206, 433 ff.
Metternich, Klemens von 75
Mielke, Erich 67
Milde, Gottfried 322
Milošević, Slobodan 34
Mladić, Radko 34
Momper, Walter 376
Moßner [Mitarbeiter der

DB-Cargo-Zentrale in Nürnberg] 390
Mugabe, Robert 158
Müller, Christa 39
Müller, Margret 38
Müller, Peter 461
Mullis, Kary 354
Münker, Rainer 225
Müntefering, Franz 380, 400, 422
Murthy, Narayana 272

Napoleon I. [franz. Kaiser] 73 f., 461
Nellen, Klaus 441 f.
Neumann, Bohumil 302
Niemann, Günter 122
Nyerere, Julius 290

Oberender, Peter 204
Oesterle, Fritz 245 ff.
Oettingen-Spielberg [Fürst] 389
Orwell, George 336
Ott, Klaus 257
Özdemir, Cem 122, 157

Pfahls, Holger 47
Pfeiffer, Christian 32
Pieck, Johannes 238, 241, 243, 245 ff.
Pieck, Wilhelm 68
Piltz, Eberhard 273 f.
Pinochet, Augusto 36 f.
Polanyi, Karl 285
Posch, Dieter 385 f.

Postman, Neil 32, 317
Pütz, Helmut 231

Radetzky, Joseph von 77
Raffelhüschen, Bernd 113, 172, 174, 194
Rau, Johannes 120, 319 f.
Reagan, Ronald 311
Redlich, Peter 408
Reed, John 187 f., 190
Reed, Josephine 188
Reinstein, Bob 351
Richardson, Mike 326
Riester, Walter 171, 181
Robespierre, Maximilien de 72
Romahn, Theo 409
Rosenschon, Astrid 429, 432 ff., 449
Rotteck, Karl 76
Rousseau, Jean-Jacques 19, 76 f.
Ruhland, Franz 192
Russell, Bertrand 76
Rüttgers, Jürgen 87, 91–94, 96, 110, 121, 157, 255, 352

Schäfer, Wolfgang 209 f.
Scharping, Rudolf 85, 362, 378
Schleußer, Heinz 319
Schmidhuber, Bernd 40
Schmidt, Helmut 47, 81 f., 170, 233, 467
Schmitt, Wolfgang 386 f.
Schneider, Martin 229 f.
Schneider, Stephen E. 348
Scholl, Hans 70

Scholl, Sophie 70
Scholl-Latour, Peter 333
Scholz, Rupert 457
Schramm, Rainer 443 f.
Schröder, Gerhard 87 f., 92, 119, 134, 170 f., 182, 252 f., 307, 388, 444 f., 462
Schröder, Wolfgang 274
Schubert, Franz 76
Schuller, Philipp 166, 267, 454
Schulz, Ulrich 244
Schumacher, Harald 284 ff., 289
Schumacher, Kurt 457
Schumacher, Michael 40, 60, 323
Schwarzer, Alice 30
Seehofer, Horst 202 f., 212, 215, 217, 221
Seelenbinder, Werner 68
Seemann, Heinrich 383
Seitz, Frederick 353
Seki, Akio 384
Serin, Deniz 123 f.
Serin, Ömer 123 f.
Sewering, Hans-Joachim 242
Siebenpfeiffer, Philipp Jakob 76
Sievers, Jörn 246
Singer, Fred 348
Solschenizyn, Alexander 66
Sommer, Theo 84
Soros, George 293
Späth, Lothar 29
Spöri, Dieter 119
Stalin, Josef 65 f., 118, 290
Stange, Günter 236–246
Stein, Karl vom und zum 62, 67, 73 f.

Steinbeck, John 153
Stingl, Josef 22
Stoiber, Edmund 51
Stolpe, Manfred 81f., 324,
    375ff.
Stoph, Willi 67
Strauß, Franz-Josef 36, 47
Strauß, Max 47
Stumpf, Joachim 404
Stürzbecher, Klaus 240f.
Süssmuth, Rita 324
Svensmark, Hendrik 346f.
Swillims, Helmut 103f.

Taeter, Menfred 446
Taupitz, Jochen 240
Thälmann, Ernst 65, 68
Thatcher, Margaret 36, 84, 187,
    349f., 352
Thierse, Irmtraut 42
Thierse, Wolfgang 42
Thoben, Christa 253f.
Thurn und Taxis, Gloria von
    329
Tisch, Lutz 243
Töpfer, Klaus 343
Tschou En Lai 135

Ulbricht, Walter 67
Ullmann, Hans Peter 79

Veith, Hans Dieter 188f.
Voltaire 76
Voß, Peter 263f.

Wagner, Frederike 342
Walter, Norbert 402
Werner, Michaela 241
Wezel, Hannes 326f.
Wieczorek-Zeul, Heidemarie
    37
Wiesheu, Otto 423
Wiin-Nielsen, Aksel 348
Wilhelm II. [preuß. König] 58,
    225
Wissmann, Matthias 375ff.,
    381, 407, 420, 436f.
Wolf, Lutz 217

Yamanouchi, Shuichiro 385,
    396

Zentgraf, Bernhard 436f.
Zetkin, Clara 68
Zhu Rongji 383
Zickler, Elke 40
Zöpel, Christoph 411f.